中国数字政府
建设评价指标体系蓝皮书

国家信息中心 ◎组织编写

赵睿斌 杨绍亮 禄凯 张灏 ◎著

清华大学出版社
北京

内 容 简 介

本书由国家信息中心组织编写,是对我国数字政府建设评价理论方法进行研究分析和实践的年度报告。

全书以"数字政府建设评价指标体系"为主题,按照国家数字政府建设指导意见、国家电子政务"十四五"规划等总体设计,系统介绍了数字政府与政府治理的理论、历史,以及国内外数字政府发展的进展情况和成果,并对国际相关评价指标体系进行了研究分析;系统分析了我国数字政府建设评价的内涵,研究并形成了一套科学的评价指标体系,为各级政府评估和了解本地数字政府建设情况提供了完整的工作思路。全书精选了一批数字政府建设的优秀案例并进行了剖析,对我国数字政府的建设、发展和评价具有非常好的指导意义。

本书适合政府、院校、研究单位工作人员,以及社会各界从事数字化建设或对数字政府建设感兴趣的人员阅读参考。

本书封面贴有清华大学出版社防伪标签,无标签者不得销售。
版权所有,侵权必究。举报:010-62782989,beiqinquan@tup.tsinghua.edu.cn。

图书在版编目(CIP)数据

中国数字政府建设评价指标体系蓝皮书/国家信息中心组织编写;赵睿斌等著. — 北京:清华大学出版社,2023.10

ISBN 978-7-302-64676-1

Ⅰ.①中… Ⅱ.①国…②赵… Ⅲ.①电子政务—建设—评价指标—研究报告—中国 Ⅳ.① D63-39

中国国家版本馆 CIP 数据核字(2023)第 177546 号

责任编辑:邓 艳
封面设计:秦 丽
版式设计:文森时代
责任校对:马军令
责任印制:杨 艳

出版发行:清华大学出版社
网 址:https://www.tup.com.cn,https://www.wqxuetang.com
地 址:北京清华大学学研大厦 A 座　　邮 编:100084
社 总 机:010-83470000　　邮 购:010-62786544
投稿与读者服务:010-62776969,c-service@tup.tsinghua.edu.cn
质量反馈:010-62772015,zhiliang@tup.tsinghua.edu.cn
印 装 者:小森印刷(北京)有限公司
经 销:全国新华书店
开 本:185mm×260mm　　印 张:36.75　　字 数:758 千字
版 次:2023 年 11 月第 1 版　　印 次:2023 年 11 月第 1 次印刷
定 价:268.00 元

产品编号:098430-01

《中国数字政府建设评价指标体系蓝皮书》

编写委员会

专家顾问组

主　　任　郭仁忠
主任委员　拜英奇　巴　任　白　岩　蔡　丰　常　艳　陈　钟　程　璟
　　　　　段晓军　杜军龙　范鉴发　范　渊　关振宇　郭　森　黄德会
　　　　　黄智刚　纪　磊　李　丹　李　俊　李　良　李　锐　刘秀如
　　　　　罗　锐　骆含雨　齐光鹏　邵　博　孙荣田　孙士玉　孙震丹
　　　　　唐文豪　唐　云　王洪军　王岿然　王曦光　王兴玲　王　宇
　　　　　吴德华　吴飞舟　肖稳田　谢朝海　熊赢新　徐逸智　闫启英
　　　　　杨小林　张　帆　张佳春　张洪涛　曾德华　周　俊

课题研究组

组　　长　禄　凯
研究人员　杨绍亮　郭　红　刘　蓓　赵睿斌　许　涛　尹晓京　张　灏
　　　　　方景鑫　缪　嵩　康霄普　王佳颖　赵雅君　杨伟平　闫桂勋
　　　　　程　浩　包莉娜　文　博　张　涛　杨　莹　章　恒　李万仓
　　　　　张　遂　高　鑫　张　博　张　峰　颜　亮　陈兆亮　赵　昱
　　　　　陈　燕　王陆潇　郑帅勇

序 一

2023年2月27日，中共中央、国务院印发了《数字中国建设整体布局规划》（以下简称《规划》），并发出通知，要求各地区各部门结合实际认真贯彻落实。《规划》指出，建设数字中国是数字时代推进中国式现代化的重要引擎，是构筑国家竞争新优势的有力支撑。加快数字中国建设，对全面建设社会主义现代化国家、全面推进中华民族伟大复兴具有重要意义和深远影响。数字政府是数字中国的重要组成部分，要加强政府数字化转型整体布局，按照夯实信息化基础设施、数字化技术赋能政府职能全局、强化政府服务社会的能力、优化数字营商环境的战略路径，全面提升数字中国建设的整体性、系统性、协同性，并能够通过政府数字化转型建设促进数字技术与实体经济的深度融合，以前沿技术的深度数字化驱动政府本职工作和治理方式变革，为以中国式现代化全面推进中华民族伟大复兴注入强大动力。

数字政府的建设要坚持以习近平新时代中国特色社会主义思想，特别是习近平总书记关于网络强国的重要思想为指导，深入贯彻党的二十大精神，坚持稳中求进工作总基调，完整、准确、全面贯彻新发展理念，加快构建新发展格局，着力推动高质量发展，统筹发展和安全，强化系统观念和底线思维。通过政府数字化转型工作有效带动数字基础设施建设，并在政府侧整理数据资源、推动数据共享与开放，从而使政府数据要素价值率先得到有效释放，进一步提升政务数字化、智能化水平。为合理、有效、快速推进全国各级数字政府建设，国家信息中心数字政府研究课题组经过深入研究及实地调研，推出《中国数字政府建设评价指标体系蓝皮书》。该书以政府数字化转型中国家电子政务建设标准体系、政府行政管理与公共治理理论、电子政务与法治政府有关政策要求等为基础，结合国内外在电子政务、公共服务、营商环境等方面的评价指标体系，设计了中国地方政府数字化转型评价标准体系。通过对国家各级数字政府建设情况的评价加快政府数字化转型步伐，进一步畅通政府侧数据资源大循环，汇聚建设公共卫生、科技、教育等重要领域国家数据资源库，并能够通过数字政府建设推动公共数据开发利用，以提升政务服务、社会治理、政府决策的效率与水平。

当然，数字政府建设在不断进步、取得成就的同时，也存在一些涉及多领域、多维度的发展不平衡问题，面临着不同地区数字政府建设的水平差别较大的客观现实。数字政府建设总体上是创新、是改革，需要大胆探索，也需要相互学习、相互借鉴。近年来，从中央到地方的数字政府建设中涌现出了大量成功案例，技术上有突破、模式上有创新、体制机制上有改革。全面总结和宣传推广这些成功的经验和做法，对于加快工作进程、降低探索成本、减少重复建设具有直接意义。国家信息中心在《中国数字政府建设技术蓝皮书》（2022年出版）的基础上，为进一步深入研究数字政府建设成效，组织课题组编制了《中国数字政府建设评价指标体系蓝皮书》，希望能够通过对我国各地政府数字化转型水平的评估，一是为各地政府完善建设实践提供借鉴，二是为各地数字政府建设规划提供对比参考，三是为主管部门制定政策决策提供案例支撑，四是为实现全国公共服务普惠提供政策建议。这是一项十分及时、十分有意义的工作，相信这一力作将对我国数字政府建设事业起到积极的推动和引导作用。

序 二

　　建设数字中国是数字时代推进中国式现代化的重要引擎，是构筑国家竞争新优势的有力支撑。党的十八大以来，以习近平同志为核心的党中央，从推进国家治理体系和治理能力现代化全局出发，准确把握全球数字化发展的新趋势，围绕数字中国、网络强国、数字政府建设做出了一系列重要论述，深刻阐释了建设数字中国的重大理论和实践问题，为数字中国的建设指明了前进方向。2023年2月27日，中共中央、国务院印发了《数字中国建设整体布局规划》，从全局和战略高度，构建了新时代数字中国建设的整体战略，擘画了数字中国建设的总体布局，为推进数字化发展提供了根本遵循。国家一系列重大决策部署的实施和推进，驱动了数字经济的赋能创新，助推了数字政务的高效协同，深化了数字社会的普惠便捷，促进了数字文化的自信繁荣，为实现国家治理体系和治理能力现代化的宏伟目标奠定了坚实的基础。

　　数字政府是数字中国的重要组成部分和核心枢纽，加强数字政府建设是适应新一轮科技革命和产业变革的必然选择，是引领驱动数字经济高质量发展的必然要求，是建设网络强国、数字中国的基础性和先导性工程，是数字时代推进中国式现代化的重要引擎。我国数字政府的发展已经转向深化应用、规范发展、普惠共享的新阶段，政府数字化转型正朝着流程再造、效率提升、治理优化的方向快速推进，人民群众呼唤具有按需响应、全面整合、快速迭代、持续改进等特征的伴随式服务。国务院聚焦科技发展新态势，迎接数字化转型的新挑战，对发展高效协同的数字政务做出了新的系统部署，发布了《国务院关于加强数字政府建设的指导意见》，要求"建立完善数字政府建设评估指标体系，树立正确评估导向，重点分析和考核统筹管理、项目建设、数据共享开放、安全保障、应用成效等方面情况"，为数字政府评价体系的构建提供了根本指引。实践证明，只有建立科学、严谨、客观、有效的评价机制，才能全面客观地监测评估数字政府建设的进展情况，更好地衡量数字政府的建设成果；只有坚持求真务实，狠抓监督评价，才能不断优化运行机制，充分发挥综合评价工作的引导激励和督促约束作用，为数字政府建设的高质量发展提供更好的支撑。

　　国家信息中心组织撰写的《中国数字政府建设评价指标体系蓝皮书》（以下简称《蓝皮书》），以国家电子政务建设的方针政策为引领，以政府行政管理与公共治理理论为基础，以国家电子政务建设标准体系为依据，坚持评估考核导向，以评估评价作为推动数字政府建设工作落实的重要手段，在深入调查研究的基础上，对数字政府建设评价指标体系进行了前瞻性、系统性的探索，其研究成果对于全面客观地评估数字政府的建设进展情况具有支撑和指导作用。

《蓝皮书》总结了国内外数字政府建设的经验，坚持了以数据为抓手、以改革为驱动、以人民为中心、以服务质量为内核的指导原则，构建了评价指标体系的基本架构，定位了实施评价的内容、分类和方法，为认知数字政府建设的规律，增强评价工作的科学性、预见性、主动性和创造性，提供了科学的思想方法和经验总结。

《蓝皮书》规划了评价工作的实施路径，提出了技术体系、指标体系和权重算法，其内容丰富、分类合理、逻辑严谨、脉络清晰，对于开展数字政府考核评价工作具有实践意义、示范效应和应用价值。

希望国家信息中心在完成《蓝皮书》撰写任务的基础上，不忘初心、锐意进取、笃行不怠、砥砺前行，全面把握新时代数字政务建设的新理念、新思想、新战略的实践要求，进一步探索以数字技术服务党政机构职能转变、制度创新、流程优化的新方法；进一步研究以数字化改革提升数字治理能力的新举措；进一步完善与数字政务建设相适应的规章制度，加快完善政务建设制度规则创新的新机制；进一步谋划全面贯彻新发展理念，着力推动高质量发展，推进构建数字政府治理的新格局；进一步借助人工智能、大数据等数字技术，细化评价指标体系的分类，优化评价指标体系的内容，得出符合客观规律的科学认识，形成与时俱进的研究成果，实现评价结果的精准化反馈，为数字政府的建设实践提供能解决问题的新理念、新思路、新办法。

前 言

2021年，第十三届全国人民代表大会第四次会议表决通过了《中华人民共和国国民经济和社会发展第十四个五年规划和2035年远景目标纲要》（以下简称《"十四五"规划纲要》），提出"迎接数字时代，激活数据要素潜能，推进网络强国建设，加快建设数字经济、数字社会、数字政府，以数字化转型整体驱动生产方式、生活方式和治理方式变革"。同时，各地"十四五"规划均把数字政府建设纳入未来五年工作重点：《浙江省数字化改革总体方案》提出到2025年底，数字政府建设形成比较成熟完备的实践体系、理论体系、制度规范体系，基本建成"整体智治、唯实惟先"的现代政府；《广东省数字政府改革建设"十四五"规划》提出构建"数据+服务+治理+协同+决策"的政府运行新范式，打造全国数字政府建设标杆；《山东省"十四五"数字强省建设规划》提出到2025年，基本建成整体、泛在、高效、透明的数字政府，数字政府建设实现走在前列。

"十四五"时期，数字政府建设转向政府数字化转型，重点在于实现基于服务场景的业务融合、系统融合与技术融合，其中的关键就在于发挥数据要素对业务、流程的配置及再造作用。《中共中央 国务院关于构建更加完善的要素市场化配置体制机制的意见》提出加快培育数据要素市场，推进政府数据开放共享。《要素市场化配置综合改革试点总体方案》提出探索建立数据要素流通规则，建立健全高效的公共数据共享协调机制，支持打造公共数据基础支撑平台，推进公共数据归集整合、有序流通和共享，探索完善公共数据共享、开放、运营服务、安全保障的管理体制。

从全国各省数字政府建设进展来看，首要问题在于区域发展不均衡，不同省份乃至同一省份的不同地区，数字政府发展建设的水平差别较大。《"十四五"规划纲要》突出强调扎实推动共同富裕，而实现全国普惠的政务服务是其重要组成部分。其次在于政府体制机制改革进入深水区，亟须以数字化转型推动公共权力运行的有效监督与约束。数字政府建设明面上是技术问题，实质上是对权力的态度问题，是如何掌权用权的问题。把审批事项大量削减，是让手中的权力"缩水"；把大量事项由见面求情办理变成网上自主办理，是对传统权力的"让渡"；政府运行程序的优化不是技术自动生成的物理整合结果，而是组织的整合，是政府适应互联网时代、运用数字技术而自觉进行的自我革命，是对原有组织架构、对自身权力大动"手术"的结果。

基于以上考量，国家信息中心以国家电子政务建设标准体系、政府行政管理与公共治理理论、电子政务与法治政府有关政策要求等为基础，结合国内外在电子政务、公共服务、营商环境等方面的评价指标体系，设计了中国地方政府数字化转型评价标准体系，希望能够通过对我国各地政府数字化转型水平的评估，为各地政府完善建设实践提供借鉴，为各地数字政府建设规划提供对比参考，为主管部门制定政策决策提供案例支撑，为实现全国公共服务普惠提供政策建议。同时，为了确保指标体系的科学性与合理性，课题组赴安徽省亳州市进行了实测，并根据实测情况对指标体系进行了修正。此外，课题组还以调研问卷形式，面向全国征集了30余份数字政府建设情况调研表以及60余个案例。本书选择了其中具有代表性的十几个案例，期望这些地区或部门的领先做法能够为全国各地加快政府数字化转型提供参考。

致 谢

数字政府建设是落实网络强国战略、数字中国建设的基础性和先导性工程。国家信息中心数字政府研究课题组依据《国务院关于加强数字政府建设的指导意见》要求，按照《中国数字政府建设技术蓝皮书》提出的技术发展构架，探索数字政府评价机制及理论，通过数字政府建设评价促进各级政府数字化能力建设。课题组希望通过研究探索将数字政府建设工作纳入政府绩效考核，以为相关组织机构和团队人员综合考评提供一定的参考。

本书从政府数字化转型所涉及的战略规划与保障措施、基础设施、信息资源、政务应用、数字安全等方面出发，从提升政府内部效率、改进政府业务流程、改善公众体验和创新公共价值等维度，提出了一套符合当前我国数字政府建设总体水平的评价指标体系，并对指标体系的设置依据、评价方法等进行了详细解读。为确保评价指标体系的科学性、合理性，课题组通过实地测评对指标体系进行了验证，并依据实测情况修正了不合理的评价指标。

课题组在研究过程中结合了各地数字政府建设的大量实践，评价指标体系能够对各级政府数字化转型提供系统性指导，对进一步推动我国数字政府建设与长远发展起到促进和指导作用。本书的主要内容来自国家信息中心数字政府研究课题组的研究成果，课题组在研究过程中得到了浙江省大数据发展管理局、吉林省政务服务和数字化建设管理局、陕西省政务大数据局、生态环境部信息中心、重庆市生态环境局、济南市大数据局、沈阳市大数据管理局、亳州市数据资源管理局、烟台市大数据局、日照市大数据发展局、泸州市经济和信息化局、滁州市数据资源管理局、汉中市智慧城市建设局、泉州市数字泉州建设办公室、湖北省大数据中心、威海市大数据中心、数字宁夏建设运营有限责任公司等单位和人员给予的支持，在此表示诚挚的感谢。

目 录

第1章 数字政府建设与政府治理体系改革 ······ 1
 1.1 赋能政务服务、社会治理与经济发展 ······ 2
  1.1.1 提升政务服务普惠化水平 ······ 2
  1.1.2 促使政府主导社会治理转向协同共治 ······ 4
  1.1.3 优化市场秩序、赋能数字经济 ······ 6
 1.2 推动政府组织结构变革与行政职能演化 ······ 7
  1.2.1 数字政府建设推动政府组织结构优化 ······ 8
  1.2.2 数字政府建设促进政府行政流程再造 ······ 10
  1.2.3 数字政府建设促使新行政职能演化生成 ······ 12
 1.3 提升政府依法行政的能力和水平 ······ 13
  1.3.1 数字政府建设促使行政权力让渡受约 ······ 14
  1.3.2 数字政府建设推动公权运行阳光透明 ······ 15
  1.3.3 数字政府建设促进数字法治进程加快 ······ 17

第2章 国内外数字政府建设进展 ······ 19
 2.1 国外数字政府建设进展 ······ 19
  2.1.1 全球政务数字转型发展的主要特征 ······ 19
  2.1.2 丹麦——政务服务"无处不在" ······ 22
  2.1.3 韩国——建设透明型、能力型与服务型政府 ······ 26
  2.1.4 英国——数字政府即平台 ······ 30
  2.1.5 美国——先进技术驱动数字政府发展 ······ 34
  2.1.6 新加坡——规划设计引领数字政府建设 ······ 43
 2.2 国内数字政府建设进展 ······ 48
  2.2.1 我国数字政府建设发展阶段 ······ 49
  2.2.2 总体建设进展 ······ 53
  2.2.3 各地实践情况 ······ 63

第3章 国内外数字政府建设评估 ······ 71
 3.1 国外数字政府建设评估情况 ······ 71

		3.1.1	联合国电子政务调查评估 ··	71
		3.1.2	美国信息安全绩效评估工作简介 ······································	83
	3.2	国内数字政府建设评估情况 ··		85
		3.2.1	省级政府和重点城市一体化政务服务能力（政务服务"好差评"）调查评估 ························	85
		3.2.2	中国政府网站绩效评估 ··	96
		3.2.3	中国开放数林指数 ··	100
		3.2.4	地方数字政府建设评价情况 ··	109
	3.3	数字政府建设整体评价的必要性 ··		116
第4章	数字政府建设评价指标体系 ··			122
	4.1	数字政府建设技术体系 ··		122
		4.1.1	基础设施 ··	123
		4.1.2	数据资源 ··	127
		4.1.3	政府应用 ··	130
		4.1.4	管理保障 ··	141
		4.1.5	安全体系 ··	145
	4.2	数字政府建设评价指标体系设计 ··		156
		4.2.1	设计思路 ··	156
		4.2.2	设计原则 ··	157
		4.2.3	设计方法 ··	158
		4.2.4	评价对象 ··	159
		4.2.5	指标体系 ··	159
	4.3	战略与保障 ··		162
		4.3.1	组织保障 ··	163
		4.3.2	制度保障 ··	166
		4.3.3	人才保障 ··	169
	4.4	基础设施 ··		171
		4.4.1	政务网络 ··	171
		4.4.2	政务云 ··	179
		4.4.3	数据中心 ··	184
	4.5	平台支撑 ··		197
		4.5.1	统一政务平台 ···	198
		4.5.2	统一技术与应用支撑 ··	205

4.6 数据资源 ·············· 216
4.6.1 政务数据治理 ·············· 216
4.6.2 政务数据管理 ·············· 219
4.6.3 政务数据共享 ·············· 222
4.6.4 政务数据开放 ·············· 225
4.6.5 政务数据开发利用 ·············· 228

4.7 政务应用 ·············· 231
4.7.1 政务服务 ·············· 231
4.7.2 社会治理 ·············· 241
4.7.3 营商环境 ·············· 256
4.7.4 赋能经济 ·············· 259
4.7.5 公共安全 ·············· 293

4.8 数字安全 ·············· 299
4.8.1 组织机构和人员 ·············· 302
4.8.2 政策标准规范制定 ·············· 315
4.8.3 基础设施 ·············· 324
4.8.4 建设安全 ·············· 334
4.8.5 运行安全 ·············· 338
4.8.6 关基安全 ·············· 360
4.8.7 数据安全 ·············· 364

4.9 指标权重计算 ·············· 376
4.9.1 算法流程 ·············· 376
4.9.2 确定指标体系 ·············· 376
4.9.3 确定指标权重 ·············· 376
4.9.4 数据无量纲化处理 ·············· 382
4.9.5 结果计算 ·············· 383

第5章 数字政府建设评价工作实施路径 ·············· 384
5.1 工作概述 ·············· 384
5.1.1 评价工作的作用 ·············· 384
5.1.2 评价活动执行主体 ·············· 384
5.1.3 评价活动实施过程 ·············· 385
5.2 评价准备 ·············· 386
5.2.1 评价准备活动的工作流程 ·············· 386
5.2.2 评价准备活动的主要任务 ·············· 386

5.2.3　评价准备活动的文档 ·· 387
　　　5.2.4　评价准备活动的角色和责任 ··· 387
　5.3　方案编制 ·· 388
　　　5.3.1　方案编制活动的工作流程 ·· 388
　　　5.3.2　方案编制活动的主要任务 ·· 388
　　　5.3.3　方案编制活动的文档 ·· 389
　　　5.3.4　方案编制活动的角色和责任 ··· 389
　5.4　数据采集 ·· 390
　　　5.4.1　数据采集活动的工作流程 ·· 390
　　　5.4.2　数据采集活动的主要任务 ·· 390
　　　5.4.3　数据采集活动的文档 ·· 391
　　　5.4.4　数据采集活动的角色和责任 ··· 391
　5.5　数据分析 ·· 391
　　　5.5.1　数据分析活动的工作流程 ·· 391
　　　5.5.2　数据分析活动的主要任务 ·· 392
　　　5.5.3　数据分析活动的文档 ·· 392
　　　5.5.4　数据分析活动的角色与责任 ··· 393
　5.6　报告编制 ·· 393
　　　5.6.1　报告编制活动的工作流程 ·· 393
　　　5.6.2　报告编制活动的主要任务 ·· 394
　　　5.6.3　报告编制活动的文档 ·· 394
　　　5.6.4　报告编制活动的角色与责任 ··· 394
　5.7　评价实测 ·· 394
　　　5.7.1　亳州市数字政府建设概述 ·· 395
　　　5.7.2　评价工作组织情况 ··· 396
　　　5.7.3　评价情况汇总 ··· 397
　　　5.7.4　评价总结 ·· 400

第6章　数字政府建设评价调研情况 ·· 401
　6.1　组织架构与总体规划 ··· 402
　6.2　基础设施 ·· 403
　　　6.2.1　电子政务外网机房 ··· 404
　　　6.2.2　政务云 ··· 404
　　　6.2.3　电子政务外网 ··· 406
　6.3　平台支撑 ·· 407

6.3.1　政务服务平台 …… 407
　　　6.3.2　统一政府协同平台 …… 408
　　　6.3.3　移动政务服务平台 …… 410
　　　6.3.4　政务区块链公共服务 …… 410
　6.4　数据资源 …… 411
　　　6.4.1　政务数据治理 …… 411
　　　6.4.2　政务数据管理 …… 412
　　　6.4.3　政务数据共享 …… 414
　　　6.4.4　政务数据开放 …… 415
　6.5　政务应用 …… 417
　　　6.5.1　政务服务 …… 417
　　　6.5.2　社会治理 …… 421
　　　6.5.3　营商环境 …… 423
　　　6.5.4　数字经济 …… 424
　　　6.5.5　绿色低碳 …… 425
　　　6.5.6　"互联网＋监管" …… 427
　6.6　网络安全 …… 428
　　　6.6.1　组织机构与战略规划 …… 428
　　　6.6.2　网络安全运营 …… 428
　　　6.6.3　合规保障 …… 430
　　　6.6.4　安全建设与运营 …… 431
　　　6.6.5　数据安全 …… 432

第 7 章　典型案例 …… 434

　7.1　浙江省 …… 434
　　　7.1.1　以数字化改革为总抓手，高质量推进政务服务"一网通办" …… 434
　　　7.1.2　率先打造数字营商环境的实践 …… 437
　　　7.1.3　建设省域空间治理数字化平台 …… 439
　7.2　重庆市 …… 444
　　　7.2.1　重庆市大气环境网格化分析系统—助力打赢蓝天保卫战 …… 444
　　　7.2.2　面向工业园区的能耗碳排放监测应用 …… 451
　7.3　湖北省 …… 457
　7.4　吉林省 …… 461
　7.5　陕西省 …… 471
　7.6　宁夏回族自治区 …… 474

7.7 生态环境部信息资源中心 …………………………………………………… 477
7.8 国家信息中心 ………………………………………………………………… 482
7.9 济南市 ………………………………………………………………………… 500
7.10 沈阳市 ………………………………………………………………………… 509
7.11 青岛市 ………………………………………………………………………… 512
7.12 亳州市 ………………………………………………………………………… 522
  7.12.1 搭建"免申即享"平台，实现惠企政策快速兑现 ………………… 522
  7.12.2 打造"城市大脑"共性能力平台，集约建设数字亳州 ………… 525
7.13 日照市 ………………………………………………………………………… 531
  7.13.1 以数据赋能推动"婚育服务'全照办'" ………………………… 531
  7.13.2 打造水电气暖数字共享营业厅，实现"一窗通办"
     "一网通办" ……………………………………………………… 534
7.14 威海市 ………………………………………………………………………… 538
7.15 泸州市 ………………………………………………………………………… 541
7.16 滁州市 ………………………………………………………………………… 544
7.17 烟台市 ………………………………………………………………………… 553
7.18 泉州市 ………………………………………………………………………… 555

参考文献 …………………………………………………………………………………… 560

附录 A 数字政府建设评价指标体系 …………………………………………………… 565

附录 B 调研问卷 ………………………………………………………………………… 567

第 1 章　数字政府建设与政府治理体系改革

2015年12月16日，习近平总书记在第二届世界互联网大会开幕式上提出推进"数字中国"建设。2016年4月19日，习近平总书记在网络安全和信息化工作座谈会上提出要以信息化推进国家治理体系和治理能力现代化，统筹发展电子政务，构建一体化在线服务平台，分级分类推进新型智慧城市建设，打通信息壁垒，构建全国信息资源共享体系，更好地用信息化手段感知社会态势、畅通沟通渠道、辅助科学决策。《"十三五"国家信息化规划》提出"数字中国"建设的发展目标。党的十九大报告提出要建设科技强国、质量强国、航天强国、网络强国、交通强国、数字中国、智慧社会。《"十四五"规划纲要》提出，迎接数字时代，激活数据要素潜能，推进网络强国建设，加快建设数字经济、数字社会、数字政府，以数字化转型整体驱动生产方式、生活方式和治理方式变革。

数字中国建设是一项系统工程，各部分相互关联并有机组合在一起，以新型基础设施安全服务体系和数据要素为支撑，在其基础上推进政府数字化转型和社会数字能力提升，形成数字化环境下的多元社会治理创新，打造适合数字经济发展的良好环境。政府数字化转型从领导数字能力、数据驱动的公共部门、政务服务创新、数据安全和个人隐私保护等方面入手，分析在数字化转型中如何发挥好政府的主导作用以推动国家治理体系和治理能力现代化。社会数字化转型带来组织变革与制度变革，社会数字化能力提升从技术"嵌入"社会治理结构入手，构建社会数字化体系，形成提升社会数字化能力与水平的路径与方法。基于政府数字化转型和社会数字能力提升的背景，数字化环境下社会治理创新以政府、市场、社会多元合作为基础，形成合作共治的"善治"局面。数字化环境下的社会治理创新着力构建大数据创新应用格局，为政府精准扶贫、信用体系、市场监管、社会治安等服务驱动的社会治理提供必要的知识和技术支撑，形成一条适合大数据时代社会治理的实施路径。

《"十四五"规划纲要》第五篇"加快数字化发展　建设数字中国"开篇即指出：

"迎接数字时代，激活数据要素潜能，推进网络强国建设，加快建设数字经济、数字社会、数字政府，以数字化转型整体驱动生产方式、生活方式和治理方式变革。"可见，数字政府是数字中国的重要组成部分，是数字经济、数字社会、数字文化、数字生态的核心结合部，数字中国的建设需要充分发挥数字政府的引领和统筹作用，并进一步促进政府管理和社会治理模式创新，推动以部门为中心的建设模式向数据共享、业务协同方向转变，持续提高政府信息化水平、科学决策水平和网络安全保障水平，建成权责清晰、协调高效的服务型政府。

2023年2月27日，中共中央、国务院印发《数字中国建设整体布局规划》（以下简称《规划》）。《规划》提出，到2025年，基本形成横向打通、纵向贯通、协调有力的一体化推进格局，数字中国建设取得重要进展。数字基础设施高效联通，数据资源规模和质量加快提升，数据要素价值有效释放，数字经济发展质量效益大幅增强，政务数字化智能化水平明显提升，数字文化建设跃上新台阶，数字社会精准化、普惠化、便捷化取得显著成效，数字生态文明建设取得积极进展，数字技术创新实现重大突破，应用创新全球领先，数字安全保障能力全面提升，数字治理体系更加完善，数字领域国际合作打开新局面。《规划》同时提出，要开展数字中国发展监测评估。将数字中国建设工作情况作为对有关党政领导干部考核评价的参考。这对各级数字政府建设提出了具体指标评价的深层次要求。

1.1 赋能政务服务、社会治理与经济发展

1.1.1 提升政务服务普惠化水平

数字政府建设需要坚持以公众为中心的理念，秉持"去政府中心论"的思维模式，以社会公众为中心，建设服务型政府，让公众在政务服务中切实受益。服务型政府理念要求数字政府建设推动政务服务供给侧改革，拓宽社会公众获取公共服务的渠道和路径，在全面深化改革中加快政府管理技术创新及信息化和智能化技术的应用。互联网在产业界对供需关系的影响在政务领域同样有效。在供给端，互联网的广泛应用带来新的生产方式革命，随着信息世界和物理世界的深度融合，工业领域将产生更智能化、个性化的新产品，服务领域在传统经济条件下无法解决的痛点将被发现和弥补，新的产品和服务如雨后春笋般涌现，经济在供给端的活力被进一步激发。在需求端，信息传播速度的大幅提升使供给端的新产品、新服务向需求端转移的速度也相应加快，供给和需求之间在时间和空间两个维度的距离都被大大压缩。

十八大以来，中共中央、国务院为推动以人民为中心的数字政府建设，先后出台

了《国务院关于加快推进"互联网+政务服务"工作的指导意见》(国发〔2016〕55号)、《国务院办公厅关于印发"互联网+政务服务"技术体系建设指南的通知》(国办函〔2016〕108号)、《国务院关于加快推进全国一体化在线政务服务平台建设的指导意见》(国发〔2018〕27号)、《国务院办公厅关于印发进一步深化"互联网+政务服务" 推进政务服务"一网、一门、一次"改革实施方案的通知》(国办发〔2018〕45号)、《国务院办公厅秘书局关于进一步推进政务服务"一网通办"有关工作的通知》(国办秘函〔2019〕30号)、《国务院办公厅关于加快推进政务服务"跨省通办"的指导意见》(国办发〔2020〕35号)、《国务院办公厅关于全面实行行政许可事项清单管理的通知》(国办发〔2022〕2号)、《国务院关于加快推进政务服务标准化规范化便利化的指导意见》(国发〔2022〕5号)、《国务院办公厅关于加快推进"一件事一次办" 打造政务服务升级版的指导意见》(国办发〔2022〕32号)、《国务院办公厅关于扩大政务服务"跨省通办"范围 进一步提升服务效能的意见》(国办发〔2022〕34号)、《国务院办公厅关于印发全国一体化政务大数据体系建设指南的通知》(国办函〔2022〕102号)等文件,逐步推进国家一体化政务服务平台建设,并深化政务服务改革,使我国政府部门从以自身业务为中心,整体逐步转向了以企业和群众实际需求为中心。例如,2021年8月,中共中央、国务院印发《法治政府建设实施纲要(2021—2025年)》,把"一件事一次办"上升为国家制度性举措。聚焦企业和个人在全生命周期涉及面广、办理量大、办理频率高、办理时间相对集中的政务服务事项,实行"一件事一次办",实现企业和群众办事由"多地、多窗、多次"向"一地、一窗、一次"转变,最大程度利企便民。

2021年初,浙江省发布《群众和企业全生命周期"一件事"工作指南》,推进"一件事"改革要素均等化、质量目标化、方法规范化,不断满足群众和企业个性化、多元化的办事需求,进一步提升机关运行效能。群众全生命周期包括出生、上学、就业、婚育、置业、救助、就医、退休、养老、身后等。企业全生命周期包括企业开办、场地获得、员工招聘、生产经营、权益保护、清算注销等。以出生"一件事"为例,目前联办事项包括出生医学证明办理、预防接种证办理、户口登记、医保参保登记、社保卡办理、生育保险待遇审核等事项,所需的申请材料包括浙江省出生"一件事"办理登记表、新生儿父母双方居民身份证、新生儿拟落户方居民户口簿、新生儿父母结婚证等。在具体办理过程中,由卫生健康部门作为牵头单位,公安、医疗、人力社保、行政服务中心等部门协同推进。

2021年3月,上海市发布《关于深化"一网通办"改革 构建全方位服务体系的工作方案》,提出2021年底前,实现从"可用"向"好用"转变。围绕个人事项和企业经营全周期服务,拓展和优化公共服务、便民服务。实现基本公共服务领域全覆盖,推出10项示范性公共服务场景应用。"随申办"月活跃用户数突破1300万。2022年底前，实现从"好用"向"爱用"转变。形成协同高效的服务运行体系，公共数据与社会数据融合，充分应用大数据、人工智能等技术，推进服务从"直通"到"直达"。2023 年底前，实现从"爱用"向"常用"转变。"一网通办"全方位服务体系基本建成，为群众和企业提供智能化、个性化、高质量的政务服务、公共服务和便民服务。"随申办"月活跃用户数突破 1500 万。

2021 年 4 月，山东省发布《山东省政务服务"双全双百"工程实施方案》，提出 2021 年底前，围绕企业开办、准营、运营、退出等阶段，个人出生、教育、工作、养老等阶段，各推出不少于 100 项企业和群众办事需求大、关联度强、办理频率高的事项，实现极简办、集成办、全域办，提升企业和群众获得感和满意度。重点任务包括简化事项办理流程、优化场景集成服务、编制工作规范、强化数据共享应用、线上线下协同推进等。

2022 年 2 月，广东省发布《广东省数字政府改革建设 2022 年工作要点》，提出深化政务服务事项管理，在全省各级推出高频"一件事"主题集成服务，在教育、民政、商事登记、人才引进等领域探索高频事项秒批、秒办。优化升级省政务服务事项管理系统，建设全省事项运营中心，推动各类系统对接联通，实现电子证照免提交全流程闭环管理，有序推进"四少一快"政务服务优化。近年来，广东省加快推进政务服务事项标准化管理和流程优化，拓展"一件事"主题集成服务。截至 2022 年 8 月底，广东政务服务网已上线 10 954 个"一件事"主题集成服务，涵盖出生、学习、就业创业、企业开办、经营、注销等重点领域，其中可在线办理的超 1 万个，在线办理率超 94%。

2022 年 9 月 14 日，湖南省委全面深化改革委员会第十八次会议审议通过《湖南省深化"一网通办" 打造"一件事一次办"升级版攻坚行动方案》，围绕"一件事一次办"的技术支撑升级、服务范围拓展、办事质效提升 3 个方面提出改革举措。方案提出，要强化系统集成和数据共享、电子证照应用，开发数字场景应用，推动更多政务服务事项"网上办、掌上办"，更好满足企业和群众多样化、便捷化办事需求。2019 年 3 月以来，湖南省共发布 300 件"一件事一次办"事项。方案提出，在此基础上，聚焦个人、企业、项目 3 个全生命周期，推出 26 个主题式、套餐式场景应用，推动更多跨部门、跨层级事项集成化办理。

1.1.2 促使政府主导社会治理转向协同共治

中共十八届三中全会提出了"坚持和完善中国特色社会主义制度，推进国家治理体系和治理能力现代化"的总体目标，中共十九届四中全会通过了《中共中央关于坚持和完善中国特色社会主义制度 推进国家治理体系和治理能力现代化若干重大问题的决定》（以下简称《决定》），对"坚持和完善中国特色社会主义制度、推进国家治理体系和治理能力现代化"这一主题进行了全面阐述。

所谓国家治理体系和治理能力的现代化，就是使国家治理体系制度化、科学化、规范化、程序化，使国家治理跟上时代步伐，创新治理方式，回应国民的现实需求，实现最佳的治理效果，为国家事业发展、为人民幸福安康、为社会和谐稳定、为国家长治久安提供一整套更完备、更稳定、更管用的制度体系，把中国特色社会主义各方面的制度优势转化为治理国家的效能。实现国家治理体系和治理能力的现代化是一个全面的系统工程，需要政治、经济、社会、文化等各个领域予以回应，也需要移动互联网、大数据、人工智能、区块链等大量新技术的运用，并辅以全新的治理机制的建立。在这一过程中，数字政府就是一种新技术运用与制度建设相结合的重要治理模式。

当前，人类已经进入信息时代的新阶段——数字时代，即数字化时代。数字化作为社会存在的要素，改变了传统社会的面貌与连接方式。整个社会从宏观到微观的所有行为都将被数字化嵌入与改造。国家治理体系也会如此。因此，数字治理就成为当今宏观治理结构中一个新的最重要的内容与新的形态。而数字治理作为一种重要的工具，并不是凭空而出的，而是与传统的国家治理制度深入结合，通过"数字治理"+"传统制度领域"的方式，实现对原有制度板块的数字化提质升级，如"数字治理"+"行政管理"="数字政府"，而"数字治理"+"司法体制"="智慧司法"。这些传统制度领域与数字治理方式的全新结合是国家治理体系现代化的重要一环。

《决定》中多处提到数字治理的相关内容，如在党的领导、文化、民生保障、社会治理等部分中分别要求"创新互联网时代群众工作机制"、"建设和用好网络学习平台"、"建立健全网络综合治理体系，加强和创新互联网内容建设，落实互联网企业信息管理主体责任，全面提高网络治理能力，营造清朗的网络空间"、"发挥网络教育和人工智能优势，创新教育和学习方式"、"完善党委领导、政府负责、民主协商、社会协同、公众参与、法治保障、科技支撑的社会治理体系"。这些内容都是数字治理与具体领域相结合的典型范例，共同构成了国家治理体系现代化的一部分。

随着国家治理体系与治理能力现代化的不断深化，各级政府都意识到了由政府管理向社会治理转变的重要意义，但是观大概、略细节、重管控、轻治理等颗粒度粗放的共性问题仍然广泛存在，尤其是当前中国特色社会主义进入新时代，社会趋势环境更加波谲云诡，社会利益诉求更加个性多样，社会热点问题更加错综复杂，使得传统的粗放型社会治理模式遇到重重考验。长期以来，我国企业、组织和公众都习惯于事务规划依赖政府牵头，活动执行依靠政府主导，摊子处置依附政府兜底。这种奉行干预主义的治理模式已经难以应对社会治理精准化的需求。

在此情境下，基于数字技术的数字政府建设为社会精准治理创新带来新的契机。数字政府借助大数据平台与众多社会力量建立良好的合作关系，转变单一的治理主体为多元的综合治理主体，形成以党组织为核心，以政府组织、社会机构和公民群体为治理主体的框架，将各治理主体归于统一的网状拓扑结构中。理论上，任何两个节点都可以直接连通，而不必通过第三节点。在新的治理框架中，政府在数量占比上变少了，但是轻量化后的政府可以集中精力、资源与时间从事核心治理事务，在行政管理与服务质量上获得了极大提升。同时，通过数字技术的辅助，可与其他治理主体实现实时、动态的高效沟通，构建双向交互式的政府治理通道，根据社会需求律动达到精确服务，从而实现主动式、自动化、精细化的消息推送，逐步实现主动式响应治理代替被动式管理，大大促进了政府社会治理能力的快速提升。此外，借助数字技术可以直观反映社会某个行业、产业或领域的最新态势，让政府及时掌握社会舆情趋势，对市场监管风险进行有效研判，对失信企业进行跨部门信用联合惩戒。同时，通过数据挖掘提取背后的隐藏信息，进而完成未来趋势的虚拟推演，让政府真真正正用数字说话，实现靶向治理，使得治理手段和治理方式更加数字化、网络化、智能化，在降低了行政办公成本的同时，提升了政府行政效率，也提高了社会治理的精准化水平。

1.1.3 优化市场秩序、赋能数字经济

加强数字政府建设是适应新一轮科技革命和产业变革趋势、引领驱动数字经济发展和数字社会建设、营造良好数字生态、加快数字化发展的必然要求，是建设网络强国、数字中国的基础性和先导性工程，是创新政府治理理念、形成数字治理新格局、推进国家治理体系和治理能力现代化的重要举措。

当前我国经济发展进入以数字经济为核心动力的新阶段，数字经济占GDP的比重超过30%，对GDP增长的贡献率超过60%。区别于传统经济，数字经济以数字化的知识和信息作为关键生产要素，通过数字产业化和产业数字化两种方式推动数字技术和实体经济深度融合、快速发展。大数据、人工智能、区块链等新技术以及共享经济、无人驾驶、数字货币等新业态的涌现，导致了市场体系特征的巨大变化，也为原有的治理模式带来较大挑战。面对数据产权模糊、平台企业垄断、电商假货横行等各类现象，政府治理普遍面临服务缺失、规则缺乏、监管缺位等问题。

处理好政府与市场的关系是经济行稳致远、健康发展的关键。经济形态的变化自然而然会对上层建筑提出新的要求。为适应数字化浪潮，加快数字政府建设成为政府优化治理的重要实践。在中央政策以及"最多跑一次""不见面审批"等地方创新推动下，我国数字政府建设全面提速。十九届四中全会提出，要"建立健全运用互联网、大数据、人工智能等技术手段进行行政管理的制度规则。推进数字政府建设，加强数据有序共享，依法保护个人信息"，表明深入运用数字化手段拓宽治理体系、提升治理能力的理念得到了进一步强化。

要素和商品的自由流动，企业的自主经营、公平竞争，以及消费者自主选择、机会均等是市场在资源配置中发挥决定作用的前提，也是市场体系逐步完善的重要表征。

在数字经济市场条件下，针对发展所面临的挑战，加快要素释放与主体培育、强化市场秩序有效维护以及促进公共政策的动态调整与创新构成了数字政府赋能的关键环节。

1. 赋能要素释放与主体培育

在市场增进逻辑下，政府不再参与竞争性物品和服务的生产供给，市场主体是市场体系生成和扩展的核心，当大量企业"在无意识协作的海洋中建立有意识力量的岛屿"时，辅之以充裕的生产要素，市场自主协调的可能性大幅提升。

2. 赋能市场秩序的有效维护

政府最积极的作用在于增强和发展每个主体的意志行使能力和经济活动能力。一个稳定、规范、公正、透明的制度环境将大幅降低经济主体自发协调与合作的交易成本，为分散化的协调试验及破解市场失灵创造有利条件。

3. 赋能公共政策的动态调整与创新

政府能力在很大意义上体现为有效制定和实施公共政策的能力。协调失灵的逻辑并不能证明政策干预的合理性，但也不能被看作削弱政府作用的理由。增进市场导向下政府倾向于利用市场机制来解决协调问题，但具体效果取决于市场体系的完善程度。只要存在外部性或多主体协调性问题，就有公共政策的作用空间。在市场发展各个阶段及重要环节，数字政府建设能否审时度势，依据部门能力和实际需求的变化进行公共政策的动态调整与创新，对于能否有效地发挥市场发展引导者和助推器作用至关重要。

1.2 推动政府组织结构变革与行政职能演化

政府组织结构改革是行政体制改革的重要内容。合理的政府组织结构不仅有助于降低行政成本、促进政府职能转变，而且能形成组织合力、提升行政效能，为社会大众提供高效的公共服务。自新中国成立以来，为了更好地转变政府职能，及时有效地回应社会大众的需要，建设人民满意的服务型政府，我国进行了漫长的行政体制改革历程，历经探索改革阶段（1978—2002 年）、深化改革阶段（2003—2013 年）、深水区改革阶段（2014 年至今）3 个阶段，从简单到复杂，从容易到困难，由浅入深。党的十九大明确提出要深化机构和行政体制改革，统筹考虑各类机构设置，科学配置党政部门及内设机构权力、明确职责。2018 年，国务院进行了又一轮机构改革，改革后国务院正部级机构减少 8 个，副部级机构减少 7 个，除国务院办公厅外，国务院设置组成部门 26 个，直属特设机构 1 个，直属机构 10 个，办事机构 2 个。2023 年 3 月 10 日，第十四届全国人民代表大会第一次会议审议并表决通过新一轮的机构改革方案。深化国务院机构改革，出发点在于着眼于转变政府职能，坚决破除制约，使市场在资源配置中起决定性作用,更好发挥政府作用的体制,解决机制弊端,围绕推动高质量发展,建设现代化经济体系,加强和完善政府经济调节、市场监管、社会管理、公共服务、生态环境保护职能,结合新的时代条件和实践要求,着力推进重点领域和关键环节的机构职能优化和调整,构建职责明确、依法行政的政府治理体系,提高政府执行力,建设人民满意的服务型政府。

1.2.1 数字政府建设推动政府组织结构优化

政府组织结构是构成政府组织的各要素的配合和排列组合方式,既包括政府组织各职位、部门和层级之间的分工协作关系以及联系沟通方式,也包括纵向的直线式结构和横向的职能式结构。通常情况下,世界各国政府采用的主流模式是横向和纵向相结合的政府组织结构。我国也不例外,但在我国传统的政府组织结构中,纵向的层级制更加受到重视,强调从中央到地方自上而下层层授权和执行。这种体制虽然有利于防止权力滥用,但是也会带来因层级过多而引起的行政效率低下的问题,难以对社会民众的需求做出及时、有效的回应。这种机制以合理的分工、权力集中的控制和专业的训练标榜着其组织形式的高效,但是随着工业时代向后工业时代的过渡,它走向了其反面,即专注于各种规章制度及其层间的指挥系统已经不能有效运转,机构臃肿、浪费严重、效率低下。它在变化迅速、信息丰富、知识密集的 20 世纪 90 年代已不能有效地运转。

在数字政府时代,万物互联使信息资源的获取更加高效、便捷,社会大众对公共服务的需求和获取效率提出了更高的要求。这就迫切地需要构建有限政府和有为政府,通过优化传统组织结构、减少行政层级、减少行政审批、扩大横向管理幅度、提高行政效能,尽可能快、尽可能丰富、尽可能高质量地向社会大众提供公共服务。在数字政府环境下,由于信息的分布结构和传输方式的开放性,权力系统随之成为一个开放的体系。权力流向从以命令和服从为主的纵向向以透明和制约为主的横向转变,扁平化的横向权力结构取代金字塔式的纵向权力结构,大量减少权力中间传递层次,即传统政府的大量上传下达的中层,使权力流转更为直接、透明。信息资源的分布和传输的开放性,以及信息资源交互的纵横交错性,都在促使政府组织结构向着扁平化的方向发展,通过减少行政管理层次、压缩职能机构、裁减人员而建立一种紧凑、富有弹性的新型管理模式,实现提高政府运作效率效能、降低政府运作成本的目的。因此,构建与扁平化的横向权力结构相适应的组织架构,以适应数字政府环境显得尤为重要。

虽然组织结构的刚性约束很难突破,但是数字政府的组织形式愈加弹性高效将成为可能。数字政府具有发散式网络传播的天然优势,使得中央政府的政令可以快速传递到基层,基层的反馈也能迅速地向上传递,传统政府部门间信息传递被地理边界或大门围墙所阻隔的时代成为过去,层级式信息传递被网络取代,形成了多层次、多形式、全方位的传输渠道，处于不同层次的行政人员获取信息的范围、数量和空间趋于相近，不仅高层领导可及时获取全局不同层面的信息，不同部门、不同岗位的人员也能及时获取全局信息，大大拓展了政府活动的时空边界。可以说，数字政府打破了政府活动的时空束缚，使得政府活动组织不再是科层制构成的管理机器，而是被灵敏高效的决策系统和高效协同的管理系统所取代。由此可见，数字政府建设在促使政府组织结构扁平化发展的同时，将进一步提升行政决策、行政组织、行政监督效率，以更加高效的信息互动，促使跨部门、跨层级、跨区域协同合作得以实现，进而带来整个政府运行效率的全面提升。

数字政府体现了整体政府的理念，以功能整合、资源整合为中心，坚持精简、统一、高效能原则，以能否体现政府职能转变、能否提高行政效能、能否更好地提供公共服务作为判断标准，推进行政机构内部纵、横向资源的有机整合。通过机构整合、职能整合和技术整合，减少行政层次和行政部门，打造紧凑而富有弹性的扁平化组织结构。数字政府对整体政府理念的具体体现包括如下方面。

一是实施纵向维度的机构整合，通过授权的方式下放行政权力，建设有限政府。在机构整合上，中央层面统筹规划，合理设置政府机构，把职能相同或相近的机构合并为一个较大部门，解决部门间多头决策、分散管理、重复执法及权力部门化等问题；地方层面合理调整地方政府机构设置，需统一设置的机构应当上下对口，其他机构则应因地制宜设置。同时，正确处理好中央和地方的关系，通过适当的授权下放权力，将市场监管、社会管理、公共服务等地方性事务交由地方政府承担主要责任。我国的"放管服"改革充分体现了这一点。据统计，从2013年至2017年2月，国务院分9批审议通过取消和下放的国务院部门行政审批事项共618项，其中取消491项、下放127项，持续向市场和社会放权，有效破除了制约创业创新的各种不合理束缚，降低了制度性交易成本，极大激发了市场活力和社会创造力。

二是实施横向维度的职能整合。传统机构设置以部门利益为主，由部门自己决定，缺乏全局观念。现如今行政体制改革对机构的设置，要从整体优化的原则出发，综合考虑机构设置是否最合理、最有效率、能更好地实现政府的服务职能。这就需要通过合并同类型的方法，把职能相同或相近的部门整合为一个部门，不再重复设置，使之运转起来更加协调和高效，同时也便于对行政机关进行管理以及对行政工作人员进行考核，督促行政机关及其工作人员更好地为公民提供服务。

三是实施纵、横向维度的技术整合。通过信息技术手段，将纵、横向的组织结构有机地串联起来，从物理上打破层级之间、地域之间、系统之间、部门之间、业务之间的界限，形成跨层级、跨地域、跨系统、跨部门、跨业务的整体信息网络系统，改变传统的以专业分工、层级管控为特征的金字塔组织结构，转向以流程为中心、由多个工作团队或节点组合而成的扁平化网状结构，提升政府系统的整体能力。

1.2.2 数字政府建设促进政府行政流程再造

如前所述，我国的政府组织结构是横、纵相结合的网格状直线式职能结构，这种结构虽然能保证统一领导和指挥，也有利于精细分工、各司其职，但是也带来了行政业务之间、政府各部门之间、各地方政府之间、垂直部门与地方政府之间、各行政层级之间的条块分制问题，形成了碎片化、分散化的分割管理模式。随着互联网、云计算、大数据、物联网、区块链等新兴技术的快速发展和普遍应用，信息资源的互联互通成为日常工作和生活不可或缺的一部分，但传统政府组织的分割管理模式容易造成业务流程、信息资源的分割，既导致行政效率低下，又影响用户感知和用户体验，无法满足数字政府时代高效化、智能化和便捷化的要求。

在数字政府时代，行政理念要实现从"管理"到"治理"的跨越，强调政府对社会公众需求的积极回应，及时为公众提供多元化、个性化的周到服务和公共产品。为此，要对传统的行政组织金字塔式的科层结构进行改造，减少行政层级，扩大行政组织的横向幅度，加强横向行政组织之间的协助与合作，将行政组织向与民众直接接触的地方、基层、社区下垂，建立一种扁平式的行政组织结构并将其布置在能有效、快捷提供公共服务和公共产品的第一线，形成行政服务网络，从而对民众需求做出及时、灵活、有效的回应。在这种需求的驱动下，政府需要将现代信息技术整合到政府治理中，有效整合政务信息资源，理顺、简化政务流程，促进信息资源的共享开放，提高政府的效率，增强政府与民众的互动，促使政府更有响应力和责任感。要实现这些目标，离不开系统的互联互通、数据的共享开放和业务的协同推进，从而需要改变传统的政府组织结构，遵循"整体、集约、共享、开放"的原则，整体推进政府组织结构的重组和优化，解决传统条块分割管理模式所带来的"系统孤岛"和"数据烟囱"问题，降低部门之间的协调成本，提高行政效能，为社会大众提供高效、智能和便捷的公共服务。

政府行政流程再造的核心是"以职能为中心"转向"以流程为中心"。首先，从主要内容来看，政府流程再造是要突破官僚制束缚，打破条块分割界限，促进层级政府之间、部门之间、政府与民众之间的沟通与交流，突破传统的以职能分工为核心的组织管理模式，以流程为中心，以公民需求为导向，重组和设计政府业务流程，建立流程型政府结构。再造的对象主要包括对外的公共服务流程和内部的协作流程。对外的合作流程再造主要在于简化和重组，提高政府行政效率和公共服务水平；内部的流程再造主要指在跨部门和跨层级范围内，打破条块限制，实现流程再造、互通共享，实现整个政府体制、结构和流程的优化。目前，我国的流程再造主要体现在行政审批制度改革和公共服务改革方面。其次，从总体目标来看，政府流程再造要精准把握现代政府的本质，以民众和社会需求为导向，以提高公共服务水平和增强政府治理能力为总体目标。在经济社会深刻变革的时代，市场和社会力量不断增强，在"政府—市场—社会"的互动格局中，政府的职能重心已经从管理和控制逐渐转向治理和服务，这是现代政府转型的一个突出的特征。改革本身只是达成某种目标的工具，无论是流程再造还是机构改革，都是以提升和增强公共服务水平和社会管理能力、更好地回应民众不断增长的多元需求为总体目标。因此，可以说政府再造业务流程的主要目标是更好地回应和满足变化、多元的民众需求。再次，从流程再造的基础来看，政府流程再造以信息技术发展为主要支撑。事实上，流程再造确实是信息技术的产物，信息技术革命打破了流程再造的时空局限性，使得信息的共享、流程的整合和优化成为可能。流程优化强调政府各部门之间信息、业务、服务的整合与协同，注重缩小政府与服务对象的时空距离。而信息技术所要做的就是驱动政府内部以及全社会范围内信息的流通、互联与共享，整合支离破碎的工作流程，合并重叠和多余的流程，改串行流程为并行流程，缩短政府服务时间，提升运行效率；压缩管理层级，推动扁平化组织结构发展，实现政府结构的优化；革新的信息技术提高政府数据治理能力，通过海量数据收集，更好地把握民众的需求变化，创新服务方式，更好地回应公共需求。政府流程再造需要信息科技作为支撑力量，因此政府流程再造在很大程度上被赋予了技术特性。最后，从流程再造的战略定位来看，流程再造是政府行政体制改革的重要突破口。我国的政府转型是一个一体多面的系统工程，是一个包含政府结构、政府流程、部门机构、治理理念、行为模式等多方面的整体革新和再造过程。系统工程的建设与改造既需要整体推进与多方配合，又要重点突破和局部先行，而流程再造可以成为整个行政体制改革的战略突破口。从理论逻辑上讲，政府组织结构决定内在结构，政府内在结构决定政府规模职能，政府规模职能决定政府业务流程。而流程再造也涉及政府部门内部机构之间、政府部门之间、政府与社会组织之间、政府与社会公众之间关系的变动，必然带来政府部门在政府理念、组织机构、职能和行为模式等方面的显著变化。政府流程再造因其自身的技术属性带来的突变特质完全可能成为撬动整个政治体系转型的突破口。当然，流程再造改革的顺利推进也需要其他方面改革的辅助和策应。

数字政府强调以统一的入口、统一的界面为社会大众提供一体化的公共服务，从而使社会大众感觉到这是由"一个政府"提供的服务，而不是由"多个政府部门"提供的服务。也不需要社会大众逐一与各个相关的政府部门打交道，只需要在统一入口、统一界面上"下单"，系统后台根据申请事项对应的流程设计，通过数据共享、数据交互、数据核验等技术手段自动进行处理，或者根据事项需要将申请流程分发给相关政府部门进行审核，相关政府部门应在规定的时限内办结事项，保证申请人可以在规定时限内获得办理结果。这种"前台一站受理、后台协作办理、服务限时办结"的服务模式，有效提升了公共服务的用户感知和用户体验。

实现由政府提供一体化的公共服务，离不开跨部门的协作。整体政府理念主张，在行政体制改革的过程中以现代的网络技术为基础，以资源共享和业务协同为特征，对政府目标、机构、资源进行规划，改变分割管理模式，从而实现跨部门协作。这种跨部门的协作主要体现在业务系统的互联互通、信息资源的共享开放和业务流程的衔接协同。当然，并不主张打破政府部门原先的组织的边界进行合并，而是在不消除边界条件下的交互协作和一体化的管理方式，构建相关的协同机制。要促使不同职能部门之间加强协同合作，打造整体式的组织结构，必然需要在部门之间建立健全统筹协调机制，充分利用统筹协调机制的纵向工作指导和横向工作协调能力，形成合作合力：一方面，可以使政府机构的职能发挥最大作用；另一方面，提高了政府的行政效能，能为社会大众提供更好的"一点登录、全网通办"的"一站式"服务。

1.2.3 数字政府建设促使新行政职能演化生成

短期来看，数字政府对现有政府的组织结构设置不会带来颠覆性影响。但在数字化发展过程中，数字政府的建设将不可避免地带来一些机构的更迭变换。例如，遵照20世纪90年代国家机构改革的初衷，政府部门所属信息中心是承担数字政府建设职责的主要机构。但受制于人员规模、技术实力等方面的不足，以往作为数字政府建设主力军的信息中心正在削弱，有的地方已经明确取消信息中心，同时引入技术公司辅助数字政府建设。再如，在2018年新一轮党和国家机构改革、国家大数据战略的双重影响下，各地积极抢抓大数据发展战略机遇，一批对数据治理较为敏感的地区纷纷成立大数据管理机构。截至2020年11月底，我国有23个省级（占比71.9%）和31个重点城市（占比96.9%）地方政府明确了政务数据统筹管理机构，承担数字政府建设工作。2023年3月，中共中央、国务院印发了《党和国家机构改革方案》，提出组建国家数据局，负责协调推进数据基础制度建设，统筹数据资源整合共享和开发利用，统筹推进数字中国、数字经济、数字社会规划和建设等，由国家发展和改革委员会（以下简称发改委）管理。长期来看，数字政府建设将推动分散的相近职能进一步集中，实现数字政府类事务由一个部门加以统筹。综而论之，我国行政组织形态的集中化与科层制并存或将成为常态。未来，随着技术条件的不断成熟，线上线下交融耦合愈加深入，或许和"无人超市""无人银行"一样，衍生"无人政府"，促使数字政府形态全面走向虚拟化。

在以往数字技术对政府职能影响的认识中，大多只是论述数字政府对政府职能的支撑作用，尚未对政府职能的拓展作用展开研究。究其原因，一方面，政府职责设置背后都隐含着各自的法定要求，数字政府对行政职责建设的推动作用受到法律规章的严重制约。在依法行政要求愈加严格的情景下，数字政府若触动职能变迁，必须在制度法规方面做出调整，才可为改革创新留出空间。另一方面，传统政府职责的设置大多不考虑数字技术的影响，数字技术对政府职责的影响仅停留在工具层面，尚未作为推动政府职责变革的主要推动力。但随着算法算力在数字政府中应用的不断深入，数字技术对政府职能的影响将日益凸显。例如，深圳、青岛等城市推出的"秒批"，其创新性不仅体现在提高了政务服务效率，更体现在对政府职能进行改变的探索性尝试。可以想象的是，随着"秒批"带来的裂变式效应的不断释放，当越来越多的办事服务实现"秒批"时，对线下物理空间政府职能的需求将逐步萎缩。未来，在局部领先地区，由技术应用带来的职能裁减现象随着时间的推移将持续扩大，推动相关职能消亡或向网络空间转移。

随着大数据、人工智能等新技术在数字政府建设中的深入应用，算法审查、首席数据官等新的职能岗位触发形成。例如，在"秒批"事项越来越多的情况下，需要进一步加大对自动审批背后算法的审查监管力度，算法审查人员将对算法设计可行性、合理性、科学性全面负责，以有效规避算法设计对公共利益的损害。再如，随着数据对数字政府建设的重要性日趋增加，需要探索建立首席数据官制度，补齐政府数据治理职责短板，提升政府数据治理效能，释放政府数据潜藏价值，以加快数据要素市场培育形成。又如，浙江省推出的"浙江公平在线""浙江外卖在线"，实现政府对平台经济反垄断、网络餐饮安全的数字化治理，进而催生新型数字化监管职能。当前值得注意的是，政府"对数字治理"不属于数字政府的范畴，政府"用数字治理"才属于数字政府的应然问题。与物理空间政府与社会不同主体的区分一样，网络空间也存在政府与社会等不同主体，不能因为空间的迁移而有所区别。数字政府触发带动新的职能产生与数字化推动政府职能产生不能混为一谈。比如，网约车、直播营销、平台经济反垄断、网络行为规范等新生事物不是由数字政府建设触发形成的，而是由网络空间的市场或个人行为触发产生的，进而带动形成新的政府监管或执法职责，这些新业态监管如若采用传统的职能运作方式，没有运用数字化手段实现"以网管网"，就不涉及数字政府平台建设。由于数字化发展触发形成新的政府职能，而直接判断数字政府职能调整的断言略欠严谨，因为对新事物实现数字化治理往往需要一段时间进行摸索，不能一蹴而就。合理切分"对数字治理"和"用数字治理"，对科学研判数字政府职能变化尤为重要。如网络警察属于政府为维护网络空间秩序而设置的职能，当网络警察不使用智能系统在网络空间执法时，与警察在物理空间维护秩序一样，就不涉及数字政府建设。

1.3 提升政府依法行政的能力和水平

习近平总书记强调："要全面贯彻网络强国战略，把数字技术广泛应用于政府管理服务，推动政府数字化、智能化运行，为推进国家治理体系和治理能力现代化提供有力支撑。"适应互联网发展趋势，将大数据、云计算、人工智能等数字技术广泛应用于政府依法行政过程，实现政府治理信息化与法治化深度融合，对优化政府治理流程和方式、提升政府依法行政能力和水平具有十分重要的意义。

社会的数字化迭代升级，数字政府利国利民，数字政府建设成为时代趋势。比如，2020年初，突如其来的新冠疫情发生初期，一些地方使用纸质表格办理出入登记，效率低、准确度不高，还存在接触感染、隐私泄露以及追溯难等一系列问题。为解决这些问题，"健康码""电子出入码"应运而生。依托日常高频使用的微信、支付宝等社交媒介，居民通过"扫一扫"功能，只需几秒即可完成个人信息的登记，生成二维码，完成出入核验。此后，在新冠疫情得到有效控制但仍面临重大挑战的新形势下，全国多地相继推出健康码，对于助力健康复工、复产、复学，建立与疫情防控相适应的经济社会运行秩序，无疑具有重要的推动价值。数字抗疫的成功实践是对我国近年来数字政府建设成效的一次全面检验，也显示出推进数字政府建设的良好基础和巨大潜能。可以肯定的是，数字政府建设是新时期下政府自我变革的必然选择，也是政府最大寻优的基础路径，更是法治政府、阳光政府、高效服务型政府建设的重要环节。

1.3.1 数字政府建设促使行政权力让渡受约

随着数字政府建设主体日益多元，科学研判数字政府建设对行政职能调整的深刻影响，合理确定政府、市场、社会职能边界，是数字政府建设的关键问题。遵照数据安全和关键信息基础设施安全等法律法规，政府对数字政府安全具有不可推卸的主体责任。从安全的角度考虑，对于公共性强并具有自然垄断性特征的数字政府网络、数据、系统，其建设运营权应由政府主导，谨防超级平台在消费领域形成事实上的垄断现象发生在政府侧，政府作为公共利益的维护者不能变，公司作为技术供应商的角色也不能变。对于数字政府的各类应用建设方案，应充分运用市场、社会的创新优势，鼓励不同主体参与设计，释放数字政府的经济价值和社会效应。事实上，有的地方为了发展本地经济，排他性地选择本地公司，一定程度上导致应该充分竞争的领域，可能由于竞争性弱难以形成长期性发展优势。有的地方认为法律并没有明确政府数据不可以交给市场来建设运营，"法无禁止即可为"，促使公共数据成为各大公司争抢的新领地，进而诱发公共利益受损风险，对公共数据运营加大监管提出新要求。未来，应加强对政府、市场、社会职能边界的跟踪研究，进一步厘清各方职责，协同各方共同推动数字政府建设的同时，有效规避数字政府建设职能错位、越位、缺位的现象。

数字政府治理在相当程度上改变了政府的治理结构和权力关系，其对内部行政程序的关注主要体现为两个层面。

第一，数字政府建设本身即尝试通过一系列内部控制手段，形成对权力的自我约束。比如，通过信息平台建设，规范内部程序，从流程上减少违法违规空间，促进了法治政府和廉洁政府的建设。

第二，通过解决碎片化问题推进整体政府治理。碎片化原意是指完整的东西破碎成诸多零块。政府管理模式碎片化形成于工业革命时期，技术进步和社会发展促使行政权力扩张，政府部门不断膨胀，分支机构逐渐增多，层级分割和各自为政现象日趋明显。在公共管理中，碎片化指政府组织局限于地方和部门资源与权力的运用，缺乏应有的协调和整合。在跨域治理上，碎片化是指同级政府不同部门之间以及上下级政府之间存在的地域分割与功能割裂现象。在公共服务领域，政府部门条块分割的资源分配机制是导致公共服务供给碎片化的重要原因。与之相反，整体性治理认为，政府组织架构与形态整合包括治理层级、治理功能以及公私部门三个维度。治理层级上包括地方政府、中央政府以及全球治理网络的整合；治理功能上有同一部门内不同功能的整合，也有不同部门之间的整合；公私部门指政府部门、私人部门和第三部门之间的整合。数字政府建设不仅仅局限于传统行政程序行政权力的约束作用，而更加侧重以效率为目标，优化行政权力运转的程序。通过打通部门之间的阻隔，模糊层级之间的边界，增强了组织韧性，实现了政府内部的互联互通。如前述"一网通办"就是中央政府和地方政府通过共享数据和政策信息打破了传统的层级体制，为公民提供综合性的便捷服务。在具体的操作层面，在后台管理上，数字政府建设建构了集约、统一的信息管理架构，统一数据标准，打通数据壁垒；在中台支撑上，通过建立统一的政务云平台、大数据中心、公共支撑平台等方式，为前端应用提供数据共享、统一身份认证、电子印章、电子签名等基础支撑；在前端应用上，通过协同办公系统、移动办公端、具体业务应用的建设，最终在公务人员这一用户层面极大地提高了办事效率，降低了行政成本。与原先自上而下的政府结构相比，数字政府治理改革试图构建更加开放和扁平化的治理结构。这既重新整合了政府内部的资源、渠道和权力，也加强了政府部门和层级之间的联系与合作。因此，政府治理改革从垂直层级结构向水平治理结构的转变，促进了组织内部横向机会和方法的出现，提升了政府的信息共享能力和跨组织边界的集体行动能力，不仅使政府内部的各种资源和系统相互联系，也拓展了政府与公民以及其他社会主体协商的空间。

1.3.2 数字政府建设推动公权运行阳光透明

在外部行政程序方面，数字政府在规范行政行为的同时，也大幅度提升了行政效能，强化了民主行政机制，便利公众参与政务。

一方面，通过大幅度提升行政效能，便利行政相对人参与政务。如通过线上化和减少审批环节，大幅度简化行政程序，特别是在电子化和网络化的基础上，通过图像识别等技术，部分执法事项和审批事项可以完全远程进行，而无须行政机关工作人员与相对人面对面处理。非现场化的行政方式可以协助执法人员远程监控，极大提高行政效率，对相对人来说，则改变了传统的现场申请和办理的做法，实现当事人"只跑一次腿"，甚至"零跑腿"。

另一方面，行政程序可以分为两种机制。第一种情形对应的是结果导向的行政权力运行程序，程序制度建构关注如何产出一个合法的行政行为，这也是传统意义的行政行为程序；第二种情形对应的是过程导向的行政权力运行程序，程序制度建构关注现代政府治理机制的形成，侧重推动权力运行过程的信息化、透明度、开发性以及对私人的友善程度，以提升政府公共治理的能力和公共服务的水平。数字政府显然更加关注那些非行政行为类的行为活动，包括信息公开制度、政府与信息和大数据相关的活动、政府应用数字技术提升公共服务水平的活动等。通过开放数据、开放服务和开放参与，促进政府在数据公开、公众参与和群众监督三项制度中均能有所作为，有利于强化民主行政。民主行政不仅指政府信息的可访问性和可用性以及公共服务的便利性和有效性，还要通过结构调整和资源整合提高政府的开放性和协作性，使公民能够参与到数字政府治理的过程中，并在公共协商和议程设置中发挥积极作用。其中，公开是参与的前提。数字政府以前所未有的公开强化了政府的透明性。透明性描述了政府在多大程度上公开了与其活动相关的信息和数据，以便这些信息和数据能够及时、全面、可靠并且可及地流向公民并被公民获取。透明性不仅满足了公民对信息的基本需求，也为公民参与奠定了基础。参与性是将公民的关切、需求和价值纳入政府管理和决策的过程。公民参与一方面有利于帮助决策者做出更加明智的决策，另一方面要求公共部门不断进行服务改进和政策创新。在数字政府启动之前，这种参与有着高昂的成本。技术变革不仅丰富了参与的途径，也扩大了参与空间，使政府与公民之间的传统界限越来越模糊。在互联网时代，政府网站是政务公开的主要渠道、重要载体和基础平台。基础的网站系统就足以为公民提供与政府直接联系的渠道，如通过政民互动栏目提供咨询服务等；进一步来讲，通过信息平台提供及时、直接、便捷的咨询服务是数字政府的重要内容。随着数字政府建设的不断发展，政府信息公开逐渐向政务数据公开迈进，大量政府数据进入公共领域，可以更好地利用，从而成为更好的生产生活资料，方便群众生活，促进经济发展，鼓励社会创新。同时，政府也不断创新数据和信息的使用方式，通过信息来直接服务公众。与此同时，数字政府建设中的各项信息化平台也成了各类公众参与创新模式的重要载体，有利于建立更具成本效益和反应迅速的政府。通过拓展政府网站的民意征集、网民留言办理等互动功能，积极利用新媒体搭建公众参与新平台，显著提高政府公共政策制定、公共管理和公共服务的响应速度，增进公众对政府工作的理解、认同和支持。

1.3.3 数字政府建设促进数字法治进程加快

《法治政府建设实施纲要（2021—2025年）》提出："健全法治政府建设科技保障体系，全面建设数字法治政府。"在新形势下，我们要把数字政府建设与法治政府建设有机结合起来，为全面建设法治政府筑牢"数字基石"，更好地推动科学决策、民主决策、依法决策。《国务院关于加强数字政府建设的指导意见》（国发〔2022〕14号）提出，"推动形成国家法律和党内法规相辅相成的格局，全面建设数字法治政府"，"推动及时修订和清理现行法律法规中与数字政府建设不相适应的条款，将经过实践检验行之有效的做法及时上升为制度规范，加快完善与数字政府建设相适应的法律法规框架体系"。近年来，我国陆续出台了《中华人民共和国电信条例》《中华人民共和国互联网信息服务管理办法》《中华人民共和国网络安全法》《中华人民共和国数据安全法》《关键信息基础设施安全保护条例》《中华人民共和国个人信息保护法》等一系列法律法规，为数字中国、数字社会、数字政府建设提供了坚实的法律保障，同时也让政府在数字时代更加有矩可循。数字法治政府的建设要始终坚持以人民为中心，以促进国家治理体系和治理能力现代化为导向，在数字政府建设中发挥法治固根本、利长远、稳预期的重要作用。

数字法治政府就是将数字技术融入构建职责明确、依法行政的政府治理体系之中，让数字技术赋能法治，为依法行政提供科技支撑。通过在法治政府建设中创新数字技术运用，以政府数字化转型驱动治理方式变革，推动政府治理流程优化、治理模式创新和履职能力提升，进一步提高政府运行数字化、智能化水平，让法治政府更加智能、更加高效，契合政府决策科学化、社会治理精准化、公共服务高效化的国家治理需要，更好地推进国家治理体系和治理能力现代化。数字法治政府是数字时代背景下推进国家治理体系和治理能力现代化的重大变革，是推进法治政府建设向数字化方向深化发展，是实现"互联网＋法治政府"的深度融合和创新突破。建设数字法治政府是对政府治理理念、组织架构、职能定位和流程再造的法治化过程，将有力推动社会治理、服务组织和政府决策模式的根本性变革，对政府的治理理念、运行机制和治理模式提出了新的更高要求。

新时代，我国社会主要矛盾已经转化为人民日益增长的美好生活需要和不平衡、不充分的发展之间的矛盾，人民对美好生活的向往更加强烈，不仅对物质文化生活提出了更高要求，而且在民主、法治、公平、正义、安全、环境等方面的要求日益提高。在依法行政方面，人民期待法治政府的运行方式、业务流程和服务模式更加数字化、智能化，决策科学性和服务效率更高，政府管理服务更加透明规范。民之所望，政之所向。全面建设数字法治政府，有利于优化依法行政的方式方法，提高依法行政效能，为人民群众带来更好的政务服务体验，营造良好的创业创新环境，增强人民群众的获得感、幸福感和安全感。

全面建设数字法治政府,顺应数字技术和依法行政深度融合的趋势,对促进政府职能深刻转变、持续优化具有重要作用。例如,借助数字技术,更多政务服务事项实现"一件事一次办""网上办""掌上办""自助办"等,可以进一步促进政务服务标准化、规范化、便利化,推动行政机构职能、流程等的法治化再造,有效提升政务服务能力和水平。全面建设数字法治政府是顺应经济社会数字化转型趋势的主动作为,要围绕加快推进信息化平台建设、加快推进政务数据有序共享、深入推进"互联网+"监管执法等方面,推动相关改革举措落地见效。

第 2 章 国内外数字政府建设进展

2.1 国外数字政府建设进展

2.1.1 全球政务数字转型发展的主要特征

1. 各国加快推进政府数字化转型

随着电子政务的发展,政府数字化转型成为各国发展的"重中之重"。各国政府利用数字技术创新政府运作方式,不断转变信息公开、政府决策和公共服务的方式,积极了解公众需求,解决公众关注的热点问题,尤其是在线服务,成为各国发展的重点。从全球范围来看,各国都在积极改善电子政务以及公共服务的在线服务提供。更多的国家开始关注通过电子政务探索政府数字化转型,解决协同治理问题,并将其作为应对各种复杂挑战的关键手段。在构建整体政府中,各国普遍采用强调基础资源层面的集约化建设与利用、管理层面的统筹规划与高效协同、服务层面的"一体化"无缝整合的做法。总体上,全球在线政务服务发展阶段已由以政府网站提供信息服务的单向服务阶段迈向实现跨部门、跨层级的系统整合集成,提供一体化网上政务服务的整体服务阶段。同时,许多国家已经进行了机构改革,以更好地支持政府数字化转型。在 193 个联合国成员国中,有 145 个国家设有首席信息官或类似职位。新的组织结构的挑战需要改变各级政府的组织文化,发掘公共部门、社会组织及个人能力。政府数字化转型需要整体方法推进,包括推进数据治理、促进有效的公共通信、增强信息通信技术基础设施以及提高新技术应用能力,建立符合信息化发展需求的制度和机制,制定数字化发展战略,形成监督和评估机制。2022 年 2 月 15 日,联合国开发计划署(UNDP)发布《2022—2025 年数字战略》,支持各国和各群体以数字技术为抓手,推动减少不平等,提高普惠包容性,并发掘更多经济发展机遇。自 2021 年起,联合国开发计划署的多个合作国家提高了其对数字转型的需求。目前，联合国开发计划署支持 35 个国家进行数字转型。

2. 数据治理与隐私保护逐步完善

随着政府数据应用的不断深化，其面临的风险和挑战也不断增加，政府治理的范式也在发生转变，政府执行以数据治理框架和数据为中心的电子政务战略，以创新方式产生公共价值。优化利用政务数据，将有助于提高公共机构的成效、问责和包容性，建立在数据基础上的政府将有助于提高其信誉和公正性。监管机构和决策者可以利用数据来激发公众的信任，并逐渐从信任转变为值得信任，而不是由公众承担责任。随着处理复杂数据集的能力不断提高，政府拥有的数据集可以为决策者提供更好的洞察力和预见性，并使电子服务更高效、更可靠、更包容，尤其是在实现复杂的可持续发展目标方面，数据将发挥更大作用。随着政府数据的急剧增加，以及人们对其巨大潜力及随之而来的挑战和风险的认识不断提高，对有效数据治理的需求变得更加迫切。各国政府必须采取整体政府的方法，在国家数据战略、强有力的数据领导和数据生态系统支持下，发展总体数据治理框架。越来越多的政府开始重视数据安全与公民隐私保护，尤其是随着大数据在社会日常生活中的普遍应用，数据集呈现规模性、多样性与复杂性的特点，使得在大数据收集、存储、共享与开放过程中，数据安全与数据隐私问题日渐凸显。2021 年 6 月 10 日，我国第十三届全国人民代表大会常务委员会第二十九次会议通过《中华人民共和国数据安全法》，该法自 2021 年 9 月 1 日起施行。该法是为了规范数据处理活动，保障数据安全，促进数据开发利用，保护个人、组织的合法权益，维护国家主权、安全和发展利益而制定的法律。2021 年 8 月 20 日，十三届全国人大常委会第三十次会议表决通过了《中华人民共和国个人信息保护法》，该法自 2021 年 11 月 1 日起施行。2018 年以来，美国先后出台《合法使用境外数据明确法》《2018 年加州消费者隐私法案》《信息隐私：互联设备法案》等数据与安全方面的法案，围绕跨境数据调取、消费者数据与隐私保护、未经授权访问修改或泄露网络互联设备信息等方面做出了相关规制。2018 年 5 月 25 日，欧洲联盟（以下简称欧盟）出台《通用数据保护条例》，其前身是欧盟在 1995 年制定的《计算机数据保护法》。2012 年，新加坡颁布《个人资料保护法令》，并于 2014 年设立了"谢绝来电"登记处，防止公民受到短信或邮件的骚扰。同时，部分国家也开始应用区块链等现代信息技术，有效保障政务数据安全性。2016 年，英国政府首席科学顾问马克·沃尔波特（Mark Walport）发布《分布式账本技术：超越区块链》研究报告，提出政府应积极与产业界和学术界开展合作，为分布式账本内容的安全性和隐私保护制定相应的标准。2017 年，爱沙尼亚设立"信息大使馆"，使用区块链技术保障该系统内的财政、社保、地籍、身份、户口等数据信息不被清除与更改，同时启动区块链公证服务，任何地方的居民均可在区块链中获取结婚证明、出生证明与商务合同等公共服务。

3. 政府数字化推动数字经济发展

为应对新信息技术革命提出的政府治理挑战，西方发达国家都在加速"数字蝶变"，大力推进政府数字化转型和数字政府建设。数字政府作为数字化转型的"重中之重"，受到世界各国普遍重视，纷纷制定相关政策，如韩国"政府3.0计划"、美国"开放政府战略"、欧盟"数字欧洲：2030战略"。纵观国际电子政务发展实践，将政府数字化转型与国家发展战略融为一体，通过电子政务的创新发展促进服务型政府建设，提升公共服务效能，创新政府管理方式，实现经济社会可持续发展已成为世界各国政府的普遍共识。

2022年7月4日，英国科技和数字经济部对2022年6月13日发布的《英国数字战略》进行了更新，增加了"数字雇主的签证路线"内容。该战略旨在通过数字化转型建立更具包容性、竞争力和创新性的数字经济，使英国成为世界上开展和发展科技业务的最佳地点，提升英国在数字标准治理领域的全球地位。英国政府对数字经济寄予厚望，2021年，英国数字经济贡献近1250亿英镑、170万个工作岗位，预计到2025年，数字经济对英国经济的贡献将提高到2000亿英镑以上。数字经济规模不断扩大，为英国经济发展带来新动力。

4. 新冠疫情加速政府数字化转型

在新冠疫情期间，信息通信技术在促进人民的健康和安全以及保持经济和社会良性运转方面发挥了重要作用。各国政府通过其国家门户网站、移动应用程序和社交媒体平台公开信息，快速响应公众需求。很多国家的政府开通了专门的防疫网站和应用程序，在信息和资源更新方面表现出极大的灵活性。拥有强大电子政务系统的国家能够向公众、地方政府和医疗工作者提供明确的最新信息，同时还能与社会平台开展合作，减少错误信息的传播。通过信息共享和在线服务的提供，数字技术使政府和公众在疫情暴发期间保持联系，使各国政府能根据实时数据进行分析并迅速做出决策，提高地方政府协调能力，并向最需要的人提供服务。政府与私营部门的伙伴关系在实施新技术应用方面已显示对抗击疫情的积极影响。在这种情况下，需要建立适当的法律和体制机构，用来解决实施新技术应用可能引起的隐私侵犯和人权问题。政策制定者需要遵循数据最小化和有限数据收集的原则，防止发生滥用监控或侵犯隐私的问题。联合国开发计划署依托《2022—2025年数字战略》支持各群体发展和使用数字技术，以探索迫切需要的一系列发展方案。一年中，联合国开发计划署帮助82个国家采用了方案来应对新冠疫情。这些方案包括用数字金融帮助被隔离的人使用现金转账支付，帮助各国开展数字化评估，在疫情期间提供病房机器人等。数字技术将在联合国开发计划署的工作中广泛应用，使发展工作取得更有效的成果；同时，重视创新的方法和工具，将有前景的解决方案规模化，并通过前瞻预测洞见未来可能。

2.1.2 丹麦——政务服务"无处不在"

丹麦政府早在 20 世纪 90 年代就意识到了信息网络技术的重要性。经过二十多年的发展，丹麦已经成为电子政务建设全球领先的国家，其电子政务的建设模式受到许多国家的关注与推崇。

1. 建设历程

1）启动阶段（1994—2001 年）

1994 年，丹麦政府意识到信息网络技术的重要性，提出了《信息社会 2000》战略，并成立了国家信息和通信局，标志着丹麦信息化建设的起步。1998 年，数字丹麦委员会成立，并于 1999 年发布了《数字丹麦——向网络社会转变》报告。该报告提出了丹麦政府发展网络社会的愿景及具体措施，其中，发展网络社会的主要目标是在福利社会的基础上将丹麦建设成一个信息网络技术领先的国家。

2）基础阶段（2002—2003 年）

2002 年 1 月，丹麦电子政务联合委员会提出了新的政府战略——《迈向电子政务：丹麦公共部门的设想和战略》。该战略首次提出了国家电子政务系统的建设愿景，即系统地利用数字技术与信息网络技术，创造新的思考方式和组织工作流程，实现政府职能的转变，以提高政府的服务质量和效率。为了更好更快地实现此目标，该战略提出四条基本原则：数字管理必须让公民和企业对网络社区产生信任，公共部门必须进行数字化的工作和交流，公共部门服务必须与公民和企业保持一致，公共部门的任务必须以最优的方式完成。

3）成长阶段（2004—2010 年）

2004 年 2 月，丹麦政府公布了《2004—2006 年新电子政务战略》。该战略的愿景是通过数字化转型，创建一个高效、连贯、服务质量高的公共部门，且以公民和企业为中心。为了创建更公开透明的公共部门，丹麦政府在该战略中提出五点要求：公共部门必须为公民和公司提供一致的服务；数字化管理应该提高服务质量，释放资源；公共部门必须进行数字化的工作和交流；数字管理必须建立在连贯和灵活的 IT 基础设施的基础上；公共领导人必须先行一步，确保他们的组织能够实现这一愿景。20 世纪 90 年代中期，随着信息技术的发展，公民服务中心开始在丹麦各城市蔓延，这些服务中心从实体逐渐转移到数字平台和网页上。2005 年，公民服务中心作为丹麦公共部门的接入点，为公民和公共部门之间的行为互动构建了一个"一站式"电子政务门户网站。此外，eDay2 项目的开展要求公共部门尽量采用数字化方式服务公民和企业，以使丹麦政府向更好的数字服务、更高的效率和更强的协作迈进。2007 年 6 月，丹麦政府进一步发文强调公共部门提供高效公平的数字服务的重要性。换句话说，公共部门应提供更高质量的数字服务，且这种服务应使公共部门之间的关系更紧密、提高效率变得更容易。

4）成熟阶段（2011年至今）

历经成长阶段后，丹麦电子政务自2011年进入成熟阶段。在这个阶段，信息资源可以实现共享，并且开始进一步的探索。2011年8月，丹麦政府发布了《2011—2015年电子政府战略——通往未来福利的数字化路径》。该战略强调"无纸化"办公，在公共组织部门中不能再有打印的表格或信件；同时，各个公共部门之间应该相互合作，建立更加紧密的信息网络，以提高服务效率。此外，该战略的主要目标之一是创造"电子岗位"，即让公民和企业可通过电子政务服务平台直接与公共部门的人员进行交流。该战略还催生了100多个电子政务自助解决方案，使众多社会领域的核心服务得到数字化支持，推动远程医疗和教育在全国范围内的规模性开展。

自2016年起，丹麦政府开始实施《2016—2020年数字化战略》，旨在建立更强大、更安全的数字丹麦。该战略致力于淘汰纸质文件的使用，提供快速且高质量的数字化方案，通过开放政府基本数据不断提高公共部门面向公众和企业的透明度和便利度。2018年1月，丹麦政府再次推出两项新的数字战略。第一项是《丹麦数字增长战略》，旨在使丹麦走在数字发展的前沿，为丹麦企业创造最好的发展环境，并开发新的数字增长来源。第二项是《2018—2021年丹麦网络和信息安全战略》，重点是改善互联网安全，涉及13个政府部门，相关举措包括两点：一是通过多方合作，建立一个具有促进信息共享和抵御网络威胁功能的国家网络形势中心；二是构建完善的信息门户。丹麦政府门户网站建设水平虽已走在众多国家的前列，但还存在需要改进与完善之处，实现丹麦电子政务的"无处不在"。这一战略将有助于更好地保护政府信息系统，提高公民、企业和部门在保护信息安全方面的知识和技能，加强国家在信息安全方面的协调与合作。

2022年5月5日，丹麦政府启动一项新的数字化战略，该战略包含61项举措，其中包括提高数字安全性并推动丹麦居民生活和企业运营的数字化转型。战略提出九大目标，分别为增强网络和信息安全、为所有居民和企业提供连贯服务、增加技术投入以实现核心功能、促进中小企业数字化转型、促进数字化医疗、通过数字化解决方案加速绿色转型、强化基础设施、增强国际竞争力、应对未来挑战。

2. 主要特点

1）以公民需求为中心，实践"公民无国界"的理念

以公民需求为目标并围绕公民需求的目标提供相应的服务，这一特点贯穿丹麦政府建设电子政务的历程。政府希望在丹麦，每个公民都不会被遗忘，每个问题都会及时得以解决。围绕公民的需求与利益提供优质服务是丹麦电子政务建设的出发点。

不同于大多数国家的单门户网站，丹麦政府信息网站是由denmark.dk与borger.dk两个网站构成的。denmark.dk网站展示丹麦美好形象，按投资、求学、旅游、工作

进行分类,为海外用户及企业提供易操作的精准分类服务。borger.dk 网站则专注于为丹麦公民提供有效、高质量、人性化的"一站式"在线服务。同时,为了方便居住在丹麦的外籍人员,该网站有对应的英文版本(lifeindenmark.dk),使得非丹麦公民也能享有个性化的服务。这意味着无论是丹麦本国用户还是海外用户,都可以从丹麦政府门户网站获得相应的良好服务,体现了丹麦对"公民无国界"这一观点的认识。此外,丹麦政府信息门户网站的建设受到北欧极简主义的影响,其网页设计趋向于简约的风格,服务标题也同样简洁明了,使得网站访问者能够以最快的速度获取自己想要的公共服务,显著降低了政府与公民之间的交易成本。在办理具体的服务事项时,网页上还附有易于理解的办事流程与说明,使得各项服务的提供更加容易操作。可以说,"数字丹麦"的建设做到了真正意义的"内外兼顾"。正是由于这种特点,政府提供公共服务的效率大大提高,公众的价值需求得到满足。值得一提的是,对公民进行细分是政府提供更为优质服务的前提。因为只有在对公民进行细分的基础上,政府才能准确进行目标人群的选择与定位。也就是说,只有针对不同需求类型的人群提供各类不同的服务,才能使提供服务过程中的绩效损失降到最低。丹麦在电子政务建设中很好地体现了这一点。

2)中央政府和地方政府协力打造无缝隙互动型电子政务

在"数字丹麦"建设过程中,中央政府和地方政府虽然扮演着不同的角色,但是一致保持"为公民提供更好的服务"这一目标。首先,在电子政务发展战略的制定上,国家财政部作为主要发起者,制定了有关行政、公共领导和数字化不断发展和改进的倡议书,以提高公共行政的效率,而地方政府的经济委员会则为国家财政部服务,在战略的落实上出力。其次,在战略的执行方面,国家财政部制定并实施了有关行政、公共领导和数字化的举措,而市政则负责执行与公民服务提供有关的大多数任务,包括社会服务、老年保健、就业、文化、环境和规划等。中央政府除了推动战略的制定和相关措施的实施,还承担促进多方利益主体合作、进行数据保护、保障网络环境安全等责任。总体上看,中央政府部门主要起着顶层设计和指导控制的作用,地方政府及有关机构则是具体措施的主要执行者。两者同心协力,共同推进"数字丹麦"的发展。

此外,丹麦政府巧妙地将强制手段与弹性化策略结合。一方面,为了建立"一站式商店",政府信息门户网站的后台与中央及各个地方城市的信息数据库被强制要求打通。另外,丹麦政府强制要求公民注册数字邮箱,保证15周岁以上的公民都能拥有一个属于自己的邮箱,以便公民与政府公共机构之间能够直接沟通往来。如此种种,体现着丹麦政府的强制手段。另一方面,其组织机构、公共行政环境又是极具弹性化的,这样的弹性化打破了组织内部本来的垂直或者水平结构,使得公共部门提供电子化服务时可以遵循公民需求导向而非部门需求导向。

无缝隙的全面互动型电子政务体现在以下三个方面:一是责任链条的无缝隙,即每个部门的具体责任非常明确，职责透明公开，不存在职责交叉或互相推诿的问题；二是中央与地方的无缝隙衔接，中央与地方的信息系统与数据库是互联互通的，信息在中央与地方之间可以顺畅地流动传递；三是回应公民需求的无缝隙，丹麦政府对时间的把握很精准，例如对于公民从门户网站上传需求到公民需求得到有效解决的时间，会依据需求的不同种类设置不同的时间截止点，有效防止公共部门对公民需求推诿拖延的问题发生。

3）企业、公民共同参与，公众服务"无处不在"

在"数字丹麦"建设过程中，政府一直强调通过公共部门提供良好的网络环境，使得电子化渗透到公民及企业的日常中，随时为公民及企业提供优质服务。根据欧盟统计局在 2018 年发布的数据，丹麦大约有 93% 的家庭和 100% 的企业可以上网，使用互联网与政府部门进行交流并获取电子信息的个人比例约为 90%，92% 的个人每周上网超过一次。这样的网络普及率使得任何公民在任何时间、任何地点都能够网上办理任何事务。数字化遍布于社会的各个领域，大大提高了公共服务的及时性与质量。

企业参与为"数字丹麦"提供技术支持与管理实践。在丹麦，多元主体间的合作参与为电子政务的发展提供了强有力的支撑。企业作为重要的参与主体之一，有着极其重要的贡献。值得一提的是，由丹麦政府一手培育与扶持的社会企业（概括来说，就是将社会公益与商业化运营相融合的产物）颠覆了传统商业与公益组织的概念认知，积极参与社会问题的解决。自"数字丹麦"提出以来，企业一直默默发挥着自己的作用，积极融入网络服务的构建，为其提供技术支持与管理实践。可以说，企业扮演着不可或缺的角色。与此同时，丹麦良好的营商环境使得企业拥有参与电子政务建设的内生动力。《全球营商环境报告 2019》显示，在丹麦注册一家新企业仅需 3.5 天，建造仓库所需的全部法律手续仅包括 7 个步骤，两个多月即可完成，并能够保证可靠的电力连接。此外，丹麦的新注册公司平均数为每 1000 名工人 8 家。如此优质的营商环境使得企业能够主动地参与"数字丹麦"的建设过程，形成良性的循环。

公民信任推动着"数字丹麦"向前发展。丹麦曾多次被评选为"全球幸福指数最高"的国家，据 2019 年联合国发布的《世界幸福报告》，丹麦人互相信任的指数高达 89%，公民信任度位居世界前列。在"数字丹麦"建设过程中，牢固的信任网络使得整个社会的运作更加便捷、高效、透明，这是电子政务发展的内生支持。其中，高度的公民信任受到显著关注。在"数字丹麦"建设过程中，公民信任与电子政务建设相辅相成。一方面，公民对公共部门的高度信任使得隐私问题在"数字丹麦"建设中不是挑战；另一方面，在公民高度信任的基础上，公民满意度能够有效提升，进而提高公民反映自身需求的意愿，使得丹麦政府可以更加主动、及时地提供公共服务。由于透明、公开电子政务的建设，"政治黑箱"暴露在阳光下，公民获取信息的潜在成本降低，形成一个积极的正向循环。

4）优化营商环境，探索新型监管机制

良好的营商环境不仅可以促进社会经济发展，还可以增强国家的综合竞争力。丹麦就是一个极好的例子。为了给公民与企业提供更加高质量的数字服务，丹麦政府一直努力通过电子政务建设来优化营商环境，种种举措已经取得了初步的成效。世界银行发布的《全球营商环境报告 2020》将丹麦列为仅次于新西兰、新加坡和中国香港的第四位。丹麦的营商环境之所以如此优良，除了税收制度的完善、企业税费负担的减轻等优势，和它较为成熟的电子政务建设是分不开的。

目前，丹麦大多数审批事项可以通过"一站式"电子政务方式快速完成办理。例如，引入在线平台，允许同时完成商业和税务登记，从而使创业变得更加容易；允许用户以电子方式提出初始申诉，法官和律师可以通过电子方式管理案件，从而使合同的执行更加容易。通过网络化、信息化建设推进公共服务流程的重组再造，通过精简行政审批流程来优化营商环境。

为了优化营商环境，丹麦政府除了通过电子政务建设来简化行政审批流程，还致力于新型监管机制的构建。不同于以往实体的监管机制，新型监管机制更重视数字化与信息化，更强调监管的高效性与实效性。近年来，丹麦通过信息化监管，实现监管部门与各个进出关口间的信息互通，使得市场更加透明化，信息垄断现象逐渐减少，中小企业能够便利地得到所需要的信息数据，获得成长、创新的平台和机遇。

2.1.3 韩国——建设透明型、能力型与服务型政府

韩国的在线服务指数（OSI）处于世界领先地位，并拥有亚洲地区最高的联合国电子政务发展指数（EGDI）。韩国国家电子政务战略每五年修订一次，并得到发展计划部门的支持。《电子政务 2020 总体规划》确保了国家政策以证据为基础，以科学为依托，并着眼于实现以民为本的开放、创新的政府。此外，《智慧政府总体规划》为开发和利用人工智能（AI）、公共管理创新数据，以及主动提供以公民为主导的服务构建了一个框架，旨在满足公民，特别是最弱势群体的具体需求。智慧政府实施战略体现在《数据和人工智能经济促进计划》中，该计划重点加强数据和人工智能能力，为数字经济的可持续发展打下坚实基础。诸如《区块链产业发展总体规划》《智慧城市实施战略》《新产业和技术路线图》等国家机制正在促进新技术加速发展，以造福社会，改善公共管理。除了这些举措，政府还为电子参与、开放数据和电子采购提供平台。该国电子政务的法律框架侧重于保护个人数据和信息，以及数字安全和数字身份（详见其 2017 年的《数字签名法》）。

1. 建设历程

韩国数字政府建设经历了四个阶段。

1)启动期(1979—1995年)

20世纪70年代后期,韩国政府开始推行行政业务的电算化,80年代中期,政府投入2亿美元启动"国家基础信息系统工程",该工程覆盖了韩国政府的多个领域,促进政府简化诸多办事流程,使公民能够不受时间、地域的限制获取各种文件,有效提升了政府办事效率。

2)基础期(1996—2000年)

1996年,韩国政府出台《促进信息化基本法》,为推进政府各部门之间信息化发展提供了法律保障。政府还投资1313亿美元建设"韩国信息基础设施工程",在大力发展基础设施的同时,建立相应的社会、文化环境,开启政府在国家生活中扮演仅提供信息角色的数字政府1.0时代。

3)成长期(2001—2012年)

2001—2007年,韩国数字政府特别委员会提出了数字政府的11项任务,建立了一站式的电子政务门户网站,向公众提供在线服务。

2008—2012年,韩国政府开始使用Web 2.0技术,发布《国家信息化基本规划》和《国家信息化实施规划(2009—2012)》,部署了电子政务发展方向和具体的实施计划,政府角色开始表现为限制性地公开信息和参与民众互动。

4)成熟期(2013年至今)

2013年6月,韩国政府根据建设透明的政府、有能力的政府、服务型政府的理念,宣布实施数字政府3.0计划,启动数字政府建设的新范式。

韩国在透明型政府、能力型政府与服务型政府三大战略领域中,提出了10项推动任务,以实现开放、共享、沟通与合作的社会价值。在数字政府3.0的三大战略中,透明型政府是指政府业务和公共信息透明公开、与国民进行沟通、与国民一起提供服务的"向国民开放的政府",其价值在于提高决策水准,防止腐败,确保得到国民信赖。为此又提出了积极公开公共信息,保障国民知情权,激活民间对公共数据的有效使用,以及强化民官共治这三项具体任务。能力型政府是指激活政府间协作、为企业创造自由的环境、扶持创造经济、持续提供新的就业岗位和增加附加值的政府,强调打破政府部门间的藩篱,推进政府部门的深度协调合作及基于大数据的组织管理,进而有效解决面临的社会问题。提出的具体任务有:消除政府内部隔阂,协作沟通改善政府运营,有效使用大数据,实现科学行政。服务型政府要求以服务的使用者——国民为中心转换服务模式,让国民参与价值的创造,将服务提供理解为创造价值的过程。政府服务围绕国民统合起来,国民只要访问或者提出请求就能得到一站式服务,甚至能够实现国民没有提出请求也能通过事前的需求收集提供相应的服务。提出的具体任务有:综合提供需求者定制型服务,强化创业及企业活动一站式扶持,增加信息弱势群体与服务的接触,创造有效利用新型信息技术的定制型服务。

韩国数字政府 3.0 在有效管理公共数据、改善公共服务、增强政府公信力三个方面提出了措施。在管理公共数据方面，建设公共数据门户网站（data.go.kr），成立开放数据中心和开放数据战略委员会，通过了《促进公共数据提供与推广基本计划（2013—2017）》，建立一站式的公共数据提供框架，从政府、公私部门间的开放数据系统支持框架开始实施。在改善公共服务方面，建立公共交流渠道，设立 e-People 网站（epeople.go.kr）作为专门的政策辩论门户，修改行政程序法，为扩大公共参与和网络政策讨论提供法律依据；建立一站式服务中心和 24 小时在线公共服务网站（Minion24）；利用最新信息技术如移动平台，创新公共服务提供方式。在增强政府公信力方面，扩大信息公开范围，建立信息公开门户网站（open.go.kr），主动公开与公众生活息息相关的信息，该网站集中了所有部门的公开信息，用户无须分别访问不同部门；加强官员财产信息公开，打造廉洁政府。

2020 年 11 月 25 日，韩国科学技术信息通信部在"韩版新政与大韩民国人工智能相遇"活动上介绍了实施《人工智能国家战略》以来取得的成果，并发布了数字新政推进计划。为推动数字化转型升级，韩国政府重点推进数字大坝、智能政府、智能医疗、数字孪生等数字新政核心项目。预计到 2025 年，将所有公共部门系统转型为云计算形式，打造数字政府。

2. 主要特点

1）强有力的政府保障并强化与产业发展结合

韩国在数字政府建设上取得的成效得益于政府清晰的发展规划，特别是政府对发展规划的有效实施，包括配有详细的实施方案、管理结构和预期结果。韩国数字政府建设属于"政府主导"模式，对数字政府能够提高国家核心竞争力有着深刻的认识。1996 年，金泳三成立韩国政府"信息化推进委员会"，2001 年，金大中设立直接对总统负责的"电子政务特别委员会"，此后韩国历任总统都高度重视数字政府建设，投入了巨大的精力和资金。数字政府 3.0 推动体系的顶层为国务会议，其下设置了国家政策调整会议和公共数据战略委员会，各部门设置数字政府 3.0 责任官。2014 年，韩国政府进行机构调整，将安全行政部（MOSPA）改革为内政部（MOI），负责政府组织管理与推动政府 3.0 计划。同时，成立了政府 3.0 促进会议、实务会议以及民间咨询团，加强内政部、未来创造科学部、中小企业局等部门在数据开放、平台建设、公共服务、支持数据再利用开放等方面协调合作。在推进路径上，采用了统一部署与分步实施相结合的策略。制定《促进公共数据提供与推广基本计划（2013—2017）》和《公共数据提供与推广执行计划》，前者对韩国政府 3.0 实施中的公共数据开放与建立数据系统进行了规划，并制定了信息公开的年度指标，后者则对优先开放的数据、促进企业参与政府 3.0 以及数据利用进行了政策设计。同时，设计了政府 3.0 计划的实施进程，大致分为基础准备、正式推动、定位及扩散三个阶段，提出了具体的变化管理和绩效管理，变化管理主要以教育和宣传为中心，绩效管理主要通过绩效报告大会和绩效管理指标进行。另外，韩国把数字政府建设和扶持信息通信产业这一经济目标捆绑在一起推进。数字政府建设需要长期持续不断的投入，韩国政府把信息通信产业发展带来的实际效益作为数字政府建设的重要支撑。2019年12月17日，韩国政府公布《人工智能国家战略》，以推动人工智能产业发展；2020年12月，韩国政府制定《人工智能伦理标准》和《人工智能相关制度与法律指南》，应对人工智能产业规模扩大后可能出现的问题。

2）以高效政府和服务型政府为愿景

韩国通过数字政府建设，重新设计行政业务流程，革新和简化办事流程，进行行政事务的重组，大力开发行政信息资源，推行大办公室制和窗口服务制，使政府服务更加贴近群众生活。政府还倡导"亲切"服务，将"亲切"服务作为评判公务人员工作质量的标准之一。民愿24小时系统、行政信息共享中心、移动电话电子政务、政务公开系统、电子政务宣传手册等各项措施保障了相关政策的高效实施。公民可通过与全体政府部门相连接的"泛政府在线沟通门户"，直接向政府反映意见和建议，更为便捷地参与政府决策过程。公民可利用"行政信息公开系统"，在线申请并查阅各种政务信息及国家档案。配合实施政府3.0，韩国政府提出了智慧电子政务2015计划，愿景是创建一个高效政府，积极鼓励民众随时随地通过智能设备参与政府服务，具体包括打造全球最佳移动电子政务，建设一个安全、稳定的社会，推动工作、生活平衡的智能工作方式，加强与民众沟通，提供个性化服务等内容。

3）以信息共享、数据公开作为数字政府建设的核心

韩国政府3.0区别于2.0的主要特点是从供给驱动型的透明度（响应性的信息公开）向需求驱动型的透明度（主动分享）转变，通过数据开放和信息共享，驱动以数据为导向的决策方法，为民众提供个性化服务。一是主动向公众发布大量行政管理数据与公共服务信息，允许公众方便地获取政府数据。二是通过信息公开促进透明政府建设，主动公开大量不涉及公共安全与个人隐私的政府管理数据，为公众监督政府运作提供便捷的数据支撑，公众能够广泛参与政策制定。三是提供针对性、定制化的公共信息，方便公众生活，提高公共服务多样化与精细化水平。四是鼓励公开信息数据的商用，大力鼓励企业运用政府公开的数据创造就业岗位，降低韩国的失业率。

4）积极应用新兴信息技术推进数字政府建设

从全球的情况来看，政府信息化建设模式主要是根据轻重缓急逐一实现政府业务流的信息化，再通过部门业务协同整合资源和提供一站式的服务，避免固化现有政府结构，并借此梳理政府职能，同时通过政府门户网站整合资源。韩国政府积极运用信息技术加强统一平台与数据库建设，打造移动电子政务（m-Government），通过建设公共数据门户网、信息公开门户网、24小时公共服务在线网，方便公众一站式获取信

息与办理事项，实现公民与政府之间随时随地的交流互动。利用大数据，增强公开数据的兼容性和可获得性，统一数据开放接口，方便公众和企业获取开放数据并进行二次开发利用，创造社会和经济价值。韩国在数字政府建设中，突出移动电子政务的作用，设计政务移动客户端，方便公众利用智能手机等随时获取公共信息，表达公共服务需求。通过物联网和人工智能应用提高在线服务效率，提高国家管理的效率和服务的传输速度，使用公共数据库最大限度地精简投资过程，发展政府生产力。韩国行政自治部和信息化振兴院共同发布了《2017 年电子政府十大技术趋势》报告，宣布将电子政府逐渐发展成为结合数据分析、机器人技术，提供更周到服务的"以数据为中心的政府"。

5）构建涉及面广的系统平台、强化跨政府部门互动

韩国的数字政府建设强调跨政府部门互动，为民众提供无缝在线服务，并配备了后台基础设施。韩国通过构建政府企业架构（government enterprise architecture，GEA），将面向民众、企业和政府机构的跨政府服务整合到一个平台上，有效提升了政府公共服务的精细化水平。GEA 的特点是具有标准化的电子目录系统，其电子授权和电子签名系统解决了供应商身份确认和信息审核的问题。GEA 将商业流程从 75 步简化为 15 步，将处理时间从 4 周缩短至 1 周。韩国在线电子采购系统（KONEPS）是一个一体化的电子采购门户，集合了 120 个政府采购系统，通过多部门的协同，为用户提供从采购管理、注册、竞标、签署合同到付款的一站式采购流程。公共采购通知信息都发布在该门户上，包括投标、合同以及采购流程的实时跟踪等。该门户将投标过程从 30 多个小时减少到不到 2 小时，既提高了效率，也增加了公共招标的透明度。

2.1.4 英国——数字政府即平台

英国作为较早实施数字化战略的国家，已经取得了阶段性成果。2012 年，英国颁布《政府数字化战略》，并于 2013 年对该战略进行了升级和完善，其核心是将数字化作为政府提供公共服务的优先方式（也就是默认选择），旨在为选择使用数字化渠道的民众提供条件，为无法使用数字化渠道的民众创造条件。该战略制定了详细的实施路线图和主要考核指标，具体包括构建统一的数字化技术平台、提供应用接口、开放政府数据、帮助第三方机构创新业务服务方式等，并且鼓励用户通过统一门户网站（GOV.UK）访问政府业务，为用户提供更好的信息和服务内容。为此，英国持续优化升级国际知名的 GOV.UK 政府网站，在共享平台和组件、开放源代码、模式创新等方面取得积极成效。英国政府数字服务成为世界各国学习模仿的典范，在 2016 年联合国电子政务调查评估中获得第一名，这也为英国实施新的数字政府转型战略提供了重要基础。

然而，随着信息技术的迅猛发展，英国政府于2012年制定实施的战略已经无法继续指导其数字化进程，因为该战略并没有涉及跨政府部门协同、数字人才培养、数据增值利用、用户隐私保护、网络空间安全、复用平台组件、降低运维成本等内容。为继续保持在全球数字政府领域的领先地位，2017年，英国出台了《政府转型战略（2017—2020）》。该战略明确政府以民众需求为核心，不断解决公共服务提供中存在的问题，制定整合的数字化路线，以提升用户体验、提高工作效率，这将使英国民众、企业和其他用户都能够享受到更优质、更可靠的在线服务。这是英国就政府转型做出的系统性安排，力图建立一种"全政府"的转型方式，旨在向英国民众提供世界一流的公共服务，推动政府数字化进程。

1. 目标任务

英国政府发布的《政府转型战略（2017—2020）》旨在加快推进政府数字服务，强化"数字政府即平台"的理念，促进跨政府部门建设共享平台，提高政府数字服务效能，改善民众与政府之间的关系。该战略逐一列出了2020年之前英国政府转型需要达到的水平和状态，制定了具体的工作计划和措施，并对英国政府2020年以后的发展远景进行了展望，其目标和重点任务可概括为以下五个方面。

1）推动跨政府部门业务的整体转型

根据英国的经验，扩大跨政府部门的在线服务覆盖范围有利于数字化转型，而这也成为世界各国未来发展的共识，并在客观上需要政策制定者和在线服务设计者开展更加密切的配合。英国政府数字服务既要覆盖政府部门的内部工作，也要覆盖面向民众提供的全部政府服务。政府通过设计和提供一站式、一体化的在线服务，在为公共部门开展更广泛的转型奠定基础的同时，进一步拓宽了在线服务、电话服务和面对面服务等多种公共服务渠道。作为实现上述目标的具体途径，政府部门将构建标准化的数字服务，多渠道为民众提供可使用的公共服务，并不断更新技术实施准则和其他应用标准指南以替代原来落后的技术方案。同时，政府部门还将构建监测评估数字化转型进程的方法，建立跨政府部门的合作机制，以形成共同的语言、工具和技术体系。在借鉴私营部门经验的基础上，处理政府转型面临的重大变革问题。通过上述措施，英国政府确保了跨政府部门边界运行项目，且能够以更加灵活的方式提供在线服务，从而在根本上改善政府数字服务的用户体验。

2）培养数字人才、技能和文化氛围

英国政府的目标是拥有世界上最具数字技能意识的公务员队伍，让英国的政府数字服务成为全球领先的公共服务。为实现这一目标，首先需要提升英国领导者在数字项目管理方面的技能。英国在政府部门中提供数字、数据和技术职业机会，建立良好的职业发展道路和奖励机制，依托各类教育机构为数字、数据和技术专业人员提供最优质的学习和受教育机会。英国希望培养优良的政府数字文化，通过提升政府人员的数字技能，在让数字技术专家理解政府业务的同时，确保其他专业领域的公务员能够支持政府数字化转型。通过建设数据科学院校，实施数据科学加速培训计划，建立政府数据科学应用能力，使政府成为对数字、数据和技术等人才队伍最具吸引力的理想工作场所。同时，通过与公务员人力资源部门合作，确保其他专业领域的人才能够掌握数字工具和技术，让非数字技术领域的专家能够理解数字化工作方式的优势；通过与公务员培训计划合作，确保当前和未来的政府领导者接受数字项目管理培训，能够有效管理数字时代的政府组织。

3）优化数字工具、流程和治理体系

数字政府不仅为民众提供优质的公共服务，而且可通过采用有效的数字工具、构建工作场景技术、优化治理流程体系，为公务员创造良好的外部工作环境，以提高其工作效率，让其更好地应对工作挑战。在公务员采用的日常通用技术、业务方案管理、内部控制流程、支持快速决策、政府商业采购、服务质量控制、服务保障措施、服务价值转化等方面，英国政府机构开展了丰富的实践。基于统一数字市场理念，英国政府的数字服务采购合同体现以用户为中心、以设计为导向、以数据为驱动的开放方式。英国政府在2020年底为公务员创造了更加适应数字化要求的工作环境，确保公务员在工作场所能够运用统一的、可交互操作的技术。同时，通过相关研究为公务员提供数字服务经典案例，并使之一般化为标准的政府业务流程，从而形成通用数字工具，使所有政府部门都能管理、资助和有效运营包括跨部门服务在内的各种数字服务。英国政府还计划在2024年底，重点解决跨政府部门联合服务的问题。在上述措施的推进下，英国公务员将具备舒适的、不受时间和空间限制的办公环境，这将有助于形成一种开放的、数字化的政策制定和在线服务氛围。

4）提升数据应用、分析和管理能力

数据是一切在线服务的基础，是实现更高效能政府公共服务，满足民众需求的关键资源，更好地开放、利用数据不仅是提高政府透明度的需要，而且是促进政府机构以及私营部门实现转变的需要。2017年4月27日，英国上议院通过《数字经济法（2017）》，以建立更好的数字化基础设施并为使用数字化服务的公民提供保护。同时，选拔任命新的政府首席数据官，设立新的数据咨询委员会，统筹协调利用各级政府部门数据，推动利用政府数据的业务发展，提升政府建立和扩展数据科学分析能力，更好地运用数据支持决策。英国政府实施了安全可靠的管理和使用数据制度，确保公务员能够清楚其掌握的数据是否可以共享，并建立国家级的数据基础设施登记注册制度，确保数据基础设施能够安全可靠地运行。此外，英国将为政府内部和外部的用户提供数据挖掘分析的工具和方法，并完善政府存储和管理数据的方式。

5）创建共享平台、组件和业务复用能力

近年来，英国政府逐步实现代码、模式、平台和组件的共享，并向世界各国分享了解决政府技术和服务设计等问题的最佳实践案例，跨政府部门平台服务将成为其未来努力的重要方向。英国基于共享机制和业务平台组建在线服务功能，实现数字技术、业务流程和公务人员的有效组合。英国将运用 GOV.UK 网站实现跨政府部门边界的服务，包括第三方提供的服务、地方政府服务或者外包服务。为提供快速、廉价且易于组合的数字服务，英国将构建更多可重复使用的共享组件和平台，为所有接受政府服务的用户提供统一的使用体验。英国政府在 2020 年终止与大型、单一的供应商开展合作，不再签订持续多年的 IT 项目合同，而是通过建立共享组件和平台，扩展正在使用的平台的功能，提供更多的政府数字服务。2021 年 3 月，英国政府公布了发展数字经济的"十大技术优先事项"，其中包括建设千兆宽带和 5G 数字基础设施、消除数据共享和使用的障碍等。通过制定和颁布组件、平台以及与功能相关的技术标准和实施指南，降低平台在政府公共部门复用的门槛，消除组件、平台和功能重复运用的障碍，并积极探索在中央政府以外可以重复使用的领域。

2. 主要特点

作为数字社会形态下政府整体转型的一种尝试，英国政府的数字转型战略不仅仅局限于工具层面的信息化、数字化，而更多体现为理念层面、行为层面、制度层面的转型与发展。正因为如此，其涵盖了政府工作的方方面面，并因此体现出较为宏大而复杂的改革场景。

1）体现以人为本的原则

政府将更多地从用户需求出发，致力于改善民众与政府之间的关系，把更多的权力移交给民众，基于网络用户数据和访问使用习惯，更好地分析和掌握民众需求，更好地响应民众需求；基于互联网设计原则、数字服务标准和技术实施准则开展实践，为公民提供不受政府决策影响、更加稳定可靠的政府数字服务体验。同时，英国政府认识到政府公务员、中介机构和企业也是用户，必须了解并且满足他们的需求，才能全面实现政府数字化转型成功。由此，英国为公务员构建更好的工作环境、提供先进的技术工具，使政府公务员能够更有效地开展工作，且面向民众和政府领导者提供完善的数字技能培训，进一步提升了政府为民众服务的效果。此后，英国政府还出台了《公共服务标准》，为完善数字政务服务的用户体验和满意度设立了 14 条标准。许多国家越来越重视对电子政务项目和公共服务的绩效评估，如欧盟专门出台了《2007—2010 年提升电子政务效率和效能的关键行动计划》，作为指导欧盟提升电子政务效率和效能的里程碑式文件。

2）体现高度的灵活性

数字时代提供的工具、技术和方法能够帮助政府以更快的速度、更低的成本实现政府数字服务的优化组合，政府可通过互联网更快地提供服务和信息，产生更直接的政策影响，从而快速实现政策目标。为确保政府能够适应和响应变化，快速跟上技术发展的步伐，需要政府具备转型的动力和能力。就此方面而言，英国政府采取了更加灵活并可扩展的策略，通过优化政府采购、协同治理、案例分析、人力配置、使用通用技术等措施，创建、运营、迭代和嵌入共享平台，加快推广组件共享模式，逐步建立开放标准，从而提升了平台可重复应用方面的业务能力。同时，技术进步也使得建设、变革和运行政府的成本和时间大幅度减少，有利于节约政府公共财政资金，使政府能够更快、更好地应对社会经济和政治方面的变革。

3）体现更强的包容性

英国政府部门计划在 GOV.UK 网站建立高可靠性、高安全性以及高效能的在线服务，为 2500 万用户提供更好的服务。通过探索，企业和中介机构提供基于身份特征的服务选项，从而更好地满足用户需求。在此基础上，进一步拓宽用户的概念，对需要使用政府应用程序编程接口（API）的第三方用户给予支持，在政府内部和外部扩大应用 API 批量服务的范围。例如，在经过客户授权许可的情况下，允许会计师自动提交纳税申报单，此类服务要求前端用户界面和后台支撑系统以更加现代、高效、包容的数字方式进行运作。

4）重视隐私与数据安全

政府必须安全可靠地管理和运用数据，才能赢得和维持民众的信任，确保个人数据和敏感数据能够在可靠的治理框架内得到安全且符合社会公德的保护。因此，政府需要开展网络安全规划，合理确定网络安全等级，在数字化转型过程中确保采用可靠的网络安全和隐私保护措施。此外，政府的活动也需要更加透明，并且在安全可靠的情况下重复利用公共数据和非个人隐私数据。政府需要在建立安全防护系统的基础上，确保数字化转型的每一个阶段都能免受网络犯罪的袭击。

英国已经向数字政府迈出坚实的一步，为适应数字时代的需要，英国政府实施了转型计划。然而，数字政府转型建设是一个持续的过程，英国在执行这些计划的同时，还在积极研究以后的发展规划，通过构建实验模型，并基于证据和反馈实现快速迭代，模拟如何才能做出更深刻的改变，并将为此进行积极探索和准备。

根据《政府数字服务：2021—2024 年战略》，英国数字政府着重解决跨政府部门联合服务问题，并建立适用于所有人的单一数字身份，推出在线政务服务的单点登录方案，归口线上政府服务至单一平台。上述措施都将在未来重塑英国的政府机构，甚至改变政府部门的设置方式。为实现这些目标，需要应对任何可能发生的变化，通过制定政策，最终实现以民众为中心、提供数字化服务、能快速适应调整的政府转型。

2.1.5　美国——先进技术驱动数字政府发展

美国数字政府的探索与建设始于 20 世纪 80 年代，以"信息高速公路"工程的开展为发端。1993年,美国政府成立国家绩效评估委员会,发布了《运用信息技术改造政府》及《创建经济高效的政府》,提议政府通过先进的信息技术克服在公共管理和服务中的弊端。随后,克林顿政府发布《国家信息基础设施行动》,通过国家信息基础设施的建设推进美国社会信息化程度和电子政务的发展。经过近40年的发展,美国依托先进的技术创新和持续的制度改革,推进政府数字化转型,其在新兴信息技术、人工智能和物联网驱动数字政府发展等诸多方面居全球领先地位。

1. 建设历程

1)克林顿政府时期

克林顿政府十分重视互联网的重要性,敦促美国各级政府机构加快官方门户网站的开放进程。1993年,美国国家绩效评估委员会正式成立,首次提出构建"电子政府"(e-government),在政府中使用先进的信息网络技术。克林顿政府颁布了《国家信息基础设施行动》和《全球信息基础设施行动计划》,加大对信息基础设施的投资力度。1996年,美国政府推行"重塑政府运动",积极推行政务电子化,应用网络技术以及通信技术推行政府的公共服务职能,实现政府机构的优化和政府行政绩效的提高。

2)乔治·沃克·布什(又称小布什)政府时期

小布什政府提出了"电子政务"的概念,实现了网站从仅仅展示信息到可以办理服务事项的转变,从"以信息技术为中心"转变为"以公民为中心"。2001年,美国白宫管理与预算办公室宣布成立"电子政务特别工作小组",并于2002年公布了《电子政务战略——简化面向公民的服务》,提出以公民为中心、以结果为导向、以市场为基础的三大原则,旨在提高政府的工作绩效、便于公民与联邦政府互动、改善政府对公民的回应能力。

3)奥巴马政府时期

奥巴马政府推动政府机构采用最新的技术,如美国数字政府服务和Data.gov计划的推出,强调政务信息的公开,通过大数据及信息技术的应用,推动公平、透明、开放的美国数字政府建设。2009年,美国联邦政府的数字政府战略由"电子政府"转向"开放政府"。2012年,美国白宫发布了数字政府战略,旨在为美国公民提供更优质的公共服务,主要实现三个目标:一是让美国公民可以在任何时间、任何地点,利用任何设备获取所需的高质量的政府信息以及数字服务;二是确保美国政府适应新数字时代,抓住机遇,以智慧、安全和经济的方式采购并管理设备、应用和数据;三是公开政府数据,激发国家创新,提升政务服务的质量。奥巴马政府高度重视大数据的应用,进而系统改造传统国家与政府治理手段及体系,促进了美国经济的快速增长。奥巴马政府提出的数字政府战略是美国积极向数字经济、数字城市、数字治理和数字政府转型的重要标志。

4）特朗普政府时期

2017年初，特朗普就任美国总统。特朗普政府强调利用先进的数字技术，以更好地提升政府服务。2017年5月，美国科技委员会成立，旨在加速政府的数字化进程，总目标包括协调愿景、战略和方向。特朗普政府时期美国政府数字化转型的目标：一是要让公众能够使用任意设备，在任意时间、任意地点获取政府提供的优质服务；二是政府要逐步适应数字化的发展进程，能够经济、安全、有效地管理数据应用和资产；三是强调社会创新与对创新工具的采购。

5）拜登政府时期

拜登政府尤为重视美国网络安全发展。拜登就任伊始，美国网络安全领域面临以科洛尼尔石油管道勒索事件为代表的关键基础设施安全威胁、以太阳风安全事件为代表的软件供应链安全威胁亟待解决的局面，网络空间外交领域面临特朗普"美国优先"策略带来的盟友离心以及与俄乌战争同步爆发的网络空间战争局面。为了破局，拜登政府制定并实施了一系列网络安全战略举措，使得美国重新在网络空间站稳脚跟，并试图全面掌握未来全球网络空间与数字经济的主导权。

拜登上任之初，于2021年3月推出《临时国家安全战略指南》，鼓励私营部门与各级政府合作，加大基础设施投入，保卫国家免受恶意网络活动的侵害；加强国际合作，维护现有全球网络空间规范，并制定新的规则；加强对破坏网络安全行为的打击力度，提升网络安全防御能力。拜登任期内，于2021年5月12日发布《关于改善国家网络安全的行政令》，拜登表示这是其任期内的基本政策。该行政令主要包括七个方面：消除政府和私营部门之间共享威胁信息的障碍；推动联邦政府保护云服务和零信任架构；提高关键软件供应链的安全性；建立由政府和企业领导共同主持的网络安全审查委员会；制定标准化《联邦政府应对网络安全漏洞和事件的行动手册》；加强联邦政府网络中网络安全漏洞的检测能力；提高联邦政府的调查和应急响应能力。该行政令为美国网络防御现代化进程奠定了基础。拜登执政一周年，于2022年1月发布《关于加强国家安全、国防部和情报系统网络安全的备忘录》，规定了国家安全系统（NSS）的网络安全内容和范围，并强化了国家安全局（NSA）对国家安全系统的管理、指导地位，赋予了NSA协调国家安全系统商业云技术相关网络安全和事件响应工作的任务。

除上述措施外，拜登政府在网络安全领域具体实施策略包括以下三个方面。一是优化协调机制，加强公私合作。拜登任总统后，对管理网络安全的关键岗位和重要机构进行了调整与改革，设立了负责网络和新兴技术的国家安全副顾问、国家网络总监、网络安全审查委员会等职位和机构。此外，美国政府还加强网络空间安全公私合作。二是提升网络安全防护能力。美国管理和预算办公室（OMB）发布了《联邦零信任战略》；美国网络安全和基础设施安全局（CISA）发布了《零信任成熟度模型》，并于

2022年初发布了免费的网络安全工具和服务清单；美国国家标准与技术研究院（NIST）发布《零信任架构实施规划指南》以及制造业工业控制系统环境下信息和系统完整性指南；NSA 发布了《网络基础设施安全指南》；美国国防部发布了 2.0 版《网络安全成熟度模型认证》等。三是加强网络空间外交，重塑美国网络安全领导力。2021 年 2 月，美国众议院推出 2021 年网络外交法案，积极推动网络空间外交议程。同年 10 月，美国国务院宣布成立网络空间和数字政策局，负责统筹网络空间和新兴技术领域相关的外交工作。拜登政府还加大了网络安全领域对他国制裁的力度，2021 年 10 月，美国商务部发布新的出口管制规定，要求各企业除非获得商务部许可，禁止向中国、俄罗斯等国出售黑客工具。2022 年 6 月，美国商务部工业与安全局发布了最新的出口管制规定，限制向包括中国在内的多个国家分享网络安全事项。

2. 主要做法

美国联邦政府、州政府和地方政府等各级政府通过政府数字化转型提高民众的生活水平与质量。美国在数字政府建设方面主要采取了以下做法。

1）设立首席信息官（CIO）职位，推动跨层级业务协同和信息共享

政府数字化建设越来越显示出跨组织的业务协同和信息共享的重要性：①很多国家积极搭建顶层设计框架，不断完善相关的技术和服务标准，指导和保障跨部门服务的统一、无缝链接，并引申出一系列后台服务项目的整合。②建设统一的政府应用系统和业务协同平台。在统一的基础设施、组织架构和标准、政策指导下，将政府各部门处于运行状态的业务系统进行协同和整合，成为"无缝链接"的关键。

以美国为例，美国首席信息官的职位设立在白宫管理与预算办公室，负责领导和监督整个联邦政府的 IT 支出。此外，依据《克林格—科恩法案》，每个联邦机构都设立一名首席信息官。政府的首席信息官是世界数字政府排名的一个重要指标。美国是世界上最早建立首席信息官制度的国家，制度中明确规定联邦及州政府部门首席信息官的职责是及时向政府首脑和其他高层管理人员提供政府信息化发展建议与协作、指导，监督所在部门信息技术等其他事务的实施，确保部门信息化工作顺利开展，维护一个和谐、稳定的整体化信息架构，对信息资源进行有效管理，提升本部门的信息资源管理运作效率，规范有效的工作流程。近年来，美国政府与公众、企业、社会、各级政府之间的数字政务互动有所增加，主要由于在管理和预算办公室内设立数字政府行政办公室，努力开发和促进数字政府服务和流程，通过大数据、云计算等信息技术，提高美国公民对政务服务的参与度，同时推动提供数字政府服务的机构之间的合作，通过整合相关职能和内部数字政府程序的使用，努力简化政务服务手续，优化数字政府服务流程。

当前，美国联邦政府在线政府建设的重点是跨层级的业务协同与信息共享。在业务协同方面，联邦政府以大门户链接和绩效评估为主要手段，重点促进联邦政府、州

政府和地方政府之间的协同。全美以"大门户"的形式链接 10 000 多个各级政府网站，构成整体政府网。此外，美国政府各部门信息化配合机制显著有效。美国地方政府各部门在信息化的建设应用上基本不存在矛盾，部门之间沟通畅通、配合默契。例如，伊利诺伊州埃尔金市政府每三个月召集一次由各部门信息系统管理专家参加的座谈会，沟通交流信息化方面的工作。再如，伊利诺伊州山伯格市政府，不论是市长、部门负责人，还是从事具体工作的职员，都非常重视通过网络信息系统进行工作上的协同配合，政府所有的管理与服务信息都集成到一个网络平台上，在政府内部各部门提供各自信息的基础上，由政府信息主管部门建设维护，而且居民的网上办理事由信息在政府网络的一个入口授理，由信息主管部门根据信息的性质从网络上分送到相关部门解决。

联邦政府通过年度绩效评估推动政府数字化转型，引入数字分析项目和客户管理理念，通过衡量政府业绩和公众满意度提高政府的服务质量。美国地方政府非常重视网上为居民服务的质量和效果，如伊利诺伊州内珀威尔市建立了一个城市工作软件，用来跟踪居民打电话向政府询问的问题，不但把居民打来的电话号码存储起来，也把反映的意见和要求存储起来。同时，每周对 4000 多个网站和 400 个行政部门进行绩效评价，并且向全社会公开评价结果。美国采用"电子政务记分卡"制度，并推行企业界广泛采用的"挣值"管理方法，加强政府信息化建设的评估和绩效管理。此外，绩效评估有效地推动政府数字服务的开发和交付。在 2018 年的美国数字政府服务年度绩效评估里，犹他州官方网站（Utah.Gov）在全美五十个州中脱颖而出，获得 A 等评级。自 2010 年美国启动数字政府服务年度绩效评估以来，犹他州官方网站已经连续 8 年荣获 A 等级。犹他州首席信息官 Michael Hussey 认为，该调查参照全美范围内最详尽的政府数字服务评估模型，调查结果不仅验证了犹他州的数字政务服务能力，还证明了犹他州能够合理使用技术，以改善服务、提高服务能力、简化办事操作，从而达到预期的政策目标。

在信息共享方面，美国从法律上对政府的信息共享进行要求。国家有三个层次的法律对政府信息的公开进行明确要求，如联邦法律有《信息自由法》，宗旨是保证政府的行为对公众负责；州一级有《公开会议法》，宗旨是确保政府不能有秘密交易，文件必须在网上公开；地方一级还有《档案公开法》，宗旨是保证公众可以接触政府的档案。因此，美国各级政府的信息数据都在很大程度上在网上向同行和外界公开，如美国联邦统计局网站、基金会统计数据网站、伊利诺伊州劳工保障网站等，这些网站上的信息非常丰富，任何人都可以通过互联网下载所需要的信息。再如美国联邦地质调查局的卫星图片信息，其彩色图片分辨率达到半米级，这些图片每月进行更新，可免费让各级地方政府使用，地方政府在此基础上对本地的详细数据进行补充，建立自己的地理信息系统。美国的网上数据共享机制也非常健全，如伊利诺伊州杜佩奇县

第十八巡回法院的信息系统不仅能在法院内部使用，还能与相关部门（如警察局）进行工作上的联系与互动，如该县警察局的刑事案件都通过该网络传到法院，法院再将处理情况传到警察局，所有案子流程都在计算机网络系统中进行。此外，部门之间的数据共享合作也非常好，如社会保障部门的数据统计局可以利用，统计局的数据社会保障部门也可利用，有时综合两个部门的信息还能加工分析后提出新的信息供两个部门使用，虽然一些个人信息不能公开，但是一些共性信息都在网上跨地区、跨部门共享。

2）构建动态安全的数字政府网络，建立数字政府管理标准

数字产品的市场是动态的，需要制定互联网的管理标准。美国数字政府网络建设遵循政府和更广泛的公共部门的标准。这些标准要求美国数字政府网络具备互操作性强、安全防护性好、公民隐私权保护性能优等特征，以为社会提供优质服务。政府应当作为市场关键领域的管理者，而不能作为被动参与者。政府之间的协调也是必需的，以便整个市场能够被理解和管理。美国通过建立数字政府管理标准，增强数据存储安全管理能力，保障信息准确可靠，增加公众对政府的信任度，确保公民关键数据的安全可信，例如医疗保健记录、财务信息和社会保障号不会受到损害。

区块链技术能够解决状态管理系统数据的安全性和协调性问题，由此构建的区块链平台为美国数字政府建设提供了一种全新的高容量解决方案。区块链技术基于数据块链的原理和先进的加密算法，使得分布式账本成为最安全、最方便的数据存储和传输介质，而加密货币工具和智能契约将减少国家政府的腐败。在技术开发方面，美国国防部2019年7月公布《数字现代化战略》，将区块链技术列为未来必需的技术之一。在电子投票方面，利用Follow My Vote开发了一个采用区块链技术的在线投票平台，该平台采用椭圆曲线加密技术，确保结果准确可靠。在民政方面，利用Borderless开发了一个平台，确保公众在智能合同的基础上获得法律和经济服务。E-Auction 3.0平台是一个具备公共采购与拍卖功能的平台。该平台应用区块链技术，可全流程展示公共采购条件、过程和结果。

3）实施国家大数据战略，构建数据驱动战略体系

通过积极利用大数据，美国在国家战略关注领域已实现突破。2012年，白宫发布《大数据研究和发展计划》，由白宫科学和技术政策办公室（Office of Science and Technology Policy，OSTP）牵头成立大数据高级指导小组，该计划通过收集和整理海量、复杂的数字资料提升政府对社会经济发展的预测能力。为加速2012年提出的"大数据研发行动"进程，2016年5月，美国政府发布《联邦大数据研究与开发战略计划》，提出七大战略，涵盖大数据技术、可信数据、共享管理、安全隐私、基础设施、人才培养和协作管理等与大数据研发相关领域，构建数据驱动战略体系。利用新兴的大数据基础、技术和功能激发联邦机构和整个国家的新潜能，加速科学发现和创新进程，并培育下一代科学家和工程师，促进经济增长。该计划涉及15个联邦机构，对各联

邦部门制定与大数据相关的计划和投资提出了指导意见。

美国政府的公民门户网站是www.usa.gov，作为改善美国政府与公众沟通体验的国家门户，该网站既能为公众提供广泛的信息资源和各种政府来源的在线服务，又有助于公众更好地了解政府结构。为了改善用户的浏览体验，该网站还允许用户创建政府账户，允许每个用户根据需要自定义门户。该网站包含辅助功能、实时聊天平台和聊天时间操作服务，除节假日外，每个工作日都可以方便地使用。这为所有政府信息和服务提供了一站式服务，清晰罗列了政府以用户友好的方式提供的所有公共服务、表格、工具和交易。

在当今世界数字化转型的背景下，2020年美国国际开发署发布了《数字战略（2020—2024）》，试图在全球范围构建以自身为主导的数字生态系统。该战略制定了2020—2024年需完成的30项任务，具体包括：至少在其他国家执行一项活动，以解决该国国家数字生态系统中一处或多处问题；在服务水平较低的市场中增加20%的私营部门数字投资；在目标国家中将互联网普及率平均提高30%，然后带动数字技术的应用，以取得重大发展成果。

4）构建公私合作伙伴关系，重新构建数字政府服务采购模式

美国将政府使用数字技术和公共部门信息作为其未来数字化议程的重要内容之一。许多州已利用公私合作伙伴关系（public private panner ships，PPP关系）模式来推进公民聚焦数字政府建设。美国鼓励政企合作，对数字政府涉及的部分信息技术采取"外包"模式。目前，美国政府在想法、概念、技术和信息共享方面对私营部门的开放程度逐渐提升。在数字政府战略建设过程中，通过将部分公共服务及惠民项目外包给互联网巨头公司以提升政府信息技术水平，如苹果（Apple）、微软（Microsoft）、亚马逊（Amazon）、脸书（Facebook）以及谷歌（Google）等知名互联网企业凭借优秀的人力资源和强大的资金保障在规定时间内为政府部门提供优质高效的信息技术服务，政府职员在此基础和平台上负责信息采集、分析等工作。这种技术外包手段不仅提升了政务效率，而且为政府提供了安全、可靠和经过检验的解决方案、软件和专业知识，同时为互联网巨头公司提供了更多的商业机会，有助于使用"无成本契约"模式实现公私合作。

目前，美国的犹他州、马里兰州、威斯康星州、阿肯色州和得克萨斯州等已成功运用了"无成本契约"模式，在政府与行业之间形成了独特的公私合作伙伴关系，有效地推进了政府的数字化转型，提升了数字时代的政府治理能力。利用这种模式，政府无须进行前期投资，即可建立并启动数字化服务。企业会向使用数字化服务的用户收取一定的费用。由于只有用户使用数字化服务时企业才能赚到钱，因此企业会大力推广民众采纳、使用这项服务。使用"无成本契约"模式形成的政府和行业间公私合作伙伴关系重新构建了数字政府服务采购模式。

5）注重运用人工智能、物联网等新兴技术提升政府治理能力

国际数据公司（International Data Corporation，IDC）发布的《2021年V1全球物联网支出指南》数据显示，2020年全球物联网支出达到6 904.7亿美元。IDC预测，到2025年，全球物联网市场将达到1.1万亿美元，年均复合增长11.4%。公共部门是仅次于私营企业物联网技术的第二大采用者。政府使用物联网技术的最重要事项是收集并分析海量用户数据，降低成本，并使政府流程更高效。美国总务管理局智能建筑计划的基本方法之一就是在政府设施中安装支持物联网的智能建筑应用程序。该项目于2012年实施，迄今已在近100座政府建筑中安装了传感器。实践表明，在公共管理中使用人工智能应用程序有助于提高数字政府在线服务的效率，国家机构通过使用公共数据库最大限度地精简投资过程，提高国家管理的效率和服务的传输速度。智慧城市是与物联网相关的概念，美国数字政府服务与智慧城市建立关联，并考虑城市的特点，包括通过线上医疗服务推广推动社区的医疗保健，实施线上教育，发展移动通信服务，提高能源使用率，特别注重使用绿色环保清洁能源。2020年10月，美国颁布《关键与新兴技术国家战略》。美国要成为关键技术和新兴技术的世界引领者，并构建技术同盟，实现技术风险管理，其中包括通信与网络技术、数据科学及存储、区块链技术、人机交互等。美国国家科学技术委员会于2020年11月发布了高级计算生态系统的开发战略——《未来高级计算生态系统：战略规划》，2021年1月制定了《国家AI倡议法案》，在科学技术政策局下设立了国家AI倡议办公室。2021年3月，美国人工智能国家安全委员会（National Security Commission on Artificial Intelligence，NSCAI）公布了"最终报告"，提出在2025年之前美国发展人工智能的战略。美国政府通过加大对人工智能、物联网建设的投资力度，为公众提供跨时间、跨区域、跨平台的高质量服务。目前，物联网在美国的公共交通、公共安全、数据实时采集与管理等方面发挥着基础性的作用。

6）发展移动数字政府，利用云计算提升数字政府服务效能

2017年以来，特朗普政府开始推行"移动政府"建设，由隶属总务管理局的公民服务和创新技术办公室负责承担建设任务。总务管理局运行digitalgov.gov网站，致力于为政府机构提供建议、培训和服务工具，也为公民提供更多高效率、有价值的服务。美国国务院、农业部、人口普查局、国税局以及更多的部门和机构都提供支持iOS和Android系统的智能手机应用程序。"智慧旅客"（smart traveler）被誉为美国国务院的特色应用程序，允许用户查看签证要求、当地相关的法律、大使馆和医院地址以及各国的旅行注意事项。门户的设计使公民能够轻松地找到广泛的、有特点的信息，以及具体的、个性化的服务。政府还制定了前瞻性的企业发展路线图，为政府现代化的下一阶段提供前进的道路。随着数字政府的不断深化发展以及全球经济、气候环境的变化，数字政府建设在效能和推进政府创新方面有着新的发展和方向：推行云计算，提高效能。云计算帮助数字政府提高服务效率，其优点体现在：一是迅速便捷地共享数据与信息，帮助政府机构部门实现数据库共享；二是降低政务信息系统开发运行及管

理维护的成本,从而加大数字政府的硬件和软件系统的投资,进而改善政务服务质量。

公共部门可通过云计算技术,对海量数据进行存储、分析、研究,从而打破数据壁垒,实现信息共享。例如,宾夕法尼亚州通过预测建模开发"支付分数计算器",从而能够高效估计无抚养权亲人在法院强制条件下对儿童的抚养能力,并了解费用支付情况;美国联邦铁路管理局通过建立"企业数据存储"系统预测铁路建设项目的投资结果,以便有效地管理资金。云计算帮助美国政府解决电子政务建设中的3个关键性问题,即安全、性能和成本。

7)重视关键基础设施安全

美国十分重视关键基础设施安全,历年发布的相关政策如表2-1所示。

表2-1 美国历年关键基础设施相关政策

年 份	相关政策名称
1996年	《关键基础设施保护》(第13010号行政令)
1998年	《关键基础设施保护》(第63号总统令)
1999年	《国家基础设施保障委员会》(第13130号行政令)
2001年	《爱国者法案》
	《信息时代的关键基础设施保护》(第13231号行政令)
2002年	《国土安全法》
	《关键基础设施信息保护法》(CIIA)
	《研发项目开发计划:通过信息安全技术实现关键基础设施保护》
	《关键基础设施和重要资产的物理保护国家战略》
2003年	《关键基础设施的认定、优化和保护》(HSPD7,第7号总统令)
	《保护网络空间的国家战略》
2006年	《国家基础设施保护计划》(NIPP)
2007年	《9/11委员会法案实施建议》
2008年	《国家信息安全综合行动计划》(CNCI)(第54号国家安全总统令/第23号国土安全总统令)
2013年	《美国促进关键基础设施和网络空间安全保护行政令》
	《提高关键基础设施的安全性和恢复力》(PPD21,第21号总统令)
	《改善关键基础设施的网络安全》(第13636号行政命令)
	《国家基础设施保护计划:为了安全性和恢复力而构建伙伴关系》(NIPP)
2014年	《联邦信息安全现代化法案》
	《网络安全加强法案》
2017年	《成立美国技术委员会》(第13794号行政令)
	《加强联邦政府系统和关键基础设施的网络安全》(第13800号行政令)
2018年	《2018年网络安全和基础设施安全局法案》(CISA法案)
	《美国国家网络战略》
2019年	《确保信息和通信技术与服务供应链安全》(第13873号行政令)

2001年10月,白宫发布第13231号行政令《信息时代的关键基础设施保护》,

设立"关键基础设施保护委员会",对关键基础设施信息系统的保护工作进行协调。2002年2月,关键基础设施保护合作组织(PCIS)发布《研发项目开发计划:通过信息安全技术实现关键基础设施保护》,介绍了开发关键基础设施研发项目的计划,详细描述了技术研发的若干方面。美国白宫在2002年7月发布《关键基础设施和重要资产的物理保护国家战略》,概述了加强对于公共卫生、公共安全、国家安全、政府运作、经济稳定和公众信心至关重要的基础设施和资产保护的指导方针,明确指出了13个关键部门,包括农业和食品、供水、医疗卫生、应急服务、政府、国防、工业基地、信息和电信、能源、运输、银行与金融、化学工业和危险原料、邮政和递送。

此外,各级政府部门、行业机构发布了关键基础设施相关保护计划,如《银行与金融部门关键基础设施保障国家战略》《信息与通信部门的关键基础设施和网络空间安全国家战略》《电力部门对关键基础设施保护挑战的回应》《供水部门关键基础设施保护国家计划》《铁路部门关键基础设施保护国家计划》《保护新经济时代石油和天然气基础设施的安全》等。2014年2月,美国国家标准与技术研究院制定《增强关键基础设施网络安全框架》。

拜登政府在关键基础设施领域的具体实施策略包括以下方面:一是加强关键基础设施保护。在关键基础设施方面,美国白宫先后发布《改善关键基础设施控制系统网络安全备忘录》《电网网络安全》研究报告等;美国国家安全局与国家情报总监办公室、国土安全部等部门联合发布《5G基础设施的潜在威胁向量》;美国网络安全和基础设施安全局发布了《联邦政府网络安全事件与漏洞响应手册》。2022年,拜登签署了《2022年度关键基础设施网络事件报告法》,规定关键基础设施实体在遭遇网络事件或勒索软件攻击时,如果需要支付赎金,则必须执行强制性报告。二是加强关键软件供应链安全。2021年,拜登签署了《确保美国供应链安全行政命令》,要求对几类核心产品的供应链展开为期100天的风险审查;美国国家标准与技术研究院发布了《关键软件定义规范》,回应行政令提出的界定"关键软件"的要求;美国网络安全和基础设施安全局和美国国家标准与技术研究院联合发布《防御软件供应链攻击》报告,对软件供应链进行界定,并提出与软件供应链攻击相关的信息、关联风险以及缓解措施。2022年,美国网络安全和基础设施安全局联合美国国家标准与技术研究院发布了网络供应链风险管理(C-SCRM)框架;能源部发布了建立能源系统弹性网络的战略。

2.1.6 新加坡——规划设计引领数字政府建设

在世界经济论坛发布的《2017—2018年度全球竞争力报告》中,新加坡居亚太地区首位。世界经济论坛评估国家政府的效率和竞争力的标准,在于政府开支的浪费情况、政府管制的负担及政策制定的透明度。在世界银行发布的《全球营商环境报告

2020》中，新加坡位居第二。根据国际货币基金组织发布的 2022 年度世界国家和地区人均 GDP 排名，新加坡排名为全球第六，亚洲第二，人均 GDP 达 8.28 万美元。新加坡在过去十年贫富差距逐渐缩小，基尼系数呈下降趋势。政府的效率、做生意的难易度、居民的生活质量很大程度上取决于政府为企业、居民提供服务的质量和效率。在这个信息量巨大、环境多变的时代，新加坡政府之所以能高效运转并取得一系列瞩目的成绩，信息技术的大规模普及应用是关键因素之一。

1. 建设历程

纵观新加坡数字政府的建设过程，从 20 世纪 80 年代至今大致经历了以下 4 个阶段。

1）启动期（1980—1990 年）

新加坡政府的信息和数字化建设始于 1980 年国家信息化委员会的成立，目标是运用信息与通信技术提高政府公共管理效率，专注于工作自动化以及办公无纸化。新加坡政府先后制定了《国家计算机计划（1980—1985）》《国家 IT 计划（1986—1991）》等战略规划，提倡办公无纸化、自动化，为各级公务员配备计算机并进行信息化业务培训，推广计算机社会化普及应用。在此期间，新加坡政府先后开发了 250 余套计算机管理系统，建立了一个覆盖 23 个部门的计算机互联网络，旨在促进政府部门之间的数据共享以及政企之间的数据交换。

2）基础期（1991—1999 年）

随着国家计算机与 IT 计划的实施，信息技术在各级政府和全社会得到了广泛的应用，在此基础上，新加坡政府又推出《国家科技计划（1991—2000）》《IT 2000 智慧岛计划（1992—1999）》，致力于打通信息孤岛，促进数据交换共享和互联互通，并建成了国内第一个宽带互联网网络，政府开始基于互联网为公民提供服务。同时，新加坡政府于 1996 年宣布实施《覆盖全国的高速宽带多媒体网络计划（Singapore One）》，旨在建设一个集高速和交互为一体的多媒体网络信息服务平台，公众可通过该网络享受 7×24 小时全天候服务。

3）成长期（2000—2005 年）

2000 年，新加坡政府出台了第一个电子政务行动计划——*e-Government Action Plan I*，提出在全球经济日益数字化的进程中将新加坡发展成电子政务领先的国家。在第一个计划启动三年后，新加坡政府又推出了新的计划——*e-Government Action Plan II*，愿景是在未来三年打造一个网络化的政府，实现数字化业务系统的部门全覆盖。在此期间，新加坡政府还推出了《信息通信 21 世纪》《互联网新加坡》等战略规划，促进 IT 技术的整合与应用，打造一个在任何时候、任何地点都能获得信息服务的高效能社会。

4）成熟期（2006 年至今）

经过 21 世纪初电子政务和信息产业的快速发展，新加坡的国家影响力逐步上升。

2006年，新加坡政府提出了《智慧国2015计划》。《智慧国2015计划》为未来十年的信息产业发展绘制了蓝图，旨在充分利用信息通信技术（ICT）提高新加坡的经济竞争力和创新能力，将新加坡打造成一个信息技术应用无处不在的智慧国家。该计划从根本上加快了数字政府建设，实现了"多个部门、一个政府"的目标。《智慧国2015计划》还在IT产业发展、ICT基础设施建设、IT人力资源等方面做出战略规划。2014年，新加坡提前完成预期目标。

2014年6月，新加坡提出了《智慧国2015计划》的升级版——《智慧国2025计划》，这是全球首个政府统筹的智慧国家发展蓝图。该计划旨在使用科学技术为民众创造更加舒适且充满意义的生活，利用互联网、物联网、数据分析和通信技术提升民众生活质量、增加商业机会、促进种族团结。与《智慧国2015计划》所侧重的ICT建设相比，《智慧国2025计划》将秉持大数据治国的全新理念，推动部署全国性数据连接、收集、分析的操作系统，通过对大数据的处理和分析，准确预测公民需求，优化公共服务供给，使公民享有优质的公共服务。

新加坡数字政府的建设过程如表2-2所示。

表2-2 新加坡数字政府的建设过程

时间	主要政策规划	主要目标
启动期 （信息技术普及）	《国家计算机计划（1980-1985）》 《国家IT计划（1986-1991）》	以信息技术提升公共服务能力
基础期 （国家科技计划）	《国家科技计划（1991-2000）》 《IT 2000智慧岛计划（1992-1999）》 《覆盖全国的高速宽带多媒体网络计划（Singapore One）》	将新加坡建设成为智慧岛
成长期 （电子政务行动计划）	e-Government Action Plan I e-Government Action Plan II 《信息通信21世纪》 《互联网新加坡》	建设全球信息通信之都，发展信息通信潜力，创造新价值
成熟期 （智慧国建设计划）	《智慧国2015计划》 《智慧国2025计划》	建设以信息驱动的智能化国家，打造以公民为中心的整体型政府

2. 主要做法

1) 持续调整电子政务规划设计，引领数字政府建设

从20世纪90年代发展电子政务开始，到如今的数字政府、智慧国计划，新加坡政府始终重视通过系统性地制定政策法规，推动国家和政府的数字化进程。总体上这些政策法规可以分为以下两类：一是数字政府建设的战略规划，如20世纪80年代至90年代的《国家计算机计划（1980—1985）》《国家IT计划（1986—1991）》，20世纪90年代至21世纪初的《国家科技计划（1991—2000）》《IT 2000智慧岛计划（1992—1999）》《覆盖全国的高速宽带多媒体网络计划（Singapore One）》，21世纪初的电

子政务行动计划 e-Government Action Plan I、e-Government Action Plan II、《智慧国 2015 计划》、《智慧国 2025 计划》等。二是与数字政府建设相关的法律法规，如《电子交易法》《新加坡电子交易规则》《信息公开法》《滥用计算机法》等。其中，《滥用计算机法》是最具代表性的法律法规，新加坡政府于 1998 年、2003 年、2013 年先后三次对该法案进行了修订，对网络犯罪行为的类别、网络安全执法机构可采取的措施、防范和监测网络风险的举措做了明确的规定。

2）建立信息化特派员数字政府管理运行制度

新加坡在数字政府建设过程中逐步形成了系统完备的治理体系和高效的运行机制，旨在加快数字政府建设进程，为信息共享、大数据管理提供制度保障。新加坡资讯通信管理局（IDA）、首席信息官（CIO）、政府首席资讯办公室（GCIO）是新加坡推进数字政府建设的三大权威。近年来，为应对智慧国建设过程中的组织壁垒问题，新加坡政府在此基础上又建立了政府信息化特派专员制度。该制度采取集中指导和分权执行相结合的信息化管理运作模式，其主要运行机制如下：第一，IDA 通过财政和评估两大工具树立其集中指导的权威性，同时派驻专人与各部门的 CIO 建立信息沟通和协调的桥梁，以此确保分权执行的成效；第二，采取定期轮岗模式，IDA 的派驻专员可直接担任某些部门的 CIO，在 IDA 统一制定了技术方案之后，由各派驻专员负责具体执行；第三，在发展原则和理念上，坚持 IDA 统筹与指导，推进管理体制、发展规划、建设标准、平台开发四个方面的协调统一建设。

3）开发方便快捷的数字政务服务项目

新加坡始终把以公众为中心作为电子政务公共服务的核心价值观，把为社会公众提供优质、有效服务的目标作为跨部门业务联动的主要方向。新加坡的"电子公民网站"按照居民生命全过程的各个阶段可能遇到的、需要与政府打交道的全部问题来设计，完全以居民为中心设立政府服务网站。新加坡始终坚持"以公民为中心"，不断进行技术创新，开发了诸多便民服务的数字化项目，极大地提高了政府网络服务的质量，提升了公民的幸福感。早期的 One Map 汇集了不同部门管理的空间地理信息，通过地图搜索功能，用户可以准确定位名胜古迹、Wi-Fi 热点，甚至垃圾箱。2015 年，新加坡政府推出了 So Easy 项目，旨在通过视频会议、线上留言、实时通信等措施，建立一个跨部门的集成式办公环境。2016 年，新加坡政府推出了 One inbox、One service 等数字化服务项目，其中，One inbox 可以把不同部门发给公民的邮件归集到同一个邮箱，以便公民接收；One service 能让各类社区事务咨询在一个手机 App 中得以实现。2017 年，政府正式发布 My Info 一站式的政务服务网站，该网站实现了部门间的数据共享、匹配与对接，归集了公民在政府网站上的所有信息。公民只需登记一次，资料就会自动同步并可以随时调用。此外，还有 Cube、Let's Play、Health Hub、SG Secure、Sing Pass、Data. gov.sg、mGov@SG、CPF、NLB 等数字化便民服务项目，具体介绍如表 2-3 所示。

表 2-3 新加坡数字化服务项目与平台

项目名称	主要功能	项目名称	主要功能
One Map	地图定位与搜索	Health Hub	实验室检测结果查询
So Easy	跨部门集成式办公	SG Secure	紧急状况下发送求救信息
One inbox	线上邮件接收系统	Sing Pass	公民网络个人账户
One service	社区事务咨询	Data.gov.sg	可公开访问的政府数据库
My Info	一站式政务服务网站	mGov@SG	政务服务的移动端应用
Cube	协作型社交网络平台	CPF	中央公积金数字服务
Let's Play	体育活动场所课程查询	NLB	国立掌上图书馆平台

4）推动政府大数据的开放与管理

在互联网时代背景下，大数据已经逐渐成为一个国家发展的关键性基础资源。从《智慧国 2015 计划》向《智慧国 2025 计划》转型的过程中，大数据治国的理念贯穿于新加坡数字政府建设的全过程。新加坡在大数据建设方面采取多项措施。第一，重视数据平台的开发与管理。新加坡政府数据开放平台涉及经济、社会、金融、环境、交通等诸多方面，截至目前已经开放了来自 60 余个机构与部门的 8600 多个数据集，其中超过半数的数据是可机读的。第二，成立政府技术局，负责统筹各公共部门，整合推动数字政府建设战略，促进数字化技术向公民日常社会生活渗透，并创新与机构、部门、企业的合作机制，简化网络办事流程。第三，重视大数据的收集与应用。采用基于云计算的"大数据沙盒"模式对信息技术进行实际应用监测，吸引百度、阿里、腾讯等互联网企业入驻数据中心园，同时新加坡还于 2016 年试点了世界首个热带地区数据中心项目，以消除数据中心选址的地域限制。

5）利用物联网传感技术助力城市数字化建设

新加坡政府在《2025 年资讯通信媒体发展蓝图》中提出未来要重点发展数据、通信技术和计算技术的资本化，其中利用物联网传感技术打造数字化城市是关键性的一步。政府在打造数字化城市过程中采取了多项措施。第一，建立全国性的传感器品质标准。为早日实现《智慧国 2025 计划》预期目标，新加坡政府打造了一张全国性的传感网络，发布物联网、传感器等领域的产品标准和设计准则，以确保产品、数据的安全性和数据分析的及时性。第二，开展实施"超链接建筑"工程。通过在不同建筑之间实现数据链接与共享，汇集公民在社会生活中的各类活动数据，并将数据分析结果作为政策制定的重要参考。第三，开展"虚拟新加坡"建设。该项目旨在打造一个汇集所有物联网传感器的大型城市数据模型，在普通的 3D 数字地图基础上进行升级，精确呈现建筑尺寸、门窗位置、装修材质等，用户可以通过手机 App 进入每一幢建筑物的内部，深入了解其细节。

6）重视公民隐私保护与数据安全

在公民提供个人信息和进行数字化交易过程中，数字安全是一个关键性的问题，这要求政府必须建立法律法规体系，完善相应的技术手段，确保数字化服务体系的安全运作。新加坡政府在保护隐私和数据安全方面的主要措施如下。一是使用公民身份的双重认证系统。公民在政府网站登录个人账户时，必须经过电子口令和手机密码生成器的双重认证，极大提高了公民对数字化业务办理的接受程度。二是注重隐私保护与数据安全的立法。新加坡政府早在2013年就颁布实施了《个人资料保护法令》，旨在保护个人资料不被滥用和拒绝营销来电信息。《个人资料保护法令》规定企业在收集用户个人信息之前必须征求用户的意见，并解释收集用户信息的原因；同时设立全国性的"谢绝来电"登记处（DNC），防止公民收到来自私人机构的骚扰短信或邮件。如果没有保护好个人资料，企业将面临最高100万元的罚款。2017年，新加坡政府对该法案进行了修订，允许企业在一定限制条件下利用用户个人资料进行合理的商业活动。

7）打造公民参政议政的网络数字平台

新加坡是全球政府透明度最高的国家之一，提升政府透明度能在一定程度上预防官员的腐败行为，同时，通过数字政府建设推进公民参政议政也有利于公共政策更加合理合法地输出、制定。新加坡在该方面的主要做法如下。一是打造透明的信息对话平台。以公民需求为出发点，不断加强政务网站的优化升级，网站设有政务、市民、企业、外国人四大板块，同时还成立了民意反馈组织，通过开放电子信箱，收集公民的各类投诉和反馈信息并及时给予回应。二是打造公民参政议政的政策论坛。公民可在该论坛内了解政府、党派关于经济、时政、民生等多方面的政策信息，同时就热点话题及相关政策广泛地发表自己的意见和看法。政府在调查研究和采纳各方建议的基础上开展相关的政策制定及修订工作。

2.2 国内数字政府建设进展

2016年，习近平总书记在网络安全和信息化工作座谈会上提出，网信事业要发展，必须贯彻以人民为中心的发展思想；要以信息化推进国家治理体系和治理能力现代化，统筹发展电子政务，构建一体化在线服务平台，分级分类推进新型智慧城市建设，打通信息壁垒，构建全国信息资源共享体系。2017年12月，中共中央政治局就实施国家大数据战略进行第二次集体学习。习近平总书记在主持学习时强调，大数据发展日新月异，我们应该审时度势、精心谋划、超前布局、力争主动，推动实施国家大数据战略，加快完善数字基础设施，推进数据资源整合和开放共享，保障数据安全，加快建设数字中国，更好地服务我国经济社会发展和人民生活改善。2018年4月，习近平总书记在全国网络安全和信息化工作会议上强调，要运用信息化手段推进政务公开、党务公开，加快推进电子政务，构建全流程一体化在线服务平台。2019年，习近平总书记在主持中共中央政治局第十八次集体学习时强调，要探索利用区块链数据共享模式，实现政务数据跨部门、跨区域共同维护和利用，促进业务协同办理，深化"最多跑一次"改革，为人民群众带来更好的政务服务体验。在数字时代背景下，习近平网络强国战略思想与时俱进地提出了发展大数据、电子政务、智慧城市等战略布局，坚持以人民为中心，提升人民的获得感、幸福感、安全感，为提升国家治理能力、完善国家治理体系准备了思想条件，为数字政府建设奠定了理论基础。

2.2.1 我国数字政府建设发展阶段

1979年，诺兰在《哈佛商业评论》(*Harvard Business Review*)杂志上发表了题为《在数据处理过程中面临的危机》（Managing the Crisis in Data Processing）的文章，总结了其在20世纪70年代对近200家公司的研究，得出公司数据处理功能存在六个增长阶段。诺兰的研究涵盖38家公司，又结合大量IBM客户和其他一些公司的关注点。诺兰模型的六个阶段分别是初始阶段（Stage Ⅰ：Initiation）、扩展阶段（Stage Ⅱ：Contagion）、控制阶段（Stage Ⅲ：Control）、统一阶段（Stage Ⅳ：Integration）、数据管理阶段（Stage Ⅴ：Data administration）和成熟阶段（Stage Ⅵ：Maturity），如图2-1所示。

图2-1 诺兰模型

将信息化、数字化等概念与诺兰模型结合可以得到如下启示。

（1）在诺兰模型的前三个阶段，组织（尤其是企业）主要是在进行信息化，具体表现形式包括建设用于存放网络设备、安全设备、服务器和存储设备等的机房，购置软硬件，定制开发信息系统，编制管理制度。

（2）在诺兰模型的后三个阶段，组织主要是在进行数字化，尤其是随着云计算、大数据、人工智能等信息技术的广泛应用，组织能够存储和处理的数据量呈现指数级增长。而随着组织业务的开展，组织越来越意识到数据的重要性，并努力采取统一的数据库平台、数据管理体系和信息管理平台，统一数据的管理和使用（第五阶段的特点），目标是充分整合和利用组织内外部的资源（第六阶段的特点），包括组织内部数据的数字化，组织外部数据的获取，已有数据的深度挖掘。

（3）信息化与数字化本来就是两个比较相近的概念，尤其是在21世纪，将两者割裂开来已经意义不大，如果非要强调区别，如下方面值得参考。① 信息系统就像血管，而数据就像血液；信息系统就像交通系统，而数据就像各种交通工具上搭载的人或货物。② 信息化更偏重于通过建设信息系统应用信息技术；而数字化更偏重于全面收集与业务相关的数据，并在信息系统中进行处理，进而发挥数据的价值。

经过多年的发展，中国政务领域的信息化工作已经达到一定的水平，基本越过诺兰模型的第三阶段，向第四阶段发展，有的部门或地区甚至已迈向第五阶段。因此，要通过强调数字化来促进中国政务领域对于数据的挖掘和利用，于是数字化便成了重点，数字政府的建设成为促进数字经济发展的一项重要工作。

在过去的三四十年里，我国的电子政务无论是实质内容还是核心价值，都有了巨大的进步和发展。第一，体现在网民数量的剧增，在提高电子政务平台使用率的同时，也促使相关的政务信息和服务的提供实现升级，从静态化转向实时动态化，从单向管理走向双向、有规律的更新和互动；第二，电子政务的系统性发展简化了事务处理的流程，极大降低了政府和公民的时间成本、社会资源等，实现电子政务从"以政府为中心"向"以人民为中心"的转变，以公民需求为价值导向；第三，电子政务实现了多端窗口接入，社会多样化主体可有效集合在一起，以政府为主导的社会协同治理理念得到增强。这些转变无疑向政府部门提出了更高的治理要求，从电子政务向数字治理的转型也势在必行。

从我国政务信息化的发展路径（见图2-2）来看，电子政务自20世纪80年代以来，在经历了办公设备电子化、部门业务信息化、电子政务、"互联网+政务"四个阶段之后，现已进入数字政府阶段，未来将进一步走向政府服务智慧化阶段，即智慧政府阶段，如表2-4所示。

1. 办公设备电子化阶段（20世纪80年代—1992年）

20世纪80年代初期，我国开始政府信息化建设，起初主要是实现政府经济管理信息化。随着各级各类国家机构信息中心的建立与发展，隶属事业单位人事管理制度的政府信息技术人才队伍逐步形成。1983年，国家计划委员会成立信息管理办公室，负责国家信息管理系统的规划和建设，以及相关总体方案、法律法规和标准化的研究工作。1986年，国务院批准建设国家经济信息系统并组建国家经济信息中心。1987

年1月24日,国家计划委员会所属的计算中心、预测中心和信息管理办公室合并,组建国家经济信息中心,全面负责国家信息系统规划与建设工作。与此同时,中央其他政府部门也开始筹备信息系统建设工作。此后,各级地方政府及有关部门相继建立信息中心。1988年1月22日,国家经济信息中心更名为国家信息中心。这个时期以实现初步的办公自动化为主,以个人计算机、办公套件为标志,实现了数据统计和文档写作电子化和无纸化办公。

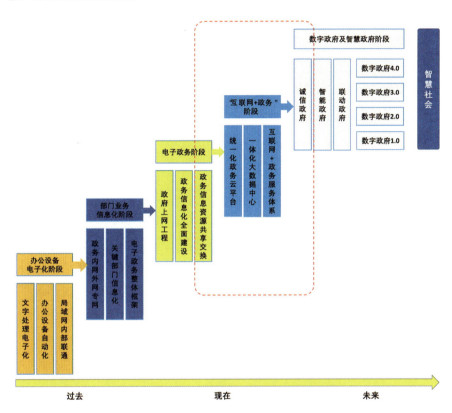

图 2-2 我国政务信息化的发展路径

表 2-4 数字政府的演变阶段

项 目	阶 段				
	办公设备电子化阶段	部门业务信息化阶段	电子政务阶段	"互联网+政务"阶段	数字政府阶段
时间	20世纪80年代—1992年	1993—1998年	1999—2011年	2012—2017年	2018年至今
理念	以政府为中心	以政府为中心	由以政府为中心向以人民为中心转变	以人民为中心	以人民为中心
目标	办公自动化	提高行政效率	深化政府职能转变	推进国家治理体系与治理能力现代化	推进国家治理体系与治理能力现代化

续表

项　目	阶　段				
	办公设备电子化阶段	部门业务信息化阶段	电子政务阶段	"互联网+政务"阶段	数字政府阶段
应用场景	以"点"为主，实现数据统计和文档写作电子化和无纸化办公	以"条"为主，部门内部信息化、自动化	以"块"为主，建设政府门户网站	"条""块"结合，多场景应用	"条""块"融合，全场景应用
驱动力量	职能、业务驱动	职能、业务驱动	公民网络参与驱动	数据驱动	数据驱动
建设模式	政府主导	政府主导	行政吸纳	政府主导、政企合作	政府主导、政企合作、管运分离
资源配置机制	科层	科层	网络	平台	中台+平台
数据观念	数据是资料（封闭）	数据是资料（封闭）	数据是工具（公开）	数据是资源（开放、共享）	数据是生产要素（开放、共享、流通）

2. 部门业务信息化阶段（1993—1998年）

1993年，我国开展了"金关""金卡""金税"等工程建设，推进了政府信息化工作。1996年，国务院信息化工作领导小组成立，并于次年召开第一次全国信息化工作会议，会议要求信息化建设要遵循"统筹规划，国家主导；统一标准，联合建设；互联互通，资源共享"的原则。部门业务信息化阶段的行政理念是以政府为中心，目标是提高行政效率。政府部门业务信息化主要通过"条"的自上而下的工作推动，倡导办公自动化和电子业务系统建设。在此期间，信息技术只是被视作改进政府内部组织效率的工具，政府服务改进的动力来自职能和业务驱动。由此，政府信息化是在政府主导下进行的业务信息化，资源配置方式是科层制为主，信息技术对当时政府治理变革的作用是有限的。在这一阶段，数据是一种资料，不对外公开，处于"保密状态"。

3. 电子政务阶段（1999—2011年）

1999年，我国实施"政府上网工程"，标志着我国政务服务进入电子政务阶段。2002年，《国家信息化领导小组关于我国电子政务建设指导意见》正式发布，文件指出电子政务对"加快政府职能改变，提高行政质量和效率"具有重要意义。之后，随着我国互联网的进一步普及，网络参与成为一种不可忽视的社会力量，其推动行政理念开始从以政府为中心向以人民为中心转变。政府逐渐把信息技术作为改进组织内部效率的工具，"块"状的各级政府开始建设政府门户网站，推出政务微博，及时回应公众网络参与需求，积极改进政府服务质量。由于政府服务改进的动力来自不断迸发的公民网络参与，因而电子政务是在政府主导下对公民网络参与的吸纳，其资源配置方式开始以网络作为新机制，形成对科层、市场配置方式的重要补充。在电子政务阶段，数据是一种工具，并在《中华人民共和国政府信息公开条例》的规范和要求下，逐渐开始对外公开，保障公众的知情权。

4. "互联网+政务"阶段（2012—2017年）

党的十八大以来，以习近平同志为核心的党中央高度重视以信息化推进国家治理体系和治理能力现代化，强调要加快推动电子政务，打破信息壁垒，构建全流程一体化在线服务平台，助力建设人民满意的服务型政府。国务院将"互联网+政务"服务作为深化"放管服"改革的关键环节，专门印发文件，做出全面部署。一些部门和地方积极探索，深入推进"互联网+政务"服务，加强信息共享，优化政务流程，局部区域和部分领域开始探索实践政务服务"一网通办""只进一扇门""最多跑一次"等改革，一批堵点、难点问题得到初步解决，服务创新典型不断涌现，引领政务服务创新改革不断取得新成效。

5. 数字政府阶段（2018年至今）

2018年，广东省人民政府印发《广东省"数字政府"建设总体规划（2018—2020年）》，率先在全国部署"数字政府"改革建设，将其作为推动经济高质量发展、再创广东营商环境新优势的着力点和突破口，充分运用政务互联网思维，构建"政企合作、管运分离"的建设运营模式，以数据开放释放"数字红利"，提升政府治理体系和治理能力现代化水平。2019年，党的十九届四中全会通过的《中共中央关于坚持和完善中国特色社会主义制度　推进国家治理体系和治理能力现代化若干重大问题的决定》明确提出，"建立健全运用互联网、大数据、人工智能等技术手段进行行政管理的制度规则。推进数字政府建设，加强数据有序共享，依法保护个人信息"。新时期数字政府建设改变了过去分散建设、单部门建设模式，重点从组织扁平化、业务协同化、数据共享化改革入手，重塑组织架构、业务架构、技术架构，最终目标是建成线上线下融合的一体化服务型政府。这一时期数字政府建设的核心使命是支撑国家治理体系和治理能力现代化，基本目标是对内推动政府系统性、协调性变革，对外建设人民满意的服务型政府；关键环节是实现技术融合、业务融合、数据融合，重点方向是实现跨层级、跨地域、跨系统、跨部门、跨业务的协同管理和服务建设。

2.2.2　总体建设进展

1. 政务外网

政务外网主要运行政务部门面向社会的专业性服务业务，支持跨地区、跨部门的业务应用、信息共享和业务协同，以及不需在政务内网上运行的非涉密业务。政务外网由中央政务网络和地方政务网络组成，与互联网进行逻辑隔离。目前政务外网已实现县级以上行政区域100%覆盖，乡镇覆盖率达到96.1%。

政务外网按照管理层次，由中央、省级、地（市）、县（区）4级网络组成。网络物理结构分为广域网和城域网，广域网用于纵向覆盖各级行政区划，城域网用于横向连接本级政务部门,并建设安全接入平台和统一互联网出口。广域网新增上海、广州、成都、西安4个核心节点,支持中央部门异地数据中心(灾备中心)接入。中央级政务外网已具备IPv6业务承载能力。

在管理模式上,采取统一指导、分级建设的运营方式。国家电子政务外网管理中心(国家信息中心)负责国家政务网络指导,以及中央级政务网络的建设、运营;省、市、区、县各级外网管理部门自行建设、运营各级政务网络骨干网;各级政府部门自行建设、运营部门局域网。

2. 政务云建设

自2013年《基于云计算的电子政务公共平台顶层设计指南》印发以来,国家鼓励应用云计算技术持续深化电子政务,推进政务信息化的资源共享和业务协同。在政务云实践过程中,政府部门往往以发展智慧政务、智慧城市、数字政府等为导向建设集约化政务云平台,整合各类信息资源,融合大数据和人工智能技术,实现电子政务的创新应用。

截至2022年年中,全国31个省(自治区、直辖市)和新疆生产建设兵团云基础设施基本建成,超过70%的地级市建设了政务云平台,政务信息系统逐步迁移上云,初步形成集约化建设格局。在上云程度方面,政务云建设在国家政策指导和各级部门的大力推进下,已经取得较好的上云推进效果,近90%的部门、70%的业务系统已经在云上运行。在建设和运营成本方面,与传统模式相比,政务云建设模式可以为政府节约三成以上的成本,有效提高资源利用率。在应用成效方面,政务云能够显著提高政务办公和民众办事效率,部分政务事项的办理时间可缩短90%以上,"最多跑一次"事项比例超过95%。

上海市政务云体系以政府购买服务的方式,依托政务外网,统一为各部门提供服务。部分委办局根据现有业务规模、机房环境、技术力量和条线要求等情况,形成5个左右云分中心;随后逐步实现云分中心向市级云中心整合。16个区政府自主建设区级云,与市级云在逻辑上实现一体化。全市最终形成"1+16"市、区两级云体系。市级云架构由设施资源层、中间平台层、业务应用层组成,在政务云管理体系和安全体系保障下,通过各类用户终端,为政府内部提供统一信息化支撑,向社会公众提供高效外部服务。

2019年6月,重庆市启动建设以市政府主要领导任"总云长",6位市领导任"系统云长",68个市级部门、38个区县政府和4个开发区主要负责人任"云长"的"云长制"体系。截至2020年底,全市"云长"单位达到110个,累计推动2458个信息系统上云,上云率由实施前的26.6%上升至98.9%,并通过"数字重庆"云平台形成电子政务云"一云承载"服务体系。通过建设"数字重庆"云平台,将此前分散的市级部门和区县云系统进行整合,形成"一云承载"的电子政务云平台规划布局。2020

年，重庆市启动建设的"数字重庆"多云管理平台、智慧城市运行管理平台等一揽子政务平台项目，推动形成了全面、系统的云平台管理体系。同时，重庆市相继出台《重庆市公共数据开放管理暂行办法》《重庆市大数据标准化建设实施方案（2020—2022年）》等文件，成立大数据标准化技术委员会，制定完善大数据资源管理的政策、法规、标准体系，增强数据安全管理能力。目前重庆市已建成以"两个系统+四个基础库+N个主题库+N个部门数据池"为框架的城市大数据资源中心，即通过构建完善数据共享系统、开放系统，升级自然人、法人、地理空间基础数据库和电子证照基础数据库，围绕应用建设若干主题数据库，并根据各市级部门责任清单建成企业融资、政务服务等多个主题数据库，推动公共企事业单位的数据资源按照"依法依规、安全可控"原则纳入共享范畴。

目前，全国各地"国资云"建设如火如荼，在加快国企数字化转型和加强数据安全的大背景下，国企数据上国资云是大势所趋。国资云是指由各地国资委牵头投资、设立、运营，推动国企加快数字化转型的数据安全基础设施云平台。国资云是地方政务云体系的一种有益补充。

3. 数据共享开放

1）数据共享

截至2022年，覆盖国家、省、市、县等层级的政务数据目录体系初步形成，各地区各部门依托全国一体化政务服务平台汇聚编制政务数据目录超过300万条，信息项超过2000万个。人口、法人、自然资源、经济等基础库初步建成，在优化政务服务、改善营商环境方面发挥重要支撑作用。国务院各有关部门积极推进医疗健康、社会保障、生态环保、信用体系、安全生产等领域主题库建设，为经济运行、政务服务、市场监管、社会治理等政府职责履行提供有力支撑。各地区积极探索政务数据管理模式，建设政务数据平台，统一归集、统一治理辖区内政务数据，以数据共享支撑政府高效履职和数字化转型。全国已建设26个省级政务数据平台、257个市级政务数据平台、355个县级政务数据平台。

在政务数据基础设施建设方面，建成全国一体化政务数据共享枢纽，依托全国一体化政务服务平台和国家数据共享交换平台，构建覆盖国务院部门、31个省（自治区、直辖市）和新疆生产建设兵团的数据共享交换体系，初步实现政务数据目录统一管理、数据资源统一发布、共享需求统一受理、数据供需统一对接、数据异议统一处理、数据应用和服务统一推广。全国一体化政务数据共享枢纽已接入各级政务部门5951个，发布53个国务院部门的各类数据资源1.35万个，累计支撑全国共享调用超过4000亿次。

2）数据开放

截至2022年，我国已有21个省（自治区、直辖市）建成了省级数据开放平台，提供统一规范的数据开放服务，142个省级、副省级和地级政府上线了数据开放平台，上海、浙江、天津 3 个省级地方和威海、连云港、福州、哈尔滨、青岛 5 个副省级或地级政府出台针对政府数据开放的地方政府规章或规范性文件，海南、宁波、南京、湖州等多地制定的公共数据管理办法中也有专门针对政府数据开放的章节。此外，上海、广东、浙江、贵州、山东、江西等省市制定了针对政府数据开放的标准规范。

地方和部门在政务信息资源开发利用方面也取得了初步成效。例如，国家卫健委与山东省人民政府、济南市人民政府合作共建国家健康医疗大数据北方中心及产业园，推动健康医疗数据开发利用；福州市联合第三方公司授权开展健康医疗大数据运营服务，目前已汇聚福州市 37 家医疗机构的 165 亿条数据；贵州省鼓励大数据"大家干、大家用"，培育了一批政务数据开发利用典型应用。这些探索在释放数字红利、繁荣数字经济方面发挥了积极作用。

公共数据开放取得实质性进展。从 2017 年到 2021 年，全国省级公共数据开放平台由 5 个增至 24 个，开放的有效数据集由 8398 个增至近 25 万个。截至 2021 年 10 月，我国 193 个省级和地市级的地方政府上线了数据开放平台，其中省级平台 20 个（含省和自治区，不包括直辖市和港澳台），城市平台 173 个（含直辖市、副省级与地级行政区），与 2020 年同期相比新增 51 个地方平台，增长幅度超过 30%。

4. 政务服务建设

1）全国一体化政务服务平台

从 2017 年到 2021 年，我国网民规模从 7.72 亿增长到 10.32 亿，互联网普及率从 55.8% 提升至 73%，特别是农村地区互联网普及率提升到 57.6%，城乡地区互联网普及率差异缩小 11.9 个百分点。截至 2021 年 12 月，我国互联网政务服务用户规模已达 9.21 亿，较 2020 年 12 月增长 9.2%，占网民整体的 89.2%。党的十九届五中全会提出要"加强数字社会、数字政府建设""推动政务服务标准化、规范化、便利化"。互联网政务服务是推动数字政府建设的出发点，也是数字政府服务老百姓的落脚点。党中央、国务院把握全球信息革命最新发展趋势和特点，从推进国家治理体系和治理能力现代化全局出发，切实践行以人民为中心的发展理念，充分发挥全国一体化服务体系建设成效，大力推进数字政府建设，切实提升群众和企业的满意度、幸福感和获得感，为扎实做好"六稳"工作，全面落实"六保"任务提供服务支撑。各地区各级政府"一网通办""异地可办""跨区通办"渐成趋势，"掌上办""指尖办"逐步成为政务服务标配，从而促进营商环境不断优化。

2019 年，以国家政务服务平台为总枢纽的全国一体化政务服务平台初步建成，推动更多政务服务事项从"线下跑"转向"网上办"，全方位提升了网上政务服务能力和水平。各省"互联网+政务服务"平台全部上线，"最多跑一次""一网通办""秒批"等办事服务标准模式不断提出，政务信息基本实现"网络通、数据通"的阶段性目标。截至 2021 年底，全国一体化政务服务平台以国家政务服务平台为总枢纽，联通 31 个省（自治区、直辖市）及新疆生产建设兵团、46个国务院部门平台，面向14亿多人口和1亿多市场主体打造覆盖全国的一体化政务服务"一张网"。31个省（自治区、直辖市）和新疆生产建设兵团中，全部构建了覆盖省、市、县、乡、村五级网上政务服务体系，有效补齐政务服务区域发展不均、基层服务能力不足等短板，推动实现政务服务从"线下8小时"到"线上全天候"的跨越。在省级行政许可事项中，90.5%的事项实现网上受理和"最多跑一次"，56.36%的事项实现网上审批和"零跑动"。全国一体化政务服务平台实名用户超过10亿人，其中国家政务服务平台注册用户超过5亿人，总使用量超过620亿人次。

全国一体化政务服务平台汇聚1万多项高频应用标准化服务，各地的省级平台均设置了"跨省通办"专区。截至2021年底，在省级行政许可事项中，平均承诺时限压缩超过50%，网上审批和"零跑动"比例达56.36%，90.5%的事项实现网上受理和"最多跑一次"。

国务院办公厅电子政务办公室发布的《省级政府和重点城市一体化政务服务能力评估报告（2022）》显示，总体来看，极具中国特色的一体化政务服务平台体系正在加速形成，全国一体化政务服务平台作为政府数字化转型的基础性引领工程，在提升人民群众获得感、推进国家治理体系和治理能力现代化进程中发挥了重要作用，一体化政务服务能力的显著提升成为我国现阶段数字政府建设的典型特征。

各地区将全国一体化平台建设作为创新行政管理和服务的新方式、新渠道、新载体，不断提升网上政务服务能力，群众获得感持续增强。一体化政务服务能力水平指数为"非常高"的省级政府从2016年的3个增加到16个，指数为"高"的从2016年的9个增加到12个，网上政务服务能力指数为"低"的为零。另据《2022年联合国电子政务调查报告》，中国数字政务发展水平在全球的排名从2020年的第45位上升至2022年的第43位。

2）"互联网+督查"

2019年4月，国务院办公厅按照国务院关于实施"互联网+督查"的工作部署，开通国务院"互联网+督查"小程序。

自上线以来，国务院"互联网+督查"小程序获得上亿次的平台访问量、千万量级的留言，根据受理范围推动解决实际问题10万余个。在水电气暖等民生问题方面，"互联网+督查"即来即办，推动解决了300余个暖气断供、室温不达标问题，400余个"煤改气""煤改电"改造不到位、气电供应不足、补贴发放不及时问题，400多个饮用水质差、自来水时断时续、灌溉用水难问题。自2020年2月以来，为推动"六稳""六保"政策措施早落地早见效，转办国有房屋免租政策不落实、转供电主体截留工商业电价降价红利等问题线索300余条，促进有关方面向小微企业和个体工商户兑现政策红利数十亿元。2019年11月和2020年11月，先后两次通报部分银行分支机构、保险机构、助贷机构违规借贷搭售、转嫁成本及违规收费问题,督促退还小微企业违规收费6000多万元。自小程序开通以来,国务院办公厅督查室持续将减税降费政策作为重点,先后转办问题线索600余条,直接派员督查和通报曝光各地违规征税、乱收费乱涨价问题,推动取消和纠正违规收费、不合理收费、征收过头税费等近百项,每年为企业减负超过10亿元。国务院"互联网+督查"小程序目前已成为国内覆盖面最广、影响力最大、社会参与度最高的政府监督平台。

3) 政务服务"好差评"

截至2021年,31个省(自治区、直辖市)发布了相关政策文件(包括试行办法、征求意见稿,见表2-5),全国政务服务"好差评"渠道基本建立,绝大多数省级和重点城市均依托政府网站(政务服务平台)、移动端等建设了政务服务"好差评"渠道,有效促进了我国政务服务质量的提升。

表2-5 "好差评"管理办法

省(自治区、直辖市)	主管部门	相关文件	发文时间
贵州省	省政务服务中心	《贵州省政务服务"好差评"管理办法(试行)》	2020-11-01
辽宁省	省营商环境建设局	《辽宁省政务服务中心"好差评"管理办法(暂行)》	2019-06-21
		《辽宁省政务服务"好差评"管理办法》	2020-10-23
安徽省	省创优"四最"营商环境工作领导小组办公室	《安徽省创优"四最"营商环境工作领导小组办公室关于印发〈安徽省政务服务"好差评"制度实施方案(试行)〉通知》	2019-06-29
上海市	市人民政府办公厅	《建立"一网通办"政务服务"好差评"制度工作方案》	2019-07-23
河南省	省人民政府推进政府职能转变和"放管服"改革协调小组办公室	《河南省人民政府推进政府职能转变和"放管服"改革协调小组办公室关于进一步做好政务服务"好差评"工作的通知》	2019-07-30
广东省	省政务服务数据管理局	《广东省政务服务"好差评"管理办法(试行)》	2019-08-09
		《广东省政务服务"好差评"管理办法》	2020-02-29
河北省	省政府推进政府职能转变和"放管服"改革协调小组办公室	《河北省政务服务"好差评"评价办法(试行)》	2019-08-09
	省人民政府办公厅	《河北省政务服务"好差评"评价办法》	2020-05-10
湖北省	省政务管理办公室	《湖北省政务服务"好差评"管理办法(试行)》	2019-09-17
浙江省	省人民政府办公厅	《浙江省建立政务服务"好差评"制度工作方案》	2019-10-08
重庆市	市人民政府办公厅	《重庆市政务服务"好差评"工作实施方案》	2019-10-10
内蒙古自治区	区政务服务局	《内蒙古自治区政务服务"好差评"工作制度(试行)》	2019-10-18
黑龙江省	省人民政府办公厅	《黑龙江省人民政府办公厅关于进一步开展政务服务"好差评"工作 提高政务服务水平的实施意见》	2020-07-30

续表

省（自治区、直辖市）	主管部门	相关文件	发文时间
福建省	省行政审批制度改革工作小组办公室	《福建省政务服务"好差评"管理办法（试行）》	2019-10-25
湖南省	省应急管理厅	《政务服务"好差评"工作实施方案》	2019-10-30
四川省	省人民政府办公厅	《四川省政务服务"好差评"工作方案》	2019-11-11
广西壮族自治区	自治区政务服务监督管理办公室	《广西壮族自治区政务服务"好差评"制度》	2021-09-07
北京市	市政务服务管理局	《关于建立政务服务"好差评"制度 提高政务服务水平的实施意见》	2019-12-30
天津市	市人民政府政务服务办公室	《天津市建立政务服务"好差评"制度工作方案》	2020-01-21
甘肃省	省人民政府办公厅	《甘肃省建立政务服务"好差评"制度 提高政务服务水平实施方案》	2020-01-22
云南省	省人民政府办公厅	《云南省人民政府办公厅关于建立云南省政务服务"好差评"制度的通知》	2020-02-13
江西省	省人民政府办公厅	《江西省政务服务"好差评"管理办法》	2020-02-14
海南省	省人民政府办公厅	《海南省政务服务"好差评"实施办法》	2020-02-24
吉林省	省政务服务和数字化建设管理局	《吉林省开展政务服务"好差评"工作方案（试行）》	2020-03-09
青海省	省人民政府办公厅	《青海省政务服务"好差评"管理办法》	2020-04-07
山东省	省人民政府办公厅	《山东省建立政务服务"好差评"制度工作方案》	2020-05-06
新疆维吾尔自治区	自治区人民政府办公厅	《关于印发建立政务服务"好差评"制度 提高政务服务水平的实施方案的通知》	2020-03-16
山西省	省人民政府办公厅	《关于建立政务服务"好差评"制度 提升政务服务水平的通知》	2020-07-21
云南省	省人民政府办公厅	《云南省人民政府办公厅关于建立云南省政务服务"好差评"制度的通知》	2020-02-10
西藏自治区	自治区人民政府办公厅	《西藏自治区人民政府办公厅关于印发西藏自治区优化政务环境工作方案的通知》	2021-07-06
江苏省	省人民政府办公厅	《省政府办公厅关于印发江苏省深化"放管服"改革 优化营商环境重点任务分工方案的通知》	2019-09-29
陕西省	省人民政府办公厅	《陕西省人民政府办公厅关于印发陕西省政务服务效能管理暂行办法的通知》	2020-04-01
宁夏回族自治区	自治区人民政府办公厅	《关于完善政务服务"好差评"制度 提高政务服务水平实施方案的通知》	2020，未公开

4）社会治理

中国共产党第十八届中央委员会第三次全体会议首次提出"推进国家治理体系和治理能力现代化"的重大命题，并把"完善和发展中国特色社会主义制度，推进国家治理体系和治理能力现代化"确定为全面深化改革的总目标，从而大大加快了制度建设和治理能力建设的步伐。中国共产党第十九届中央委员会第四次全体会议通过了《中共中央关于坚持和完善中国特色社会主义制度 推进国家治理体系和治理能力现代化若干重大问题的决定》，提出了坚持和完善国家制度和国家治理的更高要求，阐明了到我们党成立一百年、2035年和新中国成立一百年时，坚持和完善国家制度，推进国家治理体系和治理能力现代化的总体目标。数字政府建设能够运用互联网、大数据、人工智能等技术手段，建立有效的科学决策机制；能够运用信息技术的精准性、智能化等特点，全数据分析并及时跟踪评估政府决策的科学性；能够运用信息技术手段建立健全社情民意反馈机制和反馈渠道，通过数据采集、脱敏、分析等手段，及时从海量数据中掌握民众对政府部门重大决策的意见、建议，建立畅通的民意反馈渠道。因此，数字政府建设能够促进社会治理实现精准化，是推进国家治理现代化的重要途径。

近年来，各地积极探索社会治理智能化，开创了基层社会治理新格局，提高了居民的认可度、参与度，使居民的获得感、安全感、幸福感在家门口升级。

山东省充分依托市域较为完备的社会治理体系和资源调配职能，用好用活在立法、司法、行政、人事、资源等方面的决定权和决策权，努力把市域打造成风险隐患化解在萌芽、解决在基层的最直接、最有效的治理层级。各地政法机关主动作为，搭台子、压担子、出点子，在攻坚克难中推动市域社会治理创新发展，市域社会治理现代化驶入快车道。辽宁省沈阳市以大数据创新社会民生治理手段，通过"互联网+"的智慧管理，把社区人员从繁重的日常事务中解放出来，形成了"出门一把抓，回来再分家"的工作流程，让网格服务真正成为解决民忧的"连心桥"和化解矛盾的"减压阀"。广东省推进人口、车辆等公安基础数据与政务数据的深度融合应用，推出100项"打防管控服"智能化应用，推动社会治安防控从事后被动应对向事前精准预警、趋势预判和主动服务转变。

5）信用中国建设

2014年6月，国务院印发了《社会信用体系建设规划纲要（2014—2020年）》，明确要求：到2020年，实现信用基础性法律法规和标准体系基本建立，以信用信息资源共享为基础的覆盖全社会的征信系统基本建成，信用监管体制基本健全，信用服务市场体系比较完善，守信激励和失信惩戒机制全面发挥作用。政务诚信、商务诚信、社会诚信和司法公信等建设取得明显进展，市场和社会满意度大幅提高。全社会诚信意识普遍增强，经济社会发展信用环境明显改善，经济社会秩序显著好转。2015年6月，由国家发改委、中国人民银行指导，国家公共信用信息中心主办，并由国家信息中心、中经网提供技术支持的社会信用体系建设部际联席会议门户网站"信用中国"上线。

2019年7月，国务院办公厅印发了《关于加快推进社会信用体系建设 构建以信用为基础的新型监管机制的指导意见》，要求各级政府加强社会信用体系建设，深入推进"放管服"改革,进一步发挥信用在创新监管机制、提高监管能力和水平方面的基础性作用,更好地激发市场主体活力,推动高质量发展。

目前,信用信息共享共用的全国"大动脉"已经贯通,以全国信用信息共享平台、"信用中国"网站以及各级政府的门户网站为载体,形成国家部委到地方的立体的信用建设网络,全国信用信息共享平台成为信用信息归集共享的总枢纽。"信用中国"网站成为面向社会公众,弘扬诚信、惩戒失信的总窗口,与所有接入部门和地方平台实现了核心数据机制化共享,每周定时向各部门和地方推送行政许可和行政处罚、各类红黑名单、企业经营异常名录等信息。到2020年底,全国信用信息共享平台建设已联通46个部门和31个省(自治区、直辖市),累计归集各类信息超600亿条,基本形成覆盖全部市场主体、所有信息信用类别、全国所有区域的信用信息网络。

5. 数字化运行

政府数字化运行是中国数字政府建设的全新阶段,是实现政府部门横纵贯通,跨部门、跨层级、跨系统、跨地域高效协同,数据资源流转通畅、社会治理精准有效、公共服务便捷高效的重要途径。从数字政府的规划、建设、运营及用户反馈闭环来看,当前我国数字政府建设正在步入全新的数字化运营阶段,政府数字化运营正在成为推进服务型政府建设的重要抓手,成为一体化政府建设的重要助推器,成为政府治理智慧化的重要工具。

1)数据管理

目前,我国已经有大部分省(自治区、直辖市)、地市(州、盟)两级政府组建了专门的大数据管理机构,这些部门在开展数字政府基础设施、综合型平台建设工作的基础上,不仅需要组织协调数据资源采集、整合、归集、应用、共享及开放等工作,而且需要完成项目审批、资金管理等工作,实现对各部门系统建设工作的统筹。各省政务大数据平台是数字政府发展的重要基础设施。政务大数据平台是以城市统一的人口、法人、部门、行业等信息资源为基础,围绕各部门资源共享范围和授权使用范围建设的信息化支撑平台,建设目标是加快促进跨部门协同应用与创新,其不仅是国家大数据战略的重点项目,也是数字政府建设的重要内容。数据运营机构主要负责政府数据运营相关工作,其核心内容主要包括:一是受政府委托,采取特定形式进行政务相关数据运营;二是在政府的有效监管下,开展数据清洗、脱敏等工作,对敏感信息进行严格把控;三是为政务数据创新应用提供有力支撑。

2)运营模式

目前,各级政府正在如火如荼地开展数字政府建设,众多城市已经实现了全场景或部分场景政务数据运营(见表2-6)。

表 2-6　部分省 / 自治区数字政府运营单位

省 / 自治区	运营单位	建设运营内容
山西省	山西数字政府建设运营有限公司	山西数字政府建设运营有限公司承担省直部门政务信息化系统的开发、建设任务，并承接原有非涉密信息系统的运维工作，提供基础设施服务、软件开发服务、运维服务以及技术支持服务
吉林省	吉林省吉林祥云信息技术有限公司	由吉林省吉林祥云信息技术有限公司"吉林祥云"云网一体化大数据智能平台提供设计、建设、实施、咨询、服务开通、日常运维以及安全防护等服务，吉林省政务服务和数字化建设管理局提供监管
河南省	正数网络技术有限公司	正数网络技术有限公司为数字政府建设和"互联网+政务服务"提供系统管理、应用开发、数据融合、安全机制等专业化综合服务
湖北省	湖北省楚天云有限公司	在湖北省委、省政府的指导下，按照"政府主导、市场运作"的创新模式，国有控股投资平台湖北省联投集团与信息通信领域央企烽火通信共同组建湖北省楚天云有限公司，专门承担楚天云工程的建设及运营
广东省	数字广东网络建设有限公司	数字广东网络建设有限公司提供数字政府改革建设工作技术支撑，承担方案设计以及省级电子政务基础设施和系统的建设运维工作，提供解决方案、系统管理、数据融合、容灾备份等专业化的技术服务，并设立现场运维团队，保障系统稳定运行
广西壮族自治区	数字广西集团有限公司	数字广西集团有限公司是广西政务大数据运营开发应用主体、广西数字经济产业的投资平台、合作平台和孵化平台
海南省	数字海南有限公司	数字海南有限公司根据《海南省大数据管理局管理暂行办法》中"管运分离"的原则组建，承担海南省电子政务基础设施、公共平台和共性平台的建设运维工作
贵州省	云上贵州大数据（集团）有限公司	云上贵州大数据（集团）有限公司是云上贵州系统平台的建设运营主体。云上贵州系统平台作为贵州省自主搭建的全国首个实现政府数据"统筹存储、统筹共享、统筹标准和统筹安全"的关键信息基础平台，是贵州省政府数据"集聚、融通、应用"的重要支撑，为政府和企事业单位提供云计算、云储存、数据库、云安全及数据共享开放等服务
陕西省	陕西省大数据集团有限公司	陕西省大数据集团有限公司是省政府批准成立的国资股份制企业，是省政府唯一授权运营政务数据和智慧陕西的企业
甘肃省	丝绸之路信息港股份有限公司	丝绸之路信息港股份有限公司是经甘肃省政府批准的大数据领域的股权多元化省属国有企业，是丝绸之路信息港的建设主体、建设数字甘肃的骨干企业、甘肃省政务数据的开发运营主体

广东省政府于2017年印发了《广东"数字政府"改革建设方案》，启动"数字政府"改革。广东省运用整体政府理论，以系统性、整体性思维推进各级政府部门政务信息化的职能融合、技术融合、业务融合与数据融合，探索一条构建信息时代整体政府的可行路径，让纵向与横向、政府与市场、业务与技术这三对重要关系得到很好的协调。广东省"政企合作、管运分离"的数字政府模式如图2-3所示。

首先，在省、市、县（区）三级成立专门负责"数字政府"改革建设管理的部门，撤销业务部门内设的信息化机构，将业务部门的部分信息化职能分离出来，该由市场承担的交给市场，该由政府承担的交给"数字政府"主管部门，以有限的机构改革实现了"数字政府"改革建设管理的高度整合。其次，在技术运营侧推进整合，既保证了政府的主导性，又提升了技术运营的专业性和持续性。从实践来看，作为"数字政府"运营中心的企业发挥了市场主体快速响应、机制灵活的优势，"粤省事""粤商通"等品牌在极短的时间内完成部署都离不开运营中心对政府需求全力以赴的响应。此外，广东省将腾讯、华为、三大电信运营商等最优质的资源组织起来，组建了数字广东网络建设有限公司。在管理端，把政府的职能回归到行政单位，从事信息化的顶层设计管理；在建设端，把社会的优势资源集中在一起，按照市场化的方式进行运作，有效解决了人才不足、建设机制相对僵化、系统建设落后等问题。总之，广东省"数字政府"改革在不打破政府行业管理专业分工结构的前提下，实现了政府在信息化领域组织边界的突破，形成了整体推进的格局，降低了改革阻力；通过新型政企合作模式，最大限度地调动了市场积极性，扩大了整体推进的边界，增强了改革的动力。

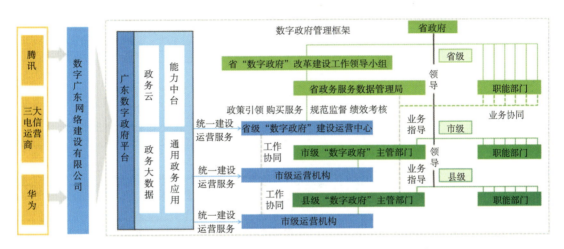

图 2-3　广东省"政企合作、管运分离"的数字政府模式

2.2.3　各地实践情况

截至 2022 年 8 月，全国各省（自治区、直辖市）均在不同程度上推进数字政府建设，多数省（自治区、直辖市）印发了数字政府建设规划，具体如表 2-7 所示。

表 2-7　部分省（自治区、直辖市）数字政府建设规划（截至 2022 年 8 月）

省（自治区、直辖市）	规　划　文　件
北京市	《北京市"十四五"时期智慧城市发展行动纲要》 《北京市数字政务建设行动方案（2021—2022 年）》
天津市	《天津市加快数字化发展三年行动方案（2021—2023 年）》 《天津市智慧城市建设"十四五"规划》
河北省	《河北省数字政府服务能力提升专项行动计划》
山西省	《山西省数字政府建设规划（2020—2022 年）》

续表

省（自治区、直辖市）	规 划 文 件
内蒙古自治区	《内蒙古自治区数字政府建设行动方案（2021—2023年）》
辽宁省	《辽宁省"十四五"数字政府发展规划》
吉林省	《吉林省数字政府建设"十四五"规划》
黑龙江省	《黑龙江省"十四五"数字政府建设规划》
上海市	《上海市全面推进城市数字化转型"十四五"规划》
江苏省	《江苏省"十四五"数字政府建设规划》 《江苏省人民政府关于加快统筹推进数字政府高质量建设的实施意见》
浙江省	《浙江省数字化改革总体方案》 《浙江省数字政府建设"十四五"规划》
安徽省	《安徽省"数字政府"建设规划（2020—2025年）》
福建省	《福建省"十四五"数字福建专项规划》
江西省	《江西省数字经济发展三年行动计划（2020—2022年）》 《江西省数字政府建设三年行动计划（2022—2024年）》
山东省	《山东省数字政府建设实施方案（2019—2022年）》 《深化数据赋能建设"无证明之省"实施方案》
河南省	《河南省数字政府建设总体规划（2020—2022年）》
湖北省	《湖北省数字政府建设总体规划（2020—2022年）》
湖南省	《湖南省"十四五"数字政府建设实施方案》
广东省	《广东省数字政府改革建设"十四五"规划》
广西壮族自治区	《全面推进广西数字政府建设三年行动实施方案（2021—2023年）》
海南省	《2021年省政府开展"服务企业、服务项目、服务基层"实施方案》 《海南省政府数字化转型总体方案（2022—2025）》
重庆市	《重庆市新型智慧城市建设方案（2019—2022年）》
四川省	《四川省"十四五"数字政府建设规划》
贵州省	《贵州省"十四五"数字政府建设总体规划》
云南省	《"十四五"数字云南规划》
西藏自治区	《"数字西藏"建设三年实施方案（2020—2022年）》 《"智慧西藏"建设三年实施方案（2020—2022年）》
陕西省	《陕西省数字政府建设"十四五"规划》
甘肃省	《甘肃省数字政府建设总体规划（2021—2025）》
青海省	《青海省加快推进"互联网+政务服务"工作方案》
宁夏回族自治区	《宁夏回族自治区数字政府建设行动计划（2021年—2023年）》

1. 广东省

近年来，广东省深入学习贯彻习近平总书记关于建设数字中国、网络强国、智慧社会的重要论述，将数字政府建设作为全省创造型、引领型改革的首项任务，以体制机制创新为引领，有力支撑加快转变政府职能，探索构建数字政府"12345+N"的工作业务体系，牵头推动数据要素市场化配置改革，一体化政务服务能力评估连续三年位居全国第一，形成整体联动的数字化治理新格局，有力提升政府治理能力现代化水平，为统筹疫情防控和经济社会高质量发展发挥了数字政府应有的作用。

1）完善泛在普惠的"一网通办"体系，推动政务服务高质量发展

按照《国务院关于加快推进政务服务标准化规范化便利化的指导意见》，编制广东省政务服务事项管理办法，加快推进政务服务事项标准化管理和流程优化。

2）深化省域治理"一网统管"，提升政府决策科学化水平

推进粤治慧平台部署和地市接入，基本实现省域治理重点场景的"可感、可视"。初步完成经济分析研判系统建设和经济运行数据汇聚，为省经济形势研判会提供数字化支撑。建设政务服务数据管理专题，上线"粤系列"平台、政务服务网、项目统筹等专题的中屏和小屏。会同省委政法委，以事项标准化为突破口，在广州、深圳、佛山、汕尾、东莞、江门6市开展"一网统管"协同共治试点。在广州、深圳等7市以及省生态环境、林业、消防等部门开展"一网统管"物联感知应用场景试点，探索构建物联感知体系。依托"一网统管"工作体系，推动"粤治慧"移动端建设。目前，在地市方面，已完成广州、深圳、佛山、惠州、汕尾、中山、江门、茂名、肇庆、梅州、云浮11个地市移动端对接；在省级专题方面，已完成水利、生态环保、基层社会治理、消防救援、自然资源、住房城乡建设、应急指挥、公共资源交易、政务服务数据管理、气象服务、农业农村、退役军人12个省级专题移动端对接。下一步将继续推动全省各地各部门移动端建设和对接，推动实现数据整合共享、应用融合互通，提升"一网统管"数字化管理水平。

3）提升数据资源"一网共享"能力，稳步推进数据要素市场化配置改革

打造数据资源"一网共享"平台和公共数据开放超市，让各地各部门用数更加便捷。省"一网共享"平台累计发布数据资源目录3.65万个，为1567个政务部门的1144个业务系统提供563.6亿次共享数据调用服务。

4）强化政府运行"一网协同"，提高政府数字化履职能力

强化"粤政易"平台内门户建设。平台已基本覆盖全省五级公职人员，开通用户超过241.6万，日均活跃人数超过160万，日均发送消息超过1200万条。目前已接入各部门业务系统以及业务应用1100多项，加快完善一体化协同办公体系建设。

助力基层减负。建设统一高效、互联互通的数字政府填表报数系统，试点地区表格数量压减40%以上、数据项压减近80%、填报工作量压减60%以上。在佛山等地市进行试点，梳理各级部门事项清单和业务流程，探索部门业务流程数字化再造。

2. 山东省

数字政府建设是贯彻落实习近平总书记视察山东重要讲话、重要指示精神，推动山东加快新旧动能转换和高质量发展的具体举措，对于引领数字山东建设，加快实现"走在前列、全面开创"目标具有重要意义。近年来，按照国家推进数字政府建设要求，山东省全面推进数字政府建设，数字中国省级指数、数字政府建设指数、省级开放数

林指数均居全国前列。

1）网办服务能力实现新突破

围绕深化"放管服"改革和优化营商环境，持续拓展"互联网+政务服务"的广度和深度。一是深化"网上通办"，实施"双全双百"工程，提升"一链办""集成办"网办质量，让群众和企业"动动手指就能办，足不出户就办成"。目前，全省政务服务事项网上可办率达到90%以上，全程可网办率达到80%以上。青岛市一体化政务服务能力总体指数连续四年位列全国重点城市第一梯队；潍坊市上线政务服务事项近2000项以及"限时免费停车导航""挪车助手"等420多项便民应用；淄博市、聊城等市围绕教育、医疗等方面打造了一批特色应用。二是深化"掌上通办"，迭代升级"爱山东"政务服务平台应用功能，发布"爱山东"移动端3.0版，"爱山东"注册用户数突破1亿，日活跃度超过500万。2022年底，"爱山东"获评中国政务服务掌办指数"A"级，位居全国第三。三是深化"无证通办"，扎实开展国家电子证照应用试点，创新开展"无证明之省"建设，围绕群众和企业办事需求，通过证照证明电子化和数据共享等方式，大力推进"免证办""减证办""一码办"，各市扎实开展创新实践，枣庄市制发全省首张排污许可证和环评电子批复；东营市创新"一证一码"模式在全省率先取消纸质健康证发放；济宁市348万名惠民补贴人员实现待遇补贴"免审即享"；泰安市泰山风景名胜区成为全国首家"无证明景区"，让群众感受到好客山东的热情，更感受到智慧山东的便捷；日照市5000多个事项实现"免证办"；临沂、菏泽市积极开展电子证照证明社会化应用试点等。

2）数字机关建设迈向新台阶

山东省研究出台《山东省数字机关建设工作方案》《山东省"十四五"数字机关建设行动计划》，深入推进部门核心业务事项标准化梳理，加快机关数字化转型。建成新版"山东通"协同办公平台，打造全省统一的机关办公总门户，推动机关办文办会办事"网上办、掌上办"。目前，"山东通"实名注册超过110万人，集成各类业务应用800余个，移动政务办公逐步成为"新常态"。推进机关内部"一件事"集成改革，推出公务员和事业单位人员全生命周期服务管理等机关内部"一件事"一链协同应用，机关运行效率进一步提升。济南市在全省率先实施"公务员全周期管理一件事"集成改革；德州市推出机关内部"一次办好"服务平台，滨州市开发建设了经济运行"七库"系统，辅助领导科学决策等。山东省还建设了全省统一的非涉密视频会议系统，覆盖省、市、县、乡四级，提高了会议效率，节省了财政资金。系统启用以来，已先后服务保障各级各类重要会议10万余场次。

3）助力政府决策彰显新作为

山东省通过统筹汇聚政务数据和社会数据，强化关联分析和挖掘应用，提升政府基于大数据的科学决策能力和风险防范水平。先后建立了山东经济运行监测分析等体系，开展经济动态监测、趋势研判，全省经济运行调节数字化水平明显提升。连续四年开展大数据创新应用行动，重塑婚嫁、生育、养育、教育、养老等全生命周期关键环节服务模式，推出的"义务教育入学"服务，实现了"家中动动指，报名分分钟"情景常态化，通过大数据赋能推动义务教育入学"减证明""零跑腿"。在生态环保、教育医疗、文体旅游、社会保障、信用建设等领域，深入开展政务大数据分析应用，打造典型应用场景，提升科学决策和风险防范能力。根据省委省政府部署要求，围绕"一屏观全省，一网管全省"，山东省建设全省"一网统揽"综合慧治平台，并与各市"城市大脑"互联互通，为城市运行、社会治理提供了有力支撑。

4）社会治理工作展现新效能

山东省将大数据作为提升社会治理能力的重要手段，驱动治理理念、治理手段、治理模式变革。优化升级"互联网＋监管"系统功能，建设省级低信用企业风险监测等模型，打造涉企联合检查平台，有力提升监管效能。持续推进"天网工程""雪亮工程"等建设，建成了较为完善的数字化社会治安防控体系。进一步整合应急、公安、消防、气象、交通、城管等信息资源，建成覆盖省、市、县三级的应急指挥网络，应急指挥能力不断提升。疫情发生后，快速开发上线了健康码、核酸检测、冷链管理等应用系统，强化数据共享应用，为疫情防控提供了有力信息化支撑。同时，在数字法治、防灾减灾、生态治理等方面全面推动数字化转型，社会治理能力持续提升。枣庄市建设的"城市慧眼"视频融合赋能平台，提升了全时段禁烧、水库防汛、矿山盗采等数字化治理能力；烟台市建成镇街综合数据平台，打造基层数字化治理新模式；威海市搭建城市物联网感知平台，实时感知城市运行脉搏。

5）数字政府底座提供新支撑

近年来，山东省先后开展了"统云、并网、聚数"攻坚行动、"一个平台一个号、一张网络一朵云"建设，不断夯实数字政府基础底座。建设完善全省一体化大数据平台，开展"数源、数治、数用"行动，持续加大数据汇聚、共享和开放力度，初步形成了"一个平台支撑、一本目录管理、一套标准治理、两张清单共享"的数据资源体系，开放数林指数居全国第一，济南、青岛、烟台、潍坊、日照、德州6市跻身城市综合排名前10强。统筹公共视频监控资源建设、管理、应用，创新开展分类治理、标识标注等工作，走在全国前列。围绕基础设施、系统、数据，从管理、技术、运维、监管等方面，进一步完善"三横四纵"的网络安全体系，切实筑牢数字政府建设安全防线。

3. 江苏省

政府数字化、智能化运行是推进国家治理体系和治理能力现代化的重要基础。近年来，江苏省政务系统打通"数据壁垒"，构建数字政府"四梁八柱"，通过数据"开放共享"服务企业和群众，促进各地各部门数字化转型，全力打造"数字化、智能化、一体化"现代数字政府，为中国式现代化江苏新实践提供了有力支撑。

1)打通"数据壁垒",构建数字政府"四梁八柱"

"数据壁垒"是数字政府建设的堵点。江苏省坚决打通数据共享"大动脉",联通"数据孤岛",畅通"数据瓶颈"。据江苏省大数据管理中心主任吴中东介绍,江苏省开展数据汇聚治理攻坚行动,初步实现数据资源一体化统筹管理。

江苏省基本建成人口、法人、电子证照、自然资源和空间地理、社会信用五大基础数据库,上线省公共数据开放平台,并获得教育部、民政部、国家卫健委等20个部委116个接口代理,接收265万条回流数据。这些数据的汇聚得益于江苏省政务系统坚实的云网基础设施。江苏省现已初步形成"1个省级主节点+13个市级主干节点"的政务云体系,支撑全省7900余个非涉密政务系统上云运行。

江苏省颁布《江苏省"十四五"数字政府建设规划》,印发《省政府关于加快统筹推进数字政府高质量建设的实施意见》,出台一系列制度规范,基本形成数字政府规制和政策体系。2022年10月,江苏省成立了全国第二个数字政府标准化技术委员会,围绕标准研制、标准贯彻和标准服务,系统性、整体性推进数字政府标准化工作,全面提升数字政府规范化、一体化发展水平。"苏服办"是江苏省政务服务的"总门户","苏服办"移动端接入各级各类服务应用达3410个,平均月活跃用户4520万,逐步成为企业和群众掌上办事主渠道。江苏省政务服务网的"一网四端"体系,建有省、市、县三级160个综合服务旗舰店,实现镇村级站点全覆盖,注册用户达1.43亿。

2)数据"共享开放",政务服务便企利民

江苏省出台了全国首部促进政务服务便利化的地方性法规,建立了一体化政务服务平台。据江苏省政务办副主任赵明介绍,省、市、县三级政务服务部门编制依申请类政务服务事项办事指南有21万项,其中网上可办率达94%,长三角政务服务"一网通办"专栏接入江苏省的事项68项、高频服务26个。

"一网统管"让社会治理效率大大提升。南京市浦口区通过对城市运行数据实时归集,设计城市生命体征及城市运行态势指标400多项,利用大数据分析手段,及时发现城市运行管理过程中的堵点、难点,先后荣获江苏省依法行政示范项目、南京市社会治理创新典型案例等荣誉。苏州市基本实现全市视频监控和物联网监测点接入"一网统管"平台;南通市建立"一网统管"事项闭环处理机制;盐城市初步建成"城市驾驶舱";泰州市完善数字孪生城市空间底座……"一网统管"的体系在全省已初步构建。

江苏省在全国率先建成省、市、县一体化联动服务的江苏12345热线,2022年接受处理群众诉求达3995.6万件,成为企业群众与党委政府之间沟通的桥梁。同时,江苏省政务办依托12345政务热线还创新打造"热线百科"平台,目前平台已汇聚省、市、县三级6926个党政部门精心制作的6.8万条政务信息、13.3万个热点政策问答。

3)"数字政府"赋能中国式现代化江苏新实践

江苏省把数字政府建设作为助推数字经济、引领数字社会、营造数字生态的先手棋,聚焦重点行业和关键领域，全面推动各领域数字化转型，赋能中国式现代化江苏新实践。

通过深化"政银合作"，江苏省打通政务服务最后一公里，截至目前已覆盖省内工、农、中、建、交五大行4623个网点，并同步输出至长三角区域7546个网点，着力打造15分钟政务服务圈。各级政府部门数字化转型工作正全面快速有序展开。江苏人社一体化平台网上办事服务大厅实现30个高频事项"跨省通办"，截至2022年底，平台办件量达8065万件；制造业领域通过"智改数转"，产业数字化、数字产业化不断实现新突破；借助数字技术融合应用，数字城乡建设也取得实质性成果；数字化治理模式创新，进一步提升了社会治理水平；生态环保数字化转型，为助力美丽江苏建设做出新贡献。高效的政务服务为中国式现代化江苏新实践提供了重要支撑。一年来，江苏省先后出台"苏政40条""苏政办22条"，持续深化"放管服"改革，积极推进重大项目建设审批"一件事"改革，"拿地即开工""交地即发证""竣工即交付"等一批创新做法在江苏省落地。2022年12月，江苏省政府办公厅印发《关于做好"苏企通"平台惠企政策直达工作的通知》，建立政策直达服务机制，加大惠企政策落地落实力度。"苏企通"在省级有关部门、13个设区市、113个县（市、区）及园区三级贯通应用，梳理上线"苏政40条""苏政办22条"等政策服务事项3417项，归集惠企政策1.7万余条，推送政策3691条，推送企业8.2亿次。

4. 浙江省

2021年2月，浙江省启动实施数字化改革，推动"数字浙江"建设进入新阶段。数字化改革以推进省域治理体系和治理能力现代化为目标，以实现跨层级、跨地域、跨系统、跨部门、跨业务的高效协同为突破，以数字赋能为手段，通过高效整合数据流，科学改造决策流、执行流、业务流，推动各领域工作体系重构、业务流程再造、体制机制重塑。一年多来，全省党政机关、事业单位、国企民企、社会团体、基层组织等积极投入改革大潮，全面推动改革落地见效，取得了突破性进展。

1）构建"系统+跑道"的体系架构

浙江省构建形成并迭代完善了"1612"体系架构，以保证各地各部门步调一致、同向发力。"1"即一体化智能化公共数据平台；"6"即党建统领整体智治、数字政府、数字经济、数字社会、数字文化、数字法治六大系统；第二个"1"即基层治理系统；"2"即理论和制度两套体系。其中，"6+1"系统作为数字化改革的主战场，根据中央和省委重大任务，设置若干条跑道，加快推进核心业务数字化全覆盖；各地各部门在跑道内创新创造，谋划开发数字化应用，形成体系化规范化推进的良好态势。

2）建成"平台+大脑"的数据底座

浙江省按照"平台+大脑"的理念，迭代升级原有的公共数据平台，打造覆盖省、市、县三级的一体化智能化公共数据平台，建设一体化数字资源系统，构建通用化的知识库、数据仓、模型库、算法库、规则和法律库，打造"浙里办""浙政钉"两个移动前端，实现了算力一体调度、安全一体监测、数据一体配置、组件一体共享、应用一体管理、端口一体集成。目前，平台已累计上架智能组件334个，开放数据62亿条，数据共享满足率达到99.5%。

3）打造"改革+应用"的重大成果

浙江省把需求分析作为数字化改革的原点，围绕满足重大需求谋划多跨场景、找准改革突破口，实现开发应用与推进改革的一体融合。全省已上线运行重大应用107个，这些应用有力推动跨部门跨领域跨层级工作协同，有效破解一批传统手段难以解决的老大难和新问题。其中，"七张问题清单""公平在线""外卖在线""民生'关键小事'智能速办"等应用得到国家层面肯定推介；"浙农服""政采云""海外智慧物流"等应用走出浙江、走向全国。例如，"七张问题清单"应用，建立了覆盖巡视、审计、督查、生态环保、安全生产和自然灾害、网络舆情、群众信访7方面重点问题的闭环管控场景，累计交办省、市、县清单问题1.4万个；"公平在线"应用，构建平台经济全链条智慧协同监管体系，实现数据实时监测、舆情快速响应、风险精准识别，有效促进平台经济健康发展，为强化反垄断和深入推进公平竞争先行探路。"民生'关键小事'智能速办"应用，将原来分散在各部门的50个高频政务服务事项集成到1个应用在线快速办理，平均减材料67%、减时间66%，日均访问量达到81万人次。

4）形成"理论+制度"的话语体系

浙江省在探索实践中总结提炼具有一般规律、普遍意义的理念、思路、方法、手段，省级层面形成改革教材、学术专著、理论文章、调研报告等理论成果307项。同时，注重在法治轨道上推进改革，出台《浙江省数字经济促进条例》《浙江省公共数据条例》等一批地方性法规，实施《数字化改革术语定义》《数字化改革公共数据目录编制规范》等一批地方标准。

5）建立"顶层设计+基层创新"的推进机制

在实践中，浙江省建立了一套顶层设计和基层创新有机结合、良性互动的推进机制。一方面，在省级层面加强统筹协调，成立省领导小组，组建工作专班，两个月召开一次工作例会，进行统一部署推进；建立健全项目管理机制，编制重大改革（重大应用）"一本账"，统筹各类应用集约建设，有效防止低水平重复建设；发挥督察"推进器"和考核"指挥棒"作用，统一开展数字化改革专项督察和第三方评估。另一方面，积极鼓励基层探索创新，建立"一地创新、全省共享"机制，推动杭州富阳"医学检查检验结果互认共享"、平湖"数字农合联"、诸暨"执行'一件事'"等地方特色应用上升为全省重大应用；推介数字化改革"领跑者"案例31个，评选两批55个省级最佳应用，对99个改革突破奖获奖单位进行表彰，激励各地各部门向好的学、与强的比、朝高的攀；召开数字化改革新闻发布会和典型应用演示汇报会，举办数字化改革成果展，取得了相互学习、相互启发、相互借鉴、共同提升的良好效果。

第 3 章　国内外数字政府建设评估

3.1　国外数字政府建设评估情况

3.1.1　联合国电子政务调查评估

1. 概述

为了支持成员国努力发展电子政务，联合国经济和社会事务部公共行政和发展管理分支于2001年开始进行全球电子政务调查。截至2022年，一共发表了12份调查报告，其中自2008年起，每两年发布一次调查报告，最新的报告是《2022年联合国电子政务调查报告》。这项调查报告是唯一一份评估联合国所有成员国电子政务发展状况的全球报告，它衡量的是各国电子政务的相对表现。

作为一个综合指标，电子政务发展指数用于衡量国家机构使用信息和通信技术提供公共服务的准备情况和能力。这一指标有助于政府官员、决策者、研究人员以及民间团体和私营部门的代表更深入地了解一个国家在利用电子化政务提供公共服务方面的相对地位。

至今，联合国电子政务调查报告已经发布了12次，每一版调查报告所采用的方法框架保持一致，同时不断更新某些组成部分，以反映电子政务的新趋势以及电信和人力资本的新指标。2004年和2005年版的此项调查反映了一个国家对电子政务的准备情况。2008年，由于"准备情况"被认为不能充分反映实地具体实施的需要，其重点从评估"准备情况"改为评估实际发展情况。2014年，"电子政务成熟度"被认为是过时的，由于为了实现和超越公众的期望，电子政务的目标和指标是在不断变化的。2018年，评估政府门户网站的问卷被扩大到包括可持续发展目标和"不让任何人掉队"的主要原则。2022年，侧重点则是公共部门数字化建设的指导框架是否有效助推

2030 年可持续发展目标。此外，还引入了成员国调查问卷，以进一步搜集各国的制度、法律和战略框架，以及关于公共机构在电子政务发展方面所做出努力的详细信息。

2. 指标体系

联合国电子政务发展指数（EGDI）评估的是国家级的电子政务发展情况，是基于 3 个标准化指数加权平均数的综合指数。这 3 个指数分别是基于国际电信联盟（ITU）提供的数据的电信基础设施指数（TII）；由联合国教科文组织（UNESCO）提供的人力资本指数（HCI）；由联合国经济和社会事务部（UNDESA）执行、由独立在线服务调查问卷收集数据的在线服务指数（OSI）。这 3 个指数各占 1/3 权重，如图 3-1 所示。

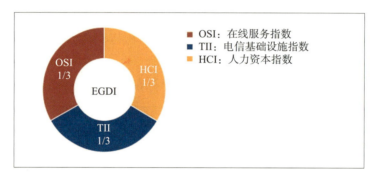

图 3-1　联合国电子政务指数的构成

1）电信基础设施指数

电信基础设施的发展状况，量化为电信基础设施指数。电信基础设施指数是 4 个指标的算术平均综合指数，包括：

（1）每百名居民的互联网用户估计数；

（2）每百名居民的移动电话用户数；

（3）每百名居民的无线宽带用户数；

（4）每百名居民的固定宽带用户数。

这 4 个指数均由国际电信联盟发布。

表 3-1 为电信基础设施指数及其组成指标的变化。

表 3-1　电信基础设施指数及其组成指标的变化（2001—2022 年）

TII（2001—2005）	TII（2008）	TII（2010）	TII（2012）	TII（2014）	TII（2016）	TII（2018）	TII（2020，2022）
互联网用户	互联网用户	互联网用户	互联网用户	互联网用户	互联网用户	互联网用户	互联网用户
在线人数	固定宽带用户	固定宽带用户	固定宽带用户	固定宽带用户	固定宽带用户	固定宽带用户	固定宽带用户

续表

TII（2001—2005）	TII（2008）	TII（2010）	TII（2012）	TII（2014）	TII（2016）	TII（2018）	TII（2020,2022）
（PC个人计算机）用户	PC用户	PC用户	固定互联网用户	无线宽带用户	无线宽带用户	活跃的移动宽带用户	活跃的移动宽带用户
移动电话用户	移动电话用户	移动电话用户	移动电话用户	移动电话用户	移动电话用户	移动电话用户	移动电话用户
固定电话用户	固定电话用户	固定电话用户	固定电话用户	固定电话用户	固定电话用户	固定电话用户	—
电视机用户	—	—	—	—	—	—	—

从概念上讲，TII的构成自2002年以来基本保持不变。2001—2005年调查中采用互联网用户、移动电话用户和固定电话用户三个部分。鉴于可获得适当的数据，后来采用若干替代数据，例如，2008年，以固定宽带用户代替在线人数，并取消了电视机用户数量；2012年，PC用户替换为固定互联网用户；2014年，以无线宽带用户取代固定互联网用户；2018年，无线宽带用户指标替换为活跃的移动宽带用户。由于移动通信的大规模使用，许多国家的固定电话用户数量在持续减少，因此自2020年开始，不再评估"固定电话用户"指标。

2）人力资本指数

固有的人力资源成本，量化为人力资本指数。人力资本指数由4个部分组成。

（1）成人识字率；

（2）初等、中等和高等教育综合毛入学率；

（3）预计受教育年限；

（4）平均受教育年限。

这些数据来自教科文组织——统计研究所的资料。

人力资本指数是4个指标的加权平均数。2012年前，过去出版的调查报告均使用前两个指标，即成人识字率和联合了小学、中学及大学的毛入学率。由于意识到教育是人力资本的根本支柱，2014年增加了两个新指标，即预计受教育年限和平均受教育年限（见表3-2）。受经济和社会事务部/公共行政和发展管理处委托，初步的数据研究证实了新人力资本指数的作用，并强调这两个新指标强化了人力资本指数。

表3-2 人力资本指数及其组成指标的变化

过去调查报告中人力资本指数的成分（2001,2003, 2004, 2005, 2008, 2010, 2012）	2014年以来调查报告中人力资本指数的成分
成人识字率	成人识字率
毛入学率	毛入学率
	预计受教育年限
	平均受教育年限

3）在线服务指数

在线服务指数主要是针对各个国家的政务服务网站进行评估的，评估的主题包括政务数据开放、电子参与、移动政务、整体政府，而具体的维度包括卫生、教育、社会保障、性别平等、体面工作和就业等。在线服务指数的评估内容每次都有所不同，主要是根据当次评估之前全球电子政务发展的一些新的变化进行实时调整，如2012年比2010年更加注重整体政府和在线服务能力的加强、面向弱势群体提供服务；2014年纳入了政务服务提供渠道的多样性、政务数据开放、电子采购等；2016年更加注重从公众使用的角度来反映政府服务的便捷性；2020年纳入了与司法系统在线服务有关的问题；2022年将"不让任何人掉队"作为指导原则等。

2022年在线服务指数的调查表由180个是非题组成，评估了193个联合国成员国在网上的信息与服务，并以成员国调查问卷作为补充。该调查问卷评估了与在线服务提供有关的一些特征，包括整体政府举措、政府数据开放、电子参与、多种渠道提供服务、移动服务、服务的利用情况和数字鸿沟，以及通过使用通信技术建立的创新伙伴关系。该数据由一组研究人员在联合国经济和社会事务部的监督下，通过初级研究和收集工作所收集。

3. 评估情况

1）2012年

2012年全球电子政务调查显示，许多国家和地区已经将先进的信息与通信技术应用于电子政务，以进一步提高公共部门的工作效率，精简政府体系，确保发展的可持续性。在各种先进的电子政务方案中，创新性技术解决方案作为能使落后的经济和社会部门重新焕发活力的手段，得到了广泛的认可。在全球经济衰退的大环境下，2012年全球电子政务调查得出的总体结论是：虽然继续提供公共服务很重要，但是政府必须开始重新思考电子政务这一问题——对层次式政府结构内部之间的制度联系给予更大的重视，以便创造包容性、可持续发展的协同效应。同时提出警告，认为数字鸿沟源于目前在世界范围内信息技术使用方面的差距。通过这种方式，有助于更好地了解部署电子政务的需要，以创建所需的协同性和机构之间的整合性，从而支持成员国努力实现全方位的可持续发展。

根据《2012年联合国电子政务调查报告》，在电子政务方面，韩国位列世界第一，荷兰、英国、丹麦、美国、法国和瑞典等紧随其后（见表3-3）。欧洲和北美具备高水平的国民教育和电信基础设施，因而在整体上仍然领先于世界上其他国家和地区。亚洲拥有世界五分之三的人口，但电子政务发展水平仅仅达到欧洲的70%左右，非洲仅有欧洲水平的40%。10个电子化最差的亚洲国家几乎只有欧洲的电子政务水平的37%，非洲这个数字略高于20%。

表 3-3 2012 年全球电子政务发展指数前 20 名国家

排名	国家	电子政务发展指数	排名	国家	电子政务发展指数
1	韩国	0.9283	11	加拿大	0.8430
2	荷兰	0.9125	12	澳大利亚	0.8390
3	英国	0.8960	13	新西兰	0.8381
4	丹麦	0.8889	14	列支敦士登	0.8264
5	美国	0.8687	15	瑞士	0.8134
6	法国	0.8635	16	以色列	0.8100
7	瑞典	0.8599	17	德国	0.8079
8	挪威	0.8593	18	日本	0.8019
9	芬兰	0.8505	19	卢森堡	0.8014
10	新加坡	0.8474	20	爱沙尼亚	0.7987

数据来自《2012 年联合国电子政务调查报告》。

尽管取得了进步，但是在发达国家和发展中国家之间，数字鸿沟上的不平衡依然存在。非洲地区的平均电子政务发展指数为 0.2780，是世界平均水平的 50% 左右（见图 3-2）。数字鸿沟的根源是电子基础设施的缺乏，这阻碍了信息的使用和知识的创造。发展中国家和发达国家之间的网络带宽和订阅量的巨大差异表明，要缩小数字鸿沟，仍然有很长的路要走。

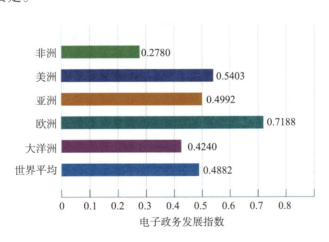

图 3-2 电子政务发展的区域平均水平

2）2014 年

2014 年调查发现，区域间和国家间电子政务发展状况由于多种原因存在巨大差异。收入水平是衡量国家经济能力和发展水平的一个通用指标，因此也会影响电子政务的发展。通信基础设施、教育支持，包括信息通信技术能力培养都与一个国家的收入水平相关，这些因素的缺失将制约电子政务的开展。然而，一个国家的收入水平并不能完全体现电子政务的发展水平。许多国家尽管国民收入水平较低，却大力推进电子政务的发展；还有一些国家尽管国民收入水平较高，拥有改善未来发展的大好机会，电子政务水平却落后于其他国家。

韩国专注于电子政务创新并一直发挥其领导作用，2014年仍居排名榜首位（见表3-4）。与2012年相比，澳大利亚（第2名）、新加坡（第3名）的全球排名都有了很大的提升。2014年调查报告显示，欧洲凭借最高的区域电子政务指数保持领先地位，法国（第4名）、荷兰（第5名）、英国（第8名）和芬兰（第10名）等国表现突出；美洲紧随其后，美国（第7名）领导美洲电子政务；韩国主导亚洲的电子政务；突尼斯（第75名）领跑非洲电子政务。从调查结果可以看出，每个地理区域内都存在巨大的内部差异，并且国家间经济、社会和政治发展水平的不平衡将导致这一现象长期存在。对通信基础设施、人力资本和在线服务的持续投资是一些国家电子政务发展水平较高的主要原因之一。

表3-4 2014年EGDI排名前25位的国家及平均值

国　　家	所属地区	EGDI	2014年排名	2012年排名	排名变化
韩国	亚洲	0.9462	1	1	—
澳大利亚	大洋洲	0.9103	2	12	↑10
新加坡	亚洲	0.9076	3	10	↑7
法国	欧洲	0.8938	4	6	↑2
荷兰	欧洲	0.8897	5	2	↓3
日本	亚洲	0.9974	6	18	↑12
美国	美洲	0.8748	7	5	↓2
英国	欧洲	0.8695	8	3	↓5
新西兰	大洋洲	0.8644	9	13	↑4
芬兰	欧洲	0.8449	10	9	↓1
加拿大	美洲	0.8418	11	11	—
西班牙	欧洲	0.8410	12	23	↑11
挪威	欧洲	0.8357	13	8	↓5
瑞典	欧洲	0.8225	14	7	↓7
爱沙尼亚	欧洲	0.8180	15	20	↑5
丹麦	欧洲	0.8162	16	4	↓12
以色列	亚洲	0.8162	17	16	↓1
巴林	亚洲	0.8089	18	36	↑18
冰岛	欧洲	0.7970	19	22	↑3
奥地利	欧洲	0.7912	20	21	↑1
德国	欧洲	0.7864	21	17	↓4
爱尔兰	欧洲	0.7810	22	34	↑12
意大利	欧洲	0.7593	23	32	↑9
卢森堡	欧洲	0.7591	24	19	↓5
比利时	欧洲	0.7564	25	14	↓1

续表

国　　家	所属地区	EGDI	2014年排名	2012年排名	排名变化
非常高EGDI平均值		0.8368			
世界平均值		0.4712			

数据来自《2014年联合国电子政务调查报告》。

3）2016年

《2016年联合国电子政务调查报告》是联合国经济和社会事务部（UNDESA）旗舰出版物的第九版，对联合国各成员国在电子政务方面取得的进展进行了标杆分析。调查不仅是为了获取绝对意义上的电子政务发展水平，还有通过评价各国电子政务发展情况，为电子政务的推广提供参考性评估的目的。

相比2014年，2016年有更多的国家（29个）具有极高EGDI（大于0.75）。在具有极高EGDI的29个国家中，有25个国家在上一版（2014年）的调查报告中也在这个分组里。新晋极高EGDI组的4个国家分别是斯洛文尼亚（排名21）、立陶宛（排名23）、瑞士（排名28）和阿拉伯联合酋长国（排名29）。同2014年的调查报告一样，2016年的调查报告再次表明电子政务发展水平不仅仅取决于一个国家的收入水平。同样，在第二层次（高EGDI）和更低层次（中、低EGDI）组中，一些国家虽然收入较低，但是电子政务方面的表现并不亚于收入较高的国家，有些甚至更好。2016年，具有高EGDI（0.50～0.75）的国家从62个增加到65个。另外，还有3个国家（安地卡及巴布达、埃及、斐济）从高EGDI组降至中等EGDI组，10个国家（巴哈马、波黑、黎巴嫩、菲律宾、圣基茨和尼维斯、南非、泰国、特立尼达和多巴哥、乌兹别克斯坦、越南）改善电子政务绩效，从中等EGDI组晋升至高EGDI组。同时，具有中等EGDI（0.25～0.50）的国家数量从74个下降到67个（见表3-5）。

表3-5　部分按EGDI划分的国家（以英文字母顺序排序）

极高EGDI （>0.75）	高EGDI （0.50～0.75）		中等EGDI （0.25～0.50）		低EGDI （<0.25）
澳大利亚	阿尔巴尼亚	毛里求斯	阿尔及利亚	莱索托	阿富汗
奥地利	安道尔	墨西哥	安哥拉	利比亚	贝宁
巴林	阿根廷	摩纳哥	安地卡及 巴布达+	马尔代夫	布基纳法索
比利时	亚美尼亚	蒙古	孟加拉	马绍尔群岛	布隆迪
加拿大	阿塞拜疆	黑山	伯利兹	密克罗尼西亚	中非
丹麦	巴哈马+	摩洛哥	不丹	纳米比亚	乍得
爱沙尼亚	巴巴多斯	阿曼	玻利维亚	秘鲁	科摩罗
芬兰	白俄罗斯	秘鲁	博茨瓦纳	尼泊尔+	刚果（布）
法国	波黑+	菲律宾+	柬埔寨	尼加拉瓜	科特迪瓦
德国	巴西	波兰	喀麦隆	尼日利亚	刚果（金）

续表

极高 EGDI（> 0.75）	高 EGDI（0.50 ～ 0.75）		中等 EGDI（0.25 ～ 0.50）		低 EGDI（< 0.25）
冰岛	文莱	葡萄牙	佛得角	巴基斯坦	吉布提
爱尔兰	保加利亚	卡塔尔	古巴	帕劳	赤道几内亚
以色列	智利	摩尔多瓦	朝鲜	巴拿马	厄立特里亚
意大利	中国	罗马尼亚	多米尼克	多米尼加	冈比亚
日本	哥伦比亚	哥斯达黎加	埃及 -	萨尔瓦多	几内亚
立陶宛 +	克罗地亚	塞浦路斯	萨摩亚	埃塞俄比亚	几内亚比绍
卢森堡	捷克	厄瓜多尔	斐济 -	圣文森特和格林纳丁斯	海地
荷兰	格鲁吉亚	希腊	加纳	危地马拉	利比里亚
新西兰	格林纳达	匈牙利	圭亚那	洪都拉斯	马达加斯加 -
挪威	约旦	哈萨克斯坦	印度	印度尼西亚	马拉维
韩国	特立尼达和多巴哥 +	科威特	伊拉克	牙买加	马里
新加坡	拉脱维亚	黎巴嫩 +	肯尼亚	基里巴斯	毛里塔尼亚
斯洛文尼亚 +	列支敦士登	马来西亚	伊朗	吉尔吉斯斯坦	
西班牙	马耳他	俄罗斯	巴拉圭	卢旺达	莫桑比克
瑞典	圣基茨和尼维斯	越南 +	圣卢西亚	加蓬	尼日尔
瑞士 +	圣马力诺	沙特阿拉伯	塞内加尔	苏丹	巴布亚新几内亚
阿拉伯联合酋长国 +	塞尔维亚	塞舌尔	苏里南	斯威士兰	圣多美和普林西比
英国	斯洛伐克	斯里兰卡	叙利亚	塔吉克斯坦	塞拉利昂
美国	泰国 +	马其顿	东帝汶	多哥 +	所罗门群岛
	突尼斯	土耳其	汤加	土库曼斯坦	索马里
	乌克兰	乌拉圭	图瓦卢	乌干达	南苏丹
	乌兹别克斯坦 +	委内瑞拉	坦桑尼亚	瓦努阿图	也门 -
	南非 +		赞比亚 +	津巴布韦	缅甸

数据来自《2016 年联合国电子政务调查报告》。

注：国家名后的"+"标记代表从较低 EGDI 指数升至较高指数，"-"标记代表从较高 EGDI 指数降至较低指数。

2016 年电子政务发展的区域特征也和此前的调查相符。2014 年，25 个极高 EGDI 国家中的 16 个来自欧洲（占总数的 64%）；2016 年则有更多的极高 EGDI 国家来自欧洲（19 个，占总数的 66%）。而在另一个极端的低 EGDI 国家主要来自非洲。事实上，关于低 EGDI 国家的统计数据保持不变，有 26 个国家来自非洲（81.2%），3 个来自亚洲（9.4%），2 个来自大洋洲（6.3%），1 个来自美洲（3.1%）。

非洲的电子政务发展仍落后于全球水平。非洲 EGDI 平均值为 0.2882，这一数值远远低于欧洲的 0.7241。大洋洲 EGDI 平均值为 0.4154，也低于全球平均水平 0.4922。亚洲和美洲的 EGDI 非常接近，分别是 0.5132 和 0.5245。在地区内，电子政务鸿沟也明显存在，其中在大洋洲这种鸿沟最大：虽然澳大利亚和新西兰的 EGDI 都很高，共同进入了前十名，但该地区其余国家的 EGDI 基本都在中低分段。在欧洲这种鸿沟则最小，部分原因可能是欧洲国家正在走向"数字化单一市场"，这是数字议程的一部分，将标准化欧盟成员国的数字内容访问渠道。

4）2018 年

自 2001 年联合国首次尝试对电子政务状况进行标杆分析以来，电子政务实现了飞速发展。2018 年调查报告显示全球电子政务持续朝着更高水平发展的积极态势。在 2018 年调查报告中，40 个国家得到了"非常高"的分数，即 EGDI 介于 0.75 和 1.00 之间；相比之下，2003 年只有 10 个国家、2016 年有 29 个国家得到这个分数。2014 年以来，联合国所有成员国都提供了某种形式的在线服务。得益于各组成部分的指数的不断提高，全球 EGDI 均值从 2014 年的 0.47 升至 2018 年的 0.55。这表明从全球范围来看，各国都在稳步改善电子政务以及公共服务的在线提供。虽然一些国家取得了一些发展进步，并进行了大量投资，但是电子政务鸿沟和数字鸿沟依然存在。低 EGDI 组别中有 14 个国家是非洲国家，并且是最不发达国家。不同区域和收入水平的电子政务发展指数如表 3-6 所示。

表 3-6 不同区域和收入水平的电子政务发展指数

	区域和收入水平	电子政务发展指数（EDGI）	在线服务指数（OSI）	电信基础设施指数（TII）	人力资本指数（HCI）
区域	非洲	0.3423	0.3633	0.2034	0.4602
	美洲	0.5898	0.6095	0.4441	0.7157
	亚洲	0.5779	0.6216	0.4385	0.6735
	欧洲	0.7727	0.7946	0.6765	0.8471
	大洋洲	0.4611	0.3929	0.2825	0.7078
	世界	0.5491	0.5691	0.4155	0.4155
	小岛屿发展中国家（SIDS）	0.4744	0.4090	0.3460	0.6684
	内陆发展中国家（LLDC）	0.4100	0.4481	0.2502	0.5318
	最不发达国家（LDC）	0.2961	0.3251	0.1521	0.4113
收入水平	高收入	0.7838	0.8120	0.7018	0.8375
	中等偏上收入	0.5655	0.5479	0.4256	0.7231
	中等偏下收入	0.4411	0.4688	0.2703	0.5843
	低收入	0.2735	0.3329	0.1191	0.3684

数据来自《2018 年联合国电子政务调查报告》。

在通过网络提供政务服务与信息服务的排名中，前十名的国家为丹麦、澳大利亚、韩国、英国、瑞典、芬兰、新加坡、新西兰、法国和日本。

电子政务在全球各个区域均有所发展，主要得益于在线服务指数的提高。欧洲国家在电子政务发展方面处于领先地位，美洲和亚洲国家几乎在高和中EGDI组中平分秋色。在高EGDI组中，非洲国家的数量仅为6个，2016年之后，仅有加纳一国升至高EGDI组。很多非洲国家的人民无法从信息与通信技术中获益，原因在于网络连接不足、获取成本过高以及缺乏必要的技术。随着科技创新不断深入，这些劣势可能会进一步影响非洲国家的电子政务发展。因此，为了打造完善的电子政务，非洲各国需在人力资源和电信基础设施方面加大投入。

根据2018年调查报告，各国利用电子政务提供负责、高效、包容、透明和可信任的公共服务（即交付以人为本的服务）的复杂性不断增长。当前，在健康、教育、环境和就业领域出现了使用电子服务的趋势，而最弱势群体的覆盖范围也得以扩展。2018年调查报告详细分析了EGDI的主要推动因素，开放政府数据的趋势，以及公众参与、参加交付创新型公共服务的情况。

根据调查，在线服务最常用的三种方式为公共事业缴费、收入所得税缴纳以及新公司注册登记。在全球范围内，通过电子邮件、推送更新、移动应用程序和短消息服务提供的服务增长了一倍，在健康和教育方面尤为明显。例如，有176个国家通过向公民发送邮件提醒的方式提供在线教育服务，而2016年只有88个国家这样做，还有152个国家的医疗卫生部门提供该类服务，而2016年仅有75个国家这样做。越来越多的国家正在向弱势群体提供更有针对性的在线服务，包括86%的美洲国家、79%的亚洲国家、57%的非洲国家以及15%的大洋洲国家。有140个成员国提供至少一项在线交易服务，服务水平保持了强劲而持续的提升，包括公共事业缴费、收入所得税缴纳、新公司注册登记、缴纳罚款与费用、申请出生证明、申请结婚证书、机动车注册、申请驾照及个人身份证明。

5）2020年

2020年初，新冠疫情在全球暴发，重新激发了电子政务的作用。社交距离的拉远推动了网络互动。传统数字政务在越来越广泛的地方利用了起来。同时，电子政务平台也在通过创新的方式来应对危机。当隔离和检疫限制使许多经济和社会活动停滞不前时，电子政务正在经历着一场抗压测试。当面对面的互动变得不可能或不受欢迎时，数字政府解决方案就变得至关重要。拥有强大的多功能电子政务系统的国家能够向公众、地方当局和医疗工作者提供明确的最新信息，还能与平台提供者等其他利益攸关方合作，减少错误信息的传播，解决网络安全和数据隐私问题。新冠疫情的发生为电子政务以新的重要方式服务于公众并创造了机会。然而，它也加剧了数字鸿沟，因为社会中许多最贫穷和最脆弱的人无法获得数字政府服务以及支持。

根据《2020年联合国电子政务调查报告》（见图3-3），从全球范围来看，电子政务发展水平持续提升，目前有65%的成员国处于高或非常高的电子政务发展指数组。自2018年以来，超过22%的被调查国家已经进入较高的电子政务发展指数组。处于特殊情况下的国家（最不发达国家、内陆发展中国家和小岛屿发展中国家）的进展尤其值得注意。所有区域在电子政务发展方面都取得了进展。这体现在它们的平均电子政务发展指数较高。欧洲仍然处于领先地位，在非常高的经济发展指数组中，欧洲国家所占比例最高（58%），其次是亚洲（26%）、美洲（12%）和大洋洲（4%）。在非洲，尽管各国持续落后于其他区域国家，但也出现了加速发展的迹象，向更高的电子政务发展指数组迈进的国家比例最大（15个国家，28%）。然而，基础设施和人力资本发展方面的差距阻碍了该地区许多国家迈向更高的电子政务发展指数水平。

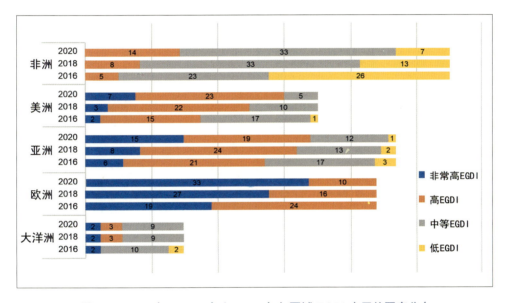

图3-3　2016年、2018年和2020年各区域EGDI水平的国家分布

数据来自《2020年联合国电子政务调查报告》。

全球EGDI平均值从2018年的0.55上升到2020年的0.60，EGDI指数处于"高"或"非常高"级别的成员国共有126个，占所有成员国的65%。由全球EGDI持续上升可看出，世界大多数国家积极推动数字政府建设，重视整合线上和线下渠道，以实现政府数字治理能力的现代化。在电子政务发展方面表现最好的国家（在EGDI非常高的组中评级最高的国家）包括丹麦、韩国、爱沙尼亚、芬兰、澳大利亚、瑞典、英国、新西兰、美国、荷兰、新加坡、冰岛、挪威和日本（见表3-7）。

表 3-7　2020 年全球电子政务发展处于领先地位的国家

国家	EGDI 等级（子组）	所在区域	OSI	HCI	TII	EGDI（2020 年）	EGDI（2018 年）
丹麦	VH	欧洲	0.9706	0.9588	0.9979	0.9758	0.9150
韩国	VH	亚洲	1.0000	0.8997	0.9684	0.9560	0.9010
爱沙尼亚	VH	欧洲	0.9941	0.9266	0.9212	0.9473	0.8486
芬兰	VH	欧洲	0.9706	0.9549	0.9101	0.9452	0.8815
澳大利亚	VH	大洋洲	0.9471	1.0000	0.8825	0.9432	0.9053
瑞典	VH	欧洲	0.9000	0.9471	0.9625	0.9365	0.8882
英国	VH	欧洲	0.9588	0.9292	0.9195	0.9358	0.8999
新西兰	VH	大洋洲	0.9294	0.9516	0.9207	0.9339	0.8806
美国	VH	美洲	0.9471	0.9239	0.9182	0.9297	0.8769
荷兰	VH	欧洲	0.9059	0.9349	0.9276	0.9228	0.8757
新加坡	VH	亚洲	0.9647	0.8904	0.8899	0.9150	0.8812
冰岛	VH	欧洲	0.7941	0.9525	0.9838	0.9101	0.8316
挪威	VH	欧洲	0.8765	0.9392	0.9034	0.9064	0.8557
日本	VH	亚洲	0.9059	0.8684	0.9223	0.8989	0.8783

数据来自《2020 年联合国电子政务调查报告》。

6）2022 年

《2022 年联合国电子政务调查报告》调查结果显示，全球电子政务发展持续向前推进，许多国家从较低的 EGDI 水平过渡到较高的水平。在电子政务发展方面领先的国家如表 3-8 所示。本期调查中，全球共有 60 个国家属于 EGDI 非常高（VH）水平组，具体数值从 0.75 到 1.00 不等，与 2020 年的 57 个国家相比，该组国家增加了 5.3%；共有 73 个国家属于 EGDI 高水平组，具体数值在 0.50 和 0.75 之间；53 个国家属于 EGDI 中等水平组，具体数值在 0.25 和 0.50 之间。7 个国家（比 2020 年少 1 个）属于 EGDI 低水平组（数值在 0.00 和 0.25 之间）。

表 3-8　2022 年在电子政务发展方面领先的国家

国家	EGDI 等级	所在区域	OSI	HCI	TII	EGDI（2022 年）	EGDI（2020 年）
丹麦	VH	欧洲	0.9797	0.9559	0.9795	0.9717	0.9758
芬兰	VH	欧洲	0.9833	0.9640	0.9127	0.9533	0.9452
韩国	VH	亚洲	0.9826	0.9087	0.9674	0.9529	0.9560
新西兰	VH	大洋洲	0.9579	0.9823	0.8896	0.9432	0.9339
瑞典	VH	欧洲	0.9002	0.9649	0.9580	0.9410	0.9365
冰岛	VH	欧洲	0.8867	0.9657	0.9705	0.9410	0.9101
澳大利亚	VH	大洋洲	0.9380	1.0000	0.8836	0.9405	0.9432
爱沙尼亚	VH	欧洲	1.0000	0.9231	0.8949	0.9393	0.9473
荷兰	VH	欧洲	0.9026	0.9506	0.9620	0.9384	0.9228

续表

国家	EGDI 等级	所在区域	OSI	HCI	TII	EGDI（2022 年）	EGDI（2020 年）
美国	VH	美洲	0.9304	0.9276	0.8874	0.9151	0.9297
英国	VH	欧洲	0.8859	0.9369	0.9186	0.9138	0.9358
新加坡	VH	亚洲	0.9620	0.9021	0.8758	0.9133	0.9150
阿拉伯联合酋长国	VH	亚洲	0.9014	0.8711	0.9306	0.9010	0.8555
日本	VH	亚洲	0.9094	0.8765	0.9147	0.9002	0.8989
马耳他	VH	欧洲	0.8849	0.8734	0.9245	0.8943	0.8547

数据来自《2022 年联合国电子政务调查报告》。

2022 年调查报告显示，共有 14 个国家升级至更高水平的 EGDI 组（2 个国家从 EGDI 低水平组升至中等水平组，8 个国家从中等水平组升至高水平组，4 个国家从高水平组升至非常高水平组），3 个国家降至更低水平的 EGDI 组（1 个国家从非常高水平组降至高水平组，1 个国家从高水平组降至中等水平组，1 个国家从中等水平组降至低水平组）。虽然这些变化总体上带有积极的趋势，但是每个 EGDI 组中的国家数量净值与 2020 年的数字相当。

3.1.2　美国信息安全绩效评估工作简介

美国《克林格－科恩法案》（Clinger-Cohen Act）、《政府绩效和结果法案》（Government Performance and Results Act，GPRA）、《政府文书消除法案》（Government Paperwork Elimination Act，GPAA）和《联邦信息安全管理法案》（Federal Information Security Management Act，FISMA）都引用了一般的信息绩效衡量标准作为一项要求。FISMA 要求各联邦机构向美国总统行政办公室（Executive Office of the President，EOP）下设的管理和预算办公室（Office of Management and Budget，OMB）报告其信息安全计划的状态，要求总检察长（Inspectors General，IG）对这些计划进行年度独立评估，授权美国国家标准与技术研究所（National Institute of Standards and Technology，NIST）制定和颁布与联邦信息系统相关的标准和指南。

1. GPRA 信息安全绩效评估

GPRA 侧重通过充分阐明项目目标和提供项目绩效信息提高项目的有效性和效率。为了组织和促进项目改进，它要求各机构制定多年战略计划，并根据这些计划报告其绩效。GPRA 的目的如下。

（1）通过系统地让联邦机构对实现计划成果负责，提高美国人民对联邦政府能力的信心。

（2）通过一系列试点项目启动项目绩效改革，制定项目目标，对照这些目标衡量项目绩效，并公开报告其进展情况。

（3）通过促进对结果、服务质量和客户满意度的新关注，提高联邦计划的有效性和完善公共问责制。

（4）通过要求联邦管理人员计划实现项目目标，并向他们提供有关项目结果和服务质量的信息，帮助他们改进服务交付。

（5）通过提供关于实现法定目标的客观信息，并报告联邦计划和支出的相对有效性和效率，改进国会决策。

（6）改进联邦政府的内部管理。

GPRA授权各机构进行战略和绩效规划，各机构每年提交战略计划和绩效衡量报告。GPRA将这一规划放在整个机构资本规划和投资控制（CPIC）过程的背景下，强调"为结果管理项目所完成的工作以及成果与项目目的和目标的匹配程度"。

作为年度战略和绩效规划过程的一部分，各机构应确定其长期和年度目标，设定可衡量的绩效目标，每季度向OMB报告其目标和目标的绩效。

这种绩效衡量报告直接支持GPRA，提供了一种根据机构目标和可衡量的绩效指标跟踪绩效的方法。各机构可以通过使信息安全绩效指标与其信息安全目标相一致，以展示信息安全对其任务的影响。

GPRA由OMB通告A-11《预算的编制、提交和执行》第6部分实施。

2. FISMA信息安全绩效评估

FISMA要求联邦机构通过实施与机构信息系统处理、传输和存储的信息敏感性相称的综合信息安全计划，对其资源提供适当的保护。它还要求各机构评估和报告其在实施和管理信息安全计划方面的表现。FISMA的目的如下。

（1）提供一个全面的框架，以确保支持联邦运营和资产的信息资源安全控制的有效性。

（2）认识到当前联邦计算环境的高度网络化性质，对相关信息安全风险进行有效的政府范围管理和监督，包括协调整个民事、国家安全和执法社区的信息安全工作。

（3）制定和维护保护联邦信息和信息系统所需的最低安全控制措施。

（4）提供改进联邦机构信息安全计划监督的机制。

（5）承认商业开发的信息安全产品为保护私营部门设计、建造和运营的，对国防和经济安全至关重要的关键信息基础设施提供了先进的动态、稳健和有效的信息安全解决方案。

（6）认识到特定技术硬件和软件信息安全解决方案的选择应由各个机构从商业开发的产品中进行。

FISMA要求各机构识别和评估其信息系统风险，并制定和实施适当的安全控制措施，以保护其信息资源。它还要求各机构在每季度和每年报告其信息安全计划的状况。

一个制度化的信息安全绩效衡量计划使各机构能够收集和报告相关的 FISMA 绩效指标。例如，信息安全绩效指标使各机构能够快速确定其系统获得认证和认可的百分比、已接受所需信息安全培训人员的百分比以及是否符合其他 FISMA 报告要求。一个成熟的信息安全度量计划还使各机构能够满足内部或外部要求的任何新信息安全绩效度量报告要求，为信息安全数据收集、分析、量化和报告提供基础。

3. NIST 信息安全绩效评估

美国 NIST 编制了《信息安全绩效评估指南》（*Performance Measurement Guide for Information Security*），旨在帮助美国联邦各机构进一步履行 FISMA 规定的法定职责（该指南不适用于国家安全系统）。该指南可以帮助制定、选择和实施信息系统和项目级别所用的措施。这些措施表明了应用于信息系统和支持信息安全项目的安全控制的有效性，通过收集、分析和报告与绩效相关的数据、信息系统以及项目安全控制的有效性，帮助相关机构成功完成其信息安全绩效评估任务。该指南中描述的绩效指标制定过程将帮助机构信息安全从业人员在其权限范围内的信息系统与计划安全活动、机构任务之间建立关系，并帮助展示信息安全对组织的价值。

该指南指出在制定和实施信息安全衡量计划时，必须考虑以下因素：措施必须产生可量化的信息（百分比、平均值等数字）；支持这些措施的数据需要易于获取；只有可重复的信息安全过程才应被考虑用于衡量措施；措施必须有助于跟踪绩效和指导资源。

3.2 国内数字政府建设评估情况

3.2.1 省级政府和重点城市一体化政务服务能力（政务服务"好差评"）调查评估

1. 概述

2015 年，国家行政学院电子政务研究中心首次开展省级政府网上政务服务能力调查评估工作，对 31 个省级政府和新疆生产建设兵团在政府门户网站和网上政务服务平台发布的政务服务事项进行了全面跟踪和梳理分析，旨在推动我国网上政务服务向更加规范有序、公开透明、便民高效的方向转变，提升政务服务供给和服务水平，促进我国网上政务服务健康有序发展。

2017 年，国家行政学院电子政务研究中心接受国务院办公厅电子政务办公室的委托，依据国务院办公厅印发的《"互联网+政务服务"技术体系建设指南》，对 31 个省（自治区、直辖市）、新疆生产建设兵团，以及重点城市网上政务服务能力开展了第三方评估工作，并发布调查评估报告。

2018年，首次将计划单列市和省会城市一共32个重点城市纳入评估范围。

2019年，评估重点和导向是以"好差评"制度提升网上政务服务水平，推动政务服务从政府供给导向向群众需求导向转变，以简审批优服务便利投资兴业。

2020年，评估工作对各地政务服务从"可办"向"好办""易办"转变，实现更多服务"跨省通办""一网通办"等内容进行重点评估。

2021年，评估工作以推动服务模式从"事项供给"到"场景服务"转变，推动更多服务事项网上办、掌上办、一次办和"跨省通办"为导向。

2022年，评估工作的导向为以"好差评"制度提升网上政务服务水平，推动政务服务从政府供给导向向群众需求导向转变。

总体来看，评估工作在深入推动"互联网＋政务服务"、助力优化营商环境、持续提升企业与群众获得感等方面起到了积极作用。

2. 指标体系设计

2016年12月，国务院办公厅印发《"互联网＋政务服务"技术体系建设指南》（以下简称《建设指南》），提出："针对政务服务用户体验不足、评价手段欠缺等问题，加强'互联网＋政务服务'评价考核体系建设。从社会和公众体验角度制定评价指标、方法，利用电子监察平台加强政府内部监督督查，积极运用第三方评估等方式组织开展政务服务评估评价，注重评价考核结果运用，以评价考核为手段促进各地区各部门不断提升网上政务服务水平。"

《建设指南》针对各省（自治区、直辖市）人民政府、国务院有关部门的网上政务服务平台，规定了第三方评估的评估方法、指标体系、评价方式（见表3-9），以对网上政务服务的过程进行综合的、全方位的考察、分析并给予评价、判断和总结，其目的是为优化政策措施、提高服务质量、判断未来走势等提供决策参考和依据。

表3-9 《建设指南》规定的第三方评估

评估方法	从政务服务的供给方和需求方两个维度，针对政务服务发布数据、内部填报数据和系统实时数据，在充分考虑实际政务服务推进情况的基础上，形成一套科学合理、具有高度导向性与前瞻性的综合指标评价体系与综合模块计算方法。 供给侧评估考核指标体系主要考核政府、部门提供网上政务服务事项的覆盖度、发布事项信息的准确度和一体化平台的应用水平等指标。评价考核数据的获取，主要依据实时的数据监测、部门填报、后台系统检验和抓取等手段。 需求侧评估考核指标体系主要考核自然人、法人对各级政府部门提供网上政务服务的满意度、政府部门提供政务服务的便捷度等指标。注重的是公众对网上政务服务的满意度的测评，该指标要充分吸纳公共服务的接受者，即自然人、法人对网上政务服务的服务质量、友好程度、服务水平和服务能力的认知与评议，考核数据主要通过数据采集、问卷调查、网上服务评价、电话（短信）回访等途径获取。

续表

指标体系	应按照"以用户为中心"的原则,从"公众体验"的角度,基于网上政务服务平台(网站、网上审批大厅、网上办事大厅)的数据,结合对网上政务服务的内容、管理和运维等多方考察,围绕服务方式完备度、服务事项覆盖度、办事指南准确度、在线服务深度、在线服务成效度等方面,建立网上政务服务评估指标体系,评价网上政务服务的供给能力和服务质量。 服务方式完备度:重点评估网上政务服务提供的"可达性",衡量公众和企业是否可以通过服务的导航,方便、快捷和准确地找到所需服务。侧重评估网上政务服务的提供方式、导引和渠道等内容,考核是否围绕服务对象"生命周期"概念,通过多渠道、多模式的手段,强化政府服务职能,为社会公众提供更具完备性、个性化和标准化的政务服务。 服务事项覆盖度:重点评估网上政务服务提供的"可见性",衡量事项清单和办事指南的发布和标准化情况。 办事指南准确度:重点评估网上政务服务提供的"可用性",通过逐条逐项梳理检查办事指南的基本信息、申请材料、办理流程、表格及样表下载、收费信息等内容,衡量办事指南公布的相关要素信息的准确性、完整性、详实性和实用性。 在线服务深度:重点评估网上政务服务提供的"可办性",通过制定网上政务服务办理深度标准,衡量各事项的在线办理实现程度。围绕网上统一身份认证体系、证照互认、网上支付等方面内容,衡量政务服务在线一体化办理程度。 在线服务成效度:从在线注册量、网上办件数量、服务时效、公众满意度、服务普及度等方面,评估网上政务服务的实施效果。
评价方式	"互联网+政务服务"评估是一个多维度、多指标的复杂过程,受机构职能、业务定位、管理能力、发展情况等条件影响较大。在具体实施过程中,可参照指标体系进行指标组合和权重调整,总分100分,根据得分,60分以上的可分为四个星级进行评定。 ★★级:政务服务事项清单化管理,统一规范省、市、县三级政务服务事项;政务服务平台基本功能齐全,支持多渠道服务方式;实体政务大厅通过政务服务平台集中办理所有受理政务服务事项,反馈办理结果。评估计分达到60分以上(根据工作重点该分值可动态调整)。 ★★★级:政务服务事项清单实现动态管理;政务服务平台功能齐全,与业务审批系统进行对接,部分政务服务事项实现网上预受理;各级实体政务大厅之间平台互联互通,信息共享,基本做到同城通办。评估计分达到70分以上(根据工作重点该分值可动态调整)。 ★★★★级:政务服务事项清单实现智能化管理;政务服务线上线下平台功能完备,与业务审批系统有机融合,所有政务服务事项网上预受理;各级政务服务平台上下左右互联互通,信息充分共享,实现同城通办、跨区域通办。政务服务事项清单实现智能化管理。评估计分达到80分以上(根据工作重点该分值可动态调整)。 ★★★★★级:政务服务线上线下平台高度融合,信息惠民智能化,满足用户个性化需求;实现跨层级跨领域一网办理、一站式服务,申请人办事就近能办、同城通办、异地可办;所有政务服务事项支持全流程网上办理,对各流程环节实行动态管理和监督评价;实现政务服务数据充分共享和有效开放利用。评估计分达到90分以上(根据工作重点该分值可动态调整)。

3. 往年评估导向

网上政务服务能力调查评估工作于 2015 年首次开展,2016 年未进行。网上政务服务能力第三方评估的思路方法和指标体系保持相对稳定,但每一年的评估导向会有所调整,以反映年度的工作重点和发展方向。

1)2015 年

2015 年是国家行政学院电子政务研究中心首次开展省级政府网上政务服务能力调

查评估工作,调查评估围绕网上政务服务的服务方式完备性、服务事项覆盖性、办事指南准确性、在线服务交互性4个方面进行指标体系设计。基于当时网上政务服务发展阶段的实际情况,网上政务服务办事指南的准确性是本次调查评估的重要内容。

2)2017年

2017年省级政府网上政务服务能力调查评估在联合国电子政务调查评估框架下,在充分吸收《建设指南》评价考核体系的基础上,按照"以用户为中心"的原则,以办事对象"获得感"为第一标准,强化办事对象在获取政务服务过程中的便捷度和满意度,从用户体验和技术支撑角度,重点围绕服务方式完备度、服务事项覆盖度、办事指南准确度、在线办理成熟度、在线服务成效度5个方面,建立科学客观的指标体系(见表3-10)。

表3-10 2017年省级政府网上政务服务能力调查评估要点

一级指标	评估要点
服务方式完备度	重点评估网上政务服务提供的"可达性",衡量公众和企业是否可以方便、快捷和准确地找到所需服务
服务事项覆盖度	重点评估网上政务服务提供的"可见性",衡量事项清单和办事指南的发布和标准化情况
办事指南准确度	重点评估网上政务服务提供的"可用性",衡量办事指南公布的相关要素信息的准确性
在线办理成熟度	重点评估网上政务服务提供的"可办性",衡量政务服务在线一体化办理程度
在线服务成效度	重点从用户注册、网办效率、便民利企等方面,评估网上政务服务的实施效果

3)2018年

2018年网上政务服务能力调查评估导向是强化服务能力,提升服务效能。本次评估在联合国电子政务调查评估框架下,根据《国务院关于加快推进全国一体化在线政务服务平台建设的指导意见》(以下简称《指导意见》)提出的目标要求,在充分吸收《建设指南》评价考核体系的基础上,立足我国推进一体化在线政务服务平台相关政策要求与实践现状,从用户体验和平台支撑角度,重点围绕服务方式完备度、服务事项覆盖度、办事指南准确度、在线办理成熟度、在线服务成效度5个方面,建立科学、客观、实用的网上政务服务评估指标体系,推动政务服务从政府供给导向向群众需求导向转变。

4)2019年

2019年网上政务服务能力调查评估在联合国电子政务调查评估框架下,根据《指导意见》提出的目标要求,在充分吸收《建设指南》评价考核体系的基础上,结合我国推进全国一体化平台相关要求与实践现状,重点围绕在线服务成效度("好差评"制度建设)、在线办理成熟度、服务方式完备度、服务事项覆盖度、办事指南准确度5个方面,建立科学、客观、实用的网上政务服务评估指标体系,推动政务服务从政府供给导向向群众需求导向转变。

2019年网上政务服务能力调查评估的重点是以"好差评"制度提升网上政务服务

水平，推动政务服务从政府供给导向向群众需求导向转变，以简审批优服务便利投资兴业。通过优化完善，2019年省级政府调查评估指标体系共包含51项一级指标，231项二级指标（与2018年持平），81项三级指标（比2018年减少51项）；重点城市调查评估指标体系按照省级评估指标进行了相应调整，共包含5项一级指标，18项二级指标（比2018年增加2项），58项三级指标。

5）2020年

2020年网上政务服务能力调查评估导向是充分发挥全国一体化政务服务平台建设效能，创新行政管理和服务方式，全面提升政务服务的整体服务、服务供给、创新服务、精准服务、协同服务等一体化服务能力，强化线上线下融合，推动政务服务从"可办"到"好办"转变，支撑更多服务事项"一网通办""跨省通办"。

6）2021年

2021年网上政务服务能力调查评估导向是持续发挥全国一体化政务服务平台建设成效，全面推进政务服务标准化、规范化、便利化建设，推动服务模式从"事项供给"到"场景服务"转变，推动更多服务事项网上办、掌上办、一次办和"跨省通办"，让市场主体和群众依规办事不求人。

4. 评估情况

1）2015年

《省级政府网上政务服务能力调查报告（2015）》表明，随着以国家政务服务平台为总枢纽的全国一体化政务服务平台建设成效逐步发挥作用，我国网上政务服务已经由以信息服务为主的单向服务阶段迈向以跨区域、跨部门、跨层级一体化政务服务为特征的整体服务阶段，企业群众办事便利度显著提升，办事渠道更加便捷，服务流程更加优化。

2015年省级政府网上政务服务能力整体排名如图3-4所示。

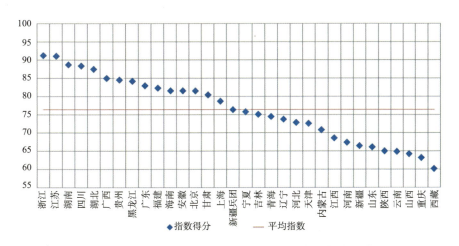

图3-4　2015年省级政府网上政务服务能力整体排名散点图

数据来自《省级政府网上政务服务能力调查报告（2015）》。

数据显示，31个省（自治区、直辖市）和新疆生产建设兵团中有30个省（自治区、直辖市）构建了覆盖省、市、县、乡、村五级的网上政务服务体系，推动了政务服务向基层、向乡村延伸。

2）2017年

《省级政府网上政务服务能力调查评估报告（2018）》显示，2017年我国省级政府网上政务服务能力持续提高，"互联网+政务服务"工作推进取得明显成效。根据综合评估，2017年省级政府网上政务服务能力前10名依次为浙江、江苏、贵州、广东、安徽、北京、福建、重庆、四川和山东（见图3-5）。

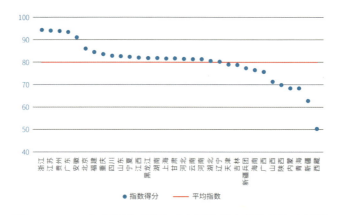

图3-5　2017年省级政府网上政务服务能力整体排名分析图

数据来自《省级政府网上政务服务能力调查评估报告（2018）》。

报告提出，2017年，各地区认真贯彻落实党中央、国务院的决策部署，围绕《建设指南》提出的2017年底前普遍建成网上政务服务平台的目标要求，从实现政务服务标准化、精准化、便捷化、平台化、协同化出发，针对网上政务服务门户不统一、渠道较多，群众办事"进多站，满网跑"的突出问题，大力推进"一网审批、一网办理、一网汇聚"的省级统筹一体化网上政务服务平台建设。数据显示，截至2017年12月31日，已有30个省级政府和新疆生产建设兵团建成省级网上政务服务平台，比2016年增加了4个地区，一体化网上政务服务平台体系初步建成，实现了政务服务事项由原来静态链接的无序分散转变为标准统一的逻辑集中，有力推动了政务服务由"分散办理"向"集中办理"的转变。

报告指出，网上政务服务取得显著成效，主要体现在：一体化网上政务服务平台体系初步建成；全面优化网上服务成为深化行政审批制度改革的亮点；"应上尽上、一网服务"成为规范行政权力运行的重要抓手；"一次认证，全网通办"成为发展重点；政务系统互联互通和信息共享成为提升网上政务服务能力的核心。

数据显示，已经有20个省级政府建成了省、市、县三级网上政务服务体系，可以提供 1403 个省本级部门的 54 440 项政务服务事项办事指南服务信息。22 152 项省本级行政许可事项中，16 168 项已经具备网上在线预约预审功能，占比 72.98%，平均办理时限压缩 24.96%。一些地方"最多跑一次""不见面审批""五全服务"等创新模式不断涌现，网上政务服务已成为深化行政审批制度改革的亮点。

与此同时，报告分析了网上政务服务发展中面临的突出问题，提出了深化"互联网＋政务服务"、推动政务服务"一网通办"的相关建议。报告认为，目前各省级政府网上政务服务还面临着网上政务服务平台覆盖面和精细度不够、线上线下融合及多渠道服务整合不充分、政务服务信息共享和业务协同程度不高、"互联网＋政务服务"相关法规制度不完善等问题。报告建议，进一步加强对各地区网上政务服务平台建设的统筹指导，结合各地区"互联网＋政务服务"探索的新思路和新模式，以企业和群众对"互联网＋政务服务"的需求为导向，以正在推进建设的国家政务服务平台为枢纽，推动构建全国统一规范的"互联网＋政务服务"体系，全方位提升网上政务服务能力，实现政务服务"一网通办""全国漫游"。

3）2018 年

《省级政府和重点城市网上政务服务能力调查评估报告（2019）》显示（见表 3-11），省级政府方面，广东、江苏、浙江、贵州、上海、安徽 6 个省级政府的网上政务服务能力指数为"非常高"（≥90）。

表 3-11　2018 年省级政府网上政务服务能力水平分布

非常高 ≥90	高 90～80	中 80～65	低 ≤65
广东 江苏 浙江 贵州 上海（+） 安徽	福建 北京 四川 重庆 宁夏 江西 湖南 云南 广西（+） 山东 辽宁 天津（+） 湖北 海南 山西（+） 黑龙江	陕西 河南（-） 河北（-） 甘肃（-） 内蒙古 吉林 青海 西藏（+） 新疆生产建设兵团	新疆

数据来自《省级政府和重点城市网上政务服务能力调查评估报告（2019）》。

注：地区名后的"+"代表从较低的组升至更高的组（如从低升至中）；地区名后的"-"代表从较高的组降至较低的组（如从高降至中）。

重点城市方面，深圳、南京、杭州、广州、宁波、合肥和青岛7个城市的网上政务服务能力指数为"非常高"（≥90）。

评估报告指出，2018年各地区网上政务服务能力持续提升，并在以下几个方面取得了明显成效：一是强化顶层设计，发展环境不断完善；二是强化管理创新，体制机制逐步健全；三是强化枢纽建设，平台建设全面提速；四是强化统筹兼顾，平台体系基本建成；五是强化试点先行，头雁效应初步形成；六是强化一网服务，供给能力持续加强；七是强化协同共享，用户体验显著提升。

数据显示，2018年10月，西藏自治区政务服务网进入试运行，标志着我国省级网上政务服务网已全部建成。省级政府层面，网上政务服务能力指数得分为"高"以上的地区，已由2016年的12个地区增加到22个地区，占比为68.75%。重点城市层面，21个城市的网上政务服务能力指数得分为"高"以上，占比为65.63%。以"智能化、移动化、一体化、便利化"为标志的政务服务新模式不断涌现，利企便民、人民满意、亮点纷呈的"数字政府"正在加速打造。

4）2019年

《省级政府和重点城市网上政务服务能力（政务服务"好差评"）调查评估报告（2020）》显示，各地区依托全国一体化政务服务平台，推动政务服务逐步从低效到高效、从被动到主动、从粗放到精准的转变，政务服务能力和水平持续增强，全国一体化平台的影响力、辨识度、知晓度、美誉度显著提升，全国一体化政务服务平台已经成为企业和群众办事的重要渠道。数据显示，全国一体化平台注册用户达3.39亿，全国9.04亿网民中，平均每3个网民中就有1个成为全国一体化平台用户。

评估报告认为，党的十九届四中全会审议通过的《中共中央关于坚持和完善中国特色社会主义制度　推进国家治理体系和治理能力现代化若干重大问题的决定》从推进国家治理体系和治理能力现代化的战略高度，把推进全国一体化政务服务平台建设作为完善国家行政体制、创新行政管理和服务方式的关键举措，为加快推进全国一体化平台建设指明了方向。按照党中央、国务院的决策部署，2019年全国一体化平台框架初步形成，全国政务服务"一张网"的整体服务、协同服务、精准服务、创新服务等方面能力显著提升。

数据显示，各地区将全国一体化平台建设作为创新行政管理和服务的新方式、新渠道、新载体，不断提升网上政务服务能力，群众获得感持续增强。网上政务服务能力指数为"非常高"的省级政府从2016年的3个增加到8个，指数为"高"的从2016年的9个增加到15个，网上政务服务能力为"低"的首次为零（见表3-12）。

评估报告同时指出，目前各省级政府网上政务服务还面临着区域间发展不平衡、法律规范尚需完善、业务协同能力有待提升等问题，需要持续深化全国一体化建设思路，全面提升全国一体化平台基础设施服务效率，推动实现从业务上网到服务上网，构建政务服务全渠道服务矩阵，提升企业和群众办事满意度，持续打造"不打烊"的"数字政府"。

表3-12 2019年省级政府网上政务服务能力水平分布

非常高 （≥90）	高 （90～80）	中 （80～65）	低 （≤65）
北京（+） 上海 江苏 浙江 安徽 福建（+） 广东 贵州	天津 河北（+） 山西 内蒙古（+） 辽宁 江西 河南（+） 湖北 湖南 广西 海南 重庆 四川 云南 宁夏	吉林 黑龙江（-） 山东（-） 西藏 陕西 甘肃 青海 新疆（+） 新疆生产建设兵团	

数据来自《省级政府和重点城市网上政务服务能力（政务服务"好差评"）调查评估报告（2020）》。

注：按照行政区划排序。地区名后的"+"表示从较低的组升至更高的组（如从低升至中）；地区名后的"-"表示从较高的组降至较低的组（如从高降至中）。

5）2020年

《省级政府和重点城市一体化政务服务能力（政务服务"好差评"）调查评估报告（2021）》表明，随着以国家政务服务平台为总枢纽的全国一体化政务服务平台建设成效逐步发挥作用，我国网上政务服务已经由以信息服务为主的单向服务阶段，开始迈向以跨区域、跨部门、跨层级一体化政务服务为特征的整体服务阶段，企业群众办事便利度显著提升，办事渠道更加便捷，服务流程更加优化。

数据显示，截至2020年底，31个省（自治区、直辖市）和新疆生产建设兵团中有30个地区构建了覆盖省、市、县、乡、村五级网上政务服务体系，推动了政务服务向基层、乡村延伸。全国一体化政务服务平台实名用户达8.09亿，一体化政务服务平台的认知度、体验感持续提升。

评估报告认为，面对突如其来的新冠疫情冲击，各地区按照党中央、国务院的决策部署，认真践行以人民为中心的发展理念，充分利用全国一体化政务服务平台建设成效，深入推进"一网通办"，大力提升政务服务效率，支撑疫情精准防控，推动复工复产，切实解决企业和群众办事"急难愁盼"问题，为深化"放管服"改革、优化营商环境，切实做好"六稳""六保"工作提供了重要支撑。数据显示，全国一体化政务服务能力总体指数大幅提高，指数为"非常高"的地区从2016年的3个增加到8个（见表3-13）。

表3-13 2020年省级政府一体化政务服务能力水平分布

非常高 （≥90）	高 （90~80）	中 （80~65）	低 （≤65）
北京 上海 江苏 浙江 安徽 广东 四川（+） 贵州	天津 河北 山西 内蒙古 辽宁 吉林（+） 黑龙江（+） 福建（-） 江西 山东（+） 河南 湖北 湖南 广西 海南 重庆 云南 宁夏	西藏 陕西 甘肃 青海 新疆 新疆生产建设兵团	

数据来自《省级政府和重点城市一体化政务服务能力（政务服务"好差评"）调查评估报告（2021）》。

评估报告同时指出，目前一体化政务服务能力提升还面临着政务服务标准化、规范化、便利化亟须推进，数据共享与业务协同仍需深化，政务服务线上线下融合有待提高等问题，需要持续深化全国一体化平台建设思路，不断强化政务数据共享应用，大力推进"跨省通办""一网通办"，实现更多政务服务事项网上办、掌上办、一次办，切实提升企业群众的满意度、幸福感和获得感。

6）2021年

《省级政府和重点城市一体化政务服务能力调查评估报告（2022）》表明，按照党中央、国务院决策部署，各地区各部门大力推进"互联网+政务服务"改革，政务服务创新举措不断涌现，政务服务的标准化、规范化、便利化水平不断提升，全国一体化政务服务平台作为政府数字化转型的基础性引领工程，在提升人民群众获得感，推进国家治理现代化进程中发挥了重要作用，一体化政务服务能力的显著提升成为我国现阶段数字政府建设的典型特征。

数据显示，截至2021年底，全国一体化政务服务平台以国家政务服务平台为总枢纽，联通31个省（自治区、直辖市）及新疆生产建设兵团、46个国务院部门政务服务平台，面向十四亿多人口和一亿多市场主体打造覆盖全国的政务服务"一张网"，一体化政务服务体系不断完善，"一网通办"能力显著增强。全国一体化政务服务平台成为我国政务服务迈向以跨区域、跨部门、跨层级一体化政务服务为特征的整体服务阶段的重要标志。网上政务服务能力指数为"非常高"的省级政府达16个（见表3-14）。

表3-14 2021年省级政府一体化政务服务能力水平分布

非常高 （≥90）	高 （90～80）	中 （80～65）	低 ≤65
北京	天津	山西	
河北（+）	内蒙古	青海	
吉林（+）	辽宁	新疆	
上海	黑龙江（+）	新疆生产建设兵团	
江苏	江西		
浙江	湖南		
安徽	广西		
福建（+）	海南		
山东（+）	云南		
河南（+）	西藏（+）		
湖北（+）	陕西（+）		
广东	甘肃（+）		
重庆（+）			
四川			
贵州			
宁夏（+）			

数据来自《省级政府和重点城市一体化政务服务能力调查评估报告（2022）》。

评估报告认为，深化"互联网+政务服务"是一项关系政府职能重塑、释放改革红利、切实便民利企的重要改革，对于提高政务服务能力和水平，便利企业和群众办事创业，推进政府治理现代化具有重要意义。2021年，各地区依托全国一体化政务服务平台，聚焦企业群众办事的"急难愁盼"问题，因地施策、积极创新，典型示范的"头雁效应"全面激发了"群雁活力"，从"最多跑一次"到"一次不用跑"，从"不见面审批"到"秒报秒批"，为群众施公平之策、开便利之门，得到了广大群众的认可和赞许。

评估报告指出，"十四五"时期，全面建设社会主义现代化国家新征程的历史使命对全面提升政务服务能力提出了新的要求。"互联网+政务服务"工作虽然已经具备坚实基础，但与人民群众的新需求相比，制约发展的瓶颈依然存在，各地区各部门工作中还面临不少难点、堵点问题，诸如区域发展不平衡、法规标准不健全、信息资源共享不充分、专业人才缺乏等，需要在改革创新中稳步推动，在不断的发展过程中补齐短板。

评估报告建议，要把满足人民对美好生活的向往作为优化政务服务的出发点和落脚点，以效能提升为方向，持续强化一体化政务服务能力；以数据驱动为核心，创新行政管理和服务方式，提升数据治理和安全保障水平；以场景服务为重点，全面优化提升用户体验，让数字化改革成果惠及全体人民。

3.2.2 中国政府网站绩效评估

2021年12月16日，由中国电子信息产业发展研究院指导、中国软件评测中心（工业和信息化部软件与集成电路促进中心）主办的"2021年数字政府服务能力评估暨第二十届政府网站绩效评估结果发布会"在北京召开，标志着中国政府网站绩效评估工作已经走过20个年头。

1. 概述

中国政府网站绩效评估工作具有以下特点。

（1）获得权威授权。从2002年至2007年，中国政府网站绩效评估工作的委托单位是国务院信息化工作办公室。随着2008年国务院机构改革，国务院信息化工作办公室职能合并至国家工业和信息化部（以下简称国家工信部），由国家工信部具体承担国家信息化领导小组办公室职能，中国政府网站绩效评估工作的委托单位也变成国家工信部。

（2）突出政策导向。在中国政府网站绩效评估工作的各项评估指标制定的过程中，参考了国家发布的相关政策文件，突出了政策导向，为各级政府在网站建设过程中提供指导的同时，协助国家贯彻了政策文件。

（3）打造闭环生态。在国家权威部门的委托和指导下，中国政府网站绩效评估工作将网站的监管方、运营管理方（如网站的举办单位、被评价单位）、建设方（如供应商）以及网站绩效评估方整合在一个闭环的生态框架下。

（4）适时动态调整。随着时间的推移，技术在进步，政府网站承载的业务在悄无声息地发展和变化着，适时地动态调整中国政府网站绩效评估工作显得十分必要。

（5）善用信息技术。中国政府网站绩效评估工作是由一批进行信息化和数字化工作的互联网技术人员对中国政府网站信息化能力开展的调查和评估工作。在整个工作推进的过程中，用到了许多信息技术，具体包括但不限于：在网站开设专题进行信息发布；在诸多新媒体（如微博、公众号）发布新闻稿；采用视频直播和文字直播技术，方便无法来会议现场的人员参会；提供直播回放，方便错过会议直播的人员参会，也方便有兴趣的人员会后仔细研究会议内容；采用邮箱收集各界对评估指标体系的意见；采用算法和系统对收集到的评估数据进行处理；采用系统或脚本从网站等互联网公开渠道进行自动化数据采集。

（6）提供结果证书。中国政府网站绩效评估成绩证书不是全部发放，而是由希望获得该证书的单位提出申请后再发放。一些单位认为获得好的名次是对其政府网站建设工作的认可。

2. 指标体系

2021年，中国政府网站绩效评估指标体系如表3–15所示。

表 3-15　中国政府网站绩效评估指标体系（2021 年）

一级指标	二级指标	三级指标
基础保障度	组织保障	领导机制
		管理机构
	制度保障	规划设计
		制度标准
	基础设施保障	政务云平台
		政务系统迁移
	应用支撑	搜索功能
		身份认证
		统一互动
		办事系统
		线上支付
数据支撑度	清单目录	数据资源目录
		数据资源库
	数据共享	共享平台
		共享利用
	数据同源	数据同源
	数据安全	数据安全体系
		隐私保护
服务成熟度	政务服务成熟度	服务覆盖度
		网办深度
		服务准确性
		服务集成度
		移动政务服务
		服务智能化
	公共服务成熟度	数字化战疫
		医疗服务
		教育服务
		交通服务
		社保服务
		就业服务
		公共资源交易服务
	数据服务成熟度	数据开放
		开放数据质量
		数据加工运营
		数据交易流通
		数据利用

续表

一级指标	二级指标	三级指标
治理精准度	社会治理	网格化管理
		公共安全
	市场监管	市场主体监管
		市场产品监管
	生态环境治理	—
社会满意度	政务服务"好差评"	"好差评"渠道建设
		"好差评"效果
	数据服务满意度	评价功能
		评价效果
	咨询投诉答复满意度	咨询投诉答复
		答复效果评价
优秀创新案例	新基建助力	
	一体化服务	
	移动化服务	
	新技术应用	
	适老化改造	
	数据共享应用	
	数据开放利用	

3. 评估工作情况及特点

1）2002—2003 年工作情况及特点

中国政府网站绩效评估工作开始于 2002 年，这是根据中华人民共和国商务部（以下简称国家商务部）网站上对 2005 年中国政府网站绩效评估工作的报道推导出的，报道原文为："为进一步加强对我国政府网站工作的引导，受国务院信息化工作办公室委托，赛迪顾问股份有限公司和中国信息化绩效评估中心（北京化工大学）已经连续四年对全国政府网站进行调查和评估。"

2）2004 年工作情况及特点

根据《软件世界》杂志 2005 年的文章《2004 年中国政府网站绩效评估报告（节选）》，2004 年中国政府网站绩效评估工作由国务院信息化工作办公室委托，由赛迪顾问股份有限公司实施，评估范围为 76 个国务院部委及相关机构、31 个省级政府、333 个地级政府的网站以及 414 个抽样县级政府门户网站；评估对象分类为国务院部委网站、省级政府门户网站、地级政府门户网站以及县级政府门户网站；公开各级政府门户网站拥有率的部分统计数据；公开各级政府门户网站绩效排名的前十位；公开基于绩效的政府门户网站发展层次定义。

3）2005 年工作情况及特点

根据国家商务部网站上的报道，2005 年中国政府网站绩效评估工作由国务院信息化工作办公室委托，由赛迪顾问股份有限公司和中国信息化绩效评估中心（北京化工大学）实施。首次在国家商务部网站上以专题的形式报道；公开 2005 年中国政府网站调查评估工作组；公开绩效评估的指标体系及评分细则；公开无政府网站单位；公开所有参评单位得分；选取典型进行点评和介绍。

4）2006 年工作情况及特点

首次正式发布《2006 中国政府网站绩效评估报告》全文，介绍 2006 年绩效评估工作的过程和指标体系的设计思路，引入政府网站解决方案，分享年度重要文献。

5）2007 年工作情况及特点

2007 年分类设计了政府网站绩效评估指标，将评估对象分类为具有面向社会行政办事服务职能部委网站，其他部委网站（具有政策研究、决策支持等职能的网站），省级政府网站（包括省、自治区和直辖市政府网站），地市级政府网站（包括计划单列市、省会城市和地级市政府网站），以及县级政府网站。《2007 年中国政府网站绩效评估总报告》全文可以在国家商务部网站上下载；对会议进行了文字直播；开展政府网站日常监测工作；开展用户认知度和满意度调查。

6）2008—2013 年工作情况及特点

2008 年国务院机构改革，国务院信息化工作办公室职能合并至国家工信部，由工信部具体承担国家信息化领导小组办公室职能，政府网站绩效评估的主办单位变更为国家工信部；不公开发布报告全文，将重点内容公布在国家商务部网站上；在国家商务部网站开展公开的专题报道；根据征求到的意见对指标体系进行年度修订并发布。

7）2014 年工作情况及特点

2014 年，在中国软件评测中心网站开展公开的专题报道；不公开发布报告全文，将重点内容公布在中国软件评测中心网站上；开展 2014 年移动政务客户端专项评测；开展 2014 年中国政府网站无障碍建设专项评估。

8）2015—2017 年工作情况及特点

从 2015 年开始，参加中国政府网站绩效评估的单位可以通过填写申请表，获得中国政府网站绩效评估成绩证书。

9）2018 年工作情况及特点

2018 年，北京赛迪工业和信息化系统评估中心发布了《2018 年政务信息系统整合和信息资源开放共享调查报告》《2018 年中央企业网站信息公开情况调查报告》《数字区县建设水平调查评估指标研究及部分区县评估情况分析报告》《2018 年省级移动政务建设情况调查报告》《2018 年省市级政务服务电话热线调查报告》《社会救助和社会福利领域政府信息公开情况调查报告》《扶贫领域政府信息公开情况调查报告》《医疗卫生领域政府信息公开情况调查报告》《环境保护领域政府信息公开情况调查报告》。

10）2019—2022 年工作情况及特点

2019 年和 2020 年的中国政府网站绩效评估工作分成了政府网站绩效评估工作、数字政府服务能力评估工作和政务新媒体调查评估工作。2019 年发布《政务数据质量管理调查白皮书》。

2021 年的中国政府网站绩效评估工作包括 3 个类别：数字政府服务能力评估、政府网站绩效评估以及国家级开发区网站调查评估。继 2014 年首次进行"移动政务客户端专项评测"后，2021 年的政务 App 调查评估是中国政府网站绩效评估工作第二次对政务 App 开展调查评估。2021 年发布《2021 年省级移动政务服务能力调查评估报告》。

3.2.3 中国开放数林指数

1. 概述

中国开放数林指数是我国首个专注于评估政府数据开放水平的专业指数，由复旦大学数字与移动治理实验室制作出品。开放数据，蔚然成林。"开放数林"意喻我国政府数据开放利用的生态体系。一棵棵地方开放"数木"由最初的丛然并生、成荫如盖，直至枝繁叶茂、花开结果，最终成长为一片繁盛多样、枝杈相连、持续循环的中国"开放数林"。自 2017 年首次发布中国开放数林指数以来，我国定期对地方政府数据开放水平进行综合评价，精心测量各地"开放数木"的生长态势和成果价值，助推我国政府数据开放生态体系的建设与发展。2018 年以来，中国开放数林指数为国家互联网信息办公室信息化发展局等部门监测我国公共信息资源开放情况提供数据支撑。中国开放数林指数立足我国政府数据开放的政策要求与地方实践，借鉴国际数据开放评估经验，构建一个系统、专业、可操作的地方政府数据开放评估指标体系，并每年根据最新发展态势和重点、难点问题进行动态调整。

2. 指标体系设计（部分）

1）2017 年

中国开放数林指数在 2017 年针对地方政府数据开放平台的数据与平台体验两方面设置评价指标体系。

（1）"数据"评价指标体系。

"数据"是开放数据的核心，包括数据数量、种类、标准、质量和价值等方面，评估主要针对各地平台开放的数据本身。在充分借鉴国际性开放数据评估报告指标体系的基础上，立足我国各地开放数据实践的实际情况与发展阶段，本着系统、科学、多维度、可操作的原则，建构了评估指标框架。评估指标框架及指标权重的设置意在推进我国各地开放数据实践的持续健康发展，需兼具引导性、相关性、明确性、可衡量性、可实现性和动态性,综合考量国际性评估报告的指标体系、专家评委会的评分结果以及我国各地发展现状、主要问题和亟须引导的方向,确定了各级指标对应的权重。框架如图3-6所示,共包括4个一级指标,即数据集总量、数据开放度、数据覆盖面和数据持续性,对应的权重分别为15%、50%、15%和20%,其中数据开放度的权重最高。

图3-6 2017年数林指数"数据"评价指标体系

评分标准采用对各地平台在各项指标上按照0～5共6档分值进行评分,由低到高分别为1～5分("开放授权"指标的分值例外,4项三级指标共5分,每满足一项得1.25分),相应数据缺失或完全不符合标准则分值为0。各地平台的最终指数总分为每个单项指标的分值乘以相应的权重,再换算成百分制。

(2)"平台体验"评价指标体系。

政府数据从开放、利用到产生创新应用是一个动态循环的过程,政府、数据利用者和社会公众共同构成了政府数据开放的生态体系。政府部门作为供给侧将数据开放,数据利用者作为需求端对数据进行利用,并以其开发的创新应用服务于社会公众,获益的数据利用者和社会公众又推动政府进一步开放数据。在这个过程中,政府部门是原材料的提供者,数据利用者是加工者,社会公众是最终受益方。政府部门与数据利用者之间形成了合作关系,共同服务于社会公众。

基于数据开放平台的定位和作用,面向数据利用者的用户体验,借鉴国际上针对政府数据开放平台体验的评估指标体系,立足我国各地政府数据开放平台的发展状况,本着系统、多维、科学、可行的原则,建立了一个政府数据开放平台体验评估框架。框架共包括6个一级指标:平台概览、平台导引、数据获取、工具提供、应用展示和互动反馈(见图3-7)。这些指标覆盖了数据利用者从在平台上发现数据、获取数据、利用数据,到与政府部门进行互动反馈,再到展示数据应用成果的全过程。

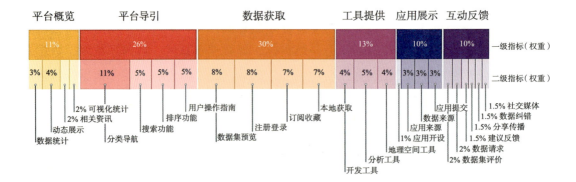

图 3-7　2017 年数林指数"平台体验"评价指标体系

本期报告确定了各级指标对应的权重,对数据获取赋予最高的权重(30%),其次是平台引导(26%)、工具提供(13%)、平台概览(11%)等。随着各地政府数据开放实践的不断深入推进,指标框架及指标权重将定期动态调整。

2)2019 年

2019 年,中国开放数林指数评估指标体系对数据开放利用的全过程及其整个生态系统开展评估。

评估指标体系共包括准备度、平台层、数据层、利用层 4 个维度及下属多级指标,如图 3-8 所示。

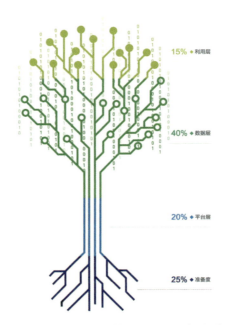

图 3-8　中国开放数林指数评估指标体系

准备度是"数根",是数据开放的基础,包括法规与政策、组织与执行、标准规范 3 个一级指标。

平台层是"数干",是政府开放数据和用户获取数据的载体,是展示利用成果的中心,也是连接数据开放供给侧和需求端的桥梁,包括数据发现、数据获取、工具提供、利用成果、互动反馈、公众传播和账户体验 7 个一级指标。

数据层是"数叶",是数据开放的核心,包括数据数量、数据质量、数据标准、数据覆盖面、数据持续性 5 个一级指标。

利用层是"数果",是数据开放的成果。利用层是 2019 年新增加的评价维度,旨在促进政府数据开放后的社会化利用,包括利用促进、成果产出和数据利用 3 个一级指标。

3) 2020 年

与 2019 年相比,2020 年的评估指标权重有所变化,利用层的权重从 15% 提升到 20%,准备度的权重则相应从 25% 下调到 20%。我国地方政府数据开放已发展到一个更为成熟的阶段,因此评估的重点将从准备基础向实际成效倾斜。数据层和平台层的权重保持不变,数据层作为数据开放的核心维度,权重仍保持在 40%,平台层的权重也仍旧为 20%。

准备度对地方公布的政府数据开放相关法规政策的效力和内容进行综合评估。在法规政策内容上,更加侧重对数据开放的范围、目录、质量等方面的要求,更加强调对数据开放全生命周期安全管理的要求。进一步提高了"发布实施细则和公布工作计划"与"标准规范制定"的权重,为数据开放工作的落地提供更有效、更具操作性的支撑。

平台层更加重视平台与用户之间的"互动反馈",强调平台应注重日常运营而不仅仅是功能设置。因而,将平台对用户提出的对有条件开放数据的申请、对未开放数据的请求、意见建议和数据纠错等要求进行回复与公开的指标权重进一步提升。在联系方式的提供上提高了要求,强调不仅应提供平台的联系方式,还应公布各个数据集的提供者的联系方式,使平台真正成为一个能让数据的供需双方直接实现对接的枢纽。此外,还提升了个性化服务的权重,新增了"平台互联互通"和"包容性功能"等指标。

数据层在数据数量和容量的计算上,首先对数据集的有效性进行检验。增加了对"省域"数据数量的评估,将省级下辖地市开放的有效数据集的数量和容量按一定比例折算入省级得分,以体现省级地方对下属地市数据开放工作的推进和赋能作用。数据质量的权重进一步提升,重点对存在高缺失、碎片化、低容量、生硬格式转化等质量问题的数据集进行检测。在数据规范上,强调需对不同类型的数据集提供差异化的开放授权协议。在开放范围上,依据《中共中央 国务院关于构建更加完善的要素市场化配置体制机制的意见》中的相关要求,增加了对企业登记、交通运输、气象等关键数据集的评测;还根据 2020 年初新冠疫情发生以来社会对疫情数据开放的需求,将疫情防控类数据列入关键数据集。

利用层在利用促进上，新增了"引导赋能活动"指标，鼓励各地在组织综合性的开放数据大赛之外，开展多种形式的常态化、条线性、专业性的引导赋能工作。在有效成果数量上，增加了对"省域"成果数量的评估，将省级下辖地市产生的有效利用成果的数量按一定比例折算入省级得分。成果质量的权重进一步得到提升，并鼓励各地平台清除与数据开放无关的成果、由政府自身开发的成果和不可用的成果。进一步提高了"无数据来源不明"这项指标的权重，鼓励各地为展示的利用成果标明其利用的开放数据的名称。此外，还增加了"利用多样性"这项指标，包括数据利用者、成果形式和主题领域的多样性。

4）2021年

2021年开放数林指数评估指标体系的构建方法沿用2020年的方式，但评估对象由"省级"调整为"省域"，开放数林指数把"省域"（含省和自治区）作为一个整体来进行评估，并注重省、市两级在数据开放上的协同性和互通性。评估指标体系共包括准备度、平台层、数据层、利用层4个维度及下属多级指标。权值方面也有一定的变化，省域评估指标体系将准备度权重设为20%，更强调省级政府对下辖地市数据开放工作的赋能、规范和协调作用。指标体系将数据层权重设为38%，利用层权重设为22%，以强调政府数据不仅应向社会开放，还需要在开放之后被社会充分利用。最后，将平台层的权重设为20%，以体现平台作为数据供需对接枢纽的作用。

准备度提高了"标准规范"的权重，以鼓励由省级政府制定全省统一的数据标准和平台标准；新增了对标准规范等级的评估，细化了对标准规范内容的评估；新增了相应指标，以强调建立跨部门统筹管理机制、明确数据开放主管部门的职责，以及制定详细的年度数据开放工作计划与任务部署的重要性。

平台层新增"平台关系"指标，对"省域整体性"和"区域协同性"进行评估，以鼓励省域内的平台既能实现互联互通，又能保持地市特色，促成平台间的跨区域协同；取消或降低了部分功能设置类指标，以更加突出平台帮助用户有效获取和利用数据的核心作用；在"互动反馈"下新增"权益申诉"指标，以体现对公众和第三方权益保护的重视；在"用户体验"下新增"账号互通性"指标，以鼓励实现省域内用户账号体系的互通。

数据层在统计省域有效数据集总数、数据容量和优质数据集数量时，将省内下辖地、市开放的数据集折算记入省域总分，以反映省级政府对下辖地市数据开放工作的赋能效果。在"数据数量"下新增"单个数据集平均容量"指标，以引导各省既要提升数据总容量，也要提升单个数据集容量；在"数据质量"下新增"高整合度数据集"指标，以鼓励省级政府整合省域内各地市内容相同或相近的数据集，以减少数据碎片化；同时，还在"数据质量"下新增"优质数据集持续供给"指标，以强调优质数据集的持续供给，防止供给中断；在"数据规范"下新增"数据项一致性"指标，以强调内容相同的数据集在数据项上的一致性。

利用层新增了相应指标以强调省域内多个近似比赛之间的协同,以及在举办大赛之外组织常态化、多样化、专门性的利用促进活动的重要性;在有效成果的评价中,将省内下辖地市产出的有效利用成果计入省域有效成果数量;除评价有效成果数量外,新增"成果有效率"和"优质成果"指标,以评估利用开放数据开发的成果是否真正有效和有用;新增"创新方案质量"指标,以评测各地开放数据比赛产出成果的质量。

5) 2022年

2022年开放数林指数评估指标体系重点围绕协同联动、普惠包容、精准务实、安全保护、持续长效等基本理念和方向,对数据开放的准备度、平台层、数据层和利用层4个维度开展评估,以促进公共数据开放利用的持续推进与价值释放。具体的指标调整方向主要包括以下5个方面。

(1) 枝杈相连。独木不成林,"数木"只有既能因地制宜、百"数"齐放,又能枝杈相连、根系相通,才能成长为一片繁盛多姿的"数林"。因此,2022年开放数林指数评估特别关注各地数据开放工作的整体性和协同性,包括省域内城市平台的上线比例、省市平台间的互联互通、跨区域平台间的联动协作、开放数据法规政策体系的完备程度、不同层级间标准规范的贯彻呼应、同类数据集在数据项上的一致性,以及数据利用促进活动的省市协同与跨省联动等方面。

(2) 万木争荣。数据开放的目标不是锦上添花,而是雪中送炭,让各类社会主体,尤其是相对弱势的组织和个体也能平等获得和利用公共数据,使人人都能共享数据开放的红利,实现公共数据资源的"共同富裕",营造普惠包容、万木争荣的数据开放生态。因此,2022年开放数林指数评估将重点关注数据开放的无歧视原则,评测各地在开放数据的过程中是否平等对待中小企业和社会组织等各类利用主体,各类社会主体是否对开放数据进行了有效利用并形成了多样化的利用成果。同时,由于数据开放的价值不仅体现在经济增长上,也体现在社会发展上,开放数林指数评估还特别关注与老人、妇女、儿童、残疾人等弱势人群相关的公共数据的开放利用情况,以促进包容性的数字社会发展。此外,在开放主体和开放数据范围上,鼓励政府部门之外的社会主体,特别是国有企业开放具有公共价值的数据,共同参与公共数据供给。最后,随着公共数据授权运营试点的展开,开放数林指数评估还考查用户对授权运营类数据的申请与获取情况。

(3) 精耕细作。开放数林的繁茂离不开精耕细作与精准滴灌。根据"十四五"规划等国家政策文件的要求,2022年开放数林指数评估将评测对象聚焦企业注册登记、交通、气象、卫生4个重点领域的关键数据集,对其质量和规范展开更为深入扎实的评估。具体而言,在数据质量方面,新增了对数据可理解性的评测;在数据规范方面,提高了对数据集描述说明的真实性和丰富性的要求,新增了对数据字典的测评,并针对以上4个重点领域，评测利用开放数据开发的服务应用与创新方案的质量和成效；在法规政策和标准规范上，聚焦对实际工作起到关键推动作用的内容，关注政策法规中对数据开放工作设立专人专岗和专项财政预算、平台互动回复时限等方面的要求，鼓励在年度工作计划中明确列出当年计划开放的数据集名称和字段；在平台建设和运营上，提高对实用性功能的要求，在评估方法上引入了"体验官"，以加强对用户真实感受和体验的评测。

（4）遮阳挡雨。枝繁叶茂的树冠像一把绿伞，在自由生长的同时遮挡了直射的阳光，保护树林中的动物不被灼伤。开放数林也要撑起一把数据的保护伞，平衡数据开放和安全保护的关系，既要尽最大可能开放应该开放的数据，也要严格保护不应开放的数据，防止数据"伤人"，使数林始终舒适"宜人"。2022年开放数林指数评估关注数据开放工作的安全保护与依法合规利用，对平台方与用户的行为规范，对数据开放利用涉及的个人、组织或者第三方的合法权益的保护，防止开放数据被滥用，保障用户对其被平台采集的个人数据的知情权，保护国家安全、商业秘密和个人隐私。

（5）生生不息。"植数造林"非一日之功，数据开放是一项长期性、持续性的工作，需要不断夯实根基，"剪枝修数"，培土浇水。2022年开放数林指数评估通过存量与增量相结合的方式考查一个地方的数据开放准备度，不仅评测相对稳定的法规政策，也评估各地动态制定的工作计划与方案、数字政府建设方案、政府工作报告。为促进数据开放工作的持续发展，2022年开放数林指数评估注重对平台运营的稳定性和开放数据目录的及时更新的评测，关注数据容量的动态提升，强调互动回复的时效性，关注开放数据利用成果对于数字经济、数字社会和数字政府建设3个方面的赋能价值，使数据开放既有产出，更有效果，形成可持续的价值循环。

3. 评估情况

1）2017年

2017年，在所有的地方平台中，表现最好的是上海市、贵阳市两地平台，其次是青岛市、北京市、东莞市、武汉市等地平台。在省级行政区中，指数得分最高的是上海市，其次是北京市、广东省、浙江省、贵州省；在副省级和地级城市中，得分最高的是贵阳市，其次是青岛市、武汉市、东莞市、佛山市、广州市、南海区、无锡市等地，这些地方都是我国地方政府数据开放的引领者（见表3-16）。

表3-16 2017年中国开放数林指数（数据层）

地区	数据集数量	开放授权协议	机读格式数量	开放格式数量	API数量	元数据覆盖率	机构覆盖率	关键词覆盖率	主题覆盖率	持续增长	动态更新	历史存档	指数	排名
上海	5	3.75	5	1	3	4	4	4	4	5	5	5	83.4	1
贵阳	5	3.75	5	5	2	5	5	5	5	1	3	5	83.2	2

续表

地区	数据集数量	开放授权协议	机读格式数量	开放格式数量	API数量	元数据覆盖率	机构覆盖率	关键词覆盖率	主题覆盖率	持续增长	动态更新	历史存档	指数	排名
青岛	4	2.50	4	1	2	5	3	5	5	3	3	5	69.2	3
北京	3	2.50	3	3	5	4	2	3	5	4	0	0	57.4	4
武汉	5	2.50	3	0	0	4	3	5	4	4	0	0	56.2	5
东莞	2	1.25	2	3	4	5	3	3	1	3	4	5	55.0	6
佛山	2	2.50	2	3	4	4	2	4	4	1	0	5	53.0	7
广州	2	2.50	2	3	1	5	3	3	5	3	2	0	48.6	8
南海	2	2.50	2	3	0	2	4	3	5	3	2	0	46.6	9
无锡	3	2.50	3	0	0	1	3	5	5	3	0	0	43.6	10
哈尔滨	2	0	2	2	0	5	2	3	4	2	0	0	34.2	11
深圳	3	0	2	0	5	2	2	3	3	3	2	1	33.6	12
广东	1	2.50	1	0	1	4	1	2	3	2	0	0	32.8	13
浙江	2	0	1	0	1	3	2	2	3	3	0	0	26.4	14
贵州	1	1.25	1	1	1	1	2	2	3	2	0	0	24.2	15
梅州	1	0	1	1	0	3	1	1	2	2	0	0	16.8	16
肇庆	1	0	1	0	0	1	1	1	3	2	0	0	16.4	17
长沙	1	0	1	1	0	2	0	1	3	1	0	0	15.6	18
湛江	1	0	0	0	0	3	1	1	2	1	0	0	14.6	19
其他省市	0	0	0	0	0	0	0	0	0	0	0	0	—	—

通过评估发现，2017年已开放政府数据的地区分布不平衡，主要分布在东南沿海地区，西部和北方地区分布较少，而且在各个行政层级上的分布都比例偏低。开放政府数据在我国刚刚起步，开放数据生态体系尚处于萌发阶段，还存在一些问题。

（1）真正符合完整的、原始的、可机读的、非专属的、以接口形式提供等开放数据标准的数据集仍然偏少；

（2）许多地方的政府数据开放平台还未提供明确充分的数据开放授权；

（3）只有少数地方能保持数据集持续增长，不少地方出现中断甚至停滞；

（4）各地平台数据集在主题领域设置、数据提供部门选择和数据集名称设置等方面都更多体现了政府部门的视角，而非用户视角。

2）2019年

在2019年下半年的省级排名中，上海和浙江的综合表现优异，开放数级进入第一等级"五棵数"。贵州省、北京市和广东省也总体表现优秀，开放数级进入第二等级"四棵数"。半年间，广东省综合指数进步幅度最大。在2019年下半年的地级（含副省级）排名中，贵阳市、深圳市、哈尔滨市和济南市综合表现最优，开放数级进入第一等级"五棵数"。福州市在半年来新上线平台的地方中综合指数表现最佳。在4个单项维度上，在全国102个在评地方中，上海市在准备度上排名第一，浙江省在数据层上排名第一,深圳市在平台层和利用层上排名第一。

截至2019年下半年,我国已有102个省级、副省级和地级政府数据开放平台上线,平台总数首次超过100个。与2018年同期相比,增长接近一倍。从整体上看,我国地方政府数据开放平台的扩散呈现从东南沿海地区向内陆地区不断发展的趋势,东南沿海地区的省级平台已经逐渐相连成片。广东和山东省内的各地市都推出了数据开放平台,形成我国最为密集的省级"开放数林"。在长三角地区的江苏省、安徽省、浙江省及西南地区的贵州省和四川省,地级平台不断上线并相连成片,已形成长三角和西南地区的"开放数林"。

3) 2020年

在2020年下半年的省级排名中,浙江省和上海市的综合表现优异,开放数级位列第一等级;山东省和贵州省也总体表现优秀,位列开放数级第二等级;其次是广东省、福建省、北京市、天津市、四川省等地方。相比2019年下半年,山东省进步幅度相对较大。在2020年下半年的地级(含副省级)排名中,深圳市、温州市、青岛市和贵阳市综合表现优异,开放数级位列第一等级;济南市、无锡市、成都市、威海市、台州市等地也总体表现优秀,位列开放数级第二等级。相比2019年下半年,无锡市和日照市的排名大幅上升,温州市和台州市在2020年新上线平台的地方综合指数表现最佳。在准备度、平台层和数据层3个维度上,各地整体表现与去年同期相比均有进步;但在利用层上,各地仍有很大提升空间。在4个单项维度上,在全国142个在评地方中,浙江省在准备度和数据层上排名第一,山东省在平台层上排名第一,上海市在利用层上排名第一。

4年来,我国地方政府上线的数据开放平台数量快速增长,从2017年的20个,增长到2018年的56个,2019年的102个,再到2020年的142个。2020年10月,已有66%的省级行政区(不含港澳台)、73%的副省级和35%的地级行政区上线了政府数据开放平台。其中,山东和广东两省的所有地市都已上线了政府数据开放平台。截至2020年10月,在全国已上线数据开放平台的地方中,上海市、浙江省、天津市3个省级地方和威海市、连云港市、福州市、哈尔滨市、青岛市5个副省级和地级地方出台了专门针对政府数据开放的地方政府规章或规范性文件。海南省、宁波市、南京市、湖州市等多地制定的公共数据管理办法中也有专门针对政府数据开放的章节。此外,上海市、广东省、浙江省、贵州省、山东省、江西省等地还制定了专门针对政府数据开放的标准规范。从2017年到2020年10月,全国各地方政府开放的有效数据集总数从8398个增长至98558个,4年间增长超过10倍。截至2020年10月,全国已有12个省级和47个地级(含副省级)政府举办了不同形式的开放数据利用活动。而在2017年,全国仅有4个省级地方和2个地级(含副省级)地方举办过类似活动。

4）2021年

截至2021年10月，我国有193个省级和城市的地方政府上线了数据开放平台，其中省级平台20个（含省和自治区，不包括直辖市和港澳台），城市平台173个（含直辖市、副省级与地级行政区）。与2020年下半年相比，新增51个地方平台，其中包含3个省级平台和48个城市平台，平台总数增长超3成。

2021年全国省域开放数林指数方面，浙江省的综合表现最优，开放数级进入第一等级"五棵树"。山东省也总体表现优秀，开放数级进入第二等级"四棵树"。其次是贵州省、广东省、四川省、广西壮族自治区、福建省等省（自治区）域。在4个单项维度上，浙江省在准备度、平台层和数据层上都排名第一，山东省在利用层排名第一。

2021年全国城市开放数林指数方面，上海市的综合表现最优，青岛市和烟台市也总体表现优秀，开放数级进入第一等级"五棵树"。福州市、深圳市、济南市、杭州市、临沂市、日照市与潍坊市也表现较优，开放数级进入第二等级"四棵树"。其次是德州市、台州市、温州市、贵阳市、无锡市等城市。在4个单项维度上，在全国173个在评城市中，上海市在准备度、平台层和利用层上都排名第一，烟台市在数据层排名第一。

3.2.4　地方数字政府建设评价情况

1. 广东省

1）《2021年度广东省数字政府改革建设第三方评估报告》

2022年4月19日，习近平总书记主持召开中央全面深化改革委员会第二十五次会议，指出要把满足人民对美好生活的向往作为数字政府建设的出发点和落脚点并打造泛在可及、智慧便捷、公平普惠的数字化服务体系。为贯彻落实党中央、国务院关于加快数字政府建设的决策部署和省委、省政府与关于数字政府改革建设的工作要求，广东省政务服务数据管理局自2020年起，委托广东数字政府研究院对省直有关单位和21个地级以上市的数字政府改革建设情况开展第三方评估。2022年5月，《2021年度广东省数字政府改革建设第三方评估报告》正式发布。评估结果显示，广州在本次评估中与深圳并列全省第一，其中，广州市数字化服务成效为全省最优。

广东省数字政府改革建设工作评估以促进广东省政务服务标准化、规范化、便利化改革为导向，涵盖数字化支撑、数字化服务能力、数字化服务成效等方面，细化成55个指标进行综合评价，对指导各地各部门科学推进数字政府改革建设起到了重要作用。

评估结果表明，2021年，广东省持续加大数字政府建设力度，不断夯实政务基础设施支撑能力，持续深化政务服务"一网通办"、省域治理"一网统管"、政府运行"一网协同"，稳步推进数据要素市场化配置改革。在支撑"放管服"改革、优化营商环境、做好"六稳""六保"、保障疫情防控及提升政务服务水平等方面取得显著成效，标志着广东省全面进入数字政府 2.0 建设新阶段。

评估数据显示，粤东、粤西、粤北地区在省级统筹支持下，数字政府改革建设取得了长足发展，数字政府均等化服务能力不断提升，有 10 个地市得分超过 90 分，其中汕尾、韶关、茂名得分均在 93 分以上。全省数字政府两极分化现象明显改善，地区间差距不断缩小。省直部门数字政府建设整体水平显著提升，政务服务事项标准化程度较高，对行业内数字化服务的统筹力度加大，有力支撑跨域通办等重点工作的开展。

评估报告同时建议，进入数字政府 2.0 建设阶段应不断强化省级统筹和基层创新，多措并举助力欠发达地区加快建设，加强数据共享的供需对接，持续提升数据使用效能，进一步加强政务服务标准化管理，实现一体化政务服务能力持续提升，老百姓满意感、幸福感、获得感成色更足。

据悉，广东省数字政府改革建设评估主要以系统数据采集为主，体验抽查为辅，最大程度减少基层负担。同时，广东省率先推出数字政府改革建设常态化监测机制，将评估工作与日常工作紧密结合，常态化监测情况纳入年底评估，实现评估指标动态监测，重点工作有序开展，各项工作要求落到日常，助力全省数字政府改革建设重点工作高效推进，政务服务水平持续提升。

2）《2021 广东省数字政府网络安全指数评估报告》

2021 年 10 月 18 日，在中共中央政治局第三十四次集体学习时习近平总书记强调，要站在统筹中华民族伟大复兴战略全局和世界百年未有之大变局的高度，统筹国内、国际两个大局，统筹发展和安全两件大事。近年来，国家也陆续出台众多法律法规，网络安全法律法规、政策准体系框架已基本建立。

2021 年是我国"十四五"开局之年，也是"两个一百年"奋斗目标的交汇与转换之年。在网络安全相关立法工作日趋完善的背景下，更需要谋篇布局数字政府网络安全建设新发展，全面提升网络安全防护能力。尤其是在新冠疫情常态化防控措施管控下，健康码、行程码、通信大数据等新技术广泛运用于疫情精准防控、智慧交通、数字城市治理等城市"生命线"上，对数字政府的网络安全提出了更高的要求。

广东省深入贯彻落实党中央、国务院部署，在全国率先启动数字政府改革建设。经过近几年的实践探索，全省政务信息化体制机制持续创新，以"粤省事""粤商通""粤政易"为代表的"粤系列"移动政务服务平台创新成效显著，其中"粤省事"注册用户超过 1.5 亿，"粤商通"注册用户超过 1000 万，并且一体化政务服务能力连续 3 年居全国第一。随着数字政府改革建设不断深入、数据规模高速增长，安全漏洞、数据泄露、网络诈骗、勒索病毒等网络安全威胁日益凸显，有组织、有目的的网络攻击形势愈加明显，为网络安全防护工作带来更多挑战，且数字政府面临的网络安全形势愈加严峻复杂。为进一步筑牢数字政府网络安全防线，促进各地各部门持续提升数字政府网络安全防护水平，2021 年 2 月 25 日，广东省正式发布《2021 广东省数字政府网络安全指数评估报告》（以下简称《评估报告》）。

《评估报告》分为 7 个章节，4 万余字。通过全面采集分析广东省 21 个地市涉及人员、机构、制度、经费、系统与安全运行维护、省域网络安全大数据、安全应急与通报、"粤盾-2021"数字政府实战攻防演练结果等相关数据约 6.6 万项，客观反映了广东省 21 个地市数字政府网络安全防护现状与存在的问题和弱点，并提供了解决思路。

评估发现，深圳市数字政府实现了良好的制度、人员、技术等多方协同，并且能根据运行情况不断完善管控措施，总体指数处于完善级（A）。广州市数字政府形成了符合实际的管理制度及配套技术支撑，组织内外部实现了较充分的沟通协同，总体指数处于稳健级（B）。东莞市、佛山市、珠海市、惠州市、江门市、中山市、汕头市、肇庆市、梅州市 9 个地市数字政府建立了基本的网络安全管理制度及配套技术措施，但落地执行还需加强，总体指数处于受控级（C）。其余地市数字政府尚处于网络安全管理制度及技术措施的初步构建阶段，安全保障能力尚不稳定，总体指数处于启动级（D）。目前，暂无地市数字政府网络安全总体指数达到优化级（S）。

《评估报告》要求各地市借助评估工作的引导及促进作用，从安全管理、安全建设、安全运营等方面制定有针对性的网络安全保障体系能力提升方案。要夯实责任，做实做细安全管理工作。要技管并驱，强化重点领域安全建设。要联防联控，持续优化安全运营环境。要以攻促防，全面提升安全防护效果，打造"实战化、体系化、常态化"的数字政府网络安全防护能力，推动数字政府网络安全实现"动态防御、主动防御、纵深防御、精准防护、联防联控"。

据了解，2021 年度数字政府网络安全指数评估工作由广东省"数字政府"改革建设工作领导小组办公室组织，由工业和信息化部电子第五研究所牵头负责，由广东省网络安全应急响应中心（网络安全 110）、数字广东网络建设有限公司、深信服科技股份有限公司、奇安信科技集团股份有限公司、安天科技集团股份有限公司、深圳市腾讯计算机系统有限公司、广州赛宝认证中心服务有限公司等数家网络安全行业权威和专业翘楚单位共同参与。

此前，广东省于 2020 年发布了国内首个省级数字政府网络安全指数，并在此基础上对网络安全指数指标体系进行了标准化。网络安全指数实现了数字政府网络安全工作由"看不见、摸不着"向"可量化、可评估"的转变且有效地提高了广东省各地各部门打造"实战化、体系化、常态化"的数字政府网络安全防护能力，切实提升了社会公众对广东省数字政府的安全感，同时为全国输出了数字政府网络信息安全建设的广东经验和样本。

3）汕尾市数字政府改革建设第三方常态化评估工作

2020 年，汕尾市全面推进"数字政府"改革建设、"互联网+政务服务"改革、营商环境优化，在广东省数字政府改革建设第三方评估中得分 92.22 分，成绩位列粤东、粤西、粤北区域第一梯队。创新推出"民情地图",持续提升市域治理能力,以政府数字化转型撬动数字产业、数字经济全面发展。

2021年11月,为深入贯彻落实市委、市政府关于加强数字政府改革建设的决策部署,汕尾市组织广东数字政府研究院开展汕尾市数字政府改革建设第三方常态化评估工作,以评促建、以评促改,形成工作推进的良性循环,推动全市数字政府改革建设持续高效发展。具体情况如下。

(1)评估方式。组织广东数字政府研究院以第三方视角,采用全年常态化监测与年终考核相结合的方式进行评估,数据采集以系统统计、网上抓取及日常工作监测信息为主要渠道,并结合各地各部门自报材料进行综合评估。

(2)评估时间。① 常态化监测。根据《汕尾市人民政府办公室关于印发汕尾市"数字政府"改革建设常态化监测工作方案的通知》(汕府办函〔2021〕139号)工作安排,每月25日前进行数据采样,每月通报各地各部门排名。② 年终考核。每年10月10日—12月31日,按照评估指标采集相关评估数据。

(3)评估内容。参照每年国家"省级政府一体化政务服务能力(政务服务'好差评')第三方调查评估"要求、省数字政府建设第三方评估要求,围绕各市数字政府改革建设当年工作要点及"民情地图""善美店小二"等本地重大应用平台建设要求进行评估。

2. 山东省

受山东省人民政府办公厅委托,山东省计算中心信息化战略与标准研究团队承担完成了2020年山东省政务公开第三方评估工作,《2020年山东省政务公开第三方评估报告》在省政府门户网站发布。此次是计算中心连续第6年发布全省政务公开第三方评估报告,6年来,在第三方评估工作的推动下,山东省各级各部门政务公开工作取得了较大进步,政务公开受重视程度显著提高,公开体制机制日益健全,主动公开力度不断加大,公开的深度和广度稳步拓展,基层政务公开标准化、规范化工作快速推进,已经在全省范围内营造良好的"政务公开"氛围。

该报告主要围绕省委、省政府中心工作,以全面提升政务公开质量和实效,促进法治政府、创新政府、廉洁政府和服务型政府建设为目标,紧扣2020年政务公开重点工作部署,深入细致地对40家省直部门、单位,16家市政府和136家县(市、区)按照政府2020年的政务公开工作要求进行了评估,并针对存在的问题提出了改进建议。

2020年评估工作继续延续了指标体系的征求意见环节,以求指标体系设计的合理性和公平性。截至2020年11月16日,共收到16家市政府提出的意见24条,经过采用专家咨询、专题讨论等形式认真研究分析后,采纳了16条,未采纳7条,部分采纳1条,并逐一对相应的市政府进行了反馈和理由说明;共收到40家省直部门、单位提出的意见39条,采纳了31条,未采纳8条,并逐一对相应的省直部门、单位进行了反馈和理由说明。

评估指标采用五级树形结构，包括 5 个一级指标：行政权力运行公开、重点领域信息公开、依申请公开、政策解读与回应关切和政务公开保障机制。

通过评估结果，对政务公开的主要特征以及目前存在的主要问题进行分析，并提出了相对应的深化政务公开工作的建议。政务公开是推动政府职能转变、使政府管理服务更加透明规范的有效手段，坚持以公开为常态、不公开为例外，以制度安排把政务公开贯穿政务运行全过程，全面推进决策、执行、管理、服务、结果公开，以公开促落实、促规范、促服务。

3. 浙江省

2021 年 2 月 18 日，浙江省委召开全省数字化改革大会，开启数字化改革探索实践。此后，浙江省委、省政府持之以恒推动数字化改革向广度和深度进军。通过一年多的探索实践，全省数字化改革的推进机制日益完善，"督考评"成为推进数字化改革纵深发展的有效手段，发挥考核"指挥棒"作用，形成以评促改、以评促优、比学赶超的良好改革氛围。

为做好数字政府系统考评工作，建立高效协同任务落实机制，高质量完成节点任务，激励先进，鞭策后进，根据浙江省委全面深化改革委员会办公室印发的《2021 年浙江省设区市、县（市、区）全面深化改革考评方案》，浙江省数字政府建设服务专班起草了《2021 年数字政府系统考评指标和评分标准》，并于 2021 年 12 月 20 日印发征求意见稿，县（市、区）考评指标体系如表 3-17 所示。

表 3-17 2021 年浙江省数字政府考评指标和评分标准——县（市、区）考评指标体系

序号	评价指标	分值	评价内容
一、核心业务梳理（10 分）			
1	核心任务梳理情况	3	根据省政府工作报告重大任务梳理核心业务，制定重大任务数字化改革量化细化清单，根据量化细化情况得分
2		2	通过数字政府综合应用或其他应用展现核心业务数字化，根据展现情况得分
3		5	以"三张清单"为抓手，综合集成核心业务，谋划重大应用，列入全省数字化改革重大应用"一本账"或数字政府系统"一本账"，每个应用得 2.5 分
二、应用成果（70 分）			
4	应用统筹情况	20	作为数字政府系统"一地创新、全省共享"项目揭榜的，完成开发建设上线的，被全省推广使用的，每个应用分别得 5 分、10 分、5 分
5	应用建设情况	20	在全省性会议数字政府系统汇报材料、成果展中获肯定性评价的，每个应用得 4 分
6	最佳应用评选情况	30	获数字政府系统最佳应用，牵头建设地区每个得 15 分，协同地区每家得 5 分
7			获全省数字化改革最佳应用，牵头建设地区每个得 30 分，协同地区每家得 10 分

续表

序 号	评价指标	分 值	评价内容
三、理论成果（10分，同一项目按最高标准得分，不重复得分）			
8	理论成果	10	被中央、省级媒体刊登的，每篇分别得5分、2分
			被中办、国办、中央改革办、中央政研室、国务院职转办简报单篇刊发的，每篇得5分；在部委简报单篇刊发的，在省委改革办《领跑者》、省政府办公厅《浙江政务信息（专报）》中刊发的，每篇得2分
四、制度成果（10分）			
9	制度成果	10	根据出台法律法规、制度政策、标准规范，每项分别得10分、5分、2分
五、扣分情况（10分，同一项目按最高标准扣分，不重复扣分）			
10	未完成工作任务	10	未按要求及时完成省级数字政府任务单的，未按要求及时完成12个应用省级牵头部门任务单的，视情况扣分
11	统筹推进不力	10	对数字政府系统规划实施、统筹推进不力的，还存在底数不清、多头重复、碎片化建设等问题，视情况扣分

注：刊播媒体统计范围仅限于人民日报、新华社、光明日报、经济日报、中央电视台、中央人民广播电台、人民网、新华网、中新网、浙江日报、浙江卫视《浙江新闻联播》、浙江之声；制度政策统计范围仅限于由同级党委政府（含办公室＜厅＞）以上出台。

2021年数字政府系统考评指标体系设5项一级指标，其中县（市、区）创新应用成果占70分，理论成果和制度成果又是以应用成果为牵引输出的，总计达到90分。因此，省级对县（市、区）考评的重点主要是在应用创新，即鼓励基础好、积极性高的县（市、区）揭榜挂帅、先行先试，发挥特色优势，开发创新应用，打造标志性改革实践成果，输出具有全省影响力的理论和制度成果。

为贯彻落实全省数字化改革推进会精神，加快推进数字政府系统建设，根据全面深化改革、数字化改革和共同富裕示范区重大改革一体融合推进的要求，浙江省数字政府建设服务专班起草了《数字政府系统综合评价方案（试行）》，并于2022年5月10日印发征求意见稿，县（市、区）考评指标体系如表3-18所示。

表3-18 浙江省数字政府系统综合评价方案（试行）——县（市、区）考评指标体系

序 号	评价指标	分 值	评价内容
1	工作落实	80	各地落实28项重大改革（应用）情况
2	工作创新	20	为破解省级重大改革（应用）的难点、堵点做出突出贡献；承担"一地创新、全省共享"试点等工作并成功复制推广的；经数字政府认定，推出28项重大改革之外、解决经济社会发展突出矛盾的

2022年数字政府系统考评指标体系设两项一级指标，其中工作落实占80分，主要考核县（市、区）对包括居民服务"一卡通"、帮农促富、浙江公平在线等在内的

28项重大改革（重大应用）承接落实情况，而工作创新只占20分。因此，省级对县（市、区）考评的重心调整至重大改革（重大应用）承接落实情况，即要求各县（市、区）按照省级安排部署，落实好规定动作，做到平台贯通、应用贯通以及机制贯通，实现省级重大改革（重大应用）落地见效。

4. 河南省

1）《河南社会治理发展报告（2021）》

2021年9月，《河南社会治理发展报告（2021）》（以下简称《报告》，其评价内容包括数字政府建设评价）在郑州发布。《报告》以河南全省18个地市的调查问卷数据及2020年河南省统计年鉴数据为依据，分析认为许昌、济源、鹤壁是2020年河南最宜居的城市。

《报告》由社会治理河南省协同创新中心编写，以"地方社会治理创新"为主题，是目前河南省社会治理方面最为系统和权威的研究报告之一。自2014年开始，已连续发布、出版八年。

依据政治文明、社会和谐、经济发展、环境优美、生活便宜、城市喜爱等指标，《报告》显示，2020年河南省18个地市整体宜居度良好且持续改善，全省城市宜居度综合评价得分78.17分，说明政府在宜居城市建设、改进方面工作成效显著。

从河南全省18地市来看，许昌、济源、鹤壁位居前三名。其中，许昌市以84.93分继2019年再居全省首位，其次为济源、鹤壁，宜居度综合评价得分分别为83.03分和82.13分。

《报告》认为，城市宜居度与城市安全、城市危机治理水平显著相关。尤其是疫情期间社区管控和服务满意度对居民评价城市宜居度影响最为显著。同时，环境、政治、社会民生是影响河南省城市宜居度的三大因子。

《报告》共分为五个部分，即总报告、"城市社会治理""乡村振兴""社会治理评价""案例"等篇章，从多维度对河南省社会治理状况进行了系统分析。

《报告》面向河南省经济社会发展重大需求，反映河南省地方社会治理创新的实践探索，将社会治理与当前河南省社会发展面临的新形势、新问题、新任务结合起来，致力于为河南社会治理创新和能力提升提供经验和借鉴。

2）河南省十八地市数字政府建设状况评估报告

《河南省十八地市数字政府建设状况评估报告》是《河南社会治理发展报告（2021）》的子报告。

该报告立足河南省18个省辖市数字政府建设实践，借鉴国内外数字政府建设的先进经验，从顶层设计、数字服务、数字治理和数字经济4个维度构建数字政府评价指标体系，对政府数字化转型状况进行5个梯度评估，为河南省辖市数字政府建设提供决策参考。通过本次综合调查分析发现，河南省辖市数字政府建设整体处于追赶型发展阶段，主要表现为顶层设计有待完善、数字服务循序推进、数字治理初见成效和数字经济一超多强。18个省辖市数字政府建设进展总体呈雁阵梯队，郑州市是领头雁。建议秉持行稳致远、共创共享的理念，做好以下几点：一是统筹顶层设计，加强数字政府建设的制度保障；二是共享数据价值，打造数字政府建设的智慧场景；三是汇聚数字人才，强化数字政府建设的智力支撑；四是保障数据安全，提升数字政府建设的安防能力。

5. 陕西省西安市

近年来，数字政府建设因十九届四中全会的召开而进一步上升到国家顶层设计层面，数字政府建设成效也因此成为测评区域政府履职水平的重要依据，各地政府纷纷把加强数字政府建设、提升数字化城市水平作为重要的执政任务。

在这种背景下，西安市数字化城市建设如火如荼，在数字化城市建设中的总体建设思路是：着力完善数字化城市的顶层设计，统筹数字政府建设架构、规范、管理、安全的智慧城市应用，积极落实"聚焦三六九，振兴大西安"的总体战略目标，加快国家中心城、国际化大都市信息化建设，成功推动政府数字化转型。构建科学合理的数字政府指标体系，有针对性地评价西安数字政府建设水平，总结"十三五"规划期间西安市数字经济的发展成果，进一步研判其数字政府建设的薄弱点，有利于深层次明确"十四五"规划阶段西安数字经济发展的主攻方向。

西安市数字政府建设成效评价指标体系考量了当代城市的三方面建设水平。一是信息化水平。网络的普及、IT技术的发展是数字政府的助推力，表现为无纸化办公、系统上云、办公上线、服务上网等信息基础设施支撑能力。二是数据化水平，主要表现为新一代信息技术与城市各领域发展的深度融合。三是智能化水平，主要表现为信息惠民、便民，利民化程度。

3.3 数字政府建设整体评价的必要性

根据《国务院关于加强数字政府建设的指导意见》（以下简称《指导意见》）的要求，要高举中国特色社会主义伟大旗帜，坚持以习近平新时代中国特色社会主义思想为指导，全面贯彻党的重要会议精神，深入贯彻习近平总书记关于网络强国的重要思想，认真落实党中央、国务院决策部署，立足新发展阶段，完整、准确、全面贯彻新发展理念，构建新发展格局，将数字技术广泛应用于政府管理服务，推进政府治理流程优化、模式创新和履职能力提升。《指导意见》是目前数字政府建设的最高纲领性政策指导文件，按照《指导意见》内容纲要，我国数字政府建设在全国已经取得显著成就，但其持续推进过程中仍然面临诸多问题有待逐步解决，有必要通过整体评价，发现各地数字政府建设中存在的问题，以评促建、以评促改，推动我国数字政府建设更加合理、高效。

1. 顶层规划设计指导性有待提升

数字政府建设是一项系统工程，贯穿于政治、经济、社会、文化、生态文明建设各方面。在坚持党揽全局、协调各方的领导核心作用下，通过数字政府顶层规划提升前瞻性思考、全局性谋划、协同性推进的能力，且以规划引领统筹制度、组织、人员、技术和数据等各种资源。数字政府顶层规划能够构建数字化、智能化的政府运行新形态，充分发挥数字政府建设对数字经济、数字社会、数字生态的引领作用，促进经济社会高质量发展。但是，在数字政府建设的过程中也暴露出一些短板：部分地区数字政府建设顶层设计大而不当，用大概念、大口号、大目标代替整体建设理念、建设目标与建设特色；内涵相对宽泛，缺乏实质性的建设内容、落地路径且不能结合当地自身区位优势特点，从而导致规划设计定位不准。实际上对地方数字政府建设发展的指导作用也不强，再加上政府现有系统的管理分散，制度规范不健全，最后造成重复采集、口径不一致等问题。归根结底是数字政府整体建设顶层设计不足，对全局考量不充分，未能以智能数据决策和分析能力为龙头并且以基层认可为基础。

2. 标准规范指南系统性有待完善

《指导意见》作为目前数字政府建设的纲领性文件，已经为数字政府建设指明了方向，但是数字政府的建设还是要从全局出发建立健全科学规范的数字政府建设制度规范体系，从根本上推进政府职能转变，为国家治理体系和治理能力现代化提供有力支撑。数字政府建设相关的标准规范能够进一步健全推进数字政府建设，通过制度来推进数字化改革，融合新一代信息技术，丰富治理手段，进一步推动政府治理模式的变革，构建纵向贯通、横向协调、执行有力的数字治理体系。目前来看，随着数字政府建设进程的不断深化，数字政府建设相关法律法规逐步完善，但数字政府建设相关标准规范指南不足的问题也逐渐显现了出来。关于数字政府建设的法律规定目前以行政法规、部门规章或地方性法规为主，有关数字政府的标准规范指南尚存在空白，数字政府建设标准规范指南框架体系也未完全建立。标准规范指南层面上的不足为数字政府建设带来诸多制约问题，如数字行政行为的主客体及内容边界难以界定、数字政务服务缺少标准程序规范等，这些问题造成数字政府实际建设效果不佳、百姓难以享受数字化政策便利。

3. 信息基础设施集约性需要加强

《指导意见》要求适度前瞻布局以5G、人工智能、工业互联网、物联网等为代表的新型基础设施，持续推动交通、能源、水利、市政等传统基础设施数字化升级，构建"泛在连接、高效协同、全域感知、智能融合、安全可信"的数字基础设施体系。随着数字政府建设的力度不断加大,支撑数字政府平稳运行的基础设施建设越来越重要,因此,理想中的数字政府基础设施建设是集约性的。从中共中央办公厅、国务院办公厅转发的《国家信息化领导小组关于我国电子政务建设指导意见》开始,中央、省、市、县各级电子政务就逐渐往集约化发展。但是,在数字政府实际建设过程中存在诸多问题,如承载数字政府运行的新消息基础设施还存在多头申报、重复建设等现象;电子政务应用发展还存在"层云密布""专网林立",统一政务云建设发展相对滞后,物联感知资源一体化利用率比较低等问题。在数字政府建设方面,存在按照业务发展各自为政、自建自用、自营自管的网络和机房等信息化基础设施且带来了运维难度大、服务效能低、无法形成集约效应等问题。在数字政府立体化防御方面,全方位、多层次、一致性的自主可控网络安全防护体系尚未形成,存在一定的"木桶效应"。

4. 数据资源开放力度需持续加大

数字政府建设的实际过程中,政府数据资源的整体打通和共享开放是关键要素,在目前建设实践中也存在一定的难点。虽然我国已经体系化建立开放网站平台,但是从整体来看,数据资源开放可用率并不是很高,主要体现在以下几个方面。一是全国数字基础设施整体布局还有待进一步完善,需要通过科学布局提升高质量发展的数据资源开放率。二是数字政府建设刚刚走上正轨,还未形成规范的数据治理标准体系。数据资产不可知、资产关系不可敛与数据质量不可控等现实情况还大量存在。三是数字政府建设存在区域发展不平衡的现实情况,而且受多级财政、垂直业务管理等影响。跨区域、跨行业、跨部门和跨层级全方位的数据资源共享交换体制还需要进一步完善。四是数字政府建设各级主管单位不相同,导致在全社会数据资源方面,数据资源共享开放力度明显不够强力,数据资源开发利用深度不足,数据资源交易增值潜能有待进一步激活。五是数据在数字政府建设中的重要作用逐步体现,尤其是数据作为新的生产要素后,随着数据确权、数据资产、数据服务等行为的兴起有可能形成新的和更大的数据孤岛。六是在行业政务垂直领域,随着数字政府建设力度加大,各层级大量政务数据向上集中,尤其是中央部委掌握了全国的行业数据,导致各地数字政府建设实践中存在"上级瓶颈"。

5. 惠民利企服务获得感需要增强

数字政府建设在党的领导下整体提升国家治理和社会服务能力,尤其是在技能、知识方面提高政府工作人员的基本数字技术素养;在政务、决策、服务等方面提高公共部门数字化转型的执行能力;在管理、效率方面优化数字化环境与创新发展的数字领导力。但是,由于数字政府建设刚刚规模性起步,因此大众对于数字政府惠民利企服务方面的获得感不是很强。数字政府建设一方面是通过数字化手段提升便民水平,另一方面是通过优化营商环境中"多证合一"等细则为企业发展提供诸多便利。但在实际建设过程中还存在不尽如人意的情况，具体体现在以下几个方面。一是部分地区数字政府建设在群众侧和企业侧缺乏感知和获得感。二是以供给侧为导向建设的政务服务载体或渠道仅停留在"物理聚合"阶段，并未完全提供以对象为中心的整体式政务服务，导致服务应用碎片化、场景碎片化。三是移动互联网、大数据、人工智能等新技术在医疗、教育、健康等重点民生领域应用不足，与各地数字政府发展定位、社会公众需求仍有很大差距。因此，数字政府的建设要形成多层次、全方位的数字治理能力提升架构，协调一致地开展数字政府建设的各项工作，并且需要不断增强人民群众的获得感、幸福感、安全感，为推进国家治理体系和治理能力现代化提供有力支撑。

6. 社会治理决策支撑能力有待提升

数字政府建设是我国推进国家治理体系和社会治理能力现代化的重要途径。由于治理的多元化，尤其是国家治理、社会治理、区域治理、市域治理、县域治理、社区和乡村治理都存在多元化因素，不一样的维度，治理的难易程度也不一样。而数字政府建设正是打通这些不同维度、不同领域的唯一桥梁。但是，数字政府建设在治理体系现代化推进中还存在一些问题，具体体现如下。一是基层网格化管理快速感知尚未形成，数据分析能力和现代化治理手段不足，各类"城市指挥中心"未能全面实现分级联动，在重大响应事件（如新冠疫情的预警防控、决策指挥和应急处置等）中未发挥重要支撑作用。二是政府监管模式与信息化融合创新不相适应，"互联网＋监管"创新服务大多处于法规和政策"灰色地带"，亟须建成多元共治、各方参与的市场机制。三是征信体系建设条块分割，信用法规不健全，失信惩戒和守信激励机制不完善。通过数字政府建设构建高质量发展的社会治理权责体系，要完成宏观、中观和微观三个层面的体系构建。宏观层面要坚持以人民为中心的发展理念，统合政治、市场、社会和个体生活的不同逻辑，确立社会治理的战略、路线；中观层面要构建机构和制度的整合体系，出台"1+N"社会治理政策体系，形成社会治理的领导体制机制，总体统筹社会治理政策；微观层面要根据中央做出的深化党和国家机构改革的决定，明确各级社会治理的"条线权责"，以人民群众生活需求为中心构建差异化与分类化的微观治理体系。

7. 一体化运行保障机制需要完善

数字政府在建设实施过程中面临各种复杂因素，需要一体化运行机制保障建设体系的良好运行，而在实践中，一体化建设运行保障机制通常是不畅的，具体体现如下。一是集约化基础设施带来一系列新的安全风险，如原有安全边界的变化、原有安全技术产品功能和性能受限等问题，都给云安全保障体系的建设带来新的风险和挑战。二是多服务商参与带来监管难题。政府购买IT、数据等服务的方式减弱了数字政府管理者对数字政府基础设施的直接控制能力,使得服务提供商对数字政府基础设施中的资产和数据具有较高的访问和控制权限,容易导致内部人员和供应商合法服务人员被数据的价值吸引而产生违规、违法获取与处理和泄露数据的行为。三是数据流通加大数据安全风险。大数据复杂环境下的数据存储和流动场景,使得数据在传输、存储、共享交换以及开放的过程中实现加密变得异常困难,同时海量数据的密钥管理也是亟待解决的难题。四是数据安全保障和监管机制仍未建立。需要针对数据采集、传输、存储、共享利用、开放、销毁等过程中的每个环节进行监控;需要对各种场景下的数据使用情况、敏感数据访问情况等进行多维度监管;需要对数据是否有违规、越权使用的情况进行监管;需要对敏感数据在流转过程中脱敏状态、加密状态进行验证和监管、对数据流转链路的安全情况进行监管。五是安全联动管理未形成统一机制。各地联动的网络安全协调机制尚未成型,防护系统独立运行、通报预警成效甚微、应急响应缺乏联动、安全事件互相推诿、安全风险感知羸弱等问题依然突出。应当提升安全技术保障能力,科学配置安全策略,强化网络安全态势感知,运用大数据等技术提升安全事件预警能力。开展主动防御试点,提高重要数字基础设施和信息系统防攻击、防篡改、防病毒、防瘫痪、防窃密水平,提高网络和信息安全事件动态响应和恢复处置能力。强化安全管理服务能力,落实国家网络安全等级保护制度,推动制定和出台电信基础设施建设与保护地方法规和重要数字基础设施保护办法,建设应急管理平台,完善容灾备份系统,提升数字基础设施网络安全防护水平,形成运营主体和社会各方合力,提高风险评估、检查测评、应急处理、数据恢复等安全服务水平。提高重要数字基础设施安全可信水平,推广和应用安全可信的网络产品和服务,推动安全技术、产品和服务创新。依照国家密码管理有关法律法规和标准规范,同步规划、同步建设、同步运行密码保障系统并开展定期评估,强化密码技术在重要数字基础设施中的推广应用,扩大数字证书应用范围。

8. 依法行政制度建设还需加强

随着数字政府建设的逐渐深入与快速推进,行政组织体制变革与流程再造的难题逐渐改善。数字政府要求"技术融合、业务融合、数据融合",为社会公众和市场主体提供跨层级、跨地域、跨系统、跨部门、跨业务的协同管理和服务。行政机关传统的地域性、层级性和独立性特征也将逐步弱化,数字时代的行政管理体制将由科层化走向扁平化。行政机关持续推进的业务重组、流程再造与部门协同将对传统的行政组织架构和运行模式产生巨大的冲击。数字政府建设速度越快,数字技术加持下行政权力存在扩张的风险就越大。在数字政府领域,技术公司深度参与政府治理,一方面提高了政府的治理能力,扩大了权力空间,另一方面也带来政企博弈等复杂问题。因此,如何防范行政权力被算法权力扭曲和异化,保障公民基本权利不被非法限制和剥夺,已经成为数字时代公众普遍关注的重大社会问题。数字政府的建设加快了数据要素的流通与流转程度，导致数据流动场景下数据权利保护面临困境。数字经济时代，数据不单纯是信息载体，已经转化成关键生产要素。数据的安全流通与共享已成为经济高质量发展的新动能。但由于海量数据是在数据所有者、数据收集者、数据加工者、数据使用者之间不停流转和变动的，数据权益的归属主体及权益大小难以清晰界定。《中华人民共和国民法典》《中华人民共和国个人信息保护法》等相关法律虽然高度关注数据权益的保护，但有关数据权属和利益分配的数据产权立法仍处在理论研究阶段。如果立法上不能对数据权益进行精确配置，就难以避免产权不明、要素垄断、流通不畅等造成数字经济的阻滞和停顿。随着数字政府建设的快速发展，数字秩序与公众需求之间开始存在断层。由算法和代码塑造的"数字秩序"，通过"人机互动"和"数据决策"，能够提升行政管理效能，创造便捷生活。但同时也弱化了官民之间的直接沟通和共情体验，所以"数字秩序"可能加剧社会秩序建构的机械性、单方性和强制性，从而影响政府和公众协同度与政府公信力。

第 4 章　数字政府建设评价指标体系

2022年6月，国务院正式印发《国务院关于加强数字政府建设的指导意见》，提出"建立完善数字政府建设评估指标体系，树立正确评估导向，重点分析和考核统筹管理、项目建设、数据共享开放、安全保障、应用成效等方面情况"。这一要求是构建数字政府建设工作评价体系的指导思想，是政府绩效考核的重要内容。

4.1　数字政府建设技术体系

数字政府建设的本质是在全球数字化大背景下的政府层面履职理念、观念、方式、流程、手段、工具的全局性、系统性和根本性重塑，是以数字技术为基础，借助其创新动能在政府工作各方面进行深化应用，提高政府工作的数字化水平和数据共享程度。数字政府建设是践行以人民为中心的发展思想，增强政府履职的整体效果，打造统一的共享平台，实现以数据为核心的业务协同，进而构建"政府有为、市场有效、企业有利、百姓受益"的体制机制新优势。

在数字政府建设过程中，通过构建分层分级、互联互通的数字政府一体化技术体系框架（见图4-1），解决标准不统一、规范不一致、技术不兼容、数据难共享、应用不好用等基础性问题，实现统一技术支撑底座、统一数据资源汇聚、统一应用服务规范、统一管理保障和统一运维支撑。

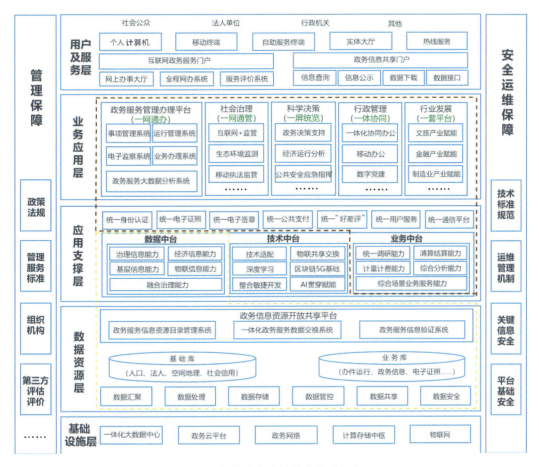

图 4-1 数字政府建设技术体系框架

4.1.1 基础设施

数字政府基础设施主要涵盖一体化大数据中心、政务云平台、政务网络、计算存储中枢、物联网等软硬件。数字政府建设以云计算技术作为融合各类信息技术的大底座，建设集约共享、可靠安全、高效稳定的基础设施，统一部署提供计算（大数据计算、视觉智能计算、物联网计算）、存储、安全等基础设备设施和通用软硬件平台服务。

我国政务信息化经过了"十一五"全面建设、"十二五"转型发展，到"十三五"时期，电子政务建设逐步迈入"集约整合、全面互联、协同共治、共享开放、安全可信"的新阶段，传统的"自建自用、自营自管"电子政务基础设施建设应用模式已难以有效满足新的发展需要。在《"十三五"国家政务信息化工程建设规划》中，首次提出了"大平台共享新设施"的理念，加快构建新型电子政务基础设施大平台，不仅有助于降低电子政务投资成本和建设周期，提高需求响应速度和应用部署效率，而且对打破"信息孤岛"和"数据烟囱"，促进信息共享和业务协同，提升综合应用效能和整体投资效益等具有重要意义。

国家发展和改革委员会等四部委于 2020 年发布了《关于加快构建全国一体化大数据中心协同创新体系的指导意见》，提出以深化数据要素市场化配置改革为核心，优化数据中心建设布局，推动算力、算法、数据、应用资源集约化和服务化创新，对于深化政企协同、行业协同、区域协同以及全面支撑各行业数字化升级和产业数字化转型具有重要意义。

随着数字政府建设的深入推进和信息技术的快速更迭，在上述政策的引导下，基础设施建设模式也在不断演进优化。云计算作为一种新的技术架构、计算方式、服务模式，为构建"集约绿色、高效安全、共用共享"的新型基础设施提供了新路径、新模式。云成为数字政府的基础底座，为数字政府提供集约、安全、稳定的计算、存储、大数据、物联网、安全保障等基础服务。核心算力支撑是数字政府体系的核心竞争力，而政务云成为地方政务数字化转型的关键基础设施。

1. 一体化大数据中心

近年来，国家出台了相关政策规范指引数字中心的发展。2013 年，工业和信息化部等五部委印发《关于数据中心建设布局的指导意见》，规范了数据中心的建设和布局。2016 年，习近平总书记在主持中共中央政治局第三十六次集体学习时提出，建设全国一体化的国家大数据中心，从根本上解决信息孤岛的问题，推动政府信息共享互通。2018 年开始，工业和信息化部连续四年出版《全国数据中心应用发展指引》，引导数据中心合理优化。2020 年 3 月，习近平总书记在中共中央政治局常务委员会上强调，要加快 5G 网络、数据中心等新型基础设施建设进度，将数据中心作为一种新型基础设施上升为数字经济时代区域和国家竞争力的核心战略资源。2020 年 5 月，国家发改委发布的《关于 2019 年国民经济和社会发展计划执行情况与 2020 年国民经济和社会发展计划草案的报告》中，明确将一体化大数据中心纳入新基建发展年度重点任务。2020 年 12 月，在国家大力发展"新基建"的浪潮下，国家发改委、中央网信办、国家工信部、国家能源局四部门联合印发《关于加快构建全国一体化大数据中心协同创新体系的指导意见》，明确指出"加强全国一体化大数据中心顶层设计"。2021 年 3 月，十三届全国人大四次会议通过的《中华人民共和国国民经济和社会发展第十四个五年规划和 2035 年远景目标纲要》明确提出，"加快构建全国一体化大数据中心体系，强化算力统筹智能调度，建设若干国家枢纽节点和大数据中心集群，建设 E 级和 10E 级超级计算中心"，为"十四五"期间促进数据中心集群的高质量发展指明了方向。2021 年 5 月 24 日，国家发改委、中央网信办、国家工信部、国家能源局四部委下发《关于印发〈全国一体化大数据中心协同创新体系算力枢纽方案〉的通知》。提出：统筹围绕国家重大区域发展战略，根据能源结构、产业布局、市场发展、气候环境等，在京津冀、长三角、粤港澳大湾区、成渝，以及贵州、内蒙古、甘肃、宁夏等地布局建设全国一体化算力网络国家枢纽节点，发展数据中心集群，引导数据中心集约化、规模化、绿色化发展。国家枢纽节点之间进一步打通网络传输通道，加快实施"东数西算"工程，提升跨区域算力调度水平。

2. 新一代网络建设

在《"十三五"国家政务信息化工程建设规划》中提出要"一体化推进国家电子政务网络"，"支撑各级政务部门纵横联动和协同治理"。《中华人民共和国国民经济和社会发展第十四个五年规划和2035年远景目标纲要》中着重指出"完善国家电子政务网络"。在相关政策指引下，政务网络由初期的安全顾虑、各自独立建网到目前的互联互通、协同调用、资源共享，大大减少了重复建设。而随着数字政府向智能化、协同化建设的推进，各级政府部门的职能调整、流程优化也在不断进行，承载政务的网络需要相应进行升级改造。

1) 网络提升和改造

基于政务网络的现状进行网络提升和改造，重点在于为政务服务、民生服务、城市治理、经济发展等重点领域提供网络支撑，有效支持5G赋能下的数字政府智慧化发展。可按照实际需求，分步推进5G网络、物联网、工业互联网、卫星联网、电子政务外网、电子政务视联网等新一代信息基础设施的建设改造。

2) 视频专网建设

在电子政务发展过程中，更加需要高清视频的支持，如各级政府横向和纵向间的视频会议、部门间的视频通信、视频监控资源联网应用、实时政务信息发布、应急指挥等。可基于视联网技术和电信运营商提供的专线链路建设电子政务视联网，构建提供综合视频服务、可视化指挥调度服务、通信服务和信息服务的综合高清视频网络系统。

3. 区块链安全底座

国家政策高度重视以区块链为代表的新型基础设施在新的技术革新和产业变革中的重要作用，积极推进区块链技术与产业创新、经济社会融合的高速发展。2020年4月20日，国家发展和改革委员会首次提出"新基建"范围，明确区块链属于新型基础设施中的新技术类基础设施。《中华人民共和国国民经济和社会发展第十四个五年规划和2035年远景目标纲要》中提出"加强网络安全基础设施建设，强化跨领域网络安全信息共享和工作协同，提升网络安全威胁发现、监测预警、应急指挥、攻击溯源能力"。随着区块链应用在国计民生多领域落地探索，为上层区块链应用提供存储、传输、计算、开发和测试等资源能力的区块链基础设施的发展已成为推动区块链业务主流化的决胜关键所在。区块链基础设施通过建立区块链底层架构和平台，为区块链技术、产业和应用落地提供底层核心能力、资源和服务，可有力清扫区块链落地进程中必须解决的底层性能不足和开发技术门槛过高等障碍，逐步成为区块链竞争新热点领域。

在电子政务外网顶层建设开放的、可扩展的基础链，以安全监管为抓手，依托中心高度集约化资源，实施对各省级、各地市链的进出管控，操作行为的审计、责任溯源，强化基础支撑环境和公共服务平台建设，促进区块链生态企业和从业者高效协作，推动有效市场和有为政府更好结合，有效激发区块链内生发展动力。

通过建设政务网络安全区块链基础设施，实现国家、省、市三级基于区块链基础设施的政务网络安全保障体系建设。基于区块链技术，打破政务网络安全信息与数据壁垒，实现跨层级、跨地域、跨系统、跨部门、跨业务的区块链数据共享和安全管理。以业务为抓手，验证区块链技术在政务网络安全领域的深度应用，制定政务网络安全区块链基础设施标准规范，为各级政府政务区块链建设、跨链接入、业务系统上链、安全管理、数据可信共享等提供引导和规范，为全国电子政务服务平台区块链应用推广提供基础支撑。

4. 集约化政务云平台

《中华人民共和国国民经济和社会发展第十四个五年规划和2035年远景目标纲要》中着重指出"集约建设政务云平台和数据中心体系"。集约化政务云平台由部门主管单位主导，由专业技术服务机构规划、实施、运营，通过虚拟化、微服务、容器、分布式系统、软件定义网络、资源调度、服务编排等云计算技术，立足电子政务实际应用和发展需求，以服务为中心，各级政务云平台一般按"四横三纵"的逻辑架构进行建设，为各级政府部门提供基础资源设施、IaaS服务、PaaS服务、SaaS服务（四横）和统一标准规范体系、网络安全保障体系和运行维护管理体系（三纵）等服务，构建实现政务信息资源共享和业务协同的电子政务综合性服务云平台，提供随时获取、弹性使用、弹性计量和弹性计费的云计算服务。

电子政务云平台的总体架构（参考）如图4-2所示。

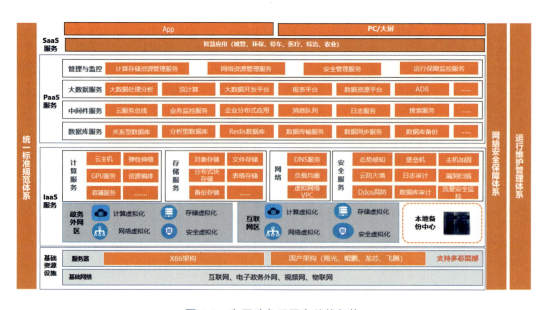

图4-2 电子政务云平台总体架构

4.1.2 数据资源

数字政府数据资源体系基于人口、法人、空间地理、社会信用等形成基础库，基于办件运行、政务信息、电子证照等形成业务库，通过数据汇聚、数据处理、数据存储、数据管控、数据共享、数据安全等技术手段实现数据资源共建共享，构建资源目录管理系统、数据交换系统、信息验证系统等共同构成政务数据资源中心，为数字政府一体化网上政务服务平台提供统一的数据支撑。

数据资源从宏观上讲是贯穿数据自产生至销毁全生命周期的数据管理体系。数据资源是数字政府建设的关键，围绕数据标准、数据梳理、数据采集、数据加工、数据使用、数据管理等方面展开，主要涉及大数据平台建设、数据治理、基础库、主题库、专题库等内容。通过数据资源整体建设，实现跨部门、跨区域的数据共享共用。

通过数据的打通使数据业务化是数字政府建设的趋势。数据业务化主要为数字政府建设提供知识图谱，包括事项图谱、证照图谱等知识图谱，全文检索、多源比对等知识服务能力，以及政务服务知识、政策法规知识等数字政府知识库。

在推进政府与社会数据从封闭走向共享开放，实现数据在法律、伦理与安全框架下的自由流动方面，我国仍面临着数据开放整体法律框架缺失、数据战略顶层设计不足、数据治理与运营缺乏统筹、数据开放共享执行不到位、数据价值创新有待加强、数据专业人才与能力稀缺等挑战。2020年，《中共中央 国务院关于构建更加完善的要素市场化配置体制机制的意见》中提出加快培育数据要素市场，要推进政府数据开放共享、提升社会数据资源价值、加强数据资源整合和安全保护。习近平总书记也多次提及，构建以数据为关键要素的数字经济，要运用大数据提升国家治理现代化水平，要运用大数据促进保障和改善民生。

通过统一数据标准、数据归集、数据治理和数据共享开放应用构建一体化、智能化的公共数据平台，是把数据作为创新社会服务公共基础设施的体现。数字政府建设对各部门的业务进行梳理、整合优化，将分散的部门业务架构有序凝聚为一体，构建分工有序、紧密合作、数据融合的业务体系。通过引入共享、开放等数据构建基于对象的数据模型，包括事项图谱模型、证照图谱模型等公共模型以及数据共享模型、监管分析模型等业务模型，最终通过融合数据输出服务，包括数据画像、服务转换、知识图谱等服务（见图4-3）。

1. 统一数据标准

数据标准建设主要包括建立元数据标准、主要实体的数据元标准、数据分类编码标准等服务工作。

数据标准规范是实施数据治理和数据共享共用的前提条件，对数据治理的成效起着决定性作用。简而言之，没有标准规范，无从数据治理；标准规范不全，则数据治理不全。

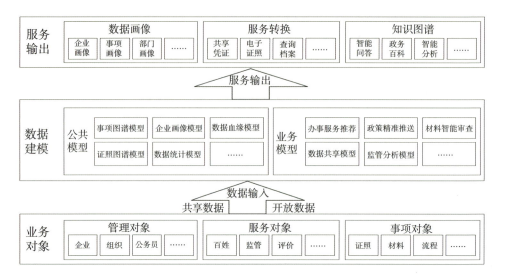

图 4-3 数字政府业务参考框架

2. 数据归集

数据归集是对数据汇聚过程的规范性要求，其涉及数据汇聚的方式、数据存储的方式、数据更新的方式、异常处理的机制等过程。数据归集提供数据对接服务、部门前置库维护服务、数据初始化服务、数据更新服务、数据汇聚异常处理服务和数据对账服务等内容，实现将分散在各业务系统，不同类型、不同来源的数据资源在一体化大数据平台进行整合，为数据深度共享应用创造条件。

3. 供需对接

数据共享共用的内涵是解决"供需数据不对称"问题。政务数据共享绝对不是一个简单技术平台或工具的建设，而是提供一个需要持续进行运营的沟通枢纽。从全国数据共享开放平台的建设现状和运营情况来看，从业务需求到数据需求仍然存在着一条鸿沟，要消除数据共享开放流通"供""需"之间的矛盾，需要架设起需求与数据间的桥梁。这一"桥梁"，可以深入需求方的业务场景，理解其真正的痛点，找到解决问题的方案；这一"桥梁"，可以深入理解数据的产生和处理过程，绕过数据应用过程中的陷阱，避免数据的误读和误用。要同时理解业务需求与数据处理过程，架起需求与数据间的桥梁，要让有业务背景的人理解数据或让有数据背景的人理解业务都不是一件容易的事。因此，不能只期望单纯通过数据共享开放平台"桥梁"完全解决问题，而应该期望供、需两种背景的组织不断靠近，直至双方共享"桥梁"。

4. 数据治理

数据治理建设框架包含顶层设计、数据治理环境、数据治理域和数据治理过程四大部分，如图 4-4 所示。

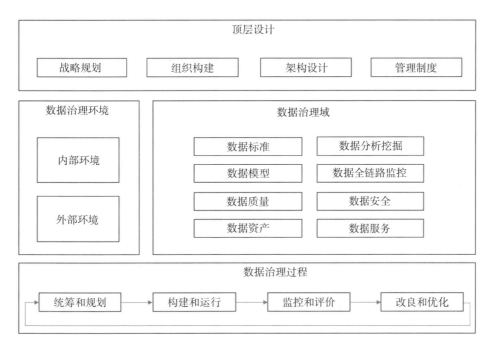

图 4-4 数据治理建设框架

顶层设计包括数据相关的战略规划、组织构建、架构设计和管理制度，是数据治理建设实施的基础。数据治理环境包括内外部环境及其促成因素，是数据治理建设实施的保障。数据治理域包括数据标准、数据模型、数据资产、数据分析挖掘、数据安全、数据质量、数据服务、数据全链路监控等，是数据治理建设实施的对象和内容。数据治理过程包括统筹和规划、构建和运行、监控和评价及改良和优化，是数据治理建设实施的方法。

5. 数据共享开放应用

数字政府建设是实现政府治理现代化的重要支撑，数据信息的开放共享和互联互通则是建设数字政府的必然要求。《2021年政务公开工作要点》《关于加快构建全国一体化大数据中心协同创新体系的指导意见》都明确要加强数据互联互通工作，在统一目标的统筹协调下，进一步破除在不同层级、地域、部门、系统之间的数据壁垒，强化政务数据的共建、共治、共享。

围绕重大改革和重点应用领域，坚持"以终为始"的原则，加强公共数据平台对多业务协同应用的支撑，建立省、市、县共用的"一地创新、全局受益"的数据共享应用模式。加快与国家级业务系统全面对接，推动跨地区公共数据共享，健全完善数据闭环流转机制，促进数据回流赋能基层治理。加快形成统一规范、互联互通、安全可靠的城市数据供应链，构建城市级大数据综合应用平台，打通城市数据感知、分析、决策和执行环节，促进提升城市治理水平和服务能力。围绕医疗健康、普惠金融、市场监管、社会保障、交通出行等重点领域，探索建立分行业、分场景的可控数据开放机制，优先开放民生密切相关、社会迫切需要、经济效益明显的公共数据，安全有序推进公共数据与社会数据的融合创新和开放应用。持续组织数据开放创新应用大赛，充分发挥地方特色，开发具有创新性并可实施落地的数据应用，推动全社会利用政府开放数据创造价值。

4.1.3 政府应用

围绕政务服务、社会治理、科学决策、行政管理、产业发展等应用领域，通过统一身份认证、统一电子证照、统一电子签章等应用支撑手段，丰富和强化跨领域、跨行业的智慧、智能业务应用，推进全业务快速响应和高效协同，促进政府全要素数字化转型升级，大幅提升数字政府竞争力、吸引力和创新力。

数字政府服务应用建设包括完善共性支持应用、整合优化业务协同、政务服务流程再造、智能协作社会治理、科学决策快速响应等，分别对服务层进行技术支撑，对业务应用体系自身进行呈现，对外部进行服务、决策、治理和赋能。

1. 完善共性支持应用

政务共性支撑应用主要包括数据中台、业务中台、技术中台以及由此构建的统一身份认证、统一电子证照、统一电子签章、统一信息服务等政务支撑系统。通过建设"数据中台""业务中台""技术中台"，提供全域数据汇聚、加工、融合、治理、挖掘及可视化展示的能力，实现对数据的全生命周期管理，为智能应用提供标准规范的业务支撑。

1）构建中台服务能力

中台的理念起源于互联网行业，在政务领域得到应用。中台是资源整合和能力沉淀的平台，通过对海量业务进行高度抽象，将组织机构中的基础服务、基础资源进行沉淀，并开放给前台使用，形成政务服务的基础设施。一方面可以大大降低业务的应用成本，另一方面能够大大增强业务应用的灵活反应。政府通过构建统一而强大的政务基础设施，让各个部门、政府内外可以便捷、高效地开发多种多样的场景应用。

运用中台的理念和技术，着眼信息惠民和信息惠企，可围绕身份证异地办理、医保异地接续、跨区域市场准入协同、跨区域公平交易执法协同、跨区域消费维权合作等方面，健全完善相关技术标准和跨地区互认共享标准，推动跨地区业务协同。

2）集约建设共性支撑

集约建设统一身份认证、统一电子印章、统一电子证照、统一消息服务等共性支撑组件体系，将城市上层业务应用系统中的公共部分抽取出来，封装形成城市级数字化公共业务服务平台，以业务能力的方式实现不同业务系统之间的协同互通，通过公共业务能力的供给实现业务标准化、流程一体化和服务场景化，满足各类业务应用敏捷开发、灵活创新、快速发布需求，实现业务服务的协同、融合、智慧和标准化。

2. 整合优化业务协同

业务办理协同化是指以申请人的目标需求为导向，两个或两个以上部门或地区通过系统、数据、人员相互协同的方式，实现政务服务业务跨部门、跨区域、跨层级办理。重点关注以下几种业务：自然人与法人证照异地办理，社会保险关系转移接续，投资项目多评合一、多图联审，商事登记证照联合办理等跨部门协同办理，以及按照自然人和法人的需求程度，能并行办理的尽量并行办理。

跨部门业务办理协同化的要求：一个收发窗口、一张告知清单、一个流转平台。明确牵头部门与协办部门，牵头部门负责建立协同流程，制定申请材料清单，控制办理时限；协办部门相应调整工作流程，配合业务协同办理。

跨区域业务办理协同化的要求简化描述就是一套共享数据、一个受理标准。跨区域业务协同由共同的上级政务服务管理机构牵头协调，相关区域政务服务管理机构和涉及的政务服务实施机构共同配合，统一数据接口、受理标准和服务规范。

1）统筹协同应用建设

加强数据获取、数据共享、系统集成，加快政府履职方式方法系统性数字化重塑，支撑和整合党政机关相关职能，形成各级党政职能部门核心业务全覆盖、横向纵向全贯通的全方位数字化工作体系，推进党政机关谋划、决策、执行、督查、反馈等数字化协同工程建设，实现跨层级、跨地域、跨部门、跨系统、跨业务的协同管理和服务。强化数据驱动的党政机关管理运行改革创新，提升党建、财政、审计、规划、档案等业务数字化水平。建设高效协同、开放共享、安全可控的政务协同平台，构建统一办公应用生态。围绕决策、执行、监督等机关履职全过程，实施机关内部"一件事"集成改革。以数据共享开发推动建设基层减负应用，探索构建"还数于基层、服务于基层"的现代化治理体系。

2）打通部门业务壁垒

聚焦"全程网办、全网通办"目标，打通部门业务孤岛。全面推进政务服务事项统一入口、统一预约、统一受理、统一赋码、协同办理、统一反馈。继续推进"一网、一窗、一门、一次"改革，打破数据壁垒，规范服务标准，提高窗口服务效率和水平。面向企业和公众提供网站、App、小程序、热线系统、实体大厅、自助终端等各类渠道的统一服务。重点推进交管、税务、医疗、不动产等重点服务事项移动端办理，打造移动端服务新生态。构建多端统一的政务服务线上智能客服体系，实现网上办事相关咨询投诉"一网通答"。围绕提高群众办事的便捷度、满意度等，深化政务服务"好差评"指标体系建设，促进政务服务质量持续改善。聚焦企业、群众反映强烈的民生卡办卡周期长、发卡数量多、应用服务少等问题，推动民生卡领域电子卡应用，建设一体化的民生卡体系，提升政务服务供给能力和市民生活用卡便捷度。

3）实现区域在线协同

加强数字政府组织内部和不同部门、区域之间的协同是打造"平台驱动的数字政府"的重要一环。这种全面协同型的新工作方式依托"五个在线"，即组织在线、沟通在线、协同在线、业务在线、生态在线。通过"五个在线"，让政府组织整体性大大提升，构建广泛联系公众、企业、公务员和所有政府机构的平台，从数字政府建设和运行模式的变革入手，让各级政府能够在平台中持续地实现数字资源的能力化和数字能力的共享化，对外提供优质政务服务，对内提供高效办公协同，实现政府组织数字化转型。

4）督察督办精准高效

目前，全国数字化政务建设逐渐把督察督办工作信息化作为重要的组成部分进行推进。充分利用云计算、大数据、人工智能、知识管理等新一代信息技术，构建面向政府及各级部门，统一网络环境、统一计算存储、统一安全认证、统一信息门户、统一应用支撑、统一数据管理、统一业务协同、统一系统集成的目标督察督办管理系统，整合利用现有软硬件资源，为新建业务系统提供平台支撑，对政府目标督察督办业务流程进行资源整合、流程优化，探索构建督查工作协同智能、管理高效精准、决策科学智慧、社会综合效益显著管理模式，全面提升政府督查工作信息化、智能化水平。以顶层设计为指导，融合大数据、云计算、人工智能等新一代信息技术，全面构建政府目标督察督办管理系统，打造现代化督办管理网络化系统。改变原有目标管理模式，实现目标明确、执行力强、公平公正、分享协作、沟通及时，"以人为中心"的新型目标督察督办管理。在"互联网+工作落实"的指导方向下，利用新技术实现对目标督查管理理念、督查职能结构、督查工作机制进行重构。

3. 政务服务流程再造

党的十八大以来，各地区各部门认真贯彻党中央、国务院决策部署，围绕转变政府职能、深化简政放权、创新监管方式、优化政务服务，深入推进"互联网+政务服务"，加快建设地方和部门政务服务平台，一些地方和部门依托平台创新政务服务模式，"只进一扇门""最多跑一次""不见面审批"等改革措施不断涌现，政务服务平台已成为提升政务服务水平的重要支撑，对深化"放管服"改革、优化营商环境、便利企业和群众办事创业发挥了重要作用。但同时，政务服务平台建设管理分散、办事系统繁杂、事项标准不一、数据共享不畅、业务协同不足等问题较为普遍，政务服务整体效能不强，办事难、办事慢、办事繁的问题还不同程度存在，需要进一步强化顶层设计、强化整体联动、强化规范管理。各地区各部门需进一步厘清服务清单、优化办事流程、打通区域服务壁垒、拓展移动政务应用。

科学统筹电子政务发展已经成为加快推进国家治理现代化的重要支撑。"十三五"

时期，我国电子政务政策环境持续优化，国际认可度不断提升，网上政务服务供给能力持续改善，政务信息资源开发利用深入推进，企业和群众的获得感不断增强。同时，电子政务也面临着治理现代化提速、应急应对高效、人民群众需求个性化和开放共享透明等多重挑战。"十四五"时期亟须加强统筹推进机制，深化数据资源开发利用，打造整体协同网上政务服务体系，探索多元参与的电子政务建设模式，提升领导干部信息素养，促进电子政务可持续发展，提升电子政务建设整体效能。

我国网上政务服务具有覆盖广、需求多、弹性大的特点。《2022年联合国电子政务调查报告》数据显示，我国电子政务发展指数从2018年的0.6811提高到2022年的0.8119，2022年排名比2018年提升了22位，位列全球第43位，达到全球电子政务发展"非常高"的水平。其中，作为衡量国家电子政务发展水平核心指标的在线服务指数上升为0.9059，指数排名大幅提升至全球第9位，在线服务达到全球"非常高"的水平。

在智慧政务方面，"十四五"规划提出：推进政务服务一网通办，推广应用电子证照、电子合同、电子签章、电子发票、电子档案，健全政务服务"好差评"评价体系。

1）厘清服务清单

政务服务事项包括行政权力事项和公共服务事项。编制全国标准统一的行政权力事项目录清单，按照统一规划、试点先行、突出重点、逐步完善的实施路径，以申请办理的行政权力事项为重点，推动实现同一事项名称、编码、依据、类型等基本要素在国家、省、市、县四级统一。全面梳理教育、医疗、住房、社保、民政、扶贫、公共法律服务等与群众日常生产生活密切相关的公共服务事项，编制公共服务事项清单及办事指南，逐步推进公共服务事项规范化。完善政务服务事项受理条件、申请材料、中介服务、办理流程等信息要素，实现办事要件和办事指南标准化、规范化。建设国家政务服务平台事项库，与各地区和国务院有关部门政务服务事项库联通，推动实现"一库汇聚、应上尽上"。建立全国联动的政务服务事项动态管理机制，逐步实现各区域、各层级、各渠道发布的政务服务事项数据同源、同步更新，推动实现同一事项无差别受理、办理流程和评价标准统一。

2）优化办事流程

按照"一网通办"要求进一步优化政务服务流程，依托国家政务服务平台身份认证、电子印章、电子证照等基础支撑，推动证照、办事材料、数据资源共享互认，压缩办理环节、精简办事材料、缩短办理时限，实现更多政务服务事项的申请、受理、审查、决定、证照制作、决定公开、收费、咨询等环节全流程在线办理。整合优化企业开办、投资项目审批、工程建设项目审批、不动产登记等涉及多个部门、地区的事项办理流程，逐步做到一张清单告知、一张表单申报、一个标准受理、一个平台流转。积极推进多证合一、多图联审、多规合一、告知承诺、容缺受理、联审联办。通过流程优化、系统整合、数据共享、业务协同，实现审批更简、监管更强、服务更优，更多政务服务事项实现"一窗受理、一次办成"，为推动尽快实现企业开办时间再减一半、项目审批时间再砍一半、凡是没有法律法规依据的证明一律取消等改革目标提供有力支撑。

3）打通区域服务壁垒

推进政务服务"跨省通办"是转变政府职能、提升政务服务能力的重要途径，是畅通国民经济循环、促进要素自由流动的重要支撑，对于提升国家治理体系和治理能力现代化水平具有重要作用。近年来，党中央、国务院陆续出台审批服务便民化、"互联网＋政务服务"、优化营商环境等一系列政策文件，全国一体化政务服务平台初步建成并发挥作用，政务服务"一网通办"深入推进，各地区各部门积极开展政务服务改革探索和创新实践，政务服务便捷度和群众获得感显著提升。但企业（包括个体工商户、农民专业合作社）和群众异地办事仍面临不少堵点、难点问题，"多地跑""折返跑"等现象仍然存在。

4）拓展移动政务应用

移动政务平台满足公众通过移动端获取政府服务和公共服务的新需求，基于信息资源共享交互平台的数据资源，整合各单位分散的服务资源和服务渠道，提供统一的"政务服务"入口，在社保、住房、公积金、教育、医疗、交通等方面提供查询、验证、预约、推送等服务。公共事业方面，提供水、电、燃气费查询缴费服务和多种渠道支付方式，同时接入各类第三方智慧应用，让更多市民便捷地享受数字政府建设成果。

2021年11月，国务院办公厅印发了《全国一体化政务服务平台移动端建设指南》（国办函〔2021〕105号），要求2022年底前，各省（自治区、直辖市）和国务院部门移动政务服务应用与国家政务服务平台移动端"应接尽接""应上尽上"，移动政务服务能力显著提升，形成以国家政务服务平台移动端为总枢纽的全国一体化平台移动端服务体系。

4. 智能协作社会治理

党的十七大以来，关于社会治理的论述在不断完善和发展。十七大报告中提到，"要健全党委领导、政府负责、社会协同、公众参与的社会管理格局，健全基层社会管理体制"。十八大增加了"法治保障"的描述，同时强调"社会管理体制"。十九大进一步提出"完善党委领导、政府负责、社会协同、公众参与、法治保障的社会治理体制"。十九届四中全会上，一是实现了从"社会治理体制"到"社会治理体系"的重要转变，体现了社会治理内涵的不断丰富，系统性、整体性和科学性不断增强；二是把"民主协商"和"科技支撑"放在社会治理体系中，使社会治理体系更加完善。党的二十大报告对社会治理的论述重点更突出。从报告对社会治理的论述来看，可以概括为两个手段或者路径、两个目标、一个愿景，共包括五个方面。其中，两个手段或者路径是健全社会治理体系，健全共建共治共享的社会治理制度；两个目标是提升社会治理效能，畅通和规范群众诉求表达、利益协调、权益保障通道；建设人人有责、人人尽责、人人享有的社会治理共同体可以看作社会治理的愿景，其中人人有责、人人尽责和人人享有是对共建共享内涵的一个具体表述，落脚点在社会治理共同体。

早在2016年10月中共中央政治局就实施网络强国战略第三十六次集体学习的会议上，习近平总书记就指出，随着互联网特别是移动互联网发展，社会治理模式正在从单向管理转向双向互动，从线下转向线上线下融合，从单纯的政府监管向更加注重社会协同治理转变。我们要深刻认识互联网在国家管理和社会治理中的作用，以推行电子政务、建设新型智慧城市等为抓手，以数据集中和共享为途径，建设全国一体化的国家大数据中心，推进技术融合、业务融合、数据融合，实现跨层级、跨地域、跨系统、跨部门、跨业务的协同管理和服务。要强化互联网思维，利用互联网扁平化、交互式、快捷性优势，推进政府决策科学化、社会治理精准化、公共服务高效化，用信息化手段更好感知社会态势、畅通沟通渠道、辅助决策施政。

也正是从2016年起，政府工作报告不断提及"互联网+"和"智能+"等新理念。"互联网+"阶段的主要任务是利用互联网、物联网的技术和入口，构建人、物、内容和服务的连接能力，使政府的服务方便触达更多人群。例如，为推动党中央、国务院重大决策部署贯彻落实，便捷高效回应群众关切，减轻基层负担，国务院办公厅开通国务院"互联网+督查"平台，面向社会征集四个方面问题线索或意见建议。而"智能+"阶段则是在"互联网+"和数据化的基础上，利用大数据、云计算、人工智能等技术为政府管理者构建数据智能的运用能力，依托数据的实时共享，利用人工智能和算法提供决策支撑和精准化的治理能力，这也是当前数字政府建设的基础和关键。

以新技术驱动智能协作的新方法和新模式，实现社会治理能力、效率的全面提升，是未来相当长一段时间内政府数字化发展的重要工作，围绕这一工作目标，应主要关注以下重点领域的创新与突破。

1）健全智能感知体系

在社会治理、城市治理的过程中，应着力突破"人力"模式的时空天花板。强化以视频采集设备、传感器、互联网、热线电话为主的信息入口，充分利用视频分析、图像识别、语音识别、文本分析等AI技术，向科技要人力，力求更加全面、快速、准确地感知全域态势，发现异常事件，满足各领域持续精细化发展的要求。

以智能算法为驱动的视觉计算平台、物联网感知平台已广泛应用于城市全域治理的各个子领域中，这些平台能够从基础层面解决事件/数据采集的实时性、准确性、及时性问题，更广泛地感知城市各个角落每时每刻发生的变化，通过事件归一、决策智能、决策优化等人工智能算法，将具有明显时空特征、分散的、离散的事件进行关联分析和融合计算，面向政府管理者提供与事件关联有关的动态、实时、全景呈现，为社会治理决策提供重要支撑和研判依据。

2）云端一体共治共赢

在云计算时代，数字化创新不仅需要云的强大基础计算能力，更需要建立良好的云端协同。云与端的紧密融合能够优化云的使用方式，改变应用的开发方法和运行模式，进而开创一种全新的云计算形态，解决应用智能化、数据化和移动化的问题。在社会治理领域，一个更完整、更易用的云端协同平台将为政府及时吸纳民意和回应民情提供有效的媒介和渠道，在这样的模式下，云可以提供完整的数字基础设施能力，端则提供与数字政府和民众交互的入口。

3）全力优化办事流程

以数字化改革推动基层治理科学化、精准化、协同化、高效化，围绕跨部门多业务协同流程再造和数字化平台化集成应用两大关键，建立有记忆、可感知、会思考、善指挥、能战斗的数字化、网络化、智能化的集成应用，实现基层治理从以人为主向人机融合协同转变。

各类数据资源、信息系统、基础设施集合、集成的平台把分散的信息集中和集成起来，将集成管理事务通过智能或人工分析研判手段进行分类分流、按责转办、精准交办，形成常态化处置机制，推进基层事务实现"一件事"综合集成，建立健全相关的指挥系统、数字赋能系统和评价系统。

4）持续推动场景创新

以解决实际问题为导向，通过业务场景的形式，拉通相关部门资源，实现跨部门数据共享与业务协同。依托数据服务与数据治理，面向公共管理、公共服务、公共安全、城市治理等不同服务/管理领域，提供协同和智能化能力支撑。

在场景设计中，依托人工智能手段，为事件感知、全量资源调度、全域业务协同等重要环节提供基于视觉智能、自然语言理解、自动语音识别、光学字符识别、决策智能、决策优化等先进技术的智能化支撑能力，赋能新型数字政府的应用和业务流程创新。

5）基层社区智慧治理

2017年6月，《中共中央 国务院关于加强和完善城乡社区治理的意见》（以下简称《意见》）印发实施。为实现目标，《意见》明确了四大任务。一是健全完善城乡社区治理体系，二是不断提升城乡社区治理水平，三是着力补齐城乡社区治理短板，四是强化组织保障。《意见》指出，要增强社区信息化应用能力，提高城乡社区信息基础设施和技术装备水平，加强公益性信息服务设施建设，加快城乡社区公共服务综合信息平台建设，加快互联网与社区治理和服务体系的深度融合，探索网络化社区治理和服务新模式。2021年4月28日，《中共中央 国务院关于加强基层治理体系和治理能力现代化建设的意见》发布，要求"把抓基层、打基础作为长远之计和固本之举"，推动社会治理和服务重心向基层下移，不断提升基层社会治理水平。

围绕人、事、物、地、情，摸清基层数据和应用现状，破解数据汇聚共享"堵点"，打通国家、省、市、区县四级级联通道，依托上级返还的数据资源，融合本地数据资源，为基层治理提供数据、模型、工具的综合治理能力，实现基层治理"自上而下赋能""自下而上治理"的双循环，为基层治理的智能化、精细化提供数据和平台支撑。

6）税收征管以数治税

2021年3月，中共中央办公厅、国务院办公厅印发了《关于进一步深化税收征管改革的意见》（以下简称《意见》）。《意见》从全面推进税收征管数字化升级和智能化改造、不断完善税务执法制度和机制、大力推行优质高效智能税费服务、精准实施税务监管、持续深化拓展税收共治格局等方面提出了多项具体举措，实现从"以票管税"向"以数治税"转变。

从"以票管税"向"以数治税"转变是我国税收征管改革的重大举措，也是我国数字政府建设的重要内容之一。

总体来说，"以数治税"的核心是"数据"，关键是"治理"。在数字经济时代，税务部门需要的数据互通与共享机制要打破数据之间的部门壁垒、行业壁垒和地区壁垒，形成强大的以"税收大数据"分析为支撑的税收数据中心，这是数字政府建设的核心关键。

在政府税务部门履行税收征管、税务治理职能时积极利用数字技术转型，提升政府管理水平和工作效率。

利用数字技术和智能化手段提高纳税人数据申报质量。开发建设全国统一事前干预系统，从源头上把控报入"金三"（"金税三期"工程）系统的企业财务数据质量，确保企业获得真实数据，作为后续分析和征管工作基础。

7）生态环境智慧应用

十九大报告中明确指出"坚持人与自然和谐共生"，保护好生态环境，管理好自然资源，形成绿色发展方式和生活方式，建设生态文明是中华民族永续发展的千年大计。二十大报告提出，要加快发展方式绿色转型，深入推进环境污染防治，提升生态系统多样性、稳定性、持续性。数字政府建设过程中生态文明数字化改革是重要的一环，加强大数据及人工智能等新一代信息技术运用，提高监测预警、监管执法等应用能力，提升生态环境管理水平，把数字技术优势转化为治理效能，推动生态文明建设的质量变革、效率变革、动力变革，以数字赋能高水平推进生态文明治理体系和治理能力现代化。完善环境监测网络，以国土空间基础信息平台为支撑，利用高分遥感、北斗卫星等地理空间数据，实现对生态要素的监测和预警。建立相关部门之间生态环境监测数据共享机制，实现相关环境数据互通整合，统一纳入主题数据库。进一步完善生态环境综合管理平台，依托环保大数据分析应用，整合环境保护、资源调度和排放管理等功能，实现环境信息资源的共建共享和精细化管理。通过技术手段集成完善污染源在线监控、水气环境质量监测监控、排污许可证证后监管、一般固废监管信息、危废管理等各类信息系统。同时，采集运用环境质量、污染源自动监控、排污许可、河湖库保护、农地土壤改良、环境风险防控等大数据进行分析，通过各级政府联动、跨部门协同，构建地上地下、陆河统筹、天空人地一体的生态环境数字治理体系和生态环境质量评价体系，全面提升生态环境整体智治水平。

5. 科学决策快速响应

政府行政决策能力直接关系到政策制定的水平和成效，关系到经济社会建设的全面发展质量。而政府决策能力作为一个综合的、开放的体系，其提升过程涉及理念、技术等多方面的改变。

从理念上看，今天的政府不再仅仅是公众要求的回应者，更应该积极引导公众参与决策，从程序设计上提升民众参与度，通过高效沟通使双方准确掌握彼此意图和真实信息，自始至终发挥政府主导作用，做到决策权限于法有据，决策过程合法合理，决策创新坚持基本法律原则，理性地提高民主决策能力。

从技术上看，习近平总书记在中共中央政治局第二次集体学习时强调，要建立健全大数据辅助科学决策和社会治理的机制。人工智能、区块链、云计算、大数据等新一代信息技术融合发展，深刻改变了政府的决策方式，并逐渐形成了一种融合数据驱动和模型驱动的新型决策范式，即大数据驱动的"数据－智慧"决策模式。该模式是一种以大数据系统为支撑，经人工智能、机器学习、大数据建模、大数据分析等实现自动决策和人机协同决策的模式。

以应急决策为例。当前，我国地方政府的应急决策能力与大数据时代的要求还存在一定差距，突出表现在风险信息获取与分析、事态感知与风险识别、危机判断与决策应变、决策评估与反思学习等方面的能力有待提升。其部分原因在于，许多地方还没有真正建立起完善的政务大数据共享机制和突发事件监测预警网络，地方政府决策者也缺乏一定的从数据中挖掘有价值信息的能力，难以提前感知事态与识别风险。同时，我国有待建立统一的"纵向到底、横向到边"的应急平台，现有应急信息分散在不同的部门，形成了"信息孤岛"，使得地方政府危机判断与决策应变能力大打折扣；此外，一些应急决策者缺乏对历史事件的反思学习，难以应对日益增多的危机事件。

在数字政府建设和运行的过程中，基于"数据－智慧"的应急决策新模式，地方政府未来可倚重于新一代信息技术，通过揭示数据之间蕴含的信息、知识和智慧，优化决策流程和决策体系，辅助决策者更好地预测突发事件发展趋势，从而较大程度提升地方政府决策者的风险全面感知、危机精准研判、决策自动实施和即时应变能力（见图4-5）。

图 4-5 科学决策架构示意图

各行业、各领域通过大数据的汇聚和深度治理,注重集成与挖掘,沉淀形成丰富的数据资产。结合行业业务特性的精算分析技术,通过系统化、专业化的分析决策工具,使信息流向趋向交互与共享,知识管理侧重关联与融合。针对其业务指标变化构建"决策规划—政策执行—运行监测—分析反馈"的管理闭环,智慧生成体现更多的自学习、自适应过程,从而使新型突发事件决策范式呈现大数据驱动的全景式特点,助力管理者提升政策科学决策和精细化管理水平。

政府应主动适应快速变化的数字化时代要求,以现代信息技术为支撑,对政府职能、业务流程、管理机制、运作模式、组织结构等进行系统性重塑,形成灵敏感知、科学决策、高效服务的运行模式,全面提升快速应对与响应的能力。

1)优化全社会资源调配能力

面对错综复杂的国内外环境,2020年中央提出扎实做好"六稳"工作,全面落实"六保"任务。"六稳"指的是稳就业、稳金融、稳外贸、稳外资、稳投资、稳预期。"六保"指的是保居民就业、保基本民生、保市场主体、保粮食能源安全、保产业链供应链稳定、保基层运转。"六稳""六保"旨在促进经济平衡运行,保障社会健康发展。

经济社会的稳定运行高度依赖于资源的合理配置,政府通过汇聚全域数据资源,以智能化能力支撑决策过程,可对经济运行和社会发展情况进行多维度、多视角的综合评价,全面掌握社会的整体运行水平。同时,通过精确、科学的指数反馈,实现对公共资源的优化配置和智能调度,进而为制定社会发展政策进行科学指导。同时,各类触达端、智联传感器以及各政府单位、市场侧的在线化数据,使管理者对资源、事件情况的综合感知能力得到显著提升,以数据智能为基础的实时预测预警能力与定义协同场景的业务智库相结合,可以实现事件即时感知响应与资源调度处置的闭环,而利用综合感知能力追踪运行与事件处置的效果又进一步为优化、迭代协同能力和公共资源配置水平提供了依据。

2)强化跨部门协同指挥体系

除了日常综合管理事务,政府还需承担专项场景(如重大活动保障、防台防涝、惠企直达等）下的组织和指挥职能，在这类跨部门、跨层级、跨系统融合指挥的场景中，应着力推动各垂直条线上的各部门在新的数字基础设施、新的协同平台上形成数字化高效协同，把各种公共资源要素在数据层面实现融合贯通，达成动态优化配置的运作模式。例如在上海，成立了市一级的城市运行管理中心作为城市运行管理中心的实体机构，依责组织、指导、协调、赋能各相关政府职能部门开展工作，但不替代、不包揽相关部门的日常运行管理职能，重点做好拟订城市运行管理智能化管理战略，编制智能化发展规划和专项规划，城市运行状态监测分析和预警预判，以及应急事件联动处置等工作。

3）打造高水平辅助决策平台

政府管理者的关注点可能随着事态发展的趋势而实时变化。在决策和响应过程中，应及时完成相关信息的汇聚更新，实时呈现最新的现状数据，进而通过科学计算形成辅助决策依据，使管理者能够借助先进技术手段对管理、服务、运行过程进行科学、精准决策。

新一代智能化决策平台应具备功能强大的事件编排工具和流式计算引擎，可实现对业务需求的快速响应，通过事件编排工具可对公共资源（如人、车、设备）设定综合调度流程，实现不同业务、系统、资源的拉通和协作。

4）构建各领域决策响应闭环

（1）治理决策与响应。社会治理领域的决策和响应环节致力于利用新一代数据融合技术打造更加完整的业务和数据大闭环，即引入分布式指挥协同体系，构建扁平化、智能化的管理流程。在统一的数据资源共享平台基础上，以各领域实际业务需求为导向，对有共享需要的数据着力进行汇聚和融合，为共治、便民、便企应用场景统一提供共享服务。通过业务梳理及机器学习训练，将各领域发现的事件自动化、智能化地分类、派发到最终的执法部门，减少不必要的流转环节，大幅提升城市问题的解决效率。同时，在整个过程中做到全程留痕，供各级指挥部门和管理部门监督、指挥、考核、分析。

（2）管理决策与响应。利用互联网赋能地区和行业监管工作提升政府执政与管理能力是管理领域决策响应能力建设的典型代表。国家"互联网＋监管"平台是国家政务服务平台继"互联网＋政务服务"后的又一重要工程，是深化党中央、国务院"放管服"改革的重要内容之一。在国家"互联网＋监管"平台的示范和引导下，各领域充分总结和学习平台建设模式，结合各地方对接过程中的经验积累，不断应用人工智能、大数据、云计算等新技术创新监管模式，在全面满足国家"互联网＋监管"建设目标与效能评估要求的同时，提升本地监管工作的标准化、规范化、精准化、智能化水平。各地区可根据发展需要构建不同方向统筹监管应用，以高位视角跨行业进行监管大数据分析、风险预警和决策支持，建设专题分析应用，如营商经济监管、信用监管、行政执法监管等。同时，各地方还可根据市场监管、药品监管、生态环境、卫健医保、应急、海关等行业监管需求，构建不同的行业专项"互联网+监管"平台，在提升业务效能的同时，持续利用大数据平台建立风险预警、监管效能评估、信用模型、可视化等专项能力。

（3）应急决策与响应。应急领域的智能化决策与响应闭环，应着力整合现有信息化成果，依托城市大脑等基础设施的坚实支撑，针对公共安全事件的事前预防、事发应对、事中处置和善后管理过程，构建横向互联、纵向贯通的应急体系，推动跨部门、跨业务互联互通、信息共享和业务协同，整合优化各部门应急力量和资源，提高应急能力，保障公众生命财产安全。在应急过程中，重点提高风险监测预警、应急指挥保障和智能决策分析能力，确保资源统筹分配管理，实现信息采集网格化、预案管理数字化、预测预警智能化、联动指挥精准化、多方会议视频化，达到应急事件"看得见，叫得应，管得好"的应急管理目标，实现应急从"抗、救"（被动式应急）向"防、防救结合、服"（主动式应急）转型升级，全面打造独具特色的应急管理体系。

（4）经济决策与响应。区域经济决策响应能力以促进经济产业高质量发展为核心目标，构建区域产业景观、全景洞察、企业画像、风控雷达、招商雷达、智能监管等核心能力平台。以融合工商数据、司法数据、政府统计数据和互联网内容数据的产业经济数据融合和多维分析展示能力为基础，建设统一的区域经济指标库，对宏观经济和微观企业表现做持续贯穿分析。根据业务和管理要求，基于机器学习和数据挖掘算法构建智能综合评估模型，对企业进行科学、客观、系统、全面的评估，量化企业创新能力与综合实力，协助区域智能评估辖区企业。根据区域产业特点和定位，针对产业所在区域和对标区域建立区域竞争力模型、营商环境模型、政策影响力模型等，帮助政府对区域产业的发展建立更全面综合的了解，形成区域间比学赶超发展氛围。同时，围绕产业定位，针对招商引资的需求，通过产业链分解和企业基因库筛查，有效找出目标招商企业，并通过政策风向标的分析，制定有效的招商项目和招商政策，吸引优质目标企业，辅助精准招商。区域经济大数据还有助于全面提升企业风险管控能力，针对企业的经营、生产、纳税、司法监管、社会舆论等风险动态计算风险因子，综合分析区域产业的风险趋势和分布，并对超过预设警戒线的风险进行报警通知。此外，通过政府侧和产业载体侧的业务信息化体系，可以创新政府产业服务能力，提升行政部门的服务质量和效率；通过服务主体侧的服务一网通，可以促进政策和扶持计划有效下达，并激励企业与政府监管部门协同。

4.1.4 管理保障

管理保障是推进数字政府建设的基石，包括组织机构、政策法规、管理服务标准、第三方评估评价和资金保障等方面，通过制定和出台一系列保障措施，推动数字政府工作持续有效开展。

1. 组织保障

我国现行的行政体制是新中国建立后逐步形成和完善的。改革开放以来，我国先后进行了八次行政管理体制改革。几次大的行政体制改革均取得了比较明显的成效，一方面与经济体制改革紧密结合，适应社会主义市场经济发展需要；另一方面坚持以人民为中心的发展路线，推进政府职能优化整合，打造服务型政府，各地政府从条块分割向协同治理迈进，国家治理体系和治理能力的现代化水平明显提高。其中，大部制改革、综合执法体制改革、简政放权等不同时期和不同类型的改革，虽然目标不同、侧重点有别，但是改革已然表现出打破界限，实现功能整合、结构重构和行政系统一体化的整体政府发展趋势。

随着"十四五"规划的发布和数字政府面临的各种新挑战，对组织体系的协同要求越来越高，统筹整合联动、跨界打通融合、扁平一体高效的"整体政府"以及配套的新组织机构模式应运而生，如在跨部门、跨领域的大型项目建设中，出现的"专班"和政企合资的"数字化建设运营公司"。

2. 运行模式

1）"专班"运行模式

在"专班"模式下，一个专班被赋予代表政府行使对应职能的职责。通过建立专班报表、例会、督查等制度，形成汇总、交办、跟踪、协调、反馈、评价的闭环回路，可保障其日常工作的有效推动。待其阶段性任务完成，目标达成后，"专班"随即被撤销。

2）合资公司运行模式

在政府相关部门的政策指导下，很多政府选择与一些有能力的企业（如大型互联网公司）合作，在当地成立数字城市运营公司，总集项目并持续运营。在信息化基础建设方面，落地云计算、大数据、各类中台项目实施。在细分行业的场景打造中，通过产业生态，协同各部门长期合作的服务企业，将多年的积累架构在数字城市的新基建上，加速效率并创新场景。

在公司设立之初就应当明确经营宗旨，确认政企各方的出资人机构以及股份结构，针对关键管理岗位设置人选。有条件设立公司党委（党组）的企业应当尽早设置组织，并明确党委（党组）发挥领导作用，把方向、管大局、保落实，依照规定讨论和决定企业重大事项。

3. 绩效考核

数字政府绩效考核体系（见图4-6）合理设置与数字政府建设范围匹配的组织形态，调配建设整体所需资源，有效保障建设开展。

第 4 章 数字政府建设评价指标体系

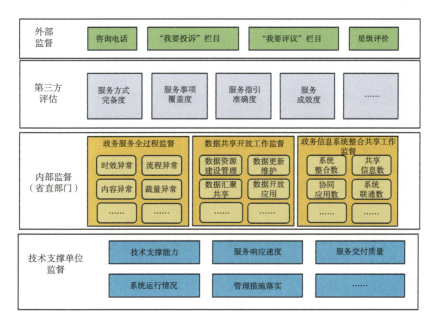

图 4-6 数字政府绩效考核体系

1）"专班"的绩效考核

"专班"的绩效考核由对应的管理委办或组织部等联合评价，可根据建设进展情况和落地成效对其实行一月一分析、一月一评价，从而构建"分步记录、整体评价"的"专班"考核体系，将奖惩与工作业绩直接挂钩。

2）合资公司的绩效考核

为更好地贯彻政府的管理意图，大部分政企合资公司以国有控股的形式设立。对这类合资公司的考核可参考国务院国有资产监督管理委员会、财政部制定的《国有企业公司章程制定管理办法》，结合政府的规划方向，以确保国有资产的保值增值为目标，通过公司章程、绩效考核管理办法等规章制度来约束相关人员，达到经营目标。通过年度考核来对管理层的工作效果进行评价。

3）政务服务的绩效考核

现场服务可在服务窗口放置评价器、二维码、书面评价表格等方便服务对象自主评价，或由窗口提供带有二维码的办件回执等供服务对象进行扫码评价。网上服务设置评价功能模块或环节供服务对象进行评价，或在网上政务服务平台设置手机短信发送、回复功能，供服务对象事后对具体事项办理情况进行评价。

差评要实现"件件有整改、有反馈"。收到差评和投诉后，按照"谁办理、谁负责"的原则，限期整改差评，及时反馈整改结果。

政务服务将基于各类渠道的反馈数据建立评价考核奖惩机制。其中，反复被差评、投诉，弄虚作假，故意刁难，甚至打击报复企业和群众的单位和人员由责任部门处理；

服务对象反映的工作人员涉嫌违纪、违法具体信息转有关部门处理；各地区、各部门将政务服务"好差评"情况纳入公务人员的绩效评价。

4. 标准规范

独立第三方评估评价或委托第三方评估评价可以弥补数字政府自我评估的缺陷，作为一种必要而有效的外部制衡机制，可以促进服务型数字政府建设有效开展。

标准规范体系是一套有内在联系的科学有机标准规范集合，标准和规范的编制作为一项综合性的基础工作，是为数字政府建设的实际或潜在问题制定共同的和可重复使用的规则。

通过标准规范的约束作用和系统效应，能实现各项活动的最佳秩序，推动政府合理地利用资源、降低消耗、提高建设质量，还可通过行业标准/规范、国家标准/规范等高标准的设立，增强行业技术创新、开发的能力，进一步推动创新发展。

编制标准规范之前要梳理现行的标准规范情况，编制标准规范明细表。标准规范明细表是研究、分析和优化标准体系的重要工具，也是系统收集标准和编制标准制定计划的重要依据，是促进体系内标准达到科学、完善、有序的基础，是包括现有、应有和预计要发展的标准规范的全面蓝图。

5. 制度体系

伴随着数字政府建设的开展，原有的制度规范很可能不再适用于数字时代的公共管理与经济发展，甚至会遇事掣肘、束缚发展。为了更好地为数字技术的创新和数字经济的发展保驾护航，政策法规需要在审慎的同时与时俱进，并具备一定的包容性。

6. 人才培训

2021年11月5日，中央网络安全和信息化委员会印发的《提升全民数字素养与技能行动纲要》指出，要把提升全民数字素养与技能作为建设网络强国、数字中国的一项基础性、战略性、先导性工作，切实加强顶层设计、统筹协调和系统推进，促进全民共建共享数字化发展成果，推动经济高质量发展、社会高效能治理、人民高品质生活、对外高水平开放。

各地政府要加强组织领导，一方面建立各部门参加的部际协调机制，加强部门间政策协同、资源整合和工作衔接，形成系统推进格局；另一方面要鼓励有关企业、联盟组织作为"政、产、学、研、用"搭建合作交流的桥梁和纽带，聚合资源、繁荣业态、深化应用、促进创新，加快打造政府数字化、数字产业化、产业数字化，推动整个大数据产业发展，形成可持续发展的产业生态环境。

在政府制定的发展目标中，可突出与知名高校、科研院所共建产学研协作和人才培养机制；通过标准规范的培训、认证考试等培养具有相关技术资质认证的专业人才。

4.1.5 安全体系

在数字政府安全体系建设的过程中，需从业务和数据两个角度出发，并充分考虑基础设施环境的特点，结合信息安全风险分析和安全需求汇总的结果，遵循《中华人民共和国网络安全法》《网络安全等级保护条例》等的基本要求以及《中华人民共和国密码法》对密码应用的相关要求等，进行安全体系的总体规划。

设计相对应的信息安全机制和措施，制定全面、有效的安全体系和有针对性的安全解决方案，有效控制基础设施的网络安全风险，保障基础设施承载的业务系统的可靠、稳定、安全运行。

数字政府网络安全技术框架（参考）如图 4-7 所示。

图 4-7 数字政府网络安全技术框架（参考）

1. 理论与制度保障

1）网络与数据安全顶层设计

根据数字政府安全保障以及风险控制各个阶段的评估结果，安全咨询团队可以结合未来数字化改革建设的实际需求，规划设计适用于本地数字政府建设的网络安全保障体系顶层设计文件。以规划为指导，建立健全网络安全及数据安全相关规章制度和标准规范，指导各级部门落实数据安全保障工作，以提高政府数字化转型中重要政务系统和重要数据的安全监测、纵深防御、风险管控和应急响应能力，形成具有主动防御和协同运营能力的数据安全保障体系，全面保障政务系统和公共数据的安全，有效促进政务、公共数据的共享开放业务。

2）网络与数据安全政策制度

在技术保障和政策保障双管齐下的趋势下，各数据资源管理单位可结合各自特点组织专家团队编制数字政府建设指南等顶层战略文件，从政策层面明确安全建设目标，指导各部门、区县有序开展安全保障体系建设，落实相关管理制度和技术防护措施，从源头管控数据安全，提高政务数据资源的整体安全保障能力。

同时，各政府部门加快推进相关安全制度及规划建立，围绕政府部门责任主体和城市数据资源建设运营主体服务，让数据共享、应用、公开、保密等工作有法可依、有章可循，制度的出台能够明确安全责任认定归口部门、管理制度和处置流程，从制度层面满足数字化改革和智能化、一体化公共数据平台的安全需求。

3）网络与数据安全标准体系

结合《国家电子政务标准体系建设指南》，从安全管理、安全技术、安全产品及服务标准方面，结合现有国家标准补充缺失标准，形成本地化数字化改革的安全标准，支撑数字政府安全保障工作标准化。标准建设应包含但不限于基础设施安全（云安全、网络安全、物联网安全、终端安全）、数据资源安全（数据生命周期安全、数据安全监管、数据安全运营）、业务支撑安全（组件安全、接口安全）、应用安全（安全开发、安全防护、内容保护）以及安全运营管理（风险评估、安全监管监测、通报预警、应急响应）等相关标准。

4）网络与数据安全管理制度

在进行数据安全管理制度和规范的设计时，应覆盖数据的全生命周期。各单位可以参考区域内政务数据安全保障的地方性法规、顶层设计以及标准规范等，建立单位内部制度规范，约束和规范相关人员开展日常工作，并赋予管理人员监督管理职责。

2. 安全技术保障

1）政务网络安全

（1）安全通信网络。

政务网络通过政务外网和公共服务网络提供不同的服务，应当建立相应的传输安全措施，构建用户与服务侧两端主体身份鉴别和认证机制。对较高安全级别的业务数据传输应采用"数字证书+Ukey"的方式验证双方身份；对通道安全配置、密码算法配置、密钥管理等进行审核和监控；对敏感数据进行加密，实现敏感信息的机密性保护。

通过对关键的网络传输链路、网络设备节点实行冗余建设，保证通信传输可靠性和网络传输服务可用性。同时，可以在网络出口处部署负载均衡设备，加强网络数据处理能力，提高网络的灵活性。面向政务外网的远程接入，可利用安全资源能力池中的VPN（虚拟专用网络）网关，实现数据的安全加密传输。在重要业务场景的通信传输过程中，可利用安全资源能力池中的阻断型防泄露机制实现数据防泄露，对传输中的数据进行深度内容分析,对敏感数据进行实时检测,实现对网络传输中的敏感内容进行识别和控制。

(2)安全区域边界。

针对政务外网出口边界、公共服务网出口边界、政务外网中各个业务区域边界,采用安全资源能力池中的防火墙,设置严格的边界防护机制,保证跨越边界的访问安全。针对政务内外网跨网交换,采用物理隔离的机制,实现安全的数据交换。面向应用层的边界防护,利用安全资源能力池中的 WAF(Web 应用防护系统),对跨站脚本和注入式攻击进行检测,从而保证网站的安全。面向关键网络节点,利用安全资源能力池中的入侵防御系统,检测和阻止内部向外部或者外部向内部发起的网络攻击行为。针对边界的病毒防护,利用入侵防御系统的病毒防御功能,实现对不同的源 IP 地址、目的 IP 地址、服务、时间、接口、用户等采用不同的病毒防御策略。面向新型网络攻击以及利用 0day 进行渗透的攻击,利用安全资源能力池中的 APT(高级可持续威胁)设备,实现对 Web、邮件、文件三个维度多个层次的 APT 攻击检测,弥补传统的安全产品仅依靠特征的检测方式,实现对区域边界网络流量的安全监测。

(3)安全计算环境。

政务网络计算环境中,各种服务器是重要的信息资产,特别是运行核心业务的应用服务器和数据库服务器,它们构成数据中心网络中最重要的信息资产。信息资产还包括各类网络设备、终端设备、应用系统等。

面向各种设备终端的接入,包括各类移动终端、运维终端、系统和组件,应当针对不同的接入主体增加准入控制机制,利用安全能力资源池中的终端准入与安全管控设备,实现对接入政务网络的各类终端、系统、组件等进行身份认证、安全基线的排查、安全加固以及应用和数据内容保护等,感知各类终端存在的风险和威胁,降低终端的脆弱性。针对数据中心的数据库服务器,应当利用安全能力资源池中的数据库审计设备,实现对数据库访问行为进行实时审计,对数据库的恶意攻击、数据库违规访问等行为进行识别,让数据库的访问行为变得可见、可查。利用安全能力资源池中的脆弱性扫描设备,定期对网络中的重要操作系统、应用系统、数据库系统、网络设备等进行脆弱性扫描和评估,及时封堵漏洞,做到防患于未然。

2)政务云安全

政务云平台作为政务系统的主要支撑平台,为上层应用提供基本的计算、存储和网络资源。

一是厘清云计算服务各参与方的安全职责边界,合理划分管理职责,落实安全责任制,充分考虑各参与方在云安全管理工作中的互补性,建立各参与方的联动协作机制。根据相关法规和标准,梳理并确定上云单位、云服务管理部门与云服务商三者之间的安全职责与管理要求,制定与云安全管理相关的制度与流程,并进行宣贯、执行和监督。

二是根据云安全责任矩阵，云服务商应加强对云平台的安全防护建设，重点加强云平台边界安全、虚拟资源安全、基础设施安全及物理环境安全。要求业务上云的各政府、企事业单位加强云上政务系统的安全防护建设，根据各单位的业务特点，借助云服务商提供的安全资源，设计符合自身技术及管理要求的防护方案，完成云上业务系统的安全防护建设，满足自身业务的安全需求以及等保合规的要求。

3）政务大数据平台安全

政务大数据平台是数据应用的基础，提供了政务数据共享交换等基础功能模块。该平台属于开放性平台，与之交互的外部应用系统和用户可能是动态变化的，这就要求数据资源平台必须具备完善的认证、权限和访问控制机制，同时大数据系统组件多，数据的操作在不同组件之间的流转也需要有完善的日志审计和分析机制，因此针对数据资源平台内部所面临的安全问题，下面主要围绕政务大数据平台基本安全保障要求中的访问控制、认证授权、安全审计三个方面进行阐述。

在访问控制方面，需要建立统一的数据安全访问控制机制（如数据安全网关）。用户不能直接访问数据资源平台的任何服务，必须通过大数据安全访问控制机制才能访问大数据里的服务。同时，在传输层通过加密协议传输数据，确保用户数据在传输过程中不会被非法窃取。

在认证授权方面，可以为数据资源平台建立统一的认证授权机制，在认证基础上，通过身份识别确认对象所拥有的权限。认证机制应当是双向的，既是系统/数据对用户的认证，也是用户对系统/数据的认证。在权限的分配管理方面至少应当包括增、删、改、查四个基本权限。

在安全审计方面，数据资源平台的审计重点主要集中于内部数据处理过程的审计。通过采集各个组件运行过程中产生的数据，基于关联分析引擎，进行全维度、跨设备、细粒度的关联分析，还原事件背后的信息，同时为后续的审计应用（如用户画像等）提供数据支撑，提高相关工作的准确性和效率。

4）政务系统应用安全

（1）应用开发安全。

业务应用的开发应以开发安全作为切入点，通过服务构建安全开发的体系、流程和标准，进而极大提高软件安全性。

在需求与设计阶段，针对公共数据平台具体的业务和安全开发情况，调整安全需求与设计工具的安全模板以及具体的安全需求、安全设计、测试用例，后续利用工具根据功能需求列表生成相应的安全需求、安全设计、测试用例说明。

在开发与测试阶段（包括应用系统服务端开发与移动端小程序及 App 开发），从系统的安全功能、安全策略、安全实现三个方面，采用安全的编码方法，并通过安全开发组件主动发现编码安全缺陷并持续进行整改。以攻击者视角,充分挖掘和暴露系统的弱点,同时验证安全开发的有效性和安全策略的执行情况。

在上线发布阶段,利用安全开发工具对应用系统、应用支撑组件、小程序及App的整体部署环境进行上线前安全基线测评,检查应用支撑环境的操作系统、数据库、第三方组件等是否存在安全脆弱性。

在运行维护阶段,利用本地或者云端SaaS化的安全防御措施,实现对公共数据平台的相关应用支撑组件及核心业务应用进行全方位保护的同时,形成常态化的威胁发现和响应处置机制,确保业务上线运行直至系统下线过程的安全可靠。

(2)应用安全防护。

政务应用主要以B/S架构为主,通过Web服务方式对外提供服务,同时在移动端提供小程序、公众号等服务程序。因此利用Web防护系统和SaaS化安全防护系统提供专业的Web应用安全防护措施,识别、防御针对Web应用的攻击,防范恶意用户针对Web应用发起的各种攻击。

Web防护系统中的防护引擎能有效抵御各种注入式攻击,包括SQL注入、系统命令注入等攻击;对于常见的XSS攻击的防护,结合基于语义分析和攻击指纹两种方式,相比传统只基于攻击指纹的检测方法,检测准确率更高,误报率更低,防逃避能力更强。Web防护引擎里面还集成了一些高级防护功能,精确访问控制的自定义规则功能,如防盗链、CSRF攻击检测、CC攻击防护、应用隐藏、防篡改等高级防护功能能够对Web站点资源进行保护,防止HTTP Flood攻击、内容泄露等。

SaaS化安全防护组件通过引流的方式提供DDoS攻击防护、注入攻击防护、跨站脚本攻击防护、网页木马防护、信息泄露防护等一系列保护措施,并结合远程安全风险检测、安全事件监测、网站日志分析、流量分析、告警日志分析等多维度数据,进行综合安全分析、判断,及时发现有针对性的攻击行为和未被拦截的攻击。同时,互联网上大多数新型攻击会被云防护系统第一时间感知,避免其侵入系统,产生恶劣影响。

(3)应用内容与特权保护。

在应用内容保护方面,通过Web防篡改系统提供基于内核驱动级的网页防篡改能力,从Web服务器操作系统的最底层实现对Web站点页面文件的保护,确保最高权限的用户也无法对被保护的网页文件进行非法篡改。Web防篡改系统实现对静态区域文件和动态区域文件的保护。静态区域文件保护主要是在站点内部通过防篡改模块进行文件实时监控,发现对网页进行修改、删除等非法操作时进行保护并及时报警。动态区域文件保护主要是在站点嵌入Web防攻击模块,通过设定关键字、IP、时间过滤规则,对扫描、非法访问请求等操作进行拦截。

在应用特权保护方面,针对运维人员窃取敏感信息场景,利用UEBA技术,选取敏感数据访问相关的特征，构建人员和系统正常的活动基线、用户画像，并通过基线构建模型判断是否存在运维人员窃取敏感数据行为。通过数据库日志、回话日志、用户访问日志以及访问全流量等信息生成敏感数据访问相关特征，如访问周期、时序、动作、频繁度等，通过时序关联和自学习算法生成敏感数据库的被访问动态基准线、用户访问动态基准线、群体访问动态基准线等多种检测场景，利用这些动态基准线可实现对高频、越权、数据窃取等多种异常行为的分析和检测，进一步判断是否存在窃取敏感数据行为。针对利用特权账号异常访问数据库场景，通过分析数据库高危操作特征，如删表、删库、建表、更新、加密等行为，并通过用户活动行为提取用户行为特征，如登录、退出等，在这些特征的基础上，构建登录检测动态基准线、遍历行为动态基准线、数据库操作行为动态基准线等多种检测场景。利用这些动态基准线，可实现对撞库、遍历数据表、加密数据表字段、异常建表、异常删表以及潜伏性恶意行为等多种异常行为的分析和检测，将这些行为基于用户和实体关联，输出恶意用户和受影响的数据库，并提供影响数据库类型、高危动作详情等溯源和取证信息，辅助用户及时发现问题，阻断攻击。

（4）移动应用端安全。

移动应用端安全建设方面，通过对移动应用端进行安全测试全面发现程序自身的安全漏洞。测试多以人工检测为主，各类扫描工具为辅，安全测试内容包括反编译、配置文件权限、本地硬编码信息泄露、应用完整性校验、组件安全、证书有效性测试、文件系统、内存测试、日志存储测试、异常处理测试、键盘记录、界面劫持，涉及身份鉴别、访问控制、系统安全审计、源控制、安全漏洞等多方面，可以全面发现移动应用端的安全问题。根据发现的安全隐患提出详细的解决建议等，协助移动应用端整改问题项，形成移动应用端安全风险闭环。

同时，在 App 开发过程中，开发服务商应当配合安全服务商在不改变应用客户端代码的情况下，将针对应用各种安全缺陷的保护技术集成到应用客户端内，应当涵盖应用开发、打包、发布、运行全生命周期一体化安全保障服务，有效防止针对移动应用的反编译、二次打包、内存注入、动态调试、数据窃取、交易劫持、应用钓鱼等恶意攻击行为，全面保护应用软件安全。

3. 数据安全保障

在数据安全保障的方法设计上，除了考虑基础的安全防护措施，如访问控制、认证授权、安全审计等，还需要考虑数据流转的过程。数据生命周期主要经历了数据采集/产生、数据传输、数据存储、数据使用、数据交换以及数据销毁这 6 个阶段，需要根据每个阶段的数据活动特征有针对性地设计数据安全技术管控策略与工具（见图 4-8）。

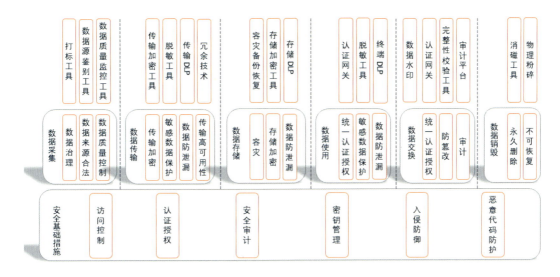

图 4-8 数据生命周期安全能力模型图

4. 组织体系保障

1）厘清安全保障权责关系

网络安全管理组织体系由数据资源管理机构和各区县（市）、各部门共同构成，共同保障。

数据资源管理机构负责政务外网、政务云、公共数据平台等的安全工作，应建设安全资源组件与技术支撑能力，并向各区县及委办单位提供云上安全基础服务；应对各区县（市）、各部门提出相关安全管理指导意见，并对各区县（市）、各部门应用系统云上运行的和接入公共数据平台的应用系统进行在线监测，对发现的问题进行预警并通告给相关单位，由相关单位进行整改，并将监测到的统计数据上报相关网络安全主管部门。

各区县（市）、各部门负责本单位在政务云上运行的和接入公共数据平台的应用系统和数据资源的安全管理工作，有责任配合数据资源管理部门的安全监管监测工作，充分利用数据资源管理部门提供的云上安全产品和服务建设体系化的安全防护能力，如有特殊需求可向外部安全厂商购买符合标准（外部安全厂商入云标准）的安全产品和服务，进行定制化的安全建设，对数据资源管理部门通告的安全问题进行及时整改。

2）安全管理组织建设

建立专职网络安全机构，成立决策层，由专职安全管理机构的主要领导担任首席安全官，对各区域网络安全"把方向、抓大事、谋全局"，进行网络安全制度、技术的管理层面主要决策。数据资源管理单位首席安全官应与委办单位建立紧密联系，以全局安全观主导全市的网络安全工作。

应在各政务部门现有的信息安全管理组织的基础上建立或指定专职安全管理机构，形成安全管理层，明确职责，并明确其内部每个安全管理岗位的职责，根据组织的业务发展规模、增长速度，设置并及时调整安全管理机构规模和人员数量。除了传统的安全管理员、网络管理员、系统管理员、审计管理员等岗位，应加强安全与业务的协同，根据数据生命周期各阶段的业务活动特征和关键控制点，建立相关业务安全管理岗位。

专职安全管理机构应建立合理的分工机制，尽量将不同的工作岗位分配给不同的人员，权力不能过于集中在某个人或某些人手里，应相互牵制、相互制约。同时，应保证安全管理人员活动所涉及的范围是受到限制的，不能越权访问，任何安全管理人员都不得了解或参与其职责以外的任何与安全有关的事务。

监审方通过建立第三方安全监管技术平台，实现对所有外包运营单位的安全监管，通过远程探测、远程验证、大数据收集与分析、行为分析与识别，实现对外包运营单位的安全漏洞监管、安全操作监管、策略执行监管、异常行为监管、安全管理监管、安全合规监管等，定期输出安全监管报告，实现对所有外包运营单位的安全评价管理及安全考核管理，监督外包运营单位的运营活动和安全活动，提升外包运营单位的运营服务质量。

5. 运营安全保障

1）建立一体化安全运营平台

依据《国务院办公厅关于切实做好各地区各部门政务服务平台与国家政务平台对接工作的通知》（国办函〔2018〕59号）、《国家政务服务平台网络安全保障要求》（C 0116—2018）、《信息安全技术 网络安全等级保护基本要求》（GB/T 22239—2019）中安全管理中心技术要求，围绕全国一体化在线政务服务平台安全管理需求，建设政务服务平台一体化安全管理中心，构建完整的政务服务平台安全保障体系，满足网络安全等级保护"一个中心，三重防护"的基本要求和政务服务平台安全管理中心一体化要求，以综合审计技术为核心，全方位、多维度、智能化地采集国家政务服务平台安全数据，汇聚形成安全数据中心，运用大数据分析技术，实现对各种网络行为的感知和可视化呈现，对异常行为、违规行为以及安全事件进行溯源分析和责任定位，确保政务服务平台安全稳定运行及平台数据安全。依据《国家政务服务平台安全管理中心对接要求》（C 0141—2019）建设国家政务服务平台一体化安全管理中心对接体系，实现各地各部门政务服务平台的安全接入，国家政务服务平台一体化安全管理中心通过即时审计策略采集各地各部门终端、服务器、数据库、云平台、证书系统的审计行为数据，通过主动上报接口实时接收各地各部门主动上报的安全事件、威胁情报等。

国家一体化政务服务平台作为国家级政务服务系统，必然面临世界范围内的具有国家背景的黑客或组织的渗透和威胁，仅靠传统的安全防护措施难以确保安全威胁识别的及时性和准确性。另外，国家政务服务平台网络的开放性、扩展性、边界的柔性、海量信息流以及云数据对安全提出更高要求，传统的静态防护技术已经不能有效保障业务安全，安全模式也应由传统的碎片化模糊管理上升到一体化、平台化、精准化管理，因此国家政务服务平台安全保障体系按照"一个中心，三重防护"的设计思想，从统一标准、分级管理、联动防御的角度出发，建立集中统一的安全管理中心，及时感知一体化政务服务平台安全运行态势，实现对全网安全行为、安全威胁"可知、可控、可管、可查"，达到网络安全精准管理，用数据说话，真正做到"问题可追溯、风险可控制、责任可追究"。

安全运营平台基于对安全数据的汇聚分析能力，实现全方位、全天候对安全威胁、风险、隐患态势和网络攻击情况的监测预警，有效加强对国家重要数据、企业机密数据和个人隐私数据的识别和防护，为城市数字化改革提供全方位的安全保障。通过一体化安全运营平台建设，打通区域安全壁垒，形成立体化安全运营机制，统筹实现风险评估、监测监管、态势感知、预警通报、应急处置、合规监管，为安全运营工作提供基础能力，确保安全策略在运营流程得到正确的执行，规章制度在技术层面得到有效的支撑和体现。

2）归集区域安全数据提供支撑

归集基础设施、数据资源、业务应用的安全日志及情报数据，汇总安全运营中产生的安全威胁数据，建立统一的数据中心。数据中心进行智能化分析和决策，利用"实时、全样、精准"的安全大数据建立全程在线、全域覆盖、实时反馈的"城市网络安全态势地图"，从而快速、有效地感知、预警、调度和处置全市网络安全风险，提高管理决策的科学性和精准性，提升管理效率和应急响应能力，有效实现城市级的风险控制与应急支撑。

3）形成全域、实时的态势感知能力

以运营平台为支撑，建立态势感知与通报预警系统，利用大数据安全态势感知、异常流量监测等安全保障技术，对互联网、电子政务网等网络出口、重要业务系统、城市监控等物联网终端系统进行全天候、全方位安全监测，通过"实时、全样"的安全大数据建立全程在线、全域覆盖、实时反馈的"安全态势地图"，实现多维度、多层次、多视角地展现网络安全运行状态、各类网络安全措施的有效性以及安全威胁的变化态势，提前预警相关的安全威胁，及时通报网络安全事件，有针对性地推进各项防护工作的技术实现，逐步实现从"基于威胁的被动保护"安全体系向"基于风险的主动防控"安全体系的转变，保障数字化改革的健康发展。态势感知系统主要包括网络安全态势、数据安全态势和通报预警态势。

4）建立业务视角下的安全监测监管

围绕数字政府和智慧城市建设业务应用，针对数字化转型中的重点应用场景，以业务为脉络进行安全监管监测。利用大数据、人工智能、智能算法等相关技术，通过对安全监管对象的多维度分析，实现对数据安全态势的可见、可感、可知，通过对数据安全监管对象的数据态势、攻击态势、事件态势等进行综合分析，并对发现的数据安全风险进行提前预警和处置，实现数据安全监管对象安全建设的可知、可管、可控。

通过对基础设施、数据资源、业务应用等进行全方位、全天候的持续安全监测，利用大数据技术对安全日志进行数据建模、机器学习和复杂关联分析，结合最新安全情报深度感知未知安全威胁、新型漏洞攻击，同步开展远程网站安全监控，快速发现安全事件和失陷主机，多渠道进行通报预警，辅助运营团队积极响应和处置，快速止损，定位漏洞，找出风险，通过安全设备策略优化、补丁更新、访问控制、临时下线等技术和管理手段进行安全风险控制，形成安全闭环的管理机制，提高整体安全防护能力。

5）定期开展安全加固与风险评估工作

基于构建的统一安全运营平台，通过自动化的安全编排，对发现的安全风险问题及时进行处置，将安全流程或预案利用数字化管理起来形成安全剧本。联动业务环境中已经部署的安全防护措施，用自动化完成其中所有可能自动化的动作，无法自动化的交由人工处理，通过可视化编排工具将人、技术和流程有机结合起来，形成标准统一的、可重复的、更高效的安全运营流程。同时对分析、响应处置过程中各种复杂的分析流程和处理平台进行整合，形成自动化的能力集成，实现从静态事件响应到动态工作流跟踪的转变，提升整体的协调及决策能力。

定期对安全设备、安全产品进行巡检，分析其运行参数和运行结果，发现、研判、清除设备故障风险点，预防设备运行异常和宕机罢工，维持安全设备、安全产品的长效稳定运行。根据安全巡检结果，针对发现的安全漏洞及安全风险，安全运营人员提出可操作性强、效果佳的整改建议，并协助用户完成安全整改。

业务应用上线后，应定期对应用系统进行风险评估，通过漏洞扫描、渗透测试、访谈调研、安全审计等手段，主动识别技术、管理安全风险并协助加固整改，完善应用安全体系。

6）建立政务数据安全应急支撑体系

完善应急预案，明确安全责任分工，控制安全事件范围，消除安全事件影响，确保指挥渠道畅通、响应部门高效处置，防止可能发生或已发生的事件影响相关业务及平台平稳、稳定运行。

打造一支能力突出的应急处置团队，引入第三方安全服务商做好应急响应支撑工作，基于一体化安全运营平台，借助网络安全态势感知和通报预警技术及管理手段，将通报预警体系与应急响应体系进行有效整合，逐步建设政务系统的应急响应及通报预警机制，实现安全事件的统一预警通报和应急指挥。

建立安全事件联动共享机制，统一管理应用安全事件通报预警与应急响应。制定 CC 攻击、网站篡改、不良信息传播、系统入侵等安全事件的应急预案以及应急演练方案，并定期开展应急演练。

7）建立安全评价与考核机制

（1）数据安全整体能力评价。

使用能力成熟度模型时，首先，应明确数据安全能力的目标成熟度等级，根据成熟度等级的定义，选择适合业务实际情况的数据安全能力成熟度目标，建议采用三级"充分定义"目标，具备三级目标的数据安全能力则意味着用户能够针对数据安全的各方面风险进行有效的控制；其次，根据能力成熟度等级，选取适合用户的安全过程域作为前期调研评估的方向，并进行安全能力评估；再次，通过评估识别与目标等级的差异，并进行整体的规划设计；最后，结合配套服务进行组织建设、制度流程、技术工具和人员能力的实施，以保障用户的数据安全，提升数据的防护能力（见图 4-9）。

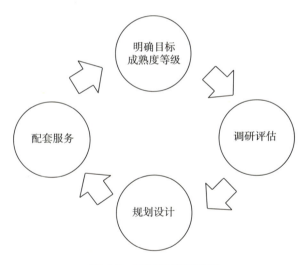

图 4-9 项目实施路线图

（2）安全运营服务评价机制。

安全运营评价体系覆盖安全经营各个阶段，包括风险发现阶段和风险处置阶段的各环节安全评价体系。其目的是强化安全运营操作流程的规范化和专业化，推动安全建设和运营的持续改进，进而更好地服务业务建设，实现安全运营价值。安全运营度量有三种方式：第一种是服务的质量度量方式，如及时性、满意度等；第二种是效果度量方式，如发生的安全事件程度、规模、数量等，以及安全告警的精准度与全面性等；第三种是经济度量方式，如发生的安全事件对业务价值影响、非经营性损失。

4.2 数字政府建设评价指标体系设计

4.2.1 设计思路

以习近平新时代中国特色社会主义思想为指导，全面贯彻党的二十大和二十届一中全会精神，按照《"十四五"推进国家政务信息化规划》《国务院关于加强数字政府建设的指导意见》等相关文件要求，深入贯彻习近平总书记关于网络强国的重要思想，认真落实党中央、国务院决策部署，立足新发展阶段，完整、准确、全面贯彻新发展理念，构建新发展格局。将数字技术广泛应用于政府管理服务，推进政府治理流程优化、模式创新和履职能力提升，构建数字化、智能化的政府运行新形态，充分发挥数字政府建设对数字经济、数字社会、数字生态的引领作用，促进经济社会高质量发展，不断增强人民群众获得感、幸福感、安全感，为推进国家治理体系和治理能力现代化提供有力支撑。依托国家信息中心数字化能力，结合地方政府工作实际情况，构建数字政府建设评价指标体系，力求客观、全面地评价地方数字政府建设工作的实际状况和成效，挖掘典型案例和先进经验，分析政府数字化转型中的难点、堵点，提出发展对策建议，实现"以建促评、以评促建、以评促改、以评促用"，带动全国数字政府建设工作健康、有序、合规发展。

指标体系设计思路如图4-10所示。数字政府建设评价指标体系的评价内容涵盖各地数字政府建设与改革所涉及的战略与保障、基础设施、平台支撑、数据资源、政务应用、数字安全等方面，评价维度涉及价值评价、服务评价、管理评价与创新评价四个方面。其中价值评价主要评估地方数字政府建设与改革所产生的经济与社会价值，服务评价主要评价地方数字政府建设实现的服务内容、方式、渠道、质量的提升与优化，管理评价主要评价地方数字政府建设实现的制度成本的降低、行政权力运行的流程再造等，创新评价主要评价地方数字政府建设与改革过程中实现的制度、流程、业务的创新。

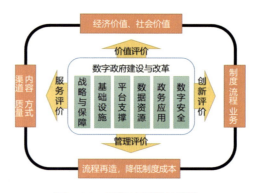

图 4-10 指标体系设计思路

4.2.2 设计原则

评价指标体系设计是构建我国数字政府建设高质量发展的一个复杂系统工程，该体系是由数字政府建设领域各个重点指标构成的，并形成既有联系又相互依存的量化指标体系。本书设计的评价指标体系具有较高的科学性和前瞻性，既立足数字政府的发展现状和结构特点，又着眼未来数字发展趋势，能够反映我国数字政府发展是否符合高质量发展理念。遵循下列设计原则，数字政府评价指标体系的衡量结果才能更为客观，并发挥改革的引领作用。

1. 坚持党的全面领导

以习近平新时代中国特色社会主义思想为指导，全面贯彻党的二十大和二十届一中全会精神，数字政府建设评价体系的设计要充分体现和进一步发挥党总揽全局、协调各方的领导核心作用，指标体系的构建以全面贯彻党中央、国务院重大决策部署为核心，将坚持和加强党的全面领导贯穿数字政府建设各领域各环节，贯穿政府数字化改革和制度创新全过程，确保数字政府建设方向正确。

2. 以人民为中心

数字政府建设评价指标体系的设计坚持以人民为中心，以政府服务人民为核心，从服务角度始终把满足人民对美好生活的向往作为数字政府建设的出发点和落脚点。着力破解企业和群众反映强烈的办事难、办事慢、办事繁等问题，坚持数字普惠，消除数字鸿沟，让数字政府建设成果更多、更公平地惠及全体人民。

3. 全面客观

按照统一设定的指标体系，全面综合反映政务服务工作实际成效，确保整体评估的客观性与准确性。全面强调数字政府履职能力体系、安全保障体系、数据资源体系、制度规则体系、平台支撑体系的全方位、系统性建设。定量与定性分析相结合，涉及政府职能部门政务服务过程中内部运转的数据，优先运用技术手段对平台系统运行中的相关数据进行实时信息监测。

4. 用户导向

注重对各个指标所对应的数字政府建设内容的实际应用成效进行评估，以使用对象、服务对象"获得感"为第一标准，强化真正使用人在享受数字政府建设带来的便利方面的感受。

5. 统筹兼顾

考虑到全国经济发展水平、信息化发展水平、数字政府建设资金投入水平、相关人才水平的差异，综合考虑不同地区的差异，指标设定优先考虑国家政策规划中涉及的数字政府建设内容，以实际建设成效作为第一评估要素。

6. 内外结合

本指标体系的设计与发布，一方面，由课题组进行全国范围评价评估；另一方面，各地可以依据本指标体系，结合本地实际情况，选择设计符合自身发展情况的评估指标体系，并进行自我评估，以了解自身数字政府建设的实际水平。

4.2.3 设计方法

推进数字政府建设是一项系统工程，以数字政府建设完善宏观经济治理是新技术赋能国家治理的一个重要探索。同样，开展数字政府建设评估也是一项贯穿政府数字化履职各方面能力的集成式工作。首先需要明确评估的目标意义，明确价值取向。其次要构建符合数字政府发展逻辑和重点的框架模型，数字政府涉及领域广，与其他领域融合交叉多，涉及多领域的内涵和外延，需构建一套能够较全面反映数字政府建设和应用水平的模型框架。在评估方式方法方面，数据采集是一大难题，应思考如何保证评估工作的可操作性以及结果的可信度，同时要以结果应用为导向之一，用评估结果提升数字政府建设水平。

中国数字政府建设评价指标体系评价的核心是各地政府提供数字化服务、数字化治理的能力水平。因此指标的设置首先要确保可量化，通过量化的结果反映各地数字政府建设的水平、数字化服务能力提供的水平、数字化治理能力的水平。同时，指标设置也要确保可对比，评价结果应能明确同等级别政府之间数字政府建设各个领域的水平差异。根据评估结果的排名，体现各地政府数字化服务能力、数字化治理能力的竞争，并激励地方主管机关，加强落后领域的建设与改革（见图4-11）。

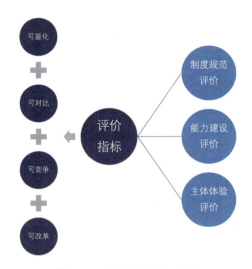

图4-11 评价指标设计方法

具体评价指标的设置方法（即三级、四级指标评价项设置思路），重点从制度建设、能力建设与主体感受三个维度进行评价。以政务数据治理指标为例，制度建设方面设置了战略规划、制度制定、标准化三个指标，能力建设方面设置了治理团队、质量管控两个指标，主体感受则从数据更新维护角度设置评价指标，以反映地方政务数据治理的实际成果。

4.2.4 评价对象

按照《国务院关于加强数字政府建设的指导意见》精神，到2025年，与政府治理能力现代化相适应的数字政府顶层设计更加完善、统筹协调机制更加健全，政府数字化履职能力、安全保障、制度规则、数据资源、平台支撑等数字政府体系框架基本形成，政府履职数字化、智能化水平显著提升，政府决策科学化、社会治理精准化、公共服务高效化取得重要进展，数字政府建设在服务党和国家重大战略、促进经济社会高质量发展、建设人民满意的服务型政府等方面发挥了重要作用。到2035年，与国家治理体系和治理能力现代化相适应的数字政府体系框架更加成熟完备，整体协同、敏捷高效、智能精准、开放透明、公平普惠的数字政府基本建成，为基本实现社会主义现代化提供有力支撑。因此，数字政府建设评价指标体系的核心是要围绕全面推进政府履职和政务运行数字化转型，统筹推进各行业各领域政务应用系统集约建设、互联互通、协同联动，创新行政管理和服务方式，全面提升政府履职效能。数字政府建设评价指标体系主要从六个维度来展开：战略与保障、基础设施、平台支撑、数据资源、政务应用、数字安全。

4.2.5 指标体系

数字政府建设评价指标体系是在理论研究的指导下，基于已有指标体系的研究成果，遵循科学合理的指标设置与选取原则，经由严谨论证和精确阐释建构而成的，包括战略与保障、基础设施、平台支撑、数据资源、政务应用、数字安全6个一级指标，25个二级指标，65个三级指标（见表4-1）。

表4-1 数字政府建设评价指标体系

一级指标	一级权重	二级指标	二级权重	三级指标	三级权重
战略与保障	10.00%	组织保障	40.00%	领导机制	50.00%
				协调推进	50.00%
		制度保障	35.00%	战略规划	50.00%
				制度标准	50.00%
		人才保障	25.00%	人才机制	60.00%
				数字素养	40.00%

续表

一级指标	一级权重	二级指标	二级权重	三级指标	三级权重
基础设施	10.00%	政务网络	35.00%	政务网络覆盖	50.00%
				政务网络带宽	35.00%
				政务区块链网络基础设施与应用	15.00%
		政务云	25.00%	业务上云	40.00%
				云服务	20.00%
				集约化管理	20.00%
				信创云	20.00%
		数据中心	40.00%	统筹管理	62.50%
				人工智能算力	12.50%
				绿色数据中心	25.00%
平台支撑	10.00%	统一政务平台	62.50%	统一政务服务平台	50.00%
				统一移动政务服务平台	30.00%
				统一政务协同平台	20.00%
		统一技术与应用支撑	37.50%	技术支撑服务	37.50%
				应用支撑服务	62.50%
数据资源	20.00%	政务数据治理	20.00%	数据治理组织与战略	50.00%
				数据治理质量与标准化	50.00%
		政务数据管理	22.50%	政务信息资源目录	60.00%
				政务信息资源规范性	40.00%
		政务数据共享	22.50%	政务数据共享交换平台	50.00%
				政务数据供需对接	50.00%
		政务数据开放	17.50%	公共数据开放平台	50.00%
				开放数据资源	50.00%
		政务数据开发利用	17.50%	政务数据开发利用	100.00%
政务应用	35.00%	政务服务	31.25%	网上政务服务	50.00%
				移动政务服务	30.00%
				热线服务	20.00%
		社会治理	18.75%	互联网＋基层治理	33.33%
				基层公共政务服务	26.67%
				城市数据大脑	20.00%
				一网统管	20.00%
		营商环境	6.25%	流程审批	50.00%
				营商环境评估	50.00%
		赋能经济	25.00%	数据要素市场优化	18.75%
				产业数字化及数字产业化	31.25%
				数字经济治理	25.00%
				绿色低碳	12.50%
				互联网＋监管	12.50%
		公共安全	18.75%	公共卫生	50.00%
				应急管理	50.00%

续表

一级指标	一级权重	二级指标	二级权重	三级指标	三级权重
数字安全	15.00%	组织机构和人员	20.41%	战略制定	37.04%
				组织保障	33.33%
				人员保障	29.63%
		政策标准规范制定	18.37%	政策标准规范制定	100.00%
		基础设施	16.33%	基础设施建设	60.00%
				基础设施配置	40.00%
		建设安全	14.29%	资金保障	50.00%
				供应链安全	50.00%
		运行安全	12.24%	合规保障	14.58%
				安全监测	12.50%
				安全意识	16.67%
				公开形象	20.83%
				安全事件	18.75%
				安全审计	16.67%
		关基安全	10.20%	关基安全管控	60.00%
				关基防护评估	40.00%
		数据安全	8.16%	数据安全管控	60.00%
				数据安全评估	40.00%

战略与保障指标的设立主要评估各地数字政府建设领导在落实党的全面领导、确保数字政府建设重大决策部署方面的贯彻落实情况，主要对应国发〔2022〕14号第四部分"构建科学规范的数字政府建设制度规则体系"、第八部分"加强党对数字政府建设工作的领导"。战略与保障指标下设组织保障、制度保障与人才保障3个二级指标，从加强党的领导、工作推进机制、战略规划标准制度制定、人才机制与人才培养等方面进行测评。

基础设施指标的设立主要是推动数字政府建设朝集约化建设发展，进一步缓解各地数字化发展不平衡的现状，在基础设施建设上整体提升我国数字化发展支撑能力，主要对应国发〔2022〕14号第六部分"构建智能集约的平台支撑体系"的"强化政务云平台支撑能力"和"提升网络平台支撑能力"。基础设施指标下设政务网络、政务云、数据中心3个二级指标，反映数字政府的硬件配套设施建设进展，其中政务网络主要从政务网络覆盖、政务网络带宽、政务区块链网络基础设施与应用3个三级指标进行测评；政务云主要从业务上云、云服务、集约化管理以及信创云4个三级指标进行测评；数据中心主要从统筹管理、人工智能算力、绿色数据中心3个三级指标进行测评。

平台支撑指标的设立主要是推进公共平台智能集约发展，提升政务公共支撑水平，主要对应《国务院关于加强数字政府建设的指导意见》第六部分"构建智能集约的平台支撑体系"的"加强重点共性应用支撑能力"。平台支撑指标下设统一政务平台、统一技术与应用支撑 2 个二级指标,其中统一政务平台主要从统一政务服务平台、统一移动政务服务平台、统一政务协同平台 3 个三级指标进行测评;统一技术与应用支撑主要从技术支撑服务、应用支撑服务 2 个三级指标进行测评。

数据资源指标的设立强化数据要素核心驱动力,以政务数据为主拉动社会数据、经济数据、工业数据等相关产业数据,共同推动数据要素作为国家核心生产力发展,主要对应《国务院关于加强数字政府建设的指导意见》第五部分"构建开放共享的数据资源体系"。数据资源指标下设政务数据治理、政务数据管理、政务数据共享、政务数据开放、政务数据开发利用 5 个二级指标,以全面反映地方开发利用政务数据资源的水平与能力。

政务应用指标的设立是以政务不同行业统一提升政务职能作用为核心,主要对应《国务院关于加强数字政府建设的指导意见》第二部分"构建协同高效的政府数字化履职能力体系"、第七部分"以数字政府建设全面引领驱动数字化发展"。政务应用指标下设政务服务、社会治理、营商环境、赋能经济、公共安全 5 个二级指标,其中政务服务从网上政务服务、移动政务服务、热线服务 3 个三级指标进行评测;社会治理从互联网+基层治理、基层公共政务服务、城市数据大脑、一网统管 4 个三级指标进行测评;营商环境从流程审批、营商环境评估 2 个三级指标进行测评;赋能经济从数据要素市场优化、产业数字化及数字产业化、数字经济治理、绿色低碳、互联网+监管 5 个三级指标进行测评;公共安全从公共卫生、应急管理 2 个三级指标进行测评。

数字安全指标的设立是评估政府数字化转型中网络安全核心保障能力,进一步提升政府数字化安全模式创新,提升政府内生安全能力,提高数字政府预测、预警、预防各类安全风险的能力,主要对应《国务院关于加强数字政府建设的指导意见》第三部分"构建数字政府全方位安全保障体系"。数字安全指标结合《中华人民共和国网络安全法》《中华人民共和国数据安全法》《关键信息基础和设施保护条例》以及等级保护等相关要求,确定了组织机构和人员、政策标准规范制定、基础设施、建设安全、运行安全、关基安全、数据安全 7 个二级指标。

下面分节对数字政府建设评价指标体系进行详解介绍。

4.3 战略与保障

《国务院关于加强数字政府建设的指导意见》要求以习近平总书记关于网络强国的重要思想为引领,始终把党的全面领导作为加强数字政府建设、提高政府管理服务能力、推进国家治理体系和治理能力现代化的根本保证,坚持正确政治方向,把党的政治优势、组织优势转化为数字政府建设的强大动力和坚强保障,确保数字政府建设重大决策部署贯彻落实。

4.3.1 组织保障

1. 领导机制

1)领导小组

(1)指标说明。

主要评价当地在推进数字政府建设方面,是否成立了数字政府建设领导小组。

(2)评价方法。

本项得分 =A× 本项权重。

A:被评价地区是否成立了数字政府建设领导小组,成立得1分,未成立不得分。

(3)数据获取。

以当地设立数字政府建设领导小组相关文件为准。

(4)指标依据。

《国务院关于加强数字政府建设的指导意见》—八、加强党对数字政府建设工作的领导—(二)健全推进机制:成立数字政府建设工作领导小组,统筹指导协调数字政府建设,由国务院领导同志任组长,办公室设在国务院办公厅,具体负责组织推进落实。

(5)指标解读。

数字政府注重整体协同,而"集中力量办大事"正是我国社会主义制度的显著优势,各地各级政府要把数字政府建设认定为"一把手工程",统筹各部门力量与各类资源,做好顶层规划,明晰推进策略,以确保数字政府建设整体工作的有序推进。

2)加强党的领导

(1)指标说明。

主要评价当地在推进数字政府建设方面,是否落实了党委领导责任。

(2)评价方法。

本项得分 =A× 本项权重。

A:被评价地区数字政府建设领导小组组长是否由本级党委主要领导担任,是得1分,否不得分。

(3)数据获取。

以当地设立数字政府建设领导小组相关文件为准。

(4)指标依据。

《国务院关于加强数字政府建设的指导意见》—八、加强党对数字政府建设工作的领导—(一)加强组织领导:加强党中央对数字政府建设工作的集中统一领导。各级党委要切实履行领导责任,及时研究解决影响数字政府建设重大问题。各级政府要在党委统一领导下,履行数字政府建设主体责任,谋划落实好数字政府建设各项任务,主动向党委报告数字政府建设推进中的重大问题。各级政府及有关职能部门要履职尽责,将数字政府建设工作纳入重要议事日程,结合实际抓好组织实施。

(5)指标解读。

加强数字政府建设是全面建设社会主义现代化国家的历史性、全局性、战略性任务。党中央高度重视电子政务发展,强调要以信息化推进国家治理体系和治理能力现代化。党的十九大以来,数字政府建设加速推进。党的十九届四中全会提出推进数字政府建设,党的十九届五中全会再次强调加强数字政府建设,《中华人民共和国国民经济和社会发展第十四个五年规划和2035年远景目标纲要》明确了数字政府建设的任务,单独设立"提高数字政府建设水平"章节,对其重视程度可见一斑。《国务院关于加强数字政府建设的指导意见》(国发〔2022〕14号)提出充分发挥党总揽全局、协调各方的领导核心作用,全面贯彻党中央、国务院重大决策部署,将坚持和加强党的全面领导贯穿数字政府建设各领域各环节,贯穿政府数字化改革和制度创新全过程,确保数字政府建设正确方向。数字政府建设之所以能上升为国家战略,成为新时期全面深化改革、提升国家治理体系和治理能力现代化关键举措,根本在于党中央的领航掌舵,在于习近平总书记关于网络强国的重要思想的科学指引。全面开启数字政府建设新局面,必须把党的政治优势、组织优势转化为数字政府建设的强大动力和坚强保障,确保党中央、国务院关于数字政府建设的重大决策部署贯彻落实。

2. 协调推进

1)协调机制

(1)指标说明。

主要评价当地在推进数字政府建设方面,是否建立了数字政府建设推进协调机制。

(2)评价方法。

本项得分 =A× 本项权重。

A:被评价地区是否建立了数字政府建设推进协调机制,建立得1分,未建立不得分。

(3)数据获取。

以当地建立数字政府建设协调机制相关正式文件为准。

(4)指标依据。

同"领导小组"的指标依据。

(5)指标解读。

数字政府建设是一项系统工程,贯穿政治、经济、社会、文化、生态文明建设各方面。数字政府建设也是推动政府治理模式变革的过程,需要破除传统纵向、横向的体制机制壁垒才能真正构建纵向贯通、横向协调、执行有力的数字治理体系。因此,各级政府要坚持党总揽全局、协调各方的领导核心作用，以前瞻性思考、全局性谋划、系统性布局、协同性推进的思路与方法统筹制度、组织、人员、技术和数据等各种资源，协调一致地开展数字政府建设的各项工作。

2）分工推进

（1）指标说明。

主要评价当地在推进数字政府建设方面，是否明确了各项数字政府建设任务的牵头部门。

（2）评价方法。

本项得分 =A× 本项权重。

A：被评价地区是否明确了各项数字政府建设任务的牵头部门，明确得1分，未明确不得分。

（3）数据获取。

以当地设立数字政府建设任务分工相关正式文件为准。

（4）指标依据。

同"领导小组"的指标依据。

（5）指标解读。

略。

3）监督考核

（1）指标说明。

主要评价当地推进数字政府建设的监督与考核机制方面。

（2）评价方法。

本项得分 =（A+B）/2× 本项权重。

A：被评价地区是否明确了数字政府建设的监督考核机制，明确得1分，未明确不得分；

B：被评价地区是否明确了数字政府建设的监督考核负责部门，明确得1分，未明确不得分。

（3）数据获取。

以当地推进数字政府建设相关正式文件为准。

（4）指标依据。

《国务院关于加强数字政府建设的指导意见》—八、加强党对数字政府建设工作的领导—（一）加强组织领导：加强党中央对数字政府建设工作的集中统一领导。各级党委要切实履行领导责任，及时研究解决影响数字政府建设重大问题。各级政府要在党委统一领导下，履行数字政府建设主体责任，谋划落实好数字政府建设各项任务，主动向党委报告数字政府建设推进中的重大问题。各级政府及有关职能部门要履职尽责，将数字政府建设工作纳入重要议事日程，结合实际抓好组织实施。

（5）指标解读。

在快速推进的数字政府建设进程中，与数字政府建设相匹配的监督考核机制还不健全。监督考评是推动工作的有力杠杆，良好的监督考评制度可以激发干部动力和活力，必须健全监督考核制度，以制度化手段消解数字形式主义的负效应。应加强社会组织专业评估、群众满意度调查等多主体参与的监督考核评估，尤其是群众的满意度调查结果应该作为数字政府监督考核的直接参考。

4.3.2 制度保障

1. 战略规划

1）战略规划制定

（1）指标说明。

主要评价当地是否制定了数字政府建设战略规划。

（2）评价方法。

本项得分 =（$A+B$）/2 × 本项权重。

A：被评价地区是否制定了数字政府建设战略规划（生效中），制定得 1 分，未制定不得分；

B：被评价地区制定的数字政府建设战略规划是否清晰界定了战略目标与建设任务，清晰界定得 1 分，有一项不清晰扣 0.5 分。

（3）数据获取。

以当地推进数字政府建设战略规划相关正式文件为准。

（4）指标依据。

同"领导小组"的指标依据。

（5）指标解读。

数字政府建设是一项系统工程，贯穿政治、经济、社会发展的方方面面，必须坚持全局性谋划、系统性布局、协同性推进，防止"头痛医头、脚痛医脚"，防止畸重畸轻、单兵突进、顾此失彼。近年来，多地在数字政府建设上进行了很好的探索实践，形成了一批创新成果，如"不见面审批""跨省通办""免申即享"等，但是由于顶层设计滞后，缺少统一的建设标准和规范，从而导致政策不配套，行动不同步，难以产生联动效应，影响了数字政府建设的科学性和协调性。因此，数字政府建设必须坚持摸着石头过河和顶层设计相结合的原则，并且要把握好二者的动态平衡，使二者产生耦合反应。顶层设计可以首先从建设各地统一的政务事项标准、数据标准、系统标准、安全标准等方面入手，并且要强化标准的执行力，防止有令不行；顶层设计还要为基层探索留出足够空间，防止数字政府建设标准管得过死、控得过严。同时，继续鼓励各地大胆试验、大胆突破，注重试点先行、以点带面。当前，数字政府建设已经进入"深水区"，需要充分发挥基层的主观能动性和首创精神，夯实顶层设计的实践基础。

2) 年度实施方案或工作任务制定

（1）指标说明。

主要评价当地是否逐年制定并发布了年度实施方案或年度重点工作任务。

（2）评价方法。

本项得分 $=A\times$ 本项权重。

A：被评价地区是否制定并发布了年度实施方案或年度重点工作任务等，制定得 1 分，未制定不得分。

（3）数据获取。

以当地推进数字政府建设分工任务相关正式文件为准。

（4）指标依据。

《国务院关于加强数字政府建设的指导意见》—八、加强党对数字政府建设工作的领导—（一）加强组织领导：各级政府及有关职能部门要履职尽责，将数字政府建设工作纳入重要议事日程，结合实际抓好组织实施。—（二）健全推进机制：各地区各部门要建立健全数字政府建设领导协调机制，强化统筹规划，明确职责分工，抓好督促落实，保障数字政府建设有序推进。

（5）指标解读。

数字政府建设方面，制定实施方案或工作任务，是落实任务分工协作的必要环节。

2. 制度标准

1) 制度规则

（1）指标说明。

主要评价当地是否制定并发布了数字政府建设相关的法律法规或制度规范。

（2）评价方法。

本项得分 $=A\times$ 本项权重。

A：被评价地区是否制定并发布了保障数字政府建设顺利推进的相关法律法规或制度规范，制定得 1 分，未制定不得分。

（3）数据获取。

以当地发布的相关正式文件为准。

（4）指标依据。

《国务院关于加强数字政府建设的指导意见》—四、构建科学规范的数字政府建设制度规则体系—（二）创新数字政府建设管理机制：明确运用新技术进行行政管理的制度规则，推进政府部门规范有序运用新技术手段赋能管理服务。

（5）指标解读。

数字政府的建设带来政府职能转变、治理方式变革和业务流程优化，这个过程中必然导致原本各部门传统制度规则的不适应。同时，数字政府基本采用管理上的统筹集中方式，包括统一规划、统一资金、统一标准，集中基础设施、集中组织体系、集中支撑运维、集中领导。在这种情况下，分散化和分工协调机制已经不能很好地适应政府数字化建设。因此必须建立与数字政府相匹配的制度规则体系，从职能层面，理顺各部门在系统整合、数据共享、业务协同等方面的职责关系，打破"数据烟囱"和业务壁垒；从多部门协同层面，建立健全跨层级、跨地域、跨系统、跨部门、跨业务的协同机制；从项目统筹管理层面，健全政务信息化建设管理会商机制，完善政务信息化项目建设管理办法和建设运营模式，分类推进政务信息系统新建、升级、整合、关闭，促进数字政府集约化、一体化建设。

2）标准制定

（1）指标说明。

主要评价当地是否制定并发布了数字政府建设相关的地方标准。

（2）评价方法。

本项得分 $=A\times$ 本项权重。

A：被评价地区是否制定并发布了数字政府建设相关的地方标准，每制定1个得0.2分，最多得1分，未制定不得分。

（3）数据获取。

以当地发布的相关标准文件为准。

（4）指标依据。

《国务院关于加强数字政府建设的指导意见》—四、构建科学规范的数字政府建设制度规则体系—（四）健全标准规范：推进数据开发利用、系统整合共享、共性办公应用、关键政务应用等标准制定，持续完善已有关键标准，推动构建多维标准规范体系。加大数字政府标准推广执行力度，建立评估验证机制，提升应用水平，以标准化促进数字政府建设规范化。研究设立全国数字政府标准化技术组织，统筹推进数字政府标准化工作。

（5）指标解读。

从系统规划和建设角度来看，各地区、各部门政府网站和平台建设水平参差不齐，系统的规划、建设、运行、维护步调不统一，数据库、数据平台、软硬件设施低水平重复建设等问题持续存在。从数据资源的使用和维护角度来看，尽管从中央到地方都推出了很多规范性指导文件，但是一直存在跨部门、跨区域数据资源掌握情况互不知悉，信息条块分割，整合性较差等情况。这些问题从顶层设计的角度来看，是政府部门间信息交流尚未形成统一的标准体系，是国家、省级和基层的数据交流标准不统一，行业间的数据标准不统一，总体规划不健全的体现。

4.3.3 人才保障

1. 人才机制

1）人才政策

（1）指标说明。

主要评价当地是否制定并发布了数字政府建设相关的人才保障政策。

（2）评价方法。

本项得分 =A × 本项权重。

A：被评价地区是否制定并发布了数字政府建设相关的人才保障政策，制定得 1 分，未制定不得分。

（3）数据获取。

以当地发布的相关政策文件为准。

（4）指标依据。

《国务院关于加强数字政府建设的指导意见》—八、加强党对数字政府建设工作的领导—（三）提升数字素养：创新数字政府建设人才引进培养使用机制，建设一支讲政治、懂业务、精技术的复合型干部队伍。

（5）指标解读。

数字化人才是数字政府建设的重要保障。从过去全国各级政府推进数字政府建设情况来看，缺乏专业人才与技术能力是制约各地进一步发展的重要因素。在顶层规划、专业领域建设运营、数据要素的治理与开放运营、网络安全等各个方面，即便是数字政府建设相对领先的地区，也极度渴求相关人才。要优化人才政策举措，积极打造数字经济人才高地，培养和聚集一批复合型人才。

2）首席数据官/信息官制度

（1）指标说明。

主要评价当地是否建立或试点了首席数据官/信息官制度。

（2）评价方法。

本项得分 =A × 本项权重。

A：被评价地区是否建立或试点了首席数据官/信息官制度，是得 1 分，否不得分。

（3）数据获取。

以当地发布的相关政策文件为准。

（4）指标依据。

参考依据如下。

- 《上海市数据条例》。
- 《广东省人民政府办公厅关于印发广东省首席数据官制度试点工作方案的通知》（粤办函〔2021〕63号）。
- 《省政府办公厅关于印发江苏省"十四五"数字政府建设规划的通知》（苏政办发〔2021〕61号）。
- 《广西壮族自治区首席数据官制度试点工作方案》。
- 《深圳市人民政府办公厅关于印发〈深圳市首席数据官制度试点实施方案〉的通知》（深府办函〔2021〕71号）。

（5）指标解读。

政府首席数据官是因应大数据时代数据管理需求的产物。政府数据开放视域下，政府首席数据官与数字时代的价值理念相匹配，与我国政策法规的整体导向相吻合，可以消解政府数据开放在数据生成、开放过程以及退出阶段面临的多维难题。因此，应加快建构政府首席数据官制度，并通过确立复合型人才培养理念、知识导向型人才选任模式和建立政府首席数据官人才库的方式完善政府首席数据官人才保障机制。

2. 数字素养

1）培训制度规划

（1）指标说明。

主要评价当地是否建立了干部队伍数字素养培训机制。

（2）评价方法。

本项得分 = A × 本项权重。

A：被评价地区是否建立了干部队伍数字素养培训机制，是得1分，否不得分。

（3）数据获取。

以当地发布的相关政策文件为准。

（4）指标依据。

《国务院关于加强数字政府建设的指导意见》——八、加强党对数字政府建设工作的领导——（三）提升数字素养：着眼推动建设学习型政党、学习大国，搭建数字化终身学习教育平台，构建全民数字素养和技能培育体系。把提高领导干部数字治理能力作为各级党校（行政学院）的重要教学培训内容，持续提升干部队伍数字思维、数字技能和数字素养，创新数字政府建设人才引进培养使用机制，建设一支讲政治、懂业务、精技术的复合型干部队伍。深入研究数字政府建设中的全局性、战略性、前瞻性问题，推进实践基础上的理论创新。成立数字政府建设专家委员会，引导高校和科研机构设置数字政府相关专业，加快形成系统完备的数字政府建设理论体系。

（5）指标解读。

当前，我国数字政府建设进入持续深化的关键时期，提升干部队伍数字素养显得尤为重要而紧迫。习近平总书记在主持中央全面深化改革委员会第二十五次会议时强调，要全面贯彻网络强国战略，把数字技术广泛应用于政府管理服务，推动政府数字化、智能化运行，为推进国家治理体系和治理能力现代化提供有力支撑。习近平总书记在中共中央政治局第三十四次集体学习时强调，各级领导干部要提高数字经济思维能力和专业素质，增强发展数字经济本领，强化安全意识，推动数字经济更好服务和融入新发展格局。落实好加强数字政府建设的新要求，关键之一就是要培养造就一大批数字意识强、善用数据、善治网络的干部队伍，为全面增强数字政府建设效能提供重要人才保障。

2）培训工作开展

（1）指标说明。

主要评价当地干部队伍数字素养培训工作开展情况。

（2）评价方法。

本项得分 $=A \times$ 本项权重。

A：被评价地区 1 年以内是否组织过数字政府、数字经济、大数据、网络安全、人工智能等领域的相关培训，是得 1 分，否不得分。

（3）数据获取。

以当地实际开展的培训课程为准。

（4）指标依据。

同"培训制度规划"的指标依据。

（5）指标解读。

略。

4.4 基础设施

数字政府建设过程中基础设施主要涵盖一体化大数据中心、政务云平台、政务网络、区块链、物联网等软、硬件基础设施等。依据《国务院关于加强数字政府建设的指导意见》《"十四五"数字经济发展规划》《"十四五"推进国家政务信息化规划》《"十四五"国家信息化规划》等政策规划要求，该部分指标体系设计主要针对中央及各地政务网络、政务云以及数据中心的建设情况进行评估评价。

4.4.1 政务网络

电子政务网络由基于电子政务传输网的政务内网和政务外网组成。政务内网由党委、人大、政府、政协、法院、检察院的业务网络互联互通形成，主要满足各级政务部门内部办公、管理、协调、监督和决策的需要，同时满足各级政务部门的特殊办公需要；政务外网主要满足各级政务部门社会管理、公共服务等面向社会服务的需要。本指标体系中评价的政务网络主要是指国家电子政务外网的建设和应用情况。

数字政府电子政务网络建设要坚持以下原则。

（1）需求主导，统筹规划。根据中央和地方开展电子政务建设对网络的需求，按照国家统一部署，推进数字政府电子政务网络建设。

（2）整合资源，服务应用。充分利用国家公共通信资源，加强已有网络资源整合，促进互联互通，形成统一的数字政府电子政务网络，为各地区各部门的业务应用系统提供网络服务。

（3）着眼发展，注重安全。坚持一手抓发展，一手抓安全，综合采取技术和管理等措施，确保国家电子政务网络和业务应用系统的安全。

《国务院关于加快推进"互联网+政务服务"工作的指导意见》中指出，充分依托现有网络资源，推动政务云集约化建设，为网上政务服务提供支撑和保障。

《国务院关于加强数字政府建设的指导意见》中提出，强化电子政务网络统筹建设管理，促进高效共建共享，降低建设运维成本。推动骨干网扩容升级，扩大互联网出口带宽，提升网络支撑能力。提高电子政务外网移动接入能力，强化电子政务外网服务功能，并不断向乡镇基层延伸，在安全可控的前提下按需向企事业单位拓展。统筹建立安全高效的跨网数据传输机制，有序推进非涉密业务专网向电子政务外网整合迁移，各地区各部门原则上不再新建业务专网。

《"十四五"推进国家政务信息化规划》中指出，基本形成统一的国家电子政务网络体系，各类政务专网基本实现迁移整合或顶层互联，全面支撑跨部门、跨地区、跨层级业务协同和数据共享，政务网络安全保障水平大幅提升。

1. 政务网络覆盖

1）政务网络覆盖率

（1）指标说明。

主要评价当地电子政务网络基础设施覆盖程度。

（2）评价方法。

本项得分 = $(A+B+C)/3 \times$ 本项权重。

A：被评价地区政务网络已覆盖机构数/政府部门总数（行政村以上）。总覆盖率大于90%为1分，不符合为0分。

B：镇（街道）覆盖率大于85%为1分，不符合为0分。

C：村（社区）覆盖率大于70%为1分，不符合为0分。

（3）数据获取。

基于评价时间节点半年内相关部门统计数据。

- 系统演示/截图。
- 分管部门年度/半年总结材料，或其他正式文件等证明材料。

（4）指标依据。

《国务院关于加快推进"互联网+政务服务"工作的指导意见》—四、夯实支撑基础—（四）完善网络基础设施：充分依托现有网络资源，推动政务云集约化建设，为网上政务服务提供支撑和保障。

《国务院关于加强数字政府建设的指导意见》—六、构建智能集约的平台支撑体系—（二）提升网络平台支撑能力：提高电子政务外网移动接入能力，强化电子政务外网服务功能，并不断向乡镇基层延伸，在安全可控的前提下按需向企事业单位拓展。

《"十四五"推进国家政务信息化规划》—三、主要任务—（二）发展壮大融合创新大平台—1.加快网络融合，升级完善国家电子政务网络体系—专栏2 国家电子政务网络完善工程—2.国家电子政务外网覆盖范围拓展：优化完善国家电子政务外网基础网络体系，拓展网络带宽，推进非涉密业务专网迁移整合与安全互联，提升移动安全接入能力，强化网络安全防护和网络信任服务体系，推进政务区块链共性基础设施试点应用，支撑规范统一、集约共享、互联互通的数据交换和业务协同。

（5）指标解读。

电子政务外网是基于互联网架构的，政府用于面向社会提供服务的专用业务网络，是推进政务服务向基层延伸的工作前提。根据国家相关政策要求，地方政府通过专项工作部署，推进政务服务向基层延伸，夯实政务服务向乡镇（街道）、村（社区）延伸的工作基础。根据地方政府电子政务外网建设工作安排，在做好摸底调查工作的基础上，准确掌握电子政务外网点位数量，推进电子政务网络覆盖工作实施部署。

2）政务网络与企事业单位对接率

（1）指标说明。

主要评价当地电子政务网络基础设施按照国家有关部门要求到企事业单位端的覆盖程度。

（2）评价方法。

本项得分 $=A \times$ 本项权重。

A：被评价地区政务网络与事业、企业单位对接情况，每有一个加0.2分，最多加1分。

（3）数据获取。

基于评价时间节点半年内相关部门统计数据。

- 系统演示/截图。

- 分管部门年度/半年总结材料，或其他正式文件等证明材料。

（4）指标依据。

《国务院关于加强数字政府建设的指导意见》—六、构建智能集约的平台支撑体系—（二）提升网络平台支撑能力：提高电子政务外网移动接入能力，强化电子政务外网服务功能，并不断向乡镇基层延伸，在安全可控的前提下按需向企事业单位拓展。

《黑龙江省人民政府关于加强数字政府建设的实施意见》—六、建立智能集约的平台支撑体系—（二）提升网络平台支撑能力：加速全省政务外网升级改造，推动骨干网扩容升级，实现省市骨干线路带宽达到万兆，市县骨干线路带宽达到千兆，扩大互联网出口带宽，提升网络支撑能力，开展各级城域网升级改造，推进网络不断向基层延伸，实现省、市、县、乡镇（街道）、村（社区）五级全覆盖，在安全可控的前提下按需向企事业单位拓展。

（5）指标解读。

随着数字政府建设以及数字经济不断发展，综合治理工作向网络空间不断延伸，政府与企事业单位间的安全、直接、有效数据交互变得越来越频繁。因此，为保证网上行政办公的需要，在强化网络信息安全保障的基础上，将电子政务网络延伸到企事业单位就成了数字政府建设发展过程中面临的一个基础设施拓展工程。目前，部分省市电子政务网络已从政务部门延伸到部分企事业单位、二级单位和乡镇（街道）。

3）政务网络整合率

（1）指标说明。

主要评价当地电子政务网络整合各类业务专网的情况。

（2）评价方法。

本项得分 $=A\times$ 本项权重。

A：被评价地区政务部门统一政务网络整合率大于95%为1分，未达标为0分。

（3）数据获取。

基于评价时间节点半年内相关部门统计数据。

- 系统演示/截图。

- 分管部门年度/半年总结材料，或其他正式文件等证明材料。

（4）指标依据。

《国务院关于加强数字政府建设的指导意见》—六、构建智能集约的平台支撑体系—（二）提升网络平台支撑能力：统筹建立安全高效的跨网数据传输机制，有序推进非涉密业务专网向电子政务外网整合迁移，各地区各部门原则上不再新建业务专网。

《中华人民共和国国民经济和社会发展第十四个五年规划和2035年远景目标纲要》—第五篇 加快数字化发展 建设数字中国—第十七章 提高数字政府建设水平—第二节 推动政务信息化共建共用：加大政务信息化建设统筹力度，健全政务信息化项目清单，持续深化政务信息系统整合，布局建设执政能力、依法治国、经济治理、市场监管、公共安全、生态环境等重大信息系统，提升跨部门协同治理能力。完善国家电子政务网络，集约建设政务云平台和数据中心体系，推进政务信息系统云迁移。加强政务信息化建设快速迭代，增强政务信息系统快速部署能力和弹性扩展能力。

《政务信息系统整合共享实施方案》—二、加快推进政务信息系统整合共享的"十件大事"—（三）设施共建，提升国家统一电子政务网络支撑能力：完善国家电子政务外网，健全管理体制机制，继续推进国家电子政务外网二期建设，拓展网络覆盖范围，逐步满足业务量大、实时性高的网络应用需求。2018年6月底前，基本具备跨层级、跨地域、跨系统、跨部门、跨业务的支撑服务能力（国务院办公厅、国家电子政务外网管理中心负责）。除极少数特殊情况外，目前政府各类业务专网都要向国家电子政务内网或外网整合（国务院办公厅牵头，各地区、各部门负责）。

（5）指标解读。

按照《中华人民共和国国民经济和社会发展第十四个五年规划和2035年远景目标纲要》和地方数字政府建设行动计划方案要求，各地应全力推进政务网络统筹融合工作，不断加强对政务信息基础设施的统筹管理和运行维护，深入对接了解地方各部门专网和数据中心现状，着力推进政务专网整合工作，更好地为地方各委办局提供一体化政务服务。为建立健全政务信息化协调发展机制、更好地实现政府数字化治理提供有力基础支撑。

2. 政务网络带宽

1）政务网络出口带宽资源冗余

（1）指标说明。

主要评价当地电子政务网络基础设施承载能力和运行效率。主要考查政务网络出口带宽资源冗余情况。

（2）评价方法。

本项得分 $=A \times$ 本项权重。

A：被评价地区政务网络骨干出口带宽平均峰值是否小于80%，达标为1分，不达标为0分。

（3）数据获取。

基于评价时间节点半年内相关部门统计数据。

- 系统演示/截图。
- 分管部门年度/半年总结材料，或其他正式文件等证明材料。

（4）指标依据。

《国务院关于加强数字政府建设的指导意见》—六、构建智能集约的平台支撑体系—（二）提升网络平台支撑能力：强化电子政务网络统筹建设管理，促进高效共建共享，降低建设运维成本。推动骨干网扩容升级，扩大互联网出口带宽，提升网络支撑能力。

《"十四五"推进国家政务信息化规划》—三、主要任务—（二）发展壮大融合创新大平台—1.加快网络融合，升级完善国家电子政务网络体系—专栏2 国家电子政务网络完善工程—2.国家电子政务外网覆盖范围拓展：优化完善国家电子政务外网基础网络体系，拓展网络带宽，推进非涉密业务专网迁移整合与安全互联，提升移动安全接入能力，强化网络安全防护和网络信任服务体系，推进政务区块链共性基础设施试点应用，支撑规范统一、集约共享、互联互通的数据交换和业务协同。

《国家电子政务网络技术和运行管理规范》—5 国家电子政务网络基本要求—5.2 业务网络基本要求：相关要求和规定。

（5）指标解读。

按照国家有关政策规划相关要求，地方政务网络需要通过大容量多入多出、大带宽、低延时的技术特性，大幅增强电子政务网络承载能力，以满足不同政务应用场景下有低延时的政务专网可为远程实时智能控制等新兴业务系统提供稳定、可靠的网络基础设施技术支持。

通过夯实政务专网基础，不断拓展政务专网深度，地方政府通过数字政府建设全面统筹，打造一张"有韧性、全融合、广覆盖"的新一代电子政务外网，促进网络技术与政务服务的深入融合，强化政务网络承载能力，不断提升政府公共服务、社会治理的数字化、智能化水平。

2）政务网络IPv6覆盖率

（1）指标说明。

主要评价当地电子政务网络基础设施承载能力和运行效率。主要考查政务网络IPv6覆盖率（活跃用户比率）。

（2）评价方法。

本项得分 $=A\times$ 本项权重。

A：被评价地区政务网络IPv6网络改造率（隧道模式、地址转换模式、双栈模式）超过80%得1分，否则得0分。

（3）数据获取。

基于评价时间节点半年内相关部门统计数据。

- 系统演示/截图。
- 分管部门年度/半年总结材料，或其他正式文件等证明材料。

（4）指标依据。

《推进互联网协议第六版（IPv6）规模部署行动计划》—二、总体要求—

（三）主要目标：用 5 到 10 年时间，形成下一代互联网自主技术体系和产业生态，建成全球最大规模的 IPv6 商业应用网络，实现下一代互联网在经济社会各领域深度融合应用，成为全球下一代互联网发展的重要主导力量。—四、实施步骤—（一）2017 年—2018 年重点工作—（2）省部级以上政府网站 IPv6 改造。初步完成国家电子政务外网改造，完成中央部委、省级政府门户网站改造。新建电子政务系统、信息化系统及服务平台全面支持 IPv6。

《关于加快推进互联网协议第六版（IPv6）规模部署和应用工作的通知》—二、重点任务—（五）加快政务应用改造：19.推动电子政务公共平台 IPv6 改造。推动国家电子政务外网、地方政务外网、政务专网等 IPv6 改造。推动政务数据中心、政务云平台、智慧城市平台 IPv6 改造。推动新建政务网络及应用基础设施全面部署 IPv6，探索开展政务网络及应用 IPv6 单栈化试点。

（5）指标解读。

作为下一代互联网的核心协议，IPv6 不仅是实现万物互联，促进千行百业智能化发展的关键要素，也是"十四五"时期加快数字化发展的网络底座。

2017 年，中共中央办公厅、国务院办公厅印发《推进互联网协议第六版（IPv6）规模部署行动计划》，指出推进 IPv6 规模部署和应用是加快网络强国建设、加速国家信息化进程、助力经济社会发展、赢得未来国际竞争新优势的紧迫要求；2021 年，中央网络安全和信息化委员会办公室、国家发展和改革委员会、工业和信息化部发布了《关于加快推进互联网协议第六版（IPv6）规模部署和应用工作的通知》，明确要坚定不移地推进 IPv6 规模部署和应用，为建设网络强国和数字中国提供坚实支撑。

《国务院关于加强数字政府建设的指导意见》中明确提出要构建智能集约的平台支撑体系。随着数字政府智能化、集约化基础设施建设的推进，网络覆盖规模在不断扩大，感知网络的接入方式也在不断扩展。

地方政府要按照 IPv6 演进的总体原则，并对标相关通知要求，按照政务外网 IPv6 三个阶段的目标，在规划部署政务云建设的同时，积极探索支持 IPv6 单栈政务云的试点，积极稳妥推进向 IPv6 单栈演进工作，联合相关研究机构共同推广 IPv6 在电子政务外网的创新应用。

3. 政务区块链网络基础设施与应用

（1）指标说明。

主要评价当地电子政务网络是否有区块链基础设施以及统一政务区块链平台技术支撑应用。

（2）评价方法。

本项得分 =（$A+B$）/2 × 本项权重。

A：被评价地区具备政务区块链共性基础设施为 1 分，不具备为 0 分。

B：被评价地区具备统一政务区块链平台技术支撑的政府部门业务应用为1分，不具备为0分。

（3）数据获取。

基于评价时间节点半年内相关部门统计数据。

- 系统演示/截图。
- 分管部门年度/半年总结材料，或其他正式文件等证明材料。
- 调研考察当地政务系统是否明确建设了政务区块链服务平台并具备实际业务应用。

（4）指标依据。

《"十四五"国家信息化规划》—四、重大任务和重点工程—（一）建设泛在智联的数字基础设施体系—构建云网融合的新型算力设施：统筹建设面向区块链和人工智能等的算力和算法中心，构建具备周边环境感应能力和反馈回应能力的边缘计算节点，提供低时延、高可靠、强安全边缘计算服务。探索建设前沿信息基础设施：构建基于分布式标识的区块链基础设施，提升区块链系统间互联互通能力。

《"十四五"推进国家政务信息化规划》—三、主要任务—（二）发展壮大融合创新大平台—1.加快网络融合，升级完善国家电子政务网络体系：进一步优化完善国家电子政务外网骨干网络建设，稳步有序拓展政务外网覆盖范围，提高政务外网移动接入能力，优化共性办公应用体系，强化政务外网综合运维管理和全网等级保护建设，探索5G、区块链等新技术在政务外网领域的应用。以重大业务应用为牵引，推进各类政务专网向统一电子政务网络整合迁移或可控互联。—专栏2 国家电子政务网络完善工程—2.国家电子政务外网覆盖范围拓展：优化完善国家电子政务外网基础网络体系，拓展网络带宽，推进非涉密业务专网迁移整合与安全互联，提升移动安全接入能力，强化网络安全防护和网络信任服务体系，推进政务区块链共性基础设施试点应用，支撑规范统一、集约共享、互联互通的数据交换和业务协同。

《国务院办公厅关于加快推进政务服务"跨省通办"的指导意见》—一、总体要求—（二）基本原则：坚持改革创新。紧扣政务服务"跨省通办"全环节，创新工作理念和制度机制，充分运用大数据、人工智能、区块链等新技术手段，优化再造业务流程，强化业务协同，打破地域阻隔和部门壁垒，促进条块联通和上下联动。

《全国一体化政务服务平台移动端建设指南》—四、优化政务服务平台移动端服务功能和方式，为企业和群众提供更加便利高效的移动政务服务—（三）积极运用新技术提升移动政务服务便利化水平：发挥区块链在促进数据共享、优化业务流程、提升协同效率、强化安全保障等方面的作用，为进一步提升移动政务服务效能提供有力支撑。

《"十四五"信息通信行业发展规划》—三、发展重点—（一）建设新型数字基础设施—2.统筹布局绿色智能的数据与算力设施—建设区块链基础设施：推进基于联盟链的区块链公共基础设施网络建设，为开发者提供统一的区块链运行环境和底层技术服务。构建基于分布式标识的区块链基础设施，支持同构链和异构链的跨链互通，提升区块链系统间的互联互通能力。支持云化部署的通用型和专用型区块链公共服务平台建设，布局区块链即服务（BaaS）云服务平台。

《黑龙江省"十四五"数字政府建设规划》—四、夯实四大数字基础支撑底座—（二）构建全省一体化政务数据体系—3.持续推进政务数据资源有效共享：强化政务数据实时在线对接共享。依托区块链技术，按需建设与省级部门、市（地）数据高速共享通道，实现数据分钟级共享，加强全链路数据质量监控，建成高保障、高可用的数据供应链体系。

（5）指标解读。

区块链技术能够打通政务"数据孤岛"、追溯数据流通过程和明晰权责界定、实现政务数据全生命周期管理，能够有效解决现有政务信息化难题，赋能电子政务，助力智慧政府落地，能够实现政府、社会组织及企业之间达成数据互联互通，以数据共享为依托，形成智能决策。

将区块链技术引入解决政务"数据孤岛"难题，利用区块链数据存储方式，为链接链上的参与各方建立数据交易的信任基础，在政务数据共享过程中，实现数据确权、安全加密、多方安全计算技术，维护跨部门、跨地区、跨层级合作，优化政务服务，简化企业、群众办理业务的流程，提升政府政务效率，增强政府公信力。

区块链可建立非人为控制的信任系统，利用分布式节点共识算法来生成和更新数据，在区块链与政务深度融合过程中，打破数据归属权、管理权和使用权难界定的问题，实现各地区、各部分之间以信任和共识为基础的数据流通。通过区块链具有的不可篡改、可溯源等特性，实现链上政务数据生成、存储、使用和更新的全程留痕，保障数据安全性。

利用区块链技术实现对政务数据的全流程存证，建立完善的城市数据系统，尤其在监管方面，以数据驱动为核心，通过区块链构建全域监管系统，制定更合理的风险预警机制，提高城市数据监管管控能力。例如，构建基于区块链网络的电子票据系统，将税务机关、开票企业、纳税人和报销企业纳入区块链网络，有效监管票据数据，实现科技驱动监管问题，降低监管成本，提升数据共享效率。

基于国家相关政策规划要求，地方政府要持续推进区块链技术服务于建设智慧政务应用基础设施的任务，推动建设政务区块链基础共性技术平台和基础设施，落地一批有代表性的应用，建设一批具有实际效果的业务场景，提升企业群众满意度。

4.4.2 政务云

政务云评价部分主要分为业务上云、云服务、集约化管理和信创云4个三级指标。

1. 业务上云——骨干业务上云率

（1）指标说明。

主要评价当地政务服务骨干业务上政务云的比率。

（2）评价方法。

本项得分 $=A\times$ 本项权重。

A：被评价地区政务部门各业务系统上云率是否大于 80%，达标为 1 分，不达标为 0 分。

（3）数据获取。

基于评价时间节点半年内相关部门统计数据，分管部门年度/半年总结材料。

（4）指标依据。

《国务院关于加快推进"互联网+政务服务"工作的指导意见》—四、夯实支撑基础—（四）完善网络基础设施：充分依托现有网络资源，推动政务云集约化建设，为网上政务服务提供支撑和保障。

《国务院关于加强数字政府建设的指导意见》—六、构建智能集约的平台支撑体系—（一）强化政务云平台支撑能力：依托全国一体化政务大数据体系，统筹整合现有政务云资源，构建全国一体化政务云平台体系，实现政务云资源统筹建设、互联互通、集约共享。国务院各部门政务云纳入全国一体化政务云平台体系统筹管理。各地区按照省级统筹原则开展政务云建设，集约提供政务云服务。探索建立政务云资源统一调度机制，加强一体化政务云平台资源管理和调度。

《"十四五"推进国家政务信息化规划》—三、主要任务—（二）发展壮大融合创新大平台—2.加快技术融合，构建智能化政务云平台体系—建设目标：构建"数网云"一体融合的智能化政务云平台体系，具备集约共享的算力算法支撑能力，满足云计算、大数据、人工智能等新技术应用需求。

《全国一体化政务大数据体系建设指南》—一、建设背景—（一）建设现状—3.政务数据基础设施基本建成：超过 70% 的地级市建设了政务云平台，政务信息系统逐步迁移上云，初步形成集约化建设格局。

（5）指标解读。

国务院办公厅发布的《全国一体化政务大数据体系建设指南》中指出，国家电子政务外网基础能力不断提升，已实现县级以上行政区域 100% 覆盖，乡镇覆盖率达到 96.1%。政务云基础支撑能力不断夯实，全国 31 个省（自治区、直辖市）和新疆生产建设兵团云基础设施基本建成，超过 70% 的地级市建设了政务云平台，政务信息系统逐步迁移上云，初步形成集约化建设格局。政务上云已成为各地政府数字化转型的必选项，基于统一的政务云平台，加强数据共享互通。

2. 云服务

1）云数据库使用

（1）指标说明。

主要评价当地政务应用依托云计算交付的原生上云构建和运行应用程序的比率。

（2）评价方法。

本项得分 $=A\times$ 本项权重。

A：按被评价地区业务云原生的业务应用数量除以 100 评分，最多得 1 分。

（3）数据获取。

以下证明材料均可。

- 系统演示 / 截图。
- 分管部门年度 / 半年总结材料，或其他正式文件等证明材料。
- 政务云服务商提供的服务清单。

（4）指标依据。

《国务院关于加强数字政府建设的指导意见》—六、构建智能集约的平台支撑体系—（一）强化政务云平台支撑能力：依托全国一体化政务大数据体系，统筹整合现有政务云资源，构建全国一体化政务云平台体系，实现政务云资源统筹建设、互联互通、集约共享。国务院各部门政务云纳入全国一体化政务云平台体系统筹管理。各地区按照省级统筹原则开展政务云建设，集约提供政务云服务。探索建立政务云资源统一调度机制，加强一体化政务云平台资源管理和调度。

（5）指标解读。

云数据库提供专业、高性能、高可靠的上云业务数据库服务。云数据库不仅提供 Web 界面进行配置、操作数据库实例，还提供可靠的数据备份和恢复、完备的安全管理、完善的监控、轻松扩展等功能支持。相对于用户自建数据库，云数据库具有更经济、更专业、更高效、更可靠、简单易用等特点，使用户能更专注于核心业务本身。

2）云原生率

（1）指标说明。

主要评价当地基于云原生平台的政务应用敏捷开发情况。

（2）评价方法。

本项得分 $=A\times$ 本项权重。

A：被评价地区业务云原生的业务应用比例超过 30% 即得 1 分，不足按等比例扣减。

（3）数据获取。

基于评价时间节点半年内相关部门统计数据。

- 系统演示 / 截图。
- 分管部门年度 / 半年总结材料，或其他正式文件等证明材料。

（4）指标依据。

同"云数据库使用"的指标依据。

（5）指标解读。

云原生数字政府是针对政务云数字政务的云原生解决方案。数字政府的云服务建设经历了三个阶段：第一个阶段是虚拟化阶段，单纯提供虚机；第二个阶段是基础设施服务化阶段，提供基础设施，如计算、网络、存储等虚拟化；第三个阶段是云原生阶段，以应用为中心，构建云原生支撑平台，实现高效、敏捷政务，实现政务云的高质量运维。

3. 集约化管理

（1）指标说明。

主要评价各地区按照上级统筹原则开展政务云建设，集约提供政务云服务的情况。

（2）评价方法。

本项得分 $=A \times$ 本项权重。

A：被评价地区是否集约提供政务云服务，是否纳入省级政务云统筹建设体系。达标得 1 分，不达标为 0 分。

（3）数据获取。

基于评价时间节点半年内相关部门统计数据。以下证明材料均可。

- 系统演示/截图。
- 分管部门年度/半年总结材料，或其他正式文件等证明材料。
- 政务云服务商提供的服务清单。

（4）指标依据。

《国务院关于加快推进"互联网+政务服务"工作的指导意见》——四、夯实支撑基础——（四）完善网络基础设施：充分依托现有网络资源，推动政务云集约化建设，为网上政务服务提供支撑和保障。

《国务院关于加强数字政府建设的指导意见》——六、构建智能集约的平台支撑体系——（一）强化政务云平台支撑能力：依托全国一体化政务大数据体系，统筹整合现有政务云资源，构建全国一体化政务云平台体系，实现政务云资源统筹建设、互联互通、集约共享。国务院各部门政务云纳入全国一体化政务云平台体系统筹管理。各地区按照省级统筹原则开展政务云建设，集约提供政务云服务。探索建立政务云资源统一调度机制，加强一体化政务云平台资源管理和调度。

《"十四五"推进国家政务信息化规划》——三、主要任务——（二）发展壮大融合创新大平台——2.加快技术融合，构建智能化政务云平台体系——专栏 3 政务云平台体系建设工程：政务云平台体系建设。充分整合政务数据中心和云计算存量资源，有效盘活符合政务应用特点和安全保密要求的社会化算力资源。形成一体化政务云平台体系，面向政务部门提供绿色集约、安全可靠的一体化算力服务,提升数据中心、云平台、数据资源、业务应用等全要素、全环节安全保障能力。

《安徽省省级政务云管理办法(试行)》(修订版)—第一章 总则—为进一步规范省级政务云(以下简称政务云)管理,提升政务云服务能力,支撑"数字安徽"建设,根据相关法律法规、政策和技术标准,结合安徽实际,制定本办法。

《山西省政务云管理办法》—第一章 总则—第一条 为进一步加强我省政务云的规划、建设和管理,有效解决重复投资、条块分割、烟囱林立、信息孤岛等问题,为数字政府建设与运营提供集约化基础支撑,依据相关法律法规和技术标准,结合实际,制定本办法。

《黑龙江省省级政务云管理暂行办法》—第一章 总则—第一条 为加强黑龙江省省级政务云(以下简称省政务云)管理,促进电子政务基础设施集约建设、互联互通、服务高效,依据相关法律法规和技术标准,结合我省实际,制定本办法。

(5)指标解读。

在电子政务应用的初级阶段,主要是围绕一项项业务开发或引进一个个应用系统。这些分散开发或引进的应用系统没有统一考虑数据标准或信息共享问题,这样就导致形成了一个个的"信息孤岛"。电子政务发展到数字政府建设阶段,通过信息资源整合来促进政务资源共享是下一阶段的主要任务。深化行政体制改革,推进服务型政府建设现已成为我国政府主要任务之一,要围绕政务强化需求,按照政府职能转变、行政审批制度改革和政务公开的需要,按照公众、企业和社会对政府的需要,提升云服务集约化管理程度,进而提供灵活多变的政务服务,推动服务创新,以提升服务效率和服务水平。

《国务院关于加强数字政府建设的指导意见》中提出了数字政府建设的六项基本原则、两阶段目标和五大体系任务。在第五项任务"构建智能集约的平台支撑体系"中,提出"构建全国一体化政务云平台体系"的具体任务,并明确提出"国务院各部门政务云纳入全国一体化政务云平台体系统筹管理。各地区按照省级统筹原则开展政务云建设,集约提供政务云服务。探索建立政务云资源统一调度机制,加强一体化政务云平台资源管理和调度"。

4. 信创云——信创云应用比例

(1)指标说明。

主要评价当地政府过去一年新建政务应用使用信创云的比例。

(2)评价方法。

本项得分 $=A\times$ 本项权重。

A:被评价地区部署于信创云的政务应用比例高于50%得1分,不足按比例扣减。

（3）数据获取。

基于评价时间节点半年内相关部门统计数据。以下证明材料均可。

- 系统演示/截图。
- 分管部门年度/半年总结材料，或其他正式文件等证明材料。
- 政务云服务商提供的服务清单。

（4）指标依据。

依据《"十四五"推进国家政务信息化规划》关于构建智能化政务云平台体系和加强数字政府建设的指导意见，强化政务云平台支撑能力的有关要求。

（5）指标解读。

电子政务云中的数据大多是涉及国家、社会、经济、公民等基本信息的核心数据，同时数据存储设施和应用系统也是国家关键基础设施的一部分。所以在电子政务云的建设过程中，安全是一个不能忽略也无法绕过的关键问题。随着国内信息技术应用创新的不断发展壮大，基于自主开发并适配国产 CPU 技术架构和国产操作系统等自主可靠技术及设备的信创政务云将成为未来电子政务云的主要趋势。信创政务云不仅可以提供稳定可靠的政务服务，更是国家信息安全的一种直接体现。

4.4.3 数据中心

1. 统筹管理

1）数据中心上架率

（1）指标说明。

主要评价当地电子政务数据中心基础设施机柜资源使用饱和程度。

（2）评价方法。

本项得分 = A × 本项权重。

A：参评电子政务数据中心服务器上架率大于 50% 得 1 分，低于 50% 按照插值法计算得分。

（3）数据获取。

基于评价时间节点半年内相关部门统计数据。

- 系统演示/截图。
- 分管部门年度/半年总结材料，或其他正式文件等证明材料。

（4）指标依据。

《贯彻落实碳达峰碳中和目标要求推动数据中心和 5G 等新型基础设施绿色高质量发展实施方案》——一、总体要求—（三）发展目标：全国数据中心整体利用率明显提升，西部数据中心利用率由 30% 提高到 50% 以上，东西部算力供需更为均衡。—

二、主要任务—（二）提高算力能效：新建大型、超大型数据中心电能利用效率不高于 1.3，逐步对电能利用效率超过 1.5 的数据中心进行节能降碳改造。对于区域内数据中心整体上架率（建成投用 1 年以上）低于 50% 的，不支持规划新的数据中心集群，不支持新建大型和超大型数据中心项目。

（5）指标解读。

建设以数据中心为代表的新型基础设施，更要坚持科学布局，集约发展，尤其要注意遵循市场和产业规律，切忌将其作为短期刺激经济的工具。相关部门在规划布局数据中心时，应与交通、能源等基础设施规划同步考虑，谨慎上马新建大型或超大型数据中心，各地也应根据地方发展实际加强对数据中心建设的统筹安排，不盲目追求短期目标和发展潮流。数据中心作为承载数据的核心基础设施和新兴产业，其能耗和碳排放量还将随着业务扩容而继续加速增长。数据中心已成为新型基础设施节能降耗的最关键环节，在"双碳"背景下，亟待向绿色化、集约化、智能化方向发展。指标考量数据中心上架率是否大于 50%，避免盲目上马新建数据中心，加剧能耗损耗。

2）一体化大数据中心

（1）指标说明。

主要评价当地数字政府建设数据中心基础设施是否参与全国一体化大数据中心体系整体规划。

（2）评价方法。

本项得分 $=A\times$ 本项权重。

A：被评价地区是否具备相关一体化大数据中心节点或政策规划，具备为 1 分，不具备为 0 分。

（3）数据获取。

基于评价时间节点半年内相关部门统计数据。

- 系统演示 / 截图。

- 分管部门年度 / 半年总结材料，或其他正式文件等证明材料。

（4）指标依据。

《国务院关于加强数字政府建设的指导意见》—六、构建智能集约的平台支撑体系—（一）强化政务云平台支撑能力：依托全国一体化政务大数据体系，统筹整合现有政务云资源，构建全国一体化政务云平台体系，实现政务云资源统筹建设、互联互通、集约共享。国务院各部门政务云纳入全国一体化政务云平台体系统筹管理。

《"十四五"国家信息化规划》—四、重大任务和重点工程—（一）建设泛在智联的数字基础设施体系—构建云网融合的新型算力设施—专栏 3 全国一体化大数据中心体系建设工程：1.优化数据中心建设布局。在区域数据中心集群间，以及集群和主要城市间建立数据中心直连网络，促进数据中心分级分类布局建设，加快实现集约化、规模化、绿色化发展。2.建设完善一体化算力服务。加强云资源接入和一体化调度，推动政务、科学、教育、医疗等公共算力服务资源整合开放，构建低成本、广覆盖、可靠安全的公共算力服务，促进算力的普及应用。

《"十四五"数字经济发展规划》—三、优化升级数字基础设施—（二）推进云网协同和算网融合发展：加快构建算力、算法、数据、应用资源协同的全国一体化大数据中心体系。在京津冀、长三角、粤港澳大湾区、成渝地区双城经济圈、贵州、内蒙古、甘肃、宁夏等地区布局全国一体化算力网络国家枢纽节点，建设数据中心集群，结合应用、产业等发展需求优化数据中心建设布局。

《全国一体化政务大数据体系建设指南》：为贯彻党中央、国务院决策部署，落实中央全面深化改革委员会第十七次会议精神、《国务院办公厅关于建立健全政务数据共享协调机制加快推进数据有序共享的意见》（国办发〔2021〕6号）和《国务院关于加强数字政府建设的指导意见》（国发〔2022〕14号）部署要求，整合构建标准统一、布局合理、管理协同、安全可靠的全国一体化政务大数据体系，加强数据汇聚融合、共享开放和开发利用，促进数据依法有序流动，充分发挥政务数据在提升政府履职能力、支撑数字政府建设以及推进国家治理体系和治理能力现代化中的重要作用，制定本建设指南。

《关于加快构建全国一体化大数据中心协同创新体系的指导意见》和《全国一体化大数据中心协同创新体系算力枢纽实施方案》中相关内容。

（5）指标解读。

按照《关于加快构建全国一体化大数据中心协同创新体系的指导意见》等一系列国家相关政策规范要求，我国目前正有条不紊地进行全国一体化大数据中心布局建设。构建国家一体化大数据中心体系有四个方面的重要作用：一是有利于推动数字经济健康发展。大数据中心体系不仅是数字设备的托管空间体，更是大数据、云计算等数字技术的科技承载体，是数字技术自主创新所必需的算力底座。据测算，2016—2024年，我国算力规模平均每增长一个百分点，带动数字经济增长0.4个百分点、GDP增长0.2个百分点。可以说，算力"地基"夯实与否，关系到数字经济这座"大厦"能否巍然屹立。二是有利于加快数据要素市场化改革。一体化大数据中心体系建设能够推动构建国家数据资源体系，提升信息资源国家控制力，打造我国在全球数字经贸中数据资源配置的能力优势；能够健全数据治理和流通体系，深化数据要素市场化配置改革，推动数据融合开放，加快释放数据价值。三是有利于推动"双碳"战略实施。一体化大数据中心体系不仅明确提出PUE（能耗效率）和绿电占比等碳减排指标演进要求，更借助数据中心集群化、"东数西算"等建设路径，重点推动算力基础设施能效优化以及与绿色能源的融合发展，构建低碳绿色的高质量算力服务体系，并进一步释放体系建设给全社会经济转型带来的绿色价值。四是有利于加快数据中心产业的转型发展。

一体化大数据中心体系一方面能够驱动数据中心集约化、绿色化、均衡化发展，另一方面构建了含数据中心、网络、云、AI、安全等多个要素的基础设施体系，是传统数据中心的升级版，是新基建的发展典范。

2．人工智能算力

（1）指标说明。

主要评价当地电子政务算力基础设施与产业相融合的人工智能、大数据算力情况。

（2）评价方法。

本项得分 $=A\times$ 本项权重。

A：被评价地区是否具备与产业相结合的，规模化、集群化的人工智能算力，具备为1分，不具备为0分。

（3）数据获取。

基于评价时间节点半年内相关部门统计数据。

- 系统演示 / 截图。
- 分管部门年度 / 半年总结材料，或其他正式文件等证明材料。

（4）指标依据。

《"十四五"国家信息化规划》—四、重大任务和重点工程—（一）建设泛在智联的数字基础设施体系—构建云网融合的新型算力设施：推进云网一体化建设发展，实现云计算资源和网络设施有机融合。统筹建设面向区块链和人工智能等的算力和算法中心，构建具备周边环境感应能力和反馈回应能力的边缘计算节点，提供低时延、高可靠、强安全边缘计算服务。

《"十四五"推进国家政务信息化规划》—三、主要任务—（二）发展壮大融合创新大平台—2.加快技术融合，构建智能化政务云平台体系—建设目标：构建"数网云"一体融合的智能化政务云平台体系，具备集约共享的算力算法支撑能力，满足云计算、大数据、人工智能等新技术应用需求。建设内容：根据全国一体化大数据中心体系布局，充分利用存量政务数据中心资源，依托国家电子政务外网构建政务云平台体系，整合算力资源，支撑大数据、人工智能、区块链等新技术创新应用，面向政务部门提供绿色集约、共享共用、安全可靠的一体化算力服务，满足大规模业务承载、大数据开发利用、共性履职应用服务和容灾备份等业务需求，促进提升政务大数据创新应用水平。建立健全统一政务网络接入、政务云服务、安全保障能力等相关技术标准规范。

《"十四五"数字经济发展规划》—三、优化升级数字基础设施—（二）推进云网协同和算网融合发展：推动智能计算中心有序发展，打造智能算力、通用算法和开发平台一体化的新型智能基础设施，面向政务服务、智慧城市、智能制造、自动驾驶、语言智能等重点新兴领域，提供体系化的人工智能服务。

（5）指标解读。

和通用型计算不同，人工智能计算需要海量数据对 AI 模式进行训练，算力被损耗在数据迁移、同步等环节，这对智能计算提出了更高要求。因此，智算中心要具备高效算力、AI 赋能、自主创新、绿色节能等多种特征，而建设智算中心，可以推进算力资源的优化配置，赋能各行各业的数字化转型，带动实现产、学、研、用多位一体，打造 AI 产业集群。

3. 绿色数据中心

1）PUE

（1）指标说明。

主要评价当地电子政务网络基础设施所在数据中心 PUE（power usage effectiveness，电能利用效率）指标达标情况。

（2）评价方法。

本项得分 $=A\times$ 本项权重。

A：被评价地区政务云所在数据中心数据存储单位 PB 存储 PUE 达标为 1 分，不达标为 0 分。

（3）数据获取。

基于评价时间节点半年内相关部门统计数据。

- 系统演示／截图。
- 分管部门年度／半年总结材料，或其他正式文件等证明材料。

（4）指标依据。

《贯彻落实碳达峰碳中和目标要求推动数据中心和 5G 等新型基础设施绿色高质量发展实施方案》——一、总体要求—（三）发展目标：到 2025 年，数据中心和 5G 基本形成绿色集约的一体化运行格局。数据中心运行电能利用效率和可再生能源利用率明显提升，全国新建大型、超大型数据中心平均电能利用效率降到 1.3 以下，国家枢纽节点进一步降到 1.25 以下，绿色低碳等级达到 4A 级以上。—二、主要任务—（二）提高算力能效：新建大型、超大型数据中心电能利用效率不高于 1.3，逐步对电能利用效率超过 1.5 的数据中心进行节能降碳改造。对于区域内数据中心整体上架率（建成投用 1 年以上）低于 50% 的，不支持规划新的数据中心集群，不支持新建大型和超大型数据中心项目。

《工业和信息化部关于加强"十三五"信息通信业节能减排工作的指导意见》——二、总体要求—（三）主要目标：到 2020 年，信息通信网络全面应用节能减排技术，高能耗老旧通信设备基本淘汰；电信基础设施共建共享全面推进；通信业能耗基本可比国际先进水平，实现单位电信业务总量综合能耗较 2015 年底下降 10%；新建大型、超大型数据中心的能耗效率（PUE）值达到 1.4 以下；新能源和可再生能源应用比例大幅提升。

《工业和信息化部 国家机关事务管理局 国家能源局关于加强绿色数据中心建设的指导意见》——一、总体要求—（三）主要目标：到2022年，数据中心平均能耗基本达到国际先进水平，新建大型、超大型数据中心的电能使用效率值达到1.4以下，高能耗老旧设备基本淘汰，水资源利用效率和清洁能源应用比例大幅提升，废旧电器电子产品得到有效回收利用。

《新型数据中心发展三年行动计划（2021—2023年）》——一、总体要求—（三）主要目标：能效水平稳步提升，电能利用效率（PUE）逐步降低，可再生能源利用率逐步提高。到2021年底，全国数据中心平均利用率力争提升到55%以上，总算力超过120 EFLOPS，新建大型及以上数据中心PUE降低到1.35以下。到2023年底，全国数据中心机架规模年均增速保持在20%左右，平均利用率力争提升到60%以上，总算力超过200 EFLOPS，高性能算力占比达到10%。国家枢纽节点算力规模占比超过70%。新建大型及以上数据中心PUE降低到1.3以下，严寒和寒冷地区力争降低到1.25以下。

《工业能效提升行动计划》—二、大力提升重点行业领域能效—（二）推进重点领域能效提升绿色升级：持续开展国家绿色数据中心建设，发布名单及典型案例，加强绿色设计、运维和能源计量审查。引导数据中心扩大绿色能源利用比例，推动老旧数据中心实施系统节能改造。支持制造企业加强绿色设计，提高网络设备等信息处理设备能效。推动低功耗芯片等产品和技术在移动通信网络中的应用，推动电源、空调等配套设施绿色化改造。到2025年，新建大型、超大型数据中心电能利用效率（PUE，指数据中心总耗电量与信息设备耗电量的比值）优于1.3。

《"十四五"节能减排综合工作方案》—三、实施节能减排重点工程—（一）重点行业绿色升级工程：推进新型基础设施能效提升，加快绿色数据中心建设。

（5）指标解读。

PUE在IDC（互联网数据中心）行业主要指IDC电能利用效率。随着新基建、东数西算、双碳、能源消费双控等战略的落地实施，2017年《工业和信息化部关于加强"十三五"信息通信业节能减排工作的指导意见》中提到，到2020年，新建大型、超大型数据中心的PUE达到1.4以下；2019年《工业和信息化部 国家机关事务管理局 国家能源局关于加强绿色数据中心建设的指导意见》中提到，到2022年，新建大型、超大型数据中心的PUE达到1.4以下，力争通过改造使既有大型、超大型数据中心电能使用效率值不高于1.8；2021年《新型数据中心发展三年行动计划（2021—2023年）》中提到，到2021年底，新建大型及以上数据中心PUE降低到1.35以下，到2023年底降低到1.3以下，严寒和寒冷地区力争降低到1.25以下；同年《贯彻落实碳达峰碳中和目标要求推动数据中心和5G等新型基础设施绿色高质量发展实施方案》中提到，到 2025 年，全国新建大型、超大型数据中心平均 PUE 降到 1.3 以下，国家枢纽节点进一步降到 1.25 以下；2022 年《工业能效提升行动计划》中提到，到 2025 年，新建大型、超大型数据中心 PUE 优于 1.3。通过上述国家政策可以看到，国家对数据中心 PUE 指标控制更加严格，多数地区要求 PUE 做到 1.3 及 1.25，甚至 1.2 及 1.15 以下。

2021 年 7 月，北京市发展和改革委员会发布《关于进一步加强数据中心项目节能审查的若干规定》，规定指出新建、扩建数据中心，年能源消费量小于 1 万吨标准煤（电力按等价值计算，下同）的项目 PUE 值不应高于 1.3；年能源消费量大于等于 1 万吨标准煤且小于 2 万吨标准煤的项目，PUE 值不应高于 1.25；年能源消费量大于等于 2 万吨标准煤且小于 3 万吨标准煤的项目，PUE 值不应高于 1.2；年能源消费量大于等于 3 万吨标准煤的项目，PUE 值不应高于 1.15。

2021 年 4 月，上海市经济和信息化委员会发布《上海市数据中心建设导则（2021 版）》，明确上海市建设数据中心，投入运行后，PUE（综合）第一年不应高于 1.4，第二年不应高于 1.3。

2019 年 4 月，深圳市发展和改革委员会发布《深圳市发展和改革委员会关于数据中心节能审查有关事项的通知》，指出对于 PUE 值为 1.35～1.40（含 1.35）的数据中心，新增能源消费量可给予实际替代量 10% 及以下的支持，PUE 值为 1.30～1.35（含 1.30）的，给予 20% 及以下的支持，PUE 值为 1.25～1.30（含 1.25）的，给予 30% 及以下的下支持，PUE 值低于 1.25 的，给予 40% 以上支持。

2021 年 4 月，广东省能源局发布《广东省能源局关于明确全省数据中心能耗保障相关要求的通知》，其中指出广东省 2022 年规划建设数据中心标准机柜（标准机柜指折算为 2.5kW 机柜）47 万个，2025 年 100 万个。"十四五"期间 PUE 值需降至 1.3 以下，提高全省数据中心整体能效水平。

山东省规定，建设绿色数据中心，推动节能技改和用能结构调整，引导数据中心持续健康发展。自 2020 年起，新建数据中心 PUE 值原则上不高于 1.3，到 2022 年底，存量改造数据中心 PUE 值不高于 1.4。

《关于杭州市数据中心优化布局建设的意见》明确指出："至 2025 年，全市数据中心布局得到优化，采用先进节能技术集约化建设取得显著成效。全市大型（超大型）数据中心控制在 10 个左右，数据中心服务器总数达到 100 万台左右。绿色节能水平不断提高，数据中心普遍达到三星级以上标准，新建数据中心 PUE（能源使用效率）值不高于 1.4，改造后的数据中心 PUE 值不高于 1.6。实现建设有序、布局合理、规模适度、保障有力、绿色集约的数据中心发展新格局，有效支撑数字经济发展。"

2）绿色节能技术应用

（1）指标说明。

主要评价当地电子政务数据中心在绿色低碳方面的举措。

（2）评价方法。

本项得分 $A\times$ 本项权重。

A：被评价地区政务云所在数据中心有绿色节能技术应用为 1 分，不具备为 0 分。

（3）数据获取。

基于评价时间节点半年内相关部门统计数据。

- 系统演示/截图。
- 分管部门年度/半年总结材料，或其他正式文件等证明材料。

（4）指标依据。

《国务院关于加强数字政府建设的指导意见》——二、构建协同高效的政府数字化履职能力体系建设制度规则体系——（五）强化动态感知和立体防控，提升生态环境保护能力：推动绿色低碳转型。加快构建碳排放智能监测和动态核算体系，推动形成集约节约、循环高效、普惠共享的绿色低碳发展新格局，服务保障碳达峰、碳中和目标顺利实现。

《"十四五"信息通信行业发展规划》——二、总体思路——（二）基本原则：绿色环保。坚持绿色发展理念。深化基础设施共建共享，支持采用绿色低碳技术和设备，全面提高能源资源利用效率。加快信息技术在各行业各领域广泛应用，促进形成绿色生产生活方式，助力实现碳达峰、碳中和。——（三）发展目标：绿色发展水平迈上新台阶。节能减排新技术、新设备和新能源广泛应用，结构性和系统性节能创新水平显著提升，单位电信业务总量综合能耗进一步下降。信息通信技术赋能社会各领域节能减排取得显著成效，在促进经济社会绿色发展中发挥重要作用。

《贯彻落实碳达峰碳中和目标要求推动数据中心和 5G 等新型基础设施绿色高质量发展实施方案》——一、总体要求——（二）主要原则：集约建设，节能降碳。坚持集约化、绿色化、智能化建设，加快节能低碳技术的研发推广，支持技术创新和模式创新。加强对基础设施资源的整合与共享，提升资源利用效率。推动老旧基础设施转型升级。

《"十四五"国家信息化规划》——四、重大任务和重点工程——（五）构建产业数字化转型发展体系—推动数字化绿色化协同发展：在推进数字化转型过程中实现绿色化发展，大力发展绿色智能终端、绿色信息网络、绿色数据中心等，挖掘各环节节能减排潜力。以数字化赋能"生产、生活、生态"，加速数字化推动农业、制造业、服务业等产业的智慧绿色增长。以数字化引领绿色化，以绿色化带动数字化。大力发展数字和绿色的融合新技术和产业体系，打造高质量发展的新动能，推动生产生活方式的深刻变革，助力碳达峰、碳中和目标实现。

《国务院关于加快建立健全绿色低碳循环发展经济体系的指导意见》——二、健全绿色低碳循环发展的生产体系——（六）提高服务业绿色发展水平：加快信息服务业绿色转型,做好大中型数据中心、网络机房绿色建设和改造,建立绿色运营维护体系。

《"十四五"公共机构节约能源资源工作规划》——一、开创公共机构节约能源资源新局面—(四)主要目标:聚焦绿色低碳发展的目标,实现绿色低碳转型行动推进有力,制度标准、目标管理、能力提升体系趋于完善,协同推进、资金保障、监督考核机制运行通畅,开创公共机构节约能源资源绿色低碳发展新局面。实施公共机构能源和水资源消费总量与强度双控,公共机构能源消费总量控制在1.89亿吨标准煤以内,用水总量控制在124亿立方米以内,二氧化碳排放(以下简称碳排放)总量控制在4亿吨以内。

《新型数据中心发展三年行动计划(2021—2023年)》——二、重点任务—(五)绿色低碳发展行动—1.加快先进绿色技术产品应用:大力推动绿色数据中心创建、运维和改造,引导新型数据中心走高效、清洁、集约、循环的绿色发展道路。鼓励应用高密度集成等高效IT设备、液冷等高效制冷系统、高压直流等高效供配电系统、能效环境集成检测等高效辅助系统技术产品,支持探索利用锂电池、储氢和飞轮储能等作为数据中心多元化储能和备用电源装置,加强动力电池梯次利用产品推广应用。

(5)指标解读。

2020年9月,我国明确了"碳达峰、碳中和"目标,标志着中国对促进经济高质量发展、社会繁荣和生态环境保护的决心。国家一系列政策相继颁布,数据中心绿色、低碳发展作为数据中心高质量发展战略的重要部分应运而生。数据中心绿色、低碳发展通过创新节能技术提升设备的能效,充分利用可再生能源降低碳排放,进而推动数据中心作为数字化新基建的基础性支撑作用,驱动社会实现节能降碳的目标。

3)能源损耗管控

(1)指标说明。

主要评价当地电子政务数据中心基础设施能源损耗管控手段与方法。

(2)评价方法。

本项得分 $=A \times$ 本项权重。

A:被评价地区政务云所在数据中心具备能源损耗管控措施为1分,不具备为0分。

(3)数据获取。

基于评价时间节点半年内相关部门统计数据。

- 系统演示/截图。
- 分管部门年度/半年总结材料,或其他正式文件等证明材料。

(4)指标依据。

《贯彻落实碳达峰碳中和目标要求推动数据中心和5G等新型基础设施绿色高质量发展实施方案》——一、总体要求—(二)主要原则——集约建设,节能降碳。坚持集约化、绿色化、智能化建设,加快节能低碳技术的研发推广,支持技术创新和模式创新。加强对基础设施资源的整合与共享，提升资源利用效率。推动老旧基础设施转型升级。

《新型数据中心发展三年行动计划（2021—2023年）》—二、重点任务—（五）绿色低碳发展行动—1.加快先进绿色技术产品应用：大力推动绿色数据中心创建、运维和改造，引导新型数据中心走高效、清洁、集约、循环的绿色发展道路。鼓励应用高密度集成等高效IT设备、液冷等高效制冷系统、高压直流等高效供配电系统、能效环境集成检测等高效辅助系统技术产品，支持探索利用锂电池、储氢和飞轮储能等作为数据中心多元化储能和备用电源装置，加强动力电池梯次利用产品推广应用。

（5）指标解读。

在全国碳达峰、碳中和整体能耗要求背景下，完善能源信息的采集、存储、管理和利用。完善的能源信息采集系统，便于获得第一手运行工艺数据，实时掌握系统运行情况，及时采取调度措施，使系统尽可能运行在最佳状态，并将事故的影响降到最低。在高耗能产业能源管理部门的指导下，对能源系统采用分散控制和集中管理。针对能源工艺系统的分散和能源管理要求集中的特点建立能源管理系统，可以满足能源工艺系统特点的分散控制和集中管理，使政务数据中心的能源管理水平适应数字政府建设的战略发展需要。

4）废旧设备绿色回收

（1）指标说明。

主要评价当地电子政务数据中心基础设施废旧设备绿色回收手段与方法。

（2）评价方法。

本项得分 $=A\times$ 本项权重。

A：被评价地区政务云所在数据中心具备废旧设备绿色回收措施为1分，不具备为0分。

（3）数据获取。

基于评价时间节点半年内相关部门统计数据。

- 系统演示/截图。
- 分管部门年度/半年总结材料，或其他正式文件等证明材料。

（4）指标依据。

同"能源损耗管控"的指标依据。

（5）指标解读。

随着国家一系列政策的相继颁布，数据中心绿色、低碳发展作为数据中心高质量发展战略的重要部分应运而生。数据中心绿色、低碳发展通过创新节能技术提升设备的能效，充分利用可再生能源降低碳排放，进而推动数据中心作为数字化新基建的基础性支撑作用，驱动社会实现节能降碳的目标。资源整合主要考查数据中心建设过程中的材料选择、建造技术、设备或材料回收和可再生利用率及产品包装等方面。能源统筹侧重于数据中心运营后的能源管理、节能措施等方面。

5）WUE

（1）指标说明。

主要评价当地电子政务数据中心基础设施单位IT设备耗电量取水量WUE（water use efficiency，水资源利用率）的达标情况。

（2）评价方法。

本项得分 $=A\times$ 本项权重。

A：被评价地区政务体系所在数据中心使用水冷空调的，单位IT设备耗电量取水量WUE取值高限2.3，符合得1分，不符合得0分。

（3）数据获取。

基于评价时间节点半年内相关部门统计数据。

- 系统演示/截图。
- 分管部门年度/半年总结材料，或其他正式文件等证明材料。

（4）指标依据。

《"十四五"节能减排综合工作方案》—三、实施节能减排重点工程—（一）重点行业绿色升级工程：加强行业工艺革新，实施涂装类、化工类等产业集群分类治理，开展重点行业清洁生产和工业废水资源化利用改造。推进新型基础设施能效提升，加快绿色数据中心建设。

《"十四五"公共机构节约能源资源工作规划》—一、开创公共机构节约能源资源新局面—（四）主要目标：聚焦绿色低碳发展的目标，实现绿色低碳转型行动推进有力，制度标准、目标管理、能力提升体系趋于完善，协同推进、资金保障、监督考核机制运行通畅，开创公共机构节约能源资源绿色低碳发展新局面。实施公共机构能源和水资源消费总量与强度双控，公共机构能源消费总量控制在1.89亿吨标准煤以内，用水总量控制在124亿立方米以内，二氧化碳排放（以下简称碳排放）总量控制在4亿吨以内。

《工业和信息化部 国家机关事务管理局 国家能源局关于加强绿色数据中心建设的指导意见》—一、总体要求—（三）主要目标：到2022年，数据中心平均能耗基本达到国际先进水平，新建大型、超大型数据中心的电能使用效率值达到1.4以下，高能耗老旧设备基本淘汰，水资源利用效率和清洁能源应用比例大幅提升，废旧电器电子产品得到有效回收利用。

《"十四五"节水型社会建设规划》与《"十四五"水安全保障规划》文件都指出，要坚持"节水优先、空间均衡、系统治理、两手发力"的治水思路。

《北京市低效数据中心综合治理工作方案》指出到2025年，基本实现北京市存量数据中心能效、碳效、水效水平全面达到北京市地方标准，集约高效、绿色低碳的数据中心高质量发展格局初步形成。

《上海市数据中心建设导则（2021版）》——WUE：第一年不高于1.6，第二年不高于1.4。

另外，参考了以下标准中相关数据。

- 《数据中心设计规范》（GB 50174—2017）。
- 《数据中心基础设施施工及验收规范》（GB 50462—2015）。
- 《互联网数据中心工程技术规范》（GB 51195—2016）。
- 《数据中心能效限定值及能效等级》（GB 40879—2021）。
- 《数据中心 资源利用 第4部分：可再生能源利用率》（GB/T 32910.4—2021）。
- 《云计算数据中心基本要求》（GB/T 34982—2017）。
- 《数据中心用水技术导则》（T11/BIE 001—2017）。

（5）指标解读。

2021年是"十四五"规划开局之年，数字经济发展提速，作为数字产业底层支撑的数据中心自然也迎来发展的黄金时期。国家层面陆续出台了包含《新型数据中心发展三年行动计划（2021—2023年）》《关于加快构建全国一体化大数据中心协同创新体系的指导意见》在内的多份政策性文件，促进数据中心行业有序发展。作为高耗能行业代表，数据中心的节能减排要节约的不仅仅是"碳"，数据中心的WUE（水资源利用效率）同样要受到高度重视，如何降低数据中心WUE与降低PUE一样重要。对于数据中心而言，节能减排起始于碳中和，但绝不止于碳中和。WUE是一个较新的标准，由从IT角度评估公司可持续性的数据中心产业组织绿色网格提出。绿色网络组织因为推出广为业界认可的衡量数据中心效率的PUE标准而著名。WUE只衡量数据中心制冷系统的水资源使用效率（并不包括水暖和办公室所消耗的水资源）。在高一点的层面上，WUE是将年度水资源使用量除以IT设备的水资源的使用量所获得的值。

6）节水措施

（1）指标说明。

主要评价当地电子政务数据中心在降低耗水量上的举措。

（2）评价方法。

本项得分 $=A\times$ 本项权重。

A：被评价地区政务云所在数据中心有节水措施（设施制度规范）为1分，不具备为0分。

(3)数据获取。

基于评价时间节点半年内相关部门统计数据。

- 系统演示/截图。
- 分管部门年度/半年总结材料，或其他正式文件等证明材料。

(4)指标依据。

《"十四五"节能减排综合工作方案》—三、实施节能减排重点工程—（一）重点行业绿色升级工程：加强行业工艺革新，实施涂装类、化工类等产业集群分类治理，开展重点行业清洁生产和工业废水资源化利用改造。推进新型基础设施能效提升，加快绿色数据中心建设。

《中华人民共和国水法》—第八条：国家厉行节约用水，大力推进节约用水措施，推广节约用水新技术、新工艺，发展节水型工业、农业和服务业，建立节水型社会。

《取水许可和水资源费征收管理条例》—第七条：实施取水许可应当坚持地表水与地下水统筹考虑，开源与节流相结合、节流优先的原则，实行总量控制与定额管理相结合。第九条：任何单位和个人都有节约和保护水资源的义务。

《国务院关于实行最严格水资源管理制度的意见》—一、总体要求—（三）主要目标：确立水资源开发利用控制红线，到2030年全国用水总量控制在7000亿立方米以内；确立用水效率控制红线，到2030年用水效率达到或接近世界先进水平，万元工业增加值用水量（以2000年不变价计，下同）降低到40立方米以下，农田灌溉水有效利用系数提高到0.6以上；确立水功能区限制纳污红线，到2030年主要污染物入河湖总量控制在水功能区纳污能力范围之内，水功能区水质达标率提高到95%以上。

《国家节水行动方案》—二、总体要求—（三）主要目标：到2035年，形成健全的节水政策法规体系和标准体系、完善的市场调节机制、先进的技术支撑体系，节水护水惜水成为全社会自觉行动，全国用水总量控制在7000亿立方米以内，水资源节约和循环利用达到世界先进水平，形成水资源利用与发展规模、产业结构和空间布局等协调发展的现代化新格局。

《"十四五"节水型社会建设规划》与《"十四五"水安全保障规划》两份文件均指出，要坚持"节水优先、空间均衡、系统治理、两手发力"的治水思路。

(5)指标解读。

数据中心作为城市"新基建"之一，是推动数字经济发展的算力基础设施和重要载体。与此同时，数据中心也是城市耗能大户，用电用水量都非常巨大。将数据中心作为节能技术改造项目支持的重点领域，鼓励数据中心开展节水、中水利用改造。

4.5 平台支撑

平台支撑体系是支撑数字政府建设的基础性工程，广厦起于坚实的根基，构建统一的智能集约平台支撑体系是建设数字政府的重要基础，是促进数据共享汇聚、推进业务整体协同的重要前提。深入推进"最多跑一次""一网通办""一网统管""一网协同""接诉即办"等业务创新实践，需要统筹数、云、网资源，形成互联互通、协同联动、数据赋能、安全可信的平台支撑能力，全面保障政府数字化改革向纵深推进。地方数字政府创新实践表明，平台支撑体系的技术水平在很大程度上决定了数字政府的建设水准。因此，要强化信息技术应用创新，充分整合现有信息基础设施，构建智能集约的平台支撑体系，全面夯实数字政府建设基石。

把握平台支撑体系集约化的建设特点，推进数字政府建设要求实现资源整合、避免重复建设，让政府运行更加协同高效，进一步提高数字政府的建设成效。需要坚持大平台、大系统、大数据的建设思路，加强跨部门共建共用共享，不断完善统一的电子政务网络，统筹推进政务云平台和大数据中心建设，整合联通各级各部门分散建设的业务系统、自建机房和业务专网，形成"一片云、一张网"，集约化构建统一基础支撑平台，实现网络、算力、算法、数据、共性应用、微服务等资源共建共享，支撑各级政务部门快速灵活地调用资源，从而降低各个单位利用各类资源的门槛和成本，有效避免多头重复建设。

把握平台支撑体系融合化的应用特点，数字政府建设涉及各类新技术的综合运用，需要坚持系统观念，加强云计算、大数据、人工智能、5G、IPv6、物联网等新技术创新，形成融合型平台支撑体系，为数字政府建设提供算力、算法、电子证照、身份认证、公共支付等共性服务能力支撑，降低各部门利用新技术开展业务创新的难度，提高新技术融合应用水平，以融合化平台支撑体系助力政府数字化改革向纵深推进。

强化共性应用，提升重点共性应用支撑水平。重点共性应用是夯实数字政府坚实基石的一项重要基础工作。《国务院关于加强数字政府建设的指导意见》将推进数字化共性应用建设纳入重点工作任务，与云、网等平台支撑任务并列，具有重要的实践意义。围绕政府数字化转型的重点共性应用需求，以标准化、平台化方式，提供各类自主调用、灵活配置的共性技术工具，强化重点共性应用支撑。在统一身份认证方面，建立全国性的权威身份认证体系，为数字空间提供主体、数据、行为的安全可靠保障，有力支撑政务平台用户实现"单点登录、全网漫游"。在电子证照领域，建立电子证照共享服务体系，实现覆盖个人办事高频证照服务及企业常用电子证照服务，更好支撑"减证便民"。在推动电子文件方面，进一步健全全国统一的电子印章服务体系，提升电子文件（档案）管理和应用水平。在财务税收领域，升级完善全国统一财政电子票据政务服务平台，为推动财政电子票据报销"跨省通办"打通数据。进一步充分发挥国家基础信息库基础性支撑作用，完善全国信用信息共享平台功能，提高数据分析能力。

4.5.1 统一政务平台

1. 统一政务服务平台

2019年5月，国家政务服务平台上线试运行，贯通32个地区和46个国务院部门，标志着以国家政务服务平台为总枢纽的全国一体化政务服务平台初步建成。按照全国一体化平台建设统一工作部署，32个省级政务服务平台已经与国家政务服务平台实现全面对接，全国一体化政务服务平台标准规范体系、安全保障体系和运营管理体系基本建立，政务服务数据共享水平显著提升，全国一体化在线政务服务平台框架体系初步形成。

1）统一平台

（1）指标说明。

考查当地是否存在多个政务服务平台或网站。

（2）评价方法。

本项得分 =A× 本项权重。

A：本地区有唯一政府政务服务网站得1分，存在多个地方政府政务服务网站不得分。

（3）数据获取。

基于互联网检索。

（4）指标依据。

《国务院关于加快推进"互联网＋政务服务"工作的指导意见》—三、融合升级平台渠道—（一）规范网上政务服务平台建设：各省（区、市）人民政府、国务院有关部门要依托政府门户网站，整合本地区本部门政务服务资源与数据，加快构建权威、便捷的一体化互联网政务服务平台，提供一站式服务，避免重复分散建设；已经单独建设的，应尽快与政府门户网站前端整合。

《进一步深化"互联网＋政务服务"推进政务服务"一网、一门、一次"改革实施方案》—三、以整合促便捷，推进线上"一网通办"—（一）整合构建全国一体化网上政务服务平台：加强各省（自治区、直辖市）平台一体化、规范化建设。整合各级政府部门分散的政务服务资源和网上服务入口，加快推动各级政府部门业务信息系统接入本级或上级政务服务平台。

《国务院关于加快推进政务服务标准化规范化便利化的指导意见》—五、全面提升全国一体化政务服务平台服务能力—(一)加强平台建设统筹：充分发挥全国一体化在线政务服务平台建设和管理协调小组作用，统筹全国一体化政务服务平台建设和管理，加快地方、部门政务服务业务系统与国家政务服务平台全面对接融合。各级部门能依托全国一体化政务服务平台支撑政务服务业务办理的，不再单独建设相关业务系统，确需单独建设业务系统的，要把与全国一体化政务服务平台对接融合和数据共享作为项目立项及验收条件。各地区政务服务平台应由省级统筹建设，原则上不再单独建设地市级以下政务服务平台。

（5）指标解读。

全国一体化政务服务平台是企业和群众获得政务服务的公共入口。全国一体化政务服务平台的建设要能够破解企业和群众办事"上多站、满网跑"问题。

根据《国务院关于加快推进"互联网+政务服务"工作的指导意见》及《进一步深化"互联网+政务服务" 推进政务服务"一网、一门、一次"改革实施方案》文件要求，各级政府应加快构建权威、便捷的一体化互联网政务服务平台，提供一站式服务，避免重复分散建设；已经单独建设的，应尽快与政府门户网站前端整合。各级政府部门要整合分散的政务服务资源和网上服务入口，加快推动各级政府部门业务信息系统接入本级或上级政务服务平台。

2）平台覆盖

（1）指标说明。

评估一体化政务服务平台横向委办局、纵向区县街道社区覆盖情况。

（2）评价方法。

本项得分 $=A \times$ 本项权重。

A：一体化政务服务平台覆盖的行政村或社区超过70%得0.5分，超过85%得1分，低于70%不得分。

（3）数据获取。

登录被评价地区一体化政务服务平台网站检索验证。

（4）指标依据。

《"互联网+政务服务"技术体系建设指南》—三、"互联网+政务服务"平台总体架构—(一)总体构架—1.总体层级体系—(3)地市级平台：地市级平台充分利用各地区统一电子政务网络建设（原则上依托国家电子政务外网），提供地市级、县级、乡级政务服务事项受理、办理和反馈，有条件的地区可将代办点延伸至村级。—3.建设方式—(3)统建方式：省级平台、地市级平台中各组成部分由省级整体统一建设，即全省（区、市）一个平台，地市及区县级不再建设。

《国务院关于加快推进全国一体化在线政务服务平台建设的指导意见》—二、总体架构和任务要求—(二)国务院有关部门政务服务平台（业务办理系统）和各地区政务服务平台：各地区政务服务平台按照省级统筹原则建设。通过整合本地区各类办事服务平台，建成本地区各级互联、协同联动的政务服务平台，办理本地区政务服务业务，实现网上政务服务省、市、县、乡镇（街道）、村（社区）全覆盖。

（5）指标解读。

通过全国一体化政务服务平台建设，促进政务服务向乡（镇）、村（街道）延伸，打通政务服务"最后一公里"。网上政务服务平台是实施"互联网＋政务服务"的重要载体，主要实现政务服务统一申请、统一受理、集中办理、统一反馈和全流程监督等功能。网上政务服务平台要实现上级部门集中部署的业务办理系统和下级政务服务平台对接，支持跨部门、跨层级、跨区域信息共享，实现政务服务事项就近能办、同城通办、异地可办。

3）数据同源、同步更新

（1）指标说明。

评估网上政务服务平台、App 等与实体政务服务大厅同源、同步情况。

（2）评价方法。

本项得分 $=A\times$ 本项权重。

A：信息公开、服务事项清单、办事指南等，每一项实现网上政务服务平台、政务服务 App 与实体服务大厅同源、同步的，加 0.5 分，本项最多加 1 分。

（3）数据获取。

访问网上政务服务平台、App，走访实体政务服务大厅，通过信息公开进行评估。

（4）指标依据。

《"互联网＋政务服务"技术体系建设指南》—五、政务服务事项的一体化办理—（一）互联网政务服务门户（外部服务）—1.建设管理要点—（2）同源管理：各级各部门的政务服务信息，应统一汇聚到本级政务服务数据共享平台，各项业务办理中的受理、过程和结果信息，应统一发布到互联网政务服务门户，并实现同源发布。—（3）多渠道服务：充分利用互联网技术，实现多渠道服务，包括移动 App、自助服务一体机、热线电话等，由互联网政务服务门户统一提供服务接口，供各种渠道调用，实现数据同源。

《国务院关于加快推进全国一体化在线政务服务平台建设的指导意见》—三、推进政务服务一体化，推动实现政务服务事项全国标准统一、全流程网上办理—（一）规范政务服务事项：建立全国联动的政务服务事项动态管理机制，逐步实现各区域、各层级、各渠道发布的政务服务事项数据同源、同步更新，推动实现同一事项无差别受理、办理流程和评价标准统一。—（三）融合线上线下服务：推动政务服务事项清单、办事指南、办理状态等相关信息在政务服务平台、移动终端、实体大厅、政府网站和第三方互联网入口等服务渠道同源发布。

（5）指标解读。

政务服务事项清单、办事指南、办理状态等相关信息在政务服务平台、移动终端、实体大厅、政府网站和第三方互联网入口等数据同源、同步更新，主要解决各级政府不同服务渠道所面临的政务服务事项办理标准不统一、文件要求不一致问题，也是实现同一事项无差别受理、办理流程和评价标准统一的前提。

2. 统一移动政务服务平台

近年来，各地区各部门依托本地区本部门政务服务平台大力推动政务服务事项掌上办、指尖办，取得了积极成效，政务服务平台移动端已成为各级政府服务企业和群众的重要渠道。目前，政府信息"掌上看"已经成为常态，能够"指尖办"的事情越来越多，政府网站集约化试点构建"24小时不打烊的网上政府"。

2021年，全国4个直辖市和333个地级行政区开通政务微博或政务微信公众号，占比达到97.63%，开发建设政务客户端占比达到95.55%，微信和支付宝小程序覆盖度亦有小幅增长。除直辖市及部分先进城市在政务客户端服务方面不断提档升级外，其他更多地级行政区依托省级统一移动政务客户端快速填补了移动端空白，政务新媒体快速发展并加速向实现全面覆盖推进，"指尖上的政府"基础框架已初步形成。

1）统一App

（1）指标说明。

本指标主要评估地方是否实现了全省政务App的统一。

（2）评价方法。

本项得分 =A× 本项权重。

A：实现与全省统一App的接入得1分，未实现得0分。

（3）数据获取。

通过移动App应用市场检索获得相关数据。

（4）指标依据。

《全国一体化政务服务平台移动端建设指南》—二、总体架构—（一）层级架构—2.省级政务服务平台移动端：各地区原则上由省级政务服务平台移动端统一对外提供移动政务服务。

（5）指标解读。

近年来，以政务服务移动端、小程序、公众号为代表的移动政务服务渠道不断扩展，上海市的"随申办"、浙江省的"浙里办"、广东省的"粤省事"、安徽省的"皖事通"等一批移动政务服务平台逐渐形成。但从运行情况看，各地区各部门移动端建设分散、不成体系的问题还比较突出，一方面，造成政务服务"多个入口"，群众难以在各类移动端中迅速获取想要的服务；另一方面，由于移动端标准不一，底层支撑能力架构不同，跨地区、跨部门、跨层级、跨业务的信息共享和业务协同存在困难。

《全国一体化政务服务平台移动端建设指南》围绕上述问题，专门就全国一体化平台移动端建设的层级体系和技术架构做出规定，明确国家政务服务平台移动端是全国移动政务服务的总枢纽，为各地区和国务院有关部门政务服务平台移动端提供公共入口、公共通道、公共支撑。各地区原则上由省级平台移动端统一提供移动政务服务，省级平台移动端是本地区移动政务服务的主要提供渠道和总入口。还提出了统一标准规范、统一清单管理、统一身份认证、统一数据共享、统一应用管理"五统一"要求。这些规定将有利于推动各地区各部门移动政务服务资源整合和政务服务平台移动端集约化建设，全面提升一体化服务能力。

2）统一身份认证

（1）指标说明。

评价地方是否与统一政务服务平台实现了用户身份注册的互认。

（2）评价方法。

本项得分 $=A\times$ 本项权重。

A：能够实现互认本项得 1 分，不能实现互认本项得 0 分。

（3）数据获取。

在政务服务平台注册后，在移动政务服务 App 登录测试。

（4）指标依据。

《全国一体化政务服务平台移动端建设指南》—三、强化政务服务平台支撑能力，推动移动政务服务规范管理和协同服务—（三）统一身份认证：基于自然人身份信息、法人单位信息等国家认证资源，依托国家政务服务平台统一身份认证系统，建立健全全国统一身份认证体系，统一身份认证标准、规范身份认证渠道、建立身份认证结果纠错机制，为全国一体化平台移动端提供统一身份认证公共支撑，实现用户身份信息跨地区、跨部门互信互认、"无感漫游"。各地区和国务院有关部门要根据移动端办事服务的需求和特点，在确保安全的前提下，不断优化政务服务平台移动端身份认证服务，为用户提供二维码、手势识别、指纹识别、声纹识别等安全便捷的身份认证服务方式。

（5）指标解读。

统一身份认证，就是应用统一身份认证服务解决企业和群众办事在不同地区和部门平台重复注册验证等问题，实现"一次注册、全网通行""一次认证、全网通办"。

各级政府要加强用户统一身份认证体系建设，建立统一用户中心，将各部门系统账户迁移到统一账户库。综合运用权威认证新技术，升级和完善互联网实名认证体系，全面完成部门各类互联网业务办理端口与全国一体化政务服务平台的用户互认，架设横向到边、纵向到底的网络立交桥，让企业群众享受"一次注册、单点登录、多处互认、全网畅行"的整体服务。

3. 统一政务协同平台

在当前数字化转型进程中，政务单位相较于普通企业存在转型步骤多、难度大、涉及面广等难题。虽然到目前为止，政务系统中的大部分单位开发建设了自己的独立办公信息系统，并取得了一定的应用效益，有效支撑了部门办公业务开展，但是总体上较为分散，自成体系、自建自用、自行运维，且技术体制不一、整体水平不高、自主可控不足。想要高效解决多样繁复的政务工作，唯有建设一体化协同办公体系，统筹推进协同办公、数据共享、信息报送、督察督办等基础应用建设，对管辖内多个层级政府的部门内部、部门之间、上下级之间、条块之间，以及政府与公众之间的应用和数据共享关系进行一体化构建，形成服务送达、综合办理、数据监测、监督反馈的业务闭环，推动实现机关内部及部门间"一件事"高效协同办理。

1）统一平台

（1）指标说明。

本指标主要评估地方统一政务协同办公平台的统筹建设情况。

（2）评价方法。

本项得分 = A × 本项权重。

A：省级统筹的本项得 1 分；地市级统筹的本项得 0.5 分；未能统筹的本项得 0 分。

（3）数据获取。

登录本地政务协同平台验证。

（4）指标依据。

《国务院关于加强数字政府建设的指导意见》—二、构建协同高效的政府数字化履职能力体系—（六）加快推进数字机关建设，提升政务运行效能—提升辅助决策能力：加快一体化协同办公体系建设，全面提升内部办公、机关事务管理等方面共性办公应用水平，推动机关内部服务事项线上集成化办理，不断提高机关运行效能，提升行政监督水平。

（5）指标解读。

统筹一体化协同办公平台建设是推进各地数字机关建设的重点，是实现"整体政府"高效协同的关键。统筹建设覆盖省、市、县/区、乡镇/街道、社区/行政村五级行政体系的一体化协同办公平台，以集成多个业务系统，打造应用统一入口，打破信息孤岛，方便各类信息与资源集中利用；实现沟通在线、移动审批，满足精细化、规范化管理需求，推进政府决策科学化、社会治理精准化、公共服务高效化；实现即时沟通与 OA 应用的移动接入，审批速度及办事效率大幅提升，提升行政管理协同化水平；统筹政府机关办公系统的运维，统筹保障一体化协同办公平台的运行安全。

2）统筹使用

（1）指标说明。

本指标主要评估地方政务协同办公平台的使用情况。

（2）评价方法。

本项得分 =A× 本项权重。

A：被评价地区使用统一平台的部门数量超过 30% 的，得 0.5 分；超过 50% 的，得 0.8 分；超过 80% 的，得 1 分；不足 30% 的，不得分。

（3）数据获取。

登录本地政务协同平台验证。

（4）指标依据。

《"十四五"推进国家政务信息化规划》—三、主要任务—（三）统筹建设协同治理大系统—1. 提升执政能力信息化水平—建设内容：提升电子文件管理和应用水平，统筹推进协同办公、数据共享、信息报送、督察督办等基础应用建设，加快内部办公和业务系统整合共享与升级改造，提升共性办公应用水平。

（5）指标解读。

在网上办公方面，大部分省份的省直部门和设区市已建设并运行本部门或本地区的网上办公系统，这些已建的网上办公系统由于无法实现互联互通，信息不能有效共享，导致部门仍旧"两条腿走路"，部门内部实现了无纸化运转，可是一出部门还是只能采取传统的报送纸质件的旧方式，极大地限制了办公效率的提高。

建设和使用统一政务协同办公平台，可以有效促进政府各部门提升信息效率、协作效率、办公效率和管理效率。加强战略及策略执行的过程控制，形成高效、规范、程序化的管理机制。提高各部门间、业务环节间的协作效率，帮助政府消除信息死角，提高部门间的协作能力。在协同平台上，各部门、管理者、经办人按照既定规则、制度执行和操作业务，相应的责任对应相应的权力，杜绝越权操作，增加了对政务的监督。

3）业务场景创新

（1）指标说明。

本指标主要评估地方政务协同办公平台的使用深度情况。

（2）评价方法。

本项得分 =A× 本项权重。

A：被评价地方业务职能类、内部管理类、工作专班类、学习培训类等业务场景应用的搭建情况，每增加一个加 0.2 分，最多得 1 分。

（3）数据获取。

登录本地政务协同平台验证。

（4）指标依据。

同"统一政务协同平台"下"统一平台"的指标依据。

（5）指标解读。

政务协同平台统筹了政府内部即时通信、通知管理、公文管理、会议管理、用章管理、日程管理、考勤管理、云文档、工资条、工作日报、调查问卷等一系列智能政务应用。基于这些基础的政务应用，各级政府部门内部要实现办公数字化、无纸化与智能化。然后，在涉及跨部门、跨地区的业务时，不必再单独建设业务系统，可以基于统一的协同平台，按照业务场景进行搭建，从而建立全新政务沟通机制，实现地方政府所有政务信息的一键直达流转，为公职人员减轻工作负担，极大提高政务工作效率。

4.5.2 统一技术与应用支撑

《国务院关于加强数字政府建设的指导意见》提出加强重点共性应用支撑能力，推进数字化共性应用集约建设。

1. 技术支撑服务

1）管理要求

（1）指标说明。

本指标主要评价当地在建设数字政府总体规划方面，是否对技术体系做了统一规范和要求。

（2）评价方法。

本项得分 = A × 本项权重。

A：被评价地区数字政府相关规划、政策中，明确要求整合共性技术组建，形成统一的技术支撑、服务能力的，得1分，无此项要求不得分。

（3）数据获取。

以互联网检索为主，以地方政府印发的正式文件为准。

（4）指标依据。

《国务院关于加强数字政府建设的指导意见》—六、构建智能集约的平台支撑体系—（三）加强重点共性应用支撑能力：推进数字化共性应用集约建设。依托身份认证国家基础设施、国家人口基础信息库、国家法人单位信息资源库等认证资源，加快完善线上线下一体化统一身份认证体系。持续完善电子证照共享服务体系，推动电子证照扩大应用领域和全国互通互认。完善电子印章制发、管理和使用规范，健全全国统一的电子印章服务体系。深化电子文件资源开发利用，建设数字档案资源体系，提升电子文件（档案）管理和应用水平。发挥全国统一的财政电子票据政务服务平台作用，实现全国财政电子票据一站式查验，推动财政电子票据跨省报销。开展各级非税收入收缴相关平台建设，推动非税收入收缴电子化全覆盖。完善信用信息公共服务平台功能，提升信息查询和智能分析能力。推进地理信息协同共享，提升公共服务能力，更好发挥地理信息的基础性支撑作用。

（5）指标解读。

推进重点共性应用建设是夯实数字政府坚实底座的一项重要基础工作。《国务院关于加强数字政府建设的指导意见》将推进数字化共性应用建设纳入重点工作任务，与云、网等平台支撑任务并列，具有重要的实践意义。围绕政府数字化转型的重点共性应用需求，以标准化、平台化方式，提供各类自主调用、灵活配置的共性技术工具，强化重点共性应用支撑。

2）应用开发

（1）指标说明。

本指标主要评价地方政府在推进数字政府建设中，是否明确了应用开发的技术框架要求。

（2）评价方法。

本项得分 $=A\times$ 本项权重。

A：被评价地区明确制定、印发了一体化政务服务平台、政务App、政务协同以及其他相关政府信息化平台的技术开发规范、框架要求或标准规范的，每提供一个得0.2分，最多得1分。

（3）数据获取。

基于互联网检索。

（4）指标依据。

《上海城市数字化转型标准化建设实施方案》—三、主要任务—（一）完善支撑全局的基础标准—3. 支撑能力：聚焦数字基础设施与城市数字孪生的关键技术和应用需求，研制实施物体全域标识、城市资源标识解析、公共技术和应用组件、泛在感知和智能设施等标准，加快推进新一代感知、网络、算力、融合等数字基础设施标准化，为"端、边、云、网、链"等数字基础设施融合发展提供技术支撑。

《天津市加快数字化发展三年行动方案（2021—2023年）》—四、建设智能高效的数字政府，提升社会主义现代化大都市治理新能力—（十一）强化政务信息系统统建共用：围绕系统设计、开发、部署、运行等关键环节，综合集成共性适用、开放共享应用支撑组件，打造"平台化协同、数据化决策、在线化服务"的"大平台、大数据、大系统"。

《浙江省数字化改革总体方案》—二、重点任务—（一）推进一体化智能化公共数据平台建设—2. 打造规范高效的应用集成体系。建立健全全省统一、规范高效的应用协同机制。围绕应用开发、部署、运行等关键环节，构建应用管理标准化流程。建设一体化应用集成管理系统，贯通"浙里办""浙政钉"，综合集成高频刚需组件，支撑全省应用规范开发、高效集成、稳定运行。强化运行监测，加强应用效能评估，促进应用体验优化、性能提升。——3．加强一体化智能化应用支撑体系建设。统筹规划一体化智能化应用支撑体系，为各地各部门开发业务应用提供公共支撑。建立全省一体化智能化应用组件目录，强制类组件要求数字化改革应用必须使用，推荐类组件可选择使用。针对数字化改革过程中的新任务、新需求，开发共性适用的应用支撑组件，汇聚各地各部门优秀组件，推进共建共享，丰富应用支撑体系；加强各地各部门的培训，强化技术支持，提升支撑组件的利用率。推进用户中心、交互中心、业务中心、信用中心、空间中心、智能中心建设，大力提升一体化智能化应用支撑能力。

《安徽省"数字政府"建设规划（2020—2025年）》——五、打造"皖事通办"平台：依托江淮大数据中心，全面创新升级建成"皖事通办"平台，集成一批统一身份认证、统一电子证照、统一电子印章、统一支付平台、统一开发平台、AI平台等公共应用支撑，提供公共组件和统一标准接口，为各地、各部门政务信息化应用提供支撑。通过丰富服务渠道、拓展服务内容、创新服务方式、提升服务水平，打造为市场主体和群众提供全量政务服务和社会服务的整体平台，构建支撑政府服务管理数字化运行的能力平台，探索数据驱动型政务新平台、新渠道、新模式。

（5）指标解读。

对于大部分政府部门而言，业务底层的流程是基本相似的，因此在数字政府的建设过程中，如何避免"重复造轮子"是一个需要解决的问题。

各地在开发政务系统的时候，统一软件开发平台，实现软件功能模块的复用，使得开发政府软件如同搭积木一般灵活高效，使得软件迭代的效率不断提高，也使得数字政府建设的难度大大降低。

3）人工智能

（1）指标说明。

本指标主要评价地方是否具备统一的人工智能开发与服务能力。

（2）评价方法。

本项得分 $=A\times$ 本项权重。

A：被评价地区实际建设了面向多个政府部门业务提供支撑的人工智能平台，得1分，未建设不得分。

（3）数据获取。

调研考察当地政务系统，是否明确建设了人工智能平台，并具备实际业务应用。

（4）指标依据。

《国务院办公厅关于加快推进政务服务"跨省通办"的指导意见》——一、总体要求——（二）基本原则：坚持改革创新。紧扣政务服务"跨省通办"全环节，创新工作理念和制度机制，充分运用大数据、人工智能、区块链等新技术手段，优化再造业务流程，强化业务协同，打破地域阻隔和部门壁垒，促进条块联通和上下联动。

《全国一体化政务服务平台移动端建设指南》—四、优化政务服务平台移动端服务功能和方式，为企业和群众提供更加便利高效的移动政务服务—（三）积极运用新技术提升移动政务服务便利化水平：积极运用大数据、人工智能、第五代移动通信（5G）等技术，综合利用数据挖掘、智能学习等方法，创新移动政务服务。

（5）指标解读。

人工智能在政务领域的应用能够极大地降低交易成本和行政负担，能够对科技创新、营商环境、民生福祉和党政决策等发挥一举多得的积极作用。当前基于大数据分析与人工智能技术的智慧服务解决方案正在帮助大量的行政机构"解放生产力"，并且已开始切实地服务百姓。

上海市在深入推进"一网通办"改革，推动政务服务从"能办"向"好办""快办"持续转变的过程中，通过信息技术实现材料预审，根据业务部门收件受理规则，通过大数据、人工智能技术等对申请人提供的材料进行 AI 辅助预审，智能判断申请人提交申请材料的准确性。湖北省襄阳市探索将"RPA（robotic process automation，机器人流程自动化）+人工智能"数字化辅助技术运用到政务服务大厅综合受理窗口的无差别受理工作中，以简化工作流程，以自动化技术替代手工操作，辅助政府部门工作人员完成数据量大、重复性高、易于标准化的业务。

4）视频联网

（1）指标说明。

本指标主要评价地方政府是否建设了视频联网共享服务平台，以实现应急救援、城市治理、公共安全等领域的视频共享。

（2）评价方法。

本项得分＝（A+B）/2× 本项权重。

A：被评价地区建设了统一的视频联网共享服务平台得 1 分，未建设不得分。

B：每个接入统一视频联网共享服务平台的部门得 0.2 分，最多得 1 分。

（3）数据获取。

调研考察当地视频联网共享服务平台的建设情况。

（4）指标依据。

《关于加强公共安全视频监控建设联网应用工作的若干意见》—三、加强资源整合，推动联网共享应用—（八）健全共享机制。按照统筹需求、分级管理原则，建立健全跨地区、跨部门视频图像信息共享应用机制、安全使用审核制度和技术标准体系，加强部门协作和业务协同。各级政府职能部门应当依照法律规定使用处理有关视频图像资源，根据业务需求，可以采取无偿实时调取、离线采集等多种方式。—（九）拓宽应用领域。按照依法授权使用、分级分类监管的原则，探索公共安全视频图像信息新的应用领域，研究视频图像信息资源的社会化开发管理模式，鼓励有条件的地方依托公安机关视频图像共享平台，在严格依法、严格审批、安全可控的前提下，逐步开展视频图像信息在城乡社会治理、智能交通、服务民生、生态建设与保护等领域的应用，为社会和群众提供更多更好的服务。

（5）指标解读。

2015年，国家发展和改革委员会联合中央综治办印发了《关于加强公共安全视频监控建设联网应用工作的若干意见》（发改高技〔2015〕996号），要求依据国家相关法律、法规、政策和技术标准，应用安全可控的技术和产品，统筹公共安全视频监控系统建设，避免重复投资；按照维护国家安全、公共安全的实际需要，推动公共安全视频监控系统联网，整合各类视频图像资源；规范管理、确保安全，推进和保障各地区、各部门对视频图像资源的共享应用。

随着云计算、5G通信、视频解析等技术的进步，视频监控已经不止服务于公共安全，在应急救援、交通疏导、环境治理以及智慧城市等各个领域都得到了广泛的使用。建设统一的视频联网共享服务平台，一方面能够更好地整合、接入各类视频监控资源，另一方面能够把视频解析等服务能力向各部门赋能，从而实现视频图像分析解析能力的集约高效。

5）共性技术组件

（1）指标说明。

本指标主要评价当地数字政府建设是否提供了共性技术组件服务。

（2）评价方法。

本项得分 =（$A+B$）/2 × 本项权重。

A：被评价地区明确要求统一共性技术组件使用得1分，未明确不得分。

B：每个统一的共性技术组件得0.2分，最多得1分。

注意：共性技术组件包括工作流引擎、电子表单、消息服务、搜索引擎、邮件服务、日志服务等。

（3）数据获取。

调研考察当地政务系统共性组件建设情况。

（4）指标依据。

《全国一体化政务服务平台移动端建设指南》—三、强化政务服务平台支撑能力，推动移动政务服务规范管理和协同服务—（一）统一标准规范—1. 建设和接入标准。制定和完善全国一体化平台移动端建设和接入标准，对技术架构、接入组件、界面交互等进行规范，进一步明确访问入口和服务应用接入等要求，提升各地区和国务院有关部门政务服务平台移动端建设标准化、规范化水平。

《"互联网＋政务服务"技术体系建设指南》—三、"互联网＋政务服务"平台总体架构—（三）平台技术架构—3.应用支撑层：应用支撑包括CA和电子印章、工作流引擎、电子表单、消息服务等各种通用组件服务，也包括用户管理及认证、支付平台和物流平台等中间支撑系统。

（5）指标解读。

数字政府的建设要加强共性技术的供给。应加强应用支撑能力汇聚整合，促进基础通信、人工智能、大数据、区块链、安全认证、精准定位等技术能力集成封装，助力数字政府共性应用能力体系集约建设。

2. 应用支撑服务

1）统一身份认证

（1）指标说明。

考查地方统一身份认证系统的建设与应用情况。

（2）评价方法。

本项得分 =（$A+B$）/2 × 本项权重。

A：被评价地区是否完成了统一身份认证建设，完成得1分，未完成不得分；采用上级平台的，本项得1分。

B：被评价地区除了政务服务平台，还有哪些平台采用了同一个统一身份认证系统，每提供一个加0.2分，最多加1分。

（3）数据获取。

调研考察当地政务系统统一身份认证系统的建设与应用情况。

（4）指标依据。

《国务院关于加强数字政府建设的指导意见》—六、构建智能集约的平台支撑体系—（三）加强重点共性应用支撑能力：推进数字化共性应用集约建设。依托身份认证国家基础设施、国家人口基础信息库、国家法人单位信息资源库等认证资源，加快完善线上线下一体化统一身份认证体系。

《"十四五"数字经济发展规划》—七、持续提升公共服务数字化水平—（一）提高"互联网＋政务服务"效能：建立健全政务数据共享协调机制，加快数字身份统一认证和电子证照、电子签章、电子公文等互信互认，推进发票电子化改革，促进政务数据共享、流程优化和业务协同。

《国务院关于加快推进全国一体化在线政务服务平台建设的指导意见》—四、推进公共支撑一体化，促进政务服务跨地区、跨部门、跨层级数据共享和业务协同—（二）统一身份认证：国家政务服务平台基于自然人身份信息、法人单位信息等国家认证资源，建设全国统一身份认证系统，积极稳妥与第三方机构开展网上认证合作，为各地区和国务院有关部门政务服务平台及移动端提供统一身份认证服务。各地区和国务院有关部门统一利用国家政务服务平台认证能力，按照标准建设完善可信凭证和单点登录系统，解决企业和群众办事在不同地区和部门平台重复注册验证等问题，实现"一次认证、全网通办"。各地区各部门已建身份认证系统按照相关规范对接国家政务服务平台统一身份认证系统。

《国务院关于加快推进政务服务标准化规范化便利化的指导意见》—五、全面提升全国一体化政务服务平台服务能力—（二）强化平台公共支撑：充分发挥国家政务服务平台公共入口、公共通道、公共支撑的总枢纽作用，建立完善政务服务统一身份认证系统。

《信息安全技术 基于互联网电子政务信息安全实施指南 第3部分：身份认证与授权管理》（GB/Z 24294.3—2017）。

（5）指标解读。

统一身份认证的建设，用于解决企业和群众办事在不同地区和部门平台重复注册验证等问题，是确保"最多跑一次""只上一次网""一网通办""跨省通办"的基础。统一身份认证能够在多个政务系统实现共性支撑，能够体现地方政府在推进整体数字政府建设方面的总体进展。

2）统一电子证照

（1）指标说明。

考查地方统一电子证照系统的建设与应用情况。

（2）评价方法。

本项得分 =（$A+B$）/2 × 本项权重。

A：被评价地区是否完成了统一电子证照系统建设，完成得1分，未完成不得分；采用上级平台的，本项得1分。

B：被评价地区除了政务服务平台，还有哪些平台采用了同一个统一电子证照系统，每提供一个加0.2分，最多加1分。

（3）数据获取。

调研考察当地政务系统统一电子证照系统的建设与应用情况。

（4）指标依据。

《国务院办公厅关于加快推进电子证照扩大应用领域和全国互通互认的意见》（国办发〔2022〕3号）。

《国务院关于加强数字政府建设的指导意见》—六、构建智能集约的平台支撑体系—（三）加强重点共性应用支撑能力：推进数字化共性应用集约建设。持续完善电子证照共享服务体系，推动电子证照扩大应用领域和全国互通互认。

《"十四五"数字经济发展规划》—七、持续提升公共服务数字化水平—（一）提高"互联网＋政务服务"效能：建立健全政务数据共享协调机制，加快数字身份统一认证和电子证照、电子签章、电子公文等互信互认，推进发票电子化改革，促进政务数据共享、流程优化和业务协同。

《国务院关于加快推进全国一体化在线政务服务平台建设的指导意见》—四、推进公共支撑一体化，促进政务服务跨地区、跨部门、跨层级数据共享和业务协同—（四）统一电子证照：依托国家政务服务平台电子证照共享服务系统，实现电子证照跨地区、跨部门共享。各地区和国务院有关部门按照国家电子证照业务技术规范制作和管理电子证照，上报电子证照目录数据。电子证照采用标准版式文档格式，通过电子印章用章系统加盖电子印章或加签数字签名，实现全国互信互认，切实解决企业和群众办事提交材料、证明多等问题。

《进一步深化"互联网＋政务服务"推进政务服务"一网、一门、一次"改革实施方案》—七、保障措施—（一）建立健全"一网通办"的标准规范：研究制定人口、法人、电子证照等基础数据共享的国家标准。加快完成电子证照库、人口综合库、法人综合库、公共信用库等规范编制工作，加快电子证照应用推广和跨部门、跨区域互认共享。建立健全政务信息资源数据采集、数据质量、目录分类管理、共享交换接口、共享交换服务、平台运行管理等方面的标准。

《国务院关于加快推进政务服务标准化规范化便利化的指导意见》—五、全面提升全国一体化政务服务平台服务能力—（二）强化平台公共支撑：加快电子证照归集共享应用，建立电子证照签发以及跨地区跨层级互通互认、异议处理、反馈纠错规则机制。

另外，参考了以下标准。

- 《电子证照　目录信息规范》（GB/T 36902—2018）。
- 《电子证照　共享服务接口规范》（GB/T 36906—2018）。
- 《电子证照　元数据规范》（GB/T 36903—2018）。
- 《电子证照　总体技术架构》（GB/T 36901—2018）。
- 《电子证照　标识规范》（GB/T 36904—2018）。
- 《电子证照　文件技术要求》（GB/T 36905—2018）。

（5）指标解读。

近年来，随着"互联网＋政务服务"深入推进，各地区各部门依托全国一体化政务服务平台，积极推进电子证照应用，持续优化政务服务，在支撑政务服务事项办理减环节、减材料、减时限、减费用等方面取得了初步成效，政务服务便捷度、企业和群众获得感明显提升。《国务院办公厅关于加快推进电子证照扩大应用领域和全国互通互认的意见》（国办发〔2022〕3号）提出，2022年底前，全国一体化政务服务平台电子证照共享服务体系基本建立，电子证照制发机制建立健全，企业和群众常用证照基本实现电子化，与实体证照同步制发和应用，在全国范围内标准统一、互通互认；电子证照在政务服务领域广泛应用，社会化应用取得积极进展，"减证便民"取得明显成效。到 2025 年，电子证照应用制度规则更加健全，应用领域更加广泛，支撑政务服务标准化、规范化、便利化取得显著成效，进一步方便企业和群众办事。

3）统一电子印章

（1）指标说明。

考查地方统一电子印章系统的建设与应用情况。

（2）评价方法。

本项得分 = $(A+B)/2 \times$ 本项权重。

A：被评价地区是否完成了统一电子印章系统建设，完成得 1 分，未完成不得分；采用上级平台的，本项得 1 分。

B：被评价地区实现互联互通的电子印章系统，每提供一个加 0.2 分，最多加 1 分。

（3）数据获取。

调研考察当地统一电子印章系统的建设与应用情况。

（4）指标依据。

《国务院关于加强数字政府建设的指导意见》—六、构建智能集约的平台支撑体系—（三）加强重点共性应用支撑能力：推进数字化共性应用集约建设。完善电子印章制发、管理和使用规范，健全全国统一的电子印章服务体系。

《国务院办公厅关于扩大政务服务"跨省通办"范围进一步提升服务效能的意见》—四、加强"跨省通办"服务支撑—（八）增强"跨省通办"数据共享支撑能力：依法依规有序推进常用电子证照全国互认共享，加快推进电子印章、电子签名应用和跨地区、跨部门互认，为提高"跨省通办"服务效能提供有效支撑。

《国务院关于加快推进全国一体化在线政务服务平台建设的指导意见》—四、推进公共支撑一体化，促进政务服务跨地区、跨部门、跨层级数据共享和业务协同—（三）统一电子印章：制定政务服务领域电子印章管理办法，规范电子印章全流程管理，明确加盖电子印章的电子材料合法有效。应用基于商用密码的数字签名等技术，依托国家政务服务平台建设权威、规范、可信的国家统一电子印章系统。各地区和国务院有关部门使用国家统一电子印章制章系统制发电子印章。未建立电子印章用章系统的按照国家电子印章技术规范建立，已建电子印章用章系统的按照相关规范对接。

《国务院关于加快推进政务服务标准化规范化便利化的指导意见》—五、全面提升全国一体化政务服务平台服务能力—（二）强化平台公共支撑：规范各地区各部门电子印章制发核验和用印。

《党政机关电子印章应用规范》（GB/T 33481—2016）。

（5）指标解读。

电子印章是政府提供线上公共服务的效力证明。统一电子印章管理系统是电子政务的重要基础设施之一，是统一政务服务系统的重要组成部分。提供电子认证服务的数字证书认证系统应当接入国家政务服务平台的数字证书互信互认平台，实现数字证书的互信互认。各地统一电子印章系统，应用与地方一体化政务服务平台、政务App以及其他政务系统相融合，在服务渠道、身份认证、业务数据等方面共享互通，具有集约化、标准化、安全可靠、面向应用的特点，同时具备电子印章申请、制作、领取、授权、使用、验证和管理功能。

4）信用信息公共服务

（1）指标说明。

考查地方信用信息公共服务平台的建设情况。

（2）评价方法。

本项得分=（A+B）/2×本项权重。

A：被评价地区是否完成了信用信息公共服务平台建设，完成得1分，未完成不得分；采用上级平台的，本项得1分。

B：被评价地区实现与信用平台对接的平台/系统数量，每提供一个加0.2分，最多加1分。

（3）数据获取。

调研考察当地信用信息公共服务平台的建设情况。

（4）指标依据。

《国务院关于加强数字政府建设的指导意见》—六、构建智能集约的平台支撑体系—（三）加强重点共性应用支撑能力：推进数字化共性应用集约建设。完善信用信息公共服务平台功能，提升信息查询和智能分析能力。

《进一步深化"互联网+政务服务"推进政务服务"一网、一门、一次"改革实施方案》—六、以共享筑根基，让"数据多跑路"—（四）推进事中事后监管信息"一网通享"：积极推进跨部门"双随机、一公开"监管信息共享，依托"信用中国"网站和国家企业信用信息公示系统，提供登记备案、行政许可、行政处罚、经营异常名录、严重违法失信企业名单、监督检查、质量抽检等信用信息查询和共享服务。推进事中事后监管信息与政务服务深度融合，整合市场监管相关数据资源，加强对市场环境的大数据监测分析和预测预警，推进线上线下一体化监管。

另外，参考了以下文件和标准中相关内容。

- 《国务院办公厅关于进一步完善失信约束制度构建诚信建设长效机制的指导意见》（国办发〔2020〕49号）。
- 《国家发改委 人民银行关于印发〈社会信用体系建设规划纲要（2014—2020年）任务分工〉和〈社会信用体系建设三年重点工作任务（2014—2016）〉的通知》（发改财金〔2014〕2850号）。
- 《国家发改委办公厅 人民银行办公厅关于印发首批社会信用体系建设示范城

市名单的通知》（发改办财金〔2017〕2158号）。
- 《国家发改委办公厅 人民银行办公厅关于印发第二批社会信用体系建设示范城市（区）名单的通知》（发改办财金〔2019〕849号）。
- 《公共信用信息交换方式及接口规范》（GB/T 39443—2020）。

（5）指标解读。

《国务院关于加强数字政府建设的指导意见》（国发〔2022〕14号）明确，充分运用数字技术支撑构建新型监管机制，加快建立全方位、多层次、立体化监管体系，实现事前事中事后全链条全领域监管，以有效监管维护公平竞争的市场秩序。以数字化手段提升监管精准化水平。加强监管事项清单数字化管理，运用多源数据为市场主体精准"画像"，强化风险研判与预测预警。加强"双随机、一公开"监管工作平台建设，根据企业信用实施差异化监管。加强重点领域的全主体、全品种、全链条数字化追溯监管。以一体化在线监管提升监管协同化水平。大力推行"互联网+监管"，构建全国一体化在线监管平台，推动监管数据和行政执法信息归集共享和有效利用，强化监管数据治理，推动跨地区、跨部门、跨层级协同监管，提升数字贸易跨境监管能力。以新型监管技术提升监管智能化水平。完善信用信息公服务平台功能，提升信息查询和智能分析能力。

5）地理信息公共服务

（1）指标说明。

考查地方统一地理信息系统的建设与应用情况。

（2）评价方法。

本项得分 =（$A+B+C$）/3 × 本项权重。

A：被评价地区是否完成了统一地理信息系统建设，完成得1分，未完成不得分；采用上级平台的，本项得分。

B：被评价地区近5年内是否完成过重点地区空间地理信息库的更新，完成得1分，未完成得0.5分。

C：被评价地区建设的统一地理信息系统支撑的业务系统数量，每提供一个加0.1分，最多加1分。

（3）数据获取。

调研考察当地统一地理信息系统的建设与应用情况。

（4）指标依据。

《国务院关于加强数字政府建设的指导意见》—六、构建智能集约的平台支撑体系—（三）加强重点共性应用支撑能力：推进数字化共性应用集约建设。推进地理信息协同共享，提升公共服务能力，更好发挥地理信息的基础性支撑作用。

《自然资源部办公厅关于印发〈地理信息公共服务平台管理办法〉的通知》（自

然资办发〔2020〕77号)。

(5)指标解读。

当前,基于地理信息系统对自然资源进行开发保护、对国土资源进行开发利用、对生态环境进行治理、支撑国家应急指挥等方面的重要作用已经成为共识,完善自然资源三维立体"一张图"和国土空间基础信息平台的建设是提升我国政府治理能力的重要支撑之一。

自然资源部办公厅2020年印发的《地理信息公共服务平台管理办法》规定:地理信息公共服务平台实行一体化建设模式,各级节点应当充分共享有关数据和软件系统。省级自然资源主管部门可根据本地区实际,规定省级(兵团)节点、市县级节点的具体分工和建设内容,上下联动,集约整合,避免重复建设。

4.6 数据资源

4.6.1 政务数据治理

1. 数据治理组织与战略

1)数据治理团队建设

(1)指标说明。

本项指标主要考查地方政务数据治理团队建设情况。

(2)评价方法。

本项得分 $=A\times$ 本项权重。

A:设立专职政务数据负责人,配备专职政务数据管理团队,符合本项要求得1分,否则得0分。

(3)数据获取。

责任单位提供专职数据治理人员岗位职责证明。

(4)指标依据。

- 《信息技术 大数据 政务数据开放共享 第2部分:基本要求》(GB/T 38664.2—2020)。
- 《信息技术服务 治理 第5部分:数据治理规范》(GB/T 34960.5—2018)。

(5)指标解读。

当前我国数据要素市场还处于起步探索阶段,数据生产要素的价值还未得到充分释放,仍面临着众多新问题,还需要强调政府对数据的治理作用,以数据治理为抓手探索政府数字建设,以更好地发挥数据的社会经济价值。在数据治理背景下,政府数据开放共享对于建立服务型政府、提升政府公共服务能力、提升社会治理水平等都具有重要意义。

数字治理应该建立健全规则体系，理顺多元主体的权责关系，包含制定与实施数据相关政策、确立数据所有权、明确数据管理责任等，以此形成共建、共享、共治模式，释放数据价值，赋能国家治理能力和体系现代化。我国政府数据开放共享发展迅猛，整体呈现越来越公开、透明、专业、标准的趋势，在未来的开放共享过程中，要通过数据治理评价体系带动数据治理体系的不断完善。

2）数据战略发展规划制定

（1）指标说明。

本项指标主要考查地方政务数据长期战略规划制定和执行情况。

（2）评价方法。

本项得分 $=A\times$ 本项权重。

A：制定政务数据中长期发展规划，符合本项要求得 1 分，否则得 0 分。

（3）数据获取。

责任单位提供数据战略发展规划相关资料、文档。

（4）指标依据。

同"数据治理团队建设"的指标依据。

（5）指标解读。

与"数据治理团队建设"指标解读一致。

3）数据治理制度制定

（1）指标说明。

本项指标主要考查地方政务数据治理保障机制。

（2）评价方法。

本项得分 $=A\times$ 本项权重。

A：制定政务数据治理制度，包括但不限于组织管理、部门职责、协调机制、安全管控、系统保障、监督检查和数据质量控制等内容，符合本项要求得 1 分，否则得 0 分。

（3）数据获取。

登录当地一体化政务服务平台查询获取；或由责任单位提供数据治理制度相关资料、文档。

（4）指标依据。

同"数据治理团队建设"的指标依据。

（5）指标解读。

与"数据治理团队建设"指标解读一致。

2. 数据治理质量与标准化

1）数据标准化建设

（1）指标说明。

本项指标主要考查地方政务数据治理标准化情况。

（2）评价方法。

本项得分 $=A \times$ 本项权重。

A：制定地方政务数据治理相关标准，符合本项要求得1分，否则得0分。

（3）数据获取。

登录当地一体化政务服务平台查询获取；或由责任单位提供数据标准、指南、规范等相关资料、文档。

（4）指标依据。

同"数据治理团队建设"的指标依据。

（5）指标解读。

与"数据治理团队建设"指标解读一致。

2）数据质量管控

（1）指标说明。

本项指标主要考查地方政务数据治理质量情况。

（2）评价方法。

本项得分 $=A \times$ 本项权重。

A：建立政务数据管控相关政策与监督检查机制，符合本项要求得1分，否则得0分。

（3）数据获取。

登录当地一体化政务服务平台查询获取；或由责任本单位提供数据质量管控相关岗位职责，以及相关资料和文档。

（4）指标依据。

同"数据治理团队建设"的指标依据。

（5）指标解读。

与"数据治理团队建设"指标解读一致。

3）数据更新维护

（1）指标说明。

本项指标主要考查地方政务数据治理长效机制。

（2）评价方法。

本项得分 $=A \times$ 本项权重。

A：按照核心元数据更新周期要求，执行对应数据的更新，符合本项要求得1分，否则得0分。

（3）数据获取。

登录当地一体化政务服务平台查询获取；或由责任单位提供数据更新维护相关资料、文档，以及数据更新的日志记录。

（4）指标依据。

同"数据治理团队建设"的指标依据。

（5）指标解读。

与"数据治理团队建设"指标解读一致。

4.6.2 政务数据管理

1. 政务信息资源目录

1）政务信息资源目录编制

（1）指标说明。

本项指标评分点包括政务信息资源目录编制和政务信息目录维护管理。考查地方政府在建设数字政府过程中是否编制政务信息资源目录及政务信息目录维护管理情况。

（2）评价方法。

本项得分 =（$A+B$）/2 × 本项权重。

A：完成编制政务信息资源目录得 1 分，否则得 0 分。

B：制定政务信息资源目录维护管理机制，根据实际需求开展更新，符合本项要求得 1 分，否则得 0 分。

（3）数据获取。

登录当地一体化政务服务平台查询获取。

（4）指标依据。

《政务信息资源目录编制指南（试行）》。

（5）指标解读。

政务信息资源目录是实现各领域信息资源统筹管理、协同共享的基础和依据。要实现全行政主管单位（部门）间政务信息资源目录间的对接联通，形成跨业务、部门、单位、层级的共享开放能力，需要各单位按照统一分类标准和元数据规范，采用统一的编码规则编制政务信息资源目录。为切实提高政务信息资源共享开放和开发利用水平，解决信息资源分散、共享困难、信息共享可持续性差等制约信息资源共享开放效率的相关技术和管理问题，迫切需要对各领域政务信息资源进行梳理，编制政务信息资源目录。

政务信息资源目录编制是实现政务信息资源共享、业务协同和数据开放的基础，便于对政务信息资源进行检索、定位与获取。

2）政务信息资源目录分类

（1）指标说明。

本项指标评分点包括资源属性分类、涉密属性分类和共享属性分类。考查地方政府在建设数字政府过程中政务信息资源目录分类情况。

（2）评价方法。

本项得分＝（A+B+C）/3×本项权重。

A：按资源属性分类，政务信息资源目录涵盖基础信息资源目录、主题信息资源目录、部门信息资源目录，符合本项要求得1分，否则得0分。

B：按涉密属性分类，政务信息资源目录涵盖涉密目录和非涉密目录，符合本项要求得1分，否则得0分。

C：按共享属性分类，政务信息资源目录涵盖无条件共享目录、有条件共享目录、不予共享目录，符合本项要求得1分，否则得0分。

（3）数据获取。

登录当地一体化政务服务平台查询获取。

（4）指标依据。

《政务信息资源目录编制指南（试行）》。

（5）指标解读。

政务信息资源目录分类按照各项属性对政务信息资源进行归类，便于根据描述各个政务信息资源的特征，对政务信息资源进行检索、定位与获取。

3）政务信息资源目录内容覆盖

（1）指标说明。

本项指标评分点包括基础信息资源目录、主题信息资源目录和部门信息资源目录。考查政务信息资源目录按资源属性分类后，每类信息资源所覆盖项目是否完备。

（2）评价方法。

本项得分＝（A+B+C）/3×本项权重。

A：基础信息资源目录指对国家人口基础、法人单位基础、自然资源和空间地理、社会信用、电子证照基础等基础信息资源编制目录，符合本项要求得1分，否则得0分。

B：主题信息资源目录指围绕经济社会发展的同一主题领域，由多部门共建项目形成的政务信息资源目录，包括但不限于公共卫生、应急管理、市场监管、社会保障、信用体系、城乡建设、社区治理、生态环保等内容，符合本项要求得1分，否则得0分。

C：部门信息资源目录指对当地政务部门信息资源的编目，符合本项要求得1分，否则得0分。

（3）数据获取。

登录当地一体化政务服务平台查询获取。

（4）指标依据。

《政务信息资源目录编制指南（试行）》。

（5）指标解读。

本项指标根据《政务信息资源目录编制指南（试行）》文件的相关要求，考核按资源属性进行分类，形成基础信息资源目录、主题信息资源目录、部门信息资源目录的情况，评估这三类目录所覆盖的内容是否完备。基础信息资源目录应至少对人口、法人单位、自然资源和空间地理、社会信用、电子证照等基础信息资源等内容编制目录；主题信息资源目录围绕经济社会发展的同一主题领域编制目录，各地区根据本地实际情况确定具体主题，并编制具体目录；部门信息资源目录对当地实际政务部门信息资源编制目录，要求尽量覆盖所有符合政务信息资源共享开放要求的部门。

2. 政务信息资源规范性

（1）指标说明。

本项指标考查政务信息资源核心元数据格式是否标准统一。

（2）评价方法。

本项得分 = $(A+B+C+D+E)/5 \times$ 本项权重。

A：描述政务信息资源的政务部门，地方政务部门细化到内设机构和所辖政务部门，符合本项要求得 1 分，否则得 0 分。

B：描述政务信息资源共享类型和条件，包括共享类型、共享条件和共享方式，符合本项要求得 1 分，否则得 0 分。

C：描述政务信息资源向社会开放及其开放条件，符合本项要求得 1 分，否则得 0 分。

D：标识信息资源更新频率，分为实时、每日、每周、每月、每季度、每年等，符合本项要求得 1 分，否则得 0 分。

E：发布政务信息资源共享、开放的日期，符合本项要求得 1 分，否则得 0 分。

（3）数据获取。

登录当地一体化政务服务平台查询获取。

（4）指标依据。

《政务信息资源目录编制指南（试行）》。

（5）指标解读。

各级政府在数字政府建设进程中，在政务信息利用方面仍存在一些问题，主要是政务信息存储管理分散，标准规范不统一，安全保障体系不完备，信息不能有效共享，一定程度上制约了政务信息的开发和使用。要打破政务信息"数据孤岛"与"烟筒式"发展模式，将现有信息资源进行有机整合，构建标准统一的元数据格式，打通各行政部门间的数据壁垒,建立统一的数据共享机制,加速数据资源的流动;加强顶层设计和统筹规划,从根本上打破政府平行部门之间、上下级之间的数据孤岛现象,推进数据跨部门、跨层级、跨地区汇聚融合。

4.6.3 政务数据共享

1. 政务数据共享交换平台
1)政务数据共享交换平台建设
(1)指标说明。
本项指标评估地方政务数据共享交换平台建设情况。
(2)评价方法。
本项得分 $=A×$ 本项权重。
A:被评价地区在电子政务外网建设了政务数据共享网站,符合本项要求得 1 分,否则得 0 分。
(3)数据获取。
登录当地一体化政务服务平台查询获取。
(4)指标依据。

- 《政务信息系统整合共享实施方案》。
- 《加快推进落实〈政务信息系统整合共享实施方案〉工作方案》。
- 《信息技术 大数据 政务数据开放共享 第 1 部分:总则》(GB/T 38664.1—2020)。
- 《信息技术 大数据 政务数据开放共享 第 2 部分:基本要求》(GB/T 38664.2—2020)。
- 《信息技术 大数据 政务数据开放共享 第 3 部分:开放程度评价》(GB/T 38664.3—2020)。
- 《信息技术 大数据 政务数据开放共享 第 4 部分:共享评价》(GB/T 38664.4—2022)。

(5)指标解读。
政务数据共享交换平台作为政府数据底座,通过目录管理、数据归集、数据共享等功能,横向打通各个机构政务系统间的数据链路,纵向打通不同层级机构政务系统间的数据通道,实现政务信息资源的共享和开放。政务数据共享平台作为数字资源汇聚的总账本;将各地区数字基础设施、数据资源、组件(含算法)服务、应用资源等通用政务数字资源汇聚融合后,作为标准化能力进行发布、共享、开放,形成全地区的政务服务基础数据平台。

2）政务数据共享交换平台连通性

（1）指标说明。

本项指标评估地方政务数据共享交换平台建设情况。

（2）评价方法。

本项得分 $=A\times$ 本项权重。

A：被评价地区政务数据共享交换平台实现与国家级、省级政务数据共享交换平台的对接，符合本项要求得 1 分，否则得 0 分。

（3）数据获取。

登录当地一体化政务服务平台查询获取。

（4）指标依据。

同"政务数据共享交换平台建设"的指标依据。

（5）指标解读。

与"政务数据共享交换平台建设"指标解读一致。

3）政务数据共享交换平台统一性

（1）指标说明。

本项指标评估地方政务数据共享交换平台建设情况。本项指标评分点为政务数据共享交换平台统一性。

（2）评价方法。

本项得分 $=A\times$ 本项权重。

A：被评价地区对多个政务数据共享交换平台进行了整合或只具备一个政务数据共享交换平台，符合本项要求得 1 分，否则得 0 分。

（3）数据获取。

登录当地一体化政务服务平台查询获取。

（4）指标依据。

同"政务数据共享交换平台建设"的指标依据。

（5）指标解读。

与"政务数据共享交换平台建设"指标解读一致。

4）政务数据共享交换平台运行监控

（1）指标说明。

本项指标评估地方政务数据共享交换平台建设情况。本项指标评分点为政务数据共享交换平台运行监控。

（2）评价方法。

本项得分 $=A\times$ 本项权重。

A：被评价地区政务数据共享交换平台具备监控和管理系统，符合本项要求得 1 分，否则得 0 分。

（3）数据获取。

登录当地一体化政务服务平台查询获取。

（4）指标依据。

同"政务数据共享交换平台建设"的指标依据。

（5）指标解读。

与"政务数据共享交换平台建设"指标解读一致。

2. 政务数据供需对接

1）供需对接机制

（1）指标说明。

本项指标评估地方是否建立政务数据供需对接机制。

（2）评价方法。

本项得分 =A× 本项权重。

A：被评价地区是否建立了政务数据供需对接机制，以正式发布的文件或已经建成的平台为准，建立得 1 分，未建立得 0 分。

（3）数据获取。

登录当地一体化政务服务平台查询获取。

（4）指标依据。

同"政务数据共享交换平台建设"的指标依据。

（5）指标解读。

数据作为新型生产要素，对其他生产要素的扩大、叠加、倍增作用不断凸显。数据是数字经济的血液，数据流通起来了，数字经济才能健康发展。数据要素市场化配置改革将带来更多发展机遇，着力推动数据要素产业加快发展。通过政务数据供需对接，引进数据开发专业团队，未来有更多的企业参与到数据要素市场化配置改革中来，抢占发展制高点。

2）供需对接成效

（1）指标说明。

本项指标评估地方政务数据供需对接的成效。

（2）评价方法。

本项得分 =A× 本项权重。

A：被评价地区政务数据供需对接成效，以被评估地区政务数据供需对接成功次数的年度增长率计算得分，本项指标得分计算公式为 1.0× 增长率，得分上限为 1 分。

（3）数据获取。

登录当地一体化政务服务平台查询获取。

（4）指标依据。

同"政务数据共享交换平台建设"的指标依据。

（5）指标解读。

与"供需对接机制"指标解读一致。

4.6.4 政务数据开放

1. 公共数据开放平台

1）公共数据开放平台建设

（1）指标说明。

本项指标考查地方公共数据开放平台建设情况。

（2）评价方法。

本项得分 =A × 本项权重。

A：被评价地区建设了公共数据开放平台，可通过互联网进行公开访问，符合本项要求得 1 分，否则得 0 分。

（3）数据获取。

登录当地一体化政务服务平台查询获取。

（4）指标依据。

同"政务数据共享交换平台建设"的指标依据。

（5）指标解读。

公共数据开放是我国大数据战略的重要组成部分，是第十八届中央全面深化改革领导小组第三十二次会议审议通过的改革任务之一。2021 年 3 月，全国人大审议通过的《中华人民共和国国民经济和社会发展第十四个五年规划和 2035 年远景目标纲要》要求"加强公共数据开放共享"。推动公共数据开放建设将是各地"十四五"时期提高数字政府建设水平的重点任务之一。公共数据开放平台可以有效支撑政务部门及有关机构的公共数据统一汇集和集中向社会开放，促进政务信息资源及有关数据在公用事业、健康医疗、减灾救灾、社会救助、养老服务、劳动就业、文化教育、交通旅游、消费维权、社区服务等领域的深度应用。支撑构建统一规范、互联互通、安全可控的国家数据共享交换和数据开放体系，稳步推进公共数据开放共享，提高信息资源利用水平，发展信息资源市场，促进信息消费。

公共数据开放平台引导和规范公共数据的开发利用，支持市场主体利用信息资源开展业务创新，推动大数据与云计算、物联网、移动互联网等新一代信息技术融合发展，探索大数据与传统产业协同发展的新业态、新模式，促进传统产业转型升级和新兴产业发展，培育新的经济增长点，培育高端智能、新兴繁荣的产业发展新生态，促进形成一批满足大数据重大应用需求的产品、系统和解决方案。

2）公共数据访问接口

（1）指标说明。

本项指标考查地方公共数据开放平台建设情况。

（2）评价方法。

本项得分 =A× 本项权重。

A：被评价地区公共数据开放平台提供文件下载、API 等访问接口，且对接口相关信息进行说明描述，明确访问权限，符合本项要求得 1 分，否则得 0 分。

（3）数据获取。

登录当地一体化政务服务平台查询获取。

（4）指标依据。

同"政务数据共享交换平台建设"的指标依据。

（5）指标解读。

与"公共数据开放平台建设"指标解读一致。

2. 开放数据资源

1）领域覆盖率

（1）指标说明。

本项指标考查开放数据集涉及的领域覆盖。

（2）评价方法。

本项得分 =A× 本项权重。

A：开放数据集每增加一个加 0.01 分，最多得 1 分。

（3）数据获取。

登录当地一体化政务服务平台查询获取。

（4）指标依据。

GB/T 38664.3-2020《信息技术　大数据　政务数据开放共享　第 3 部分：开放程度评价》（GB/T 38664.3—2020）。

（5）指标解读。

政府是许多不同领域中最大的数据生产者及收集者，政府已经掌握了大量的"高价值"数据，这些数据不仅与企业的发展和公民的生产生活息息相关，而且具有巨大的社会和商业价值。为方便公众获得和使用政府数据，使政府数据在不同领域产生新的经济和社会价值，必须开放政府数据以便公众利用。数据开放的目的不是简单地进行信息公开，而是要高质量地开放数据，用于满足公众对于各式数据的利用需求。因此，开放数据的质量内涵需要进一步拓展，除了关注数据的固有属性，还需要从开放的视角和公众需求的角度出发，新增更多的质量属性，建立合适的质量评估体系。本节参考《信

息技术　大数据　政务数据开放共享　第 3 部分：开放程度评价》设置相应的评分点。

2）数据完整性

（1）指标说明。

本项指标考查开放数据集的数据质量。

（2）评价方法。

本项得分 $= A \times$ 本项权重。

A：数据描述字段完整、数据格式完整、数据资源本身完整，符合本项要求得 1 分，否则得 0 分。

（3）数据获取。

登录当地一体化政务服务平台查询获取。

（4）指标依据。

《信息技术　大数据　政务数据开放共享　第 3 部分：开放程度评价》（GB/T 38664.3—2020）。

（5）指标解读。

与"领域覆盖率"指标解读一致。

3）数据准确性

（1）指标说明。

本项指标考查开放数据集的数据质量。

（2）评价方法。

本项得分 $= A \times$ 本项权重。

A：开放的数据内容真实准确、无误导，准确反映数据所属政府部门的意图和信息内容，符合本项要求得 1 分，否则得 0 分。

（3）数据获取。

登录当地一体化政务服务平台查询获取。

（4）指标依据。

《信息技术　大数据　政务数据开放共享　第 3 部分：开放程度评价》（GB/T 38664.3—2020）。

（5）指标解读。

与"领域覆盖率"指标解读一致。

4）数据及时性

（1）指标说明。

本项指标考查开放数据集的数据质量。

（2）评价方法。

本项得分 $= A \times$ 本项权重。

A：所开放的数据资源 3 个月内有更新得 1 分，否则得 0 分。

（3）数据获取。

登录当地一体化政务服务平台查询获取。

（4）指标依据。

《信息技术　大数据　政务数据开放共享　第 3 部分：开放程度评价》（GB/T 38664.3—2020）。

（5）指标解读。

与"领域覆盖率"指标解读一致。

5）开放数据目录完备性

（1）指标说明。

本项指标考查开放数据集的数据质量。

（2）评价方法。

本项得分＝A×本项权重。

A：建有开放数据目录和目录清单，符合本项要求得 1 分，否则得 0 分。

（3）数据获取。

登录当地一体化政务服务平台查询获取。

（4）指标依据。

《信息技术　大数据　政务数据开放共享　第 3 部分：开放程度评价》（GB/T 38664.3—2020）。

（5）指标解读。

与"领域覆盖率"指标解读一致。

4.6.5　政务数据开发利用

本指标含政务数据开发利用一个三级指标。

1）辅助公共决策

（1）指标说明。

本项指标考查地方在政务数据开发利用方面的实践经验。本项指标评分点为辅助公共决策。

（2）评价方法。

本项得分＝A×本项权重。

A：被评价地区有政务数据开发用于辅助公共决策方面的实践案例，符合本项要求得 1 分，否则得 0 分。

（3）数据获取。

登录当地一体化政务服务平台查询获取。

(4)指标依据。

《国务院关于加强数字政府建设的指导意见》—二、构建协同高效的政府数字化履职能力体系—(六)加快推进数字机关建设,提升政务运行效能:提升辅助决策能力。建立健全大数据辅助科学决策机制,统筹推进决策信息资源系统建设,充分汇聚整合多源数据资源,拓展动态监测、统计分析、趋势研判、效果评估、风险防控等应用场景,全面提升政府决策科学化水平。

(5)指标解读。

在经济社会数字化转型趋势下,政务数据的开发利用能够充分释放数字化发展红利。在以数字化转型整体驱动生产方式、生活方式和治理方式变革的进程中,政务数据将发挥不可估量的作用,既能推动数字政府的建设,创造不可估量的社会价值,又能带动企业数据、社会数据等其他数据资源的整合共享与开发应用,进一步释放数据要素潜能。政务数据开发利用完全可以发挥更大的战略支撑作用,成为数字经济与实体经济深度融合的动力源泉,成为推进数据要素化和数据价值化的重要突破口,成为国家数据治理体系和治理能力现代化建设的关键切入点。

2)赋能数字经济

(1)指标说明。

本项指标考查地方在政务数据开发利用方面的实践经验。本项指标评分点为赋能数字经济。

(2)评价方法。

本项得分 $= A \times$ 本项权重。

A:被评价地区有政务数据开发用于赋能数字经济方面的实践案例,符合本项要求得 1 分,否则得 0 分。

(3)数据获取。

登录当地一体化政务服务平台查询获取;或者由被评价地区提供本地政务数据赋能数字经济方面的具体案例。

(4)指标依据。

《国务院关于加强数字政府建设的指导意见》—二、构建协同高效的政府数字化履职能力体系—(一)强化经济运行大数据监测分析,提升经济调节能力:运用大数据强化经济监测预警。加强覆盖经济运行全周期的统计监测和综合分析能力,强化经济趋势研判,助力跨周期政策设计,提高逆周期调节能力。

(5)指标解读。

与"辅助公共决策"指标解读一致。

3)支持流程再造

(1)指标说明。

本项指标考查地方在政务数据开发利用方面的实践经验。本项指标评分点为支持流程再造。

(2) 评价方法。

本项得分＝A×本项权重。

A：被评价地区有政务数据开发用于支持政务流程再造方面的实践案例，符合本项要求得1分，否则得0分。

(3) 数据获取。

登录当地一体化政务服务平台查询获取；或者由被评价地区提供本地政务数据支持政务流程再造方面的具体案例。

(4) 指标依据。

《国务院关于加强数字政府建设的指导意见》—四、构建科学规范的数字政府建设制度规则体系：以数字化改革促进制度创新，保障数字政府建设和运行整体协同、智能高效、平稳有序，实现政府治理方式变革和治理能力提升。—（一）以数字化改革助力政府职能转变。推动政府履职更加协同高效。充分发挥数字技术创新变革优势，优化业务流程，创新协同方式，推动政府履职效能持续优化。坚持以优化政府职责体系引领政府数字化转型，以数字政府建设支撑加快转变政府职能，推进体制机制改革与数字技术应用深度融合，推动政府运行更加协同高效。健全完善与数字化发展相适应的政府职责体系，强化数字经济、数字社会、数字和网络空间等治理能力。

(5) 指标解读。

与"辅助公共决策"指标解读一致。

4) 提升治理能力

(1) 指标说明。

本项指标考查地方在政务数据开发利用方面的实践经验。本项指标评分点为提升治理能力。

(2) 评价方法。

本项得分＝A×本项权重。

A：被评价地区有政务数据开发用于提升治理能力方面的实践案例，符合本项要求得1分，否则得0分。

(3) 数据获取。

登录当地一体化政务服务平台查询获取；或者由被评价地区提供本地政务数据用于提升治理方面的具体案例、具体政策、做法、措施等。

(4) 指标依据。

《国务院关于加强数字政府建设的指导意见》—二、构建协同高效的政府数字化履职能力体系—（三）积极推动数字化治理模式创新，提升社会管理能力：加强"雪亮工程"和公安大数据平台建设，深化数字化手段在国家安全、社会稳定、打击犯罪、治安联动等方面的应用，提高预测预警预防各类风险的能力。

《中共中央 国务院关于加强基层治理体系和治理能力现代化建设的意见》——六、加强基层智慧治理能力建设——（二）整合数据资源：实施"互联网＋基层治理"行动，完善乡镇（街道）、村（社区）地理信息等基础数据，共建全国基层治理数据库，推动基层治理数据资源共享，根据需要向基层开放使用。完善乡镇（街道）与部门政务信息系统数据资源共享交换机制。推进村（社区）数据资源建设，实行村（社区）数据综合采集，实现一次采集、多方利用。

（5）指标解读。

与"辅助公共决策"指标解读一致。

4.7 政务应用

4.7.1 政务服务

政务服务指标主要依据相关政策，针对各地网上政务服务、移动政务服务以及热线服务等内容进行评价评估。

1. 网上政务服务

1）服务覆盖

（1）指标说明。

考查地方一体化政务服务平台的政务服务清单与办事指南发布情况。

（2）评价方法。

本项得分 $=A \times B \times$ 本项权重。

A：地方政府 1 年内是否发布本级公共服务清单，是得 1 分，否不得分。

B：具备公共服务办事指南的服务事项数量／公共服务事项清单数量。

（3）数据获取。

登录当地一体化政务服务平台查询获取。

（4）指标依据。

《"互联网＋政务服务"技术体系建设指南》——一、总体要求——（三）工作目标：2020 年底前，实现互联网与政务服务深度融合，建成覆盖全国的整体联动、部门协同、省级统筹、一网办理的"互联网＋政务服务"体系。

《国务院办公厅关于全面实行行政许可事项清单管理的通知》——一、总体要求——（二）工作目标：2022 年底前，构建形成全国统筹、分级负责、事项统一、权责清晰的行政许可事项清单体系，编制并公布国家、省、市、县四级行政许可事项清单，将依法设定的行政许可事项全部纳入清单管理，清单之外一律不得违法实施行政许可。

《国务院关于加快推进政务服务标准化规范化便利化的指导意见》——一、总体要求—（三）工作目标：2022年底前，国家、省、市、县、乡五级政务服务能力和水平显著提升；国家政务服务事项基本目录统一编制、联合审核、动态管理、全面实施机制基本建立；政务服务中心综合窗口全覆盖，全国一体化政务服务平台全面建成，"一网通办"服务能力显著增强，企业和群众经常办理的政务服务事项实现"跨省通办"。

（5）指标解读。

《国务院关于加快推进政务服务标准化规范化便利化的指导意见》（国发〔2022〕5号）提出要进一步推进政务服务运行标准化、服务供给规范化、企业和群众办事便利化。各地区在建立政府部门行政权力清单制度的基础上，进一步编制政务服务事项清单，依托本级政府门户网站发布，并纳入政务服务管理平台进行管理，同时应具备政务服务事项清单管理和事项动态更新管理功能。基于政务服务实现清单，应制定办事指南，作为对政务服务事项的办理主体、依据、流程、材料、注意事项等内容所做的指导性说明，并规定办理政务服务事项的各方应共同遵守的规则。

2）服务便利

（1）指标说明。

考查地方一体化政务服务平台在办理服务事项方面的便利程度。

（2）评价方法。

本项得分 = $(A+B+C+D+E+F)/6 \times$ 本项权重。

A：一张清单告知与一张表单申报。随机抽选10个服务事项，评价其办事指南的要素的翔实性、申请材料的准确性、办事流程的完整性以及结果样本。按照10个服务事项清单指南评价评分平均取分。当服务事项的个数小于或者等于10个时，全部抽选。

B：一网通办。一体化政务服务平台所发布的政务服务实现清单中，支持"一网通办"的事项数量占总事项清单比例。

C：一件事。一体化政务服务平台所支持的"一件事"服务数量，每个加0.05分，最多得1分。

D：异地办理支持。一体化政务服务平台所支持的"异地办理"服务事项数量，每个加0.01分，最多得1分。

E：跨省通办。一体化政务服务平台所支持的"跨省办理"服务事项数量，按照本地支持/国务院要求计算得分，最多得1分。

F：特殊人群支持。一体化政务服务平台对特殊人群服务的支持功能，包括放大、语音、配色等功能，每个加0.2分，最多得1分。无此项功能不得分。

（3）数据获取。

登录当地一体化政务服务平台检索试用获取。

（4）指标依据。

- 《国务院关于加强数字政府建设的指导意见》。
- 《国务院关于加快推进"互联网＋政务服务"工作的指导意见》。
- 《"互联网＋政务服务"技术体系建设指南》。
- 《国务院关于加快推进全国一体化在线政务服务平台建设的指导意见》。
- 《进一步深化"互联网＋政务服务"推进政务服务"一网、一门、一次"改革实施方案》。
- 《国务院办公厅秘书局关于进一步推进政务服务"一网通办"有关工作的通知》。
- 《国务院办公厅关于加快推进政务服务"跨省通办"的指导意见》。
- 《国务院办公厅关于全面实行行政许可事项清单管理的通知》。
- 《国务院关于加快推进政务服务标准化规范化便利化的指导意见》。
- 《国务院办公厅关于扩大政务服务"跨省通办"范围进一步提升服务效能的意见》。

（5）指标解读。

党的十八大以来，以习近平总书记为核心的党中央高度重视以信息化推进国家治理体系和治理能力现代化，强调要加快推动电子政务，打通信息壁垒，构建全流程一体化在线服务平台，助力建设人民满意的服务型政府。国务院将"互联网＋政务服务"作为深化"放管服"改革的关键环节，专门印发文件，做出全面部署。一些部门和地方积极探索，深入推进"互联网＋政务服务"，加强信息共享，优化政务流程，一批堵点难点问题得到初步解决，服务创新典型不断涌现，引领政务服务创新改革不断取得新成效。各地区各部门认真贯彻党中央、国务院决策部署，深入推进政务服务"一网、一门、一次"改革，积极探索创新审批服务便民化措施，全国一体化政务服务平台初步建成并发挥成效，政务服务水平大幅提升，营商环境显著改善，企业和群众获得感不断增强。

3）服务成效

（1）指标说明。

考查地方一体化政务服务平台在服务群众方面的成效情况，包括但不限于在线注册量、网上办件数量、服务时效、公众满意度、服务普及度。

（2）评价方法。

本项得分＝$(A+B+C+D+E)/5 \times$ 本项权重。

A：注册用户。按照本平台注册用户/本地户籍人口数量$\times 100\%$计算得分。

B：材料缩减。政务服务的办理事项中，支持的证书、证明材料减免种类，如营业执照、学历证书、法人证书、企业资质证书等，每提供一种得0.02分（须有具体办理事项支持），最多得1分。

C：时限缩减。1- 本地政务服务事项平均完结办理时间 / 本地政务服务事项平均承诺完结办理时间。本项最低得0分。

D：容缺受理。政务服务的办理事项中，支持容缺受理的事项，每个得0.02分，最多得1分。

E：特色服务。围绕便民、利企、"六稳"、"六保"等开展特色服务的情况，每一种得0.1分，最多得1分。

（3）数据获取。

登录当地一体化政务服务平台检索试用获取。

（4）指标依据。

同"服务便利"的指标依据。

（5）指标解读。

政务服务平台自2019年5月上线运行以来，以群众需求为导向，持续推进改革与创新，"掌上办""指尖办""不见面审批""一次登录、全网通办"等不断涌现，提供了方便快捷、优质高效的便民服务，全面惠及人民群众，推动面向个人事项"就近办"。完善基层综合便民服务平台功能，将审批服务延伸到乡镇（街道）、城乡社区；积极推行"网上办"，凡与群众生产生活密切相关的审批服务事项"应上尽上、全程在线"，切实提高网上办理比例；以省为单位公布各层级政府"马上办、网上办、就近办、一次办"审批服务事项目录。2018年起，党中央、国务院深入开展"减证便民"行动，通过全面清理"奇葩证明"、循环证明和重复证明等，加快部门信息共享、简化办事办证流程，群众办事时长明显缩短，行政服务成本有效节约。截至2021年底，各级政府清理各类"证明事项"13 000多项。比如，广东省汕尾市率先创建"无证明城市"，健全告知承诺办理工作机制，制定并印发《汕尾市实施证明事项告知承诺制工作规定（试行）》，共取消各类证明材料7619个。2020年起，国家政务服务平台上线"跨省通办"服务专区，接入住房公积金异地转移接续、失业登记等近50项"跨省通办"高频事项和190多项在线办理服务。专区还接入京津冀、长三角、东北三省一区等区域政务服务专区，设置省际跨省通办专区、地方跨省通办专区等服务。公安方面，全国范围内已实现工作调动、大中专学生毕业、父母投靠子女等5项户口迁移和开具户籍类证明"跨省通办"，并在京津冀、长三角等地区开展异地新生儿入户、首次申领居民身份证"跨省通办"试点工作。为切实解决老年人在运用智能技术方面的困难，国务院办公厅印发《关于切实解决老年人运用智能技术困难的实施方案》，要求建立解决老年人面临"数字鸿沟"问题的长效机制。工业和信息化部印发的《互联网应用适老化及无障碍改造专项行动方案》明确，首批推动八大类115家网站、六大类43个App进行适老化及无障碍改造，涵盖日常浏览新闻、网上购物、社交通信等领域。江西省政务服务平台"赣服通",为解决老年人不会使用线上平台办事问题,特别推出"老年模式",提供大字版本和语音服务功能。

2. 移动政务服务

1)服务内容

(1)指标说明。

考查地方支持移动政务服务方面的主要内容。

(2)评价方法。

本项得分 = $(A+B+C)/3 \times$ 本项权重。

A:扫码亮证。包括电子身份证、社保卡、医保卡等的电子证明功能支持情况;每能支持一个加 0.3 分;最多 1 分。

B:应接尽接。与统一政务服务平台服务事项相比,移动端支持的服务数量,按照移动端能够提供接收的服务事项占一体化政务服务平台事项清单的比例计分。

C:无感通办。是否具备一次填报、多次使用,电子材料数据共享和互信互认,移动政务服务事项相关表单预填和申请材料复用,表单自动填报和申请材料免提交 4 项功能;每个功能加 0.25 分。

(3)数据获取。

登录当地移动政务服务平台检索试用获取。

(4)指标依据。

《全国一体化政务服务平台移动端建设指南》——一、总体要求—(三)工作目标:2022 年底前,各省(自治区、直辖市)和国务院部门移动政务服务应用与国家政务服务平台移动端"应接尽接"、"应上尽上",移动政务服务能力显著提升,形成以国家政务服务平台移动端为总枢纽的全国一体化平台移动端服务体系。编制全国一体化平台移动端高频政务服务事项清单,将企业和群众经常办理的事项全面纳入清单管理,并建立动态更新机制,推动实现清单内的事项"掌上可办"。

《国务院关于加快推进政务服务标准化规范化便利化的指导意见》——三、推进政务服务规范化—(三)规范网上办事服务:各地区要整合本级部门的各类政务服务移动端应用,原则上通过本级统一的政务服务平台移动端(含小程序等)提供服务,解决政务移动应用程序(App)数量多、重复注册等问题。——四、推进政务服务便利化—(四)推动更多政务服务事项"网上办、掌上办":加快全国一体化政务服务平台移动端建设,推动企业和群众经常办理的政务服务事项"掌上办、指尖办",推进身份证电子证照、电子社保卡、电子驾驶证、电子行驶证、电子营业执照等高频电子证照在政务服务平台移动端汇聚,并在日常生产生活各领域中应用。在确保安全可控的前提下,发挥第三方平台渠道优势,拓展政务服务移动应用。

《进一步深化"互联网+政务服务"推进政务服务"一网、一门、一次"改革实施方案》—三、以整合促便捷,推进线上"一网通办"—(三)拓展政务服务移动应用:推动政务服务向"两微一端"等延伸拓展,为群众提供多样性、多渠道、便利化服务。结合国家政务服务平台建设,加强和规范政务服务移动应用建设管理,推动更多政务服务事项提供移动端服务。调动社会资源力量,鼓励开展第三方便民服务应用。加强政务新媒体监管,提升服务水平。

《"互联网+政务服务"技术体系建设指南》—五、政务服务事项的一体化办理—(一)互联网政务服务门户(外部服务)—1.建议管理要点—(3)多渠道服务—①移动APP:具备办件查询、表单预填、办事预约、咨询投诉、网上支付等功能,支持手机等移动终端,支持主流操作系统。

《国务院关于加快推进全国一体化在线政务服务平台建设的指导意见》—三、推进政务服务一体化,推动实现政务服务事项全国标准统一、全流程网上办理—(四)推广移动政务服务:以公安、人力资源社会保障、教育、卫生健康、民政、住房城乡建设等领域为重点,积极推进覆盖范围广、应用频率高的政务服务事项向移动端延伸,推动实现更多政务服务事项"掌上办"、"指尖办"。加快建设国家政务服务平台移动端,接入各省(自治区、直辖市)和国务院有关部门移动端服务资源,提供分级运营、协同联动的全国一体化在线政务服务平台移动端服务。制定全国一体化在线政务服务平台移动端建设指引,明确功能定位、设计展现、应用接入、安全防护、运营保障等内容和要求,指导各地区和国务院有关部门集约建设、规范管理。加强对各级政务服务平台移动端的日常监管,强化注册认证、安全检测、安全加固、应用下载和使用推广等规范管理。充分发挥"两微一端"等政务新媒体优势,同时积极利用第三方平台不断拓展政务服务渠道,提升政务服务便利化水平。

(5)指标解读。

2021年9月,国务院办公厅印发《全国一体化政务服务平台移动端建设指南》,文件要求2022年底前,各省(自治区、直辖市)和国务院部门移动政务服务应用与国家政务服务平台移动端"应接尽接""应上尽上",移动政务服务能力显著提升,形成以国家政务服务平台移动端为总枢纽的全国一体化平台移动端服务体系。编制一体化平台移动端高频政务服务事项清单,将企业和群众经常办理的事项全面纳入清单管理,并建立动态更新机制,推动实现清单内的事项"掌上可办"。

2)服务成效

(1)指标说明。

考查地方支持移动政务服务方面的成效情况。

(2)评价方法。

本项得分=$(A+B)/2 \times$ 本项权重。

A:政务服务移动端比例,即移动端办理占所有政务服务事项的比例。

B：移动端注册用户比率，即移动端注册用户与政务服务平台注册用户的比率。

（3）数据获取。

调研地方移动政务服务情况获取数据。

（4）指标依据。

- 《国务院关于加强数字政府建设的指导意见》。
- 《全国一体化政务服务平台移动端建设指南》。
- 《国务院关于加快推进政务服务标准化规范化便利化的指导意见》。
- 《进一步深化"互联网+政务服务"推进政务服务"一网、一门、一次"改革实施方案的通知》。
- 《"互联网+政务服务"技术体系建设指南》。
- 《国务院关于加快推进全国一体化在线政务服务平台建设的指导意见》。

（5）指标解读。

移动互联网已深度渗透人们的日常工作和生活，正在成为企业和群众办事的主要渠道。与此同时，多地探索实践已经开花结果，涌现一批以"粤省事""浙里办""随申办""豫事办""渝快办"等为代表的移动政务服务特色品牌，也为其他地区和城市提供了学习借鉴的样板。政务服务与移动互联网融合的深度直接关系到政府职能转变、国家治理现代化的程度。

3. 热线服务

1）热线归并

（1）指标说明。

考查各类民生服务热线归并的实施情况。

（2）评价方法。

本项得分 $= A \times B \times$ 本项权重。

A：热线统筹。考查热线归并的程度，地市级以上归并得满分，区县级得0.5分，未完成归并的不得分。

B：热线归并。除110、119、120、122等紧急热线，其他政务服务便民热线实现一个号码服务得1分，有1个未能完成归并扣0.2分，最少得0分。

（3）数据获取。

通过政府网站检索、拨打当地公布的各类热线获取信息。

（4）指标依据。

《国务院办公厅关于进一步优化地方政务服务便民热线的指导意见》——一、总体要求—（二）工作目标：加快推进除110、119、120、122等紧急热线外的政务服务便民热线归并，2021年底前，各地区设立的政务服务便民热线以及国务院有关部门设立并在地方接听的政务服务便民热线实现一个号码服务，各地区归并后的热线统一为

"12345政务服务便民热线"（以下简称12345热线），语音呼叫号码为"12345"，提供"7×24小时"全天候人工服务。同时，优化流程和资源配置，实现热线受理与后台办理服务紧密衔接，确保企业和群众反映的问题和合理诉求及时得到处置和办理，使政务服务便民热线接得更快、分得更准、办得更实，打造便捷、高效、规范、智慧的政务服务"总客服"。

（5）指标解读。

2021年1月6日，国务院办公厅印发《国务院办公厅关于进一步优化地方政务服务便民热线的指导意见》（以下简称《意见》）。《意见》指出，以习近平新时代中国特色社会主义思想为指导，深入贯彻落实党的十九大和十九届二中、三中、四中、五中全会精神，坚持以人民为中心，加快转变政府职能，深化"放管服"改革，持续优化营商环境，以一个号码服务企业和群众为目标，推动地方政务服务便民热线归并优化，进一步畅通政府与企业和群众互动渠道，提高政务服务水平，建设人民满意的服务型政府，推进国家治理体系和治理能力现代化，不断增强人民群众的获得感、幸福感、安全感。

2）热线管理

（1）指标说明。

考查地方政务服务热线运行管理机制建设情况。

（2）评价方法。

本项得分=（$A+B+C+D+E$）/5×本项权重。

A：工作制度。制定了相关工作制度，尤其是规定了闭环管理的，得1分，未能形成闭环不得分。

B：办理时限。对每一项事项都有规定的办理时限的，得1分，否则不得分。

C：受理范围。对受理范围有明确清晰规定的，得1分，否则不得分。

D：评价机制。有评价机制，得1分，否则不得分。

E：督办机制。具有督办机制，得1分，否则不得分。

（3）数据获取。

调研地方热线平台获取数据，以明文印发的管理规定以及实际运行情况为准。

（4）指标依据。

《国务院办公厅关于进一步优化地方政务服务便民热线的指导意见》—三、优化12345热线运行机制—（一）建立健全热线工作管理体系。各地区要建立健全政务服务便民热线工作统筹协调机制，负责本地区12345热线工作统筹规划、重大事项决策以及重点难点问题协调解决。明确12345热线管理机构，负责本级热线平台的规划建设和运行管理，建立和完善各项制度和工作流程，指导和监督本地区政务服务便民热线工作。对设置专家座席的，各级部门要建立本行业专家选派和管理长效机制。逐步建立 12345 热线与 110、119、120、122 等紧急热线和水电气热等公共事业服务热线的联动机制。支持京津冀、长三角、成渝等地区建立区域内 12345 热线联动机制。——（二）明确热线受理范围。受理企业和群众各类非紧急诉求，包括经济调节、市场监管、社会管理、公共服务、生态环境保护等领域的咨询、求助、投诉、举报和意见建议等。不受理须通过诉讼、仲裁、纪检监察、行政复议、政府信息公开等程序解决的事项和已进入信访渠道的事项，以及涉及国家秘密、商业秘密、个人隐私和违反社会公序良俗的事项。——（三）优化热线工作流程。各地区 12345 热线要依法依规完善包括受理、派单、办理、答复、督办、办结、回访、评价等环节的工作流程，实现企业和群众诉求办理的闭环运行。建立诉求分级分类办理机制，明确规范受理、即时转办、限时办理、满意度测评等要求，完善事项按职能职责、管辖权限分办和多部门协办的规则，优化办理进度自助查询、退单争议审核、无理重复诉求处置、延期申请和事项办结等关键步骤处理规则。健全对企业和群众诉求高效办理的接诉即办工作机制。

（5）指标解读。

政务服务便民热线是群众反映问题的重要渠道、政府听取民意的重要窗口、加强社会监督的重要手段、构建和谐社会的重要平台。各级政府要尽可能地提高政务服务热线办理质量，确保群众问题得到及时有效解决。

提升政务热线服务质量，首先要完善管理制度。各地政府第一要明确政务服务热线的管理部门，同时打通政务服务热线与各政府部门之间的联通，确保群众问题能够第一时间得到受理；第二要依法依规受理群众诉求，明确受理范围，对于已经进入法律法规规定的其他相关程序的，应避免受理冲突；第三要实现热线服务的闭环管理，要做好热线工作台账，对每个受理事项的来源、流程、结果以及反馈进行全程跟踪与记录；第四要加强监督、评价与考核工作，要建立群众诉求完成回访与评价制度，并制定热线工作考核办法，及时分析解决热线受理中的各项问题，逐步提升热线服务质量。

3）热线平台

（1）指标说明。

考查地方政务服务热线平台建设运行情况。

（2）评价方法。

本项得分 =（A+B+C+D+E）/5 × 本项权重。

A：统一平台。整合后的所有热线均采用统一的服务平台进行接单、派单。符合得 1 分，不符合得 0 分。

B：信息共享。各部门、市政等信息共享，如临时交通管制、停水停电等。具有信息共享渠道的，得 1 分，不具备的不得分。

C：知识库。是否建立了热线问题受理知识库。是得 1 分，否不得分。

D：热线队伍。主要考查对多语种的支持情况，尤其是本地方言。支持普通话及本地方言得 1 分，只支持一种不得分。

E：自动语音服务。考查电话接入时的语音引导功能。有此功能得 1 分，无此功能不得分。

（3）数据获取。

调研地方热线平台获取数据，以实际运行情况为准。

（4）指标依据。

《国务院办公厅关于进一步优化地方政务服务便民热线的指导意见》—三、优化 12345 热线运行机制—（四）建立热线信息共享机制。各地区要建立统一的 12345 热线信息共享规则，加快推进各级 12345 热线平台与部门业务系统互联互通和信息共享，向同级有关部门实时推送受理信息、工单记录、回访评价等所需的全量数据，加强研判分析，为部门履行职责、事中事后监管、解决普遍性诉求、科学决策提供数据支撑。国务院有关部门要加强业务指导，推动地方部门的业务系统查询权限、专业知识库等向 12345 热线平台开放。—（五）强化信息安全保障。各地区要建立 12345 热线信息安全保障机制，落实信息安全责任，依法依规严格保护国家秘密、商业秘密和个人隐私，按照"谁管理、谁使用、谁负责"的原则，加强业务系统访问查询、共享信息使用的全过程安全管理。—四、加强 12345 热线能力建设—（一）拓展受理渠道。各地区要做好热线接通能力保障建设，提供与需求相适应的人工服务，同时拓展互联网渠道，丰富受理方式，满足企业和群众个性化、多样化需求。加强自助下单、智能文本客服、智能语音等智能化应用，方便企业和群众反映诉求建议。—（二）加强热线知识库建设和应用。各地区要建立和维护"权威准确、标准统一、实时更新、共建共享"的 12345 热线知识库，完善多方校核、查漏纠错等制度。建立各部门向同级 12345 热线平台推送最新政策和热点问题答复口径、及时更新专业知识库的责任机制。加强与政务服务平台、政府网站知识库互联共享和同步更新，推动热线知识库向基层工作人员和社会开放，拓展自助查询服务。—（三）加强热线队伍建设。各地区要加强对一线人员的业务培训，提升热线服务质量和水平。各级部门要加大对热线工作的支撑力度，明确部门内部热线办理工作职责和人员，做好热线归并后的工作衔接和业务延续。

（5）指标解读。

政务服务热线平台建设是提高热线服务工作效率和服务质量的重要抓手。各级政府在建设政务服务热线平台时，要注意以下几点：第一要确保平台的统一，即群众诉求的受理、流转要在统一的平台上进行；第二要能够与各个政府部门实现互通与对接，降低业务流转的成本；第三要能够实现与群众相关的重要政府公开信息的及时互通，例如停水停电、交通管制等应与政务服务热线实现及时共享，确保群众诉求能够解决在萌芽阶段；第四要建立热线服务知识库，并不断更新维护，提高依托知识库"接诉即办"能力；第五要加强热线队伍建设，加强对一线人员的业务培训，提升热线服务质量和水平。

4）服务成效

（1）指标说明。

考查地方政务服务热线平台建设运行的成效情况。

（2）评价方法。

本项得分 =（$A+B$）/2 × 本项权重。

A：超时率。考查服务事项的超时率，得分为 1- 超时率。

B：回访满意率。

（3）数据获取。

调研地方热线平台获取数据，以近一年实际运行情况为准。

（4）指标依据。

《国务院办公厅关于进一步优化地方政务服务便民热线的指导意见》—三、优化 12345 热线运行机制—（六）建立热线工作督办问责机制。各地区要建立健全 12345 热线督办、考核和问责机制。加强对诉求办理单位的问题解决率、企业和群众满意率等指标的综合评价，完善绩效考核，不断提升热线归并后的服务质量和办理效率。12345 热线管理机构要运用督办单、专题协调、约谈提醒等多种方式，压实诉求办理单位责任，督促履职尽责。行政调解类、执法办案类事项应依法依规处置，不片面追求满意率。各地区要对企业和群众诉求办理质量差、推诿扯皮或谎报瞒报、不当退单等情形，按照有关规定进行问责和通报。

（5）指标解读。

政务服务热线平台是受理群众诉求的入口，诉求的办理在各个政府部门。政务服务热线办结率与超时率能够直接反映地方政府在解决群众诉求方面的办事效率，其中不同类型诉求的办结情况更是能够直观反映地方政府在政务服务、社会治理等方面的堵点、痛点。提升政务服务热线办结率，降低超时率与投诉率，能够极大地促进地方政府各部门在信息公开、公共服务与社会治理等方面的办事效率。

4.7.2　社会治理

社会治理指标的制定主要依据《中共中央 国务院关于加强和完善城乡社区治理的意见》《中共中央 国务院关于加强基层治理体系和治理能力现代化建设的意见》，针对各地"互联网＋基层治理"、基层公共政务服务、城市数据大脑以及一网统管 4 部分业务的情况进行考查。

1. 互联网+基层治理

1)"互联网+基层治理"制度政策

（1）指标说明。

考查地方"互联网+基层治理"相关制度政策制定发布情况。

（2）评价方法。

本项得分 =A × 本项权重。

A：被评价地区是否制定了"互联网+基层治理"相关制度政策，制定得 1 分，未制定不得分。

（3）数据获取。

通过地方政府网站公开检索获取。

（4）指标依据。

《中共中央 国务院关于加强和完善城乡社区治理的意见》—三、不断提升城乡社区治理水平—（六）增强社区信息化应用能力：依托"互联网+政务服务"相关重点工程，加快城乡社区公共服务综合信息平台建设，实现一号申请、一窗受理、一网通办，强化"一门式"服务模式的社区应用。实施"互联网+社区"行动计划，加快互联网与社区治理和服务体系的深度融合，运用社区论坛、微博、微信、移动客户端等新媒体，引导社区居民密切日常交往、参与公共事务、开展协商活动、组织邻里互助，探索网络化社区治理和服务新模式。

（5）指标解读。

《中共中央 国务院关于加强基层治理体系和治理能力现代化建设的意见》明确指出，要实施"互联网+基层治理"行动，提升基层治理数字化智能化水平。加强基层治理是推动国家治理的重要基础，要不断提升基层治理水平和能力，就需要干部树立互联网思维，只有顺应时代发展，借用现代化通信手段，才能更好地解决实际问题，打通基层治理"中梗阻"。随着信息时代的到来，互联网已经成为生产生活中的标配，要规范干部的权力使用，也需要用好"互联网+"，对权力使用的过程进行更全面的监督管理，既能及时发现存在的问题，也能在整改上更见成效，推动基层治理水平更上一层楼。

2）基层治理数据库建设

（1）指标说明。

考查地方落实"互联网+基层治理"制度，推进基层治理数据库建设的情况。

（2）评价方法。

本项得分 =A × 本项权重。

A：考查社区/村一级基层治理数据采集、数据库建设情况；具备得 1 分，不具备有关平台的不得分。

(3)数据获取。

考查地方实际建设情况。

(4)指标依据。

《中共中央 国务院关于加强基层治理体系和治理能力现代化建设的意见》——六、加强基层智慧治理能力建设—(二)整合数据资源：实施"互联网＋基层治理"行动，完善乡镇（街道）、村（社区）地理信息等基础数据，共建全国基层治理数据库，推动基层治理数据资源共享，根据需要向基层开放使用。完善乡镇（街道）与部门政务信息系统数据资源共享交换机制。推进村（社区）数据资源建设，实行村（社区）数据综合采集，实现一次采集、多方利用。

(5)指标解读。

基层治理摸清"家底"很重要。然而，基层数据孤岛林立，数据实时共享和系统化填报难度大、周期长、成本高，已成为基层治理工作的"沉疴顽疾"。各级政府要坚持党建引领，以人民为中心，统一数据信息采集标准，汇聚自有数据，同时融合政府共享数据，建设基层治理数据库，为一线"铁脚板"减负，提升基层治理质量和效率。

3）基层治理数据资源共享与开放

(1)指标说明。

考查地方落实"互联网＋基层治理"制度，推进基层治理数据资源共享与开放的情况。

(2)评价方法。

本项得分 $=A \times$ 本项权重。

A：主要考查民政、公安、卫健等部门面向基层数据共享与开放情况。实现数据共享与开放得 1 分，未实现得 0 分。

(3)数据获取。

考察地方实际建设情况。

(4)指标依据。

同"基层治理数据库建设"的指标依据。

(5)指标解读。

近年来，随着现代信息技术的快速发展，互联网、物联网、大数据分析在城市基层治理中得到广泛应用，为政社互动提供了快捷渠道，为政策宣传、公众参与、信息采集与共享提供了便利。2021 年 4 月，中共中央、国务院印发《中共中央 国务院关于加强基层治理体系和治理能力现代化建设的意见》，提出整合数字资源，实施"互联网＋基层治理"行动，要求共建全国基层治理数据库，推动基层治理数据资源共享。

在信息化的早期阶段，行政部门分别建设管理信息系统，一些政务信息就像孤岛一样存储于不同信息系统，实行独立采集、独立存储、独立维护，与其他信息系统并不交换数据，更谈不上在线共享信息。各部门分别采集房屋、单位和人口等基础数据，不仅加重了工作负担，也存在扰民问题。推进基层治理数字化，可通过政策助推途径，统筹推进基层信息平台和应用终端建设，明确数据资源共享的基本原则，整合社区（村）基础数据采集渠道，探索实行专人负责制，实现一次采集、多方使用。单纯依靠信息技术手段难以从根本上破解条块分割导致的"信息孤岛"问题。推进智慧社区建设，需要制定基层治理的数据管理规范、基础数据共享和安全管理规范，支持数据集成、数据融合，推进数据管理标准化，依靠数据对接和交换平台，实现数据资源共享使用。

2. 基层公共政务服务

1）政务审批及服务下放

（1）指标说明。

考查地方行政审批事项下放到乡镇、社区一级的情况。

（2）评价方法。

本项得分 $=A\times$ 本项权重。

A：综合统计审批下放服务的数量，包括完整下放和受理下放。完整下放每个加0.05分，受理下放每个加0.02分；最多加1分。

（3）数据获取。

登录当地一体化政务服务平台查询获取。

（4）指标依据。

《中共中央 国务院关于加强基层治理体系和治理能力现代化建设的意见》—三、加强基层政权治理能力建设—（二）增强乡镇（街道）为民服务能力：市、县级政府要规范乡镇（街道）政务服务、公共服务、公共安全等事项，将直接面向群众、乡镇（街道）能够承接的服务事项依法下放。

（5）指标解读。

党的十八大以来，国务院已经分16批取消下放1094项行政许可事项，其中，国务院部门实施的行政许可事项清单压减比例达到47%（截至2020年9月）。推进政务服务、行政许可、行政审批下放到乡镇街道、社区是解决政务服务最后一公里、提升治理能力的重要手段。各级政府首先要优化行政审批、政务服务大厅的设置，并梳理行政服务与审批事项，将符合就近办的事项一律下放乡镇街道以及社区，不符合下放条件但是能够受理下放的，也要尽量把事项受理下放到社区。此外，各级政府要聚焦幼有所育、学有所教、病有所医、老有所养、弱有所扶和文体服务有保障，推动基本公共服务资源向村（社区）下沉，按照常住人口规模配置公共服务资源。

2）简便应用软件、适老化和无障碍信息服务

（1）指标说明。

考查地方在面向老年人、困难人群提供信息化服务方面的做法和能力。

（2）评价方法。

本项得分 $=A\times$ 本项权重。

A：每个简便应用软件加 0.5 分，每个适老化和无障碍信息服务加 0.5 分，最多加 1 分。

（3）数据获取。

考察地区简便应用软件、适老化和无障碍信息服务建设情况。

（4）指标依据。

《中共中央 国务院关于加强基层治理体系和治理能力现代化建设的意见》—六、加强基层智慧治理能力建设—（三）拓展应用场景：加快全国一体化政务服务平台建设，推动各地政务服务平台向乡镇（街道）延伸，建设开发智慧社区信息系统和简便应用软件，提高基层治理数字化智能化水平，提升政策宣传、民情沟通、便民服务效能，让数据多跑路、群众少跑腿。充分考虑老年人习惯，推行适老化和无障碍信息服务，保留必要的线下办事服务渠道。

国务院办公厅印发的《关于切实解决老年人运用智能技术困难的实施方案》。

（5）指标解读。

互联网时代，全国各地的公共场所与机构不断进行智能化迭代升级，移动支付、在线挂号、网购等都需要电子信息技术的支持。然而在电子信息技术蓬勃发展的今天，老年群体似乎与这个时代阻隔着巨大的"数字鸿沟"。如何帮助老年群体适应智能时代，已是一个刻不容缓的民生问题。

数字鸿沟是指在全球数字化进程中，不同国家、地区、行业、企业、社区之间，由于对信息、网络技术的拥有程度、应用程度以及创新能力的差别，而形成的信息落差。在数字化时代，老年群体陷入了没人教、不会用、不敢用的尴尬窘境。例如，医院取消了现场挂号，改成手机预约制，通过关注院方微信服务号预约挂号，导致生病的老人站在医院大厅手足无措，一脸焦急。

跨越"数字鸿沟"，对于处于老龄化社会的中国来说具有重要的时代意义。为了更好地弥合与应对"数字鸿沟"，可以从以下几个方面努力，共同帮助老年群体适应数字时代。

首先，要注重对老年人"数字权利"的保护，加快涉老设施建设和公共服务适老化改革，同时提供可供老年人选择的线上和线下服务。尊重老年人的新型数字权利包括两个方面，一方面是为老年人平等享受智慧科技提供便利条件，跨越数字鸿沟，消除数字贫困；另一方面则是尊重老年人拒绝学习使用智能技术的权利。

其次，立法机关可考虑以立法的形式助力老年人跨越"数字鸿沟"。社会上一直有呼吁——互联网要"适老化"，政府、企业、社会和家庭要共同努力让老年人享有数字时代红利，要推出适合老年人的 App，并设立过渡期，保留传统路径。2021 年 5 月，江苏省人大常委会修订了《江苏省老年人权益保障条例》，新增规定：地方各级政府应当采取措施，推动兼顾老年人需要的智慧社会建设，帮助老年人解决运用智能技术困难，保障老年人基本服务需要。这是江苏省首次以立法形式帮助老年人融入智能化时代。

再次，互联网及相关应用软件应当进行适老化及无障碍改造。据统计，《互联网应用适老化及无障碍改造专项行动方案》实施后，近50%的应用软件积极响应，推出了适老版本，但依然有大量的应用软件不利于老年人使用。

最后，激发老年人学习智能技术的热情和积极性。随着年龄的增长，老年人的记忆力也在衰退，容易遗忘学过的东西，家人要耐心引导老年人使用智能手机的基本功能，社区也可通过体验学习、经验交流、互助帮扶等，引导老年人了解新事物、体验新科技，积极融入智慧社会。

3）基础网格化建设

（1）指标说明。

考查地方基层治理方面的网格化机制建设情况。

（2）评价方法。

本项得分 $=A\times$ 本项权重。

A：被评价地区建设了基层治理网格化体系并配套了网格化管理信息化平台得1分，否则不得分。

（3）数据获取。

考察地区基层治理网格化体系及网格化管理信息化平台建设情况。

（4）指标依据。

《中共中央 国务院关于加强基层治理体系和治理能力现代化建设的意见》——四、健全基层群众自治制度—（三）增强村（社区）组织动员能力：改进网格化管理服务，依托村（社区）统一划分综合网格，明确网格管理服务事项。

（5）指标解读。

积极推进创新型"党建+网格化"工作，将网格化服务管理打造成市域社会治理现代化建设的基础性平台和办好民生实事的服务性舞台，打通服务群众"最后一公里"。在实践中，应以党员为主体，创新活动载体，努力在完善网格制度、加强党建宣传、提供精细化服务、构建和谐社区等方面做深做实，全面提升人民群众的获得感、幸福感、安全感。

突出党建引领和区域化党建服务理念，充分发挥基层党组织战斗堡垒作用。对每一块网格区域实施动态监管、全方位跟进，及时回应和协调人民群众各方面、各层次的利益诉求，核心就是把党的建设融入社会治理各个环节，始终将坚持党的领导贯穿基层治理工作全过程。其一，着力实现党建网格"一网通"。树立区域化党建服务理念，创新基层党组织设置方式，积极推行"点、线、面"相结合的社区党组织服务模式，按照社区建党支部、片区建党小组、楼栋单元设党员中心户的思路，逐步形成以"街道党工委—社区党支部—网格党小组—党员楼栋长—党员中心户"为基本框架的党建网格化组织体系，实现社区党组织全覆盖，打通社区服务的"神经末梢"。其二，充分发挥党员模范带头作用。社区党支部、网格党小组、党员、网格管理员、志愿者等应结合自身实际，深入社区开展反诈宣传、法律宣讲、文艺演出等志愿服务，丰富社区居民精神文化生活。对孤寡老人、贫困户等特殊群体实行"一对一"精准结对帮扶，充分发挥党员的模范带头作用，带动群众参与网格治理，实现服务群众零距离。其三，推进多元共治。充分发挥居民区党建服务管理平台作用，协调驻区单位党组织等力量进网格，推动驻区单位和社会力量参与共建共治，把党组织的工作影响力落在网格，实现"小事不出网、大事不出村（社区）"的治理局面。

推进综治中心和网格化中心整合建设，创新基层社会治理模式。为了充分整合行政管理服务资源，可以在行政区、街道办事处、社区分别建立集群众诉求服务、治安防控、便民服务、应急指挥于一体的信息化社会治理服务平台，推动多个部门服务平台"多网合一"，实现群众"点单"、干部"跑腿"的完整的"一站式服务"链条，形成扁平化管理、精准化服务、社会化参与、信息化运行的多元化、立体化格局。其一，织就收集社情民意的"连心网"。网格连心是基层治理技术现代化的创新实践。通过织就"连心网"，实现基础数据库的深度融合和关联，为政府决策和服务群众提供精准化的方向。其二，打造保障安居乐业的"平安网"。坚持"示范引领、组织协调、凝聚党员、联系群众"的理念，让市、区在职党员到居住地网格报到，接受"双重管理"，八小时之内工作在单位，八小时之外奉献在社区。其三，打造群众认同参与的"幸福网"。利用社区 App 平台，以"说、评、办、晒"为切入点，积极组织群众讨论发言，关注社区发展、化解矛盾纠纷，为办好民生实事、构建和谐社区建言献策。

逐步建设形成以乡镇（街道）党政组织为主体的统一指挥调度体系，坚持平台共享、资源共享、机制共享，有机构、有场所、有队伍、有经费、有标志、有制度的工作思路，推进市、县（市、区）、乡镇（街道）、村居（社区）四级网格化中心整合建设，更好、更快地实现将制度优势转化为社会综合治理服务效能。其一，健全一体化联动协同创新机制。依托网格化党建，推动各乡镇（街道）行政事务管理改革，发挥区域内各类主体的主观能动性，使行政服务管理更贴近需求、更高效有序，激发网格内党组织和党员主动作为、各展所长，提升行政管理效能和精细化水平。其二，强化信息化手段探索便捷式服务举措。在大数据背景下，可以通过信息交互，实现网格化管理的数据化、智能化，让群众足不出户轻松办理各项业务，网格员在走访过程中也可以通过手机终端收集群众服务需求，并结合工作实际提供便民服务。

3. 城市数据大脑

1）制度机制

（1）指标说明。

考查地方是否制定了城市数据大脑建设、运行、维护的有关制度机制。

（2）评价方法。

本项得分 = A × 本项权重。

A：被评价地区是否制定了城市数据大脑建设、运行、维护的有关制度机制，制定得 1 分，未制定不得分。

（3）数据获取。

走访调研获取相关数据。

（4）指标依据。

《中华人民共和国国民经济和社会发展第十四个五年规划和 2035 年远景目标纲要》—第十六章　加快数字社会建设步伐—第二节　建设智慧城市和数字乡村：完善城市信息模型平台和运行管理服务平台，构建城市数据资源体系，推进城市数据大脑建设。

《国务院关于加强数字政府建设的指导意见》—七、以数字政府建设全面引领驱动数字化发展—（二）引领数字社会建设：推进智慧城市建设，推动城市公共基础设施数字转型、智能升级、融合创新，构建城市数据资源体系，加快推进城市运行"一网统管"，探索城市信息模型、数字孪生等新技术运用，提升城市治理科学化、精细化、智能化水平。

其他参考依据：

- 《天津市人民政府办公厅关于印发天津市智慧城市建设"十四五"规划的通知》（津政办发〔2021〕52 号）。
- 《河北省人民政府关于印发河北省数字经济发展规划（2020—2025 年）的通知》（冀政字〔2020〕23 号）。
- 《山西省人民政府办公厅关于数字经济高质量发展的实施意见》（晋政办发〔2022〕54 号）。
- 《江苏省人民政府办公厅关于印发江苏省"十四五"数字政府建设规划的通知》（苏政办发〔2021〕61 号）。
- 《江苏省人民政府关于加快统筹推进数字政府高质量建设的实施意见》（苏政发〔2022〕44 号）。
- 《安徽省人民政府关于印发安徽省"数字政府"建设规划（2020—2025 年）的通知》（皖政〔2020〕44 号）。
- 《江西省人民政府办公厅关于印发江西省数字政府建设三年行动计划（2022—2024 年）的通知》（赣府厅字〔2022〕49 号）。

- 《河南省人民政府关于印发河南省"十四五"数字经济和信息化发展规划的通知》（豫政〔2021〕51号）。
- 《湖北省人民政府关于印发湖北省数字经济发展"十四五"规划的通知》（鄂政发〔2021〕24号）。
- 《广东省人民政府关于加快数字化发展的意见》（粤府〔2021〕31号）。
- 《广西壮族自治区数字广西建设领导小组关于印发全面推进广西数字政府建设三年行动实施方案（2021—2023年）的通知》（桂数广发〔2021〕5号）。
- 《重庆市人民政府关于印发重庆市数字经济"十四五"发展规划（2021—2025年）的通知》（渝府发〔2021〕41号）。
- 《云南省人民政府关于印发"十四五"数字云南规划的通知》（云政发〔2022〕26号）。
- 《陕西省人民政府办公厅关于印发加快推进数字经济产业发展实施方案（2021—2025年）的通知》（陕政办发〔2022〕13号）。
- 《宁夏回族自治区人民政府关于印发宁夏回族自治区数字政府建设行动计划（2021年—2023年）的通知》（宁政发〔2021〕11号）。

（5）指标解读。

城市数据大脑是综合运用大数据、云计算、人工智能、区块链等新技术，以数据、算力、算法为基础支撑，实现城市治理体系和治理能力现代化的现代城市数字基础设施。一方面，城市数据大脑建设有利于使新技术、新业态、新模式与城市规划建设管理服务深度融合，提升城市精细化、科学化管理服务水平，推动城市高质量发展。另一方面，城市数据大脑作为政府治理者的全新工具，通过政府与社会数据融合和资源整合，有利于提升政府全局化、体系化数据分析决策与调度能力，为有效处理复杂社会问题提供了新的手段。

多地以城市数据大脑为抓手推进政府全面数字化转型。近年来，城市数据大脑项目呈现出高速增长态势。截至2020年10月底，全国共有129个项目以"城市大脑"为名进行招标，平均中标金额约为5500万元，成为当前新型智慧城市的建设热点。例如，浙江省有17个市县已启动建设城市大脑，建设普及率居全国第一。浙江省在推进数字化改革中提出，将依托城市大脑，打造一批跨部门多业务协同应用，为社会空间所有人提供全链条、全周期的多样、均等、便捷的社会服务，为社会治理者提供系统、及时、高效的管理支撑。上海市提出搭建"轻量化、集中化、共享化"的城市智能中枢，围绕数据协同、技术协同、业务协同，汇聚政务服务、城市运行感知、市场与社会主体等多源异构数据，制定统一的数据标准、接口规范、调用规则，实现跨部门、跨行业的系统平台数据对接。

2）运行体系

（1）指标说明。

考查地方是否建立了城市数据大脑建设、运行的有关体系。

（2）评价方法。

本项得分＝A×本项权重。

A：被评价地区是否建立了城市数据大脑日常运行的有关体系，建立得 1 分，未建立不得分。

（3）数据获取。

走访调研获取相关数据。

（4）指标依据。

同"制度机制"的指标依据。

（5）指标解读。

城市大脑的建设首先能够通过统一的平台解决跨政府多部门协作难题。城市大脑以"时空一张图"为核心理念，统一平台，打通规划、建设、运营阶段，"一张蓝图"多部门联动、建设与规划相互校对，项目建设阶段发现偏离规划的情况能够及时修正，建设过程中发现规划阶段不周到时，可反过来矫正规划，共同提升。以城市大脑为统一平台，统一规划、建设、验收、运维、评价等流程各阶段，极大程度上解决了项目主管部门割裂的问题。

同时，要保证城市大脑的正常运行并发挥最大效用，要建立专门的配套运行机制。信息化时代，部门平台、项目重复建设情况较为突出，各部门在欠缺前期沟通的前提下，通常按照自身需求各自立项，造成项目间相互重叠、重复。有的部门甚至为一项工作构建一个系统，导致部门内外系统林立、杂乱无章。城市大脑构建工作专班，将和城市治理紧密相关的部门相关人员成立专班。过往信息化建设项目以政府部门为单位，统一向财政部门申请立项，不可避免造成共同需求类似项目的重复建设，导致财政资金的浪费。城市大脑可利用工作专班，统一征集部门需求，整体立项，在立项前实现部门协同，避免出现各部门小项目林立、重复建设以及新的数据烟囱。

3）应用覆盖

（1）指标说明。

考查地方在城市数据大脑运行过程中所覆盖的业务范围。

（2）评价方法。

本项得分＝A×本项权重。

A：城市大脑覆盖的城市治理业务应用，如应急、经济、交通、环保、市政等，每个加 0.1 分，最多加 1 分。

（3）数据获取。

走访调研获取相关数据。

（4）指标依据。

同"制度机制"的指标依据。

（5）指标解读。

城市大脑是总协调、总决策与总指挥，其业务需要各个部门进行支撑才能够发挥最大效益。综合各地城市大脑建设情况来看，主要包括交通、城管、旅游、医疗、应急、市场监管、公共安全、社区治理、消防等部门的业务接入。业务的接入一方面是为城市大脑做支持的各类综合性场景提供基础数据支持，如地理信息、城市管理、市政、环境保护、消防应急等数据；另一方面是为各个部门提供赋能的渠道。

4）场景覆盖

（1）指标说明。

考查城市大脑支持的业务场景。

（2）评价方法。

本项得分 $= A \times$ 本项权重。

A：被评价地区城市大脑支持的业务场景，如经济治理、防汛救灾、疫情防控、社会治理、活动安保等，每个加 0.2 分，最多加 1 分。

（3）数据获取。

走访调研获取相关数据。

（4）指标依据。

同"制度机制"的指标依据。

（5）指标解读。

城市大脑可通过各类自带算法的视频设备搭建城市"类脑视觉系统"，还可通过超声波探测等声音采集系统建设城市的"类听觉系统"。热敏、气敏、力敏等各类传感器形成城市的"类脑触感系统"。大数据、云计算对感知系统收集的数据进行智能化分析，构建类脑思维能力。它的最大功效在于通过类脑思维实现应用场景化。其次是要实现应用场景的多元化，至少可以实现四大应用场景：城市交通监测场景、城市公共安全场景、城市生态环保场景和城市社会管理场景。在城市交通监测场景中，通过跨域数据的全网融合，打开"城市大脑"的类脑视觉系统、类听觉系统之间的反馈控制系统，基于多源数据与智能算法，对交通信号实现弹性调控，提升城市交通的流动性；通过智慧云端，规划紧急车辆到达现场的最优路线，在总体上为交通问题提出全面解决方案。在城市公共安全场景中，通过城市大脑实现疫情舆情监测分析、重要节点全视频监控、手机信令大数据分析、互联网大数据预测，在社区、企业、楼宇与重要路口、路段之间实现整体性监测，同时通过警情自动监测，将警务人员从繁重的体力工作中解放出来。在城市生态环保场景中,通过城市大脑的算力,实现全天候、全覆盖的环境空气监测感知,为公众提供更精准的空气质量数据,为管理部门提供快速识别局部性偶发空气污染的依据。在城市社会管理场景中,通过统一地址服务实现动态地址采集、更新、救济、入格、上图闭环;通过城市车位一点达,一次绑定,全城通停;通过人口动态"分析仪"找准市域范围内的实有、迁徙、流动人口特征;通过特定人员"望远镜",对易走失的老人、幼童等进行轨迹跟踪和自动寻位。随着技术的发展,这些场景还有望继续拓展。再次,还需要将应用场景与服务于公共治理的 App 相结合。通过公共行业管理智能化,拓展各类智慧管理体系在交通、物业、生态、安全、环卫等公共民生行业的便民管理 App,使得各类应用场景主动衔接各类 App,并在调试与反馈中不断修正这些 App,最终实现市域公共治理需求的有效回应。

4. 一网统管

1)政策规章

(1)指标说明。

考查地方一网统管有关政策制定情况。

(2)评价方法。

本项得分 =A × 本项权重。

A:被评价地区是否发布了"一网统管"有关的政策规划,发布得 1 分,未发布不得分。

(3)数据获取。

走访调研获取相关数据。

(4)指标依据。

《国务院关于加强数字政府建设的指导意见》—七、以数字政府建设全面引领驱动数字化发展—(二)引领数字社会建设:推进智慧城市建设,推动城市公共基础设施数字转型、智能升级、融合创新,构建城市数据资源体系,加快推进城市运行"一网统管",探索城市信息模型、数字孪生等新技术运用,提升城市治理科学化、精细化、智能化水平。

《住房和城乡建设部办公厅关于全面加快建设城市运行管理服务平台的通知》(建办督〔2021〕54 号)。

(5)指标解读。

2019 年 11 月 3 日,习近平总书记在上海考察时强调,要牢牢抓住城市治理智能化的"牛鼻子",抓好政务服务"一网通办"、城市运行"一网统管",坚持从群众需求和城市治理突出问题出发,把分散式信息系统整合起来,做到实战中管用、基层干部爱用、群众感到受用。建设城市运管服平台是贯彻落实习近平总书记重要指示批示精神和党中央、国务院决策部署的重要举措,是系统提升城市风险防控能力和精细化管理水平的重要途径，是运用数字技术推动城市管理手段、管理模式、管理理念创新的重要载体，对促进城市高质量发展、推进城市治理体系和治理能力现代化具有重要意义。

《住房和城乡建设部办公厅关于全面加快建设城市运行管理服务平台的通知》提出，2022年底前，直辖市、省会城市、计划单列市及部分地级城市建成城市运管服平台，有条件的省、自治区建成省级城市运管服平台。2023年底前，所有省、自治区建成省级城市运管服平台，地级以上城市基本建成城市运管服平台。2025年底前，城市运行管理"一网统管"体制机制基本完善，城市运行效率和风险防控能力明显增强，城市科学化精细化智能化治理水平大幅提升。

2）制度体系

（1）指标说明。

考查地方一网统管有关配套机制情况。

（2）评价方法。

本项得分 = A × 本项权重。

A：被评价地区是否建立了"一网统管"有关的配套工作机制，建立得1分，未建立不得分。

（3）数据获取。

走访调研获取相关数据。

（4）指标依据。

《国务院关于加强数字政府建设的指导意见》—七、以数字政府建设全面引领驱动数字化发展—（二）引领数字社会建设：推进智慧城市建设，推动城市公共基础设施数字转型、智能升级、融合创新，构建城市数据资源体系，加快推进城市运行"一网统管"，探索城市信息模型、数字孪生等新技术运用，提升城市治理科学化、精细化、智能化水平。

《住房和城乡建设部办公厅关于全面加快建设城市运行管理服务平台的通知》—四、工作要求—（一）强化组织领导：各省级住房和城乡建设（城市管理）主管部门要落实本地区城市运管服平台建设主体责任，建立协调推进机制，制定省级平台建设工作方案；指导推动城市政府建立协调推进机制，明确牵头部门和责任分工，制定市级平台建设工作方案，积极稳妥推进平台建设。

（5）指标解读。

"一网统管"服务城市运行，不仅是技术革新，更重要的是一种治理模式的重塑，以现代化手段助力治理全方位改革。"一网统管"是通过线上线下的联动，用实时在线数据和各类智能方法，对城市运行的态势全面感知、趋势智能预判、资源统筹调度、行动人机协同，带动城市治理由人力密集型向人机交互型转变，由经验判断型向数据分析型转变，由被动处置型向主动发现型转变，实现"一屏观天下、一网管全城"。

具体体现在：一是实现城运架构一体化、事件感知全量化、协同处置高效化、分析研判智能化，提升城市治理能力的现代化；二是统筹推进智慧城市公共安全、城市交通、综合治理、生态环境、市场监管、城管执法、社区管理、绿化市容八大领域建设；三是建立三级平台、五级应用的运行管理模式；四是打造"六个一"技术体系，即治理要素一张图、互联互通一张图、数据汇聚一个湖、城市大脑一朵云、城运系统一平台和移动应用一门户。

3）平台打通

（1）指标说明。

考查地方一网统管平台与横向部门、纵向多级政府打通情况。

（2）评价方法。

本项得分 $=A\times$ 本项权重。

A：被评价地区是否建立或打通了多个部门的业务系统，尤其是纵向打通，能够实现市、区/县、乡镇/街道三级平台的得 1 分，实现二级平台的得 0.5 分，没有打通不得分。

（3）数据获取。

走访调研获取相关数据。

（4）指标依据。

同"制度体系"的指标依据。

（5）指标解读。

根据城运中心抓总体、抓大事和定标准的定位，充分发挥城运系统中心枢纽的作用，激活各部门建设能动性，建设城运系统与中枢体系，推动市、区、街镇三级业务协同和数据协同，形成中枢协议、中枢用户和中枢标准等体系，统一标准下支撑各部门多样化的城市治理业务创新，未来结合 CIM（city information modeling，城市信息模型）数字底座实现城市数字孪生，进而实现城市全生命周期的精细化管理。

构建以中枢体系为核心的"三级平台、五级应用"的城运体系，即构建三横一纵的运行架构，"一网统管"三级运行架构以城运系统与中枢为三横一纵立体协同的枢纽与核心，充分融合多网、多云、多库的基础设施资源，实时接入市直委局城运业务系统和区、街镇城运平台。各部门在垂直业务线分别进行数据归集、整合，形成垂直城运业务系统；区、街镇平台在区域内进行横向数据流转，形成区域化平台，二者通过中枢提供的业务协同能力实现系统互通，通过中枢提供的数据协同能力进行数据协同。

4）流程再造

（1）指标说明。

考查基于"一网统管"实现城市治理、管理流程再造的情况。

（2）评价方法。

本项得分$=A\times$本项权重。

A：被评价地区基于"一网统管"实现城市治理、管理等流程再造，每个案例加 0.5 分。

（3）数据获取。

走访调研获取相关数据。

（4）指标依据。

《国务院关于加强数字政府建设的指导意见》—七、以数字政府建设全面引领驱动数字化发展—（二）引领数字社会建设：推进智慧城市建设，推动城市公共基础设施数字转型、智能升级、融合创新，构建城市数据资源体系，加快推进城市运行"一网统管"，探索城市信息模型、数字孪生等新技术运用，提升城市治理科学化、精细化、智能化水平。

《住房和城乡建设部办公厅关于全面加快建设城市运行管理服务平台的通知》相关内容。

（5）指标解读。

"一网统管"通过运用大数据、云计算、区块链、人工智能、物联网等现代信息技术，实现态势全面感知、趋势智能研判、资源统筹调度、行动人机协同，带动城市治理由人力密集型向人机交互型转变，由经验判断型向数据分析型转变，由被动处置型向主动发现型转变，赋予城市更多"自我感知""自我判断""自我调整"的能力。打个比方，传统的管理流程，从 1 到 10，逐步往下走，需要 10 步，经过流程的优化再造，可以从 1 跳到 5，从 5 跳到 10，甚至直接从 1 跳到 10，更加科学高效。推动业务流程革命性再造，系统重构部门内部操作流程，跨部门、跨层级、跨区域协同办事及处置流程，实现对超大城市精细化管理，努力让城市更有序、更安全、更干净。

5）物联网接入

（1）指标说明。

考查地方"一网统管"平台在市政、城市管理、环境保护等方面的物联网设备接入情况。

（2）评价方法。

本项得分$=A\times$本项权重。

A：接入"一网统管"平台的物联网设备类型，如视频监控、作业车辆、市政管线、环境保护等。每一类加 0.2 分，最多得 1 分。

（3）数据获取。

走访调研获取相关数据。

（4）指标依据。

同"流程再造"的指标依据。

（5）指标解读。

"一网统管"的前提是物联网感知体系的全面搭建。围绕城市全周期管理的"人、物、动、态"四个方面，从"城市动态""城市环境""城市交通""城市保障供应""城市基础设施"5个维度，一方面梳理政务系统的实时动态数据，另一方面应用智能传感、5G等技术从神经元系统接入感知端数据，并从相关企业接入第三方数据，基于海量、多维、全息数据打造城市运行生命体征，生动鲜活地刻画和反映城市运行的微观和宏观态势，能第一时间发现城市运行中的风险和隐患，为领导科学决策提供实时动态的数据支撑。

4.7.3 营商环境

优化营商环境是以习近平同志为核心的党中央在新时代做出的重大决策部署。习近平总书记多次强调，持续打造市场化、法治化、国际化营商环境，发挥超大市场优势和内需潜力，为各国合作提供更多机遇，为世界经济复苏和增长注入更多的动力。好的营商环境就是生产力、竞争力。以更好营商环境激发市场主体活力、增强高质量发展动力，成为新时代全社会的广泛共识和孜孜追求。

《中华人民共和国国民经济和社会发展第十四个五年规划和2035年远景目标纲要》明确提出"构建一流营商环境"，要求"持续优化市场化法治化国际化营商环境"，擘画了未来中国营商环境的美好蓝图，也对优化营商环境工作提出了更高层次要求。面对新形势、新任务、新要求，优化营商环境迫切需要在巩固前一阶段改革成果的基础上，从市场主体痛点、堵点、难点出发，牢牢把握宝贵时间窗口，集中精力推进改革创新，持之以恒、久久为功，打造市场化、法治化、国际化、便利化的一流营商环境，为立足新发展阶段，完整、准确、全面贯彻新发展理念，构建新发展格局，推动高质量发展提供更有力支撑。

1. 流程审批

1）开办企业

（1）指标说明。

评估地方政府利用政务信息平台开展企业开办事项时，提高企业开办办事效率、压缩办事流程、缩短办事时间、节约办事成本情况。"开办企业"指标作为营商环境评价中的首项指标，直接反映一地营商环境的水平。

（2）评价方法。

本项得分 = $(A+B+C+D+E)/5 \times$ 本项权重。

A：被评价地区的政务网站具备在网上全流程办理企业登记、公章刻制、申领发票和税控设备、社保参保登记、住房公积金缴存、银行开户预约等 7 个事项的能力得 1 分，否则得 0 分。

B：被评价地区的政务网站具备一次身份验证后，可办理开办企业所有相关信息的能力得 1 分，否则得 0 分。

C：在政务网站进行开办企业信息申报时，政务网站提供标准化电子表格得 1 分，否则得 0 分。

D：在政务网站进行开办企业信息申报时，政务网站支持利用电子营业执照进行登记得 1 分，否则得 0 分。

E：在政务网站进行开办企业信息申报后，企业开办流程完成时间在 4 日以内得 1 分，5 日得 0.6 分，超过 5 日的为 0 分。

（3）数据获取。

通过政务信息平台检索获取。

（4）指标依据。

- 《国务院办公厅关于聚焦企业关切进一步推动优化营商环境政策落实的通知》（国办发〔2018〕104 号）。
- 《国务院办公厅关于印发全国深化"放管服"改革优化营商环境电视电话会议重点任务分工方案的通知》（国办发〔2019〕39 号）。
- 《优化营商环境条例》（中华人民共和国国务院令〔2019〕第 722 号）。
- 《国务院办公厅关于进一步优化营商环境更好服务市场主体的实施意见》（国办发〔2020〕24 号）。
- 《国务院关于开展营商环境创新试点工作的意见》（国发〔2021〕24 号）。

（5）指标解读。

"开办企业"指标作为营商环境评价中的首项指标，直接反映一地营商环境的水平。随着营商环境评价工作逐步在全国推开，"开办企业"指标的改进提升工作愈发受到各地地方政府的重视，确定围绕保市场主体激发活力深化"放管服"改革举措。"开办企业"指标主要评估被评价地区的企业通过网络办理从设立到具备一般性经营条件所需经历的政府审批和外部办事流程的情况。

党中央、国务院高度重视优化营商环境、压缩企业开办时间工作。商事制度改革以来，我国企业开办便利度持续提升，企业开办时间不断压缩，促进了大众创业、万众创新，激发了市场活力和社会创造力，但与世界先进水平相比仍有较大改善空间。2020 年 6 月 2 日国务院常务会议提出，要进一步优化企业开办服务，2020 年底前各省份全部开通"一网通办"平台，实现全部手续线上"一表填报"，办齐的材料线下"一个窗口"一次领取。在加强监管、保障安全前提下，推广电子营业执照应用，作为企业在网上办理企业登记、公章刻制、涉税服务、社保登记、银行开户等业务的合法有效身份证明和电子签名手段。与此同时，要推动企业开办时间压缩至4个工作日以内或更少。会议指出，这既是一项制度安排，也是防疫条件下的便企措施，有利于增企业、稳就业。

2）公用服务报装

（1）指标说明。

评估地方政府利用政务信息平台开展市政公用服务在线办理事项情况。

（2）评价方法。

本项得分=（$A+B+C+D+E+F$）/6×本项权重。

A：被评价地区的政务信息平台具备线上办理供电功能得1分，否则得0分。

B：被评价地区的政务信息平台具备线上办理供水功能得1分，否则得0分。

C：被评价地区的政务信息平台具备线上办理燃气功能得1分，否则得0分。

D：被评价地区的政务信息平台具备线上办理供热力功能得1分，否则得0分。

E：被评价地区的政务信息平台具备线上办理排水功能得1分，否则得0分。

F：被评价地区的政务信息平台具备线上办理通信功能得1分，否则得0分。

（3）数据获取。

通过政务信息平台检索获取。

（4）指标依据。

同"开办企业"的指标依据。

（5）指标解读。

为进一步深化"放管服"改革，持续优化营商环境，提高电、水、燃气、热力、排水、通信等公用服务质量和效率，通过对市政公共服务事项的整合，将电、水、燃气、热力、排水、通信网络报装业务进行集中受理，持续优化办事流程，打造水、电、气、暖、网联合报装"一网通办"新模式，提高办理效率，降低企业的办事成本。

2. 营商环境评估

1）营商环境自评估

（1）指标说明。

优良的营商环境是一个国家或地区经济软实力和综合竞争力的重要体现。近年来，随着大数据、云计算、人工智能等新一代数字技术的迅速发展，数字政府建设对优化营商环境的作用日益凸显。

（2）评价方法。

本项得分=A/100×本项权重。

A：被评价地区数字政府建设对营商环境建设改进的自评估分值，未进行自评估得0分。

(3）数据获取。

被评价地区上报数据，或提供自评估报告。

(4）指标依据。

《国务院办公厅关于聚焦企业关切进一步推动优化营商环境政策落实的通知》—七、强化组织领导，进一步明确工作责任—（二十三）组织开展营商环境评价：发展改革委要牵头在 2018 年底前构建营商环境评价机制，通过引入第三方等方式在 22 个城市开展试评价；2019 年在各省（区、市）以及计划单列市、副省级城市、省会城市、若干地级市开展营商环境评价，编制发布《中国营商环境报告》；2020 年在全国地级及以上城市开展营商环境评价。

《优化营商环境条例》—第八条 国家建立和完善以市场主体和社会公众满意度为导向的营商环境评价体系，发挥营商环境评价对优化营商环境的引领和督促作用。

(5）指标解读。

优化调整政府内部运作程序和管理服务，形成用数字对话、决策、服务的现代化政府治理模式。营商环境自评价的核心价值不仅在于排名结果，更在于通过分析各地分项指标的得分和分布情况，为地方政府补短板、精准施策提供政策决策参考。以评促建，引导形成优化营商环境的良性竞争，将营商环境改革推向纵深。

2）营商环境第三方评估

(1）指标说明。

第三方评估作为一种必要而有效的外部制衡机制，弥补了传统的政府自我评估的缺陷，在促进服务型政府建设方面发挥了不可替代的促进作用。

(2）评价方法。

本项得分 $=A/100\times$ 本项权重。

A：被评价地区数字政府建设对营商环境建设改进的第三方评估分值，未进行评估得 0 分。

(3）数据获取。

被评价地区上报数据，或者提供第三方评估报告。

(4）指标依据。

同"营商环境自评估"的指标依据。

(5）指标解读。

同"营商环境自评估"指标解读一致。

4.7.4 赋能经济

数字政府建设很大程度上是为了更好地为数字经济、数字社会长效、稳定发展赋能。依据《国务院关于加强数字政府建设的指导意见》《"十四五"数字经济发展规划》《"十四五"推进国家政务信息化规划》等政策规划要求，该部分指标体系设计主要针对数据要素市场优化、产业数字化及数字产业化、数字经济治理、绿色低碳、"互联网＋监管"建设情况进行评估评价。

1. 数据要素市场优化（三级指标，本项指标第一年权重放低）

在政府机构数据资源体系基本建成的情况下，利用数据资源推动研发、生产、流通、服务、消费全价值链协同。数据要素市场化建设成效显现，数据确权、定价、交易有序开展，探索建立与数据要素价值和贡献相适应的收入分配机制，激发市场主体创新活力。

1）经济基础数据库

（1）指标说明。

主要考查当地数字政府建设过程中按照国家有关政策规划对经济基础数据库的建设实施情况。

（2）评价方法。

本项得分 $=A\times$ 本项权重。

A：被评价地区的政务服务体系建设有此项资源为1分，不具备为0分。

（3）数据获取。

基于评价时间节点半年内相关部门统计数据。

- 系统演示/截图。
- 分管部门年度/半年总结材料，或其他正式文件等证明材料。

（4）指标依据。

《中共中央 国务院关于构建数据基础制度更好发挥数据要素作用的意见》。

《国务院关于加强数字政府建设的指导意见》—二、构建协同高效的政府数字化履职能力体系—（一）强化经济运行大数据监测分析，提升经济调节能力：加强经济数据整合、汇聚、治理。全面构建经济治理基础数据库，加强对涉及国计民生关键数据的全链条全流程治理和应用，赋能传统产业转型升级和新兴产业高质量发展。

《"十四五"推进国家政务信息化规划》—三、主要任务—（一）深度开发利用政务大数据—2.建设经济治理基础数据库—建设目标：围绕经济治理的重点领域，完善基础数据指标，依托政务内网数据共享交换平台，开发建设经济治理基础数据库，汇集各部门主要经济数据，提升宏观经济治理数据分析和辅助决策水平。

《黑龙江省人民政府关于加强数字政府建设的实施意见》—二、提升政府数字化履职能力—（一）加强数据运行监测，提高经济调节能力：强化经济数据融合应用。完善经济治理相关政务信息资源目录及部门专业数据库，汇聚形成覆盖投资、消费、就业、财税、金融、物价、统计、进出口等领域的经济治理基础数据库，做好经济运行关键数据的全链条全流程治理和应用，赋能传统产业转型升级和新兴产业高质量发展。

《河南省"十四五"数字经济和信息化发展规划》——七、强力推进数字化治理，提升社会治理水平——（一）全面建设高效安全的数字政府——3.探索建设政务数据管理开放机制：整合现有数据资源，完善自然人、法人、自然资源和空间地理信息、信用信息、电子证照等基础数据库，拓展主题数据库资源。

（5）指标解读。

在数字政府建设经济监测方面，通过全面构建经济治理基础数据库，加强政府与互联网企业等数据载体相关数据资源的关联分析和融合利用，精准发现宏观经济运行中的微观联系，实现对经济运行状态的实时跟踪和精准研判，确保宏观经济平稳运行。

2）本地数据服务企业

（1）指标说明。

主要考查当地数字政府建设过程中培育本地数据服务企业的情况。

（2）评价方法。

本项得分 $=A\times$ 本项权重。

A：被评价地区具有政策规划支持本地数据服务企业为 1 分，不具备为 0 分。

（3）数据获取。

基于评价时间节点半年内相关部门统计数据。

- 企业相关系统演示/截图。
- 正式发文，或其他正式文件等证明材料。

（4）指标依据。

《中共中央 国务院关于构建数据基础制度更好发挥数据要素作用的意见》。

《国务院关于加强数字政府建设的指导意见》——七、以数字政府建设全面引领驱动数字化发展——（一）助推数字经济发展：壮大数据服务产业，推动数字技术在数据汇聚、流通、交易中的应用，进一步释放数据红利。

《"十四五"数字经济发展规划》——四、充分发挥数据要素作用——（一）强化高质量数据要素供给：支持市场主体依法合规开展数据采集，聚焦数据的标注、清洗、脱敏、脱密、聚合、分析等环节，提升数据资源处理能力，培育壮大数据服务产业。

《河南省"十四五"数字经济和信息化发展规划》——二、总体要求—（三）发展体系——2.数据价值化体系：开展数据采集、存储、清洗、开发、应用等全流程市场化服务，培育数据服务能力。——四、抢先培育数据生态，探索数智赋能新领域——（三）加快培育数据服务能力：推进数据产业化、产业布局联动发展以及数据技术和工具共研共享，做大做强数据服务业，发展数据采集、存储、清洗、开发、应用等全流程市场化服务。到 2025 年，全省数据服务能力全面提升，数据标注、数据安全等产业规模全国领先。

《黑龙江省人民政府关于加强数字政府建设的实施意见》——七、以数字政府建设全面引领驱动数字化发展——（一）助推数字经济发展：壮大数据服务产业，推动数字技术在数据汇聚、流通、交易中的应用，进一步释放数据红利。

（5）指标解读。

数据服务是针对个人、机构等多种类型用户，就需求不同提供个性化数据与软件平台等定制服务，主要提供三种服务：专题数据委托建设与提供服务、数据平台委托建设与运营服务和数据资源整合优化服务。地方政府从服务精细化需求入手，以数据标准化为支撑，以城市运行评价为手段，推进数据服务企业在本地孵化部署。在引进和培育数据服务产业集群方面，突出吸引数据服务业务投放本地，引进数据安全、数据交易、数据流通企业或分支机构。培育一批本地数据服务企业和数据安全企业，鼓励本地企业转型，对接上游企业，形成有效订单，加快培育一批本土数据服务细分领域的领军企业和隐形冠军。

3）非法使用数据惩戒

（1）指标说明。

主要考查被评价地区定期开展数据安全合规评估和违法违规专项治理工作或相关案例的情况。

（2）评价方法。

本项得分 $=A\times$ 本项权重。

A：被评价地区定期开展数据安全合规评估和违法违规专项治理工作得 1 分，否则为 0 分。

（3）数据获取。

基于评价时间节点半年内相关部门统计数据。

- 系统演示/截图。
- 分管部门年度/半年总结材料，或其他正式文件等证明材料。
- 提供数据安全合规评估报告，或关于数据安全违法违规专项治理的文档或者案例报告。

（4）指标依据。

《中共中央 国务院关于构建数据基础制度更好发挥数据要素作用的意见》。

《"十四五"数字经济发展规划》——四、充分发挥数据要素作用——（二）加快数据要素市场化流通：规范数据交易管理，培育规范的数据交易平台和市场主体，建立健全数据资产评估、登记结算、交易撮合、争议仲裁等市场运营体系，提升数据交易效率。严厉打击数据黑市交易，营造安全有序的市场环境。

《全国一体化政务大数据体系建设指南》——四、主要内容——（五）数据服务一体化——4.推进政务数据资源开发利用：鼓励依法依规开展政务数据授权运营，积极推进数据资源开发利用，培育数据要素市场，营造有效供给、有序开发利用的良好生态，推动构建数据基础制度体系。

《"十四五"国家信息化规划》—四、重大任务和重点工程—（二）建立高效利用的数据要素资源体系—强化数据安全保障：强化平台企业数据安全保护责任。加强数据交易安全管理与监督保障，强化执法能力建设，严厉打击窃取或者以其他非法方式获取、非法出售或者非法向他人提供数据行为。

《浙江省人民政府关于印发浙江省数字政府建设"十四五"规划的通知》—二、主要任务—（四）打造公平公正的执法监管体系—2.加强信用监管数据互联互通：加强省公共信用信息平台与行业信用信息系统互联互通，推动公共信用信息在行业信用监管领域的融合应用，完善政企数据流通机制，实现市场主体基本信息和投诉举报、执法监管、行政诉讼、失信联合惩戒等信息"应归尽归"，构建覆盖所有市场主体的信用监管体系，根据"通用+专用"信用评级结果及风险采取差异化监管措施。实现证明事项和涉企经营许可事项告知承诺制的信用监管全覆盖。

（5）指标解读。

数字经济时代，数据要素交易日益活跃，数据的价值和数据的可得性越来越高。与此同时，数据违法侦破率较低与惩罚较轻，数据确权以及交易制度不完善，数字政府合法市场监管缺位。数字政府建设过程中构建数据全生命周期的保护机制也应纳入考虑视野。数据的采集、传输、存储、处理、交换、销毁等全生命周期都应该建立完善的保护机制，明确各方主体的责任义务，构建一套完整的数据治理制度。在畅通用户投诉、第三方公益诉讼等渠道的同时，要进一步夯实平台甚至政府责任。

4）业务场景融合促进产业生态

（1）指标说明。

主要考查当地数字政府建设过程中按照国家有关政策文件要求，依据数据要素特色打造业务场景，促进数字产业生态的情况。

（2）评价方法。

本项得分 $=A\times$ 本项权重。

A：被评价地区每提供一个案例加 0.2 分，最多加 1 分。

（3）数据获取。

基于评价时间节点半年内相关部门统计数据。

- 系统演示/截图。
- 分管部门年度/半年总结材料，或其他正式文件等证明材料。

（4）指标依据。

《国务院关于加强数字政府建设的指导意见》—七、以数字政府建设全面引领驱动数字化发展—（一）助推数字经济发展：准确把握行业和企业发展需求，打造主动式、多层次创新服务场景，精准匹配公共服务资源，提升社会服务数字化普惠水平，更好满足数字经济发展需要。

《"十四五"数字经济发展规划》—四、充分发挥数据要素作用—（三）创新数据要素开发利用机制：鼓励市场力量挖掘商业数据价值，推动数据价值产品化、服务化，大力发展专业化、个性化数据服务，促进数据、技术、场景深度融合，满足各领域数据需求。—六、加快推动数字产业化—（二）提升核心产业竞争力：实施产业链强链补链行动，加强面向多元化应用场景的技术融合和产品创新，提升产业链关键环节竞争力，完善5G、集成电路、新能源汽车、人工智能、工业互联网等重点产业供应链体系。

《全国一体化政务大数据体系建设指南》—四、主要内容—（五）数据服务一体化—3.加大政务大数据应用创新力度：聚焦城市治理、环境保护、生态建设、交通运输、食品安全、应急管理、金融服务、经济运行等应用场景，按照"一应用一数仓"要求，推动各地区各部门依托全国一体化政务大数据体系建立政务数据仓库，为多行业和多跨场景应用提供多样化共享服务。

《"十四五"国家信息化规划》—四、重大任务和重点工程—（二）建立高效利用的数据要素资源体系—提升数据资源开发利用水平：提高异构数据互操作能力，培育发展一批面向不同场景的数据应用产品，持续提升数据开发利用能力。加快各行业各领域数据全过程应用。支持构建农业、工业、商业、教育、医疗、安防、自然资源、水利、城市管理、公共资源交易、审判执行等领域规范化数据开发利用的场景，提升数据资源价值。

《促进大数据发展行动纲要》—三、主要任务—（二）推动产业创新发展，培育新兴业态，助力经济转型—2.发展新兴产业大数据：大力培育互联网金融、数据服务、数据探矿、数据化学、数据材料、数据制药等新业态，提升相关产业大数据资源的采集获取和分析利用能力，充分发掘数据资源支撑创新的潜力，带动技术研发体系创新、管理方式变革、商业模式创新和产业价值链体系重构，推动跨领域、跨行业的数据融合和协同创新，促进战略性新兴产业发展、服务业创新发展和信息消费扩大，探索形成协同发展的新业态、新模式，培育新的经济增长点。

《黑龙江省人民政府关于加强数字政府建设的实施意见》—五、构建开放共享的数据资源体系—（四）促进数据有序开发利用：探索构建公共数据产品超市，支撑公共数据应用场景的快速设计和开发落地，提升各行业各领域运用公共数据推动经济社会发展的能力。

（5）指标解读。

得益于数字经济整体规模的增长，我国各地已积极开展数据交易流通探索，由此衍生了新兴业态和相关产业体系，为企业创新发展提供丰富数据资源和发展机遇。

各地探索数据要素市场化配置。以北京国际大数据交易所（简称"北数所"）成立为例，北数所是"国内首家新型数据交易所"，"新"体现在创新交易模式、创新交易技术、创新交易规则、创新交易生态和创新应用场景上。北数所的成立也将催生一批以往没有的新业态。2022年以来，该交易所面向全球招募数据托管商、数据经纪商、数据服务商，作为数字经济基础设施的组成部分，数据托管机构和经纪机构应兼具社会公信力和经营公益性，服务能力强且具备相关业务资质。

5）数据要素灵活交易

（1）指标说明。

主要考查当地数字政府建设过程中按照国家有关政策文件数据要素市场优化要求在数据要素灵活交易方面的情况。

（2）评价方法。

本项得分 $=A \times$ 本项权重。

A：被评价地区具有相关政策或制度支持得1分，不具备为0分。

（3）数据获取。

基于评价时间节点半年内相关部门统计数据。

- 系统演示/截图。
- 正式发文，或其他正式文件等证明材料。

（4）指标依据。

《中共中央 国务院关于构建数据基础制度更好发挥数据要素作用的意见》。

《国务院关于加强数字政府建设的指导意见》——七、以数字政府建设全面引领驱动数字化发展——（三）营造良好数字生态：建立健全数据要素市场规则，完善数据要素治理体系，加快建立数据资源产权等制度，强化数据资源全生命周期安全保护，推动数据跨境安全有序流动。完善数据产权交易机制，规范培育数据交易市场主体。

《"十四五"数字经济发展规划》——二、总体要求——（三）发展目标——数据要素市场体系初步建立：数据要素市场化建设成效显现，数据确权、定价、交易有序开展，探索建立与数据要素价值和贡献相适应的收入分配机制，激发市场主体创新活力。——四、充分发挥数据要素作用——（二）加快数据要素市场化流通：规范数据交易管理，培育规范的数据交易平台和市场主体，建立健全数据资产评估、登记结算、交易撮合、争议仲裁等市场运营体系，提升数据交易效率。严厉打击数据黑市交易，营造安全有序的市场环境。

《全国一体化政务大数据体系建设指南》——五、保障措施——（四）鼓励探索创新：鼓励各地区各部门开展制度创新，完善数据要素法治环境，构建数据要素市场化配置体制机制，规范数据权属、数据定价、交易规则，建立权责清晰的数据要素市场化运行机制，推动各类机构依法依规开展数据交易，加强数据产品和数据服务产权保护。

《促进大数据发展行动纲要》——四、政策机制——（三）健全市场发展机制：引导培育大数据交易市场,开展面向应用的数据交易市场试点,探索开展大数据衍生产品交易,鼓励产业链各环节市场主体进行数据交换和交易,促进数据资源流通,建立健全数据资源交易机制和定价机制,规范交易行为。

《广东省数字政府改革建设"十四五"规划》—第七章 推进数据要素市场化配置改革—第三节 推进数据规范有序流通—健全数据要素交易流通体系:完善数据权益、交易流通、跨境传输和安全保护等基础性制度规范,明确数据主体、数据控制方、数据使用方权利义务,保护数据主体权益。健全市场化的数据定价机制,激发数据流转活力。加快建设省数据交易场所,规范数据交易行为,建立安全可信、管理可控、可追溯的数据交易环境。建立健全首席数据官(CDO)及数据经纪人制度,为数据要素流通提供优质服务。

(5)指标解读。

数据交易能够加速数据的流动,使数据流向发挥最大效用的地方,充分释放数据的倍增效应。进一步推动数据交易,有助于激活当前尚未得到充分利用的数据要素价值,从而助力数据要素市场的完善。对于尚不成熟的数据要素市场,应当给予市场主体更多的自主探索空间。第一,建立数据交易配套机制。发展智能合约、区块链、人工智能等高新技术,构建数据确权、数据定价、登记结算、交易撮合等配套机制,保障数据交易全流程高效运行。第二,完善数据交易市场规则。出台市场数据标准规范,保障数据入市前合法合规、产权明确。第三,强化数据交易多元治理。

2. 产业数字化及数字产业化

通过数字政府建设引导企业强化数字化思维,提升员工数字技能和数据管理能力,全面系统推动企业研发设计、生产加工、经营管理、销售服务等业务数字化转型。

1)农业水利行业数字化转型

(1)指标说明。

主要评价当地数字政府建设按照国家有关政策文件中关于产业数字化相关领域要求的建设情况。

(2)评价方法。

本项得分=(A+B)/2× 本项权重。

A:参评区域内是否有相关政策规划扶持,具备得1分,不具备为0分。

B:被评价地区在智慧农业水利领域农业物联网、精准农业、智能农机、数字农产品营销、水情监测智慧调度等业务方向是否有系统平台,具备为1分,不具备为0分。

(3)数据获取。

基于评价时间节点半年内相关部门统计数据。

- 系统演示/截图。
- 分管部门年度/半年总结材料,或其他正式文件等证明材料。

（4）指标依据。

《国务院关于加强数字政府建设的指导意见》—七、以数字政府建设全面引领驱动数字化发展—（二）引领数字社会建设：推进数字乡村建设，以数字化支撑现代乡村治理体系，加快补齐乡村信息基础设施短板，构建农业农村大数据体系，不断提高面向农业农村的综合信息服务水平。

《"十四五"数字经济发展规划》—二、总体要求—（三）发展目标—产业数字化转型迈上新台阶：农业数字化转型快速推进，制造业数字化、网络化、智能化更加深入，生产性服务业融合发展加速普及，生活性服务业多元化拓展显著加快，产业数字化转型的支撑服务体系基本完备，在数字化转型过程中推进绿色发展。—五、大力推进产业数字化转型—（二）全面深化重点产业数字化转型：大力提升农业数字化水平，推进"三农"综合信息服务，创新发展智慧农业，提升农业生产、加工、销售、物流等各环节数字化水平。

《"十四五"国家信息化规划》—四、重大任务和重点工程—（一）建设泛在智联的数字基础设施体系—建设物联数通的新型感知基础设施：加快公共安全、交通、城管、民生、生态环保、农业、水利、能源等领域公共基础设施的数字化、智能化升级。—（五）构建产业数字化转型发展体系—推进传统产业优化升级：加快新一代信息技术与实体经济融合应用，实施"上云用数赋智"行动，打造大数据支撑、网络化共享、智能化协作的智慧供应链体系。建设智慧农业，加快农业生产、加工、销售、物流等产业链各环节数字化、智能化升级，构建农业基础数据资源体系，加快农业科技服务信息化建设，为确保粮食安全提供有力支撑。推动数字化绿色化协同发展—以数字化赋能"生产、生活、生态"，加速数字化推动农业、制造业、服务业等产业的智慧绿色增长。—五、优先行动—（六）绿色智慧生态文明建设行动—推进智慧水利建设：推进新一代信息技术与水利业务融合，完善大江大河监测体系，加强水利大数据应用，加速推进水文、水资源等重要水利数据有序共享。以流域为单元提升水情测报和智能调度能力。加强国家水利综合监管，持续推进国家节水信息化管理能力提升。—（七）数字乡村发展行动—发展农村数字经济：加快发展智慧农业，推动新一代信息技术和先进适用智能农机装备广泛应用于农业生产经营各环节各领域。

《促进大数据发展行动纲要》—三、主要任务—（二）推动产业创新发展，培育新兴业态，助力经济转型—3.发展农业农村大数据：加强农业农村经济大数据建设，完善村、县相关数据采集、传输、共享基础设施，建立农业农村数据采集、运算、应用、服务体系，强化农村生态环境治理，增强乡村社会治理能力。统筹国内国际农业数据资源，强化农业资源要素数据的集聚利用，提升预测预警能力。整合构建国家涉农大数据中心，推进各地区、各行业、各领域涉农数据资源的共享开放，加强数据资源发掘运用。加快农业大数据关键技术研发，加大示范力度，提升生产智能化、经营网络化、管理高效化、服务便捷化能力和水平。

《辽宁省"十四五"数字政府发展规划》—七、业务应用体系建设—（二）社会治理"一网统管"—专栏9　生态环境保护类重点应用—"智慧水利"综合服务：扩展水利监测网覆盖范围，建设水利一张网，建设水旱灾害防御、水资源开发与配置、水环境监管与保护等水利业务的综合服务系统。

《广东省数字政府改革建设"十四五"规划》—第五章　推动省域治理"一网统管"—第四节　优化精细智能的社会管理能力—推进数字农业农村发展：构建全省美丽乡村数据动态化、场景可视化、应用智能化的数字乡村管理模式，打造富有岭南风韵的精美农村。实施广东数字农业农村发展行动计划，推进农业数字化转型，打造岭南现代农业产业体系。—第六节　增强系统科学的生态环境保护能力—提高水利智能化治理能力：强化信息技术与水利业务深度融合，推进广东智慧水利工程建设，打造数字江河。健全水要素智能感知网络体系，扩大江河湖泊水系、水利工程设施、水利管理活动的监测感知范围，实现全域感知、智慧应用和自动控制。全面开展水利数据治理，加强涉水信息资源的汇聚存储、统筹管理、优化配置和共享共用。建设水安全、水资源、水工程、水生态、水监管、水服务等智慧水利应用，促进业务流程优化和工作模式创新，提升水利业务的精细管理、分析研判、决策支持与协同联动能力。

《浙江省数字政府建设"十四五"规划》—二、主要任务—（三）创新全域智慧的协同治理体系—3.推行协同智能的生态治理：建立森林资源动态感知数字化监测机制，推进森林保护、培育、开发、利用全过程数字化管理和多业务协同，实现现代林业精准管理与智慧治理。提升水旱灾害防御、水资源节约集约利用与优化配置、水资源保护和河湖健康保障、涉水事务监管、水政务协同与水利公共服务的智能化水平。—专栏6　生态治理类重点应用——智慧水利：打造"浙江省水平台"，构建高效能智慧水利网，迭代城乡供水管理应用、河湖库保护应用和数字节水应用。

《河南省"十四五"数字经济和信息化发展规划》—六、加速推动产业数字化，赋能产业结构升级—（一）打造全国农业数字化发展典范—1.农业物联网：将农业物联网技术纳入全省农业重大技术推广计划，建设农业物联网应用示范基地，发展数字田园、智慧养殖、数字种业等高端农业，提高农业生产数字化水平。—2.精准种植和养殖：实施"一村九园"（数字村庄、数字田园、数字果园、数字菜园、数字茶园、数字菌园、数字药园、数字花园、数字牧场、数字渔场）数字农业示范工程，围绕大田种植、园艺作物、畜禽养殖、林特产品等领域，规划建设数字农业产业园等，提升现代农业精准管理、远程控制和智能决策水平。—3.智能农机：加快农机装备数字化改造，推动5G、北斗导航、智能监控等系统在农机上装载应用，推广农业机器人、植保无人机、无人驾驶拖拉机等新型装备。—4.数字营销：推动农村电子商务发展，支持推广村播、"短视频+网红"等新型营销模式，完善农产品网络销售的供应链体系、运营服务体系和支撑保障体系。—七、强力推进数字化治理，提升社会治理水平—（四）有序提升重点领域数字化治理能力—3.智慧水利：推进覆盖全省的水情、雨情、墒情、工情等全要素水利感知网络建设，构建立体观测、实时感知、时空协同的一体化信息采集和数据汇集系统。

（5）指标解读。

数字农业是农业现代化的高级阶段，农业数字化是数字经济高质量发展的重要范畴。在"大国小农"的基本国情下，以构建农业物联网、发展精准种植和养殖、推广农产品数字营销等为重点，推动数字经济与传统农业深度融合，能够充分彰显数字技术对农村经济发展的放大、叠加、倍增作用。

为抢占数字农业农村制高点，推动农业高质量发展和乡村全面振兴，让广大农民共享数字经济发展红利，"十四五"期间，需要加速构建先进、开放、共享的农业新型信息基础设施体系，为加快农业数字化转型提供底层技术支撑；构建覆盖农业全产业链、全价值链的生产和服务体系，利用信息流打通产业链，运用价值链整合产业链，用数字化打通"研—产—供—销—服"全链路，推动农业产供销协同生态链加速形成，为构建农业数字经济新生态提供有力支撑。

2）工业数字化转型

（1）指标说明。

主要考查当地数字政府建设按照国家有关政策文件中关于产业数字化工业领域要求的建设情况。

（2）评价方法。

本项得分 = $(A+B)/2 \times$ 本项权重。

A：参评区域内是否有相关政策规划扶持，具备为1分，不具备为0分。

B：被评价地区在工业数字化转型智能制造、工业互联网等服务方向是否有系统平台，具备为1分，不具备为0分。

（3）数据获取。

基于评价时间节点半年内相关部门统计数据。

- 系统演示/截图。
- 分管部门年度/半年总结材料，或正式发文等其他证明材料。

（4）指标依据。

《"十四五"数字经济发展规划》—二、总体要求—（三）发展目标—产业数字化转型迈上新台阶：农业数字化转型快速推进，制造业数字化、网络化、智能化更加深入，生产性服务业融合发展加速普及，生活性服务业多元化拓展显著加快，产业数字化转型的支撑服务体系基本完备，在数字化转型过程中推进绿色发展。—五、大力推进产业数字化转型—（二）全面深化重点产业数字化转型：纵深推进工业数字化转型,加快推动研发设计、生产制造、经营管理、市场服务等全生命周期数字化转型,加快培育一批"专精特新"中小企业和制造业单项冠军企业。深入实施智能制造工程,大力推动装备数字化,开展智能制造试点示范专项行动,完善国家智能制造标准体系。

《"十四五"国家信息化规划》—四、重大任务和重点工程—(一)建设泛在智联的数字基础设施体系—建设物联数通的新型感知基础设施:加快公共安全、交通、城管、民生、生态环保、农业、水利、能源等领域公共基础设施的数字化、智能化升级。—(五)构建产业数字化转型发展体系—推进传统产业优化升级:加快制造业数字化转型,发展多层次系统化工业互联网平台体系和创新应用,建设国家工业大数据中心体系,强化两化融合标准体系建设,深入实施智能制造工程。发展数字化管理、智能化生产、网络化协同、个性化定制等新模式,培育工业电子商务、产业链金融等新业态。

《促进大数据发展行动纲要》—三、主要任务—(二)推动产业创新发展,培育新兴业态,助力经济转型—1.发展工业大数据:推动大数据在工业研发设计、生产制造、经营管理、市场营销、售后服务等产品全生命周期、产业链全流程各环节的应用,分析感知用户需求,提升产品附加价值,打造智能工厂。建立面向不同行业、不同环节的工业大数据资源聚合和分析应用平台。抓住互联网跨界融合机遇,促进大数据、物联网、云计算和三维(3D)打印技术、个性化定制等在制造业全产业链集成运用,推动制造模式变革和工业转型升级。

《河南省"十四五"数字经济和信息化发展规划》—六、加速推动产业数字化,赋能产业结构升级—(二)深化推进工业数字化转型—1.工业互联网:深入实施工业互联网创新发展工程,推动"5G+人工智能+工业互联网"融合应用,建设"1+N+N"工业互联网平台体系,培育建设1个跨行业、跨领域综合性平台,N个细分行业、特定领域平台,N个优势产业集群平台,加快建设国家工业互联网平台应用创新推广中心。—2.智能制造:在钢铁、建材、石化、装备、食品、纺织服装等传统行业,加快智能制造单元、智能生产线、数字化车间建设,全面提升企业数字化水平。布局建设区域型、行业型、企业型数字化转型促进中心,培育数字化解决方案供应商。—3.服务型制造:支持骨干企业建设协同研发设计平台,在装备制造、汽车、纺织服装等行业推广网络协同设计、虚拟仿真等新技术、新模式,在钢铁、有色、化工、建材等行业开展基于互联网的供应链管理模式创新试点。

《上海市全面推进城市数字化转型"十四五"规划》—四、重点领域—(一)推动经济数字化转型,助力高质量发展—6.深化制造新模式:以数字化推动工业化和信息化、服务业和制造业更广范围、更深程度融合,推进制造业提质增效。加快工业互联网创新发展,实施"工赋上海"行动,建设数字孪生企业,打造"100+"示范工厂,促进产业链供应链数字化增智,实现精准固链补链强链。

（5）指标解读。

根据国家"十四五"数字经济发展规划以及关于加强数字政府建设指导意见的有关要求，数字政府建设牵引、带动和助力工业数字化转型，助推数字经济发展。地方政府着力推进以大数据、5G、工业互联网为主的信息产业链发展，并不断延伸拓展领域，支撑服务经济社会数字化转型。地方政府应充分利用工业互联网、大数据、云计算、5G、区块链、人工智能等新一代信息技术，加大5G网络基础设施建设，加快工业互联网发展，助力经济社会高质量发展。

3）商业服务业数字化转型

（1）指标说明。

主要评价当地数字政府建设按照国家有关政策文件中关于产业数字化商业服务业领域要求的建设情况。

（2）评价方法。

本项得分 = $(A+B)/2 \times$ 本项权重。

A：参评区域内是否有相关政策规划扶持，具备为1分，不具备为0分。

B：被评价地区在商业服务业数字化转型领域智慧物流、金融数字化、智慧文旅等方向是否有数字化系统或平台，具备为1分，不具备为0分。

（3）数据获取。

基于评价时间节点半年内相关部门统计数据。

- 系统演示/截图。
- 分管部门年度/半年总结材料，或正式发文等其他证明材料。

（4）指标依据。

《国务院关于加强数字政府建设的指导意见》—七、以数字政府建设全面引领驱动数字化发展—（一）助推数字经济发展：以数字政府建设为牵引，拓展经济发展新空间，培育经济发展新动能，提高数字经济治理体系和治理能力现代化水平。准确把握行业和企业发展需求，打造主动式、多层次创新服务场景，精准匹配公共服务资源，提升社会服务数字化普惠水平，更好满足数字经济发展需要。

《"十四五"数字经济发展规划》—二、总体要求—（三）发展目标—产业数字化转型迈上新台阶：农业数字化转型快速推进，制造业数字化、网络化、智能化更加深入，生产性服务业融合发展加速普及，生活性服务业多元化拓展显著加快，产业数字化转型的支撑服务体系基本完备，在数字化转型过程中推进绿色发展。—五、大力推进产业数字化转型—（二）全面深化重点产业数字化转型：培育推广个性化定制、网络化协同等新模式。大力发展数字商务，全面加快商贸、物流、金融等服务业数字化转型，优化管理体系和服务模式，提高服务业的品质与效益。

《"十四五"国家信息化规划》—四、重大任务和重点工程—（五）构建产业数字化转型发展体系—促进新业态新模式发展：大力发展数字商务，培育数字技术、数据资源驱动的新业态新模式。鼓励出行、餐饮、住宿、文化、旅游、体育、物流、家政等领域智能化升级和商业模式创新，促进品牌消费、品质消费，培育高质量的数字生活服务市场。培育智慧养老托育新业态。支持社交电商、直播电商、知识分享等健康有序发展，积极发展远程办公、云展会、无接触服务、共享员工等新兴商业模式和场景应用。

《促进大数据发展行动纲要》—一、发展形势和重要意义—（一）大数据成为推动经济转型发展的新动力：大数据持续激发商业模式创新，不断催生新业态，已成为互联网等新兴领域促进业务创新增值、提升企业核心价值的重要驱动力。—三、主要任务—（二）推动产业创新发展，培育新兴业态，助力经济转型—2.发展新兴产业大数据：大力培育互联网金融、数据服务、数据探矿、数据化学、数据材料、数据制药等新业态，提升相关产业大数据资源的采集获取和分析利用能力，充分发掘数据资源支撑创新的潜力，带动技术研发体系创新、管理方式变革、商业模式创新和产业价值链体系重构，推动跨领域、跨行业的数据融合和协同创新，促进战略性新兴产业发展、服务业创新发展和信息消费扩大，探索形成协同发展的新业态、新模式，培育新的经济增长点。

《浙江省数字政府建设"十四五"规划》—二、主要任务—（二）构建优质便捷的普惠服务体系—3.促进公共服务智慧均等：实施数字生活新服务行动，加快推动生活性服务业数字化、智慧化。加快未来社区建设，构建未来邻里、教育、健康、创业等数字化创新场景。推出适应老年人、残疾人等特殊人群需求的智能化服务。以社会保障卡为载体，探索建立居民服务"一卡通"，加快长三角地区医疗卫生、交通出行、旅游观光、文化体验等领域率先在浙江实现同等待遇。

《北京市"十四五"时期智慧城市发展行动纲要》—四、主要任务—（六）整体布局、协同联动，强化领域应用—优化商务服务发展环境：建设完善"互联网+监管"体系，推动管理理念、管理模式、管理手段变革，推动信用监管、非接触监管、非现场检查成为重要监管方式。开展"免申即享"试点，根据企业特征进行政策精准匹配和主动推送，优化惠企政策触达。支持平台型企业建设商业服务平台，实现商家互通、消费场景间互通以及线上线下互通。优化商务服务统筹监测与调度体系。支持数字贸易转型升级，围绕大型服务贸易会议发展线上会展经济。

《上海市全面推进城市数字化转型"十四五"规划》—四、重点领域—（一）推动经济数字化转型，助力高质量发展—3.发展商务新业态：以数字化推动商贸服务优化提升，释放数字化赋能效应。塑造商业转型标杆，打造10家左右千亿级电商平台。

（5）指标解读。

商业和服务业一头连着经济发展，一头连着民生福祉，占据经济总量的"半壁江山"。商业服务业牵涉面广、影响范围大，直接关系到经济发展和社会稳定的大局。随着数字经济的作用和地位持续提升，全面数字化转型升级将成为我国经济发展的新动能，也将为商业和服务业数字化转型释放巨大的产业红利。要推动数字经济与先进商业、现代服务业深度融合，就要推动商业和服务业数字化发展。商业和服务业既是产业链供应链正常运转的重要保障，也是更好满足人民对美好生活向往的重要领域。如何通过数字化转型苦练内功、强壮筋骨，进而增强商业和服务业抗风险、稳增长、促就业和保民生的能力，是当前迫切需要关注的现实课题。

4）产业园区和产业集群数字化转型

（1）指标说明。

主要考查当地数字政府建设按照国家有关政策文件中关于产业园区和产业集群数字化转型领域要求的建设情况。

（2）评价方法。

本项得分 =（$A+B$）/2 × 本项权重。

A：区域内是否有相关系统、平台支撑或政策规划支持，具备为 1 分，不具备为 0 分。

B：被评价地区是否具备转型促进中心，具备为 1 分，不具备为 0 分。

（3）数据获取。

基于评价时间节点半年内相关部门统计数据。

- 系统演示 / 截图。
- 分管部门年度 / 半年总结材料，或正式发文等其他证明材料。

（4）指标依据。

《"十四五"数字经济发展规划》—五、大力推进产业数字化转型—（三）推动产业园区和产业集群数字化转型：引导产业园区加快数字基础设施建设，利用数字技术提升园区管理和服务能力。积极探索平台企业与产业园区联合运营模式，丰富技术、数据、平台、供应链等服务供给，提升线上线下相结合的资源共享水平，引导各类要素加快向园区集聚。围绕共性转型需求，推动共享制造平台在产业集群落地和规模化发展。探索发展跨越物理边界的"虚拟"产业园区和产业集群，加快产业资源虚拟化集聚、平台化运营和网络化协同，构建虚实结合的产业数字化新生态。

《上海市全面推进城市数字化转型"十四五"规划》—五、重点工程—（二）数字技术策源工程：坚持创新驱动，加强技术攻关纵深部署，强化数字技术协同创新，提高数字技术创新成果转化和产业化水平，打造具有国际竞争力的高端数字产业集群和强大数字赋能体系。

《山西省数字政府建设规划（2020—2022 年）》—五、十大创新应用—（二）转型综改应用—2. 加快"数字开发区"建设：围绕省内开发区交通区位、资源禀赋、生态环境承载能力等基础条件，归集开发区标准地建设、产业布局、产业能耗、经济运行、项目落地等关键动态指标数据,建设全省统一的政策咨询平台,汇聚各级各部门发布的产业、用地、税收、招商等政策文件,对内支撑决策支持、对外强化开放服务,在开发区经济运行监测管理、招商引资服务、科技创新转化、推进项目开工落地等方面开展大数据应用。

(5)指标解读。

产业园区和产业集群数字化转型的基本目标是加快推进以"行业互联园区＋行业平台＋专精特新企业群＋产业数字金融"为核心架构的新行业生态系统建设。所谓"新行业生态系统",是指以各地现有产业转型升级为导向,针对行业所面临的结构性问题和整体发展瓶颈,以新需求为牵引,以细分行业全价值链为对象,融合集成行业知识、经济模型与数字技术,全方位、全链条实施数字化转型所构建的高效协同和智能柔性的新型行业体系。新行业生态系统是数字经济时代下产业模式和企业形态根本性变革的新范式,不同于大型企业自有的智能工厂和智慧园区,也不同于中小微企业简单的规模化"上云上平台"。

5)数字产业化

(1)指标说明。

主要评价当地数字政府建设按照国家有关政策文件中关于数字产业化领域要求的建设情况。

(2)评价方法。

本项得分＝($A+B$)/2×本项权重。

A:参评区域内是否有相关政策规划扶持,具备为1分,不具备为0分。

B:被评价地区是否具备政务数据与平台企业数据互通机制,具备为1分,不具备为0分。

(3)数据获取。

基于评价时间节点半年内相关部门统计数据。

- 系统演示/截图。
- 分管部门年度/半年总结材料,或其他正式文件等证明材料。

(4)指标依据。

《国务院关于加强数字政府建设的指导意见》—七、以数字政府建设全面引领驱动数字化发展—(一)助推数字经济发展:以数字政府建设为牵引,拓展经济发展新空间,培育经济发展新动能,提高数字经济治理体系和治理能力现代化水平。准确把握行业和企业发展需求,打造主动式、多层次创新服务场景,精准匹配公共服务资源,提升社会服务数字化普惠水平,更好满足数字经济发展需要。

《"十四五"数字经济发展规划》—六、加快推动数字产业化—(一)增强关键技术创新能力。瞄准传感器、量子信息、网络通信、集成电路、关键软件、大数据、人工智能、区块链、新材料等战略性前瞻性领域，发挥我国社会主义制度优势、新型举国体制优势、超大规模市场优势，提高数字技术基础研发能力。以数字技术与各领域融合应用为导向，推动行业企业、平台企业和数字技术服务企业跨界创新，优化创新成果快速转化机制，加快创新技术的工程化、产业化。鼓励发展新型研发机构、企业创新联合体等新型创新主体，打造多元化参与、网络化协同、市场化运作的创新生态体系。支持具有自主核心技术的开源社区、开源平台、开源项目发展，推动创新资源共建共享，促进创新模式开放化演进。—（二）提升核心产业竞争力。着力提升基础软硬件、核心电子元器件、关键基础材料和生产装备的供给水平，强化关键产品自给保障能力。实施产业链强链补链行动，加强面向多元化应用场景的技术融合和产品创新，提升产业链关键环节竞争力，完善5G、集成电路、新能源汽车、人工智能、工业互联网等重点产业供应链体系。深化新一代信息技术集成创新和融合应用，加快平台化、定制化、轻量化服务模式创新，打造新兴数字产业新优势。协同推进信息技术软硬件产品产业化、规模化应用，加快集成适配和迭代优化，推动软件产业做大做强，提升关键软硬件技术创新和供给能力。—（三）加快培育新业态新模式。推动平台经济健康发展，引导支持平台企业加强数据、产品、内容等资源整合共享，扩大协同办公、互联网医疗等在线服务覆盖面。深化共享经济在生活服务领域的应用，拓展创新、生产、供应链等资源共享新空间。发展基于数字技术的智能经济，加快优化智能化产品和服务运营，培育智慧销售、无人配送、智能制造、反向定制等新增长点。完善多元价值传递和贡献分配体系，有序引导多样化社交、短视频、知识分享等新型就业创业平台发展。—（四）营造繁荣有序的产业创新生态。发挥数字经济领军企业的引领带动作用，加强资源共享和数据开放，推动线上线下相结合的创新协同、产能共享、供应链互通。鼓励开源社区、开发者平台等新型协作平台发展，培育大中小企业和社会开发者开放协作的数字产业创新生态，带动创新型企业快速壮大。以园区、行业、区域为整体推进产业创新服务平台建设，强化技术研发、标准制修订、测试评估、应用培训、创业孵化等优势资源汇聚，提升产业创新服务支撑水平。

《"十四五"国家信息化规划》—四、重大任务和重点工程—（四）培育先进安全的数字产业体系：把数字产业化作为推动经济高质量发展的重要驱动力量，加快培育信息技术产业生态，推动数字技术成果转化应用，推动数字产业能级跃升，支持网信企业发展壮大，打造具有国际竞争力的数字产业集群。

《上海市全面推进城市数字化转型"十四五"规划》—四、重点领域—（一）推动经济数字化转型，助力高质量发展：聚焦"五个中心"建设，激活数字产业化引擎动力，激发产业数字化创新活力，推进科技、金融、商贸、航运、制造、农业等领域深层次数字化转型，推动发展方式整体转变，加快质量变革、效率变革、动力变革。

《河南省"十四五"数字经济和信息化发展规划》—二、总体要求—（三）发展体系—3.数字产业化体系:以新型显示和智能终端、物联网、网络安全为重点培育壮大优势产业,以先进计算、5G、软件、半导体、卫星和地理信息为重点攻坚发展基础产业,以新一代人工智能、量子信息、区块链为重点积极布局前沿产业。发展在线服务、共享服务、无人服务等服务新模式,培育平台经济新业态。

《黑龙江省人民政府关于加强数字政府建设的实施意见》—七、以数字政府建设全面引领驱动数字化发展—(三)营造良好数字生态:聚合专业资源,探索构建市场化的数据运营主体,打造"数据运营+生态合作"的数字产业生态。

(5)指标解读。

数字经济是指以使用数字化的知识和信息作为关键生产要素、以现代信息网络作为重要载体、以信息通信技术的有效使用作为效率提升和经济结构优化的重要推动力的一系列经济活动。可以说,数字经济代表了围绕数据这种关键的生产要素所进行的一系列生产、流通和消费的经济活动的总和。数字经济发展的核心是"数字产业化"和"产业数字化",推进数字基础设施建设,实现数据资源价值化,提升产业治理数字化水平,营造良好发展环境,构建数字经济全要素发展体系。数字产业化就是通过现代信息技术的市场化应用,推动数字产业的形成和发展。科技创新绝不仅仅是实验室里的研究,而是必须将科技创新成果转化为推动经济社会发展的现实动力。数字产业化的目的正是将数字化的知识和信息转化为生产要素,通过信息技术创新和管理创新、商业模式创新融合,不断催生新产业、新业态、新模式,最终形成数字产业链和产业集群。

简而言之,数字产业化就是数字技术带来的产品和服务,如电子信息制造业、信息通信业、软件服务业、互联网业等都是在有了数字技术后才出现的产业。

6)培育转型支撑服务生态

(1)指标说明。

主要考查当地数字政府建设按照国家有关政策文件中关于促进产业数字化以及数字产业化发展要求,培育转型支撑服务生态的建设情况。

(2)评价方法。

本项得分 $=A\times$ 本项权重。

A:被评价地区是否具备相关系统平台支撑或政策规划支持,具备为 1 分,不具备为 0 分。

(3)数据获取。

基于评价时间节点半年内相关部门统计数据。

- 系统演示/截图。
- 正式发文,或其他正式文件等证明材料。

（4）指标依据。

《"十四五"数字经济发展规划》—五、大力推进产业数字化转型—（四）培育转型支撑服务生态：建立市场化服务与公共服务双轮驱动，技术、资本、人才、数据等多要素支撑的数字化转型服务生态，解决企业"不会转"、"不能转"、"不敢转"的难题。面向重点行业和企业转型需求，培育推广一批数字化解决方案。聚焦转型咨询、标准制定、测试评估等方向，培育一批第三方专业化服务机构，提升数字化转型服务市场规模和活力。支持高校、龙头企业、行业协会等加强协同，建设综合测试验证环境，加强产业共性解决方案供给。建设数字化转型促进中心，衔接集聚各类资源条件，提供数字化转型公共服务，打造区域产业数字化创新综合体，带动传统产业数字化转型。—专栏5 数字化转型支撑服务生态培育工程（具体内容略）。

《上海市全面推进城市数字化转型"十四五"规划》—六、保障措施—（二）优化鼓励政策精准支持：优化数字化转型政策环境，聚焦经济、生活、治理数字化转型在制度规范、激励举措、经费投入、数据共享等重点领域的急难问题，全面剖析深层次制度瓶颈问题，全方位激发各类转型主体的活力和动力。强化各级财政资金对数字化转型的保障，统筹利用好各级各类财政专项，加大对重点转型任务的资金投入力度，优化数字化转型重大项目的预算管理机制和建设模式。创新政府和国有企业数字化转型领域的采购体系，建立各类事业单位数字化投入增长机制。实施开放的数字化转型人才政策，推广"首席信息官""首席网络安全官"制度，试点推行"首席数字官"制度，试点设置数字化转型特设岗位，加大引进数字化领军人才力度。

（5）指标解读。

在供需平衡的市场中，一个有效的产业数字化转型升级系统应当能够有效地连接和吸纳产业数字化升级所需要的各种资源。从现有经验来看，虽然政府为一些地区和产业的数字化转型提供了大量的政策指导及配套服务，但是从投入产出效率看，成效不是很大。最根本的原因可能是缺乏一个能将有效支撑服务产业数字化转型升级的诸多要素整合成一个有机的整体生态系统。因此在"十四五"时期，推进数字化转型支撑服务生态培育工程建设，提升产业数字化转型速度与效率，不仅是发展所需，更是现实所迫。

数字化转型并不是地方企业单打独斗，而是要由数字政府建设主导建立一个生态圈。在推进数字化转型进程中，数字化转型服务企业既是引擎，也是"黏合剂"。地方政府引领数字化转型服务企业通过赋能千企百业数字化转型，构建起一个多边交互、共创共享的数字化生态体系，为业态不断融合提供新路径。在地方政府数字经济转型探索中，数字化转型服务企业逐渐打造工业互联网助力城市数字化转型的新范式。

数字化转型服务企业可以做深垂直行业、做强特定领域、拓宽全域复制，深化场景应用，帮助企业进行网络化、数字化、智能化改造。

3. 数字经济治理

通过数字政府建设推动社会治理模式从单向管理转向双向互动、从线下转向线上线下融合，着力提升矛盾纠纷化解、社会治安防控、公共安全保障、基层社会治理等领域数字化治理能力。

1）数字经济数据中台基础

（1）指标说明。

主要评价当地数字政府建设过程中按照国家相关政策规划要求数字经济数据中台建设情况。

（2）评价方法。

本项得分 = $A \times$ 本项权重。

A：被评价地区是否具备经济数据汇总分析应用系统，具备为1分，不具备为0分。

（3）数据获取。

基于评价时间节点半年内相关部门统计数据。

- 系统演示/截图。
- 分管部门年度/半年总结材料，或其他正式文件等证明材料。

（4）指标依据。

《国务院关于加强数字政府建设的指导意见》—五、构建开放共享的数据资源体系—（二）深化数据高效共享：有序推进国务院部门垂直管理业务系统与地方数据平台、业务系统数据双向共享。以应用场景为牵引，建立健全政务数据供需对接机制，推动数据精准高效共享，大力提升数据共享的实效性。

《安徽省"数字政府"建设规划（2020—2025年）》—四、建设江淮大数据中心—（一）搭建中心平台框架体系：加快江淮大数据中心总平台建设。建设贯穿数据全周期的大数据平台，实现对数据的汇、治、用和管、看、评集中统一管理。建设基础数据库和若干主题数据库，建设大数据计算存储平台、大数据资源中心、数据中台、技术中台，升级数据共享交换平台，提升数据互联互通、统一数据服务、集中展示调度、创新增值应用等能力。

《湖北省数字政府建设总体规划（2020—2022年）》—四、建设内容—（一）数字化使能—1.数字化基础设施：按照集约建设的原则，统一规划建设全省数字化基础设施，推进省级大数据中心和政务云平台整合完善，构建省大数据管理和服务平台，为全省提供统一的云数据库服务及数据中台服务，应用级双活数据中心，大数据边缘计算池，区块链技术支撑省市县政务数据共享、智慧政务服务、精准治理和数字化决策等。—2.大数据能力平台—（2）提升大数据服务能力：持续完善数据接入、数据治理、数据管理、数据服务等数据中台能力建设，进一步对接部门信息化系统，促进数据物理集中汇聚，实现海量数据质量自动稽核和安全管理，开发建设内容丰富、形式多样的数据服务。

《河南省"十四五"数字经济和信息化发展规划》—四、抢先培育数据生态，探索数智赋能新领域—（一）努力构建数据资源体系—2.建设数据资源池体系：基于省大数据中心和各地政务数据中台，支持打造高质量政务数据资源池，鼓励建设一批行业、经济、社会数据资源库，并加强与政务数据资源池的融合对接。

（5）指标解读。

数据中台不仅是数据共享系统，更是一种组织运作机制和管理模式，集战略决心、组织架构、技术架构于一体，构建了统一的协同基座，以协调和支持各业务部门，使数据最终与业务链条结合，真正转化为用户核心资产，可以看成数字化转型的基础和核心。数据中台作为数字经济时代数字政府建设中最受关注的技术平台，从提出到响应，再到成为传统政府进行数字化转型的必备手段，虽然仍未形成统一的定义，但是其背后的架构设计原理和建设理念始终是不变和通用的，即改变以往数据治理围绕"聚通用"的处理方式，形成"用通聚"的数据建设模式，从而通过复用数据资产实现前端业务的高效创新。在此建设原理的指导下，根据政府规模和特性，制定契合需求的中台建设方法。

2）数字经济风险监测预警

（1）指标说明。

主要评价当地数字政府建设过程中按照国家相关政策规划要求经济风险监测预警方面建设情况。

（2）评价方法。

本项得分 = $(A+B)/2 \times$ 本项权重。

A：被评价地区是否具备相应系统平台，具备为 1 分，不具备为 0 分。

B：被评价地区是否实现事前、事中、事后全链条全领域监管，实现为 1 分，未实现为 0 分。

（3）数据获取。

基于评价时间节点半年内相关部门统计数据。

- 系统演示/截图。
- 分管部门年度/半年总结材料，或其他正式文件等证明材料。

（4）指标依据。

《国务院关于加强数字政府建设的指导意见》—二、构建协同高效的政府数字化履职能力体系—（一）强化经济运行大数据监测分析，提升经济调节能力：运用大数据强化经济监测预警。加强覆盖经济运行全周期的统计监测和综合分析能力，强化经济趋势研判，助力跨周期政策设计，提高逆周期调节能力。提升经济政策精准性和协调性。充分发挥国家规划综合管理信息平台作用，强化经济运行动态感知，促进各领域经济政策有效衔接，持续提升经济调节政策的科学性、预见性和有效性。

《"十四五"推进国家政务信息化规划》—三、主要任务—（三）统筹建设协同治理大系统—4.完善市场监管信息化支撑：加强反垄断、网络交易、民生价格等领域监测预警；提升税收征管、银行保险业监管、通关监管、国资监管、数字经济监测和知识产权保护等领域的信息化水平，不断优化跨部门协同监管能力。

《"十四五"数字经济发展规划》—四、充分发挥数据要素作用—（一）强化高质量数据要素供给：推动数据分类分级管理，强化数据安全风险评估、监测预警和应急处置。

《全国一体化政务大数据体系建设指南》—四、主要内容—（五）数据服务一体化—3.加大政务大数据应用创新力度：依托高性能、高可用的大数据分析和共享能力，整合经济运行数据，建立经济运行监测分析系统，即时分析预测经济运行趋势，进一步提升经济运行研判和辅助决策的系统性、精准性、科学性，促进经济持续健康发展；融合集成基层治理数据，建立基层治理运行分析和预警监测模型，通过大数据分析，动态感知基层治理状态和趋势，预警监测、防范化解各类重大风险，切实提升社会治理水平。

（5）指标解读。

地方政府在经济调节方面，利用大数据加强经济监测分析，提升研判能力。数字技术在宏观调控决策、经济社会发展分析、投资监督管理、数字经济治理等方面应用持续深化，政府经济调节数字化水平逐步提高。各地区运用大数据强化经济监测预警，加强覆盖经济运行全周期的统计监测和综合分析，不断提升对经济运行"形"和"势"的数字化研判能力。

3）数字经济调控精准决策

（1）指标说明。

主要评价当地数字政府建设过程中按照国家相关政策规划要求数字经济整体发展辅助决策方面平台或系统建设情况。

（2）评价方法。

本项得分 =（A+B）/2 × 本项权重。

A：被评价地区是否具备数字经济辅助决策分析相应系统平台，具备为1分，不具备为0分。

B：被评价地区是否具备数字经济统计分析监测共享系统平台，具备为1分，不具备为0分。

（3）数据获取。

基于评价时间节点半年内相关部门统计数据。

- 系统演示/截图。

- 分管部门年度/半年总结材料，或其他正式文件等证明材料。

（4）指标依据。

《国务院关于加强数字政府建设的指导意见》—二、构建协同高效的政府数字化履职能力体系—（一）强化经济运行大数据监测分析，提升经济调节能力：将数字技术广泛应用于宏观调控决策、经济社会发展分析、投资监督管理、财政预算管理、数字经济治理等方面，全面提升政府经济调节数字化水平。

《"十四五"数字经济发展规划》—八、健全完善数字经济治理体系—（二）增强政府数字化治理能力：建立完善基于大数据、人工智能、区块链等新技术的统计监测和决策分析体系，提升数字经济治理的精准性、协调性和有效性。

《全国一体化政务大数据体系建设指南》—四、主要内容—（五）数据服务一体化—3.加大政务大数据应用创新力度：依托高性能、高可用的大数据分析和共享能力，整合经济运行数据，建立经济运行监测分析系统，即时分析预测经济运行趋势，进一步提升经济运行研判和辅助决策的系统性、精准性、科学性，促进经济持续健康发展。

《江苏省"十四五"数字政府建设规划》—五、重构数字政府运行体系—（一）建立协同高效的数字政务体系—3.提升政务运行协同化水平：打造大数据辅助决策体系。建设政府"数据大脑"，实现省市互联互通，加快构建数字技术辅助决策机制，提升数据支撑科学决策能力。围绕经济发展、政务服务、社会治理等综合领域，建立运行指标体系，促进各类数据融合，精准识别运行风险，深度研判发展趋势。运用数字化手段，建立决策、执行、监督、评估、反馈和追责的全生命周期闭环机制。

《安徽省"数字政府"建设规划（2020—2025年）》—六、创新政务应用体系—（一）行政办公方面：辅助科学决策。依托江淮大数据中心数据资源，在城市运行、生态环境监测、经济运行、管理效能评价等领域建立专业预测、分析、研判模型和算法，精准推送过程和结果数据，建立健全大数据辅助决策机制，提升科学决策能力。

《黑龙江省人民政府关于加强数字政府建设的实施意见》—二、提升政府数字化履职能力—（一）加强数据运行监测，提高经济调节能力：提升覆盖经济运行全周期的统计监测和综合分析能力，强化经济趋势研判，预警影响经济平稳运行的苗头性、趋向性问题，聚焦发展重点、指标短板，客观科学判断经济运行状况，不断提升经济运行监测分析水平，及时、精准分析研判经济运行态势，为经济决策提供支持。

（5）指标解读。

在大数据、人工智能、云计算、区块链的相互融合下，在汇聚海量数据的基础上，聚合全国企业的全周期信息，并以此为数据基础，建立"人工智能+云计算"的全新运算框架，长效辅助政府、企业精准决策，深化政府、企业运营逻辑，帮助政府与企业进行产业分析监测、企业智能风控、应用价值匹配。提供从产业诊断到产业导入再到产业赋能的全链条大数据解决方案，将企业数字化建设、地区产业链梳理作为基础，大力推动科技创新和产业链融合进程,为政府、企业、机构等用户长效赋能。通过产业大数据分析与企业长效赋能,从产业诊断、产业导入、产业赋能等方面发挥数字产业的独特优势,打通产业链关键点,剖析产业运营脉络、解析产业运营症结,将问题数字化并加以解决,进而有针对性地辅助政府实现精准决策、精准招商、精准引智等工作。

4)公共政策动态调整能力

(1)指标说明。

主要评价当地数字政府建设过程中按照国家相关政策规划要求在施政过程中公共政策动态调整方面建设情况。

(2)评价方法。

本项得分 $=A \times$ 本项权重。

A:被评价地区是否具备基于数字经济平台的政策汇总分析以及动态调整地方公共政策能力,具备为 1 分,不具备为 0 分。

(3)数据获取。

基于评价时间节点半年内相关部门统计数据。

- 系统演示/截图。
- 分管部门年度/半年总结材料,或其他正式文件等证明材料。

(4)指标依据。

《国务院关于加强数字政府建设的指导意见》—二、构建协同高效的政府数字化履职能力体系—(一)强化经济运行大数据监测分析,提升经济调节能力:提升经济政策精准性和协调性。充分发挥国家规划综合管理信息平台作用,强化经济运行动态感知,促进各领域经济政策有效衔接,持续提升经济调节政策的科学性、预见性和有效性。

《"十四五"数字经济发展规划》—八、健全完善数字经济治理体系—(一)强化协同治理和监管机制:规范数字经济发展,坚持发展和监管两手抓。探索建立与数字经济持续健康发展相适应的治理方式,制定更加灵活有效的政策措施,创新协同治理模式。明晰主管部门、监管机构职责,强化跨部门、跨层级、跨区域协同监管,明确监管范围和统一规则,加强分工合作与协调配合。

《"十四五"推进国家政务信息化规划》—三、主要任务—(三)统筹建设协同治理大系统—3.优化经济治理信息化协同:以跨部门业务协同为手段加强政策衔接配套,构建跨部门、全口径的新型经济治理监测分析指标。

《江苏省"十四五"数字政府建设规划》—五、重构数字政府运行体系—(一)建立协同高效的数字政务体系—1.提升政务服务便利化水平:完善涉企全程服务。着眼企业开办、建设、运营、成长、注销全生命周期,进一步打通企业开办全链条,实施企业开办全程网办,鼓励开展"一业一证"、联合审批等创新服务改革。建设"苏企通"

平台，集成政策汇聚、查询、推送、解答等功能，加强企业画像分析，服务各类市场主体。推行税费合并申报及缴纳，推动税费服务智能化。加强跨境贸易大数据能力建设，开展供应链安全等风险评估，实现无干预通关。

《河南省"十四五"数字经济和信息化发展规划》—九、保障措施—（一）加强组织领导：发挥省数字经济发展领导小组作用，加强对全省数字经济发展的组织领导和统筹协调，研究数字经济发展重大政策，协调解决重大问题，统筹各级、各部门力量，形成全省上下协同推进数字经济发展的工作格局。聚焦数字经济核心产业重点领域，建立"一位省领导牵头、一套工作专班、一个产业研究院、一支产业引导基金"的"四个一"工作推进机制，加强政策要素支撑保障，加大资金、技术、人才、土地等关键要素投入。省有关部门要进一步细化工作任务和阶段目标，加强规划指导，完善配套政策。各地要建立相应工作推进机制，统筹推动本地数字经济发展政策落实及项目建设。

《黑龙江省人民政府关于加强数字政府建设的实施意见》—二、提升政府数字化履职能力—（一）加强数据运行监测，提高经济调节能力：提升经济政策精准性和协调性。充分发挥规划综合管理信息平台作用，推进规划信息互联互通、归集共享，强化规划衔接协调，促进各领域经济政策有效衔接，持续提升经济调节政策的科学性、预见性和有效性。

（5）指标解读。

公共政策调整指公共政策主体依据政策评估的结果，对实施过程中的政策做必要的删补或修正，从而使其更加完善的动态过程。公共政策的调整不是胡乱的调整，也不是朝令夕改，而是稳中有变，变中求稳。因为公共政策的稳定在某种程度上牵涉到一个国家政局的稳定。事实上，要提高政策的实际业绩和效果，必须使其在一定的时间和空间内保持相对的稳定，避免政策的大幅度变动引起社会的震荡。但是，保持政策的稳定性不是保持政策绝对不变。政策制定主体根据环境和政策活动反馈的信息对政策不断地修改、补充和完善，使政策与客观环境的变动、政策资源的变化动态协调发展，是保持政策稳定的一种有效的方法。其实政策的一个最本质的目标就是在多元的社会环境下，能够保证和维持社会的稳定，获得广泛的社会支持。只有在这个基础上，对政策进行局部的调整，才能提高政策的效率、效能和效果。

5）市场监督数字化能力

（1）指标说明。

主要评价当地数字政府建设过程中按照国家相关政策规划要求在市场监督过程中数字化转型建设情况。

（2）评价方法。

本项得分 = $(A+B+C)/3 \times$ 本项权重。

A：被评价地区是否具备信用信息共享促进数字经济市场监管以及综合服务供给相应系统平台条件（以系统截图为证），具备为1分，不具备为0分。

B：被评价地区是否具备市场准入和市场监管综合执法相应系统平台条件（以系统截图为证），具备为1分，不具备为0分。

C：被评价地区是否具备业财税一体监管服务相应系统平台（以系统截图为证），具备为1分，不具备为0分。

（3）数据获取。

基于评价时间节点半年内相关部门统计数据。

- 系统演示/截图。
- 分管部门年度/半年总结材料，或其他正式文件等证明材料。

（4）指标依据。

《国务院关于加强数字政府建设的指导意见》—二、构建协同高效的政府数字化履职能力体系—（二）大力推行智慧监管，提升市场监管能力：充分运用数字技术支撑构建新型监管机制，加快建立全方位、多层次、立体化监管体系，实现事前事中事后全链条全领域监管，以有效监管维护公平竞争的市场秩序。以数字化手段提升监管精准化水平。加强监管事项清单数字化管理，运用多源数据为市场主体精准"画像"，强化风险研判与预测预警。加强"双随机、一公开"监管工作平台建设，根据企业信用实施差异化监管。加强重点领域的全主体、全品种、全链条数字化追溯监管。以一体化在线监管提升监管协同化水平。大力推行"互联网+监管"，构建全国一体化在线监管平台，推动监管数据和行政执法信息归集共享和有效利用，强化监管数据治理，推动跨地区、跨部门、跨层级协同监管，提升数字贸易跨境监管能力。

《"十四五"数字经济发展规划》—八、健全完善数字经济治理体系—（一）强化协同治理和监管机制：鼓励和督促企业诚信经营，强化以信用为基础的数字经济市场监管，建立完善信用档案，推进政企联动、行业联动的信用共享共治。加强征信建设，提升征信服务供给能力。加快建立全方位、多层次、立体化监管体系，实现事前事中事后全链条全领域监管，完善协同会商机制，有效打击数字经济领域违法犯罪行为。加强跨部门、跨区域分工协作，推动监管数据采集和共享利用，提升监管的开放、透明、法治水平。探索开展跨场景跨业务跨部门联合监管试点，创新基于新技术手段的监管模式，建立健全触发式监管机制。加强税收监管和税务稽查。

《全国一体化政务大数据体系建设指南》—一、建设背景—（二）取得的成效—2.市场监管方面，通过数据共享减轻企业负担，提升监管能力：利用前端填报合并、后端数据共享等方式，推进市场监管与人力资源社会保障、海关、商务等多部门业务协同，实现企业年报事项"多报合一"，减轻企业负担，助力优化营商环境。

《江苏省"十四五"数字政府建设规划》—五、重构数字政府运行体系—

（一）建立协同高效的数字政务体系—1. 提升政务服务便利化水平：完善涉企全程服务。着眼企业开办、建设、运营、成长、注销全生命周期，进一步打通企业开办全链条，实施企业开办全程网办，鼓励开展"一业一证"、联合审批等创新服务改革。建设"苏企通"平台，集成政策汇聚、查询、推送、解答等功能，加强企业画像分析，服务各类市场主体。推行税费合并申报及缴纳，推动税费服务智能化。加强跨境贸易大数据能力建设，开展供应链安全等风险评估，实现无干预通关。

（5）指标解读。

按照数字政府建设关于市场监督相关数字化要求，基于金税四期系统提供的税收及经济等原始业务数据，通过大数据平台，从区域经济、行业经济、供给侧与需求侧情况、发票流转数据等分析维度，对区域或区域间的企业运营情况、税收收入和未来的发展情况开展分析。通过分析结果形成经济发展模型，并生成分析提示报告，旨在真实反映宏观或微观经济形势现状、经济发展趋势，协助政府、企业做出当前经济形势的判断和科学决策，并提出合理的建议，建设良性的营商环境，促进社会经济的可持续发展。

6）中小微企业主动赋能机制

（1）指标说明。

主要评价当地数字政府建设过程中按照国家相关政策规划要求在保护市场主体（中小微企业）权益方面建设情况。

（2）评价方法。

本项得分 $=A \times$ 本项权重。

A：被评价地区是否具备中小微企业全生命周期一体化服务系统或平台支撑，具备为 1 分，不具备为 0 分。

（3）数据获取。

基于评价时间节点半年内相关部门统计数据。

- 系统演示 / 截图。
- 分管部门年度 / 半年总结材料，或其他正式文件等证明材料。

（4）指标依据。

《国务院关于加强数字政府建设的指导意见》—四、构建科学规范的数字政府建设制度规则体系—（三）完善法律法规制度：推动形成国家法律和党内法规相辅相成的格局，全面建设数字法治政府，依法依规推进技术应用、流程优化和制度创新，消除技术歧视，保障个人隐私，维护市场主体和人民群众利益。

《"十四五"数字经济发展规划》—八、健全完善数字经济治理体系—（三）完善多元共治新格局：建立完善政府、平台、企业、行业组织和社会公众多元参与、有效协同的数字经济治理新格局，形成治理合力，鼓励良性竞争，维护公平有效市场。—

专栏 11　多元协同治理能力提升工程（具体内容略）。

《上海市全面推进城市数字化转型"十四五"规划》—五、重点工程—（四）数字规则引领工程：建立数字社会权益保护机制，积极应对灵活就业、共享用工等新模式带来的潜在社会风险，提升群团组织在数字化社会发展中的桥梁纽带和服务支撑作用。

（5）指标解读。

地方政府为促进数字经济健康发展，将平等保护各类市场主体合法权益作为着力点，坚持公有制经济和非公有制经济法律地位平等、法律适用平等、权利保护平等，注重加强对非公有制经济的司法保护，维护民营企业和企业家的人身财产权益。坚持打击与保护并重，在办理涉企刑事案件中，既严格把握企业守法合规经营底线，依法追诉犯罪，又注重运用合法、有效方式，最大限度避免给企业正常经营造成负面影响。贯彻罪刑法定原则，防止将经济纠纷当作犯罪。对构成犯罪的，依法灵活运用宽严相济刑事司法政策和认罪认罚从宽制度，综合考量侵害的对象范围、损害的法益大小、造成的社会影响、补救恢复的难易程度等因素，慎重对待、仔细甄别，做到"该严则严、当宽则宽"。坚持权益双向保护，在处理拒不支付劳动报酬案件时，准确把握企业因资金周转拖欠劳动报酬与恶意欠薪的界限。对于多次欠薪、被行政处罚后仍然欠薪、影响恶劣的企业及其负责人，依法追究刑事责任；对于在提起公诉前支付劳动薪酬，并依法承担赔偿责任的，可以依法不起诉；对违反相关法律规定，以欠薪、讨薪为名，恶意阻工、扰乱企业正常生产经营的，依法追究责任。

7）在线解决机制和渠道功能

（1）指标说明。

主要评价当地数字政府建设过程中按照国家相关政策规划要求在在线解决机制和渠道方面建设情况。

（2）评价方法。

本项得分 $=A\times$ 本项权重。

A：被评价地区具备争议在线解决机制和渠道功能为 1 分，不具备为 0 分。

（3）数据获取。

基于评价时间节点半年内相关部门统计数据。

- 系统演示 / 截图。
- 分管部门年度 / 半年总结材料，或其他正式文件等证明材料。

（4）指标依据。

《国务院关于加强数字政府建设的指导意见》—二、构建协同高效的政府数字化履职能力体系—（三）积极推动数字化治理模式创新，提升社会管理能力：推动社会治理模式从单向管理转向双向互动、从线下转向线上线下融合，着力提升矛盾纠纷化解、社会治安防控、公共安全保障、基层社会治理等领域数字化治理能力。

《"十四五"数字经济发展规划》—八、健全完善数字经济治理体系—（三）完善多元共治新格局：鼓励建立争议在线解决机制和渠道，制定并公示争议解决规则。引导社会各界积极参与推动数字经济治理，加强和改进反垄断执法，畅通多元主体诉求表达、权益保障渠道，及时化解矛盾纠纷，维护公众利益和社会稳定。

（5）指标解读。

我国经济正处在转变发展方式、优化经济结构、转换增长动力的攻关期，外部环境的深刻变化和我国社会主要矛盾发展变化带来的新特征，要求我们必须增强机遇意识、风险意识，保持战略定力，妥善应对挑战，采取有效措施防范化解经济领域可能出现的重大风险。对于地方数字政府建设而言，在数字经济建设时期，着力发展经济问题在线解决机制和渠道，保障内循环相对稳定是需要考量的问题。

4. 绿色低碳

2020年9月22日，国家主席习近平在第七十五届联合国大会上宣布，中国二氧化碳排放力争于2030年前达到峰值，努力争取2060年前实现碳中和。之后中国在双碳目标的指引下实施全面节约战略，围绕实现碳达峰、碳中和，坚持降碳、减污、扩绿、增长协同推进，推动重化工业转型、低碳技术研发推广、绿色发展机制创新，加快形成节约资源和保护环境的产业结构、生产方式、生活方式、空间格局。

1）双碳政策落实与制定

（1）指标说明。

主要考查当地数字政府建设过程中按照国家有关政策规划要求对国家双碳政策的落实情况。

（2）评价方法。

本项得分 =（A+B）/2 × 本项权重。

A：已经出台省级碳达峰、碳中和相关文件，各个业务主管部门出台配套政策文件，每出台一项政策文件得0.2分，满分1分。

B：市级覆盖。各市出台落实相关双碳政策文件的具体举措，一项举措得0.2分，满分1分。

（3）数据获取。

基于评价时间节点半年内相关部门正式发文。

（4）指标依据。

《中共中央 国务院关于完整准确全面贯彻新发展理念做好碳达峰碳中和工作的意见》—三、推进经济社会发展全面绿色转型—（三）强化绿色低碳发展规划引领：将碳达峰、碳中和目标要求全面融入经济社会发展中长期规划，强化国家发展规划、国土空间规划、专项规划、区域规划和地方各级规划的支撑保障。加强各级各类规划间衔接协调，确保各地区各领域落实碳达峰、碳中和的主要目标、发展方向、重大政策、重大工程等协调一致。

《2030年前碳达峰行动方案》（以下简称《方案》）：《方案》以习近平新时代中国特色社会主义思想为指导，全面贯彻党的十九大和十九届二中、三中、四中、五中全会精神，深入贯彻习近平生态文明思想，立足新发展阶段，完整、准确、全面贯彻新发展理念，构建新发展格局，坚持系统观念，处理好发展和减排、整体和局部、短期和中长期的关系，统筹稳增长和调结构，把碳达峰、碳中和纳入经济社会发展全局，有力有序有效做好碳达峰工作，加快实现生产生活方式绿色变革，推动经济社会发展建立在资源高效利用和绿色低碳发展的基础之上，确保如期实现2030年前碳达峰目标。《方案》强调，要坚持"总体部署、分类施策，系统推进、重点突破，双轮驱动、两手发力，稳妥有序、安全降碳"的工作原则，强化顶层设计和各方统筹，加强政策的系统性、协同性，更好发挥政府作用，充分发挥市场机制作用，坚持先立后破，以保障国家能源安全和经济发展为底线，推动能源低碳转型平稳过渡，稳妥有序、循序渐进推进碳达峰行动，确保安全降碳。《方案》提出了非化石能源消费比重、能源利用效率提升、二氧化碳排放强度降低等主要目标。《方案》要求，将碳达峰贯穿于经济社会发展全过程和各方面，重点实施能源绿色低碳转型行动、节能降碳增效行动、工业领域碳达峰行动、城乡建设碳达峰行动、交通运输绿色低碳行动、循环经济助力降碳行动、绿色低碳科技创新行动、碳汇能力巩固提升行动、绿色低碳全民行动、各地区梯次有序碳达峰行动等"碳达峰十大行动"，并就开展国际合作和加强政策保障做出相应部署。

《国务院关于加强数字政府建设的指导意见》—二、构建协同高效的政府数字化履职能力体系—（五）强化动态感知和立体防控，提升生态环境保护能力：推动绿色低碳转型。加快构建碳排放智能监测和动态核算体系，推动形成集约节约、循环高效、普惠共享的绿色低碳发展新格局，服务保障碳达峰、碳中和目标顺利实现。

《建立健全碳达峰碳中和标准计量体系实施方案》—到2025年，碳达峰碳中和标准计量体系基本建立。到2030年，碳达峰碳中和标准计量体系更加健全。到2060年，技术水平更加先进、管理效能更加突出、服务能力更加高效、引领国际的碳中和标准计量体系全面建成，服务经济社会发展全面绿色转型，有力支撑碳中和目标实现。

《科技支撑碳达峰碳中和实施方案（2022—2030年）》表明碳达峰、碳中和是党中央经过深思熟虑做出的重大战略决策，事关中华民族永续发展和构建人类命运共同体。科技创新是同时实现经济社会发展和碳达峰、碳中和的关键。

（5）指标解读。

如期实现碳达峰、碳中和目标是立足中国经济社会高质量发展的必然抉择。"双碳"

目标的实现既需要重大技术创新突破，也有赖于经济社会发展的绿色转型。绿色低碳科技创新作为实现"双碳"目标的关键驱动力，不仅从技术层面为实现低碳、零碳、负碳提供实践方法，还对绿色低碳产业发展发挥着推动作用。而绿色低碳产业是将绿色低碳技术研发转化为现实科技成果的重要载体，成为引领绿色经济发展的重要方向。绿色低碳科技创新是碳排放总量控制与经济社会发展现实困境的破解之道，也是新发展理念下低碳循环经济体系构建的关键抓手，以及促进生态文明建设和积极应对全球气候变化的必由之路。绿色低碳科技创新能够助推传统产业绿色低碳转型和壮大新兴产业，培育高质量发展新动能，对内增强产业链、供应链韧性，对外促进数字化、绿色化和产业化的深度融合，为实现"双碳"目标提供全方位支撑。

2）碳降、能节、水减数字化建设

（1）指标说明。

主要评价当地数字政府建设过程中按照国家有关部门要求双碳相关数字化建设情况。

（2）评价方法。

本项得分 =（$A+B$）/2 × 本项权重。

A：市级覆盖。各市出台落实相关双碳政策文件的具体举措，一项举措得 0.2 分，满分 1 分。

B：构建节能、节水、环保监测、循环利用等能源资源、环境保护的监测平台。每一项得 0.2 分，最多得 1 分。

（3）数据获取。

基于评价时间节点半年内相关部门统计数据。

- 系统演示 / 截图。
- 分管部门年度 / 半年总结材料，或其他正式文件等证明材料。

（4）指标依据。

《国务院关于加强数字政府建设的指导意见》—二、构建协同高效的政府数字化履职能力体系—（五）强化动态感知和立体防控，提升生态环境保护能力：推动绿色低碳转型。加快构建碳排放智能监测和动态核算体系，推动形成集约节约、循环高效、普惠共享的绿色低碳发展新格局，服务保障碳达峰、碳中和目标顺利实现。

《上海市科技支撑碳达峰碳中和实施方案》—专栏 10　新型基础设施：针对城市数字化转型需求，开展涵盖新型基础设施"规划—建设—运维"全过程的绿色低碳优化技术研发与应用，支撑上海市以低碳路径实现"经济、生活、治理"全面数字化转型，打造具有世界影响力的国际数字之都。—专栏 14　低碳 / 零碳 / 负碳前沿技术研究：对标国际科技前沿，围绕超高效光伏电池、负碳、变革性二氧化碳转化利用、新一代核能等技术方向，构建若干新理论，建立若干新方法，发展若干新材料，形成若干新技术。

（5）指标解读。

一方面，数字产业化的领域是节能水平较高的行业之一，信息技术以其高效、融合、绿色等特征引领着数字产业化的发展，带动数字产业化成为低碳绿色发展的良好"试验田"；另一方面，产业数字化赋能更广泛的生产生活领域，智能手机、智能硬件带动的智能生活，智能制造、工业互联网引领的智能生产，正在推动人类社会进入更为智能的时代，致力于减少现实能源消耗，与"双碳"理念高度重合，是低碳绿色发展的重要"使能者"。

5. 互联网+监管

"互联网+监管"执法是依托互联网，运用大数据、云计算、人工智能等技术，通过监管执法信息的整合共享和新的监管手段的使用，推动监管过程全记录、监管联动、监管数据可分析，提升事中、事后监管规范化、精准化和智能化水平，实现智慧监管执法。因此，"互联网+监管"执法具有丰富的内涵和意蕴，它不仅是一种新的监管和执法方式，更是一种新的平台、新的机制。

1）统筹管理能力

（1）指标说明。

主要考查地方政府在数字政府建设赋能地方经济发展过程中，"互联网+监管"环节统筹管理程度。

（2）评价方法。

本项得分 =（A+B+C）/3 × 本项权重。

A：平台建设。"互联网+监管"平台建设，已经建设得1分，未建设不得分。

B：横向到边。"互联网+监管"平台是否覆盖了所有部门，每少一个扣0.2分，最多扣1分。

C：纵向到底。"互联网+监管"平台市、县各级政府覆盖情况，每少一个扣0.2分，最多扣1分。

（3）数据获取。

基于评价时间节点半年内相关部门统计数据。

- 系统演示/截图。
- 分管部门年度/半年总结材料，或其他正式文件等证明材料。

（4）指标依据。

《国务院关于加强数字政府建设的指导意见》—六、构建协同高效的政府数字化履职能力体系—（二）大力推行智慧监管，提升市场监管能力：大力推行"互联网+监管"，构建全国一体化在线监管平台，推动监管数据和行政执法信息归集共享和有效利用，强化监管数据治理，推动跨地区、跨部门、跨层级协同监管，提升数字贸易跨境监管能力。以新型监管技术提升监管智能化水平。充分运用非现场、物联感知、掌上移动、穿透式等新型监管手段，弥补监管短板，提升监管效能。强化以网管网，加强平台经济等重点领域监管执法，全面提升对新技术、新产业、新业态、新模式的监管能力。

《"十四五"数字经济发展规划》—八、健全完善数字经济治理体系—（一）强化协同治理和监管机制：规范数字经济发展，坚持发展和监管两手抓。探索建立与数字经济持续健康发展相适应的治理方式，制定更加灵活有效的政策措施，创新协同治理模式。明晰主管部门、监管机构职责，强化跨部门、跨层级、跨区域协同监管，明确监管范围和统一规则，加强分工合作与协调配合。深化"放管服"改革，优化营商环境，分类清理规范不适应数字经济发展需要的行政许可、资质资格等事项，进一步释放市场主体创新活力和内生动力。鼓励和督促企业诚信经营，强化以信用为基础的数字经济市场监管，建立完善信用档案，推进政企联动、行业联动的信用共享共治。加强征信建设，提升征信服务供给能力。加快建立全方位、多层次、立体化监管体系，实现事前事中事后全链条全领域监管，完善协同会商机制，有效打击数字经济领域违法犯罪行为。加强跨部门、跨区域分工协作，推动监管数据采集和共享利用，提升监管的开放、透明、法治水平。探索开展跨场景跨业务跨部门联合监管试点，创新基于新技术手段的监管模式，建立健全触发式监管机制。加强税收监管和税务稽查。

《全国一体化政务大数据体系建设指南》—三、总体架构—（三）与相关系统的关系—1.整合全国一体化政务服务平台和国家数据共享交换平台等现有数据共享渠道，充分利用全国一体化政务服务平台和国家"互联网＋监管"系统现有资源和能力，优化政务数据服务总门户，构建形成统一政务数据目录、统一政务数据需求申请标准和统一数据共享交换规则，为各地区各部门提供协同高效的政务数据服务。

（5）指标解读。

2013年以来，国务院以行政审批制度改革为抓手，加快推进政府职能转变。随着政府监管方式由"事前审批"向"事中事后监管"的转变，审批制度改革逐渐进入了"深水区"，加强事中、事后监管越来越成为深化"放管服"改革和推进政府职能转变的关键环节。2018年10月22日，国务院常务会议中要求建设"互联网＋监管"系统，促进政府监管规范化、精准化、智能化。通过全面梳理形成监管事项目录清单，对地区部门的各类监管业务信息系统和数据加强整合归集，建立监管数据推送反馈机制和跨地区、跨部门、跨层级监管工作协同联动机制，实现"一处发现、多方联动、协同监管"，建立完善相应的协同联动机制，逐步形成纵向到底、横向到边的监管体系。

2）监管覆盖范围

（1）指标说明。

主要考查地方政府在数字政府建设赋能地方经济发展过程中，"互联网＋监管"

环节覆盖率。

（2）评价方法。

本项得分 = (A+B+C)/3 × 本项权重。

A：监管事项目录清单。"互联网+监管"平台具备清单并公开的，得1分，不具备或不公开，不得分。

B：双随机、一公开。制定、下发"互联网+监管"平台双随机、一公开实施方案，得1分，没有制定下发方案或没有公开抽查，不得分。

C：监管公示。"互联网+监管"平台对监管工作计划及监管结果予以公开，得1分，未能公开的不得分。

（3）数据获取。

基于评价时间节点半年内相关部门统计数据。

- 系统演示/截图。
- 分管部门年度/半年总结材料，或其他正式文件等证明材料。

（4）指标依据。

《国务院关于加强数字政府建设的指导意见》—六、构建协同高效的政府数字化履职能力体系—（二）大力推行智慧监管，提升市场监管能力：大力推行"互联网+监管"，构建全国一体化在线监管平台，推动监管数据和行政执法信息归集共享和有效利用，强化监管数据治理，推动跨地区、跨部门、跨层级协同监管，提升数字贸易跨境监管能力。以新型监管技术提升监管智能化水平。充分运用非现场、物联感知、掌上移动、穿透式等新型监管手段，弥补监管短板，提升监管效能。强化以网管网，加强平台经济等重点领域监管执法，全面提升对新技术、新产业、新业态、新模式的监管能力。

《"十四五"数字经济发展规划》—八、健全完善数字经济治理体系—（一）强化协同治理和监管机制：规范数字经济发展，坚持发展和监管两手抓。探索建立与数字经济持续健康发展相适应的治理方式，制定更加灵活有效的政策措施，创新协同治理模式。明晰主管部门、监管机构职责，强化跨部门、跨层级、跨区域协同监管，明确监管范围和统一规则，加强分工合作与协调配合。深化"放管服"改革，优化营商环境，分类清理规范不适应数字经济发展需要的行政许可、资质资格等事项，进一步释放市场主体创新活力和内生动力。鼓励和督促企业诚信经营，强化以信用为基础的数字经济市场监管，建立完善信用档案，推进政企联动、行业联动的信用共享共治。加强征信建设，提升征信服务供给能力。加快建立全方位、多层次、立体化监管体系，实现事前事中事后全链条全领域监管，完善协同会商机制，有效打击数字经济领域违法犯罪行为。加强跨部门、跨区域分工协作，推动监管数据采集和共享利用，提升监管的开放、透明、法治水平。探索开展跨场景跨业务跨部门联合监管试点，创新基于新技术手段的监管模式,建立健全触发式监管机制。加强税收监管和税务稽查。

(5)指标解读。

"互联网+监管"执法是依托互联网,运用大数据、云计算、人工智能等技术,通过监管执法信息的整合共享和新的监管手段的使用,推动监管过程全记录、监管联动、监管数据可分析,提升事中、事后监管规范化、精准化和智能化水平,实现智慧监管执法。

"互联网+监管"执法旨在打造覆盖行政监管和执法的系统,涵盖行政监管执法可视化、综合统计分析、监管事件跟踪分析、监管效能评估等内容。这些内容可以最大限度满足各级行政机关对行政监管执法决策的使用需求,提升行政监管执法的决策分析水平。

3)监管成效评价

(1)指标说明。

主要考查地方政府在数字政府建设赋能地方经济发展过程中,"互联网+监管"环节落地成效。

(2)评价方法。

本项得分 $=A\times$ 本项权重。

A:案件查办办结率。"互联网+监管"平台案件查办办结率评估得分。

(3)数据获取。

基于评价时间节点半年内相关部门统计数据。

- 系统演示/截图。
- 分管部门年度/半年总结材料,或其他正式文件等证明材料。

(4)指标依据。

同"监管覆盖范围"的指标依据。

(5)指标解读。

根据国家对"互联网+监管"监管事项梳理工作安排,地方政府充分利用现有的工作机制,通过督办和指导相结合的方式,全面推进地方"互联网+监管"监管事项梳理,完善地方监管事项"一张清单"建设,提升地方监管水平。

4.7.5 公共安全

1. 公共卫生

1)传染病预防数字化能力

(1)指标说明。

评估地方政府利用政务信息平台开展传染病预防的相关情况,是否有效发布传病预防相关信息,达到传染病预防知识宣传教育的预期目标,引导人民群众提高自我保护意识和能力。

(2)评价方法。

本项得分=(A+B+C+D)/4×本项权重。

A:通过政务信息平台宣传传染病预防知识得1分,否则得0分。

B:通过政务信息平台发布预防接种管理办法得1分,否则得0分。

C:通过政务信息平台发布预防接种点位置、开放时间等信息得1分,否则得0分。

D:可以通过政务信息平台查询个人预防接种信息得1分,否则得0分。

(3)数据获取。

通过政务信息平台检索获取。

(4)指标依据。

《中华人民共和国传染病防治法》——第十五条 国家实行有计划的预防接种制度。国务院卫生行政部门和省、自治区、直辖市人民政府卫生行政部门,根据传染病预防、控制的需要,制定传染病预防接种规划并组织实施。用于预防接种的疫苗必须符合国家质量标准。

(5)指标解读。

传染病预防是公共卫生体系建设的重要内容之一,涵盖传染病预防知识宣传、预防接种等事项,是传染病防治的重要屏障。凭借覆盖范围广、操作使用便捷等优势,政务信息平台已经成为我国传染病预防的最有效工具之一,能够进一步提升传染病预防的工作效率。由于各级人民群众对传染病的认识不同,要在传染病预防中最大限度地宣传传染病预防知识,提高人民群众的防治意识,科普传染病预防知识,增强人民群众预防意识和预防能力,保障民众生命健康。通过政务信息平台发布传染病预防相关信息,科普宣教传染病相关知识,将宣传工作做得更有深度、更有广度,有利于提高传染病防治工作效率。

本指标结合国内公共卫生体系发展现状并结合《中华人民共和国传染病防治法》第十五条,设置预防知识宣传、预防接种管理办法、预防接种点信息、个人预防接种信息查询四项评分标准,评估地方政府依托政务信息平台开展传染病预防的体系建设情况。

2)信息发布及时响应能力

(1)指标说明。

评估地方政府利用政务信息平台公开传染病信息时效性和准确性,避免因信息不畅造成社会恐慌,极大地推动社会群体一致抵抗疫情共识的快速形成。

(2)评价方法。

本项得分=(A+B+C)×本项权重。

A：传染病暴发初期及时发布，暴发期间每日通报，通报渠道包括但不限于官方网站、政务服务 App、官方微博等网络信息平台，通报具体内容包括病例数量、处置情况、风险区域、风险提示等信息，符合本项要求得 1 分，否则得 0 分。

B：建立网络信息平台发布传染病疫情信息发布制度，符合本项要求得 1 分，否则得 0 分。

C：通过官方网站、政务服务 App、官方微博等网络信息平台发布常规化传染病疫情防疫措施、监测制度，符合本项要求得 1 分，否则得 0 分。

（3）数据获取。

通过政务信息平台检索获取。

（4）指标依据。

《中华人民共和国传染病防治法》——第三十条　疾病预防控制机构、医疗机构和采供血机构及其执行职务的人员发现本法规定的传染病疫情或者发现其他传染病暴发、流行以及突发原因不明的传染病时，应当遵循疫情报告属地管理原则，按照国务院规定的或者国务院卫生行政部门规定的内容、程序、方式和时限报告。——第三十五条　国务院卫生行政部门应当及时向国务院其他有关部门和各省、自治区、直辖市人民政府卫生行政部门通报全国传染病疫情以及监测、预警的相关信息。毗邻的以及相关的地方人民政府卫生行政部门，应当及时互相通报本行政区域的传染病疫情以及监测、预警的相关信息。——第三十八条　国家建立传染病疫情信息公布制度。国务院卫生行政部门定期公布全国传染病疫情信息。省、自治区、直辖市人民政府卫生行政部门定期公布本行政区域的传染病疫情信息。传染病暴发、流行时，国务院卫生行政部门负责向社会公布传染病疫情信息，并可以授权省、自治区、直辖市人民政府卫生行政部门向社会公布本行政区域的传染病疫情信息。公布传染病疫情信息应当及时、准确。

（5）指标解读。

网络信息平台让疫情信息的传播更加及时有效，避免因信息不畅造成社会恐慌，极大地推动社会群体一致抵抗疫情共识的快速形成，也促进了各方参与、全民贡献的疫情信息渠道的建立。坚持传染病防控信息发布工作，依法做到及时、准确、公开、透明，让公众实时了解最新疫情动态和应对处置工作进展。疫情控制信息越是全面、真实、及时、公开，就越有利于做到高效救治和科学防控。

本指标根据《中华人民共和国传染病防治法》制定评估内容，包括如下评估点：传染病疫情信息通报、传染病疫情信息平台发布制度、传染病疫情常规化防疫信息发布。

传染病疫情信息通报主要评估在传染病流行期间，发布传染病情况与防治、处置情况的时效性。

传染病疫情信息平台发布制度主要评估利用网络信息平台发布传染病疫情信息及

传染病预警制度的完善性，做到疫情情况、处置情况、预警方案的信息公开透明。

传染病疫情常规化防疫信息发布主要评估利用网络信息平台发布相关防疫措施的有效性，便于人民群众实时了解相关信息，做到有效防疫、公开防疫。

2. 应急管理

突发事件应急管理是指所在城市政府组织社会各方力量，针对可能发生的城市灾害制定应急和处理的方案、办法与措施，以及对灾害的形成、爆发、扩散和恢复实施监测、预警、反应、报告和处置的全部控制过程。通过提高政府对突发事件发生的监测预警能力和发生后的处置能力，最大限度地减少突发、紧急事件的负面影响。

1）预防与应急准备数字化能力

（1）指标说明。

评估地方政府利用各类政务信息平台执行突发事件预防与应急准备的相关事项，看其是否"准备充足，应对有序"。

（2）评价方法。

本项得分＝（A+B）/2×本项权重。

A：建立应急物资管理信息系统，具备应急物资监管、储备、调拨和紧急配送等功能得1分，否则得0分。

B：通过政府门户网站、政务App、小程序、微博等各类政务信息平台发布突发事件信息，且发布信息及时、准确，符合本项要求得1分，否则得0分。

（3）数据获取。

通过政务信息平台检索获取。

（4）指标依据。

《中华人民共和国突发事件应对法》——第十七条　国家建立健全突发事件应急预案体系。——第十八条　应急预案应当根据本法和其他有关法律、法规的规定，针对突发事件的性质、特点和可能造成的社会危害，具体规定突发事件应急管理工作的组织指挥体系与职责和突发事件的预防与预警机制、处置程序、应急保障措施以及事后恢复与重建措施等内容。——第二十条　县级人民政府应当对本行政区域内容易引发自然灾害、事故灾难和公共卫生事件的危险源、危险区域进行调查、登记、风险评估，定期进行检查、监控，并责令有关单位采取安全防范措施。——第二十五条　县级以上人民政府应当建立健全突发事件应急管理培训制度，对人民政府及其有关部门负有处置突发事件职责的工作人员定期进行培训。——第二十九条　县级人民政府及其有关部门、乡级人民政府、街道办事处应当组织开展应急知识的宣传普及活动和必要的应急演练。——第三十二条　国家建立健全应急物资储备保障制度，完善重要应急物资的监管、生产、储备、调拨和紧急配送体系。——第三十三条　国家建立健全应急通信保障体系，完善公用通信网，建立有线与无线相结合、基础电信网络与机动通信系统相配套的应急通信系统,确保突发事件应对工作的通信畅通。

(5)指标解读。

突发事件的多样性、时空耦合与链状分布等特点决定了危机管理必须系统化地执行。根据《中华人民共和国突发事件应对法》规定,梳理相关评估内容,将预防与应急准备指标向下细化为突发事件应急管理培训(在线)、应急通信覆盖率、应急物资管理、应急知识宣传、应急处置预案、危险源与危险区域信息发布等评估点,并设置评分标准。

突发事件应急管理培训(在线)指标主要评估地方政府提升掌握应急管理基础知识的途径。突发事件应急管理培训(在线)能够增加受众人员,提高培训覆盖面,提升防范化解重大安全风险、应对各类灾害事故的能力。

应急通信覆盖率指标主要评估应急通信装备的覆盖范围,按覆盖自然村的百分比作为得分权重。应急通信作为自然村在因突发事件而导致地面通信网络瘫痪时均能与外界保持联络的有效通信设施,能够确保灾害隐患、灾情得到及时妥善处置,是保障大范围、大规模应急救援实施的重要支撑前提。

应急物资管理指标主要评估地方政府利用信息化手段进行应急物资管理的能力,以提高预防和处置突发事故的物资保障能力,建立健全应急物资保障体系,按照"统筹管理、科学分布、合理储备、统一调配、实时信息"原则进行管理。

应急知识宣传指标主要评估地方政府利用各类网络平台宣传应急知识,进一步扩大应急知识的覆盖面,达到提高全民防灾减灾意识,提升广大人民群众应对突发事件自救互救意识和应急处置能力等目标。

应急处置预案指标主要评估地方政府通过各类政务信息平台提前发布应急事件处置的预案,一方面应急管理部门能够有组织、有计划地实施应急救援,另一方面广大人民群众能够提前对救援实施过程有所了解。

危险源与危险区域信息发布指标主要评估地方政府通过各类网络平台发布危险源、危险区域的时效性,有助于让广大人民群众及时了解突发事件事态进展,保证突发事件的公开透明,防止造成更严重的损失。

2)监测与预警数字化平台能力

(1)指标说明。

评估地方政府利用数字技术在突发事件监测与预警方面取得的成效。评估地方政府通过监测预警来提高自然灾害监测的时效性与准确性,加快灾害救援的响应时间,提高处置效率,推动自然灾害防治体系和防治能力现代化的建设。

(2)评价方法。

本项得分=(A+B)/2×本项权重。

A:建立本地区统一的突发事件信息系统,实现本地区突发事件信息的汇集、储存、分析与传输，且能够与其他有关突发事件信息系统互联互通，符合本项要求得 1 分，否则得 0 分。

B：利用信息技术对突发事件进行监测，将数据处理和分析结果及时反馈给有关部门或突发事件信息系统，符合本项要求得 1 分，否则得 0 分。

（3）数据获取。

通过政务信息平台检索获取。

（4）指标依据。

《中华人民共和国突发事件应对法》——第三十七条　国务院建立全国统一的突发事件信息系统。县级以上地方各级人民政府应当建立或者确定本地区统一的突发事件信息系统，汇集、储存、分析、传输有关突发事件的信息，并与上级人民政府及其有关部门、下级人民政府及其有关部门、专业机构和监测网点的突发事件信息系统实现互联互通，加强跨部门、跨地区的信息交流与情报合作。——第四十条　县级以上地方各级人民政府应当及时汇总分析突发事件隐患和预警信息，必要时组织相关部门、专业技术人员、专家学者进行会商，对发生突发事件的可能性及其可能造成的影响进行评估；认为可能发生重大或者特别重大突发事件的，应当立即向上级人民政府报告，并向上级人民政府有关部门、当地驻军和可能受到危害的毗邻或者相关地区的人民政府通报。——第四十一条　国家建立健全突发事件监测制度。县级以上人民政府及其有关部门应当根据自然灾害、事故灾难和公共卫生事件的种类和特点，建立健全基础信息数据库，完善监测网络，划分监测区域，确定监测点，明确监测项目，提供必要的设备、设施，配备专职或者兼职人员，对可能发生的突发事件进行监测。——第四十二条　国家建立健全突发事件预警制度。可以预警的自然灾害、事故灾难和公共卫生事件的预警级别，按照突发事件发生的紧急程度、发展势态和可能造成的危害程度分为一级、二级、三级和四级，分别用红色、橙色、黄色和蓝色标示，一级为最高级别。预警级别的划分标准由国务院或者国务院确定的部门制定。——第四十四条　发布三级、四级警报，宣布进入预警期后，县级以上地方各级人民政府应当根据即将发生的突发事件的特点和可能造成的危害，采取下列措施：（一）启动应急预案；（二）责令有关部门、专业机构、监测网点和负有特定职责的人员及时收集、报告有关信息，向社会公布反映突发事件信息的渠道，加强对突发事件发生、发展情况的监测、预报和预警工作；（三）组织有关部门和机构、专业技术人员、有关专家学者，随时对突发事件信息进行分析评估，预测发生突发事件可能性的大小、影响范围和强度以及可能发生的突发事件的级别；（四）定时向社会发布与公众有关的突发事件预测信息和分析评估结果，并对相关信息的报道工作进行管理；（五）及时按照有关规定向社会发布可能受到突发事件危害的警告，宣传避免、减轻危害的常识，公布咨询电话。——第四十五条　发布一级、二级警报，宣布进入预警期后，县级以上地方各级人民政府除采取本法第四十四条规定的措施外，还应当针对即将发生的突发事件的特点和可能造成的危害，采取下列一项或者多项措施：（一）责令应急救援队伍、负有特定职责的人员进入待命状态，并动员后备人员做好参加应急救援和处置工作的准备；（二）调集应急救援所需物资、设备、工具，准备应急设施和避难场所，并确保其处于良好状态、随时可以投入正常使用；（三）加强对重点单位、重要部位和重要基础设施的安全保卫，维护社会治安秩序；（四）采取必要措施，确保交通、通信、供水、排水、供电、供气、供热等公共设施的安全和正常运行；（五）及时向社会发布有关采取特定措施避免或者减轻危害的建议、劝告；（六）转移、疏散或者撤离易受突发事件危害的人员并予以妥善安置，转移重要财产；（七）关闭或者限制使用易受突发事件危害的场所，控制或者限制容易导致危害扩大的公共场所的活动；（八）法律、法规、规章规定的其他必要的防范性、保护性措施。

（5）指标解读。

数字技术在突发事件监测与预警方面的应用将有助于充分发挥新一代信息技术的优势，提高自然灾害监测的时效性与准确性，加快灾害救援的响应时间，提高处置效率，推动自然灾害防治体系和防治能力现代化的建设。根据《中华人民共和国突发事件应对法》规定，梳理相关评估内容，将突发事件信息系统、突发事件监测与预警、灾害信息发布作为下级指标评估点，并设置评分标准。

突发事件信息系统：主要评估地方政府是否建立本地区统一的突发事件信息系统，实现通过突发事件信息系统进行汇集、储存、分析、传输本地区有关突发事件的信息，并与上级人民政府及其有关部门、下级人民政府及其有关部门、专业机构和监测网点的突发事件信息系统实现互联互通。

灾害监测与预警：主要评估地方政府是否利用信息技术对突发事件进行监测。可通过卫星导航、卫星遥感、物联网等科技手段，全方位、全过程地对危险源进行严密监控，并将数据处理和分析结果及时反馈给有关部门或突发事件信息系统。

灾害信息发布：主要评估地方政府利用各类政务信息平台发布灾害信息的情况，发布的信息应及时、准确。灾害发生后，要通过警报、广播电视、互联网和手机短信等快速传媒，迅速地向社会发布灾害和救援信息。便于召集更多的救灾力量参与，减少灾害造成的损失；发布信息具有权威性，阻止谣言流传，消除恐慌心理。此外，信息发布还有利于政府组织疏散，减少灾害造成的人员伤亡及财产损失。

4.8 数字安全

这里的数字安全是指数字政府建设和运维过程中不涉及国家秘密，但涉及网络空间安全（cyber space security，以下简称"网络安全"）、信息安全（information security）和数据安全（data security）三部分的内容，是数字化安全（digital security）的简称。本部分的评价指标体系是依据《中华人民共和国网络安全法》（以下简称《网络安全法》）、《中华人民共和国密码法》（以下简称《密码法》）、《中华人民共和国数据安全法》（以下简称《数据安全法》）、《中华人民共和国个人信息保护法》（以下简称《个人信息保护法》）、《关键信息基础设施安全保护条例》（以下简称《关保条例》）、《党委（党组）网络安全工作责任制实施办法》（以下简称《党委网安责任办法》）、《关于加强党政部门云计算服务网络安全管理的意见》、《网络信息内容生态治理规定》、《互联网用户公众账号信息服务管理规定》、《信息安全技术 个人信息安全影响评估指南》和《信息安全技术 信息安全事件分类分级指南》等法律法规政策标准中的相关要求，涵盖的内容有组织机构和人员、政策标准规范制定、基础设施、建设安全、运行安全、关基安全、数据安全。

关于网络安全、信息安全和数据安全这三个重要概念的广义定义和狭义定义的一些说明如下。

（1）信息安全与网络安全概念的渊源简述。在国际上，很多关于网络安全的标准目前仍然在标准名称前面冠以"信息技术安全技术"，而国内关于网络安全的标准则多冠以"信息安全技术"，可见在标准化领域，无论是信息安全还是网络安全都是在信息技术范畴内且属于安全技术。由于历史原因，信息安全的概念先被ISO和IEC采用并传入我国，而后网络安全的概念才慢慢兴起。特别是在2014年中央网络安全和信息化领导小组（2018年更名为中国共产党中央网络安全和信息化委员会）成立后，网络安全概念在我国的影响力进一步提高，2017年正式颁布的《网络安全法》成为继《中华人民共和国电子签名法》后在网络安全领域的一部重要法律，《国家网络空间安全战略》则将网络安全上升至国家安全的重要程度。

（2）信息安全的定义。等同采用国际标准 Information technology—Security techniques—Information security management systems—Overview and vocabulary（ISO/IEC 27000:2016）的国家标准《信息技术 安全技术 信息安全管理体系 概述和词汇》（GB/T 29246—2017）在2.33节对信息安全（information security）的定义为："对信息的保密性（2.12）、完整性（2.40）和可用性（2.9）的保持。注：另外，也可包括诸如真实性（2.8）、可核查性、抗抵赖（2.54）和可靠性（2.62）等其他特性。"

（3）网络的狭义定义。ISO制定的OSI（Open System Interconnection，开放系统互连）七层模型包括物理层、数据链路层、网络层、传输层、应用层、会话层和表示层。而狭义的网络是指上述模型中的网络层。

（4）网络的广义定义。《网络安全法》第七十六条第一项对网络的定义为："网络，是指由计算机或者其他信息终端及相关设备组成的按照一定的规则和程序对信息进行收集、存储、传输、交换、处理的系统。"《网络安全法》第一条"为了保障网络安全，维护网络空间主权和国家安全、社会公共利益，保护公民、法人和其他组织的合法权益，促进经济社会信息化健康发展，制定本法"提出了网络空间主权的概念。

（5）网络安全的狭义定义。《信息安全技术 术语》（GB/T 25069—2022）在3.616小节对网络安全（network security）的定义为："对网络环境下存储、传输和处理的信息的保密性、完整性和可用性的保持。[来源：GB/T 20270—2006，3.1.1，有修改：'网络环境下'改为'对网络环境下'，'表征'改为'保持']。"从上述定义及信息安全的定义可以看出，网络安全的狭义定义就是网络环境下的信息安全，其英文为network security。

（6）网络安全的广义定义。《网络安全法》第七十六条第二项对网络安全的定义为："网络安全，是指通过采取必要措施，防范对网络的攻击、侵入、干扰、破坏和非法使用以及意外事故，使网络处于稳定可靠运行的状态，以及保障网络数据的完整性、保密性、可用性的能力。"《国家网络空间安全战略》开篇第二句有"网络空间安全（以下称网络安全）事关人类共同利益，事关世界和平与发展，事关各国国家安全"的论述。《信息安全技术 术语》（GB/T 25069—2022）在3.622节对网络空间（cyberspace）的定义为："网络、服务、系统、人员、过程、组织以及驻留或穿越其中的互联数字环境。[来源：ISO/TEC 27102：2019，3.6，有修改]。"在网信办的官网（www.cac.gov.cn）上，可以看到"中共中央网络安全和信息化委员会办公室"的英文是"Office of the Central Cyberspace Affairs Commission"，而"中华人民共和国国家互联网信息办公室"的英文是"Cyberspace Administration Of China"。综上所述，广义的网络安全英文应为cyber security，是网络空间安全（cyber space security）的简称。

（7）数据安全的狭义定义。《信息技术服务 治理 第1部分：通用要求》（GB/T 34960.1—2017）第6章"信息技术治理框架"将资源治理域划分为信息技术相关的基础设施、应用系统和数据。可见，在IT领域，数据通常作为独立于基础设施和应用系统的一个层次。《数据管理能力成熟度评估模型》（GB/T 36073—2018）在3.11节对数据安全（data security）的定义为："数据的机密性、完整性和可用性。"结合前文所述GB/T 29246—2017在2.33节对信息安全的定义，数据安全的狭义定义与其十分相似。《信息安全技术 信息系统安全等级保护基本要求》（GB/T 22239—2008）在4.3节"基本技术要求和基本管理要求"中有"基本技术要求从物理安全、网络安全、主机安全、应用安全和数据安全几个层面提出"的论述。虽然该标准已经被《信息安全技术 网络安全等级保护基本要求》（GB/T 22239—2019）代替，但是在其生效的大约10年时间内，以其为代表的等保1.0时代，在技术层面将信息系统划分成物理、网络、主机、应用和数据的思想影响着众多从业人员。

（8）数据安全的广义定义。《数据安全法》第三条对数据安全的定义为："数据安全，是指通过采取必要措施，确保数据处于有效保护和合法利用的状态，以及具备保障持续安全状态的能力。"《信息安全技术 数据安全能力成熟度模型》（GB/T 37988—2019）在3.1节对数据安全（data security）的定义为："通过管理和技术措施，确保数据有效保护和合规使用的状态。"《数据安全法》于2018年被全国人大常委会列入立法计划，并于2021年6月10日正式生效，开启了数据安全的广义定义时代。在狭义定义"确保数据处于有效保护利用的状态"的基础上，数据安全广义定义增加了"确保数据处于合法利用的状态"。举例说明，电信诈骗人员在进行电信诈骗的过程中也需要保护其掌握的关于被害人的数据的安全，但因为其使用数据的目的是进行电信诈骗，所以不满足"确保数据处于合法利用的状态"的要求。

评估项说明：近一年应为评估开始日期向前的一个自然年度，如评估开始日期为某月20日，则文件签发日期应为上一年某月19日至今年某月20日。

4.8.1 组织机构和人员

人才是开展数字安全相关工作的重要基础，如何把人才聚集并按照一定的逻辑顺序组织起来，进而实现组织的数字安全战略，是数字政府数字安全工作中的重要问题。

组织机构和人员部分的评价指标主要依据《党委网安责任办法》《网络安全法》和《关保条例》中的要求制定，具体指标涵盖战略制定、组织保障和人员保障。

1. 战略制定

为了落实《网络安全法》第四条"国家制定并不断完善网络安全战略，明确保障网络安全的基本要求和主要目标，提出重点领域的网络安全政策、工作任务和措施"，2016年12月27日，国家互联网信息办公室发布了《国家网络空间安全战略》。网络空间安全战略不是只有国家层面才有，各省级和市级政府也应制定各自的网络空间安全战略。

数字政府网络安全战略制定指标包括网络安全战略或顶层设计和年度网络安全规划。

1）网络安全战略或顶层设计

（1）指标说明。

本指标是为了考查被评价单位网络安全战略或顶层设计的制定情况。

（2）评价方法。

本项得分 $=A \times$ 本项权重。

A：被评价单位已制定网络安全战略或顶层设计，得1分。

(3)数据获取。

被评价单位主动提供相关文件。

(4)指标依据。

《网络安全法》—第四条　国家制定并不断完善网络安全战略,明确保障网络安全的基本要求和主要目标,提出重点领域的网络安全政策、工作任务和措施。

《国家网络空间安全战略》全文。

(5)指标解读。

战略(strategy)一词最早是军事方面的概念。战略的特征是发现智谋的纲领。在西方,strategy一词源于希腊语strategos,意为军事将领、地方行政长官,后来演变成军事术语,指军事将领指挥军队作战的谋略。在我国,战略一词历史久远,"战"指战争,略指"谋略"和"施诈"。春秋时期孙武的《孙子兵法》被认为是中国最早对战略进行全局筹划的著作。战略的意义在于对具体工作的指导作用,防止出现"南辕北辙"的方向性错误。对于多级组织,某一级组织(如省级政府、市级政府)的战略还可以用于分解和落实上一级组织的战略,并为下一级组织的战略制定提供指导。战略制定完成后,可以根据实际情况进行调整,但不宜轻易进行大幅度调整。

网络安全战略或顶层设计类似愿景、长期发展目标,是指引组织网络安全相关工作的纲领性文件,并且在一段相对较长的时间内不会轻易改变。某单位网络安全战略或顶层设计需要依据上级单位的网络安全战略或顶层设计进行,并参考自身的实际情况。在战略编制的过程中,可以参考《信息安全技术　信息系统保护轮廓和信息系统安全目标产生指南》(GB/Z 30286—2013)第9章安全保障目的。

2)年度网络安全规划

(1)指标说明。

本指标是为了考查被评价单位年度网络安全规划的制定情况。

(2)评价方法。

本项得分 $=A\times$ 本项权重。

A:被评价单位已制定年度网络安全规划,得1分,否则得0分。

(3)数据获取。

被评价单位主动提供相关文件。

(4)指标依据。

《网络安全法》—第十六条　国务院和省、自治区、直辖市人民政府应当统筹规划,加大投入,扶持重点网络安全技术产业和项目,支持网络安全技术的研究开发和应用,推广安全可信的网络产品和服务,保护网络技术知识产权,支持企业、研究机构和高等学校等参与国家网络安全技术创新项目。—第三十二条　按照国务院规定的职责分工,负责关键信息基础设施安全保护工作的部门分别编制并组织实施本行业、本领域的关键信息基础设施安全规划，指导和监督关键信息基础设施运行安全保护工作。——第三十三条　建设关键信息基础设施应当确保其具有支持业务稳定、持续运行的性能，并保证安全技术措施同步规划、同步建设、同步使用。

《关保条例》——第十二条　安全保护措施应当与关键信息基础设施同步规划、同步建设、同步使用。——第二十二条　保护工作部门应当制定本行业、本领域关键信息基础设施安全规划，明确保护目标、基本要求、工作任务、具体措施。

（5）指标解读。

《信息技术服务　咨询设计　第2部分：规划设计指南》（GB/T 36463.2—2019）3.2节对规划设计咨询服务（planning and design consulting service）的定义为："结合需方需求、信息技术应用现状及发展趋势提出信息技术战略和目标，并设计信息技术架构的咨询服务。"同时，该标准给出了规划设计咨询服务的服务过程，并提供了规划设计准备、业务分析、架构设计和服务评价工作的建议。鉴于我国有编制五年计划的惯例，可以通过五年计划的形式逐步落实战略。与国家的五年规划同期制定的五年网络安全规划，可以成为数字政府网络安全战略或顶层设计的一个中长期阶段性目标。在规划编制的过程中，可以参考《信息技术服务　咨询设计　第2部分：规划设计指南》（GB/T 36463.2—2019）中的流程和方法。

2. 组织保障

组织保障是落实网络安全战略的关键保障，能够将人员有效地组织起来，并将上级的任务分解实施。

组织保障指标包括网络安全领导机构的设置、专门网络安全管理机构的设置、专门网络安全管理负责人的设置、关键岗位人员背景审查完成率、定期召开网络安全领导机构会议。

1）网络安全领导机构的设置

（1）指标说明。

本指标是为了考查被评价单位是否依据《党委网安责任办法》第二条和《关保条例》第十三条的规定，以正式文件的形式明确网络安全领导机构的主要负责人为被评价单位党委（党组）的主要负责人。

（2）评价方法。

本项得分 $=A\times$ 本项权重。

A：被评价单位以正式文件的形式明确网络安全领导机构的主要负责人，得1分，否则得0分。

（3）数据获取。

被评价单位主动提供相关文件。

（4）指标依据。

《党委网安责任办法》—第二条　网络安全工作事关国家安全政权安全和经济社会发展。按照谁主管谁负责、属地管理的原则，各级党委（党组）对本地区本部门网络安全工作负主体责任，领导班子主要负责人是第一责任人，主管网络安全的领导班子成员是直接责任人。

《关保条例》—第十三条　运营者应当建立健全网络安全保护制度和责任制，保障人力、财力、物力投入。运营者的主要负责人对关键信息基础设施安全保护负总责，领导关键信息基础设施安全保护和重大网络安全事件处置工作，组织研究解决重大网络安全问题。

（5）指标解读。

由于网络安全工作涉及数字政府信息化和数字化工作的方方面面，是一项十分纷繁复杂的工作，而且网络安全工作的一项疏忽就有可能导致网络安全漏洞被恶意用户等网络安全威胁利用，进而有可能导致网络安全事件，因此严密的网络安全组织十分必要。网络安全领导机构的设置，以及定期召开网络安全领导机构会议，能够保证网络安全相关事项获得组织最高领导层的重视。本指标的设计目的是将网络安全领导责任明确落实，避免被评价单位党委（党组）的主要负责人重视单位主业而忽视网络安全工作。指标设置的必要性具体体现在以下几个方面。

- 满足合规要求。
- 平衡组织安全性与易用性。从哲学角度看，安全性与易用性是一对对立且统一的存在。安全性与易用性的对立体现在：为了保证安全性会增加安全控制措施，从而导致易用性下降。安全性与易用性的统一体现在：一个组织必须兼顾安全性与易用性，没有安全性的易用性是脆弱的、危险的，安全威胁导致的安全事件可能是灾难性的。将单位党委（党组）主要负责人作为网络安全领导机构主要负责人的做法不仅有合规的考虑，也有助于数字政府内部将网络安全责任层层落实，同时有助于作为成本部门或职能部门的网络安全管理部门应对来自业务部门的压力，进而有助于解决或缓解"安全为业务开展让路"或"先进行业务建设再进行安全建设"等情况导致的网络安全风险和隐患。
- 整体地、全局性地考虑安全措施。根据"木桶原理"，一个组织的网络安全保障或防护水平是由其组成部分中最短板决定的，而恶意用户（如黑客）的网络攻击过程也是重点找到组织的安全防护薄弱点并开展攻击。
- 控制数字安全方面投入。数字安全方面工作不直接产生经济效益，数字安全相关部门属于成本部门。类比军事领域中常见的"军费占 GDP 比率"，常见的衡量数字安全投入的参数有数字安全资金占组织总运营经费比率、数字安全资金占数字化和信息化资金的比率、数字安全资金占业务营收的比率、数字安全资金占利润的比率。数字政府虽然不涉及业务营收和利润，但是仍然可以找到其他衡量数字安全投入与产出的参数，如同比或环比数字安全事件变化率、同比或环比数字安全攻击行为检测变化率、同比或环比数字安全攻击行为成功溯源变化率。

2）专门网络安全管理机构的设置

（1）指标说明。

本指标是为了考查被评价单位是否依据《党委网安责任办法》第三条第二项、《网络安全法》第三十四条第一项以及《关保条例》第十四条的规定，以正式文件的形式明确设置专门网络安全管理机构。

（2）评价方法。

本项得分 $=A\times$ 本项权重。

A：被评价单位以正式文件的形式明确设置专门网络安全管理机构，得1分，否则得0分。

（3）数据获取。

被评价单位主动提供相关文件。

（4）指标依据。

《党委网安责任办法》—第三条—（二）建立和落实网络安全责任制，把网络安全工作纳入重要议事日程，明确工作机构，加大人力、财力、物力的支持和保障力度。

《网络安全法》—第三十四条—（一）设置专门安全管理机构和安全管理负责人，并对该负责人和关键岗位的人员进行安全背景审查。

《关保条例》—第十四条　运营者应当设置专门安全管理机构，并对专门安全管理机构负责人和关键岗位人员进行安全背景审查。审查时，公安机关、国家安全机关应当予以协助。

（5）指标解读。

专门网络安全管理机构的设置，能够保证组织的网络安全战略以及上级的任务得到落实。该指标的设计目的是使一系列专职人员重点思考如何落实网络安全领导机构的决策和部署，以便保证数字政府的网络安全能够处在一个适当的状态。在一些单位，经常有信息化或数字化的建设、开发或运维部门兼管网络安全工作的现象存在。随着信息化和数字化技术的发展，网络安全工作变得越来越纷繁复杂，随着社会化大分工的持续推进，网络安全工作内部的细分领域也在增加，其他部门监管网络安全工作的组织形式变得越来越不合时宜。所以，《党委网安责任办法》《网络安全法》《关保条例》才要求设置专门网络安全管理机构，并要求设置专门网络安全管理机构负责人。指标设置的必要性具体体现在以下两个方面。

- 协助网络安全领导机构，对数字政府的建设部门或运维部门行使在网络安全领域指导的治理职责。在一些组织或机构内，网络安全管理机构被设置在数字政府的建设部门或运维部门内部，由于无法承受来自业务部门的压力，上线了存在网络安全风险的功能，导致网络安全漏洞被恶意用户利用，进而转化成了网络安全事件。因此，"专门"二字是为网络安全管理机构争取行政方面独立于业务部门、数字政府的建设部门或运维部门的定位。
- 一定程度体现审计或检查的独立性。专门网络安全管理机构的设计初衷是为了突出网络安全管理机构的监督作用，定期开展审计和检查，避免数字政府的建设部门或运维部门对网络安全风险或问题的瞒报，避免业务部门为了推进重要业务或功能上线而无视网络安全风险或问题。从审计和检查的角度来说，审计或检查人员不应从事其审计或检查的工作，避免"监守自盗"的现象。虽然组织内部专门网络安全管理机构的审计或检查在独立性上低于组织外部的机构，但是独立于数字政府的建设部门或运维部门仍然能够使网络安全领导机构听到相对独立的声音。

3）专门网络安全管理负责人的设置

（1）指标说明。

本指标是为了考查被评价单位是否依据《网络安全法》第三十四条第一项以及《关保条例》第十四条的规定，以正式文件的形式明确设置专门网络安全管理负责人。

（2）评价方法。

本项得分 $= A \times$ 本项权重。

A：被评价单位以正式文件的形式明确设置专门网络安全管理负责人，得 1 分。

（3）数据获取。

被评价单位主动提供相关文件。

（4）指标依据。

《网络安全法》—第三十四条—（一）设置专门安全管理机构和安全管理负责人，并对该负责人和关键岗位的人员进行安全背景审查。

《关保条例》—第十四条　运营者应当设置专门安全管理机构，并对专门安全管理机构负责人和关键岗位人员进行安全背景审查。审查时，公安机关、国家安全机关应当予以协助。

（5）指标解读。

专门网络安全管理负责人的设置，能够保证组织的网络安全战略以及上级的任务得到落实。该指标的设计目的是使该负责人从专业的角度思考数字政府的网络安全相关问题，为网络安全领导机构的决策提供专业的方案，并负责组织专门网络安全管理机构的人员落实网络安全领导机构的决策和部署。类似专门网络安全管理机构，专门网络安全管理负责人也是为了保证独立于业务部门负责人、数字政府的建设部门或运维部门负责人。特别地，专门网络安全管理负责人应该在网络安全领导机构会议上具有发言权，以便其专业意见或建议能够被单位领导机构和决策机构听到。

4）关键岗位人员背景审查完成率

（1）指标说明。

本指标是为了考查被评价单位依据《网络安全法》第三十四条第一项以及《关保条例》第十四条的规定，对专门网络安全管理机构负责人和关键岗位人员背景的审查完成率。

（2）评价方法。

本项得分 $=A \times$ 本项权重。

A：被评价单位对专门网络安全管理机构负责人和关键岗位人员背景的审查完成率为100%，得1分；完成率大于80%，得0.75分；完成率为60%～80%，得0.5分；完成率为40%～60%，得0.25分；完成率低于40%，不得分。

（3）数据获取。

被评价单位主动提供相关文件。

（4）指标依据。

同"专门网络安全管理负责人的设置"的指标依据。

（5）指标解读。

网络安全管理机构负责人和关键岗位的人员均为重要人员，对其进行背景审查的目的是甄别出不适合相关岗位的人员。关键岗位不仅局限于网络安全工作，可由各单位自行确定，并至少以清单或台账的形式进行明确，以便后续管理。由于可能接触到数字政府的很多重要数据或重要功能，专门网络安全管理机构负责人和关键岗位人员在政治上可靠，在职业操守方面要有可靠的记录，例如，有犯罪记录的人员或者法律法规明确禁止从业的人员不适合在上述岗位任职。在《关于修改〈中华人民共和国网络安全法〉的决定（征求意见稿）》中，增加了从业限制条款。

- 将第五十九条、第六十条、第六十一条、第六十二条修改为："违反本法第二十一条、第二十二条第一款和第二款、第二十三条、第二十四条第一款、第二十五条、第二十六条、第二十八条、第三十三条、第三十四条、第三十六条、第三十八条规定的网络运行安全保护义务或者导致危害网络运行安全等后果的，由有关主管部门责令改正，给予警告、通报批评；拒不改正或者情节严重的，处一百万元以下罚款，并可以责令暂停相关业务、停业整顿、关闭网站、吊销相关业务许可证或者吊销营业执照，对直接负责的主管人员和其他直接责任人员处一万元以上十万元以下罚款。有前款规定的违法行为，情节特别严重的，由省级以上有关主管部门责令改正，处一百万元以上五千万元以下或者上一年度营业额百分之五以下罚款,并可以责令停止相关业务、停业整顿、关闭网站、吊销相关业务许可证或者吊销营业执照;对直接负责的主管人员和其他直接责任人员处十万元以上一百万元以下罚款,并可以决定禁止其在一定期限内担任相关企业的董事、监事、高级管理人员或者从事网络安全管理和网络运营关键岗位的工作。"

- 将第六十八条、第六十九条修改为:"违反本法第四十七条、第四十八条、第四十九条规定的网络信息安全保护义务,或者不按照有关部门的要求对法律、行政法规禁止发布或者传输的信息采取停止传输、消除等处置措施的,或者不按照有关部门的要求对网络存在较大安全风险和发生安全事件采取措施的,由有关主管部门责令改正,给予警告、通报批评,没收违法所得;拒不改正或者情节严重的,处一百万元以下罚款,并可以责令暂停相关业务、停业整顿、关闭网站、吊销相关业务许可证或者吊销营业执照,对直接负责的主管人员和其他直接责任人员处一万元以上十万元以下罚款。情节特别严重的,由省级以上有关主管部门责令改正,没收违法所得,处一百万元以上五千万元以下或者上一年度营业额百分之五以下罚款,并可以责令暂停相关业务、停业整顿、关闭网站、吊销相关业务许可证或者吊销营业执照;对直接负责的主管人员和其他直接责任人员处十万元以上一百万元以下罚款,并可以决定禁止其在一定期限内担任相关企业的董事、监事、高级管理人员或者从事网络安全管理和网络运营关键岗位的工作。"

- 将第七十条修改为:"发布或者传输本法第十二条第二款和其他法律、行政法规禁止发布或者传输的信息的,依照有关法律、行政法规的规定处罚。法律、行政法规没有规定的,由有关主管部门责令改正,给予警告、通报批评,没收违法所得;拒不改正或者情节严重的,处一百万元以下罚款,并可以责令暂停相关业务、停业整顿、关闭网站、吊销相关业务许可证或者吊销营业执照,对直接负责的主管人员和其他直接责任人员处一万元以上十万元以下罚款。情节特别严重的,由省级以上有关主管部门责令改正,没收违法所得,处一百万元以上五千万元以下或者上一年度营业额百分之五以下罚款,并可以责令暂停相关业务、停业整顿、关闭网站、吊销相关业务许可证或者吊销营业执照;对直接负责的主管人员和其他直接责任人员处十万元以上一百万元以下罚款,并可以决定禁止其在一定期限内担任相关企业的董事、监事、高级管理人员或者从事网络安全管理和网络运营关键岗位的工作。"

5)定期召开网络安全领导机构会议

(1)指标说明。

本指标是为了考查被评价单位是否依据《党委网安责任办法》第三条第二项的规

定把网络安全工作纳入重要议事日程。

（2）评价方法。

本项得分 =A × 本项权重。

A：被评价单位以月度、季度、年度定期召开网络安全领导机构会议，得 1 分，否则得 0 分。

（3）数据获取。

被评价单位主动提供相关文件。

（4）指标依据。

《党委网安责任办法》—第三条—（二）建立和落实网络安全责任制，把网络安全工作纳入重要议事日程，明确工作机构，加大人力、财力、物力的支持和保障力度。

（5）指标解读。

网络安全领导机构不是空架子，更不是为了应付合规要求的摆设，而是网络安全治理职责的主要承担机构，定期或不定期的会议是其行使治理职责的重要形式。关于数字安全治理职责的内涵，可以参考如下定义。

- 《信息技术服务　治理　第 1 部分：通用要求》（GB/T 34960.1—2017）在 3.1 节对信息技术治理（information technology governance）的定义为："专注于信息技术体系及其绩效和风险管理的一组治理规则，由领导关系、组织结构和过程组成，以确保信息技术能够支撑组织的战略目标 [GB/T 29264—2012，定义 2.6]。"在 3.2 节对治理主体（governance body）的定义为："评估、指导、监督组织 IT 治理的人或团体。"在第 5 章给出了如图 4-12 所示的治理模型。

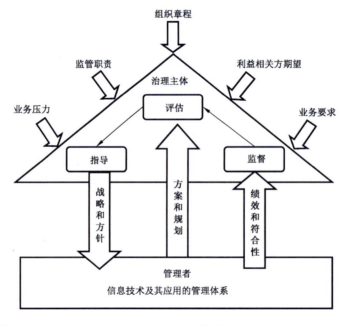

图 4-12　治理模型

- 等同采用国际标准 Information technology—Security techniques—Information security management systems—Overview and vocabulary（ISO/IEC 27000: 2016）的国家标准《信息技术 安全技术 信息安全管理体系 概述和词汇》（GB/T 29246—2017）在 2.28 节对信息安全治理（governance of information security）的定义为："指导和控制组织（2.57）信息安全（2.33）活动的体系。"在 2.29 节对治理者（governing body）的定义为："对组织（2.57）的性能（2.59）和合规负有责任的人或一组人。注：治理者在某些司法管辖区可以是董事会。"

- 等同采用国际标准 Information technology—Security techniques Governance of information security（ISO/IEC 27014:2013）的国家标准《信息技术 安全技术 信息安全治理》（GB/T 32923—2016）在 3.3 节对信息安全治理（governance of information security）的定义为："指导和控制组织信息安全活动的体系。"在 3.2 节对治理者（governing body）的定义为："对组织的绩效和合规负有责任的个人或一组人。注：治理者构成最高管理层的一部分，为明晰角色，本标准在最高管理层内区分两组人员：治理者和执行管理者。"在 3.1 节对执行管理者（executive management）的定义为："为达成组织意图，承担由组织治理者委派的战略和策略实现责任的个人或一组人。注 1：执行管理者构成最高管理层的一部分，为明晰角色，本标准在最高管理层内区分两组人员：治理者和执行管理者。注 2：执行管理者可包括首席执行官/行政总裁（CEO）、政府机构领导、首席财务官/财务总监（CFO）、首席运营官/运营总监（COO）、首席信息官/信息总监（CIO）、首席信息安全官/信息安全总监（CISO）和类似的角色。"

- 《公司治理风险管理指南》（GB/T 26317—2010）在 3.1 节对公司治理（corporate governance）的定义为："协调公司利益相关者之间关系的一种制度安排。注 1：公司治理中，利益相关者主要包括股东、董事会、监事会、经理层、员工、债权人、客户、供应商和监管机构等。注 2：制度安排是指在公司治理领域内约束利益相关者行为的一组规则，它支配利益相关者之间可能采取合作与竞争的方式以确保实现自己的利益目标。注 3：公司治理的目标是为了确保公司的正确决策，实现利益相关者之间的利益均衡，提高公司的绩效，确保公司经营的可持续发展。"特别地，在标准附录 A（资料性附录）"公司治理风险识别示例"中，四级风险要素中的"国内法律法规"和"政府及市场监管"要素，可将数字安全的法律法规政策标准等文件中提到的数字安全风险上升至公司治理风险。

- 等同采用国际标准 Project, programme and portfolio management—guidance on governance（ISO 21505:2017）的国家标准《项目、项目群和项目组合管理治理指南》（GB/T 41245—2022）在 3.1 节对治理（governance）的定义为："用

来指导和控制组织的原则、方针和框架。"在3.5节对治理主体（governing body）的定义为："负责治理单一组织、多个组织或组织某一部分的个人、群体或实体。"在4.3节对治理和管理区别的论述为："治理对管理行为进行授权、指导、赋能、监督和约束。管理宜在组织治理的约束范围内工作，以实现组织的目标。治理职能和管理职能可在不同的层级和组织的不同部分执行，但治理主体仍对组织的绩效负责。虽然治理和管理存在不同，但参与治理和管理的人都有责任积极努力实现组织的目标。"

3. 人员保障

网络安全人员是数字政府网络安全战略的制定者、实施者和监督者，是上级网络安全任务的落实者。一支训练有素的网络安全队伍是数字政府网络安全保障的必要组成部分。鉴于借调、挂职、劳务派遣、将供应商人员的服务费计算在产品采购费用内以派人为采购方提供服务、以服务项目形式派人为采购方提供服务等现实情况带来的人员流动性，人员保障方面强调"自有而非劳务派遣"的目的是帮助网络安全管理机构以正式劳动合同的方式，建立稳定的人员队伍。上述灵活用工形式确实解决了一些问题，如正式人员编制不足、正式人员待遇低于市场平均水平等，然而也会带来一些副作用，如非正式人员可能会出于个人目的（如转正、镀金）或其他组织的目的（如扩大自身供应商占有率、打压其他供应商占有率、引入自身生态环境中的新供应商）开展工作，而正式人员的目的显然要单纯一些。

网络安全人员保障指标包括自有（非劳务派遣）专职网络安全人员数量、自有（非劳务派遣）专职网络安全攻击人员（红队）数量、自有（非劳务派遣）专职网络安全人员持证上岗比例、运维人员保密协议覆盖率。

1）自有（非劳务派遣）专职网络安全人员数量

（1）指标说明。

本指标是为了横向比较被评价单位自有（非劳务派遣）专职网络安全人员充足程度。

（2）评价方法。

本项得分 $=A\times$ 本项权重。

A：被评价单位自有（非劳务派遣）专职网络安全人员比例为70%以上，得1分；不足70%，等比例扣分，最低得0分。

（3）数据获取。

被评价单位主动提供相关文件。

（4）指标依据。

课题组根据网络安全工作经验，结合网络安全行业内的最佳实践，设计了具体指标要求。

（5）指标解读。

在实际的工作中，有的单位或者部门为了解决实际人员数量少于人员配备要求的矛盾，会设置"兼任"职位，更有甚者会有一个叫作"各种员"的人。鉴于网络安全工作对技术和管理水平都有一定程度的要求，而数字政府领域又是恶意用户甚至是敌对势力进行网络攻击的重点目标，所以一支由专职人员组成的网络安全队伍是必不可少的。虽然一个单位需要的自有（非劳务派遣）专职网络安全人员数量与单位业务上系统的情况、系统的数量、每个系统的复杂程度、网络安全运维工作的自动化程度以及人员经费等众多因素息息相关，但是相关人员的绝对数量仍然能够反映一定的问题，尤其是在横向对比的情况下。

2）自有（非劳务派遣）专职网络安全攻击人员（红队）数量

（1）指标说明。

本指标是为了横向比较被评价单位自有（非劳务派遣）专职网络安全攻击人员（红队）充足程度。

（2）评价方法。

本项得分 $=A\times$ 本项权重。

A：建立网络安全攻击（红队）队伍，得 1 分；未建立，不得分。

（3）数据获取。

被评价单位主动提供相关文件。

（4）指标依据。

课题组根据网络安全工作经验，结合网络安全行业内的最佳实践，设计了具体指标要求。

（5）指标解读。

红蓝对抗最初出现在传统军事领域中，其实质是为了提高部队战斗力，在不能参加正式战争的情况下，由部队内部人员模拟对方部队，也即"蓝军"，相关部队也即"红军"，展开红蓝实战对抗训练。这种训练方式效果明显，有力地促进了军队战斗力水平的提升。网络安全领域存在"红方蓝方，谁是攻击方"之争，考虑到国家公安部组织的护网行动中将攻击方定义为红方，而将防守方定义为蓝方，这里采取相应的定义。通常情况下，网络安全领域中的攻防对抗主要在面临网络攻击较多或者网络安全威胁较高的单位中开展，而数字政府由于自身的政治敏感性，成为敌对势力进行网络攻击的重点对象。该指标的设置是为了提醒数字政府的管理单位注意网络安全攻防对抗工作，并引导其建立专职的红队。

3）自有（非劳务派遣）专职网络安全人员持证上岗比例

（1）指标说明。

本指标是为了考查被评价单位自有（非劳务派遣）专职网络安全人员持有网络安

全相关证书的人数占总人数的比例。

（2）评价方法。

本项得分 =A× 本项权重。

A：被评价单位自有（非劳务派遣）专职网络安全人员持有网络安全相关证书的人数占总人数的比例大于 50%，得 1 分；不足 50%，等比例扣分，最低得 0 分。

（3）数据获取。

被评价单位主动提供相关文件。

（4）指标依据。

课题组根据网络安全工作经验，结合网络安全行业内的最佳实践，设计了具体指标要求。

（5）指标解读。

网络安全工作对从业人员的知识与技能有着较高的要求，从业人员应在管理和技术两大方面均达到一定水平，而网络安全相关证书则可以在一定程度上反映持证人员的职业水平。网络安全相关证书的颁发及培训机构除了在初次培训时进行相关知识体系的培训和考核，还会通过设置证书有效期，要求持证人员通过不断学习跟进技术的进步，以维持相关证书的有效性。本指标的设置是为了鼓励数字政府网络安全工作的从业人员通过获得相关证书不断学习，提升自身的管理水平和技术水平，进而提升整个数字政府的网络安全工作能力。

4）运维人员保密协议覆盖率

（1）指标说明。

本指标是为了考查被评价单位运维人员保密协议签署比例。

（2）评价方法。

本项得分 =A× 本项权重。

A：被评价单位运维人员保密协议覆盖率为 100%，得 1 分；70% 以上，得 0.75 分；60% 以上，得 0.5 分；未覆盖，不得分。

（3）数据获取。

被评价单位主动提供相关文件。

（4）指标依据。

课题组根据网络安全工作经验，结合网络安全行业内的最佳实践，设计了具体指标要求。

（5）指标解读。

通常情况下，运维人员具有的权限高于普通用户，其能进行的操作比普通用户多，能接触的重要或敏感数据也比普通用户多。签署保密协议是管理手段中最常用的一种，用于向运维人员明确其应负的保密责任和应尽的保密义务。

4.8.2 政策标准规范制定

根据 2005 年发表在《信息化建设》杂志上的文章《我国信息安全管理的现状、问题及对策》中调研得到的数据，"属于管理面的安全问题比重高达 70% 以上"，所以，信息安全领域素有"三分技术，七分管理"的说法。信息安全领域管理工作的一个重要体现就是管理体系文件的编制。这也是二级指标"政策标准规范制定"继"组织机构和人员"后，排在一级指标"数字安全"中第二位的原因。

政策标准规范制定部分的评价指标主要依据《党委网安责任办法》《网络安全法》《关保条例》中的要求制定。

政策标准规范等文件是落实国家、行业监管部门以及上级单位要求的重要载体。通常上述文件都会预留一定的操作空间，以便实施单位根据自身的实际情况制定具体的落实措施，形成符合自身实际情况的单位内部文件，甚至单位内部标准。为落实上级要求，单位内部政策标准规范等文件构建单位内部的管理体系，用于规范单位内部的各种业务处理流程，将相应的职责落实到具体的部门，甚至具体人员。

政策标准规范制定指标包括有正式文件明确网络安全保护和重大事件处置工作、建立网络安全责任制检查考核制度、将网络安全建设和绩效纳入审计范围、建立网络安全监测预警相关工作机制、建立网络安全应急相关工作机制、建立网络安全检查相关工作机制、建立跨政府部门的网络安全信息共享机制、建立用户信息保护制度、建立工作通讯群组管理工作机制。

1）有正式文件明确网络安全保护和重大事件处置工作

（1）指标说明。

本指标是为了考查被评价单位是否依据《党委网安责任办法》第三条第三项的规定，以正式文件的形式明确由党委（党组）统一组织领导本地区本部门网络安全保护和重大事件处置工作。

（2）评价方法。

本项得分 $=A \times$ 本项权重。

A：被评价单位以正式文件的形式明确网络安全保护和重大事件处置工作，得 1 分，否则不得分。

（3）数据获取。

被评价单位主动提供相关文件。

（4）指标依据。

《党委网安责任办法》—第三条 （三）统一组织领导本地区本部门网络安全保护和重大事件处置工作，研究解决重要问题。

（5）指标解读。

网络安全保护和重大事件处置工作是网络安全领域的两项基本工作，其中网络安全保护工作主要是采取管理手段和技术手段对重要资产进行防护,而网络安全重大事件处置工作则是要在网络安全保护措施被突破的时候以"消防队"的角色防止损失进一步扩大。该指标进一步明确了网络安全工作必须涵盖网络安全保护和重大事件处置工作。虽然网络安全工作最好能够做到防患于未然,但是一旦有网络安全事件发生,相应的处置机制也是必不可少的。《信息安全技术 信息安全事件分类分级指南》(GB/Z 20986—2007)3.2节对信息安全事件(information security incident)的定义为:"由于自然或者人为以及软硬件本身缺陷或故障的原因,对信息系统造成危害,或对社会造成负面影响的事件。"同时,该标准在5.2节"事件分级"中将信息安全事件分成特别重大事件(Ⅰ级)、重大事件(Ⅱ级)、较大事件(Ⅲ级)和一般事件(Ⅳ级),共4级。关于网络安全事件的级别,可以参考该标准5.2节进行分级。在进行网络安全保护和重大事件处置相关管理制度编制的过程中,可以参考上述标准。

2)建立网络安全责任制检查考核制度

(1)指标说明。

本指标是为了考查被评价单位是否依据《党委网安责任办法》第十条的规定,以正式文件的形式建立网络安全责任制检查考核制度。

(2)评价方法。

本项得分$=A\times$本项权重。

A:被评价单位以正式文件的形式建立网络安全责任制检查考核制度,得1分,否则不得分。

(3)数据获取。

被评价单位主动提供相关文件。

(4)指标依据。

《党委网安责任办法》—第十条 各级党委(党组)应当建立网络安全责任制检查考核制度,完善健全考核机制,明确考核内容、方法、程序,考核结果送干部主管部门,作为对领导班子和有关领导干部综合考核评价的重要内容。

(5)指标解读。

定期或不定期的检查和考核工作有助于督促相关单位履行网络安全职责,有助于网络安全管理机构协助网络安全领导机构履行治理职责。该指标进一步明确了网络安全工作必须涵盖网络安全责任制检查考核制度。

3)将网络安全建设和绩效纳入审计范围

(1)指标说明。

本指标是为了考查被评价单位是否依据《党委网安责任办法》第十一条的规定,以正式文件的形式将网络安全建设和绩效纳入审计范围。

（2）评价方法。

本项得分 =A× 本项权重。

A：被评价单位以正式文件的形式将网络安全建设和绩效纳入审计范围，得1分，否则不得分。

（3）数据获取。

被评价单位主动提供相关文件。

（4）指标依据。

《党委网安责任办法》—第十一条　各级审计机关在有关部门和单位的审计中，应当将网络安全建设和绩效纳入审计范围。

（5）指标解读。

《中华人民共和国宪法》第一百零九条规定："县级以上的地方各级人民政府设立审计机关。地方各级审计机关依照法律规定独立行使审计监督权，对本级人民政府和上一级审计机关负责。"《中华人民共和国审计法》第二条规定："国家实行审计监督制度。坚持中国共产党对审计工作的领导，构建集中统一、全面覆盖、权威高效的审计监督体系。国务院和县级以上地方人民政府设立审计机关。国务院各部门和地方各级人民政府及其各部门的财政收支，国有的金融机构和企业事业组织的财务收支，以及其他依照本法规定应当接受审计的财政收支、财务收支，依照本法规定接受审计监督。审计机关对前款所列财政收支或者财务收支的真实、合法和效益，依法进行审计监督。"《信息技术服务　治理　第4部分：审计导则》（GB/T 34960.4—2017）3.2节对信息技术审计（information technology audit；IT audit）的定义为："根据IT审计标准的要求，对信息系统及相关的IT内部控制和流程进行检查、评价，并发表审计意见。"等同采用国际标准 Information technology—Security techniques—Information security management systems—Overview and vocabulary（ISO/IEC 27000:2016）的国家标准《信息技术　安全技术　信息安全管理体系　概述和词汇》（GB/T 29246—2017）2.5节对审核（audit）的定义为："获取审核证据并客观地对其评价以确定满足审核准则程度的，系统的、独立的和文档化的过程（2.61）。注1：审核可以是内部审核（第一方）或外部审核（第二方或第三方），可以是结合审核（结合两个或两个以上学科）。注2：'审核证据'和'审核准则'在ISO 19011中被定义。"《信息安全技术　术语》（GB/T 25069—2022）在3.116节对第三方（third part）的定义为："就所涉及的问题而言，公认与相关各方均独立的个人或团体。"在3.117节对第三方评估（third party assessment）的定义为："由信息系统所有者委托商业评估机构或其他评估机构，依据国家有关法规与标准，对信息系统安全管理进行的评估活动。[来源：GB/T 28453—2012，3.4]。"在3.515节对审核或审计（audit）的定义为："获取审核证据并对其进行客观评价以确定满足审核准则程度的，系统的、独立的和文档化的过程。注1：审核可以是内部审核（第一方）或外部审核（第二方或第三方），也可以是结合审核（结合两个或更多学科）。注2：'审核证据''审核准则'在 GB/T 19011 中定义。[来源：GB/T 29246—2017，2.5，有修改：增加同义术语中文'审计'等]。"在制定网络安全相关的审计文件时，可以参考上述标准。本指标将网络安全建设和绩效纳入审计范围，调动了政府审计机关推动网络安全相关工作的积极性，为网络安全工作的推进增加了又一推动力。

4）建立网络安全监测预警相关工作机制

（1）指标说明。

本指标是为了考查被评价单位是否依据《网络安全法》第五十四条和《关保条例》第二十四条的规定，以正式文件的形式建立网络安全监测预警相关工作机制。

（2）评价方法。

本项得分 $=A \times$ 本项权重。

A：被评价单位以正式文件的形式建立网络安全监测预警相关工作机制，得1分，否则不得分。

（3）数据获取。

被评价单位主动提供相关文件。

（4）指标依据。

《网络安全法》—第五十四条　网络安全事件发生的风险增大时，省级以上人民政府有关部门应当按照规定的权限和程序，并根据网络安全风险的特点和可能造成的危害，采取下列措施：（一）要求有关部门、机构和人员及时收集、报告有关信息，加强对网络安全风险的监测；（二）组织有关部门、机构和专业人员，对网络安全风险信息进行分析评估，预测事件发生的可能性、影响范围和危害程度；（三）向社会发布网络安全风险预警，发布避免、减轻危害的措施。

《关保条例》—第二十四条　保护工作部门应当建立健全本行业、本领域的关键信息基础设施网络安全监测预警制度，及时掌握本行业、本领域关键信息基础设施运行状况、安全态势，预警通报网络安全威胁和隐患，指导做好安全防范工作。

（5）指标解读。

网络安全监测预警是我国"八六三"信息安全专家组提出的 WPDRRC（warning、protection、detection、response、restore and counterattack，预警、保护、检测、响应、恢复和反击）模型中的重要组成部分，其中监测是预警的前提。本指标从管理制度方面将 WPDRRC 模型进行一定程度的落地，并本着预防为主的原则，积极开展监测工作，争取尽早发现问题或征兆。《信息安全技术　网络安全预警指南》（GB/T 32924—2016）3.5节对预警（warning）的定义是："针对即将发生或正在发生的网络安全事件或威胁，提前或及时发出的安全警示。"该标准给出了网络安全预警的分级指南与处理流程,为及时准确了解网络安全事件或威胁的影响程度、可能造成的后果,及采取有效措施提供指导,也适用于网络与信息系统主管和运营部门参考开展网络安全事件或威胁的处置工作。在进行网络安全监测预警相关工作制定的过程中,可以参考上述标准的流程。

5)建立网络安全应急相关工作机制

(1)指标说明。

本指标是为了考查被评价单位是否依据《网络安全法》第二十五条和《关保条例》第二十五条的规定,以正式文件的形式建立网络安全应急相关工作机制。

(2)评价方法。

本项得分 $=A \times$ 本项权重。

A:被评价单位以正式文件的形式建立网络安全应急相关工作机制,得1分,否则不得分。

(3)数据获取。

被评价单位主动提供相关文件。

(4)指标依据。

《网络安全法》—第二十五条　网络运营者应当制定网络安全事件应急预案,及时处置系统漏洞、计算机病毒、网络攻击、网络侵入等安全风险;在发生危害网络安全的事件时,立即启动应急预案,采取相应的补救措施,并按照规定向有关主管部门报告。

《关保条例》—第二十五条　保护工作部门应当按照国家网络安全事件应急预案的要求,建立健全本行业、本领域的网络安全事件应急预案,定期组织应急演练;指导运营者做好网络安全事件应对处置,并根据需要组织提供技术支持与协助。

(5)指标解读。

数字政府建设和运维过程十分复杂,其中总会出现不同程度的网络安全漏洞,如果不能及时修复,则可能会被恶意利用,进而转化成网络安全事件,而网络安全应急工作则成为应对的重要手段。《信息安全技术　信息安全应急响应计划规范》(GB/T 24363—2009)3.4节对应急响应(emergency response)的定义为:"组织为了应对突发/重大信息安全事件的发生所做的准备,以及在事件发生后所采取的措施。"该标准规定了编制信息安全应急响应计划的前期准备,确立了信息安全应急响应计划文档的基本要素、内容要求和格式规范,适用于包括整个组织、组织中的部门和组织的信息系统(包括网络系统)在各层面上的信息安全应急响应计划,为负责制定和维护信息安全应急响应计划的人员提供指导。在编制网络安全应急工作机制相关的文件时,可以参考上述标准及《信息技术服务　运行维护　第3部分:应急响应规范》(GB/T 28827.3—2012)中的描述。

6）建立网络安全检查相关工作机制

（1）指标说明。

本指标是为了考查被评价单位是否依据《党委网安责任办法》第五条的规定，以正式文件的形式建立网络安全检查相关工作机制。

（2）评价方法。

本项得分 $=A\times$ 本项权重。

A：被评价单位以正式文件的形式建立网络安全检查相关工作机制，得 1 分，否则不得分。

（3）数据获取。

被评价单位主动提供相关文件。

（4）指标依据。

《党委网安责任办法》—第五条　各级网络安全和信息化领导机构应当加强和规范本地区本部门网络安全信息汇集、分析和研判工作，要求有关单位和机构及时报告网络安全信息，组织指导网络安全通报机构开展网络安全信息通报，统筹协调开展网络安全检查。

（5）指标解读。

《信息安全技术　工业控制系统安全检查指南》（GB/T 37980—2019）3.10 节对安全检查（security inspection）的定义为："以查代促、以查促改、以查促管、以查促防，旨在推动提高信息安全工作能力和防护水平。"网络安全检查工作的类型包括上级单位对下级单位的检查、网络安全管理部门对其他部门的检查、各部门内部自行检查、对供应商的检查等。网络安全检查工作是网络安全治理和管理工作的重要组成部分，定期检查能够起到督促相关单位或部门落实网络安全要求的作用。关于网络安全检查相关工作管理制度的编制，可以参考如下文件。

- 《政府信息系统安全检查办法》（国办发〔2009〕28 号）。
- 《关于加强和规范网络安全检查工作的通知》（中网办发文〔2015〕7 号）。
- 《信息安全技术　政府部门信息安全管理基本要求》（GB/T 29245—2012）"8 信息安全检查"，具体要求包括：

a）应认真组织开展信息安全检查工作，掌握信息安全总体状况和面临的威胁，查找安全隐患，堵塞安全漏洞，完善安全措施，减少安全风险，提高安全防护能力；

b）应每年进行一次全面的信息安全检查，重点检查办公系统、业务系统、门户网站的安全防护情况；

c）应加强检查工作组织领导，建立检查工作责任制，制定检查工作方案并认真落实；

d）应重视安全技术检测，采取必要的技术检测手段对信息系统、门户网站、服务器、终端设备、终端计算机等进行安全检测。可根据需要委托符合要求的检测机构进行技术检测；

e）应加强安全检查过程中的保密管理和风险控制，严格检查人员、有关文档和数据的安全保密管理，制定安全检查应急预案，确保被检查信息系统的正常运行；

f）应对安全检查中发现的问题进行分析研判，制定整改措施并及时整改；

g）应对年度安全检查情况进行全面总结，按照要求如实完成检查报告并报信息安全主管部门。

- 《电力信息系统安全检查规范》（GB/T 36047—2018）第4章"检查工作流程"。
- 《信息安全技术　工业控制系统安全检查指南》（GB/T 37980—2019）第5章"检查方式"，第6章"检查工作流程"，第7章"检查内容的选择方法"。

7）建立跨政府部门的网络安全信息共享机制

（1）指标说明。

本指标是为了考查被评价单位是否依据《网络安全法》第三十九条第三项和《关保条例》第二十三条的规定，以正式文件的形式建立跨政府部门的网络安全信息共享机制。

（2）评价方法。

本项得分 $=A \times$ 本项权重。

A：被评价单位以正式文件的形式建立跨政府部门的网络安全信息共享机制，得1分，否则不得分。

（3）数据获取。

被评价单位主动提供相关文件。

（4）指标依据。

《网络安全法》—第三十九条—（三）促进有关部门、关键信息基础设施的运营者以及有关研究机构、网络安全服务机构等之间的网络安全信息共享。

《关保条例》—第二十三条　国家网信部门统筹协调有关部门建立网络安全信息共享机制，及时汇总、研判、共享、发布网络安全威胁、漏洞、事件等信息，促进有关部门、保护工作部门、运营者以及网络安全服务机构等之间的网络安全信息共享。

（5）指标解读。

《电子政务标准化指南　第4部分：信息共享》（GB/T 30850.4—2017）3.3节对信息共享（information sharing）的定义为："跨领域、跨部门、跨层级的政务信息资源复用过程。"鉴于数字政府均属于电子政务领域，其在建设和运维的过程中存在很多共性，而信息共享，尤其是网络安全信息共享机制，能够促进数字政府网络安全管理者之间经验交流，使其相互借鉴好的实践。网络安全信息共享机制可将信息孤岛连接起来，力求消除不同政府部门，尤其是不同级别政府中网络安全信息不对称的情况，将网络安全漏洞信息、网络安全威胁信息、网络安全事件信息、网络安全培训资料等网络安全相关的信息和资料进行共享。

8）建立用户信息保护制度

（1）指标说明。

本指标是为了考查被评价单位是否依据《网络安全法》第二十二条和第四十条的规定，以正式文件的形式建立用户信息保护制度。

（2）评价方法。

本项得分 = A × 本项权重。

A：被评价单位以正式文件的形式建立用户信息保护制度，得 1 分，否则不得分。

（3）数据获取。

被评价单位主动提供相关文件。

（4）指标依据。

《网络安全法》—第二十二条　网络产品、服务应当符合相关国家标准的强制性要求。网络产品、服务的提供者不得设置恶意程序；发现其网络产品、服务存在安全缺陷、漏洞等风险时，应当立即采取补救措施，按照规定及时告知用户并向有关主管部门报告。网络产品、服务的提供者应当为其产品、服务持续提供安全维护；在规定或者当事人约定的期限内，不得终止提供安全维护。网络产品、服务具有收集用户信息功能的，其提供者应当向用户明示并取得同意；涉及用户个人信息的，还应当遵守本法和有关法律、行政法规关于个人信息保护的规定。—第四十条　网络运营者应当对其收集的用户信息严格保密，并建立健全用户信息保护制度。

（5）指标解读。

数字政府在向公众提供服务的过程中，会收集大量的用户信息，尤其是在某些应用场景下，可能收集大量用户的个人信息，如姓名、身份证号、手机号、住址。上述信息的泄露可能会给个人带来骚扰电话、电信诈骗等负面影响，更会造成不良的社会影响，甚至可能损害数字政府的公众形象和公信力。用户信息的内涵比个人信息的内涵大一些，在制定用户信息保护制度时，不仅要考虑用户的个人信息，还要按照《网络安全法》第二十二条要求，在提供具有收集用户信息功能的网络服务时，向用户明示并取得同意。《信息安全技术　术语》（GB/T 25069—2022）在 3.670 节对泄露（disclosure）的定义为："违反信息安全策略，导致数据被未经授权的实体使用的行为。[来源：GB/T 5271.8—2001，08.05.15，有修改]。"用户信息保护制度编制过程中涉及个人信息保护时，可以参考如下标准。

- 《信息安全技术　个人信息安全规范》（GB/T 35273—2020）。
- 《信息安全技术　个人信息去标识化指南》（GB/T 37964—2019）。
- 《信息技术　安全技术　公有云中个人信息保护实践指南》（GB/T 41574—2022）。

- 《信息安全技术　移动智能终端个人信息保护技术要求》（GB/T 34978—2017）。
- 《信息安全技术　移动互联网应用程序（App）收集个人信息基本要求》（GB/T 41391—2022）。
- 《信息安全技术　公共及商用服务信息系统个人信息保护指南》（GB/Z 28828—2012）。
- 《信息安全技术　个人信息安全工程指南》（GB/T 41817—2022）。

9）建立工作通讯群组管理工作机制

（1）指标说明。

本指标是为了考查被评价单位是否依据《网络安全法》第四十六条和《互联网群组信息服务管理规定》相关条款的规定，以正式文件的形式建立工作通讯群组管理工作机制。

（2）评价方法。

本项得分 $=A\times$ 本项权重。

A：被评价单位以正式文件的形式建立工作通讯群组管理工作机制，得1分，否则不得分。

（3）数据获取。

被评价单位主动提供相关文件。

（4）指标依据。

《网络安全法》—第四十六条　任何个人和组织应当对其使用网络的行为负责，不得设立用于实施诈骗，传授犯罪方法，制作或者销售违禁物品、管制物品等违法犯罪活动的网站、通讯群组，不得利用网络发布涉及实施诈骗，制作或者销售违禁物品、管制物品以及其他违法犯罪活动的信息。

《互联网群组信息服务管理规定》—第九条　互联网群组建立者、管理者应当履行群组管理责任，依据法律法规、用户协议和平台公约，规范群组网络行为和信息发布，构建文明有序的网络群体空间。互联网群组成员在参与群组信息交流时，应当遵守法律法规，文明互动、理性表达。互联网群组信息服务提供者应为群组建立者、管理者进行群组管理提供必要功能权限。—第十条　互联网群组信息服务提供者和使用者不得利用互联网群组传播法律法规和国家有关规定禁止的信息内容。—第十二条　互联网群组信息服务提供者和使用者应当接受社会公众和行业组织的监督，建立健全投诉举报渠道，设置便捷举报入口，及时处理投诉举报。国家和地方互联网信息办公室依据职责，对举报受理落实情况进行监督检查。鼓励互联网行业组织指导推动互联网群组信息服务提供者制定行业公约，加强行业自律，履行社会责任。

（5）指标解读。

随着移动互联网技术的普及，工作通讯群组（如微信群）成为数字政府的一个重要组成部分。工作通讯群组的特点有：不受地点限制；即时性强，实时沟通；文字、图片、语音、视频等多样化交流形式；缩短沟通距离，提高沟通效率；方便快捷。《互联网群组信息服务管理规定》第二条规定："本规定所称互联网群组，是指互联网用户通过互联网站、移动互联网应用程序等建立的，用于群体在线交流信息的网络空间。本规定所称互联网群组信息服务提供者，是指提供互联网群组信息服务的平台。本规定所称互联网群组信息服务使用者，包括群组建立者、管理者和成员。"鉴于伦理、隐私等方面的因素，再加上对图片、语音、视频等多媒体资源的技术处理难度，对工作通讯群组中信息的技术管理手段仍然必须与依靠人员进行的管理手段结合，尤其是需要工作通讯群组中的"群主"或"组长"承担起更多的管理责任。在建立工作通讯群组管理工作机制时，应覆盖《互联网群组信息服务管理规定》的要求。

4.8.3 基础设施

《信息技术服务　治理　第1部分：通用要求》（GB/T 34960.1—2017）第6章将资源治理域划分为信息技术相关的基础设施、应用系统和数据。由上述划分可知，在IT领域，通常情况下，基础设施（infrastructure，有时简称infra）是指OSI模型中的物理层、数据链路层、网络层和传输层。在本文的三级指标"合规保障"中的网络安全等级保护、党政部门云计算服务网络安全审查以及商用密码应用安全性评估等部分覆盖了基础设施部分的很多内容。鉴于有的合规工作通过划定及格线的方式（如网络安全等级保护中的70分）保持灵活性，本部分通过一些关于网络安全基础设施指标的设置，强调一些需要重点关注的功能或内容。

基础设施部分的评价指标主要依据《网络安全法》和《关保条例》中的要求制定，具体指标涵盖基础设施建设和基础设施配置。

1. 基础设施建设

网络安全基础设施是数字政府的重要载体和组成部分，主要为数字政府网络安全自动化和智能化运维提供便利的功能模块、工具或系统。网络安全基础设施可为运维人员进行大量涉及网络安全的信息收集、信息分析、违规告警等工作，并支持自定义告警规则，能够从一定程度上减轻运维人员的工作量，提升应急响应效率，使单位人员能够负责运维的范围更大。

网络安全基础设施建设指标包括具备统一资产管理功能模块或系统、使用可信时间戳、具备高级持续威胁（APT）检测功能模块或系统、具备威胁情报收集功能模块或系统、具备网络攻击溯源功能模块或系统、建立配置管理库用于管理基础设施的配置、自建或接入第三方网络安全漏洞库、建立网络安全问题库、跨政府部门的网络安全信息共享机制有信息系统支持。

1）具备统一资产管理功能模块或系统

（1）指标说明。

本指标是为了考查被评价单位统一资产（如承载数字政府关键业务的数据机房、计算机机房、网络机房、IDC 机房、政务云等）管理自动化程度。

（2）评价方法。

本项得分 =A× 本项权重。

A：被评价单位具有统一资产管理功能模块或系统，得 1 分，否则不得分。

（3）数据获取。

被评价单位主动提供相关文件。

（4）指标依据。

课题组根据网络安全工作经验，结合网络安全行业内的最佳实践，进行具体指标要求的设计。

（5）指标解读。

随着数字政府业务的发展，其提供的服务类型和数量逐年增加，所涉及的资产也越来越多。采用信息化和数字化手段对资产进行管理的方法一方面可以节省人力，另一方面可以提升管理效率。《信息安全技术　术语》（GB/T 25069—2022）在 3.806 节对资产（asset）的定义为："对个人、组织或政府具有价值的任何东西。[来源：ISO/IEC 27032:2012，4.6，有修改：删除注]。"相比于统一资产管理功能模块或系统，如果仅靠 Excel 或 WPS 等工具进行资产清单的管理，那么运维人员在资产的新增、盘点、查找等管理工作中的效率将会十分低下，而且可能需要更多的人力资源投入才能达到与使用系统相近或相同的效率。

2）使用可信时间戳

（1）指标说明。

本指标是为了考查被评价单位是否在需要使用时间戳时使用中国科学院国家授时中心的可信时间戳。

（2）评价方法。

本项得分 =A× 本项权重。

A：被评价单位在需要使用时间戳时使用中国科学院国家授时中心的可信时间戳，得 1 分，否则不得分。

（3）数据获取。

被评价单位主动提供相关文件。

（4）指标依据。

课题组根据网络安全工作经验，结合网络安全行业内的最佳实践，进行具体指标要求的设计。

（5）指标解读。

《信息安全技术 术语》（GB/T 25069—2022）在 3.541 节对时间戳（time stamp；TS）的定义为："对时间和其他待签名数据进行签名得到的，用于表明数据时间属性的数据。[来源：GM/Z 4001—2013，2.100，有修改]。"在 3.543 节对时间戳服务（time-stamping service；TSS）的定义为："为某一数据项在某个时间点之前存在提供证据的服务。[来源：ISO/IEC 18014-1:2008，3.18]。"《信息安全技术 公钥基础设施时间戳规范》（GB/T 20520—2006）在 3.5 节对时间戳服务（time stamp service）的定义为："时间戳机构给用户提供的颁发时间戳服务，由用户提供文件，时间戳机构给此文件签发时间戳。"在 3.3 节对时间戳机构（time stamp authority）的定义为："用来产生和管理时间戳的权威机构。"在 3.1 节对时间戳（time stamp）的定义为："使用数字签名技术产生的数据，签名的对象包括了原始文件信息、签名参数、签名时间等信息。TSA 对此对象进行数字签名产生时间戳，以证明原始文件在签名时间之前已经存在。"在 3.2 节对可信时间（trusted time）的定义为："准确的、值得信赖的当前时间值，这个时间值的来源应是高度权威的。"《信息安全技术 术语》（GB/T 25069—2022）在 3.115 节对抵赖（repudiation）的定义为："当事实体之一对已经参与全部或部分行动的否认。[来源：ISO/IFC 29115:2013，3.23]。"可信时间戳是由联合信任时间戳服务中心签发的一个能证明数据电文（电子文件）在一个时间点是已经存在的、完整的、可验证的，具备法律效力的电子凭证，主要用于电子文件防篡改和事后抵赖，确定电子文件产生的准确时间。采用可信时间戳可以有效防止恶意用户在时间戳方面发起的网络攻击。在使用可信时间戳时，可以参考如下标准。

- 《信息安全技术 公钥基础设施时间戳规范》（GB/T 20520—2006）。
- 《信息安全技术 时间戳策略和时间戳业务操作规则》（GB/T 36631—2018）。

3）具备高级持续威胁（APT）检测功能模块或系统

（1）指标说明。

本指标是为了考查被评价单位是否具备高级持续威胁（APT）检测功能模块或系统。

（2）评价方法。

本项得分 =A × 本项权重。

A：被评价单位具备高级持续威胁（APT）检测功能模块或系统，得 1 分，否则不得分。

（3）数据获取。

被评价单位主动提供相关文件。

（4）指标依据。

课题组根据网络安全工作经验，结合网络安全行业内的最佳实践，进行具体指标要求的设计。

（5）指标解读。

根据公开报道，我国数字政府是 APT 攻击的重要目标，而其发动者通常是具有先进技术和大量资金支持的组织。APT 检测功能模块或系统可以为发现 APT 攻击提供一种技术手段，甚至可以溯源到 APT 的发起者并保留证据。《信息安全技术　网络攻击定义及描述规范》（GB/T 37027—2018）在 3.8 节对高级持续性威胁（advanced persistent threat，APT）的定义为："精通复杂技术的攻击者利用多种攻击方式对特定目标进行长期持续性网络攻击。"在 3.1 节对网络攻击（network attack）的定义为："通过计算机、路由器等计算资源和网络资源，利用网络中存在的漏洞和安全缺陷实施的一种行为。"APT 是指隐匿而持久地对目标网络进行入侵的过程，其中"高级"强调的是使用复杂精密的恶意软件及技术以利用系统中的漏洞；"持续"指某个外部力量会持续监控特定目标，并从其获取数据；"威胁"则指人为参与策划的攻击。APT 的特点是通常由某些人员精心策划，针对特定的目标；出于商业或政治动机，针对特定组织或国家；在长时间内保持高隐蔽性。我国各级数字政府历来是国际 APT 攻击的重点。虽然现有的 APT 检测功能模块或系统不能保证 100% 的检出率，但是在目前的网络安全攻防博弈中，仍然可以在一定程度上为防御方增加筹码。

4）具备威胁情报收集功能模块或系统

（1）指标说明。

本指标是为了考查被评价单位是否具备威胁情报收集功能模块或系统（如态势感知）。

（2）评价方法。

本项得分 =A× 本项权重。

A：被评价单位具备威胁情报收集功能模块或系统，得 1 分，否则不得分。

（3）数据获取。

被评价单位主动提供相关文件。

（4）指标依据。

课题组根据网络安全工作经验，结合网络安全行业内的最佳实践，进行具体指标要求的设计。

（5）指标解读。

关于威胁情报收集功能模块或系统，目前尚无国家标准，国内市场常见的产品有 SOC（security operations center，安全运营中心）、SIEM（security information and event management，安全信息和事件管理）和态势感知等。威胁情报收集功能模块或系统具体的功能包括但不限于日志采集、识别与告警、威胁情报采集与安全分析、态势感知、ATT&CK（adversarial tactics，techniques and common knowledge，对抗战术、技术和常识）攻击链溯源、SOAR（security orchestration，automation and response，安全编排和自动化响应）、UEBA（user and entity behavior analytics，用户实体行为分析）。威胁情报收集的主要作用有以下几个方面。

- 提高应对威胁的效率。威胁情报中的相关性和上下文信息能让网络安全人员明确哪些威胁数据是与信息资产和业务安全息息相关的，了解威胁的背景，并可以根据威胁的影响程度选择响应处理的优先级。
- 脆弱性管理和风险控制。威胁情报可以帮助网络安全人员明确其在线信息资产和安全状况，根据自身资产的重要程度和影响面，进行相关的漏洞修补和风险管理。
- 了解威胁环境和用于决策。威胁情报可以帮助网络安全人员了解其所在行业的威胁环境，有哪些攻击者，攻击者使用的战术和技术，正在遭受或未来面临的威胁等，并为高层决策提供建议。

5）具备网络攻击溯源功能模块或系统

（1）指标说明。

本指标是为了考查被评价单位是否具备网络攻击溯源功能模块或系统（如蜜罐）。

（2）评价方法。

本项得分=A×本项权重。

A：被评价单位具备网络攻击溯源功能模块或系统，得1分，否则不得分。

（3）数据获取。

被评价单位主动提供相关文件。

（4）指标依据。

课题组根据网络安全工作经验，结合网络安全行业内的最佳实践，进行具体指标要求的设计。

（5）指标解读。

《信息安全技术 术语》（GB/T 25069—2022）在3.420节对蜜罐（honey pot）的定义为："一种如下诱饵系统的通称，用于欺骗、分散、转移和鼓励攻击者，使其把时间花在看似很有价值但实际上是伪造的、合法用户不会感兴趣的信息上。[来源：ISO/IEC 27039:2016，2.13]。"在3.221节对攻击者（attacker）的定义为："故意利用技术和非技术安全控制的脆弱性，以窃取或损害信息系统和网络，或者损害合法用户对信息系统和网络资源可用性为目的的任何人。[来源：GB/T 25068.1—2020，3.3]。"美国国家情报总监办公室发布的《网络溯源指南》（*A Guide to Cyber Attribution*）备忘录指出："所有行动都会留下痕迹。"网络攻击溯源功能模块或系统就是通过收集和分析网络攻击者留下的痕迹，确定攻击者的攻击路径、攻击过程中使用的软硬件工具和设备、进行过的操作、攻击实施人员及其组织等信息。网络攻击溯源功能模块或系统一方面收集攻击相关的信息，对攻击者进行画像，另一方面为反击做准备。除蜜罐外，APT攻击检测或态势感知系统等产品或系统也可能具有网络攻击溯源功能。

6）建立配置管理库用于管理基础设施的配置

（1）指标说明。

本指标是为了考查被评价单位是否建立配置管理库用于管理基础设施的配置。

（2）评价方法。

本项得分 = $A \times$ 本项权重。

A：被评价单位配置管理库用于管理基础设施的配置，得1分，否则不得分。

（3）数据获取。

被评价单位主动提供相关文件。

（4）指标依据。

课题组根据网络安全工作经验，结合网络安全行业内的最佳实践，进行具体指标要求的设计。

（5）指标解读。

《信息安全技术　术语》（GB/T 25069—2022）在3.441节对配置管理（configuration management，CM）的定义为："应用技术和行政指导及监督的如下行为准则：识别和记录配置项的功能和物理特性，控制对这些特性的变更，记录和报告变更处理和实施状态，并验证是否符合规定的要求。[来源：GB/T 18336.1—2015，3.4.3，有修改：删除注等]。"在3.444节对配置管理系统（configuration management systen）的定义为："开发者在产品生存周期内开发和维护产品配置所使用的一套规程和工具（包括其文档）。[来源：GB/T18336.1—2015，3.4.10，有修改：删除注等]。"数字政府的基础设施包括多种软硬件设备和系统，并且涉及众多参数和配置，而基于配置管理库的配置管理便于开发人员和运维人员对软硬件进行管理，具体体现在以下方面。

- 版本控制。在某些有意义的时刻制作副本，以便日后返回时间点。
- 过程控制。灵活的配置策略和配置流程，并实现自动化，以提高配置管理的效率。
- 变更控制。变更是数字政府建设和运维过程中一个必不可少的环节，配置管理库可以用于记录变更前后的配置状态。在极端情况下，如变更失败时，协助管理人员将设备或者系统恢复到变更前的状态。
- 配置项管理及审计。

7）自建或接入第三方网络安全漏洞库

（1）指标说明。

本指标是为了考查被评价单位是否自建或接入第三方网络安全漏洞库。

（2）评价方法。

本项得分 $=A\times$ 本项权重。

A：被评价单位自建或接入第三方网络安全漏洞库，得 1 分，否则不得分。

（3）数据获取。

被评价单位主动提供相关文件。

（4）指标依据。

课题组根据网络安全工作经验，结合网络安全行业内的最佳实践，进行具体指标要求的设计。

（5）指标解读。

网络安全漏洞库能够帮助数字政府的运营管理机构确认在用的设备或系统是否存在已知的网络安全漏洞，进而提供相应网络安全漏洞的修复方案或者改进方案。在进行网络安全漏洞管理时，应参考如下文件。

- 工业和信息化部、国家互联网信息办公室和公安部联合发布的《网络产品安全漏洞管理规定》（工信部联网安〔2021〕66号）。
- 《信息安全技术　网络安全漏洞管理规范》（GB/T 30276—2020）。

目前，国际上比较权威的漏洞库有CVE（Common Vulnerabilities&Exposures，通用漏洞披露）、CWE（Common Weakness Enumeration，通用缺陷枚举）和OWASP（Open Web Application Security Project，开放式Web应用程序安全项目），中国的CNVD（China National Vulnerability Database，国家信息安全漏洞共享平台）和CNNVD（China National Vulnerability Database of Information Security，中国国家信息安全漏洞库）则比较权威。

8）建立网络安全问题库

（1）指标说明。

本指标是为了考查被评价单位是否建立网络安全问题库。

（2）评价方法。

本项得分 $=A\times$ 本项权重。

A：被评价单位建立网络安全问题库，得 1 分，否则不得分。

（3）数据获取。

被评价单位主动提供相关文件。

（4）指标依据。

课题组根据网络安全工作经验，结合网络安全行业内的最佳实践，进行具体指标要求的设计。

（5）指标解读。

在数字政府的建设和运维过程中，不可避免地出现网络安全相关的问题，而网络安全问题库作为一种重要的知识库，可以为类似问题的解决提供宝贵的经验。网络安全问题库能够帮助数字政府的运营管理机构进行网络安全问题管理，跟踪相应网络安全问题的修复过程，总结数字政府运行过程中常见的网络安全问题。

9）跨政府部门的网络安全信息共享机制有信息系统支持

（1）指标说明。

本指标是为了考查被评价单位依据《网络安全法》第三十九条第三项和《关保条例》第二十三条规定建立的跨政府部门网络安全信息共享机制是否有信息系统支持。

（2）评价方法。

本项得分 $=A\times$ 本项权重。

A：被评价单位建立的跨政府部门网络安全信息共享机制有信息系统支持，得 1 分，否则不得分。

（3）数据获取。

被评价单位主动提供相关文件。

（4）指标依据。

《网络安全法》—第三十九条—（三）促进有关部门、关键信息基础设施的运营者以及有关研究机构、网络安全服务机构等之间的网络安全信息共享。

《关保条例》—第二十三条　国家网信部门统筹协调有关部门建立网络安全信息共享机制，及时汇总、研判、共享、发布网络安全威胁、漏洞、事件等信息，促进有关部门、保护工作部门、运营者以及网络安全服务机构等之间的网络安全信息共享。

（5）指标解读。

有信息系统支持的跨政府部门的网络安全信息共享机制能够便捷、迅速、安全地进行网络安全信息共享，有助于提升数字政府的运营效率。在进行信息共享时，需要参考《信息安全技术　政务信息共享数据安全技术要求》（GB/T 39477—2020）进行设计、建设和运维。

2. 基础设施配置

要发挥网络安全基础设施的价值，需要根据实际情况进行配置，以发挥功能模块、工具或系统的潜力。考虑到我国现阶段仍处于数字政府建设过程中，各地数字政府在网络安全基础设施方面的建设水平良莠不齐，在网络安全基础设施配置方面暂不做过多要求。

网络安全基础设施配置指标包括重要系统和数据库进行容灾备份覆盖比率、是否要求将管理流量与业务流量分离。

1）重要系统和数据库进行容灾备份覆盖比率

（1）指标说明。

本指标是为了考查被评价单位（负责数字政府关键业务的运维单位，如大数据局、经信局、信息中心、授权企业等）依据《网络安全法》第三十四条第三项的规定对重要系统和数据库进行容灾备份的比率。

（2）评价方法。

本项得分 = A × 本项权重。

A：被评价单位对重要系统和数据库进行容灾备份的比率为100%，得1分；完成率大于80%，得0.75分；完成率为60%～80%，得0.5分；完成率为40%～60%，得0.25分；完成率低于40%，不得分。

（3）数据获取。

被评价单位主动提供相关文件。

（4）指标依据。

《网络安全法》—第三十四条—（三）对重要系统和数据库进行容灾备份。

（5）指标解读。

重要系统和数据库通常涉及重要业务，对其进行备份能够保障重要业务的业务连续性。《信息安全技术 信息系统灾难恢复规范》（GB/T 20988—2007）3.9节对灾难恢复（disaster recovery）的定义为："为了将信息系统从灾难（3.8）造成的故障或瘫痪状态恢复到可正常运行状态、并将其支持的业务功能从灾难造成的不正常状态恢复到可接受状态，而设计的活动和流程。"3.8节对灾难（disaster）的定义为："由于人为或自然的原因，造成信息系统严重故障或瘫痪，使信息系统支持的业务功能停顿或服务水平不可接受、达到特定的时间的突发性事件。通常导致信息系统需要切换到灾难备份中心（3.1）运行。"3.1节对灾难备份中心（backup center for disaster recovery）和备用站点（alternate site）的定义为："用于灾难发生后接替主系统进行数据处理和支持关键业务功能（3.6）运作的场所，可提供灾难备份系统（3.3）、备用的基础设施和专业技术支持及运行维护管理能力，此场所内或周边可提供备用的生活设施。"3.6节对关键业务功能（critical business functions）的定义为："如果中断一定时间，将显著影响组织的正常运作，导致组织的主要职能或服务无法开展。"3.3节对灾难备份系统（backup system for disaster recovery）的定义为："用于灾难恢复（3.9）目的，由数据备份系统、备用数据处理系统和备用的网络系统组成的信息系统。"容灾备份可分为应用级容灾备份和数据级容灾备份，其中应用级容灾备份是指在本地或异地建立与本地生产系统相当的备份应用系统，当本地生产系统或数据出现灾难时，备份应用系统可以接管本地生产系统的业务；而数据级容灾备份则是在本地或异地建立生产数据的备份。重要系统和数据库应由被评价单位根据业务情况自行定义，定义的过程中可以参考《信息安全技术 云计算服务安全指南》（GB/T 31167—2014）6.4节"政府业务分类"中对重要业务的定义。

在开展容灾备份工作时，还可以参考如下标准。

- 《信息安全技术　信息系统灾难恢复规范》（GB/T 20988—2007）。
- 《信息安全技术　灾难恢复中心建设与运维管理规范》（GB/T 30285—2013）。
- 《信息安全技术　灾难恢复服务能力评估准则》（GB/T 37046—2018）。
- 《信息安全技术　灾难恢复服务要求》（GB/T 36957—2018）。
- 《信息技术　备份存储　备份技术应用要求》（GB/T 36092—2018）。
- 《存储备份系统等级和测试方法》（GB/T 33138—2016）。
- 《信息安全技术　数据备份与恢复产品技术要求与测试评价方法》（GB/T 29765—2021）。

2）要求将管理流量与业务流量分离

（1）指标说明。

本指标是为了考查被评价单位是否要求将管理流量与业务流量分离（如带外管理）。

（2）评价方法。

本项得分 $=A\times$ 本项权重。

A：被评价单位要求采取技术手段将管理流量与业务流量分离，得 1 分，否则不得分。

（3）数据获取。

被评价单位主动提供相关文件。

（4）指标依据。

课题组根据网络安全工作经验，结合网络安全行业内的最佳实践，进行具体指标要求的设计。

（5）指标解读。

《信息安全技术　术语》（GB/T 25069—2022）3.105 节对带外（out-of-band）的定义为："在事先建立的通信方法或信道之外发生的通信或传输。[来源：ISO/EC 27040:2015，3.31]。"网络管理可分为带内管理（in-band）和带外管理（out-of-band）两种管理模式，其中带内管理是指管理控制信息与数据信息使用统一物理通道进行传送；而带外管理是指通过不同的物理通道传送管理控制信息和数据信息。相对于带内管理，带外管理的优势在于：当网络出现故障中断时，若采用带内管理模式，数据传输和管理都无法正常进行，而如果采用带外管理模式，数据传输网络出现故障时，可以通过管理网络对网络中的设备进行管理；带外管理抵御 DDoS（distributed denial of service，分布式拒绝服务）攻击的能力更强。对于采用带内管理模式的网络，通常要通过配置 QoS（quality of service，服务质量）将网络中管理流量的优先级调高，以便在网络中数据流量拥堵时，仍能够对网络中的设备进行管理。《信息安全技术 术语》（GB/T 25069—2022）在 3.157 节对分布式拒绝服务攻击（distributed denial-of-service attack；DDoS）的定义为："通过洪水攻击带宽或目标系统的资源，破坏多个系统的方式来未授权访问系统资源或者延迟系统操作和功能，导致经授权用户失去可用性。[来源：GB/T 28454—2020，3.7，有修改：'授权用户'改为'经授权用户'等]。"管理流量与业务流量分离有助于保证业务流量通道拥堵时，管理员的管理命令仍能够及时到达，还可以防止恶意用户通过业务流量通道使用管理命令对系统开展网络攻击。

4.8.4 建设安全

建设安全部分的评价指标具体涵盖资金保障、信创替代与适配和供应保障。

1. 资金保障

网络安全管理机构是典型的成本型部门，即使投入很多，也可能被高水平的攻击者找到弱点，进而攻破防御。资金保障是网络安全工作的重中之重，并且资金需要投入在网络安全防御的诸多方面，如工具和系统、外部网络安全服务团队、内部人员培训和技能训练。

资金保障情况主要考查指标为网络安全保障工作经费覆盖领域。

（1）指标说明。

本指标是为了考查被评价单位网络安全保障工作经费覆盖领域是否至少包括安全日常运维、教育培训、安全防护加固、风险评估、升级运维、应急处置。

（2）评价方法。

本项得分 $=A \times$ 本项权重。

A：被评价单位网络安全保障工作经费覆盖领域大于 3 个，得 1 分，否则不得分。

（3）数据获取。

被评价单位主动提供相关文件。

（4）指标依据。

课题组根据网络安全工作经验，结合网络安全行业内的最佳实践，进行具体指标要求的设计。

（5）指标解读。

网络安全保障工作涉及面广、纷繁复杂、专业性强，而根据"木桶原理"，防守方的整体防御能力是由其最差防御方面的防御能力（也即"短板"）决定的，因此在很多地方都需要资金支持。防御方需要将资金合理地分配到网络安全防御所涉及的各个方面，力求整体提升网络安全防御水平。

2. 供应链安全

等同采用国际标准 ISO 28004：2007 的国家标准《供应链安全管理体系 ISO 28000 实施指南》（GB/T 40753—2021）在 3.9 节对供应链的定义为："从原材料来源到通过运输途径将产品或者服务交付至终端用户的一系列资源和流程。注：供应链可包括供应商、生产设施、物流供应商、内部集散中心、经销商、批发商及其他通向最终用户的实体。"《信息安全技术　术语》（GB/T 25069—2022）在 3.223 节对供应链的定义为："将多个资源和过程联系在一起，并根据服务协议或其他采购协议建立起连续供应关系的组织系列。其中每一组织充当需方、供方或双重角色。[来源：GB/T 32914—2016，3.8，有修改]。"在 3.218 节对攻击的定义为："企图破坏、泄露、篡改、损伤、窃取、未授权访问或未授权使用资产的行为。[来源：GB/T 29246—2017，2.3]。"《信息安全技术 ICT 供应链安全风险管理指南》（GB/T 36637—2018）在 3.4 节对 ICT 供应链的定义为："ICT 产品和服务的供应链，是指为满足供应关系通过资源和过程将需方、供方相互连接的网链结构，可用于将 ICT 的产品和服务提供给需方。"《信息安全技术　术语》（GB/T 25069—2022）在 3.692 节对信息技术和信息通信技术的定义为："为采集、表示、处理、传输、交换、描述、管理、组织、存储、检索、输出数字信息而开发、维护和使用的技术。"

供应链攻击主要是指网络安全攻击者或恶意用户对某业主单位的供应商进行网络攻击，甚至是供应商的供应商，进而获得或直接利用供应商提供产品或服务的网络安全漏洞，并最终达到攻击业主单位的目的。攻击者进行供应链攻击，一是能够使攻击者在实施攻击行为时更具有针对性，进而减少不必要的试探性攻击操作，降低攻击行为被发现的概率；二是如果攻击者掌握 0day 漏洞，即供应商未研究修复漏洞或缓解漏洞影响的方案，那么攻击的成功率可以达到 100% 的理论值；三是由于产品或服务涉及客户的数量大且范围广，大型供应商受到攻击者青睐，率先拿到有影响力的大型供应商所提供产品或服务的网络安全漏洞甚至成为网络安全攻击者技术水平高的象征。

1）软件供应链安全风险管理

（1）指标说明。

本指标是为了考查被评价单位的数字政府软件供应链安全风险管理制度体系情况。

（2）评价方法。

本项得分 =（$A+B+C$）/3 × 本项权重。

A：被评价单位是否建立了软件供应链安全风险管理相关制度体系，是得 1 分，否不得分。

B：被评价单位是否搭建了软件公里安全风险监测、评估、管理相关系统或平台，是得 1 分，否不得分。

C：被评价单位是否建立了软件供应链安全事件应急处置机制，是得 1 分，否不得分。

（3）数据获取。

被评价单位主动提供相关文件和数据。

（4）指标依据。

《信息安全技术 ICT 供应链安全风险管理指南》（GB/T 36637—2018）。

（5）指标解读。

随着大型政企单位在网络安全方面的投入和防护水平提升，供应链攻击已经成为对大型政企单位网络安全攻击的一种常见形式——这种情况在公安部组织的网络安全攻防演练活动中得到体现。除了加强对供应链的管理，被评价单位应定期对重点供应商进行检查和审计，督促其对网络安全风险进行整改，同时在数字政府内部加强对网络安全攻击行为的技术监测。由供应商导致的高危网络安全风险（或脆弱性）次数可以反映被评价单位面临的高风险供应链攻击威胁情况。

2）由供应商导致的高危网络安全风险（或脆弱性）次数

（1）指标说明。

本指标是为了考查被评价单位的所有供应商在提供服务（包括产品的售后服务）的过程中，近一年由于供应商的原因，导致被评价单位存在高危网络安全风险（或脆弱性）次数。

（2）评价方法。

本项得分 = $A \times$ 本项权重。

A：被评价单位近一年由于供应商的原因，导致被评价单位存在高危网络安全风险（或脆弱性）次数 5 次以上，不得分；3 次以上，得 0.5 分；0 次，得 1 分。

（3）数据获取。

被评价单位主动提供相关文件和数据。

（4）指标依据。

课题组根据网络安全工作经验，结合网络安全行业内的最佳实践，进行具体指标要求的设计。

（5）指标解读。

略。

3）导致高危风险供应商比率

（1）指标说明。

本指标是为了考查被评价单位近一年导致过高危风险供应商占所有供应商的比率。

（2）评价方法。

本项得分 = $A \times$ 本项权重。

A：被评价单位近一年导致过高危风险供应商占所有供应商的比率为 0，得 1 分；30% 以上，得 0.5 分；50% 以上，不得分。

（3）数据获取。

被评价单位主动提供相关文件和数据。

（4）指标依据。

课题组根据网络安全工作经验，结合网络安全行业内的最佳实践，进行具体指标要求的设计。

（5）指标解读。

本指标可以帮助被评价单位对其供应商进行评价，一方面是在供应商选择时，另一方面是用于督促已有供应商提升产品安全质量和服务安全水平。对于曾经导致高危风险的供应商，即使无法替换，也可以加大监督检查的力度、频度或粒度，促使其在开发过程中建立网络攻击方法机制，积极开展预防工作，同时促使其在售后服务过程中建立高效的网络安全应急响应体系，以便在事中和事后尽快开展补救工作。

4）供应商网络安全投诉改进率

（1）指标说明。

本指标是为了考查被评价单位的所有供应商对被评价单位在网络安全方面投诉（包括但不限于书面投诉和口头投诉）的改进情况。

（2）评价方法。

本项得分 $=A\times$ 本项权重。

A：被评价单位供应商对被评价单位在网络安全方面投诉改进率 100%，得 1 分；70% 以上，得 0.75 分；60% 以上，得 0.5 分；小于 60%，不得分。

（3）数据获取。

被评价单位主动提供相关文件和数据。

（4）指标依据。

课题组根据网络安全工作经验，结合网络安全行业内的最佳实践，进行具体指标要求的设计。

（5）指标解读。

俗语说"会抱怨的客户是好客户"，也即所谓"抱怨是金"，说的就是商家应该重视客户对产品或者服务的抱怨，并通过改掉缺点赢得客户。犯错误不可怕，可怕的是错而不改，屡错屡犯。本指标可以帮助被评价单位对其供应商进行评价。

5）采购网络产品或服务时安全保密协议覆盖率

（1）指标说明。

本指标考查被评价单位采购网络产品或服务时安全保密协议覆盖率。

（2）评价方法。

本项得分 $=A\times$ 本项权重。

A：被评价单位采购网络产品或服务时安全保密协议覆盖率 100%，得 1 分；70% 以上，得 0.75 分；60% 以上，得 0.5 分；未覆盖，不得分。

（3）数据获取。

被评价单位主动提供相关文件和数据。

（4）指标依据。

课题组根据网络安全工作经验，结合网络安全行业内的最佳实践，进行具体指标要求的设计。

（5）指标解读。

保密协议是管理手段中最常用的一种，用于向供应商明确其应负的保密责任和应尽的保密义务。通常情况下，与供应商的保密协议可以在招投标、合同、协议等场景使用。

6）供应商服务人员保密协议覆盖率

（1）指标说明。

本指标是为了考查被评价单位供应商服务人员保密协议覆盖率。

（2）评价方法。

本项得分 =A× 本项权重。

A：被评价单位供应商服务人员保密协议覆盖率 100%，得 1 分；70% 以上，得 0.75 分；60% 以上，得 0.5 分；未覆盖，不得分。

（3）数据获取。

被评价单位主动提供相关文件和数据。

（4）指标依据。

课题组根据网络安全工作经验，结合网络安全行业内的最佳实践，进行具体指标要求的设计。

（5）指标解读。

不同于与供应商签署的保密协议，与供应商服务人员签署的保密协议主要是为了将保密政策、责任和义务落实到人。由于在供应商提供产品或服务期间，具体的服务人员可能出现更换，所以需要与每个服务人员签署保密协议。

4.8.5 运行安全

运行安全部分的评价指标主要依据《网络安全法》《密码法》《关保条例》《关于加强党政部门云计算服务网络安全管理的意见》《网络信息内容生态治理规定》《互联网用户公众账号信息服务管理规定》《个人信息保护法》《信息安全技术 个人信息安全影响评估指南》《信息安全技术 信息安全事件分类分级指南》中的要求制

定，具体指标涵盖合规保障、安全监测、安全意识、公开形象、安全事件、安全审计，其中合规保障是数字政府在运行过程中网络安全必须遵守的安全要求和应尽的安全义务；安全监测是需要重点监测的内容，以便运维单位能够及时了解数字政府在网络安全方面的运行状态，发现潜在的风险，进而采取应对和处置措施；安全意识、公开形象、安全事件、安全审计从不同层次逐次递进地将数字政府的网络安全状态进行展示。

1. 合规保障

合规是数字政府网络安全方面的底线要求，本部分主要列举网络安全相关文件中的合规要求。《合规管理体系指南》（GB/T 35770—2022）中有关合规的定义如下。

- 3.23 合规团队（compliance function）：对合规（3.26）管理体系（3.4）运行负有职责、享有权限的一个人或一组人。
- 3.24 合规风险（compliance risk）：因未遵守组织（3.1）合规义务（3.25）而发生不合规（3.27）的可能性及其后果。
- 3.25 合规义务（compliance obligation）：组织（3.1）强制性地必须遵守的要求（3.14），以及组织自愿选择遵守的要求。
- 3.26 合规（compliance）：履行组织（3.1）的全部合规义务（3.25）。
- 3.27 不合规（noncompliance）：未履行合规义务（3.25）。
- 3.28 合规文化（compliance culture）：贯穿整个组织（3.1）的价值观、道德规范、信仰和行为（3.29），并与组织结构和控制系统相互作用，产生有利于合规（3.26）的行为规范。

合规工作不仅涉及网络安全领域，在开展数字政府的合规工作过程中，除这里提到的标准，还可以参考国务院国有资产监督管理委员会发布的《中央企业合规管理指引（试行）》。

合规保障指标包括管理制度是否要求网络日志留存时间不少于六个月、等级保护测评完成率、政务云是否通过党政部门云计算服务网络安全审查、商用密码应用安全性评估完成率、是否制定覆盖信息内容的管理制度、是否制定覆盖信息内容安全审核机制的管理制度、是否制定覆盖公众账号的管理制度、是否建立个人信息保护工作管理制度、个人信息保护影响评估完成率。

1）管理制度要求网络日志留存时间不少于六个月

（1）指标说明。

本指标是为了考查被评价单位是否依据《网络安全法》第二十一条第三项的规定以正式文件的形式要求网络日志留存时间不少于六个月。

（2）评价方法。

本项得分 $=A \times$ 本项权重。

A：被评价单位以正式文件的形式要求网络日志留存时间不少于六个月，得 1 分。

（3）数据获取。

被评价单位主动提供相关文件。

（4）指标依据。

《网络安全法》—第二十一条—（三）采取监测、记录网络运行状态、网络安全事件的技术措施，并按照规定留存相关的网络日志不少于六个月。

（5）指标解读。

《信息安全技术 术语》（GB/T 25069—2022）3.518节对审计日志（audit logging）的定义为："以评审、分析和持续监视为目的的相关信息安全事态的数据记录。[来源：GB/T 25068.1—2020，3.4]。"在网络安全领域，网络日志是分析恶意用户或网络攻击者攻击行为的重要资料。同时，对于训练有素的网络攻击者，其攻击行为的倒数第二步就是要清除其攻击行为产生的网络日志，目的是使防御方无法发现其攻击行为，进而达到长期潜伏的目的。

2）等级保护测评完成率

（1）指标说明。

本指标是为了考查被评价单位是否依据《网络安全法》第二十一条的规定开展等级保护测评。

（2）评价方法。

本项得分 $=A\times$ 本项权重。

A：被评价单位等级保护测评完成率。

（3）数据获取。

被评价单位主动提供相关文件。

（4）指标依据。

《网络安全法》—第二十一条—国家实行网络安全等级保护制度。网络运营者应当按照网络安全等级保护制度的要求，履行下列安全保护义务，保障网络免受干扰、破坏或者未经授权的访问，防止网络数据泄露或者被窃取、篡改。—（一）制定内部安全管理制度和操作规程，确定网络安全负责人，落实网络安全保护责任；—（二）采取防范计算机病毒和网络攻击、网络侵入等危害网络安全行为的技术措施；—（三）采取监测、记录网络运行状态、网络安全事件的技术措施，并按照规定留存相关的网络日志不少于六个月；—（四）采取数据分类、重要数据备份和加密等措施；—（五）法律、行政法规规定的其他义务。

（5）指标解读。

《关于信息安全等级保护工作的实施意见》（公通字〔2004〕66号）对等级保护工作的定义为：信息安全等级保护制度是国家在国民经济和社会信息化的发展过程中，提高信息安全保障能力和水平，维护国家安全、社会稳定和公共利益，保障和促进信息化建设健康发展的一项基本制度。随着《信息安全技术 网络安全等级保护基本要求》（GB/T 22239—2019）的发布，等级保护工作进入了2.0时代。在进行等级保护测评时，应注意选取网络安全等级保护网（www.djbh.net）上公布的测评机构。

3）政务云通过党政部门云计算服务网络安全审查

（1）指标说明。

本指标是为了考查被评价单位是否依据《网络安全法》第三十五条和《关于加强党政部门云计算服务网络安全管理的意见》（中网办发文〔2014〕14号）的规定使用通过党政部门云计算服务网络安全审查的政务云。

（2）评价方法。

本项得分 $=A\times$ 本项权重。

A：被评价单位的政务云通过党政部门云计算服务网络安全审查，得1分，否则不得分。

（3）数据获取。

被评价单位主动提供相关文件。

（4）指标依据。

《网络安全法》—第三十五条　关键信息基础设施的运营者采购网络产品和服务，可能影响国家安全的，应当通过国家网信部门会同国务院有关部门组织的国家安全审查。

《关于加强党政部门云计算服务网络安全管理的意见》—四、统一组织党政部门云计算服务网络安全审查：中央网信办会同有关部门建立云计算服务安全审查机制，对为党政部门提供云计算服务的服务商，参照有关网络安全国家标准，组织第三方机构进行网络安全审查，重点审查云计算服务的安全性、可控性。党政部门采购云计算服务时，应逐步通过采购文件或合同等手段，明确要求服务商应通过安全审查。鼓励重点行业优先采购和使用通过安全审查的服务商提供的云计算服务。

（5）指标解读。

为落实中网办发文〔2014〕14号，中央网信办会同发展和改革委员会、工业和信息化部、财政部成立党政部门云计算服务网络安全管理协调组，聘请网络安全和信息化领域专家成立党政部门云计算服务网络安全管理专家组，进一步加强党政部门云计算服务网络安全管理工作。除了中网办发文〔2014〕14号，国家互联网信息办公室、国家发展和改革委员会、工业和信息化部、财政部于2019年发布了《云计算服务安全评估办法》，用于规范党政部门云计算服务网络安全审查。在建设和测评方面，党政部门云计算服务网络安全审查主要依据《信息安全技术　云计算服务安全指南》（GB/T 31167—2014）和《信息安全技术 云计算服务安全能力要求》（GB/T 31168—2014）进行。

4）商用密码应用安全性评估完成率

（1）指标说明。

本指标是为了考查被评价单位是否依据《密码法》第二十七条的规定开展商用密码应用安全性评估。

（2）评价方法。

本项得分 =A× 本项权重。

A：被评价单位本年度商用密码应用安全性评估完成率。

（3）数据获取。

被评价单位主动提供相关文件。

（4）指标依据。

《密码法》—第二十七条　法律、行政法规和国家有关规定要求使用商用密码进行保护的关键信息基础设施，其运营者应当使用商用密码进行保护，自行或者委托商用密码检测机构开展商用密码应用安全性评估。商用密码应用安全性评估应当与关键信息基础设施安全检测评估、网络安全等级测评制度相衔接，避免重复评估、测评。

（5）指标解读。

除《密码法》外，与商用密码应用安全性评估工作相关的文件还有《商用密码管理条例》（1999年国务院令第273号）、《信息安全等级保护商用密码管理办法》（国密局发〔2007〕11号）、《〈信息安全等级保护商用密码管理办法〉实施意见》（国密局发〔2009〕10号）、《商用密码应用安全性评估管理办法（试行）》，而在建设和测评方面主要依据《信息安全技术　信息系统密码应用基本要求》（GB/T 39786—2021）进行。在进行商用密码应用安全性评估时，应注意选取在《商用密码应用安全性评估试点机构目录》中的机构。

5）制定覆盖信息内容的管理制度

（1）指标说明。

本指标是为了考查被评价单位是否依据《网络信息内容生态治理规定》第二章和第三章的规定制定覆盖信息内容的管理制度。

（2）评价方法。

本项得分 =A× 本项权重。

A：被评价单位管理制度覆盖信息内容管理，得1分，否则不得分。

（3）数据获取。

被评价单位主动提供相关文件。

（4）指标依据。

《网络信息内容生态治理规定》—第四条　网络信息内容生产者应当遵守法律法规，遵循公序良俗，不得损害国家利益、公共利益和他人合法权益。—第五条　鼓励网络信息内容生产者制作、复制、发布含有下列内容的信息：（一）宣传习近平新时代中国特色社会主义思想，全面准确生动解读中国特色社会主义道路、理论、制度、文化的；（二）宣传党的理论路线方针政策和中央重大决策部署的；（三）展示经济社会发展亮点，反映人民群众伟大奋斗和火热生活的；（四）弘扬社会主义核心价值观，宣传优秀道德文化和时代精神，充分展现中华民族昂扬向上精神风貌的；（五）有效回应社会关切，解疑释惑，析事明理，有助于引导群众形成共识的；（六）有助于提高中华文化国际影响力，向世界展现真实立体全面的中国的；（七）其他讲品味讲格调讲责任、讴歌真善美、促进团结稳定等的内容。—第六条　网络信息内容生产者不得制作、复制、发布含有下列内容的违法信息：（一）反对宪法所确定的基本原则的；（二）危害国家安全，泄露国家秘密，颠覆国家政权，破坏国家统一的；（三）损害国家荣誉和利益的；（四）歪曲、丑化、亵渎、否定英雄烈士事迹和精神，以侮辱、诽谤或者其他方式侵害英雄烈士的姓名、肖像、名誉、荣誉的；（五）宣扬恐怖主义、极端主义或者煽动实施恐怖活动、极端主义活动的；（六）煽动民族仇恨、民族歧视，破坏民族团结的；（七）破坏国家宗教政策，宣扬邪教和封建迷信的；（八）散布谣言，扰乱经济秩序和社会秩序的；（九）散布淫秽、色情、赌博、暴力、凶杀、恐怖或者教唆犯罪的；（十）侮辱或者诽谤他人，侵害他人名誉、隐私和其他合法权益的；（十一）法律、行政法规禁止的其他内容。—第七条　网络信息内容生产者应当采取措施，防范和抵制制作、复制、发布含有下列内容的不良信息：（一）使用夸张标题，内容与标题严重不符的；（二）炒作绯闻、丑闻、劣迹等的；（三）不当评述自然灾害、重大事故等灾难的；（四）带有性暗示、性挑逗等易使人产生性联想的；（五）展现血腥、惊悚、残忍等致人身心不适的；（六）煽动人群歧视、地域歧视等的；（七）宣扬低俗、庸俗、媚俗内容的；（八）可能引发未成年人模仿不安全行为和违反社会公德行为、诱导未成年人不良嗜好等的；（九）其他对网络生态造成不良影响的内容。—第八条　网络信息内容服务平台应当履行信息内容管理主体责任，加强本平台网络信息内容生态治理，培育积极健康、向上向善的网络文化。—第九条　网络信息内容服务平台应当建立网络信息内容生态治理机制，制定本平台网络信息内容生态治理细则，健全用户注册、账号管理、信息发布审核、跟帖评论审核、版面页面生态管理、实时巡查、应急处置和网络谣言、黑色产业链信息处置等制度。网络信息内容服务平台应当设立网络信息内容生态治理负责人，配备与业务范围和服务规模相适应的专业人员，加强培训考核，提升从业人员素质。—第十条　网络信息内容服务平台不得传播本规定第六条规定的信息，应当防范和抵制传播本规定第七条规定的信息。网络信息内容服务平台应当加强信息内容的管理，发现本规定第六条、第七条规定的信息的，应当依法立即采取处置措施，保存有关记录，并向有关主管部门报告。—第十一条　鼓励网络信息内容服务平台坚持主流价值导向，优化信息推荐机制，加强版面页面生态管理，在下列重点环节（包括服务类型、位置版块等）积极呈现本规定第五条规定的信息：（一）互联网新闻信息服务首页首屏、弹窗和重要新闻信息内容页面等；（二）互联网用户公众账号信息服务精选、热搜等；（三）博客、微博客信息服务热门推荐、榜单类、弹窗及基于地理位置的信息服务版块等；（四）互联网信息搜索服务热搜词、热搜图及默认搜索等；（五）互联网论坛社区服务首页首屏、榜单类、弹窗等；（六）互联网音视频服务首页首屏、发现、精选、榜单类、弹窗等；（七）互联网网址导航服务、浏览器服务、输入法服务首页首屏、榜单类、皮肤、联想词、弹窗等；（八）数字阅读、网络游戏、网络动漫服务首页首屏、精选、榜单类、弹窗等；（九）生活服务、知识服务平台首页首屏、热门推荐、弹窗等；（十）电子商务平台首页首屏、推荐区等；（十一）移动应用商店、移动智能终端预置应用软件和内置信息内容服务首屏、推荐区等；（十二）专门以未成年人为服务对象的网络信息内容专栏、专区和产品等；（十三）其他处于产品或者服务醒目位置、易引起网络信息内容服务使用者关注的重点环节。网络信息内容服务平台不得在以上重点环节呈现本规定第七条规定的信息。——第十二条　网络信息内容服务平台采用个性化算法推荐技术推送信息的，应当设置符合本规定第十条、第十一条规定要求的推荐模型，建立健全人工干预和用户自主选择机制。——第十三条　鼓励网络信息内容服务平台开发适合未成年人使用的模式，提供适合未成年人使用的网络产品和服务，便利未成年人获取有益身心健康的信息。——第十四条　网络信息内容服务平台应当加强对本平台设置的广告位和在本平台展示的广告内容的审核巡查，对发布违法广告的，应当依法予以处理。——第十五条　网络信息内容服务平台应当制定并公开管理规则和平台公约，完善用户协议，明确用户相关权利义务，并依法依约履行相应管理职责。网络信息内容服务平台应当建立用户账号信用管理制度，根据用户账号的信用情况提供相应服务。——第十六条　网络信息内容服务平台应当在显著位置设置便捷的投诉举报入口，公布投诉举报方式，及时受理处置公众投诉举报并反馈处理结果。——第十七条　网络信息内容服务平台应当编制网络信息内容生态治理工作年度报告，年度报告应当包括网络信息内容生态治理工作情况、网络信息内容生态治理负责人履职情况、社会评价情况等内容。

（5）指标解读。

21世纪，网络成为重要的舆论战场。数字政府作为我国官方代表，应该在网络信息内容生态治理方面加强治理并发挥"定海神针"的作用。

6）制定覆盖信息内容安全审核机制的管理制度

（1）指标说明。

本指标是为了考查被评价单位是否依据《网络信息内容生态治理规定》第九条的规定制定覆盖信息内容安全审核机制的管理制度。

（2）评价方法。

本项得分 $=A \times$ 本项权重。

A：被评价单位管理制度覆盖信息内容安全审核机制，得1分，否则不得分。

（3）数据获取。

被评价单位主动提供相关文件。

（4）指标依据。

《网络信息内容生态治理规定》—第九条　网络信息内容服务平台应当建立网络信息内容生态治理机制，制定本平台网络信息内容生态治理细则，健全用户注册、账号管理、信息发布审核、跟帖评论审核、版面页面生态管理、实时巡查、应急处置和网络谣言、黑色产业链信息处置等制度。

（5）指标解读。

信息内容安全审核机制能够将数字政府通过网络发布的信息内容管理起来，从管理层面，将审核责任落实到具体的责任部门，甚至是责任人。有条件的单位可以考虑采用信息化和数字化手段，开展自动化或半自动化审核，以减轻审核工作所需人力资源。

7）制定覆盖公众账号的管理制度

（1）指标说明。

本指标是为了考查被评价单位是否依据《互联网用户公众账号信息服务管理规定》第三章的规定制定覆盖公众账号的管理制度。

（2）评价方法。

本项得分 $=A \times$ 本项权重。

A：被评价单位管理制度覆盖公众账号，得1分，否则不得分。

（3）数据获取。

被评价单位主动提供相关文件。

（4）指标依据。

《互联网用户公众账号信息服务管理规定》—第十五条　公众账号生产运营者应当按照平台分类管理规则，在注册公众账号时如实填写用户主体性质、注册地、运营地、内容生产类别、联系方式等基本信息，组织机构用户还应当注明主要经营或者业务范围。公众账号生产运营者应当遵守平台内容生产和账号运营管理规则、平台公约和服务协议，按照公众账号登记的内容生产类别，从事相关行业领域的信息内容生产发布。—第十六条　公众账号生产运营者应当履行信息内容生产和公众账号运营管理主体责任，依法依规从事信息内容生产和公众账号运营活动。公众账号生产运营者应当建立健全选题策划、编辑制作、发布推广、互动评论等全过程信息内容安全审核机制，加强信息内容导向性、真实性、合法性审核，维护网络传播良好秩序。公众账号生产运营者应当建立健全公众账号注册使用、运营推广等全过程安全管理机制，依法、文明、规范运营公众账号，以优质信息内容吸引公众关注订阅和互动分享，维护公众账号良好社会形象。公众账号生产运营者与第三方机构开展公众账号运营、内容供给等合作，应与第三方机构签订书面协议，明确第三方机构信息安全管理义务并督促履行。—第十七条　公众账号生产运营者转载信息内容的，应当遵守著作权保护相关法律法规，依法标注著作权人和可追溯信息来源，尊重和保护著作权人的合法权益。公众账号生产运营者应当对公众账号留言、跟帖、评论等互动环节进行管理。平台可以根据公众账号的主体性质、信用等级等，合理设置管理权限，提供相关技术支持。—第十八条公众账号生产运营者不得有下列违法违规行为：（一）不以真实身份信息注册，或者注册与自身真实身份信息不相符的公众账号名称、头像、简介等；（二）恶意假冒、仿冒或者盗用组织机构及他人公众账号生产发布信息内容；（三）未经许可或者超越许可范围提供互联网新闻信息采编发布等服务；（四）操纵利用多个平台账号，批量发布雷同低质信息内容，生成虚假流量数据，制造虚假舆论热点；（五）利用突发事件煽动极端情绪，或者实施网络暴力损害他人和组织机构名誉，干扰组织机构正常运营，影响社会和谐稳定；（六）编造虚假信息，伪造原创属性，标注不实信息来源，歪曲事实真相，误导社会公众；（七）以有偿发布、删除信息等手段，实施非法网络监督、营销诈骗、敲诈勒索，谋取非法利益；（八）违规批量注册、囤积或者非法交易买卖公众账号；（九）制作、复制、发布违法信息，或者未采取措施防范和抵制制作、复制、发布不良信息；（十）法律、行政法规禁止的其他行为。

（5）指标解读。

以各级政府机构名义开办的微博账号或者微信公众号等公众账号，需要依法依规确定责任部门和责任人，具体负责相关管理及内容审核工作。

8）建立个人信息保护工作管理制度

（1）指标说明。

本指标是为了考查被评价单位是否依据《个人信息保护法》第六十一条的规定制定覆盖个人信息保护工作的管理制度。

（2）评价方法。

本项得分 $=A\times$ 本项权重。

A：被评价单位管理制度覆盖个人信息保护工作，得 1 分，否则不得分。

（3）数据获取。

被评价单位主动提供相关文件。

（4）指标依据。

《个人信息保护法》—第六十一条　履行个人信息保护职责的部门履行下列个人信息保护职责：（一）开展个人信息保护宣传教育，指导、监督个人信息处理者开展个人信息保护工作；（二）接受、处理与个人信息保护有关的投诉、举报；（三）组织对应用程序等个人信息保护情况进行测评，并公布测评结果；（四）调查、处理违法个人信息处理活动；（五）法律、行政法规规定的其他职责。

（5）指标解读。

《个人信息保护法》第四条对个人信息的定义为："个人信息是以电子或者其他方式记录的与已识别或者可识别的自然人有关的各种信息，不包括匿名化处理后的信息。"第七十三条第四项对匿名化的定义为："匿名化，是指个人信息经过处理无法识别特定自然人且不能复原的过程。"《信息安全技术　术语》（GB/T 25069—2022）在3.438节对匿名化（anonymization）的定义为："通过对信息的技术处理，使信息主体无法被识别或关联，且经处理的信息不能复原的过程。[来源：GB/T 35273—2020，3.14，有修改：'个人信息'改为'信息'，删除注等]。"各级数字政府在向社会提供服务的过程中，难免会遇到个人信息，在进行个人信息保护工作管理制度编制时，可以参考如下文件。

- 《信息安全技术　个人信息安全规范》（GB/T 35273—2020）。
- 《信息安全技术　个人信息去标识化指南》（GB/T 37964—2019）。
- 《信息技术安全技术　公有云中个人信息保护实践指南》（GB/T 41574—2022）。
- 《信息安全技术　移动智能终端个人信息保护技术要求》（GB/T 34978—2017）。
- 《信息安全技术　移动互联网应用程序（App）收集个人信息基本要求》（GB/T 41391—2022）。
- 《信息安全技术　公共及商用服务信息系统个人信息保护指南》（GB/Z 28828—2012）。
- 《信息安全技术　个人信息安全工程指南》（GB/T 41817—2022）。

9）个人信息保护影响评估完成率

（1）指标说明。

本指标是为了考查被评价单位依据《个人信息保护法》和《信息安全技术个人信息安全影响评估指南》（GB/T 39335—2020）等法律和标准进行个人信息保护影响评估的完成率。

（2）评价方法。

本项得分 = A × 本项权重。

A：被评价单位个人信息保护影响评估的完成率为100%，得1分；完成率大于80%，得0.75分；完成率为60%~80%，得0.5分；完成率为40%~60%，得0.25分；完成率低于40%，不得分。

（3）数据获取。

被评价单位主动提供相关文件。

（4）指标依据。

《个人信息保护法》—第五十五条　有下列情形之一的，个人信息处理者应当事前进行个人信息保护影响评估，并对处理情况进行记录：（一）处理敏感个人信息；（二）利用个人信息进行自动化决策；（三）委托处理个人信息、向其他个人信息处理者提供个人信息、公开个人信息；（四）向境外提供个人信息；（五）其他对个人权益有重大影响的个人信息处理活动。—第二十八条　敏感个人信息是一旦泄露或者非法使用，容易导致自然人的人格尊严受到侵害或者人身、财产安全受到危害的个人信息，包括生物识别、宗教信仰、特定身份、医疗健康、金融账户、行踪轨迹等信息，以及不满十四周岁未成年人的个人信息。只有在具有特定的目的和充分的必要性，并采取严格保护措施的情形下，个人信息处理者方可处理敏感个人信息。—第二十九条　处理敏感个人信息应当取得个人的单独同意；法律、行政法规规定处理敏感个人信息应当取得书面同意的，从其规定。—第三十条　个人信息处理者处理敏感个人信息的，除本法第十七条第一款规定的事项外，还应当向个人告知处理敏感个人信息的必要性以及对个人权益的影响；依照本法规定可以不向个人告知的除外。—第三十一条　个人信息处理者处理不满十四周岁未成年人个人信息的，应当取得未成年人的父母或者其他监护人的同意。个人信息处理者处理不满十四周岁未成年人个人信息的，应当制定专门的个人信息处理规则。—第三十二条　法律、行政法规对处理敏感个人信息规定应当取得相关行政许可或者作出其他限制的，从其规定。

（5）指标解读。

《信息安全技术　个人信息安全影响评估指南》（GB/T 39335—2020）在3.4节对个人信息安全影响评估（personal information security impact assessment）的定义为："针对个人信息处理活动，检验其合法合规程度，判断其对个人信息主体合法权益造成损害的各种风险，以及评估用于保护个人信息主体的各项措施有效性的过程。"具体的个人信息安全影响评估可以参考《信息安全技术　个人信息安全影响评估指南》（GB/T 39335—2020）第5章"评估实施流程"进行。

2. 安全监测

《信息安全技术　网络安全监测基本要求与实施指南》（GB/T 36635—2018）在3.1节中对网络安全监测的定义为："通过对网络和安全设备日志、系统运行数据等信息进行实时采集，以关联分析等方式对监测对象进行风险识别、威胁发现、安全事件实时告警及可视化展示。"进行网络安全监测不仅可以了解被监测对象的运行状态，还可以通过对多种设备和系统的监测数据进行关联分析，识别潜在的网络安全风险，进而发出告警信息。在选购网络安全产品进行监测时，需要特别注意的是：

- 有的产品或系统能够解析协议的多个层面,进而可以工作在多个层面。例如,有的厂商的网络流量回溯分析系统能够解析网络层、主机层、应用层和数据层的协议。
- 不同厂商的产品或系统虽然具有相同的名称,但具体的功能可能会有所区别,而这种区别也有可能是具体用户对标准产品定制开发带来的。例如,有的 SOC 包含态势感知功能,而有的用户则将 SOC 与态势感知分为两个独立的系统。

安全监测指标包括物理层安全监控措施覆盖率、网络层安全监控措施覆盖率、主机层(含终端)安全监控措施覆盖率、应用层安全监控措施覆盖率、数据层安全监控措施覆盖率、信息违法违规传输监测措施覆盖率。

1)物理层安全监控措施覆盖率

(1)指标说明。

本指标是为了考查被评价单位物理层(如承载数字政府关键业务的数据机房、计算机机房、网络机房、IDC 机房、政务云等)安全监控措施覆盖率。

(2)评价方法。

本项得分 =A× 本项权重。

A:被评价单位物理层安全监控措施覆盖率为 100%,得 1 分;覆盖率大于 80%,得 0.75 分;覆盖率为 60% ~ 80%,得 0.5 分;覆盖率为 40% ~ 60%,得 0.25 分;覆盖率低于 40%,不得分。

(3)数据获取。

被评价单位主动提供相关文件。

(4)指标依据。

课题组根据网络安全工作经验,结合网络安全行业内的最佳实践,进行具体指标要求的设计。

(5)指标解读。

物理层安全监控措施包括但不限于 CCTV(closed circuit television,闭路电视)等视频监控系统;覆盖电源(高低压配电、列头柜、稳压器)、UPS(uninterruptible power supply,不间断电源)、发电机、空调、温湿度、水浸情况、门禁系统和消防系统(包括机房气体灭火系统)等的动力环境监控系统;防盗报警系统。

2)网络层安全监控措施覆盖率

(1)指标说明。

本指标是为了考查被评价单位网络层(如有线网络和无线网络中的路由器、交换机、集线器、网闸等网络设备,安全设备和服务器的网络流量)安全监控措施覆盖率。

（2）评价方法。

本项得分 =A× 本项权重。

A：被评价单位网络层安全监控措施覆盖率为100%，得1分；覆盖率大于80%，得0.75分；覆盖率为60%～80%，得0.5分；覆盖率为40%～60%，得0.25分；覆盖率低于40%，不得分。

（3）数据获取。

被评价单位主动提供相关文件。

（4）指标依据。

课题组根据网络安全工作经验，结合网络安全行业内的最佳实践，进行具体指标要求的设计。

（5）指标解读。

网络层安全监控措施包括但不限于入侵防御系统（IPS）/入侵检测系统（IDS）、防毒墙、网络准入设备、移动设备管理系统、网络脆弱性扫描、网络审计系统、网络流量回溯分析系统、APT攻击检测系统、蜜罐、上网行为管理设备、抗分布式拒绝服务（DDoS）攻击、堡垒机、统一威胁管理（UTM）、SOC/SIEM、安全态势感知、威胁情报分析。《信息安全技术 术语》（GB/T 25069—2022）在3.496节对入侵防御（intrusion prevention）的定义为："积极应对以防止入侵的正规过程。[来源：GB/T 25068.1—2020，3.20]。"在3.497节对入侵防御系统（intrusion prevention system；IPS）的定义为："特别设计用来提供主动响应能力的入侵检测系统的变体。[来源：GB/T 28454—2020，3.19]。"在3.498节对入侵检测（intrusion detection）的定义为："检测入侵的正式过程，该过程一般特征为采集如下知识：反常的使用模式、被利用的脆弱性及其类型、利用的方式，以及何时发生和如何发生。[来源：GB/T 28454—2020，3.17]。"在3.499节对入侵检测和防御系统（intrusion detection and prevention system；IDPS）的定义为："为了防范恶意活动而监视系统的入侵检测系统（IS）和入侵防御系统（IPS）的软件应用或设备 IDS仅能对发现的这些活动予以报警，而IPS则有能力阻止某些检测到的入侵。注：如果需要防范攻击，IPS将主动部署在网络中。如果部署在被动模式下，它将不能提供上述功能，其有效功能仅能像常规IDS那样提供报警。[来源：GB/T 28454—2020，3.20，有修改]。"在3.500节对入侵检测系统（intrusion detection system；IDS）的定义为："用于识别已尝试、正在发生或已经发生的入侵的信息系统。[来源：GB/T 28454—2020，3.18，有修改]"。在3.601节对统一威胁管理（unified threat management；UTM）的定义为："通过统一部署的安全策略，融合多种安全功能，针对面向网络及应用系统的安全威胁进行综合防御的网关型设备或系统。[来源：GB/T 31499—2015，3.1]。"

3）主机层（含终端）安全监控措施覆盖率

（1）指标说明。

本指标是为了考查被评价单位主机层（含终端）安全监控措施覆盖率。

（2）评价方法。

本项得分 =A× 本项权重。

A：被评价单位主机层（含终端）安全监控措施覆盖率为 100%，得 1 分；覆盖率大于 80%，得 0.75 分；覆盖率为 60%～80%，得 0.5 分；覆盖率为 40%～60%，得 0.25 分；覆盖率低于 40%，不得分。

（3）数据获取。

被评价单位主动提供相关文件。

（4）指标依据。

课题组根据网络安全工作经验，结合网络安全行业内的最佳实践，进行具体指标要求的设计。

（5）指标解读。

《信息安全技术　术语》（GB/T 25069—2022）在 3.803 节对主机（host）的定义为："在基于传输控制协议/互联网协议（TCP/IP）的网络（如互联网）中，可设定地址的系统或计算机。[来源：GB/T 28454—2020，3.14，有修改：添加缩略语'TCP/IP'的中文全称'传输控制协议/互联网协议'，'Internet'改为'互联网'等]。"主机层（含终端）安全监控措施包括但不限于主机防火墙软件、主机入侵检测（HIDS）、恶意代码防范软件、EDR（endpoint detection and response，终端检测与响应）、网络审计系统、网络流量回溯分析系统、APT 攻击检测系统、上网行为管理设备、堡垒机、统一威胁管理（UTM）、SOC/SIEM、安全态势感知、威胁情报分析。

4）应用层安全监控措施覆盖率

（1）指标说明。

本指标是为了考查被评价单位应用层安全监控措施覆盖率。

（2）评价方法。

本项得分 =A× 本项权重。

A：被评价单位应用层安全监控措施覆盖率为 100%，得 1 分；覆盖率大于 80%，得 0.75 分；覆盖率为 60%～80%，得 0.5 分；覆盖率为 40%～60%，得 0.25 分；覆盖率低于 40%，不得分。

（3）数据获取。

被评价单位主动提供相关文件。

（4）指标依据。

课题组根据网络安全工作经验，结合网络安全行业内的最佳实践，进行具体指标要求的设计。

（5）指标解读。

应用层安全监控措施包括但不限于应用防火墙、应用漏洞监控系统、网页防篡改系统、反垃圾邮件产品、网络流量回溯分析系统、APT攻击检测系统、上网行为管理设备、抗分布式拒绝服务（DDoS）攻击、统一威胁管理（UTM）、SOC/SIEM、安全态势感知、威胁情报分析。

5）数据层安全监控措施覆盖率

（1）指标说明。

本指标是为了考查被评价单位数据层（如数据库）安全监控措施覆盖率。

（2）评价方法。

本项得分 =A× 本项权重。

A：被评价单位数据层安全监控措施覆盖率为100%，得1分；覆盖率大于80%，得0.75分；覆盖率为60%～80%，得0.5分；覆盖率为40%～60%，得0.25分；覆盖率低于40%，不得分。

（3）数据获取。

被评价单位主动提供相关文件。

（4）指标依据。

课题组根据网络安全工作经验，结合网络安全行业内的最佳实践，进行具体指标要求的设计。

（5）指标解读。

数据层安全监控措施包括但不限于数据防泄露系统（DLP）、数据库审计系统、数据库防火墙、网页防篡改系统、反垃圾邮件产品、网络流量回溯分析系统、APT攻击检测系统、上网行为管理设备、统一威胁管理（UTM）、SOC/SIEM、安全态势感知、威胁情报分析。

6）信息违法违规传输监测措施覆盖率

（1）指标说明。

本指标是为了考查被评价单位信息违法违规传输（如违法信息、虚假信息）监控措施覆盖率。

（2）评价方法。

本项得分 =A× 本项权重。

A：被评价单位信息违法违规传输监控措施覆盖率为100%，得1分；覆盖率大于80%，得0.75分；覆盖率为60%～80%，得0.5分；覆盖率为40%～60%，得0.25分；覆盖率低于40%，不得分。

（3）数据获取。

被评价单位主动提供相关文件。

（4）指标依据。

课题组根据网络安全工作经验，结合网络安全行业内的最佳实践，进行具体指标要求的设计。

（5）指标解读。

信息违法违规传输监测措施包括但不限于（信息）内容监测/分析系统、数据防泄漏系统（DLP）、网页防篡改系统、反垃圾邮件产品、网络流量回溯分析系统、APT攻击检测系统、上网行为管理设备、统一威胁管理（UTM）、SOC/SIEM、安全态势感知、威胁情报分析。

3. 安全意识

1）网络安全培训

（1）指标说明。

本指标是为了评估地方网络安全意识培训开展情况。

（2）评价方法。

本项得分 $= A \times$ 本项权重。

A：被评价单位是否定期开展网络安全意识培训，过去一年内开展1次的，得0.5分，2次以上的得1分。

（3）数据获取。

被评价单位提供相关证明材料。

（4）指标依据。

《网络安全法》—第二十条　国家支持企业和高等学校、职业学校等教育培训机构开展网络安全相关教育与培训，采取多种方式培养网络安全人才，促进网络安全人才交流。

（5）指标解读。

"没有网络安全就没有国家安全。"党的十八大以来，以习近平同志为核心的党中央高度重视网络安全，统筹协调多领域信息化建设和网络安全重大问题，做出一系列重大决策部署，推动网络安全事业取得了历史性成就。"患生于所忽，祸起于细微"，没有意识到风险是最大的风险。事实上，我国面临的网络安全问题很多是意识问题。网络安全是整体的而不是割裂的，是动态的而不是静态的，是开放的而不是封闭的，是相对的而不是绝对的，是共同的而不是孤立的。只有树立正确的网络安全观，不断强化网络安全意识，在头脑中真正筑起网络安全的"防火墙"，才能打牢国家网络安全的地基。要深刻认识建设网络强国的重大意义、科学内涵、核心要义和实践要求，提高网络安全意识，深刻认识信息技术领域的发展现状和趋势，不断提高驾驭信息化发展的能力。要准确把握新发展阶段、深入贯彻新发展理念、加快构建新发展格局，大力加强网络安全意识，不断开创网络强国建设新局面。要严格落实网络意识形态责任制，牢固树立总体国家安全观，加强舆情风险评估，做好舆情引导管控工作。要坚决筑牢国家网络安全屏障，严格履职，进一步细化任务清单、责任清单、措施清单，不断提高工作的前瞻性、科学性、主体性，确保网络意识形态工作落到实处。

筑牢网络安全屏障，必须按照习近平总书记提出的明确要求，做好各项重点工作：提高网络安全意识，加强信息基础设施网络安全防护，加强网络安全信息统筹机制、手段、平台建设，加强网络安全事件应急指挥能力建设；依法严厉打击网络黑客、电信网络诈骗等违法犯罪行为，切断网络犯罪利益链条，持续形成高压态势，维护人民群众合法权益；深入开展网络安全知识技能宣传普及，提高广大人民群众网络安全意识和防护技能。

2）网络安全应急演练

（1）指标说明。

本指标是为了评估地方开展网络安全应急演练工作情况。

（2）评价方法。

本项得分 = A × 本项权重。

A：被评价单位是否定期开展网络安全应急演练，过去一年内开展 1 次的，得 0.5 分，开展 2 次以上的得 1 分。

（3）数据获取。

被评价单位提供相关证明材料。

（4）指标依据。

《网络安全法》—第三十四条—（四）制定网络安全事件应急预案，并定期进行演练。—第五十三条—（一）国家网信部门协调有关部门建立健全网络安全风险评估和应急工作机制，制定网络安全事件应急预案，并定期组织演练。

（5）指标解读。

网络安全应急演练能够提高数字政府有关单位处置信息安全突发事件的能力，加强网站、网络信息安全保障工作，形成科学、有效、反应迅速的应急工作机制，确保重要计算机信息系统的实体安全、运行安全和数据安全，最大限度地减轻网站网络与信息安全突发事件的危害，维护数字政府相关业务系统正常的管理、办公秩序。

随着信息技术与数字经济的发展，保障网络安全已经成为数字政府平稳运营的基本要求。然而，在数字经济发展过程中，网络安全威胁的种类各异，攻击频率大幅上升。政府各单位需要参照最佳实践来制定应急预案和灾难恢复计划，而主动进行网络安全演练有助于相关单位测试真实的突发事件应对能力，更合理地进行资源规划。

4. 公开形象

数字政府网络安全方面的公开形象由正面的各级别奖项和负面舆论报道两部分组成,其中的负面舆论报道是以公众的角度从互联网上可以获取的网络安全相关事件的报道,是被评价单位已经无法掩盖的问题;而被评价单位获得的各级别奖项,通常是公开报道和宣传的重点内容。

公开形象指标包括网络安全相关负面舆论报道次数和网络安全相关省部级及以上奖励的次数。

1)网络安全相关负面舆论报道次数

(1)指标说明。

本指标是为了横向比较被评价单位在网络安全领域负面舆论报道情况。

(2)评价方法。

查看被评价单位提供的相关文件。

计算网络安全相关负面舆论报道次数时,只要是公开的报道,可不用区分具体报道媒体的级别,只按照事件的数量计算即可,也即多个媒体对同一事件的报道不重复计算。

本项得分 $=A\times$ 本项权重。

A:被评价单位在网络安全领域有负面舆论报道5次以上,得0分;3次以上,得0.75分;1次以上,得0.5分;0次,得1分。

(3)数据获取。

被评价单位主动提供相关文件。对于可公开获取的数据,评估组进行抽样验证。

(4)指标依据。

课题组根据网络安全工作经验,结合网络安全行业内的最佳实践,进行具体指标要求的设计。

(5)指标解读。

负面舆论报道本身已经说明相关的网络安全问题已经严重到一定程度,在确定所导致网络安全相关事件的级别时,可以参考《信息安全技术 信息安全事件分类分级指南》(GB/Z 20986—2007)中5.2节对信息安全事件分级的定义。

2)网络安全相关省部级及以上奖励的次数

(1)指标说明。

本指标是为了考查被评价单位在网络安全领域获得省部级及以上奖励的次数。

(2)评价方法。

本项得分 $=A\times$ 本项权重。

A:被评价单位在网络安全领域获得省部级及以上奖励5次以上,得1分;3次以上,得0.75分;1次,得0.5分;0次,不得分。

（3）数据获取。

被评价单位主动提供相关文件。对于可公开获取的数据，评估组进行抽样验证。

（4）指标依据。

课题组根据网络安全工作经验，结合网络安全行业内的最佳实践，进行具体指标要求的设计。

（5）指标解读。

一个单位在网络安全领域的获奖情况能够从一定程度上反映出该单位在一定的区域范围和时间范围内的网络安全工作水平。关于奖项的认定，需要注意以下三个方面。

- 网络安全领域常见的评奖类型包括但不限于网络安全攻防竞赛、演练或演习中的团体奖或者个人奖，网络安全建设或设计相关的案例奖、方案奖。
- 在进行奖项认定时，以相关活动组织方的正式通知文件为准，具体包括但不限于奖状、奖旗、奖杯、奖牌、获奖通知。
- 奖项的级别由相关活动组织方中行政级别最高者决定，原则上国家级活动应有国务院部委或省级单位作为活动组织方，省级活动应有省属厅局级单位或市级单位作为活动组织方。

5. 安全事件

《信息安全技术　信息安全事件分类分级指南》（GB/Z 20986—2007）在2.2节对信息安全事件（information security incident）的定义为："由于自然或者人为以及软硬件本身缺陷或故障的原因，对信息系统造成危害，或对社会造成负面影响的事件。"在5.2节根据信息安全事件的分级考虑要素，将信息安全事件划分为四个级别：特别重大事件、重大事件、较大事件和一般事件。评估数字政府网络安全事件发生情况的指标包括特别重大安全事件的次数、重大安全事件的次数、较大安全事件的次数、一般安全事件的次数。数字政府发生网络安全、信息安全或数据安全等安全事件的数量和级别是衡量网络安全保障措施是否有效、网络安全工作是否到位的重要综合性指标。一切安全措施的本质是防止安全风险被安全威胁利用，进而转化成为安全事件。

（1）指标说明。

本指标考查被评价单位在网络安全领域发生特别重大安全事件、重大安全事件、较大安全事件以及一般安全事件的次数。

（2）评价方法。

本项得分 = $(A+B+C+D)/4 \times$ 本项权重。

A：被评价单位在网络安全领域发生特别重大安全事件，不得分；未发生特别重大安全事件，得1分。

B：被评价单位在网络安全领域发生重大安全事件3次以上，不得分；1～3次，得0.5分；未发生重大安全事件，得1分。

C：被评价单位在网络安全领域发生较大安全事件 5 次以上，不得分；3～5 次，得 0.3 分；1～3 次，得 0.7 分；未发生较大安全事件，得 1 分。

D：被评价单位在网络安全领域发生一般安全事件 7 次以上，不得分；5～7 次，得 0.25 分；3～5 次，得 0.5 分；1～3 次，得 0.75 分；未发生一般安全事件，得 1 分。

（3）数据获取。

被评价单位主动提供相关文件。

（4）指标依据。

课题组根据网络安全工作经验，结合网络安全行业内的最佳实践，进行具体指标要求的设计。

（5）指标解读。

事件分级以《信息安全技术　信息安全事件分类分级指南》（GB/Z 20986—2007）第 5 章 "信息安全事件分级"中的规定为准。

- 5.2.2　特别重大事件：

特别重大事件是指能够导致特别严重影响或破坏的信息安全事件，包括以下情况：

a）会使特别重要信息系统遭受特别严重的系统损失；

b）产生特别重大的社会影响。

- 5.2.3　重大事件：

重大事件是指能够导致严重影响或破坏的信息安全事件，包括以下情况：

a）会使特别重要信息系统遭受严重的系统损失、或使重要信息系统遭受特别严重的系统损失；

b）产生的重大的社会影响。

- 5.2.4　较大事件：

较大事件是指能够导致较严重影响或破坏的信息安全事件，包括以下情况：

a）会使特别重要信息系统遭受较大的系统损失、或使重要信息系统遭受严重的系统损失、一般信息系统遭受特别严重的系统损失；

b）产生较大的社会影响。

- 5.2.5　一般事件：

一般事件是指不满足以上条件的信息安全事件，包括以下情况：

a）会使特别重要信息系统遭受较小的系统损失、或使重要信息系统遭受较大的系统损失、一般信息系统遭受严重或严重以下级别的系统损失；

b）产生一般的社会影响。

《信息安全技术　信息安全事件分类分级指南》（GB/Z 20986—2007）对信息安全事件的分级比较宏观和具有描述性，被评价单位可以根据自身实际情况，在国标框架内定义单位内部标准，以便具体且量化地对信息安全事件进行分级，进而便于日常工作的开展。

6. 安全审计

不同于《中华人民共和国审计法》第二条中提到的审计监督制度,这里的审计包括外部审计和内部审计,主要是指信息技术审计。《信息技术 服务治理 第4部分:审计导则》(GB/T 34960.4—2017)3.2节对信息技术审计(information technology audit;IT audit)的定义为:"根据IT审计标准的要求,对信息系统及相关的IT内部控制和流程进行检查、评价,并发表审计意见。"外部审计和内部审计均是安全审计的下级指标,主要涵盖网络安全、信息安全和数据安全方面的外部或内部审计过程中发现的安全问题。

外部审计通常是指由独立于被评价单位以外的机构所进行的审计。外部审计的优点是外部审计人员与被评价单位不存在依附或所属关系,因而可保证审计的独立性和公正性。外部审计的缺点是外部审计人员不了解内部的组织结构、生产流程和经营特点,在对具体业务的审计过程中可能产生困难;被审计的组织或人员可能产生抵触情绪,不愿积极配合。

1)外部审计机构在审计或检查过程中发现风险问题数量

(1)指标说明。

本指标考查外部审计机构对被评价单位进行审计或检查过程中发现的风险问题数量(整改前)。

(2)评价方法。

本项得分 $=A\times$ 本项权重。

A:近一年,在整改前,外部审计机构每发现一类高风险且未完成整改的,扣0.3分;近一年,在整改前,外部审计机构每发现一类中风险且未完成整改的,扣0.2分;近一年,在整改前,外部审计机构每发现一类低风险且未完成整改的,扣0.1分;

外部审计机构是指被评价单位及其供应商以外的机构。本项最多扣1分。

(3)数据获取。

被评价单位主动提供相关文件。

(4)指标依据。

课题组根据网络安全工作经验,结合网络安全行业内的最佳实践,进行具体指标要求的设计。

(5)指标解读。

《信息安全技术 网络安全漏洞分类分级指南》(GB/T 30279—2020)6.3节"网络安全漏洞分级方法"对网络安全漏洞分级的定义是指采用分级的方式对网络安全漏洞潜在危害的程度进行描述,包括技术分级和综合分级两种分级方式,每种方式均分为超危、高危、中危和低危四个等级,具体内容如下。

- 超危:漏洞可以非常容易地对目标对象造成特别严重后果。

- 高危：漏洞可以容易地对目标对象造成严重后果。
- 中危：漏洞可以对目标对象造成一般后果，或者比较困难地对目标造成严重后果。
- 低危：漏洞可以对目标对象造成轻微后果，或者比较困难地对目标对象造成一般严重后果，或者非常困难地对目标对象造成严重后果。

CVSS（common vulnerability scoring system，通用漏洞评分系统）是一个行业公开标准，其被设计用来评测漏洞的严重程度，并帮助确定所需反应的紧急度和重要度。通常 CVSS 同 CVE（common vulnerabilities&exposures，通用漏洞披露）一同由美国国家漏洞库（National Vulnerability Database，NVD）发布并保持数据的更新。CVSS 得分基于一系列维度上的测量结果，这些测量维度被称为量度（metrics）。漏洞的最终得分最大为 10，最小为 0。

- 本文中定义的高风险问题是指《信息安全技术　网络安全漏洞分类分级指南》（GB/T 30279—2020）6.3 节中的"超危"和"高危"漏洞。CVSS 得分大于等于 7，且小于等于 10 的漏洞。
- 本文中定义的中风险问题是指《信息安全技术　网络安全漏洞分类分级指南》（GB/T 30279—2020）6.3 节中的"中危"漏洞。CVSS 得分大于等于 4，且小于 7 的漏洞。
- 本文中定义的低风险问题是指《信息安全技术　网络安全漏洞分类分级指南》（GB/T 30279—2020）6.3 节中的"低危"漏洞。CVSS 得分大于等于 0，且小于 4 的漏洞。

本部分统计的各级安全问题均为未整改的安全问题，已经整改的安全问题不在统计范围内，目的是鼓励被评价机构对已发现的安全问题积极进行整改。考虑到不同的安全问题对应的资产数量也有不同，对于每一类问题，如果涉及的资产（如系统、设备）数量大于 10（包含 10）且未完成整改的，则表明安全问题可能造成的影响大，扣掉的分数也会对应增加。

2）内部审计机构在审计或检查过程中发现风险问题数量

（1）指标说明。

本指标考查内部审计机构对被评价单位进行审计或检查过程中发现并完成整改的风险问题数量。

（2）评价方法。

本项得分 $=A\times$ 本项权重。

A：近一年，被评价单位内部审计机构每发现一类高风险且完成整改的，加 0.1 分；近一年，被评价单位内部审计机构每发现一类中风险且完成整改的，加 0.05 分；近一年，被评价单位内部审计机构每发现一类低风险且完成整改的，加 0.02 分；本项最多加 1 分。

（3）数据获取。

被评价单位主动提供相关文件。

（4）指标依据。

课题组根据网络安全工作经验，结合网络安全行业内的最佳实践，进行具体指标要求的设计。

（5）指标解读。

参见外部审计。

不同于外部审计部分采取扣分的形式，内部审计采取加分的形式，其设计初衷是为了鼓励内部审计机构多发现安全问题，进而提升其发现安全问题的能力以及对被评价单位内部运维部门的监督力度。

4.8.6 关基安全

《关保条例》第二条对关键信息基础设施（以下简称"关基"）的定义是："本条例所称关键信息基础设施，是指公共通信和信息服务、能源、交通、水利、金融、公共服务、电子政务、国防科技工业等重要行业和领域的，以及其他一旦遭到破坏、丧失功能或者数据泄露，可能严重危害国家安全、国计民生、公共利益的重要网络设施、信息系统等。"由于上述定义的描述性属性较浓，而实操属性较弱，在具体认定一个网络设施或信息系统是否为关基时，仍然存在一定的困难。于是，《关保条例》第九条对关基认定规则进行了进一步规定："保护工作部门结合本行业、本领域实际，制定关键信息基础设施认定规则，并报国务院公安部门备案。制定认定规则应当主要考虑下列因素：（一）网络设施、信息系统等对于本行业、本领域关键核心业务的重要程度；（二）网络设施、信息系统等一旦遭到破坏、丧失功能或者数据泄露可能带来的危害程度；（三）对其他行业和领域的关联性影响。"《关保条例》中部分要求与《网络安全法》重复，并且已经体现在一级指标"数字安全"除二级指标"关基安全"以外的其他部分。

关基安全部分的评价指标主要依据《网络安全法》和《关保条例》中的要求制定，具体指标涵盖关基安全管控和关基防护评估。

1. 关基安全管控

《网络安全法》第三十一条规定"国家对公共通信和信息服务、能源、交通、水利、金融、公共服务、电子政务等重要行业和领域，以及其他一旦遭到破坏、丧失功能或者数据泄露，可能严重危害国家安全、国计民生、公共利益的关键信息基础设施，在网络安全等级保护制度的基础上，实行重点保护。关键信息基础设施的具体范围和安全保护办法由国务院制定。国家鼓励关键信息基础设施以外的网络运营者自愿参与关键信息基础设施保护体系。"《关保条例》第六条规定:"运营者依照本条例和有关法律、行政法规的规定以及国家标准的强制性要求,在网络安全等级保护的基础上,采取技术保护措施和其他必要措施,应对网络安全事件,防范网络攻击和违法犯罪活动,保障关键信息基础设施安全稳定运行,维护数据的完整性、保密性和可用性。"根据《网络安全法》第三十一条和《关保条例》第六条,所有关基均须开展网络安全等级保护工作。对关基的安全管控主要依据《网络安全法》《关保条例》《信息安全技术 网络安全等级保护基本要求》(GB/T 22239—2019)开展。

关基安全管控指标包括是否建立关键信息基础设施清单、是否建立重大网络安全事件报告机制、是否建立重大网络安全威胁报告机制。

1)建立关键信息基础设施清单

(1)指标说明。

本指标是为了考查被评价单位是否建立关键信息基础设施清单。

(2)评价方法。

本项得分 =A× 本项权重。

A:被评价单位建立关键信息基础设施清单,得 1 分,否则不得分。

(3)数据获取。

被评价单位主动提供相关文件。

(4)指标依据。

课题组根据网络安全工作经验,结合网络安全行业内的最佳实践,进行具体指标要求的设计。

(5)指标解读。

考虑到关键信息基础设施的重要性,建立对应的清单能够使管理者明确关键信息基础设施保护的范围,便于后续安全保障措施落实工作的开展。

2)建立重大网络安全事件报告机制

(1)指标说明。

本指标是为了考查被评价单位是否依据《关保条例》第十八条的规定,以正式文件的形式建立重大网络安全事件报告机制。

(2)评价方法。

本项得分 =A× 本项权重。

A:被评价单位以正式文件的形式建立重大网络安全事件报告机制,得 1 分,否则不得分。

(3)数据获取。

被评价单位主动提供相关文件。

（4）指标依据。

《关保条例》—第十八条　关键信息基础设施发生重大网络安全事件或者发现重大网络安全威胁时，运营者应当按照有关规定向保护工作部门、公安机关报告。发生关键信息基础设施整体中断运行或者主要功能故障、国家基础信息以及其他重要数据泄露、较大规模个人信息泄露、造成较大经济损失、违法信息较大范围传播等特别重大网络安全事件或者发现特别重大网络安全威胁时，保护工作部门应当在收到报告后，及时向国家网信部门、国务院公安部门报告。

（5）指标解读。

"重大网络安全事件报告机制"中的"重大网络安全事件"指《信息安全技术　信息安全事件分类分级指南》（GB/Z 20986—2007）第5章"信息安全事件分级"中的特别重大事件和重大事件。

3）是否建立重大网络安全威胁报告机制

（1）指标说明。

本指标是为了考查被评价单位是否依据《关保条例》第十八条的规定，以正式文件的形式建立重大网络安全威胁报告机制。

（2）评价方法。

本项得分 =A × 本项权重。

A：被评价单位以正式文件的形式建立重大网络安全威胁报告机制，得1分，否则不得分。

（3）数据获取。

被评价单位主动提供相关文件。

（4）指标依据。

同"建立重大网络安全事件报告机制"的指标依据。

（5）指标解读。

《信息技术　安全技术　信息安全管理体系　概述和词汇》（GB/T 29246—2017）2.83节和《信息安全技术　网络安全威胁信息格式规范》（GB/T 36643—2018）3.2节对威胁（threat）的定义为："可能对系统或组织造成危害的不期望事件的潜在原由。"在识别网络安全威胁时，可以参考《信息安全技术　信息安全风险评估方法》（GB/T 20984—2022）5.2.2节"威胁识别"和"附录E（资料性）威胁识别"中的描述进行。在进行网络安全威胁报告时，可以参考《信息安全技术　网络安全威胁信息格式规范》（GB/T 36643—2018）第6章"网络安全威胁信息组件"中的描述对可观测数据、攻击指标、安全事件、攻击活动、攻击方法、应对措施、威胁主体和攻击目标等相关内容进行描述和报告。在判定网络安全威胁是否为"重大"时，可以参考《信息安全技术　信息安全风险评估方法》（GB/T 20984—2022）5.2.2.2节"威胁赋值"中的描述,并根据被评价单位的实际情况进行判定。本书建议将《信息安全技术 信息安全风险评估方法》(GB/T 20984—2022)5.2.2.2节"威胁赋值"中"表7威胁赋值表"中标识为"很高"或"高"的威胁归类为"重大网络安全威胁"。

2. 关基防护评估

对关基防护的评估可以参考网络安全等级保护工作和信息安全风险评估工作相关的标准进行。网络安全等级保护测评相关的标准有《信息安全技术 网络安全等级保护基本要求》(GB/T 22239—2019)和《信息安全技术 网络安全等级保护测评要求》(GB/T 28448—2019)。信息安全风险评估工作相关的标准有《信息安全技术 信息安全风险评估方法》(GB/T 20984—2022)和《信息安全技术 信息安全风险评估实施指南》(GB/T 31509—2015)。

关基防护评估指标包括关键信息基础设施年度检测评估完成率、关键信息基础设施年度检测评估报送工作完成率。

1)关键信息基础设施年度检测评估完成率

(1)指标说明。

本指标是为了考查被评价单位是否依据《关保条例》第十七条的规定开展关键信息基础设施年度检测评估。

(2)评价方法。

本项得分 = A × 本项权重。

A:被评价单位开展关键信息基础设施年度检测评估,得1分,否则不得分。

(3)数据获取。

被评价单位主动提供相关文件。

(4)指标依据。

《关保条例》—第十七条 运营者应当自行或者委托网络安全服务机构对关键信息基础设施每年至少进行一次网络安全检测和风险评估,对发现的安全问题及时整改,并按照保护工作部门要求报送情况。

(5)指标解读。

截至成文日关于"关键信息基础设施"的国家标准仅有《信息安全技术 关键信息基础设施安全保护要求》(GB/T 39204—2022),全国信息安全标准化技术委员会正在组织下列国家标准的编制:《信息安全技术 关键信息基础设施安全控制措施》《信息安全技术 关键信息基础设施安全检查评估指南》《信息安全技术 关键信息基础设施安全防护能力评价方法》。被评价单位在开展关键信息基础设施年度检测评估的时候,可以在网络安全等级保护和信息安全风险评估的基础上,参考上述标准的过程稿,如征求意见稿或报批稿,待正式稿公布后再替换。

2）关键信息基础设施年度检测评估报送工作完成率

（1）指标说明。

本指标是为了考查被评价单位是否依据《关保条例》第十七条的规定开展关键信息基础设施年度检测评估报送工作。

（2）评价方法。

本项得分 $=A\times$ 本项权重。

A: 被评价单位开展关键信息基础设施年度检测评估报送工作，得1分，否则不得分。

（3）数据获取。

被评价单位主动提供相关文件。

（4）指标依据。

同"关键信息基础设施年度检测评估完成率"的指标依据。

（5）指标解读。

《关保条例》第八条对保护工作部门的定义为："本条例第二条涉及的重要行业和领域的主管部门、监督管理部门是负责关键信息基础设施安全保护工作的部门（以下简称保护工作部门）。"被评价单位可以根据《关保条例》第八条的定义确定保护工作部门，并按照相关要求开展关键信息基础设施年度检测评估报送工作。

4.8.7 数据安全

《数据安全法》第三条对数据、数据处理和数据安全的定义为："本法所称数据，是指任何以电子或者其他方式对信息的记录。数据处理，包括数据的收集、存储、使用、加工、传输、提供、公开等。数据安全，是指通过采取必要措施，确保数据处于有效保护和合法利用的状态，以及具备保障持续安全状态的能力。"《网络安全法》第七十六条对网络、网络安全和网络数据的定义为："本法下列用语的含义：（一）网络，是指由计算机或者其他信息终端及相关设备组成的按照一定的规则和程序对信息进行收集、存储、传输、交换、处理的系统。（二）网络安全，是指通过采取必要措施，防范对网络的攻击、侵入、干扰、破坏和非法使用以及意外事故，使网络处于稳定可靠运行的状态，以及保障网络数据的完整性、保密性、可用性的能力。（三）网络运营者，是指网络的所有者、管理者和网络服务提供者。（四）网络数据，是指通过网络收集、存储、传输、处理和产生的各种电子数据。（五）个人信息，是指以电子或者其他方式记录的能够单独或者与其他信息结合识别自然人个人身份的各种信息，包括但不限于自然人的姓名、出生日期、身份证件号码、个人生物识别信息、住址、电话号码等。"由上述定义可知，《数据安全法》中的数据包括《网络安全法》中定义的网络数据，也即网络中的电子数据，还包括以电子方式以外的其他方式对信息的记录。虽然数字政府中的数据主要是以电子方式存在的网络数据，但是考虑到人员以及机构的复用，建议数字政府对数据安全部分的管理制度不只是涵盖网络数据，而应涵盖所有数据。

《数据安全法》中部分要求与《网络安全法》重复，并且已经体现在一级指标"数字安全"除二级指标"数据安全"以外的其他部分。数据安全部分的评价指标主要依据《网络安全法》和《数据安全法》中的要求制定，具体指标涵盖数据安全管控和数据安全评估。

1. 数据安全管控

《数据安全法》第一条规定："为了规范数据处理活动，保障数据安全，促进数据开发利用,保护个人、组织的合法权益,维护国家主权、安全和发展利益,制定本法。—第十四条 国家实施大数据战略，推进数据基础设施建设，鼓励和支持数据在各行业、各领域的创新应用。省级以上人民政府应当将数字经济发展纳入本级国民经济和社会发展规划，并根据需要制定数字经济发展规划。"由上述规定可见，数据安全管控的一个重要目的是"促进数据开发利用"，进而促进数字经济发展。通常情况下，政府在运行过程中能够掌握大量企业无法掌握的数据。通过数字政府的建设，将政府侧数据安全且合法地共享给企业，将会为促进数字经济的发展贡献一份重要的力量。

数据安全管控指标包括数据安全管理制度的制定、是否建立数据分类分级保护制度、是否建立重要数据目录、是否建立重要数据出境安全管理制度。

1）数据安全管理制度的制定

（1）指标说明。

本指标是为了考查被评价单位是否依据《数据安全法》第二十七条的规定明确数据安全负责人，是否依据《数据安全法》第二十七条的规定明确数据安全管理机构，是否依据《数据安全法》第三条的规定覆盖全部数据处理流程。

（2）评价方法。

本项得分 $=A \times$ 本项权重。

A：被评价单位明确数据安全负责人和数据安全管理机构，并且依据《数据安全法》第三条的规定覆盖全部数据处理流程，得 1 分，否则不得分。

（3）数据获取。

被评价单位主动提供相关文件。

（4）指标依据。

《数据安全法》—第三条 本法所称数据，是指任何以电子或者其他方式对信息的记录。数据处理，包括数据的收集、存储、使用、加工、传输、提供、公开等。数据安全，是指通过采取必要措施，确保数据处于有效保护和合法利用的状态，以及具备保障持续安全状态的能力。—第二十七条 开展数据处理活动应当依照法律、法规的规定，建立健全全流程数据安全管理制度，组织开展数据安全教育培训，采取相应的技术措施和其他必要措施，保障数据安全。利用互联网等信息网络开展数据处理活动，应当在网络安全等级保护制度的基础上，履行上述数据安全保护义务。重要数据的处理者应当明确数据安全负责人和管理机构，落实数据安全保护责任。

（5）指标解读。

数据安全负责人和数据安全管理机构的明确，能够将数据安全管理责任落实。鉴于《信息技术 服务治理 第1部分：通用要求》（GB/T 34960.1—2017）第6章"信息技术治理框架"中将资源分成基础设施、应用系统和数据，可以考虑在专门网络安全管理机构中对应设置基础设施安全小组、应用系统安全小组和数据安全小组，将数据安全小组作为数据安全管理机构，将数据安全小组负责人作为数据安全负责人。

2）建立数据分类分级保护制度

（1）指标说明。

本指标是为了考查被评价单位是否依据《数据安全法》第二十一条的规定建立数据分类分级保护制度。

（2）评价方法。

本项得分 $=A \times$ 本项权重。

A：被评价单位建立数据分类分级保护制度，得1分，否则不得分。

（3）数据获取。

被评价单位主动提供相关文件。

（4）指标依据。

《数据安全法》——第二十一条 国家建立数据分类分级保护制度，根据数据在经济社会发展中的重要程度，以及一旦遭到篡改、破坏、泄露或者非法获取、非法利用，对国家安全、公共利益或者个人、组织合法权益造成的危害程度，对数据实行分类分级保护。国家数据安全工作协调机制统筹协调有关部门制定重要数据目录，加强对重要数据的保护。关系国家安全、国民经济命脉、重要民生、重大公共利益等数据属于国家核心数据，实行更加严格的管理制度。各地区、各部门应当按照数据分类分级保护制度，确定本地区、本部门以及相关行业、领域的重要数据具体目录，对列入目录的数据进行重点保护。

（5）指标解读。

在开展数据分类分级工作时，可以参考如下文件。

《数据安全能力成熟度模型》（GB/T 37988—2019）6.1节"PA01 数据分类分级"对数据分类分级给出了比较具体的要求。

在涉及大数据技术时，建议参考《信息技术 大数据 数据分类指南》（GB/T 38667—2020）中给出的大数据分类方法及过程进行数据分类，尤其可以参考"附录

A（资料性附录）大数据分类示例"中铁路大数据线分类分级方法和结果（见图4-13）。

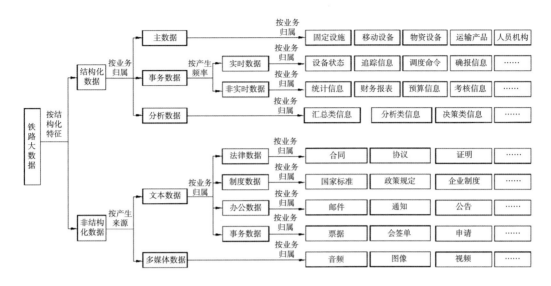

图4-13　铁路大数据线分类分级方法和结果

《信息安全技术　网络数据分类分级要求》（征求意见稿）的发布为网络数据分类分级工作提供了一个暂时的指导，被评价单位可以参考该文件开展相关工作，等正式文件发布后再进行修改。

《信息安全技术　云计算服务安全指南》（GB/T 31167—2014）6.3节"分类政府信息"给出了政府信息定义、分类以及范围，具体如下。

- 本标准中的政府信息是指政府机关，包括受政府委托代行政府机关职能的机构，在履行职责过程中，以及政府合同单位在完成政府委托任务过程中产生、获取的，通过计算机等电子装置处理、保存、传输的数据，相关的程序、文档等。涉密信息的处理、保存、传输、利用按国家保密法规执行。本标准将非涉密政府信息分为敏感信息、公开信息两种类型。
- 敏感信息指不涉及国家秘密，但与国家安全、经济发展、社会稳定，以及企业和公众利益密切相关的信息，这些信息一旦未经授权披露、丢失、滥用、篡改或销毁可能造成以下后果：a）损害国防、国际关系；b）损害国家财产和公共利益，以及个人财产或人身安全；c）影响国家预防和打击经济与军事间谍、政治渗透、有组织犯罪等；d）影响行政机关依法调查处理违法、渎职行为，或涉嫌违法、渎职行为；e）干扰政府部门依法公正地开展监督、管理、检查、审计等行政活动，妨碍政府部门履行职责；f）危害国家关键基础设施、政府信息系统安全；g）影响市场秩序，造成不公平竞争，破坏市场规律；h）可推论出国家秘密事项；i）侵犯个人隐私、企业商业秘密和知识产权；j）损害国家、企业、个人的其他利益和声誉。

- 敏感信息包括但不限于：a）应该公开但正式发布前不宜泄露的信息，如规划、统计、预算、招投标等的过程信息；b）执法过程中生成的不宜公开的记录文档；c）一定精度和范围的国家地理、资源等基础数据；d）个人信息，或通过分析、统计等方法可以获得个人隐私的相关信息；e）企业的商业秘密和知识产权中不宜公开的信息；f）关键基础设施、政府信息系统安全防护计划、策略、实施等相关信息；g）行政机构内部的人事规章和工作制度；h）政府部门内部的人员晋升、奖励、处分、能力评价等人事管理信息；i）根据国际条约、协议不宜公开的信息；j）法律法规确定的不宜公开信息；k）单位根据国家要求或本单位要求认定的敏感信息。
- 公开信息指不涉及国家秘密且不是敏感信息的政府信息，包括但不限于：a）行政法规、规章和规范性文件，发展规划及相关政策；b）统计信息，财政预算决算报告，行政事业性收费的项目、依据、标准；c）政府集中采购项目的目录、标准及实施情况；d）行政许可的事项、依据、条件、数量、程序、期限以及申请行政许可需要提交的全部材料目录及办理流程；e）重大建设项目的批准和实施情况；f）扶贫、教育、医疗、社会保障、促进就业等方面的政策、措施及其实施情况；g）突发公共事件的应急预案、预警信息及应对情况；h）环境保护、公共卫生、安全生产、食品药品、产品质量的监督检查情况等；i）其他根据相关法律法规应该公开的信息。

《信息安全技术　云计算服务安全指南》（GB/T 31167—2014）6.4节"政府业务分类"根据业务不能正常开展时可能造成的影响范围和程度，将政府业务划分为一般业务、重要业务、关键业务三种类型，具体如下。

- 一般业务出现短期服务中断或无响应不会影响政府部门的核心任务，对公众的日常工作与生活造成的影响范围、程度有限。通常政府部门、社会公众对一般业务中断的容忍度以天为单位衡量。
- 重要业务一旦受到干扰或停顿，会对政府决策和运转、对公服务产生较大影响，在一定范围内影响公众的工作生活，造成财产损失，引发少数人对政府的不满情绪。此类业务出现问题，造成的影响范围、程度较大。满足以下条件之一的业务可被认为是重要业务：政府部门对业务中断的容忍程度小于24h；业务系统的服务对象超过10万用户；信息发布网站的访问量超过每天500万人次；出现安全事件造成100万元以上经济损失；出现问题后可能造成其他较大危害。
- 关键业务一旦受到干扰或停顿，将对政府决策和运转、对公服务产生严重影响，威胁国家安全和人民生命财产安全，严重影响政府声誉，在一定程度上动摇公众对政府的信心。满足以下条件之一的业务可被认为是关键业务：政府部门对业务中断的容忍程度小于 1h；业务系统的服务对象超过 100 万用户；出现安全事件造成 5000 万元以上经济损失，或危害人身安全；出现问题后可能造成其他严重危害。

《信息安全技术 云计算服务安全指南》(GB/T 31167—2014) 6.5 节 "优先级确定" 在分类信息和业务的基础上，给出了采用云计算服务的建议，具体如下。

- 承载公开信息的一般业务可优先采用包括公有云在内的云计算服务，尤其是那些利用率较低维护和升级成本较高、与其他系统关联度低的业务应优先考虑采用社会化的云计算服务。
- 承载敏感信息的一般业务和重要业务，以及承载公开信息的重要业务也可采用云计算服务，但宜采用安全特性较好的私有云或社区云。
- 关键业务系统暂不宜采用社会化的云计算服务，但可采用场内私有云（自有私有云）。

《个人金融信息保护技术规范》(JR/T 0171—2020) 4.2 节 "个人金融信息类别" 根据信息遭到未经授权的查看或未经授权的变更后所产生的影响和危害，将个人金融信息按敏感程度从高到低分为 C3、C2、C1 三个类别，具体如下。

- C3 类别信息主要为用户鉴别信息。该类信息一旦遭到未经授权的查看或未经授权的变更，会对个人金融信息主体的信息安全与财产安全造成严重危害，包括但不限于：银行卡磁道数据（或芯片等效信息）、卡片验证码（CVN 和 CVN2）、卡片有效期、银行卡密码、网络支付交易密码；账户（包括但不限于支付账号、证券账户、保险账户）登录密码、交易密码、查询密码；用于用户鉴别的个人生物识别信息。
- C2 类别信息主要为可识别特定个人金融信息主体身份与金融状况的个人金融信息，以及用于金融产品与服务的关键信息。该类信息一旦遭到未经授权的查看或未经授权的变更，会对个人金融信息主体的信息安全与财产安全造成一定危害，包括但不限于：支付账号及其等效信息，如支付账号、证件类识别标识与证件信息（身份证、护照等）、手机号码；账户（包括但不限于支付账号、证券账户、保险账户）登录的用户名；用户鉴别辅助信息，如动态口令、短信验证码、密码提示问题答案、动态声纹密码；若用户鉴别辅助信息与账号结合使用可直接完成用户鉴别，则属于 C3 类别信息；直接反映个人金融信息主体金融状况的信息，如个人财产信息（包括网络支付账号余额）、借贷信息；用于金融产品与服务的关键信息，如交易信息（如交易指令、交易流水、证券委托、保险理赔）等；用于履行了解你的客户（KYC）要求，以及按行业主管部门存证、保全等需要，在提供产品和服务过程中收集的个人金融信息主体照片、音视频等影像信息；其他能够识别出特定主体的信息，如家庭地址等。

- C1类别信息主要为机构内部的信息资产，主要指供金融业机构内部使用的个人金融信息。该类信息一旦遭到未经授权的查看或未经授权的变更，可能会对个人金融信息主体的信息安全与财产安全造成一定影响，包括但不限于：账户开立时间、开户机构；基于账户信息产生的支付标记信息；C2和C3类别信息中未包含的其他个人金融信息。

个人金融信息主体因业务需要（如贷款）主动提供的有关家庭成员信息（如身份证号码、手机号码、财产信息等），应依据C3、C2、C1敏感程度类别进行分类，并实施针对性的保护措施。

两种或两种以上的低敏感程度类别信息经过组合、关联和分析后可能产生高敏感程度的信息。同一信息在不同的服务场景中可能处于不同的类别，应依据服务场景以及该信息在其中的作用对信息的类别进行识别，并实施针对性的保护措施。

《信息安全技术 大数据安全管理指南》（GB/T 37973—2019）附录A"电信行业数据分类分级示例"将电信大数据分为：（A类）用户身份相关数据；（B类）用户服务内容数据；（C类）用户服务衍生数据；（D类）企业运营管理数据（企业运营管理数据依据其商业价值，分为"核心""重要""一般""公开"四类数据）。具体的分级如下。

- 第4级极敏感级：（A1-4）实体身份证明、（A1-5）用户私密资料、（A2-1）用户密码及关联信息、（D1-1）企业内部核心管理数据、（D1-4）市场核心经营类数据、（D3-1）网络设备及IT系统密码及关联信息、（D3-2）核心网络设备及IT系统资源类数据。

- 第3级敏感级：（A1-1）自然人身份标识、（A1-2）网络身份标识、（A1-3）用户基本资料、（B1-1）服务内容数据、（B1-2）联系人信息、（C1-2）服务记录和日志、（C1-4）位置数据、（D1-2）企业内部重要管理数据、（D1-5）市场重要经营类数据、（D1-8）企业上报信息、（D2-1）重要业务运营服务数据、（D3-2）重要网络设备及IT系统资源类数据、（D4-1）渠道基础数据、（D4-2）CP/SP基础数据。

- 第2级较敏感级：（C1-3）消费信息和账单、（C2-1）终端设备标识、（C2-2）终端设备资料、（D1-3）企业内部一般管理数据、（D1-6）市场一般经营类数据、（D2-2）一般业务运营服务数据、（D3-3）一般网络设备及IT系统资源类数据、（D3-6）网络设备及IT支撑数据。

- 第1级低敏感级：（C1-1）业务订购关系、（C1-5）违规记录数据、（D1-7）企业公开披露信息、（D2-3）业务运营服务数据、（D2-4）数字内容业务运营数据、（D3-5）公开网络设备及 IT 系统资源类数据。

《信息安全技术　健康医疗数据安全指南》（GB/T 39725—2020）6.1 节"数据类别范围"将健康医疗数据分为个人属性数据、健康状况数据、医疗应用数据、医疗支付数据、卫生资源数据、公共卫生数据。6.2 节"数据分级划分"根据数据重要程度、风险级别以及对个人健康医疗数据主体可能造成的损害和影响的级别，将健康医疗数据划分为以下 5 级。

- 第 1 级：可完全公开使用的数据。包括可以通过公开途径获取的数据，例如医院名称、地址、电话等，可直接在互联网上面向公众公开。
- 第 2 级：可在较大范围内供访问使用的数据。例如不能标识个人身份的数据，各科室医生经过申请审批可以用于研究分析。
- 第 3 级：可在中等范围内供访问使用的数据，如果未经授权披露，可能对个人健康医疗数据主体造成中等程度的损害。例如经过部分去标识化处理，但仍可能重标识的数据，仅限于获得授权的项目组范围内使用。
- 第 4 级：在较小范围内供访问使用的数据，如果未经授权披露，可能会对个人健康医疗数据主体造成较高程度的损害。例如可以直接标识个人身份的数据，仅限于参与诊疗活动的医护人员访问使用。
- 第 5 级：仅在极小范围内且在严格限制条件下供访问使用的数据，如果未经授权披露，可能会对个人健康医疗数据主体造成严重程度的损害。例如特殊病种（例如艾滋病、性病）的详细资料，仅限于主治医护人员访问且需要进行严格管控。

在数据涉及商业秘密时，可以参考如下法律。

- 《中华人民共和国反不正当竞争法》—第九条　经营者不得实施下列侵犯商业秘密的行为：（一）以盗窃、贿赂、欺诈、胁迫、电子侵入或者其他不正当手段获取权利人的商业秘密；（二）披露、使用或者允许他人使用以前项手段获取的权利人的商业秘密；（三）违反保密义务或者违反权利人有关保守商业秘密的要求，披露、使用或者允许他人使用其所掌握的商业秘密；（四）教唆、引诱、帮助他人违反保密义务或者违反权利人有关保守商业秘密的要求，获取、披露、使用或者允许他人使用权利人的商业秘密。经营者以外的其他自然人、法人和非法人组织实施前款所列违法行为的，视为侵犯商业秘密。第三人明知或者应知商业秘密权利人的员工、前员工或者其他单位、个人实施本条第一款所列违法行为，仍获取、披露、使用或者允许他人使用该商业秘密的，视为侵犯商业秘密。本法所称的商业秘密，是指不为公众所知悉、具有商业价值并经权利人采取相应保密措施的技术信息、经营信息等商业信息。

- 《中华人民共和国反不正当竞争法》—第十五条　监督检查部门及其工作人员对调查过程中知悉的商业秘密负有保密义务。
- 《中华人民共和国反不正当竞争法》—第三十二条　在侵犯商业秘密的民事审判程序中，商业秘密权利人提供初步证据，证明其已经对所主张的商业秘密采取保密措施，且合理表明商业秘密被侵犯，涉嫌侵权人应当证明权利人所主张的商业秘密不属于本法规定的商业秘密。商业秘密权利人提供初步证据合理表明商业秘密被侵犯，且提供以下证据之一的，涉嫌侵权人应当证明其不存在侵犯商业秘密的行为：（一）有证据表明涉嫌侵权人有渠道或者机会获取商业秘密，且其使用的信息与该商业秘密实质上相同；（二）有证据表明商业秘密已经被涉嫌侵权人披露、使用或者有被披露、使用的风险；（三）有其他证据表明商业秘密被涉嫌侵权人侵犯。
- 《中华人民共和国劳动合同法》—第二十三条　用人单位与劳动者可以在劳动合同中约定保守用人单位的商业秘密和与知识产权相关的保密事项。对负有保密义务的劳动者，用人单位可以在劳动合同或者保密协议中与劳动者约定竞业限制条款，并约定在解除或者终止劳动合同后，在竞业限制期限内按月给予劳动者经济补偿。劳动者违反竞业限制，应当按照约定向用人单位支付违约金。
- 《中华人民共和国劳动合同法》—第二十四条　竞业限制的人员限于用人单位的高级管理人员、高级技术人员和其他负有保密义务的人员。竞业限制的范围、地域、期限由用人单位与劳动者约定，竞业限制的约定不得违反法律、法规的规定。在解除或者终止劳动合同后，前款规定的人员到与本单位生产或者经营同类产品、从事同类业务的有竞争关系的其他用人单位，或者自己开业生产或者经营同类产品、从事同类业务的竞业限制期限，不得超过二年。
- 《中华人民共和国合同法》—第四十三条　当事人在订立合同过程中知悉的商业秘密，无论合同是否成立，不得泄露或者不正当使用。泄露或者不正当使用该商业秘密给对方造成损失的，应当承担损害赔偿责任。
- 《中华人民共和国刑法》—第二百一十九条　有下列侵犯商业秘密行为之一，给商业秘密的权利人造成重大损失的，处三年以下有期徒刑或者拘役，并处或者单处罚金；造成特别严重后果的，处三年以上七年以下有期徒刑，并处罚金：（一）以盗窃、利诱、胁迫或者其他不正当手段获取权利人的商业秘密的；（二）披露、使用或者允许他人使用以前项手段获取的权利人的商业秘密的；（三）违反约定或者违反权利人有关保守商业秘密的要求，披露、使用或者允许他人使用其所掌握的商业秘密的。明知或者应知前款所列行为，获取、使用或者披露他人的商业秘密的，以侵犯商业秘密论。本条所称商业秘密，是指不为公众所知悉，能为权利人带来经济利益，具有实用性并经权利人采取保密措施的技术信息和经营信息。本条所称权利人，是指商业秘密的所有人和经商业秘密所有人许可的商业秘密使用人。

在开展商业秘密保护工作时，可以参考国务院国有资产监督管理委员会对中央企业的要求，具体包括但不限于《中央企业商业秘密保护暂行规定》《中央企业商业秘密安全技术保护实施指南》《中央企业商业秘密安全保护技术指引》。

3）建立重要数据目录

（1）指标说明。

本指标是为了考查被评价单位是否依据《数据安全法》第二十一条的规定建立重要数据目录。

（2）评价方法。

本项得分 $=A\times$ 本项权重。

A：被评价单位建立重要数据目录，得1分，否则不得分。

（3）数据获取。

被评价单位主动提供相关文件。

（4）指标依据。

同"建立数据分类分级保护制度"的指标依据。

（5）指标解读。

重要数据目录是数字政府的一本重要数据台账，能够帮助数字政府管理方和运营方明确其数据资产。

4）建立重要数据出境安全管理制度

（1）指标说明。

本指标是为了考查被评价单位是否依据《网络安全法》第三十七条及《数据安全法》第三十一条和第三十六条的规定等建立重要数据出境安全管理制度。

（2）评价方法。

本项得分 $=A\times$ 本项权重。

A：被评价单位建立重要数据出境安全管理制度，得1分，否则不得分。

（3）数据获取。

被评价单位主动提供相关文件。

（4）指标依据。

《网络安全法》—第三十七条　关键信息基础设施的运营者在中华人民共和国境内运营中收集和产生的个人信息和重要数据应当在境内存储。因业务需要，确需向境外提供的，应当按照国家网信部门会同国务院有关部门制定的办法进行安全评估；法律、行政法规另有规定的，依照其规定。

《数据安全法》—第三十一条　关键信息基础设施的运营者在中华人民共和国境

内运营中收集和产生的重要数据的出境安全管理,适用《中华人民共和国网络安全法》的规定;其他数据处理者在中华人民共和国境内运营中收集和产生的重要数据的出境安全管理办法,由国家网信部门会同国务院有关部门制定。—第三十六条 中华人民共和国主管机关根据有关法律和中华人民共和国缔结或者参加的国际条约、协定,或者按照平等互惠原则,处理外国司法或者执法机构关于提供数据的请求。非经中华人民共和国主管机关批准,境内的组织、个人不得向外国司法或者执法机构提供存储于中华人民共和国境内的数据。

《个人信息保护法》—第三十六条 国家机关处理的个人信息应当在中华人民共和国境内存储;确需向境外提供的,应当进行安全评估。安全评估可以要求有关部门提供支持与协助。

(5)指标解读。

在编制重要数据出境安全管理制度的时候,可以参考《数据出境安全评估办法》和《数据出境安全评估申报指南》。

2. 数据安全评估

《信息安全技术 数据安全能力成熟度模型》(GB/T 37988—2019)给出了组织数据安全能力的成熟度模型架构,规定了数据采集安全、数据传输安全、数据存储安全、数据处理安全、数据交换安全、数据销毁安全、通用安全的成熟度等级要求,适用于对组织数据安全能力进行评估,也可作为组织开展数据安全能力建设的依据。

数据安全评估指标包括是否定期开展数据处理活动风险评估、是否开展数据出境安全评估。

1)定期开展数据处理活动风险评估

(1)指标说明。

本指标是为了考查被评价单位是否依据《数据安全法》第三十条的规定定期开展数据处理活动风险评估。

(2)评价方法。

本项得分 $=A \times$ 本项权重。

A:被评价单位定期开展数据处理活动风险评估,得1分,否则不得分。

(3)数据获取。

被评价单位主动提供相关文件。

(4)指标依据。

《数据安全法》—第三十条 重要数据的处理者应当按照规定对其数据处理活动定期开展风险评估,并向有关主管部门报送风险评估报告。

(5)指标解读。

在开展数据处理活动风险评估时,具体可以参考的文件包括但不限于:

- 《信息安全技术　数据安全能力成熟度模型》（GB/T 37988—2019）和《信息安全技术　网络数据处理安全要求》（GB/T 41479—2022）。
- 《信息安全技术　信息安全风险评估方法》（GB/T 20984—2022）和《信息安全技术　信息安全风险评估实施指南》（GB/T 31509—2015）。
- 《汽车采集数据处理安全指南》（TC260-001）。

2）开展数据出境安全评估

（1）指标说明。

本指标是为了考查被评价单位是否依据《网络安全法》第三十七条及《数据安全法》第三十一条和第三十六条的规定开展数据出境安全评估。

（2）评价方法。

本项得分 $=A \times$ 本项权重。

A：被评价单位依据《网络安全法》第三十七条及《数据安全法》第三十一条和第三十六条的规定开展数据出境安全评估，得1分，否则不得分。

（3）数据获取。

被评价单位主动提供相关文件。

（4）指标依据。

《网络安全法》—第三十七条　关键信息基础设施的运营者在中华人民共和国境内运营中收集和产生的个人信息和重要数据应当在境内存储。因业务需要，确需向境外提供的，应当按照国家网信部门会同国务院有关部门制定的办法进行安全评估；法律、行政法规另有规定的，依照其规定。

《数据安全法》—第三十一条　关键信息基础设施的运营者在中华人民共和国境内运营中收集和产生的重要数据的出境安全管理，适用《中华人民共和国网络安全法》的规定；其他数据处理者在中华人民共和国境内运营中收集和产生的重要数据的出境安全管理办法，由国家网信部门会同国务院有关部门制定。—第三十六条　中华人民共和国主管机关根据有关法律和中华人民共和国缔结或者参加的国际条约、协定，或者按照平等互惠原则，处理外国司法或者执法机构关于提供数据的请求。非经中华人民共和国主管机关批准，境内的组织、个人不得向外国司法或者执法机构提供存储于中华人民共和国境内的数据。

（5）指标解读。

《信息安全技术　数据出境安全评估指南（草案）》的发布为数据出境安全评估工作提供了一个暂时的指导，被评价单位可以参考该文件开展相关工作，等正式文件发布后再进行修改。

4.9 指标权重计算

4.9.1 算法流程

在进行数字政府建设技术水平指数和数字政府网络安全水平指数计算时，根据如图 4-14 所示的流程进行。

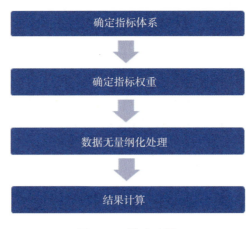

图 4-14 算法流程

4.9.2 确定指标体系

指标体系的设计不能一劳永逸，定期地动态调整指标的必要性如下。

（1）随着信息化技术的发展，会有新的问题出现，为督促相关问题的解决，需要调整指标体系中的指标。

（2）随着时间的推移，某个或某些问题可能已经不再出现，就没有必要再对其进行考核和评价。

（3）随着建设工作和整改工作的推进，各单位在某个或某些方面的工作已经完成。

4.9.3 确定指标权重

设计指标权重的主要目的如下。

（1）反映某一个指标在整个指标体系中的重要程度。

（2）反映某一个指标相对于指标体系中其他指标的重要程度。

（3）反映某一个指标对于最终指数的贡献程度。

1. 确定权重的方法及其选择

1）常见方法及其对比

经过调研得到常见的确定指标体系中各指标权重的方法如下。

（1）AHP法（analytic hierarchy process，层次分析法）。

（2）优序图法。

（3）熵值法（熵权法）。

（4）CRITIC权重法。

（5）独立性权重法。

（6）信息量权重法。

（7）因子分析法。

（8）主成分法。

上述方法可以分成如下类别。

- 主观赋值类方法：包括AHP法和优序图法，此类方法利用数字的相对大小信息进行权重计算，通常需要由专家打分或通过问卷调研的方式得到各指标重要性的打分情况，得分越高，指标权重越大。
- 熵值法（熵权法）：此类方法利用数据熵值信息，即信息量大小进行权重计算。此类方法适用于数据之间有波动，同时会将数据波动作为一种信息的情况。
- 数据波动或关联性类：包括CRITIC权重法、独立性权重法和信息量权重法，此类方法主要是利用数据的波动性或者数据之间的相关关系情况进行权重计算。
- 数据信息浓缩类：包括主成分法和因子分析法，此类方法利用了数据的信息浓缩原理，利用方差解释率进行权重计算。

表4-2对上述各方法进行了对比。

表4-2 常见的指标体系确定方法对比

权重计算方法	计算原理			
	数据大小信息	数据波动性	数据间相关关系	其他
AHP法	√	—	—	主管赋权，专家打分
优序图法	√	—	—	主管赋权
熵值法	—	—	—	熵值，信息量大小
CRITIC权重法	—	√	√	—
独立性权重法	—	—	√	—
信息量权重法	—	√	—	—
因子分析法	—	—	√	信息浓缩
主成分法	—	—	√	信息浓缩

2）方法选择

鉴于AHP法具有如下优点，选择其作为确定指标体系权重的方法。

（1）系统性的分析方法：AHP法把研究对象作为一个系统，按照分解、比较判断、综合的思维方式决策，成为继机理分析、统计分析之后发展起来的系统分析的重要工具。系统的思想在于不割断各个因素对结果的影响。AHP法中每一层的权重设置最后都直接或间接影响结果，而且在每一层中的每个因素对结果的影响程度都是量化的，非常清晰明确。这种方法尤其可用于对无结构特性的系统评价，以及多目标、多准则、多时期等的系统评价。

（2）简洁实用的决策方法：AHP法既不单纯追求高深数学，又不片面注重行为、逻辑、推理，而是把定性方法与定量方法有机地结合起来，使复杂的系统分解，能将人们的思维过程数学化、系统化，便于人们接受，且能把多目标、多准则又难以全部量化处理的决策问题转化为多层次单目标问题，通过两两比较确定同一层次元素相对上一层次元素的数量关系后，进行简单的数学运算。其计算简便，并且所得结果简单明确，容易被决策者了解和掌握。

（3）兼顾定性和定量的计算权重的方法：AHP法主要是从评价者对评价问题的本质、要素的理解出发，比一般的定量方法更讲求定性的分析和判断。AHP法是一种模拟人们决策过程的思维方式的方法，它把判断各要素的相对重要性的步骤留给了大脑，只保留人脑对要素的印象，化为简单的权重进行计算。这种思想能处理许多用传统的最优化技术无法着手的实际问题。

（4）通过一致性检验引入客观性：加入对判断矩阵的一致性检验后，为主观确定指标重要性的过程引入了客观性。

2. AHP法简介

AHP法将与决策总是有关的元素分解成目标、准则、方案等层次，在此基础上进行定性和定量分析。该方法是一种定性与定量相结合的多目标决策分析技术，其基本原理是将待评价或识别的复杂问题分解成若干层次，由专家或决策者对所列指标通过重要程度的两两比较逐层进行判断评分，利用计算判断矩阵的特征向量，确定下层指标对上层指标的贡献程度或权重，从而得到最基层指标对总体目标的重要性权重排序。层次分析具有系统性、灵活性、实用性等特点，特别适合于多目标、多层次、多因素和多方案的复杂系统的分析决策。

AHP法是美国匹兹堡大学教授、运筹学家萨蒂（Saaty）于20世纪70年代初，在为美国国防部研究"根据各个工业部门对国家福利的贡献大小而进行电力分配"课题时，应用网络系统理论和多目标综合评价方法，提出的一种层次权重决策分析方法。

3. AHP法确定权重的流程

1）整体流程

根据AHP法确定指标体系中所有指标权重的流程如图4-15所示。

图 4-15　整体流程

2）建立层次结构

AHP 法将指标体系分成三个层次（若四个层次则多一个状态层），即目的层（A）、系统层（N）、策略层（P，也称为指标层）。如果指标体系有多个（四个以上）层次，则按照规律依次增加。下面的介绍以三个层次为例展开，三个层次的相应结构如图 4-16 所示。

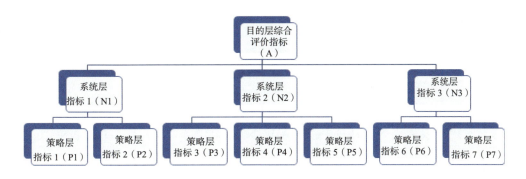

图 4-16　AHP 层次结构

3）确定指标的相对重要性

AHP 法确定指标的相对重要性的原理是两两比较每一个大类下所有同级指标的重要性，并以数值表示。Saaty 给出的 AHP 法有五级标度法和九级标度法，其对应含义如表 4-3 和表 4-4 所示。

表 4-3　Saaty 五级标度法及其含义

标　　度	定义（比较因素 i 与 j）
1	因素 N_i 与 N_j 同样重要：N_{ij} 取值 1（N_{ji} 取值 1/1）
3	因素 N_i 比 N_j 明显重要：N_{ij} 取值 3（N_{ji} 取值 1/3）
5	因素 N_i 比 N_j 绝对重要：N_{ij} 取值 5（N_{ji} 取值 1/5）

续表

标　度	定义（比较因素 i 与 j）
2，4	上述两相邻判断的中间值。2、4 为过渡值，即若取偶数，则表示重要性介于其两个相邻奇数之间
1～5 的倒数	表示因素 i 与因素 j 比较的标度值等于因素 j 与因素 i 比较的标度值的倒数。2、4 倒数为过渡值，即若取 1/偶数，则表示重要性介于其两个相邻 1/奇数之间

表 4-4　Saaty 九级标度法及其含义

标　度	定义（比较因素 i 与 j）
1	因素 i 与 j 同样重要
3	因素 i 比 j 稍微重要
5	因素 i 比 j 较强重要
7	因素 i 比 j 强烈重要
9	因素 i 比 j 绝对重要
2，4，6，8	上述两相邻判断的中间值
1～9 的倒数	表示因素 i 与因素 j 比较的标度值等于因素 j 与因素 i 比较的标度值的倒数

对于某级指标数量大于 9 的情况，可以根据 Saaty 五级标度法和 Saaty 九级标度法的规律，增加标度的级别数量，以使标度的级数大于指标数量，进而确保同一个级别中每一个指标均有异于其他指标的级别的可能。

4）构造判断矩阵

按照分级标度法确定指标的相对重要性后构造的判断矩阵的特点是对角线元素取值均为 1，对称元素互为倒数。

假设一种指标体系的层次结构如表 4-5 所示，则按照 AHP 法（Saaty 九级标度法）构造的判断矩阵表 A～N、N1～P、N2～P、N3～P、N4～P 如表 4-6～表 4-10 所示。

表 4-5　指标体系举例

序　号	N 层指标名	指标编号	P 层指标名	指标编号
1	一级指标 1	N1	二级指标 1	P1
2			二级指标 2	P2
3	一级指标 2	N2	二级指标 3	P3
4			二级指标 4	P4
5	一级指标 3	N3	二级指标 5	P5
6			二级指标 6	P6
7			二级指标 7	P7
8			二级指标 8	P8
9			二级指标 9	P9
10			二级指标 10	P10
11			二级指标 11	P11
12			二级指标 12	P12

续表

序 号	N层指标名	指标编号	P层指标名	指标编号
13			二级指标13	P13
14			二级指标14	P14
15			二级指标15	P15
16	一级指标4	N4	二级指标16	P16
17			二级指标17	P17
18			二级指标18	P18
19			二级指标19	P19

表4-6 A～N矩阵表

A	N1	N2	N3	N4
N1	1	2	3	4
N2	1/2	1	1/3	1/2
N3	1/3	3	1	1/2
N4	1/4	2	2	1

表4-7 N1～P矩阵表

N1	P1	P2
P1	1	2
P2	1/2	1

表4-8 N2～P矩阵表

N2	P3	P4
P3	1	2
P4	1/2	1

表4-9 N3～P矩阵表

N3	P5	P6	P7	P8	P9	P10	P11	P12
P5	1	9	2	3	2	7	8	9
P6	1/9	1	1/2	1/3	1/2	1/7	1/8	1/9
P7	1/2	2	1	2	3	7	8	9
P8	1/3	3	1/2	1	4	7	8	9
P9	1/2	2	1/3	1/4	1	2	4	5
P10	1/7	7	1/4	1/7	1/2	1	2	3
P11	1/8	8	1/8	1/8	1/4	1/2	1	2
P12	1/9	9	1/9	1/9	1/5	1/3	1/2	1

表4-10 N4～P矩阵表

N4	P13	P14	P15	P16	P17	P18	P19
P13	1	3	2	4	5	6	5

续表

N4	P13	P14	P15	P16	P17	P18	P19
P14	1/3	1	1/2	3	4	5	4
P15	1/2	2	1	3	4	5	4
P16	1/4	1/3	1/3	1	9	8	2
P17	1/5	1/4	1/4	1/9	1	8	9
P18	1/6	1/5	1/5	1/8	1/8	1	1/2
P19	1/5	1/4	1/4	1/2	1/9	2	1

5）层次单排序

根据判断矩阵计算本层次指标与上一层次某指标之间的重要性程度的相对值（即权重值）的过程，称为层次单排序。采用的方法为求判断矩阵最大特征值对应的特征向量并将其归一化。

6）层次总排序

利用同一层次中所有指标（元素）单排序的结果，可以计算相对上一层次本层次所有元素重要性（权重）的数值。由于层次总排序的表达结果在策略层，即最末层 P 层进行，因此，总排序需从上到下（A-N-P）逐层进行。

7）判断矩阵的一致性检验方法

鉴于被评价对象的复杂性，不同的专家在问题的认识上存在不可避免的多样性或片面性，分级标度法不一定能够保证每个判断矩阵具有完全一致性，因此必须通过一致性检验检查各个指标的权重之间是否存在矛盾之处。

一致性指标 $CI=(\lambda_{\max}-n)/(n-1)$，式中，$n$ 为判断矩阵的行数，即层次中的指标个数。随机一致性比率 $CR=CI/RI$，其中 RI 为平均随机一致性指标（见表 4-11）。

表 4-11　平均随机一致性指标

n	2	3	4	5	6	7	8	9	10	11	12
RI	0.00	0.58	0.90	1.12	1.24	1.32	1.41	1.45	1.49	1.52	1.54

当 $CR \leqslant 0.10$ 时，判断矩阵具有满意的一致性；当 $CR<1$ 时，一致性可以接受。否则，应对判断矩阵予以调整。

在层次单排序和层次总排序时，均需进行判断矩阵的一致性检验。

4.9.4　数据无量纲化处理

数据无量纲化处理是指对指标数据进行去除数据量纲的处理，具体的做法是将原始数据均转换为无量纲化指标测评值，即各指标都处于同一个数量级别上，然后进行综合分析。常见的去除数据量纲的方法有 min-max 标准化、z-score 标准化、极大值标准化和总和标准化。在进行指标数据处理时，应根据数据的实际情况选择合适的方法。

1. min-max 标准化

min-max 标准化方法是对原始数据进行线性变换。设 minA 和 maxA 分别为属性 A 的最小值和最大值，将 A 的一个原始值 x 通过 min-max 标准化映射成在区间 [0，1] 中的值 x'，其公式为：新数据 =（原数据 - 最小值）/（最大值 - 最小值）。

2. z-score 标准化

z-score 标准化方法基于原始数据的均值（mean）和标准差（standard deviation）进行数据的标准化。将 A 的原始值 x 使用 z-score 标准化到 x'，其公式为：新数据 =（原数据 - 均值）/ 标准差。

z-score 标准化方法适用于属性 A 的最大值和最小值未知的情况，或有超出取值范围的离群数据的情况。

统计分析软件 SPSS 默认的标准化方法就是 z-score 标准化。

在 Excel 中没有现成的函数进行 z-score 标准化，需要分步计算，步骤如下。

（1）求出各变量（指标）的算术平均值（数学期望）x_i 和标准差 s_i。
（2）进行标准化处理：$z_{ij}=(x_{ij}-x_i)/s_i$。其中 z_{ij} 为标准化后的变量值；x_{ij} 为实际变量值。
（3）将逆指标前的正负号对调。

标准化后的变量值围绕 0 上下波动，大于 0 说明高于平均水平，小于 0 说明低于平均水平。

3. 极大值标准化

极大值标准化计算公式为：新数据 = 原数据 / 原数据中的最大值。

4. 总和标准化

总和标准化计算公式为：新数据 = 原数据 / 原数据之和。

4.9.5 结果计算

1. 数字政府建设技术水平指数

数字政府建设技术水平指数是数字政府建设评价体系中所有最基层指标与其对应权重乘积的和。

数字政府建设技术水平指数的满分是 100。

2. 数字政府网络安全水平指数

数字政府网络安全水平指数是数字政府建设评价体系中数字安全部分的所有最基层指标与其对应权重乘积的和。

为使数字政府网络安全水平指数的满分是 100，需要在计算时将数字安全部分的权重进行同比例调整。

第 5 章　数字政府建设评价工作实施路径

数字政府建设评价工作的实施主要参考《信息安全技术　信息安全保障指标体系及评价方法》（GB/T 31495.1—2015）中"第 3 部分：实施指南"中给出的流程进行。数字政府建设的主管部门或实施单位等相关单位可以参考本章内容自行开展评价。同时，为了确保指标体系的科学性与合理性，课题组赴中部地区某市进行了实测，并根据实测情况对指标体系进行了修正。

5.1　工作概述

本部分主要介绍数字政府建设评价工作的作用、评价活动执行主体以及评价活动实施过程。

5.1.1　评价工作的作用

为反映数字政府建设情况，依据已经建立的指标体系进行综合评价，评价结果为数字政府建设的决策和管理部门提供支持。

5.1.2　评价活动执行主体

评价活动的执行主体可以是数字政府建设的主管部门，也可以是第三方机构。评价活动的执行主体根据评价的实际需求组建评价队伍并开展评价活动。

5.1.3 评价活动实施过程

本部分给出数字政府建设评价工作的主要流程,并进行简要介绍。

数字政府建设评价工作的主要流程如图 5-1 所示,本节对流程进行概述,详细的内容将在本章其他小节展开。

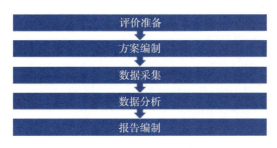

图 5-1 评价工作流程

1. 评价准备

数字政府建设评价的准备工作是否充分关系到评价结果的科学性、有效性以及评价工作是否能够顺利开展。评价准备活动的主要任务是明确评价目的,熟悉指标及其含义,制订评价项目计划,并做好相应的文档准备工作。

2. 方案编制

评价方案编制活动是为了给数字政府建设评价活动提供一些基础文档和指导方案,主要任务是在明确指标内容、测量对象及其属性的情况下,制订数据采集计划,确定指标权重,编写评价人员的评价实施手册,形成评价方案。

3. 数据采集

采集评价指标所需数据和资料是数字政府建设评价的基础性工作,主要任务是按照评价方案的总体要求,执行评价实施手册,采集评价所需的基础数据和资料。

4. 数据分析

数据分析活动的主要任务是根据数据采集阶段获取的数据资料,依据确定的指标运算方法,通过系列分析和运算,得出单项指标的测量结果以及指标体系的综合结果,并对测量结果进行研判,形成评价结果。

5. 报告编制

报告编制活动的主要任务是根据评价结果以及评价过程中反映的情况,形成评价报告文本。

5.2 评价准备

5.2.1 评价准备活动的工作流程

评价准备活动的主要内容是成立评价项目组，根据评价目的组建评价实施队伍，备齐评价活动所需的文档和资源，确保评价活动顺利开展。评价准备活动的工作流程如图 5-2 所示。

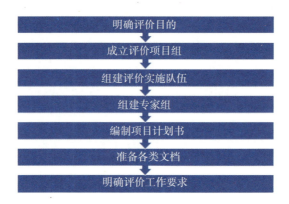

图 5-2　评价准备活动的工作流程

5.2.2 评价准备活动的主要任务

评价准备活动的主要任务包括但不限于以下几个方面。

（1）明确评价目的。评价的目的是为满足评价的信息需求，通过指标体系、测量模型等工具和方法对涉及的评价对象及其属性进行测量和运算，以获得评价所需的相关信息。

（2）成立评价项目组。由评价活动的执行主体成立评价项目组。评价项目组负责组织评价活动，协调评价活动的各参与者和相关方之间的分工与合作。评价项目组还负责组建评价实施队伍。

（3）组建评价实施队伍。由参与实施评价的人员组成评价实施队伍，负责评价活动的具体实施，主要包括方案编制、数据采集、数据分析和报告编制。

（4）组建专家组。专家组参与评价方案确定、对指标权重进行赋值以及对评价结果进行研判等。

（5）编制项目计划书。其内容包括但不限于评价项目概述、评价目的、评价的主要内容、评价原则和依据、项目组织、各项主要工作及其时间进度安排等。

（6）准备各类文档。准备评价活动中涉及的各项表单，包括但不限于评价授权书、专家聘任书、指标测量结果记录表格、结果确认书、保密协议等。

（7）明确评价工作要求。具体包括：熟悉指标及其含义，对评价过程中可能遇到的问题做出估计并设想解决方法。

5.2.3 评价准备活动的文档

评价准备活动的文档包括但不限于以下内容。

（1）项目计划书。

（2）评价授权书。

（3）专家聘任书。

（4）专家签到表。

（5）调研表。

（6）指标测量结果记录表格。

（7）结果确认书。

（8）保密协议。

5.2.4 评价准备活动的角色和责任

评价项目组的职责包括但不限于以下内容。

（1）介绍项目基本情况、目标和评价流程以及项目工作进度安排。

（2）向评价人员说明基本工作内容和方法。

（3）向专家组介绍项目基本情况和专家组的主要工作。

（4）建立评价项目组的内部沟通机制。

（5）编制项目计划书。

（6）准备评价所需的各类文档。

专家组的职责包括但不限于以下内容。

（1）了解在项目中的工作和职责。

（2）建立专家组的内部沟通机制。

（3）对项目计划书的可行性进行评审。

5.3 方案编制

5.3.1 方案编制活动的工作流程

方案编制活动的目标是基于评价准备活动中形成的相关资料，形成评价活动所需的基本文档和指导方案。方案编制活动的工作流程如图 5-3 所示。

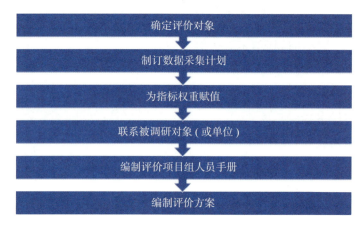

图 5-3 方案编制活动的工作流程

5.3.2 方案编制活动的主要任务

方案编制活动的主要任务包括如下 6 个方面。

（1）确定评价对象。

（2）制订数据采集计划。数据采集方法主要是调研，即评价人员通过上网查找、实地考察、资料审阅、人员访谈等调研方法进行指标数据的采集工作。

（3）为指标权重赋值。指标权重是评价方案的又一重要内容。指标权重的取值主要由专家组进行研讨确定。

（4）联系被调研对象（或单位）。评价项目组负责协调和通知被调研对象（或单位）关于评价的相关事宜，具体工作内容包括但不限于：下发文件通知被调研对象（或单位）；告知被调研对象（或单位）评价活动可能带来的风险；与被调研对象（或单位）签署评价授权书，包括确认调研内容、告知所需采集的数据和数据采集方法；对被调研对象（或单位）进行初步调研，形成调研对象（或单位）的基本情况表，包括简介、联系人等。

（5）编制评价项目组人员手册。该手册是用于具体指导评价项目组成员开展评价活动的文件,是对指标、方法以及操作步骤的详细描述,以保证评价活动可以重复实施。

(6)编制评价方案,具体包括但不限于评价内容、评价指标、数据采集方法等。

5.3.3 方案编制活动的文档

方案编制活动的文档包括但不限于以下内容。

(1)调研对象的基本情况表:被调研对象(或单位)的基本情况、管理模式、部门及角色等,以及可能遇到的风险等。

(2)基础数据采集方案:包括人员访谈、文档调研、问卷调查、实地察看等方法的设计方案和实施步骤。

(3)指标权重表:各项指标的权重。

(4)评价授权书:签字确认的评价授权书。

(5)评价人员手册:整合调研对象、内容、方法等,编制成手册。

(6)评价方案:包括评价内容、评价指标、测量方法、评价人员手册等。

5.3.4 方案编制活动的角色和责任

评价项目组的职责包括但不限于以下8个方面。

(1)识别测量对象以及所需采集的数据内容,明确相应的数据采集方法。

(2)初步了解被调研对象(或单位)的基本情况、管理模式、部门及角色等。

(3)向被调研对象(或单位)说明评价活动可能带来的风险。

(4)列出被调研对象(或单位)应准备的文档材料。

(5)取得被调研对象(或单位)在评价授权书上的签字确认,以及对所要采集数据资料的签字确认。

(6)准备初步调研基本信息情况表。

(7)编制评价项目组人员手册。

(8)编制评价方案。

专家组的职责包括但不限于以下4个方面。

(1)研讨确定指标权重。

(2)审核数据采集方法。

(3)审核项目组编制的评价方案。

(4)必要时提供调研工作的风险与规避方法建议。

被调研单位的职责包括但不限于以下4个方面。

(1)向评价项目组提交初步调研所需的基本信息表。

(2)准备初步调研所需的文档资料。

(3)为评价项目组开展初步调研提供必要的支持和协调。

(4)对评价授权书及调研方案进行认可,并签字确认;备份数据、系统,制定预案,以应对调研过程中可能遇到的风险。

5.4 数据采集

5.4.1 数据采集活动的工作流程

指标基础数据的采集活动是评价项目组与被调研对象(或单位)进行沟通协调,获得认可后,依据评价方案实施的调研工作,为数据分析和报告编制活动提供数据和资料。数据采集活动的工作流程如图5-4所示。

图5-4 数据采集活动的工作流程

5.4.2 数据采集活动的主要任务

调研准备活动是保证评价工作顺利实施的前提,具体工作内容包括以下4个方面。

(1)召开调研活动动员会议,向评价项目组成员发放评价人员手册,说明调研中具体的工作任务和要求。调研所涉及的全体工作人员要签署保密协议。

(2)评价项目组通知被调研对象(或单位)准备相关资源,包括所要查看的文档和信息、访谈的人员等,提供所需准备资源的清单。

(3)取得被调研单位的回函确认。

(4)对调研所得数据资料的结果记录表单和方案进行必要的更新。

调研实施是依评价准备活动中准备的表单和方案编制活动中编制的评价方案开展数据采集工作。

结果确认是在数据采集活动的各项具体工作完成后,针对调研结果记录,进行汇总、验证和补充。一般应召开调研结果确认会,评价项目组与被调研单位双方就调研过程中发现的问题进行现场确认,并取得被调研单位的书面认可文件。

5.4.3　数据采集活动的文档

数据采集活动的文档包括但不限于以下内容。
（1）会议记录：评价动员会的会议内容的书面记录。
（2）保密协议：规定项目保密事项、参与人员具有保密责任和权利等协议信息。
（3）资源清单：包括资源名称、类型、数量、配置、负责人等信息。
（4）更新的评价方案：包括修订确认后的工作计划和内容安排，双方的人员协调，被调研对象（或单位）应该提供的配合。
（5）访谈记录或录音：访谈结果。
（6）调研结果记录：指标的结果。
（7）调查问卷结果记录：问卷中包括的各调查项的结果记录。
（8）实地查看记录：查看安全设备、人员和管理制度配置的现场查看记录或录像。
（9）调研结果确认书：调研的问题汇总、证据和证据源记录、被调研对象（或单位）的书面确认。

5.4.4　数据采集活动的角色和责任

评价项目组的职责包括但不限于：利用人员访谈、文档调研、问卷调查、实地查看的方法调研指标所需的数据和资料，并填写结果记录。

被调研对象（或单位）的职责包括但不限于以下内容。
（1）协调单位内相关人员配合评价工作的开展。
（2）相关人员回答评价项目组人员的问询。
（3）提供评价项目组需要的数据资料和文档资料。
（4）如实填写评价项目组发放的调查问卷，保证问卷调查信息的真实性和可靠性。
（5）配合评价项目组进行实地查看。
（6）遵守相关保密协议。
（7）相关人员对调研结果进行确认，并在结果确认书上签字确认。

5.5　数据分析

5.5.1　数据分析活动的工作流程

数据采集活动结束后，评价项目组应对所采集的结果记录进行汇总分析，形成各单项指标的数据。在对单项指标进行运算后，要进行指标体系测量结果的综合运算，形成评价结论。数据分析活动的工作流程如图 5-5 所示。

图 5-5　数据分析活动的工作流程

5.5.2　数据分析活动的主要任务

数据预处理工作主要是指通过一系列有效的方法保障数据内容完整、质量达标、可靠有效的具体工作，应满足如下要求。

（1）内容完整：对于遗漏填写的，进行二次采集确认；对于因为统计周期问题当前无法保障及时性的时间序列数据，可进行一定的预测和补充，并注明预测方法和补充依据；对于无法获取的，根据数据类型和性质，召开专家会议寻求解决方案。

（2）质量达标：对于因为误操作填写的，进行二次采集确认；对于确实反映实际情况的奇异数据，需要注明数据生成的具体原因。

（3）可靠有效：对于一个指标具有多个数据来源的数据，通过召开专家会议，对数据使用优先级进行排序，选取一个最可靠的数据来源。

单项指标运算是依据指标体系中确定的评价方法，对所采集的指标相关数据进行运算，进而取得指标测量结果。

指标综合运算是依据方案编制活动中确定的指标权重，计算出指标体系的综合测量结果。

形成评价结论是评价项目组成员针对指标体系各个层级的测量结果，结合专家组的研判，找出被调研对象（或单位）数字政府建设的现状与存在的问题，提出当前数字政府建设情况与指标体系的差距，并形成综合评价结果。

5.5.3　数据分析活动的文档

数据分析活动的文档包括但不限于以下 5 类。

（1）预处理结果文档：记录通过预处理修正后，用于计算的数据。

（2）专家意见记录：预处理过程中涉及专家讨论的建议记录。

（3）测量结果文档：记录各项指标计算过程和测量结果的文档，是评价结论的分析依据。

（4）指标体系综合测量结果：将单项指标的测量结果用指标权重进行计算，得出指标体系的综合测量结果。

（5）分析结论报告：综合数据处理、计算、分析、结论的文档记录。

5.5.4 数据分析活动的角色与责任

评价项目组的职责包括但不限于以下方面。

（1）对采集数据进行预处理，根据数据结果对被调研对象（或单位）的情况进行分析。

（2）协调专家对采集数据中存在的问题进行研讨和解决。

（3）根据数据分析结果撰写分析结论报告。

专家组的职责包括但不限于以下方面。

（1）对数据预处理、计算过程中存在的问题提出意见和解决方案。

（2）对指标体系综合测量结果进行研判。

（3）对分析结论报告进行审核并提出意见。

被调研对象（或单位）的职责包括但不限于以下方面。

（1）配合完成需要二次调研的数据采集工作。

（2）对指标最终测量结果进行确认。

5.6 报告编制

5.6.1 报告编制活动的工作流程

报告编制活动主要是根据数据分析活动得出的评价结论报告以及评价过程中形成的过程资料，形成评价报告，并组织专家对报告进行评审和确认。报告编制活动的工作流程如图 5-6 所示。

图 5-6　报告编制活动的工作流程

5.6.2　报告编制活动的主要任务

报告编制：依据评价方案、单项指标测量结果、指标综合测量结果以及形成的评价结论，编制评价报告。报告应至少包括详细、明确的评价结果记录、结果分析，以及对未满足要求的指标的整改建议等。

报告评审：评价报告编制完成后，专家组应根据评价授权书、被调研对象（或单位）提交的相关文档、评价活动的原始记录和其他辅助信息，对评价报告进行评审。

报告确认：评审通过后，由项目负责人签字确认并提交给评价的利益相关方。

5.6.3　报告编制活动的文档

报告（初稿）：项目概述、数据采集方法、计算方法、评价分析内容、结论、改进建议等。

报告（初稿）专家评审意见：专家对报告内容提出的修改意见和建议。

报告确认书：双方就报告结论的有效性、可靠性、科学性的确认记录。

5.6.4　报告编制活动的角色与责任

评价项目组的职责包括但不限于以下方面。

（1）根据分析结论编制评价报告。

（2）协调专家对报告进行评审工作。

（3）根据专家意见对报告进行修改。

（4）对评价过程中获取的数据文件、协议文件、最终确认报告等书面材料进行存档保存。

专家组的职责包括但不限于以下方面。

（1）对报告进行评审并给出修改意见。

（2）对整个评价工作给出改进意见。

被调研对象（或单位）的职责包括但不限于以下方面。

（1）确认报告结论。

（2）根据报告建议开展相应的建设或整改工作。

5.7　评价实测

为了确保指标体系的科学性与合理性，国家信息中心数字政府评价工作组于2023

年 6 月上旬赴安徽省亳州市进行了数字政府评价实测,并根据实测情况对指标体系进行了修正。亳州市政府高度重视,市政府主要负责人组织网信、城市管理、市场监管、12345 热线、政务云中心等业务主管部门,由市数据资源管理局牵头,联合配合工作组开展评价工作。

总体来看,本书所设计的指标体系能够较好地对地方,尤其是地市一级政府数字政府建设的总体情况进行评估,评价结果能够比较清晰地反映地方数字政府建设的特点、优势与不足。相关实测情况如下。

5.7.1 亳州市数字政府建设概述

早在 2001 年 5 月,亳州市即成立市、县、乡三级行政服务中心,将群众办事由"四处跑腿"变为"一处跑腿"。2007 年,在全市推行为民服务全程代理制,"群众动嘴、干部跑腿"的模式逐渐形成,得到了安徽省委、省政府充分肯定和广大干部群众的一致好评。2014 年,按照安徽省委、省政府的统一部署,以政府权力清单为基础,以信息化技术为支撑,统筹搭建了集信息公开、网上办事、效能监察于一体的"互联网+政务服务"新平台——亳州市网上办事大厅,为个人、企业和其他社会组织提供"一站式、全天候、全覆盖"的网上办事服务。2015 年,亳州市政府专门成立直属信息局,统筹规划管理全市政务信息化工作;组建市数据中心,打通政府部门、企事业单位之间的数据壁垒。2019 年,亳州市按照安徽省委、省政府统一部署,机构改革成立市数据资源管理局,统筹全市信息化、数据资源和政务服务管理方面的工作。2019 年,创新搭建企业联办服务平台,获得国务院办公厅和省政府办公厅通报表扬;2020 年,探索建设"城市大脑",入选全国信息技术标准化技术委员会智慧城市标准工作组《城市大脑案例集(2022 版)》和国家智慧城市标准化总体组《智慧城市国家标准应用实施报告(1.0 版)》,并被住房和城乡建设部面向全国推广;2021 年,创新推进惠企政策"免申即享",入选 2022 年数标指数全国典型案例 50 强、2021 年度全省十大改革案例和安徽省长三角一体化发展实践创新案例;2022 年,创新推进政务服务"一键申报""智能核查",被国务院办公厅电子政务办公室在《电子政务工作简报》(政务数据共享工作专刊 2023 年第 3 期)上进行刊发,并面向全国推广。2019 年至 2022 年,连续四年在省对市"互联网+政务服务"考核中位居第一名,连续三年在市直单位效能考核中位居优秀等次;"5G+智慧停车场""5G+全民健康信息平台"等 4 个场景荣获工信部第四、五届"绽放杯"5G 应用征集大赛优秀奖;被选为"区块链+电子证照""皖政通""皖企通"建设等 13 个省级试点。

5.7.2 评价工作组织情况

1. 成立联合评价工作组

国家信息中心委派了 6 名专业人员组成工作组赴亳州市。亳州市按照政府主要领导指示，由亳州市数据资源管理局牵头，联合组织网信、城市管理、市场监管、12345 热线、政务云中心等单位组成工作组，配合国家信息中心数字政府评价工作组开展评价工作。

2. 召开评价工作启动会

工作组成立后，由亳州市数据资源管理局组织召开了评价工作启动会，传达了本次评价工作的要点和具体安排。同时，为加快评价工作进度，国家信息中心数字政府评价工作组划分为两个工作小组，亳州市工作组也配合划分为两个工作小组，分工启动亳州市数字政府建设评价工作（见图 5-7）。

图 5-7　工作组在亳州市开展数字政府建设评价工作

3. 指标数据采集工作

评价工作所涉及的数据采集工作方式如下。

（1）涉及政策、法规、规章、标准等工作，以地方政务公开网站查询为主，相关评价指标公开网站查询不到的，以评价对象提供的正式文件为准。

（2）涉及一体化政务服务平台、政务服务 App 等平台、系统，以登录平台试用相关功能为主，辅以管理部门管理数据，如政务协同平台在横向、纵向覆盖程度数据等。

（3）涉及一网统管、城市大脑、市场监管等政府内部行政业务数字化方面，除相关部门提供有关有效材料外，辅以座谈及走访调研的方式，实地查看相关系统及平台建设情况。

（4）涉及网络安全、数据安全、关键基础设施安全方面，首先以本地建设的相关网络安全保障系统监测数据为准，其次以第三方评价机构出具的相关报告为准（如等级保护测评、密码评估等）。

（5）涉及创新性、改革性评分指标案例的，以实地走访调研获取为准。

5.7.3 评价情况汇总

1. 战略与保障

2020年12月，亳州市人民政府印发《"数字亳州"建设总体规划（2020—2025年）》（以下简称《规划》），提出到2025年，"数字亳州"建设成效凸显，建成"省内领先、国内靠前"的"新型智慧城市"，有力推动"新兴工业城市""现代农业强市""文化旅游强市""健康养生城市"建设。《规划》明确成立"数字亳州"建设工作领导小组，统筹推进"数字亳州"建设。同时，明确各项建设任务的牵头单位和配合单位，并提出建立"数字亳州"动态监测评估体系，量化监测评估指标，定期开展建设情况评估，加强对任务落实情况的跟踪管理。此外，亳州市还逐年制定了"数字亳州"年度建设工作要点，从基础设施、党建、政府数字化转型、社会治理、数字经济等方面部署年度重点工作。

制度保障方面，亳州市先后制定了《亳州市政务信息化项目建设管理办法》《亳州市政务信息化项目验收制度》，对政务信息化项目的规划、申报、审查、复核、招标、实施、验收及绩效评价等进行了统筹。

人才保障方面，亳州市制定了《亳州市招才引智实施办法》。同时按照中央网信办要求，先后发布了《亳州市全民数字素养与技能提升倡议书》《亳州市2023年提升全民数字素养与技能工作要点》等。亳州市政府先后多次组织数字政府建设、政务服务标准化、城市大脑等领域的培训，有效提升了干部队伍数字素养。

2. 基础设施

亳州市通过加快建设和完善光纤、新一代移动通信网络、绿色节能数据中心等基础设施，夯实数字亳州建设网络支撑，数字基建方面获得新提升。

一是网络体系拓展完善。政务外网横向联通70家市直单位、41家国有企业，纵向联通4个县区、88个乡镇和1348个行政村，实现"横向到边、纵向到底""市、县、镇、村四级全覆盖"。二是政务云平台持续优化。建设完善市政务云平台，强力推进全市非涉密政务系统集中迁移上云，云服务器总数达2542台，支撑全市58家单位805个政务信息系统。市政务云平台通过集约建设、共享共用，大大减少了各部门机房、硬件设备、运维、人员、空间等投入，平均每年节约资金约6000万元。三是数据中心体系逐步健全。印发《亳州市人民政府办公室关于加快构建一体化大数据中心协同创新体系的实施意见》（亳政办秘〔2021〕54号），建设全市一体化大数据中心协同创新体系，总算力规模约0.6PFLOPS；深度学习算力规模约0.37PFLOPS。聚力打造绿色数据中心，优化数据中心能耗结构，部署光伏发电系统，提升绿色能源使用比例。亳州市数据中心光伏发电系统预计2023年11月投产，装机容量370kW，年发电量达60万度，占数据中心全年用电量30%以上。四是"城市大脑"深化赋能。构建"城市大脑""1417N"体系，搭建数据湖、数据中台、业务中台、技术中台、物联感知中台等共性能力支撑平台，推进政务系统集成融入、改造提升、集约建设，实现系统互联互通、数据融合共享。截至目前，共建设了45个应用场景（事件处置类场景17个、展示类场景28个）。其中，14个场景市、县（区）共建共用，直接节约资金5827.96万元，另有34个信息化项目复用"城市大脑"四大中台能力，节约资金4727.67万元，荣获首届中国新型智慧城市创新应用大赛智胜奖（一等奖）。

3. 平台支撑

1）政务服务平台方面

2014年，按照安徽省委、省政府的统一部署，以政府权力清单为基础，以信息化技术为支撑，统筹搭建了集信息公开、网上办事、效能监察于一体的"互联网+政务服务"新平台——亳州市网上办事大厅，为个人、企业和其他社会组织提供"一站式、全天候、全覆盖"的网上办事服务。2017年，按照安徽省委、省政府要求，政务服务平台统一到安徽政务服务网。移动政务服务平台方面，以"皖事通"App为统一政务服务平台，实现了移动办事入口的统一。政务协同平台方面，亳州市建设完善了全市OA系统，覆盖市、县、乡三级689家单位，注册用户5161人。亳州市还入选了安徽省"皖政通"试点。

2）统一技术与应用支撑方面

亳州市制定发布了《政务数据共享交换对接技术规范》等多项制度标准规范。按照"统一规划布局、统一标准规范、统一建设运维、统一资源共享、统一监督管理"的原则，实现全市所有视频监控的统一建设与统一管理。建设了"信用亳州"平台，并纵深推进党建引领信用村建设，有力促进乡村振兴和乡村治理。

4. 数据资源

建设数据交换、数据目录管理、数据资产管理、数据接入、数据治理、数据共享、可视化分析、数据开放、数据开发、数据安全十大平台，汇集81家单位4411类11.59亿条数据，建成五大基础数据库和10个专题数据库，实施清单编目比达到100%，为230家部门提供1610个数据接口，数据调用次数超60.69亿次，每日调用达119.2万次。面向群众及企业开放信用服务、安全生产、交通运输、财税金融等23个主题751个数据集，积极探索了智慧招生、智慧资助、智慧安居创业、低收入人群监测、普惠金融等十大数据应用场景。

累计申请教育部、民政部、住建部等12家部门350个国家级数据接口，应用于政务服务"一键申报"、惠企政策"免申即享"等创新场景；累计申请安徽省人社厅、安徽省民政厅等18家部门1090个省级数据接口，应用于普惠金融、"智慧安居创业"等创新场景。

确定市公安局、市民政局、市人社局等12个部门首席数据官，充分发挥首席数据官作用，会同市人社局试点建改"退休一次办"，将养老保险待遇申领、住房公积金提取等15个退休相关事项进行关联办理，精简申报材料26份，实现职工退休"一网申办、综合受理、并联审批、统一反馈""零跑腿"。

5. 政务应用

1）政务服务成效方面

承接认领市、县、乡、村四级政务服务事项7.74万个，推动司法、财政、生态环境等7部门216个政务服务事项"全省一单"，实现同一事项在市内无差别受理、同标准办理、同源管理、同源发布。"皖事通"App上线337项便民服务应用，累计注册用户470.35万个、服务访问量5.07亿次。创新实施"一键申报""智能审批"，实现群众无须提交任何材料即可办成市、县两级2869个政务服务事项，占比54.25%；创新开展惠企政策"免申即享"，年度兑付奖补资金3.87亿元、惠及企业9624家；创新推进企业联办，实现企业开办"一次申请、一表填报、一日办结""零跑腿""零成本"。实现206项政务服务事项"跨省通办"和140个政务服务场景长三角"一网通办"。

2）热线整合方面

亳州市在全省率先完成36条党群政务服务热线归并工作，搭建了以12345热线为中心的"一线N端"为民为企综合服务平台。2020年以来受理企业群众诉求185.07万件，事件办理超时率0，回访满意率99.94%。

3）基层治理方面

亳州市全市设立1436个基层代办点，可代办镇、村两级69 879项政务服务事项，打造了一批群众家门口的办事大厅。建设"城市大脑"，推动数据资源、算力、算法共享共用，避免后续政务信息化项目重复建设。聚焦全景亳州、数字政府、产业发展、城市治理、公共安全、生态保护、民生福祉7个重点领域，开发路面秩序监测、多车监管、河湖治理、重大项目建设监管等40个应用场景。

4）赋能经济方面

全市累计获批省智能工厂、数字化车间35个；中药饮片生产企业信息化追溯体系部署试点企业183家；累计建成农业物联网应用示范点51家、省农业物联网示范点23个，千亩农场实现耕种、管、收环节的无人化、精准化和智能化作业。推广应用"羚羊"工业互联网体系建设，已有768家企业注册"羚羊"工业互联网平台，23家企业参加线上诊断。建成白酒行业级工业互联网平台、中药产业互联网平台、中药饮片工业互联网平台。

6. 数字安全

1）完善制度体系方面

建立健全数据资源全生命周期管理机制，保障数据资源目录编制、采集、归集、存储、共享、应用、开放、销毁等全流程安全。

（1）"汇数"有规则。制定《亳州市政务信息化建设项目管理办法》，统筹项目集约建设，助力数据汇集。以系统上云为抓手，推进上云业务系统数据汇集。

（2）"治数"有规范。建立长效动态更新机制，动态维护数据资源，最终形成标准统一、质量可靠的数据库。

（3）"管数"有规章。制定《亳州市政务数据分级分类管理制度》，通过管理和技术相结合，落实各环节安全责任。加强数据安全管理，进一步规范市政务数据资源管理。

（4）"用数"有规矩。制定《亳州市政务数据共享交换对接技术规范》《亳州市大数据平台数据服务接口技术规范》等4项标准规范，统一数据调用方式及接口标准，对外只输出结果数据。建立数据使用"三方协议"制度，明确数据使用范围和用途，规范数据使用管理。

2）筑牢安全防线方面

（1）以"人防"为中心。成立安全巡查小组，每月对市政务云中心安全巡检。组织专家每年对各机房进行全面巡检和安全性评估。

（2）以"物防"为基础。在区域边界部署综合安全网关，并集成入侵检测、入侵防御等功能，增强边界安全控制。针对互联网业务、额外部署流量清洗设备和应用防火墙，抵御跨站脚本、网站漏洞等非法攻击。

（3）以"技防"为保障。部署网络安全态势感知平台，对全市重点网站和信息系统实时动态监控。推进政务数据同城灾备和重要政务系统同城双活建设，确保数据的一致性、完整性和可恢复性，维护重要系统安全稳定运行。

5.7.4 评价总结

经工作组实地调研评估，亳州市整体得分为91.36分，并且在数据资源、政务服务、热线整合等方面表现尤为突出。指标体系方面，经过本次实测，工作组对指标体系中客观性不足、可操作性不足、不具备典型性的指标进行了修改和修正，总体达到了本次评测的目标。

第 6 章　数字政府建设评价调研情况

2022 年，受新冠疫情影响，课题组遵照国家信息中心防疫要求，未能赴地方开展数字政府建设评价工作，因此采用了折中的方式。2022 年 8—9 月，课题组面向全国各省（自治区、直辖市）、地市（直辖市辖区、县）两级政府发放了《数字政府建设评价情况调研表》（见附件 B）。截至 2022 年底，课题组共收到 35 个省、地市、区县级政府单位反馈的调研问卷，其中包括 7 个省级单位、26 个地市级单位以及 3 个区县级单位（其中 1 个区县级单位反馈了建设案例，见表 6-1）。

表 6-1　数字政府建设评估情况调研反馈统计

行政级别	单位名称
省级（7 个）	安徽省数据资源管理局、广东省政务服务数据管理局、湖北省大数据中心、江西省信息中心、吉林省政务服务和数字化建设管理局、浙江省大数据发展管理局、陕西省政务大数据局
地市级（26 个）	克孜勒苏柯尔克孜自治州人民政府办公室、定西市政务服务管理局、遵义市人民政府办公室、临沧市发展和改革委员会、六安市数据资源管理局、济南市大数据局、泉州市数字泉州建设办公室、日照市大数据发展局、滁州市数据资源管理局、汉中市人民政府办公室、兰州市大数据管理局、连云港市大数据管理中心、六盘水市电子政务办公室、洛阳市政务服务和大数据管理局、威海市大数据中心、迪庆藏族自治州（以下简称迪庆州）人民政府办公室、怒江州发展和改革委员会、黔东南州政务信息中心、厦门市信息中心、长治市行政审批服务管理局、包头市人民政府办公室、泸州市经济和信息化局、赣州市人民政府办公室、南昌市人民政府办公室、沈阳市大数据管理局、玉林市大数据发展和政务服务局
区县级（3 个）	重庆市涪陵区人民政府办公室、天津市武清区人民政府办公室、台州市黄岩区农业农村局

本次发放的调研问卷参照本书的数字政府建设评价指标体系，共包括 7 个方面，分别是组织架构与总体规划（基本情况）、基础设施、平台支撑、数据资源、政务应用、网络安全以及问题与困难，由各地数字政府建设主管部门牵头负责填报。根据各地填报的问卷反馈，课题组进行了分析与总结，相关内容如下。

6.1 组织架构与总体规划

《国务院关于加强数字政府建设的指导意见》（国发〔2022〕14号）提出，成立数字政府建设工作领导小组，统筹指导协调数字政府建设，由国务院领导同志任组长，办公室设在国务院办公厅，具体负责组织推进落实。各地区各部门要建立健全数字政府建设领导协调机制，强化统筹规划，明确职责分工，抓好督促落实，保障数字政府建设有序推进。

根据调研表反馈情况来看，7个省级单位中有6个单位建立了数字政府建设领导小组，28个地市及区县级单位中有25个单位建立了数字政府建设领导小组。从省级牵头主管部门来看，江西省及浙江省均是由政府办公厅负责，湖北省由政务管理办公室负责，陕西省、吉林省、安徽省均是由地方主管政府信息化的局级单位负责（见表6-2）。

表6-2 省级数字政府建设主管部门统计

省级数字政府建设主管部门	陕西省政务大数据局
	吉林省政务服务和数字化建设管理局
	湖北省政务管理办公室
	广东省政务服务数据管理局
	安徽省数据资源管理局
	江西省人民政府办公厅
	浙江省人民政府办公厅

地市级呈现市/区政府办公室与地方政务服务/大数据主管局两种负责单位的分化（见表6-3）。此外，迪庆州由发展和改革局牵头负责。

表6-3 地市/区县数字政府建设主管部门统计

地市/区县数字政府建设主管部门	
包头市人民政府办公室	
泉州市数字泉州建设办公室	
泸州市人民政府办公室	
兰州市人民政府办公室	
汉中市人民政府办公室	沈阳市大数据管理局
克孜勒苏柯尔克孜自治州人民政府办公室	日照市大数据发展局
连云港市政务服务管理办公室	南昌市政务服务数据管理局
怒江州人民政府办公室	洛阳市政务服务和大数据管理局
黔东南苗族侗族自治州人民政府办公室	济南市大数据局
数字厦门建设领导小组办公室	长治市行政审批服务管理局
天津市武清区人民政府办公室	遵义市科技与大数据局
威海市人民政府办公室	
玉林市人民政府办公室	
临沧市人民政府办公室	
涪陵区新型智慧城市建设领导小组	

从建设单位来看，有 7 个地方明确由第三方企业承担建设的主要工作，分别是广东省、吉林省、湖北省、安徽省、兰州市、黔东南州、长治市。

从数字政府建设规划来看，省级单位都印发了本省数字政府建设规划或行动计划，地市、区县级单位有 22 个印发了数字政府建设规划（或实施方案、行动计划、实施意见），如表 6-4 所示。

表 6-4 数字政府建设规划

省 级 规 划	地市／区县规划
《陕西省数字政府建设"十四五"规划》 《吉林省数字政府建设"十四五"规划》 《湖北省数字政府建设总体规划（2020—2022 年）》 《广东省数字政府改革建设"十四五"规划》 《安徽省"数字政府"建设规划（2020—2025 年）》 《江西省数字政府建设三年行动计划（2022—2024 年）》 《浙江省数字政府建设"十四五"规划》	《包头市数字政府建设行动方案（2021—2023 年）》 《滁州市新型智慧城市总体规划（2019—2025 年）》 《赣州市数字政府建设三年行动计划（2020—2024 年）》 《汉中市数字政府建设"十四五"规划》 《济南市数字政府建设实施方案（2019—2022 年）》 《甘肃省数字政府建设总体规划（2021—2025）》 《连云港市"十四五"数字政府建设规划》 《六安市"十四五"数字政府建设规划》 《泸州市"十四五"数字经济发展规划》 《洛阳市数字政府建设方案》 《南昌市数字政府规划建设方案》 《贵州省电子政务外网三期工程初步设计方案（黔东南州分册）》 《泉州市"十四五"数字泉州专项规划》《泉州市智慧城市专项规划》 《数字日照暨新型智慧城市发展规划（2020—2023 年）》 《沈阳市数字政府建设总体规划（2022—2025 年）》 《"十四五"时期武清区网络安全和信息化发展规划》 《数字威海建设行动计划（2022—2024 年）》 《数字玉林发展"十四五"规划》 《临沧市数字政府实施意见》 《长治市加快数字政府建设实施方案》 《涪陵区新型智慧城市建设"十四五"规划（2021—2025 年）》 《遵义市"十四五"大数据（数字经济）发展规划》

6.2 基础设施

通过加强数字政府基础设施建设、在线政务服务水平、数据平台开放共享等，改进公共服务的过程与结果，提升公众的数字化服务体验，形成公众需求与政府供给之间的双向互动和正向循环。

在调查问卷中，关于数字政府建设中基础设施建设情况，7 个省级单位和 28 个地市级单位给予了信息反馈。从反馈的情况来看，各地省市级电子政务数据中心自建与租用情况并存，目前整体以自建为主。国家大力提倡的双碳节能措施目前在高耗能数据中心行业并未普及到位。在省市级数字政府政务云基础设施的建设使用上，整体工作力度以及工作效果还是比较充分的。从国家电子政务外网覆盖角度来看,覆盖率也基本反映了近几年国家电子政务外网管理中心按照国务院电子政务办相关要求,建设推进政务外网的真实程度。

6.2.1 电子政务外网机房

从35个数字政府建设单位反馈的整体信息来看,13个政务体系机房是租用的,另有22个单位是自建,自建率63%;在地市层面,8个数据中心是租用,在省级层面则有5个数据中心是租用,在省级层面租用率比较高。省市级数据中心整体面积集中在400m²左右。因机房单体容量较小,机房所用制冷系统以风冷为主,使用水冷的仅4个,而且均集中在省级数据中心层面,因此年耗水量较少,数据中心年用水量最大的为27万吨。各级单位数据中心节水参考值WUE普遍不理想,且数据中心节水意识普遍不到位,有节水措施的仅9个。各级单位数据中心对节能参考值PUE相对比较重视,集中在1.4~1.9。但实际上基于风冷系统制冷的数据中心PUE值一般不会这么理想。16个数据中心有绿色节能措施,接近半数,很重要的一点是省级数据中心均有绿色节能措施。以上关于数字政府建设所用机房具体调研情况如表6-5所示。

表6-5 电子政务机房基本情况统计表

项目	自建率	平均面积	平均PUE	节能措施率	平均WUE	节水措施率
整体情况	63%	673 m²	1.70	46%	2.1L/kW·h	26%
省级数据中心层面	29%	1188m²	1.58	100%	1.575L/kW·h	43%
地市级数据中心层面	71%	539m²	1.74	29%	2.65L/kW·h	21%

注:统计PUE时排除了两个明显超出统计范围的数值。

6.2.2 政务云

地方政府目前整体积极建设属地政务云,为数字政府和新型智慧城市(及其他政务信息系统)建设提供基础环境支撑。政务云为数字政府的落地提供应用系统、信息资源、运行保障和信息安全等综合服务,是数字政府建设的核心依托。根据35家省市级电子政务主管机构关于数字政府基础设施建设情况的反馈来看,电子政务外网业务上云率集中在80%~100%,政务云承建单位以三大运营商、政府主导的城投建设公司以及数字政府建设领域互联网巨头为主,运维单位也基本与之对应,对政务云承建单位的满意度以及运维单位的满意度基本为100%。政务云建设与运维单位情况如表6-6所示。

表 6-6 各地政务云建设与运维单位统计表

云基础设施使用方	政务云承建单位	政务云运维单位
沈阳市	华为软件技术有限公司、阿里云计算有限公司	中国联通沈阳分公司、中国移动沈阳分公司
陕西省政务大数据局	中国电信	中国电信、云上陕西科技运营有限公司
日照市	日照浪潮云计算有限公司	日照浪潮云计算有限公司
泉州市数字泉州建设办公室	中国电信泉州分公司	中国电信泉州分公司
南昌市人民政府办公室	南昌市政务服务数据管理局	南昌市数字科学研究中心
洛阳市政务服务和大数据管理局	中兴通讯股份有限公司	中国联通洛阳分公司、中国移动洛阳分公司
泸州市经济和信息化局	华为软件技术有限公司	华为软件技术有限公司
兰州市大数据管理局	中国移动甘肃有限公司	中国移动甘肃有限公司
济南市大数据局	浪潮云信息科技公司	浪潮云信息科技公司
吉林省政务服务和数字化建设管理局	吉林省吉林祥云信息技术有限公司	吉林省吉林祥云信息技术有限公司
湖北省大数据中心	湖北省大数据中心、湖北省楚天云有限公司	湖北省大数据中心、湖北省楚天云有限公司
汉中市人民政府办公室	汉中市智慧城市建设局	汉中市智慧城市建设局
广东省政务服务数据管理局	数字广东网络建设有限公司	数字广东网络建设有限公司
滁州市数据资源管理局	中国电信滁州分公司、中国移动滁州分公司	中国电信滁州分公司、中国移动滁州分公司
包头市人民政府办公室	包头城市云计算有限公司	包头城市云计算有限公司
安徽省数据资源管理局	安徽省大数据中心	中国电信安徽分公司、中国移动安徽分公司
赣州市人民政府办公室	华为软件技术有限公司、浪潮云信息科技公司、新华三信息技术有限公司	华为软件技术有限公司、浪潮云信息科技公司、新华三信息技术有限公司
江西省信息中心	江西省信息中心	江西省信息中心
连云港市大数据管理中心	中国电信连云港分公司	中国电信连云港分公司
黔东南州政务信息中心	中移系统集成有限公司	中移系统集成有限公司
天津市武清区人民政府办公室	紫光云技术有限公司	紫光云技术有限公司
威海市大数据中心	威海北洋电器集团股份有限公司	威海北洋云信息技术服务有限公司
玉林市大数据发展和政务服务局	联通系统集成有限公司广西分公司	中国联通玉林分公司
临沧市发展和改革委员会	—	—
长治市行政审批服务管理局	长治云时代技术有限公司	长治云时代技术有限公司
浙江省大数据发展管理局	阿里云计算有限公司	阿里云计算有限公司
重庆市涪陵区人民政府办公室	华为软件技术有限公司	华为软件技术有限公司
遵义市人民政府办公室	数字遵义建设投资有限公司	数字遵义建设投资有限公司
定西市政务服务管理局	中国电信定西分公司	中国电信定西分公司
迪庆州人民政府办公室	迪庆州政务服务管理局	云南凯特电子技术有限公司
六盘水市电子政务办公室	—	—
怒江州发展和改革委员会	—	—
克孜勒苏柯尔克孜自治州人民政府办公室	—	自治区外网管理中心
厦门市信息中心	—	—
六安市数据资源管理局	中国电信	讯飞智元信息科技有限公司

6.2.3 电子政务外网

由统计结果来看，电子政务外网乡镇/街道覆盖率基本都达到100%，社区一级覆盖率则参差不齐，电子政务外网IPv6覆盖率也具有很大差异化。具体情况如表6-7所示。

表6-7 电子政务外网覆盖情况统计

单 位 名 称	社区覆盖率	电子政务外网 IPv6 覆盖率
沈阳市大数据管理局	100%	市级政务部门 100%
陕西省政务大数据局	—	省市县骨干网 100%，省政务云平台 100%
日照市大数据发展局	93%	100%
泉州市数字泉州建设办公室	100%	—
南昌市人民政府办公室	11.4%	0.15
洛阳市政务服务和大数据管理局	—	—
泸州市经济和信息化局	50%	—
兰州市大数据管理局	100%	100%
济南市大数据局	100%	100%
吉林省政务服务和数字化建设管理局	31.7%	25%
湖北省大数据中心	100%	—
汉中市人民政府办公室	70%	—
广东省政务服务数据管理局	90.74%	100%
滁州市数据资源管理局	100%	市级互联网区 100%
包头市人民政府办公室	56.70%	政府网站 IPV6 已改造完成
安徽省数据资源管理局	100%	省市互联网区改造已完成
赣州市人民政府办公室	—	—
江西省信息中心	7%	10%，2022年底预计覆盖率将达30%
连云港市大数据管理中心	100%	—
黔东南州政务信息中心	100%	—
天津市武清区人民政府办公室	100%	100%
威海市大数据中心	100%	100%
玉林市大数据发展和政务服务局	—	—
临沧市发展和改革委员会	12.14%	—
长治市行政审批服务管理局	—	—
浙江省大数据发展管理局	90%	骨干网 100%
重庆市涪陵区人民政府办公室	100%	60%
遵义市人民政府办公室	100%	—
定西市政务服务管理局	100%	—
迪庆州人民政府办公室	—	—
六盘水市电子政务办公室	100%	—
怒江州发展和改革委员会	—	—
克孜勒苏柯尔克孜自治州人民政府办公室	100%	—
厦门市信息中心	100%	100%
六安市数据资源管理局	100%	10%

注："—"表示未反馈。

6.3 平台支撑

6.3.1 政务服务平台

在获取的35份调研数据中,7个省级政务相关部门的政务服务平台地市覆盖大于(含)10个,区县覆盖大于50个,委办厅局覆盖除江西省外均大于40个。其中广东省、浙江省实现省、市、县、镇、村五级覆盖(见表6-8)。

表6-8 省级政府政务服务平台覆盖反馈情况统计

单位名称	地市覆盖	委办厅局覆盖	区县覆盖
陕西省政务大数据局	13个	50个	134个
吉林省政务服务和数字化建设管理局	10个(市州和开发区)	49个	73个
湖北省大数据中心	17个	54个	124个
广东省政务服务数据管理局	21个	71个	123个
安徽省数据资源管理局	16个	59个	104个
江西省信息中心	12个	19个	100个
浙江省大数据发展管理局	11个	66个	90个

7组省级样本均实现了政务服务平台与移动政务服务平台的身份认证互认。

28份地市及区县级样本中,13个地市及区县级单位提交的有效数据均实现了地市及区县级政务服务平台全覆盖,委办厅局覆盖情况总体优于区县覆盖(见表6-9)。

表6-9 地市及区县政务服务平台覆盖反馈情况统计

单位名称	委办厅局覆盖	区县覆盖
沈阳市大数据管理局	45个	14个
日照市大数据发展局	50个	7个
泉州市数字泉州建设办公室	40个	13个
南昌市政务服务数据管理局	39个	12个
洛阳市政务服务和大数据管理局	53个	17个
泸州市经济和信息化局	—	7个
兰州市大数据管理局	45个	10个
济南市大数据局	49个	21个
汉中市人民政府办公室	—	11个
滁州市数据资源管理局	—	10个
包头市人民政府办公室	1个	10个
赣州市人民政府办公室	—	20个
天津市武清区人民政府	268个	—
威海市大数据中心	—	8个

续表

单位名称	委办厅局覆盖	区县覆盖
临沧市发展和改革委员会	35个	8个
长治市行政审批服务管理局	74个	14个
重庆市涪陵区人民政府办公室	—	42个
遵义市人民政府办公室	48个	15个
六安市数据资源管理局	51个	8个
迪庆州人民政府办公室	140个	3个
定西市政务服务管理局	—	—
六盘水市电子政务办公室	—	4个
连云港市大数据管理中心	—	—
怒江州发展和改革委员会	34个	1个
黔东南州政务信息中心	—	—
克孜勒苏柯尔克孜自治州人民政府办公室	—	—
厦门市信息中心	—	—
玉林市大数据发展和政务服务局	—	—

6.3.2 统一政府协同平台

35份样本数据显示，6个省级政务服务相关部门有统一政府协同平台，部分地市级没有统一政府协同平台，而是由省级统建，地市应用（见表6-10）。25个地市及区县级单位提交材料中，23份有效数据提供了统一政府协同平台名称，13个地市级单位实现地市覆盖（见表6-11）。省级平台名称如"秦政通""皖政通""赣政通""浙政钉"等，市级平台名称如沈阳市智慧政务协同办公平台、济南市电子政务服务基础支撑平台、武清区党政协同办公系统等。其中，江西省"赣政通"平台覆盖11个地市，68个委办厅局，130个区县；浙江省"浙政钉"政务协同平台覆盖人大、政协、群众团体、民主党派、乡镇（街道）、村（社区）等多个组织；重庆市涪陵区电子政务协同办公平台覆盖全区27个街道乡镇、6个园区。

表6-10 省级政府统一协同办公平台统计

省级单位名称	名　称	地市覆盖	委办厅局覆盖	区县覆盖
陕西省政务大数据局	"秦政通"政务一体化系统办公平台	11个	13个	1个
吉林省政务服务和数字化建设管理局	机关办公系统（OA）	9个	19个	5个
广东省政务服务数据管理局	省电子公文交换系统	21个	207个	122个
安徽省数据资源管理局	皖政通	3个	5个	24个
江西省信息中心	"赣政通"平台	11个	68个	130个
浙江省大数据发展管理局	"浙政钉"政务协同平台	11个	87个	90个

表 6-11 地市及区县政府统一协同办公平台统计

地市级单位名称	名称	地市覆盖	委办厅局覆盖	区县覆盖
沈阳市大数据管理局	沈阳市智慧政务协同办公平台	1个	75个	14个
日照市大数据发展局	日照市一体化协同办公平台		70个	7个
泉州市数字泉州建设办公室	市级一体化办公平台	1个	82个	13个
南昌市政务服务数据管理局	"赣政通"南昌分厅政务办公平台	1个	93个	13个
泸州市经济和信息化局	泸州市一体化协同办公平台	1个	51个	7个
兰州市大数据管理局	兰州市党政机关协同办公平台	1个	70个	8个
济南市大数据局	济南市电子政务服务基础支撑平台	1个	83个	15个
汉中市人民政府办公室	汉中市政务协同办公系统	—	—	11个
滁州市数据资源管理局	滁州电子政务办公平台	—	—	10个
包头市人民政府办公室	包头市统一协同办公应用平台	1个	43个	10个
赣州市人民政府办公室	政务办公OA平台	1个	56个	20个
连云港市大数据管理中心	连云港市协同办公	—	—	—
黔东南州政务信息中心	贵州省一体化办公平台	—	—	16个
天津市武清区人民政府办公室	武清区党政协同办公系统（OA）、武清区政务安全邮箱系统、武清区政务短信系统	—	268个	—
威海市大数据中心	山东通、爱山东APP	—	—	8个
玉林市大数据发展和政务服务局	无。统一应用广西壮族自治区党政机关综合办公平台。自治区统建、地市应用	—	—	8个
临沧市发展和改革委员会	OA	1133个	161个	
长治市行政审批服务管理局	长治市政府系统协同办公平台	1个	57个	14个
迪庆州人民政府办公室	迪庆州电子公文协同办公平台	1个	140个	3个
遵义市人民政府办公室	一体化办公平台（贵州省）		151个	15个
六安市数据资源管理局	六安市协同办公系统	1个	121个	8个
六盘水市电子政务办公室	贵州省电子政务一体化办公平台	1个	228个	4个
重庆市涪陵区人民政府办公室	涪陵区电子政务协同办公平台	—	—	覆盖全区27个街道乡镇、6个园区

6.3.3 移动政务服务平台

35 份样本中,有效数据 29 份,4 组有效省级单位数据中,移动政务服务平台均由省级统筹建设,全部实现地市、区县覆盖(见表 6-12)。

表 6-12 部分省级移动政务服务平台建设及统筹情况

单位名称	建设模式	地市覆盖	区县覆盖	街道覆盖
吉林省政务服务和数字化建设管理局	省级统筹	全部地市	全部区县	全部街道
安徽省数据资源管理局	省级统筹	全部地市	全部区县	全部街道
江西省信息中心	省级统筹	全部地市	全部区县	全部街道
浙江省大数据发展管理局	省级统筹	全部地市	全部区县	全部街道

地市层面,22 组有效数据中,移动政务服务平台省级统筹占 64%,市级统筹占 32%,省市联建占 4%。

地市移动政务服务平台覆盖的政务服务相关部门占 59%,区县覆盖的政务服务相关部门占 81%,实现地市、区县、街道三级覆盖的占 27%。其中济南市、遵义市移动政务服务实现到村居(社区)四级全覆盖(见表 6-13)。

表 6-13 部分地市移动政务服务平台建设及统筹情况

单位名称	建设模式	地市覆盖	区县覆盖	街道覆盖
南昌市人民政府办公室	省级统筹	全部地市	全部区县	全部街道
兰州市大数据管理局	省级统筹	全部地市	全部区县	全部街道
济南市大数据局	市级统筹	全部地市	全部区县	市、县、街道、村居四级全覆盖
包头市人民政府办公室	省级统筹	全部地市	全部区县	全部街道
黔东南州政务信息中心	省级统筹	全部地市	全部区县	全部街道
六安市数据资源管理局	省级统筹	全部地市	全部区县	全部街道

6.3.4 政务区块链公共服务

政务区块链公共服务属于新兴平台支撑,在 35 份数据中,30 份为有效数据,其中 13 份省级政务服务部门提交的数据表示其有政务区块链公共服务,如江西省政务区块链平台、浙江省区块链服务系统、天津市武清区智慧武清区块链平台、兰州市大数据管理局"金城 E 交易"区块链平台等,部分地市使用省级统建的区块链服务,如泉州市使用福建省级建设的政务区块链服务;部分省级正在筹划建设政务区块链,如吉林省政务服务和数字化建设管理局正在探索建设"区块链+政务服务"应用(见表 6-14)。

表 6-14 部分地方政务区块链服务平台建设情况

单位名称	名称
沈阳市大数据局	应用中台区块链平台
泉州市数字泉州建设办公室	由省级统建
南昌市人民政府办公室	赣信链
洛阳市政务服务和大数据管理局	区块链+电子证照
泸州市经济和信息化局	政务区块链服务平台
兰州市大数据管理局	"金城E交易"区块链平台
济南市大数据局	济南政务区块链平台
赣州市人民政府办公室	电子证照、身份认证
江西省信息中心	江西省政务区块链平台
天津市武清区人民政府办公室	智慧武清区块链平台
浙江省大数据发展管理局	区块链服务系统

6.4 数据资源

6.4.1 政务数据治理

政务数据治理方面，在 35 份数据中，30 份为有效样本数据，80% 的省级政务服务部门建立了相应的政务数据治理规章制度，89% 的省级政务服务部门建立了相应的政务数据治理规划实施方案，86% 的省（市）政务服务部门拥有专职数据治理队伍。

省级层面，5 个省级政务服务部门有政务数据规章制度、规划实施方案和专职队伍（见表 6-15）。

表 6-15 部分省级政务数据治理体系建设情况表

单位名称	规章制度	规划实施方案	专职数据治理队伍
吉林省政务服务和数字化建设管理局	有	有	有
湖北省大数据中心	有	有	有
广东省政务服务数据管理局	有	有	有
安徽省数据资源管理局	有	有	有
浙江省大数据发展管理局	有	有	有

地市层面，共提交 25 份数据，23 份为有效数据，70% 的政务服务部门建立了相应的政务数据治理规章制度和政务数据治理规划实施方案，并且拥有专职数据治理队伍（见表 6-16）。

表 6-16　部分地市／区县政务数据治理体系建设情况表

单位名称	规章制度	规划实施方案	专职数据治理队伍
日照市大数据发展局	有	有	有
泉州市数字泉州建设办公室	有	有	有
南昌市人民政府办公室	有	有	有
洛阳市政务服务和大数据管理局	有	有	有
泸州市经济和信息化局	有	有	有
兰州市大数据管理局	有	有	有
济南市大数据局	有	有	有
滁州市数据资源管理局	有	有	有
连云港市大数据管理中心	有	有	有
天津市武清区人民政府办公室	有	有	有
威海市大数据中心	有	有	有
玉林市大数据发展和政务服务局	有	有	有
重庆市涪陵区人民政府办公室	有	有	有
遵义市人民政府办公室	有	有	有
定西市政务服务管理局	有	有	有
六安市数据资源管理局	有	有	有

6.4.2　政务数据管理

省级政数局、大数据中心等政务管理相关部门的数据资源更为丰富，接入委办局数量、目录数量更多，数据资源更新频率更高。例如，吉林省政务服务和数字化建设管理局接入共享平台委办局数量达5338个，政务数据资源目录数量（截至2022年6月）共68 274个，数据资源更新频率为每周234类，月共21 838类，季度或半年的更新频率共6199类（见表6-17）。

表 6-17　省级政务数据资源目录及更新情况

单位名称	接入共享平台委办局数量	政务数据资源目录数量（截至2022年6月）	数据资源更新频率（周）	数据资源更新频率（月）	数据资源更新频率（季度或半年）	数据资源更新频率（其他）
陕西省政务大数据局	47个	30 854条	33类	106类	9类	不定期共556类
吉林省政务服务和数字化建设管理局	5338个	68 274条	234类	21838类	6199类	共41 426类
湖北省大数据中心	74个	17 246条	83类	4857类	2589类	实时：共81类；日：共902类；年：共8080类；其他：共654类

续表

单位名称	接入共享平台委办局数量	政务数据资源目录数量（截至2022年6月）	数据资源更新频率（周）	数据资源更新频率（月）	数据资源更新频率（季度或半年）	数据资源更新频率（其他）
广东省政务服务数据管理局	2346个	30 730条	2250类	787类	876类	共26 817类
安徽省数据资源管理局	75个	103 807条	1771类	308类	844类	每年共97 956类
江西省信息中心	69个	43 029条	12 082类	3045类	861类	每年共11 075类
浙江省大数据发展管理局	80个	250 488条	6688类	40 451类	10 097类	每年共129 895类

地市层面，28个地市及区县级单位提交的数据中，共24份有效数据（见表6-18）。

表6-18 地市及区县数据资源目录及更新情况

单位名称	接入共享平台委办局数量	政务数据资源目录数量（截至2022年6月）	数据资源更新频率（周）	数据资源更新频率（月）	数据资源更新频率（季度或半年）	数据资源更新频率（其他）
包头市人民政府办公室	43个	1.14亿条	8类	57类	0类	不定期更新，共214类
滁州市数据资源管理局	58个	11071条	48类	151类	180类	共1765类
迪庆州人民政府办公室	12个	153条	8类	13类	—	按需共3类
定西市政务服务管理局	761个	27 943条	368类	7704类	1556类	每年共2860
赣州市人民政府办公室	66个	1573条	168类	52类	1类	1352共3类
汉中市人民政府办公室	59个	354条	1类	143类	164类	天或年共47类
六盘水市电子政务办公室	62个	2669条	—	—	—	—
济南市大数据局	69个	15 827条	70类	603类	531类	共14 894类
兰州市大数据管理局	37个	15 476条	240类	188类	399类	实时或定期拷贝共14 524类
连云港市大数据管理中心	51个	1812条	103类	286类	81类	—
六安市数据资源管理局	323个	5874条	31类	73类	41类	每年及以上共34类
泸州市经济和信息化局	364个	11 042条	307类	455类	914类	共9362类
洛阳市政务服务和大数据管理局	70个	2020条	0类	7类	17类	共1996类
南昌市人民政府办公室	82个	5490条	0类	103类	477类	实时、每天、每年共4910类

续表

单位名称	接入共享平台委办局数量	政务数据资源目录数量（截至2022年6月）	数据资源更新频率（周）	数据资源更新频率（月）	数据资源更新频率（季度或半年）	数据资源更新频率（其他）
泉州市数字泉州建设办公室	361个	3590条	23类	75类	43类	实时、每日、每年共312类
日照市大数据发展局	382个	7524条	8类	1901类	214类	其他共6275类
厦门市信息中心	73个	4147条	—	—	—	—
沈阳市大数据管理局	63个	2470条	178类	358类	707类	共805类
天津市武清区人民政府办公室	38个	2835条	—	—	—	—
威海市大数据中心	487个	15 000条	41类	533类	1223类	年、实时、日共13 000类
玉林市大数据发展和政务服务局	69个	172条				
长治市行政审批服务管理局	50个	17 404条	587类	2999类	142类	
重庆市涪陵区人民政府办公室	29个	665条	—	—	52类	—
遵义市人民政府办公室	54个	1456条	2类	0类	45类	实时或每月共1409类

6.4.3 政务数据共享

在35份样本数据中，7个省级政务服务部门已建立政务数据共享平台。2021年数据共享服务调用次数多达十亿到百亿余次（见表6-19）。

表6-19 省级政务数据共享平台建设及服务调用情况

单位名称	政务数据共享平台	2021年数据共享服务调用次数	政务数据供需对接机制是否建立
吉林省政务服务和数字化建设管理局	已建	68亿次	是
湖北省大数据中心	已建	接口调用14.39亿次，库表交换159.87亿条数据	是
广东省政务服务数据管理局	已建	85.66亿次	是
江西省信息中心	已建	29亿次	是
浙江省大数据发展管理局	已建	259.92亿次	是
安徽省数据资源管理局	已建	63.24亿次	是
江西省信息中心	已建	29亿次	是

地市、区县层面，28个地市及区县级单位提交材料中，27份为有效数据，已经建立政务数据共享平台的有25个，23个地市及区县级单位政务数据供需对接机制已

建立。云南省临沧市、克孜勒苏柯尔克孜自治州暂未建立政务数据共享平台，玉林市大数据发展和政务服务局政务数据共享平台由自治区统建（见表6-20）。

表6-20 地市/区县政务数据共享平台建设及服务调用情况

单位名称	政务数据共享平台	2021年数据共享服务调用次数	政务数据供需对接机制是否建立
包头市人民政府办公室	已建	6087.86万条	是
滁州市数据资源管理局	已建	42.5亿条	是
迪庆州人民政府办公室	已建	—	—
定西市政务服务管理局	已建	1300条	是
赣州市人民政府办公室	已建	4.5亿条	是
汉中市人民政府办公室	已建	775万余条	是
六盘水市电子政务办公室	已建	1 440 981条	是
济南市大数据局	已建	8.7亿条	是
兰州市大数据管理局	已建	87 481 724条	是
连云港市大数据管理中心	已建	26.5万条	是
六安市数据资源管理局	已建	11亿条	是
泸州市经济和信息化局	已建	6 242 574条	是
洛阳市政务服务和大数据管理局	已建	约2000万条	是
南昌市人民政府办公室	已建	1.25亿条	是
黔东南州政务信息中心	已建	—	是
泉州市数字泉州建设办公室	已建	16 803 897条	是
日照市大数据发展局	已建	6240万条	是
厦门市信息中心	已建	4亿条	是
沈阳市大数据管理局	已建	6588万条	是
天津市武清区人民政府办公室	已建	100条	是
威海市大数据中心	已建	12.6亿条	是
玉林市大数据发展和政务服务局	自治区统建	—	是
长治市行政审批服务管理局	已建	2 601 273条	是
重庆市涪陵区人民政府办公室	已建	—	是
遵义市人民政府办公室	已建	286.06万条	—

6.4.4 政务数据开放

在35份样本数据中，33份有效数据，1个省级单位和1个地市及区县级单位未填写数据。5个省级单位已建立政务数据开放平台（见表6-21）。以下网址为各单位提供，暂无法核查。

表 6-21　省级政务数据开放平台建设及开放目录发布情况

单位名称	政务数据开放平台	政务数据开放平台网址	公共数据开放目录数量（截至 2022 年 6 月）	累计开放服务提供次数（截至 2022 年 6 月）
安徽省数据资源管理局	已建	http：//data.ahzwfw.gov.cn	556 个	3100 次
广东省政务服务数据管理局	已建	https：//gddata.gd.gov.cn/	27 621 个	1590 万次
吉林省政务服务和数字化建设管理局	已建	http：//data.jl.gov.cn/datacatalog/datacatalog_list?identifier=220000	126 个	1361 次
江西省信息中心	已建	https：//data.jiangxi.gov.cn	16 个	100 万次
浙江省大数据发展管理局	已建	https：//data.zj.gov.cn/jdop_front/index.do	1267 个	4771 万次

27 份地市及区县级单位有效数据中，21 个单位已建立政务数据开放平台（见表 6-22）。

表 6-22　地市/区县政务数据开放平台建设及开放目录发布情况

单位名称	政务数据开放平台	政务数据开放平台网址	公共数据开放目录数量（截至 2022 年 6 月）	累计开放服务提供次数（截至 2022 年 6 月）
迪庆州人民政府办公室	已建	59.216.93.140：28089/EPOINT-WEB-ZWFW	153 个	2
定西市政务服务管理局	已建	http：//59.219.1.191：8001/sharedportal	19 128 个	8024
赣州市人民政府办公室	已建	http：//zwkf.ganzhou.gov.cn/Index.shtml	123 个	—
六盘水市电子政务办公室	已建	www.data.gzlps.gov.cn	1436 个	9747
济南市大数据局	已建	http：//data.jinan.gov.cn/	9520 个	2430
兰州市大数据管理局	已建	http：//59.219.224.113：8089/portal/theme/index.htm?group_code=222	706 个	940 000
连云港市大数据管理中心	已建	data.lyg.gov.cn	262 个	7400
六安市数据资源管理局	已建	http：//data.luan.gov.cn	77 个	8 400 000
泸州市经济和信息化局	已建	https：//data.luzhou.cn/	14 202 个	15 760
洛阳市政务服务和大数据管理局	已建	29.207.103.229：8088/extranet/	—	—
南昌市人民政府办公室	已建	http：//59.52.188.239：8080/	115 个	—

续表

单位名称	政务数据开放平台	政务数据开放平台网址	公共数据开放目录数量（截至2022年6月）	累计开放服务提供次数（截至2022年6月）
黔东南州政务信息中心	已建	http://www.qdn.gov.cn	—	—
克孜勒苏柯尔克孜自治州人民政府办公室	已建	—	—	—
泉州市数字泉州建设办公室	未建设	—	224个	—
日照市大数据发展局	已建	http://rzdata.sd.gov.cn	5277个	467 614
厦门市信息中心	已建	https://data.xm.gov.cn	948个	803 332
沈阳市大数据管理局	已建	http://data.shenyang.gov.cn/	989个	—
天津市武清区人民政府办公室	已建	http://172.20.12.145：12002/rdms	2835个	2000
威海市大数据中心	已建	http://data.weihai.gov.cn/	7173个	720 000
玉林市大数据发展和政务服务局		yl.data.gxzf.gov.cn	160个	—
长治市行政审批服务管理局	已建	https://www.changzhi.gov.cn/odweb/	62个	2890
遵义市人民政府办公室	已建	—	—	—

6.5 政务应用

6.5.1 政务服务

1. 网上政务服务

网上政务服务指标包括公共服务事项清单数量、一网通办事项数量、跨省通办事项数量统计。

公共服务事项清单数量方面，在35个单位中，31个单位提供了有效数据，占比89%，其中有6个省级单位、23个地市级单位、2个区县级单位。4个单位为空白数据，占比11%。湖北省大数据中心公共服务事项清单最多，为1 762 384；其次是广东省政务服务数据管理局，公共服务事项清单为902 923。排名前五位的单位依次是湖北省大数据中心（1 762 384）、广东省政务服务数据管理局（902 923）、江西省信息中心（350 724）、六安市数据资源管理局（139 386）、陕西省政务大数据局（116 972）。

一网通办事项数量方面，在35个单位中，32个单位提供有效数据，占比91%，其中有7个省级单位、23个地市级单位、2个区县级单位。3个单位为空白数据，占比9%。湖北省大数据中心一网通办事项数量最多，为2 091 300；其次是广东省政务服务数据管理局，一网通办事项数量为1 881 428。排名前五位的单位依次是湖北省大数据中心（2 091 300）、广东省政务服务数据管理局（1 881 428）、安徽省数据资源管理局（1 500 000）、江西省信息中心（262 711）、陕西省政务大数据局（218 127）。

跨省通办事项数量方面，在35个单位中，30个单位提供了有效数据，占比86%，其中有7个省级单位、21个地市级单位、2个区县级单位（见表6-23）。5个单位为空白数据，占比14%。广东省政务服务数据管理局跨省通办事项数量最多，为210 205项，其次是长治市行政审批服务管理局，跨省通办事项数量为11 694项。天津市武清区人民政府办公室跨省通办事项为249大项，遵义市人民政府办公室为175项，泉州市数字泉州建设办公室为137项。排名前五位的单位依次是广东省政务服务数据管理局（210 205）、长治市行政审批服务管理局（11 694）、湖北省大数据中心（9273）、滁州市数据资源管理局（1968）、南昌市人民政府办公室（1384）。

表6-23 支持跨省通办事项的地方政府统计

网上政务服务	省级单位	地市级单位	区县级单位
跨省通办事项	安徽省数据资源管理局 广东省政务服务数据管理局 湖北省大数据中心 吉林省政务服务和数字化建设管理局 江西省信息中心 陕西省政务大数据局 浙江省大数据发展管理局	包头市人民政府办公室 滁州市数据资源管理局 迪庆州人民政府办公室 定西市政务服务管理局 赣州市人民政府办公室 六盘水市电子政务办公室 济南市大数据局 兰州市大数据管理局 连云港市大数据管理中心 六安市数据资源管理局 泸州市经济和信息化局 洛阳市政务服务和大数据管理局 南昌市政府 怒江州发展和改革委员会 克孜勒苏柯尔克孜自治州人民政府办公室 泉州市数字泉州建设办公室 沈阳市大数据管理局 威海市大数据中心 临沧市发展和改革委员会 长治市行政审批服务管理局 遵义市人民政府办公室	天津市武清区人民政府办公室 重庆市涪陵区人民政府办公室

2. 移动政务服务

移动政务服务指标包括支持移动端办理的公共服务事项清单数量、移动端办事比例、移动端注册用户数量。

支持移动端办理的公共服务事项清单数量方面，在35个单位中，27个单位提供有效数据，其中有6个省级单位、20个地市级单位、1个区县级单位。6个单位为空白数据，2个省级单位支持移动端办理的公共服务清单数量为0。湖北省大数据中心支持移动端办理的公共服务事项清单数量最多，为1 336 062，其次是滁州市数据资源管理局，数量为108 000。排名前五位的单位依次是湖北省大数据中心（1 336 062）、滁州市数据资源管理局（108 000）、六安市数据资源管理局（90 991）、定西市政务服务管理局（28 669）、江西省信息中心（17 412）。

移动端办事比例方面，在35个单位中，19个单位提供有效数据，其中有3个省级单位、15个地市级单位、1个区县级单位。克孜勒苏柯尔克孜自治州人民政府办公室移动端办事比例最多，高达100%；泉州市数字泉州建设办公室移动端办事比例达97.79%。排名前十位的单位依次是克孜勒苏柯尔克孜自治州人民政府办公室（100%）、泉州市数字泉州建设办公室（97.79%）、济南市大数据局（87.6%）、赣州市人民政府办公室（86%）、浙江省大数据发展管理局（85%）、威海市大数据中心（79.67%）、南昌市人民政府办公室（75.9%）、六安市数据资源管理局（65.28%）、吉林省政务服务和数字化建设管理局（57%）、定西市政务服务管理局（47.14%）。

移动端注册用户数量方面，在35个单位中，27个单位提供有效统计数据，其中有7个省级单位、19个地市级单位、1个区县级单位（见图6-1）。广东省政务服务数据管理局移动端注册用户数量最多，"粤省事"注册人数高达1.74亿人，"粤商通"注册人数高达1269万人；其次是浙江省大数据发展管理局，其移动端注册用户数量为8 200万人。排名前十位的单位依次是广东省政务服务数据管理局（粤省事为1.74亿）、浙江省大数据发展管理局（8200万）、吉林省政务服务和数字化建设管理局（2900万）、遵义市人民政府办公室（1 985.623 1万）、湖北省大数据中心（1 255.9万）、赣州市人民政府办公室（623.4784万）、济南市大数据局（614万）、南昌市人民政府办公室（400.3万）、六安市数据资源管理局（336.375万）、滁州市数据资源管理局（293.3万）。

3. 热线服务

热线服务指标包括辖区内热线号码和2021年热线服务完结率（要求2021年底前完成的事项）。

辖区内热线号码方面，在35个单位中，31个单位提供了有效数据，其中有7个省级单位、23个地市级单位、1个区县级单位（见表6-24）。统一辖区内热线号码为12345的省、地市有26个，包含4个省、22个地市，占比74%。未统一辖区内热线号码为12345的省、地市有5个。其他地市除12345政务热线，还涉及营商环境投诉专线（96885）、12315、12316、12333、96118、12385、12393、12369 等。

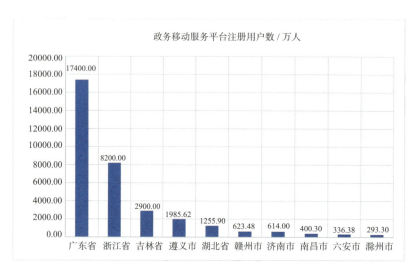

图 6-1　部分地区政务移动服务平台注册用户数

表 6-24　地方统一热线服务情况汇总表

统一热线号码为 12345 的单位（26 个）	提供其他热线号码的单位（5 个）
安徽省数据资源管理局 包头市人民政府办公室 滁州市数据资源管理局 迪庆州人民政府办公室 定西市政务服务管理局 赣州市人民政府办公室 汉中市人民政府办公室 六盘水市电子政务办公室 湖北省大数据中心 济南市大数据局 兰州市大数据管理局 连云港市大数据管理中心 六安市数据资源管理局 泸州市经济和信息化局 洛阳市政务服务和大数据管理局 南昌市人民政府办公室 怒江州发展和改革委员会 克孜勒苏柯尔克孜自治州人民政府办公室 日照市大数据发展局 陕西省政务大数据局 沈阳市大数据管理局 威海市大数据中心 临沧市发展和改革委员会 长治市行政审批服务管理局 浙江省大数据发展管理局 遵义市人民政府办公室	广东省政务服务数据管理局 吉林省政务服务和数字化建设管理局 江西省信息中心 玉林市大数据发展和政务服务局 重庆市涪陵区人民政府办公室

2021 年热线服务完结率（要求 2021 年底前完成的事项）方面，在 35 个单位中，27 个单位提供有效数据，包括 7 个省级单位、19 个地市级单位、1 个区县级单位。8 个单位为空白数据。其中，完结率为 100% 的单位共 18 个，分别为安徽省数据资源管理局、迪庆州人民政府办公室、定西市政务服务管理局、广东省政务服务数据管理局、汉中市人民政府办公室、六盘水市电子政务办公室、湖北省大数据中心、吉林省政务服务和数字化建设管理局、江西省信息中心、兰州市大数据管理局、泸州市经济和信息化局、洛阳市政务服务和大数据管理局、克孜勒苏柯尔克孜自治州人民政府办公室、泉州市数字泉州建设办公室、沈阳市大数据管理局、浙江省大数据发展管理局、重庆市涪陵区人民政府办公室、遵义市人民政府办公室；完结率为 99.0% 以上、100% 以下的单位共 6 个，分别是济南市大数据局、包头市人民政府办公室、赣州市人民政府办公室、威海市大数据中心、长治市行政审批服务管理局、六安市数据资源管理局；3 个单位的 2021 年热线服务完结率为 99% 以下。

6.5.2 社会治理

1. 基层治理

基层治理指标包括有无基层治理数据库、基层治理数据库与部门实现数据共享情况、政务服务下沉区县情况、政务服务下沉乡镇/街道情况、政务服务下沉社区/行政村情况。

基层数据库方面，在 35 个单位中，17 个单位有基层治理数据库，占比 49%，其中有 2 个省级单位、13 个地市级单位、2 个区县级单位。18 个单位无基层治理数据库，占比 51%。

基层治理数据库与其他部门共享数据方面，在 35 个单位中，16 个单位提供有效数据，占比 46%，包括 2 个省级单位、13 个地市级单位、1 个区县级单位。大部分市基层治理数据库与市委政法委、市公安局、市民政局、市人社局、市行政审批局等部门实现了数据共享；大部分省基层治理数据库与省人大、省纪委监委、省委政法委、省信访局、省公安厅、省国家安全厅、省司法厅、省法院、省发展改革委、省税务局、省民政厅、省人力社保厅、省应急管理厅等部门实现了数据共享。19 个单位为空白数据，占比 54%。

政务服务下沉区县情况，在 35 个单位中，22 个单位下沉区县，占比 63%，包括 4 个省级单位、18 个地市级单位；13 个单位为空白数据，占比 37%。政务服务下沉乡镇/街道情况，26 个单位政务服务下沉乡镇/街道，占比 74%，包括 4 个省级单位、20 个地市级单位、2 个区县级单位；9 个单位为空白数据，占比 26%。政务服务下沉社区/行政村情况，23 个单位政务服务下沉社区/行政村，占比 66%，包括 6 个省级单位、15个地市级单位、2个区县级单位（见表6-25）；12个单位为空白数据，占比34%。

表6-25 政务服务下沉社区/行政村情况

政务服务下沉	省级单位	地市级单位	区县级单位
政务服务下沉社区/行政村	安徽省数据资源管理局 广东省政务服务数据管理局 吉林省政务服务和数字化建设管理局 江西省信息中心 陕西省政务大数据局 浙江省大数据发展管理局	滁州市数据资源管理局 迪庆州人民政府办公室 定西市政务服务管理局 汉中市人民政府办公室 六盘水市电子政务办公室 济南市大数据局 兰州市大数据管理局 六安市数据资源管理局 泸州市经济和信息化局 洛阳市政务服务和大数据管理局 南昌市人民政府办公室 怒江州发展和改革委员会 日照市大数据发展局 沈阳市大数据管理局 遵义市人民政府办公室	天津市武清区人民政府办公室 重庆市涪陵区人民政府办公室

2. 城市数据大脑

城市数据大脑指标包括有无情况、部门接入、应用场景。

城市数据大脑有无方面，在35个单位中，20个单位有城市数据大脑，占比57%，包括5个省级单位、14个地市级单位、1个区县级单位；15个单位无城市数据大脑，占比43%（见图6-2）。

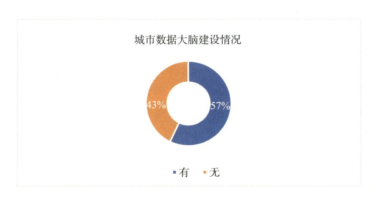

图6-2 城市数据大脑建设情况统计

部门接入情况，20个单位的数据大脑与其他部门接入，占比57%，包括5个省级单位、14个地市级单位、1个区县级单位。接入部门有省委政法委、省自然资源厅、生态环境厅、住房城乡建设厅、水利厅、市水利局、市生态环境局、市自然资源局、市林业局、市气象局等多个部门。

应用场景方面，20个单位提供了有效数据，占比57%，包括5个省级单位、14个地市级单位、1个区县级单位，涉及好就医、好停车、好游玩、好城管、好就业、好养老等多个场景（见图6-3）；15个单位为空白数据，占比43%。

图6-3 城市大脑示意图

3. 一网统管

一网统管指标包括有无情况、部门接入、应用场景。

一网统管有无方面，在35个单位中，21个单位有一网统管，占比60%，包括4个省级单位、15个地市级单位、2个区县级单位；14个单位无一网统管，占比40%。

部门接入情况，20个单位的一网统管与其他部门接入，占比57%，包括4个省级单位、14个地市级单位、2个区县级单位。接入部门有省委政法委、省自然资源厅、生态环境厅、住房城乡建设厅、水利厅等有关部门；市公安局、市住房城乡建设局、市生态环境局、市政公用中心等多个部门。15个单位为空白数据，占比43%。

应用场景方面，18个单位提供了有效数据，占比51%，包括4个省级单位、13个地市级单位、1个区县级单位，涉及森林防火、城市防汛、城市治理等多个场景；17个单位为空白数据，占比49%。

6.5.3 营商环境

营商环境指标包括有无优化营商环境领导小组、有无信息化系统支撑、第三方评估分数、自评估分数。

有无优化营商环境领导小组方面，在35个单位中，32个单位有优化营商环境领导小组，占比91%，包括7个省级单位、23个地市级单位、2个区县级单位。3个单位为空白数据，占比9%。

有无信息化系统支撑方面，16个单位有信息化系统支撑，占比46%，包括5个省级单位、10个地市级单位、1个区县级单位。19个单位无信息化支撑系统，占比54%。

第三方评估方面,10 个单位采用第三方评估方式,占比 29%,有 7 个单位提供了第三方评估分数,其中玉林市大数据发展和政务服务局分数最高,为 90。25 个单位未提供第三方评估分数,占比 71%。

自评估方面,4 个单位提供了自评估分数,占比 11%,其中玉林市大数据发展和政务服务局分数最高,为 90。31 个单位未提供自评估分数,占比 89%(见表 6-26)。

表 6-26 营商环境第三方评估及自评估情况

第三方评估及分数	自评估及分数
吉林省政务服务和数字化建设管理局(未提供分数) 安徽省数据资源管理局(未提供分数) 克孜勒苏柯尔克孜自治州人民政府办公室(未提供分数) 江西省信息中心(86.28) 洛阳市政务服务和大数据管理局(89.35) 泸州市经济和信息化局(79.5) 玉林市大数据发展和政务服务局(90) 遵义市人民政府办公室(80.4) 定西市政务服务管理局(70.48) 六盘水市电子政务办公室(84.18)	广东省政务服务数据管理局(77.0652) 玉林市大数据发展和政务服务局(90) 泸州市经济和信息化局(85) 天津市武清区人民政府办公室(83.66)

6.5.4 数字经济

数字经济指标包括发展数字经济政策、有无信易贷及业财税系统、有无经济监测预警系统/平台及产业链供应链监测信息化系统、市场主体诉求在线解决机制和渠道。

从发展数字经济政策来看,在 35 个单位中,22 个单位有明确的数字经济政策,其中有 5 个省级单位、17 个地市级单位。13 个单位未提供发展数字经济的政策。

从信易贷及业财税系统来看,12 个单位有信易贷及业财税系统,占比 34%,包括 5 个省级单位,即陕西省政务大数据局、吉林省政务服务和数字化建设管理局、广东省政务服务数据管理局、安徽省数据资源管理局、江西省信息中心;7 个地市级单位。23 个单位无信易贷及业财税系统,占比 66%(见图 6-4)。

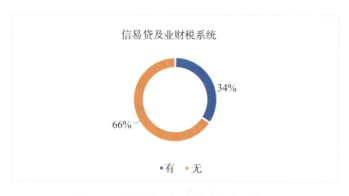

图 6-4 信易贷及业财税系统建设情况

从经济监测预警系统/平台及产业链供应链监测信息化系统来看，11个单位有经济监测预警系统/平台及产业链供应链监测信息化系统，占比31%，包括5个省级单位、6个地市级单位。24个单位无经济监测预警系统/平台及产业链供应链监测信息化系统，占比69%（见图6-5）。

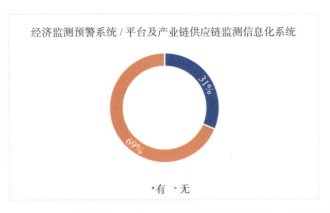

图6-5　经济监测预警系统/平台及产业链供应链监测信息化系统建设情况

从市场主体诉求在线解决机制和渠道来看，13个单位有市场主体诉求在线解决机制和渠道，占比37%，包括5个省级单位、8个地市级单位。22个单位无市场主体诉求在线解决机制和渠道，占比63%（见图6-6）。

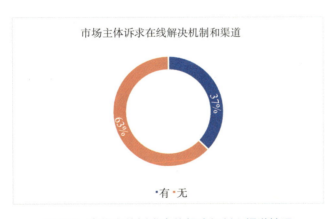

图6-6　市场主体诉求在线解决机制和渠道情况

6.5.5　绿色低碳

绿色低碳指标包括"双碳"政策名称、有无碳/用能监测平台、有无碳普惠（服务、交易、政策）平台。

从"双碳"政策名称来看，在35个单位中，16个单位有明确的"双碳"政策，占比46%，其中包括5个省级单位、10个地市级单位以及1个区县级单位。18个单位暂无"双碳"政策,占比51%。还有一个地方正在编制"双碳"政策(见表6-27)。

表6-27 "双碳"政策

省级政府"双碳"政策名称	地市级政府"双碳"政策名称
《中共陕西省委 陕西省人民政府关于完整准确全面贯彻新发展理念做好碳达峰碳中和工作的实施意见》 《吉林省数据中心和5G等新型基础设施节能降碳实施方案(2021—2025年)》 《中共广东省委 广东省人民政府关于完整准确全面贯彻新发展理念推进碳达峰碳中和工作的实施意见》 《中共安徽省委 安徽省人民政府关于完整准确全面贯彻新发展理念做好碳达峰碳中和工作的实施意见》 《中共浙江省委 浙江省人民政府关于完整准确全面贯彻新发展理念做好碳达峰碳中和工作的实施意见》	《沈阳市推进碳达峰实施方案》 《南昌市贯彻落实〈江西省加快建立健全绿色低碳循环发展经济体系的若干措施〉重点任务清单》 《洛阳市推进碳达峰碳中和工作方案》 《泸州市碳达峰碳中和2022年工作要点》 《兰州市绿色金融支持碳达峰碳中和实施方案》 《汉中市加快建立健全绿色低碳循环发展经济体系若干措施》 《威海市碳达峰工作方案》(正在征求意见) 《关于成立长治市推进碳达峰碳中和工作领导小组的通知》 《定西市碳达峰实施方案》 《重庆市涪陵区推进碳中和工作方案、重庆市涪陵区碳中和碳达峰科技创新行动方案》 《怒江州"十四五"节能减排综合工作方案》

从碳/用能监测平台来看,6个单位有碳/用能监测平台,占比17%,分别是广东省政务服务数据管理局、浙江省大数据发展管理局、包头市人民政府办公室、威海市大数据中心、怒江州发展和改革委员会、兰州市大数据管理局。18个单位无碳/用能监测平台,占比51%;11个单位为空白数据,占比31%(见图6-7)。

图6-7 碳/用能监测平台建设情况

从碳普惠(服务、交易、政策)平台来看,4个单位有碳普惠(服务、交易、政策)平台,占比12%,分别是广东省政务服务数据管理局、浙江省大数据发展管理局、南昌市人民政府办公室、兰州市大数据管理局。20个单位无碳普惠(服务、交易、政策)平台,占比为57%;11个单位为空白数据,占比31%(见图6-8)。

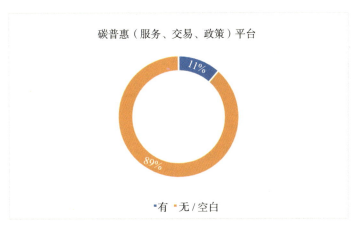

图 6-8 碳普惠（服务、交易、政策）平台建设情况

6.5.6 "互联网+监管"

"互联网+监管"指标包括部门覆盖率、2021年案件查办结率（要求2021年底前完成的事项）、公开网址（地市可不填）。

部门覆盖率方面，在35个单位中，12个单位"互联网+监管"的部门覆盖率达100%（见图6-9）。

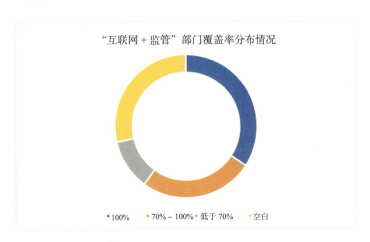

图 6-9 "互联网+监管"部门覆盖率情况

2021年案件查办结率方面，18个单位提供了有效数据，占比51%；安徽省数据资源管理局提供风险预警线索处置率为98.09%，汉中市人民政府办公室风险预警核查办结率为100%，滁州市数据资源管理局为无案件情况。16个单位未提供办结率，占比46%。

公开网址（地市可不填）方面，8个单位提供了网址，占比23%，包括7个省级单位、

1个地市级单位。27个单位未提供公开网址，占比77%。

6.6 网络安全

6.6.1 组织机构与战略规划

组织机构与战略规划指标包括有无网络安全领导小组、网络安全主管机构名称、地方政府网络安全战略或顶层设计名称。

网络安全领导小组方面，在35个单位中，32个单位有网络安全领导小组，占比91%，包括7个省级单位、23个地市级单位、2个区县级单位。2个单位无网络安全领导小组，占比6%；1个单位为空白数据，占比3%（见图6-10）。

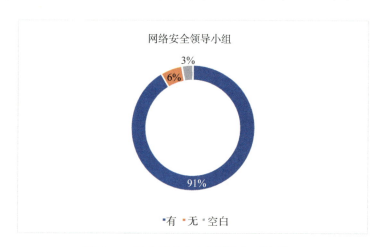

图6-10 政府网络安全领导小组成立情况

网络安全主管机构名称方面，29个单位提供了网络安全主管机构名称，占比83%，其中有7个省级单位、20个地市级单位、2个区县级单位。6个单位未提供网络安全主管机构名称，为空白数据，占比17%。

地方政府网络安全战略或顶层设计方面，18个单位提供了有效的地方政府网络安全战略或顶层设计，其中有6个省级单位、10个地市级单位、2个区县级单位。17个单位未提供地方政府网络安全战略或顶层设计（见图6-11）。

6.6.2 网络安全运营

网络安全运营指标包括自运营/购买第三方服务、第三方服务机构名称、第三方服务机构满意度。

第 6 章 数字政府建设评价调研情况

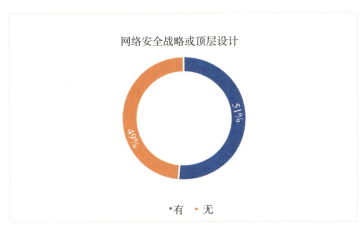

图 6-11　政府网络安全战略或顶层设计制定情况

自运营/购买第三方服务方面，克孜勒苏柯尔克孜自治州人民政府办公室同时采用自运营和购买第三方服务方式。23 个单位购买第三方服务，占比 64%，其中有 6 个省级单位、15 个地市级单位、2 个区县级单位。7 个单位是自运营，占比 19%。2 个单位无网络安全运营服务，占比 6%。4 个单位是空白数据，占比 11%（见表 6-28）。

表 6-28　政府网络安全运营方式

政府单位	购买第三方服务	自运营
省级单位	吉林省政务服务和数字化建设管理局 湖北省大数据中心 广东省政务服务数据管理局 安徽省数据资源管理局 江西省信息中心 浙江省大数据发展管理局	陕西省政务大数据局
地市级单位	滁州市数据资源管理局 定西市政务服务管理局 济南市大数据局 兰州市大数据管理局 六安市数据资源管理局 泸州市经济和信息化局 洛阳市政务服务和大数据管理局 黔东南州政务信息中心 克孜勒苏柯尔克孜自治州人民政府办公室 日照市大数据发展局 厦门市信息中心 沈阳市大数据管理局 威海市大数据中心 玉林市大数据发展和政务服务局 遵义市人民政府办公室	迪庆州人民政府办公室 汉中市人民政府办公室 连云港市大数据管理中心 南昌市人民政府办公室 克孜勒苏柯尔克孜自治州人民政府办公室 长治市行政审批服务管理局
区县级单位	天津市武清区人民政府办公室 重庆市涪陵区人民政府办公室	

第三方服务机构名称方面，24个单位提供了第三方服务机构的名称，占比69%，其中有6个省级单位、16个地市级单位、2个区县级单位。2个单位无第三方服务机构名称，占比6%。9个单位为空白数据，占比25%。

第三方服务机构满意度方面，20个单位对第三方服务机构呈满意状态，占比57%；3个单位持较满意状态，占比9%；12个单位未提供有效数据，占比34%。

6.6.3 合规保障

合规保障指标包括通过等级保护测评系统数量、通过密评测评系统数量、总系统（至少是政务云上应用）数量。

通过等级保护测评系统方面，30个单位提供通过等级保护测评系统数量，占比86%，其中有7个省级单位、21个地市级单位、2个区县级单位。排名前五位的单位依次是浙江省大数据发展管理局（7958）、连云港市大数据管理中心（600）、泸州市经济和信息化局（557）、威海市大数据中心（385）、沈阳市大数据管理局（118）。5个单位为空白数据，占比14%（见图6-12）。

图6-12 提供等保测评统计数据的汇总情况

通过密评测评系统方面，26个单位提供通过密评测评系统数量，占比74%，其中测评数量大于等于1的单位有13个。陕西省政务大数据局和迪庆州人民政府办公室通过密评测评系统的数量最多，有13个，其次是江西省信息中心，有10个。9个单位为空白数据，占比26%（见图6-13）。

总系统方面，浙江省大数据发展管理局总系统数量最多，有10374个，其次是威海市大数据中心，有586个，泸州市经济和信息化局有566个。9个单位为空白数据，占比26%。

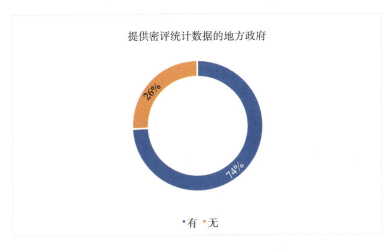

图 6-13　提供密评统计数据的汇总情况

6.6.4　安全建设与运营

安全建设与运营指标包括供应商安全管理制度及评估体系、(APT)威胁检测、威胁情报库、漏洞库、2021 年网络安全事件统计情况（见图 6-14 和图 6-15）。

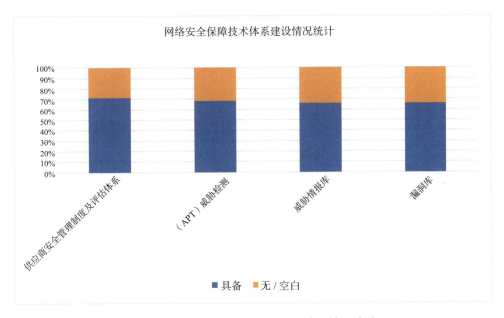

图 6-14　网络安全保障技术体系建设情况统计

供应商安全管理制度及评估体系方面，在 35 个单位中，25 个单位有供应商安全管理制度及评估体系，占比 71%。6 个单位无供应商安全管理制度及评估体系，占比 17%。4 个单位为空白数据，占比为 12%。

（APT）威胁检测方面，24个单位有相应的（APT）威胁检测，占比69%，其中有6个省级单位、16个地市级单位、2个区县级单位。11个单位为空白数据，占比31%。

威胁情报库方面，23个单位有威胁情报库，占比66%，其中有6个省级单位、15个地市级单位、2个区县级单位。12个单位无威胁情报库，占比34%。

漏洞库方面，23个单位有漏洞库，占比66%，其中有5个省级单位、16个地市级单位、2个区县级单位。12个单位无漏洞库，占比34%。

2021年网络安全事件统计情况方面（见图6-15），在35个单位中，2021年没有发生特别重大网络安全事件的单位有27个，占比77%；8个单位为空白数据，占比23%。2021年没有发生重大网络安全事件的单位有26个，占比74%；9个单位为空白数据，占比26%。2021年未发生较大网络安全事件的单位有25个，占比71%；发生较大网络安全事件的单位有1个，占比3%；9个单位为空白数据，占比26%。2021年未发生一般网络安全事件的单位有16个，占比46%；发生一般安全事件的单位有11个，占比31%；8个单位为空白数据，占比为23%。

图6-15　2021年地方政府网络安全事件情况统计

6.6.5　数据安全

从规章制度来看，在35个单位中，29个单位有规章制度，占比83%，包括5个省级单位、22个地市级单位、2个区县级单位。3个单位无规章制度，占比8.5%。3

个单位为空白数据，占比为 8.5%。

从数据安全防护措施来看，① 数据分级分类方面，23 个单位采取数据分级分类措施，占比 66%，其中有 6 个省级单位、16 个地市级单位、1 个区县级单位。12 个单位为空白数据，占比 34%。② 重要数据目录方面，22 个单位采取重要数据目录措施，占比 63%，其中有 5 个省级单位、16 个地市级单位、1 个区县级单位。13 个单位为空白数据，占比 37%。③ 数据安全评估方面，22 个单位采取数据安全评估措施，占比 63%，其中有 5 个省级单位、16 个地市级单位、1 个区县级单位。13 个单位为空白数据，占比 37%。④ 重要数据备份方面，29 个单位采取数据安全评估措施，占比 83%，其中有 6 个省级单位、21 个地市级单位、2 个区县级单位。6 个单位为空白数据，占比 17%。⑤ 其他防护措施方面，31 个单位未采取其他防护措施，采取其他防护措施的有：洛阳市政务服务和大数据管理局设置了 IP 地址白名单；江西省信息中心正在编制本省数据分级分类指南；威海市大数据中心采取数据库安全防护、数据库加密、脱敏和数据库日志审计等措施；浙江省大数据发展管理局采取日志审计、态势感知、加密、脱敏、权限管控等措施。

第 7 章 典型案例

7.1 浙江省

7.1.1 以数字化改革为总抓手，高质量推进政务服务"一网通办"

2020 年，浙江省大数据局认真贯彻落实国务院《关于加快全国一体化在线政务服务平台建设的指导意见》（国发〔2018〕27 号），按照省委省政府推进政府数字化转型、数字化改革工作部署，加快推进政务服务"一网通办"工作，全力打造"全省统一办、网上一站办、大厅就近办、基层帮你办、无感智能办"的"一网通办"浙江模式，努力引领政务服务由"可办"转向"好办易办"。

1. 综述

"一网通办"是一个复杂的系统，是践行习总书记"三融五跨"（即技术融合、业务融合、数据融合，实现跨层级、跨地域、跨系统、跨部门、跨业务）要求的具体实践。2020 年以来，浙江省大数据局牵头，联合 61 个省级单位、11 个设区市、101 个行政服务中心组建工作专班，协同推进。在主要领导亲自推动下，逐项突破改革难点。例如，改革前，全省共 20 多万个事项，同一个事项，不同层级、不同地区、线上线下办理标准不一；改革后，全省事项标准统一为 3638 个。再如，改革前，政务服务领域，国建、省建、市建、县建共几百套系统，自成体系，业务标准规范不统一，数据共享情况不掌握，多部门联办业务难协同，系统运行情况无法监测；改革后，打通各地各部门 319 套系统、1891 个数据接口，实现全省事项"统一收件＋精准分办"、公共数据"应共享尽共享"、多部门联办"一件事"敏捷开发、系统运行"实时监测"。

2. 主要措施

一是坚持顶层设计、"三张清单"。立足用户体验、基层需求和改革任务，梳理政务服务"一网通办""三张清单"，聚焦线上线下"两张皮"、各地办事标准不统一、数据共享不充分、系统故障难监测等问题，构建"统一业务、统一收件、统一共享、统一对接、统一体验、统一评价、统一运维"七大场景，实现线上线下深度融合、省市县办事标准统一以及审批效能、运行情况可量化、可监测、可督查。

二是坚持一体推进、全省贯通。组建省市县3级联动的工作专班，联合61个省级单位、11个设区市、101个行政服务中心近1万人，分省级单位、市县单位、省大数据局3类角色，按照事项梳理、收件配置、审批对接、上线运行4个环节，一体化、标准化、流水线式推动事项逐个梳理、对接、验收、上线、贯通。

三是坚持一地创新、全省共享。推行"领跑者"模式，推动基层"领跑者"做法上升为全省统一标准，全面提升全省政务服务均等化水平。以省民政厅"个人申请门(楼)牌号码及门牌证"事项为例，黄岩、富阳、义乌提出优化建议，民政厅积极采纳。改革后，表单字段由41项精简为5项；申报材料3份全部通过数据共享获取；办事流程由3个环节缩减至1个环节，极大方便群众。

四是坚持多跨协同、线上线下融合。构建"网办优先、自助为辅、窗口兜底"的政务服务新模式，推动"窗口办"转为"网上办、自助办"，"面对面"转为"肩并肩"，"代办"转为"协办、教办"，促进行政服务中心组织机构变革。同时，充分考虑老年人等特殊群体的特殊需求，实现"三减三不减"，即减窗口、减人员、减客流，不减事项、不减服务、不减体验，助力特殊群体跨越"数字鸿沟"。

五是坚持政民互动、政企合作。建立全省统一的客服体系，畅通群众企业和基层的问题反馈渠道，实现问题快速响应、量化闭环，促进服务提质增效。创新政银社合作服务机制，依托农商行基层服务网络，在山区26县打造"就近帮办"网点，以网下服务放大网上能力，破解偏远山区、海岛群众不会"网上办"、无法"就近办"等堵点、痛点，贯通基层服务"最后一公里"。

3. 建设成效

2020年以来，全省"一网通办"事项办件总数9700万，其中群众企业通过网上、掌上(浙江政务服务网、"浙里办"App)办理的办件占比86%(其余14%由大厅窗口、自助机渠道办理)。中央党校(国家行政学院)电子政务中心发布的《省级政府和重点城市一体化政务服务能力(政务服务"好差评")调查评估报告》显示，浙江省连续3年全国第一。

一是统一业务，权力运行更规范。全省20余万个事项标准化为3638个事项，3093个事项已接入"一网通办"，实现"一事项一表单一流程"，切实防止部分地区增设办理条件，确保群众企业跨地区、跨层级办事流程一致。比如"城乡居民基本养老保险参保登记"事项,实施前,全省各地共有 21 套不同表单,流程各式各样;实施后,全省各端 1 套表单、流程。

二是统一收件,人机交互更智能。根据事项关键字段,智能路由、精准分发至相应的业务系统,在不改变原有审批权限基础上,推动群众办事由"找属地"变为"找政府"。以"医保账户家庭共济"事项为例,改革前,群众需依次找属地、部门、事项,才能办理;改革后,仅需"找事项"(全省已统一规范为 1 个)即可办理,办件将通过"参保统筹区"字段精准分发至相应的业务系统。

三是统一共享,数据填报更便捷。遵循公共数据"应共享尽共享"原则,明确除涉密敏感、非政府部门履职过程中产生的数据外,均须共享。但是,仍有部分公共数据,如税务、电力、保险等,因受国家垂管部门限制,难以共享。目前,3093 个 2.0 事项共涉及表单字段 6.1 万个、申报材料 1.5 万份,分别共享 3.1 万个、3855 份,共享率由 18.9%、14.4% 提升至 51.4%、26.5%。所有已共享的表单字段与申报材料,群众企业无须重复提交,只需核实确认。

四是统一对接,系统协同更高效。按照"集约利旧"原则,建设全省统一的政务服务中台,制定对接标准,采用接口方式,低成本、组件化、松耦合接入各地各部门 319 套系统、1891 个数据接口,有力支撑各地各部门以"工厂化""组件式"的建设模式,敏捷开发、快速迭代事项与多部门联办"一件事",有效降低建设门槛与开发成本。

五是统一评价,差评整改更有力。统一集成政务服务"好差评",变业务系统各自评价、评价数据离线归集为平台统一评价,确保评价数据实时真实、量化闭环。建立回访、核实、整改、反馈的差评处理闭环机制,倒逼政府部门整改、服务效能提升。2020 年以来,累计收到全省"好差评"4100 万条,其中差评 2.6 万条,差评按期整改率为 100%。

六是统一体验,办事体验更一致。通过"一端集成""同源发布",实现网上、掌上、大厅窗口、大厅自助机等多端办理体验一致,有效破解群众企业"办事入口多、学习成本高"等难题,实现整体政府、规范服务。推广"一网通办"以来,大厅工作人员的主要职责逐步由"代办员"变为"收件员""协办员""教办员",进而降低大厅工作人员培训成本,促进行政服务中心运行机制改革。例如,宁波市鄞州区行政服务中心已减少窗口 25 个,减少人员 10%。

七是统一运维,风险预警更及时。开发 21 个数据监控分析工具,完善全省政务服务事项"监测、预警、处置、反馈"问题闭环管控机制,全事项、全系统、全数据实时监测、闭环管理。2021 年,已对接"一网通办"的 319 套系统累计故障时长占比 0.078%,其中 256 套系统未出现故障,确保了群众网上办事"好办、易办"。

4. 经验总结

一是技术突破。打造全国首创、全省共建的政务服务中台,形成 22 个产品系列

70个功能模块，满足2231项功能需求。

二是机制创新。建立群众政府双在线、基层改革创新、基层问题直达机制，实现政务服务"规范高效、量化闭环""一地创新、全省共享"。

三是流程突破。通过"收办分离+统一收件+智能路由"，变"找属地""找部门"为"找政府"，实现"整体政府""全省通办"，夯实"跨省通办""全国通办"基础。

四是模式创新。构建"网办优先、自助为辅、窗口兜底""政银合作"服务新模式，实现"三减三不减"，即减窗口、减人员、减客流，不减事项、不减服务、不减体验，促进行政服务中心组织机构变革。

五是制度与理论突破。助力国务院办公厅制定6项国家标准、9项省级规范；形成11篇调研报告、理论文章。

5. 展望

下一步，浙江省将继续坚持以人民为中心的发展思想，充分发挥数字化改革的引领、撬动作用，不断深化政务服务"一网通办"改革，全力推进"跨省通办"，更大力度方便群众企业办事，更大限度激发市场活力，为数字政府建设提供更多浙江样本、做出更多浙江贡献。

7.1.2 率先打造数字营商环境的实践

1. 综述

2020年11月，习近平总书记在亚太经合组织第二十七次领导人非正式会议上首次提出"数字营商环境"。世界银行推出的新版营商环境评估体系也对数字化技术应用方面提出了新要求。为落实中央要求，回应基层和企业需求，适应国际新形势转变，进一步提升营商环境工作的系统性、协同性、精准性，2021年以来，浙江省将数字技术全面融合应用到企业全生命周期的服务与监管，率先探索打造以数字化为鲜明特征的营商环境，进一步破解企业在发展中的难点痛点，以更优营商环境助力经济高质量发展。2022年5月，在财政部与世界银行组织的中国优化营商环境改革经验国际交流会上，浙江省向全球分享运用数字技术优化涉企服务的经验做法。

2. 主要措施

1）强化数据为基，夯实智能高效的数字营商平台底座

围绕"掌上办事""掌上办公"目标，充分依托全省共建的政务服务中台、全省一体化智能化的数字资源系统（IRS），汇聚3095个数据项、273张表、6500余万条数据，为打造数字营商环境提供稳定、高效的数据共享交换平台。省市县三级营商环境相关公共数据通过接口，实现数据实时共享，日均交换数据20万余条，数据共享需求满足率达99.5%，有效支撑企业全生命周期办事系统网上办、掌上办。

2）强化系统设计，建设多跨协同的数字营商场景应用

加强顶层设计，建立"1个集成平台+2端穿透+N个子场景"数字营商体系架构，形成省级引领、市县协同的业务推进模式。治理端协同32个省级部门，打通18个核心系统、408个办事系统，省市县三级100%贯通。服务端开发上线更精准智能的"浙里办"营商专区2.0版，集成约140个省级、200个地市的涉企应用服务，以及省市县超20 000条惠企政策，其中3000多条可在线办理，降低企业，尤其是中小型企业获得政府服务成本，提升市场主体获得感。

3）强化闭环管理，打造服管融合的数字营商治理体系

治理端全面感知、智能评判各地营商环境，形成以评促改、以评促优的工作闭环机制。服务端集成政策、办事、服务、咨询、投诉等功能模块，提供泛在可及、集成高效的涉企服务。突出治理端、服务端两端一体穿透，服管融合发力，以数据、算法辅助决策、匹配政策，推动惠企政策直达落地。

3. 建设成效

1）为市场主体加油减负

涉企服务和管理的精准性、有效性显著提升，企业办事成本持续降低，有效激发市场主体活力。"浙里办"营商专区2.0版上线后日活用户超万人，全省市场主体突破900万户，中国民营经济500强企业数连续24年全国第一，固定资产投资同比增长10.3%，已实现企业减负3188.77亿元，民营企业营商环境满意率达96.8%。

2）为政府治理赋能增效

治理端实现省市县（区）系统全覆盖，注册用户日活率35%。全面应用6500余万条"无感监测"数据于2021年度营商环境评价，部门问卷数较去年压减93%以上。通过营商环境业务数据化、数据业务化，不断提升监测预警、战略管理、精准执行能力，持续创新政府履职方式、服务模式和治理机制，让涉企服务无时不在、政府监管无事不扰。

3）争先创优成果

率先探索省域营商环境数字化改革理念、方法和实践路径，形成一批可学可用可持续的场景应用和政策、标准等理论制度成果。国务院发展研究中心、新华社、中央党校专题调查浙江省数字营商环境工作，相关做法获国务委员、国务院秘书长肖捷批示，获省委书记袁家军点赞肯定，国家发改委4次发文推广。国务院职能转变简报4次刊发杭州市国家营商环境创新试点经验做法。

4. 经验总结

1）重塑营商环境评价方法

浙江省对传统营商环境评价制度进行了颠覆性改革，在全国率先建立了线上+线下"无感监测"全量全闭环评价体系，全量、真实、在线归集监测市场主体全生命周

期中与政府交互的业务办理手续、时间、成本及便捷度等数据,实现从线下抽样调查变为在线全量监测、从事后人工评价变为实时系统分析、从事后内部反馈变为实时公开反馈,调查时间、人员、工作量(问卷数)下降90%以上,大幅提高评价精准性、时效性和科学性。

2)重塑数字营商治理体系

将营商环境"无感监测"扩展到民营经济和营商环境重大任务落实监测,形成"监测预警—督办整改—评价反馈—提升推广"的全链条闭环治理。

3)重塑业务推进模式

强化顶层制度设计,建立任务、目标、评价和考核四大推进机制,推动各地各部门研究出台细化改革方案,重塑省级引领、市县协同的业务推进模式。

4)重塑营商环境共建共治共享模式

创新服管融合机制,以杭州市国家营商环境创新试点的一地创新经验,带动全省共享推广,创新建立"营商云讲坛"线上培训交流机制,推动政府内部、政府与市场主体间形成新型联结关系。

5. 展望

下一步,浙江省将持续以"技术+制度"双轮驱动,不断探索数字化营商环境建设的浙江方案,努力为全国提供浙江经验。

7.1.3 建设省域空间治理数字化平台

1. 综述

1)总体要求

空间治理是国家治理体系的重要组成部分。2015年10月,党的十八届五中全会首次提出"空间治理",标志着国土空间顶层设计由管理向治理转变。2021年4月30日,习近平总书记在十九届中央政治局第二十九次集体学习时指出,要强化国土空间规划和用途管控,落实生态保护、基本农田、城镇开发等空间管控边界,实施主体功能区战略,划定并严守生态保护红线。党中央、国务院就建立空间治理体系、深化"多规合一"改革、统一空间用途管制、落实最严格的耕地保护制度等提出具体要求、做出明确部署。

2)现状需求

浙江省在空间规划编制方法、空间治理方式等方面探索形成了一些好经验好做法,但空间规划体系不完整、用途管制规则不协同等问题仍然存在,亟须通过数字赋能、多跨协同,更好统筹重大生产力、城乡基础设施和公共服务设施资源配置,加快形成主体功能明显、优势互补、高质量发展的国土空间开发保护格局。

浙江省口粮自给率低、人均耕地不足全国1/4、耕地破碎化程度较高、补充耕地后备资源潜力几近枯竭，迫切需要运用数字技术，赋能耕地用途管制制度和协同管护机制，进一步提升耕地用途改变的动态监管能力和防范处置工作水平，坚决制止耕地"非农化"，防止基本农田"非粮化"，着力提高耕地质量和粮食生产能力。

浙江省"七山一水两分田"，省域空间资源供需不平衡和节约集约水平不充分的矛盾长期并存，亟须以数字化改革为引领，全面建立与现代自然资源管理体制相适应的制度体系，推动国土空间治理方式从定性管理向定量管理、从局部最优向整体最优转变，实现城乡区域更加均衡、更可持续地发展，为"两个先行"提供更加坚实的国土空间保障。

浙江省与自然资源管理系统性、结构性变革相适应的制度体系尚未全面建立，亟须统筹推进技术融合、业务融合、数据融合，提升跨层级、跨地域、跨系统、跨部门、跨业务的协同管理水平，通过深层次系统性、制度性重塑，建立多跨协同和科学规范的技术标准、实施机制、法律法规等机制体制。

2. 主要措施

1）省委省政府高度重视，牵头推动改革落地

为贯彻落实习近平总书记重要指示精神以及党中央、国务院重大部署，省委书记袁家军亲自谋划、亲自推动省域空间治理数字化平台的建设。2019年12月，时任省长的袁家军在深化"最多跑一次"改革，推进政府数字化转型第九次专题会议上首次提出，要按照"精准分析、整体优化、高效利用、依法保护、科学治理"的思路，以省域空间治理数字化平台建设为突破口，推进省域空间治理现代化，打造成为在全国有影响力的"样板"应用，成为全国范例。2020年4月，省发改委、省自然资源厅双牵头，开启平台1.0部署建设工作。2021年11月，在省分管领导协调下，由省自然资源厅主牵头，开启平台2.0迭代建设。

2022年2月，袁家军书记到省自然资源厅专题调研数字化改革工作时提出，要深化国土空间治理改革，按照"一库一图一箱X场景"的体系构架，迭代省域空间治理数字化平台，全量归集空间数据、集成空间治理场景，系统重塑国土空间治理体系。

王浩省长高度重视省域空间治理工作，2022年4月对空间治理改革做出重要批示；同年6月，王浩省长到省自然资源厅调研平台建设情况，强调要建好用好省域空间治理数字化平台，加强国土空间科学化、规范化、精细化治理。省分管领导先后5次指导督促，牵头协调解决重大事项。同时，深化国土空间治理改革被列入2022年省领导领衔的牵一发动全身重大改革（重大应用），并纳入省委数字化改革"一本账"工作机制。

2）强化工作体系，建立协同机制

根据全省数字化改革工作要求，省自然资源厅牵头建立覆盖空间治理协同部门的

工作统筹机制，打造纵向联动、横向协同的工作体系和推进机制。

（1）建立工作体系。

2021年11月，省自然资源厅会同省大数据局、省发改委、省经信厅、省财政厅、省生态环境厅、省建设厅、省交通运输厅、省水利厅、省农业农村厅、省人防办、省林业局等部门组建省级工作专班，由厅长担任总召集人，强化组织领导，明确成员单位职责与分工，压实责任体系。市级参照省级建立并优化专班构成。同步组建厅内工作专班，由副厅长担任召集人，督促工作进展，协调解决问题。

（2）建立例会机制。

省级工作专班会议每两个月召开一次，明确近期重点工作、部门协同问题及解决办法。厅内专班每周召开一次，梳理近期工作进展，协调具体事项、研究问题解决办法以及下一步工作安排。专题研讨会不定期召开，重点讨论专项议题，做出重大部署。

3）聚焦改革需求，加强顶层设计

（1）聚焦改革需求，找准改革方向。

围绕规划编制不协同、用途管制不统一、要素利用不高效、治理方式不智能等重大难点，确定核心指标，构建空间治理重点场景；分场景探索多跨协同模式，形成改革清单，从而推动重大需求转化为重大改革和重大应用。

（2）遵循工作规律，加强顶层设计。

遵循数字化改革"平台+大脑""改革+应用"模式，按照"精准分析、整体优化、高效利用、依法保护、科学治理"的总体要求，聚焦空间规划、利用、保护和安全四大方面和空间治理强相关的九大核心领域，在"一库一图一箱X场景"基础上，完善"四横四纵"基本框架，构建"1+4+N"整体架构（"1"即以"一库一图一箱"为核心的空间大脑，"4+N"即多规合一、空间保护、空间利用、空间安全四大应用和N个场景的应用体系）。

4）聚焦攻坚路径，明确重点任务

（1）聚焦总体目标，明确路径方法。

坚持以空间全域覆盖、数据全量归集为基础，提升空间治理的数据穿透力、智能判断力、平台支撑力，聚焦空间数字化、数字可视化、治理智能化、协同网络化新路径，实现统一平台架构、统一用户体系、统一空间基准、统一图层管理、统一标准规范。

（2）聚焦重点任务，推进平台建设。

一是重点建设空间大脑。建立全省共建共享的一体化空间治理数据资源体系，构建空间治理基础数据仓与知识库、规则库、算法库、模型库。在"一库"基础上，统一时空基准，形成覆盖自然空间、人造空间、未来空间的空间治理一张图。围绕空间治理场景共性需求，按照"空间定位、空间关联、空间分析、空间评价、空间孪生"分类体系，建设一批通用性、协同性、智能化的组件工具。

二是重点建设四大应用及 N 个场景。围绕重大战略部署和民生重点关切，开展空间治理核心业务梳理和流程模式系统重塑，打造全省统一的"多规合一"、空间保护、空间利用、空间安全四大应用，覆盖"多规合一"、耕地智保、浙地智管、浙地智用、天巡地查、生态修复、地灾智治、海灾智防、地信智服、不动产智治、智控海洋等 X 个多跨场景。

5）通过贯通应用，提升实战能力

按照"全省统一平台、省市两级服务、省市县三级数仓"进行全省统一部署，协同省大数据局建立贯通、推广、考核机制，通过技术和制度协同发力，推动核心业务一贯到底，实现内部贯通、上下联通、部门融通联合。

截至目前，平台总体框架以及"多规合一"、耕地智保、不动产智治、地灾智治等十大场景均已实现省市县三级贯通。2022年9月10日，省级工作专班印发《关于全面推广应用省域空间治理数字化平台的通知》，并召开成果发布会。

3. 建设成效

平台自2021年12月上线以来，注册用户超3万人，累计调用访问量4亿次，日均登录超2.6万人次。2022年6月30日，在全省数改会上，平台建设得到袁家军书记高度肯定，获《数字化改革（领导者）》《数字化改革（稳进提质篇）》介绍推广，获省委办通讯头条报道，得到自然资源部王广华部长、庄少勤副部长批示肯定。部官网连续刊登浙江省多规合一经验做法，分享"地灾智治"成效。2022年7月，自然资源部明确支持浙江省建设国土空间治理数字化改革先行省。

夯实空间大脑底座功能。空间大脑以"一图一库一箱"为核心，协同45个省级部门，归集1.8亿条空间相关数据，形成覆盖自然空间、人造空间、未来空间近1200个图层，研发建设空间关联等5类40个工具，支撑疫情精密智控、有效投资e本账等170多个应用，为省委组织部、省发改委等部门提供28个协同接口和工具组件。

构建"多规合一"应用。通过规划体系、底数底线、协同规则、规划公开"四统一"，确保各类空间规划和重点项目"数、线、图"一致。目前协调5000多个重大建设项目空间布局，减少占用稳定耕地15万亩，自动识别2900个重大项目、28万亩交叉重叠空间。

构建空间保护应用。以耕地保护、生态保护和文化遗产保护为重点，建设耕地智保、天巡地查、生态修复等子场景，统筹推进国土空间整体保护、系统修复与综合治理。例如，耕地智保子场景将全省1921万亩现状耕地等信息上图落位，结合全面推行田长制，形成"人防+技防"闭环管控机制，自场景贯通以来，发现耕地违法违规问题线索5100个，认定"两非"问题300个，整改率保持在92%以上；天巡地查子场景完成新增线索闭环处置1.6万余条，其中认定违法线索700余条。

构建空间利用应用。探索建立"空间要素配置一本账"，上线浙地智管、浙地智用、不动产智治等子场景，赋能空间资源精细化管理，提升资源节约集约利用水平。浙地智管子场景协同11个部门101个事项，重塑建设用地审批流程，实现省级以上重大项目用地报省报部审批首次"双清零"。浙地智用子场景上线"浙里找地"等服务端模块和"工业用地""存量'三块地'"等治理端模块，提升了土地资源集约高效利用水平。

构建空间安全应用。落实安全保障的空间布局和防控要求，提升抵御自然灾害空间应对能力，主要包括地灾智治、海灾智防等子场景。地灾智治子场景2022年以来，成功避让地质灾害11起，避免可能因灾伤亡184人。海灾智防子场景在2022年应对"桑达""轩岚诺"台风过程中，为应急响应、海上渔船转移撤离等提供精准的监测预警和风险研判信息。

4. 经验总结

目前，省域空间治理数字化平台建设取得重大突破，平台及首批7个重点应用场景已全省贯通。平台解决了很多传统方式无法解决的问题，能实现空间资源节约高效利用和依法保护，促进高质量发展，建设共同富裕示范区；系统性重塑了管用结合的空间治理新格局，促进省域治理体系和治理能力现代化；也有力推动多跨协同和提升机关效能，促进清廉浙江建设。

平台建设过程中，坚持边探索边总结经验：

一是坚持创先争优，探索空间治理的"浙江方案"。在全国率先提出"以'多规合一'为引领、耕地等空间高水平保护为优先序、空间资源高效利用为重点、空间安全为保障"的空间治理"整体方案"。

二是坚持管用结合，建立"空间账簿+"管控机制。坚持国土空间唯一性，聚焦空间要素的规模、效益和品质，实现耕地、"三区三线"、建设用地等空间治理核心要素数字化、账簿化、清单化管理，做到像管理财政资金一样管理空间资源。

三是坚持改革创新，提出空间治理改革举措。建立耕地保护"田长制"、国土空间规划专项规划管理、项目用地"空间适配"前置机制、地质灾害"隐患点+风险区"双控模式等一系列创新举措。

四是坚持总结提炼，夯实空间治理话语体系。形成《以国土空间治理数字化改革全力服务保障共同富裕示范区建设》等近20篇理论成果，并在《中国自然资源报》、中新网、《浙江日报》等刊发；提请省委、省政府出台《关于落实最严格的耕地保护制度全面推行田长制的意见》，编制完善10多项制度成果。

5. 展望

下一步，自然资源厅将紧扣省十五次党代会提出的"高水平推进数字化改革、打造数字变革高地"目标任务，以自然资源部要求的"打造空间治理数字化改革先行省"为契机，以贯通应用为重点，以数据流为载体，打通业务流、决策流、执行流，建立健全部省国土空间数据共享机制，着力推动大脑共建、平台共用、空间共治，加快形成空间治理标志性成果，率先建成标准统一、链接畅通的国土空间规划监测网，全面打造具有全国影响力的国土空间整体智治省域样板，全域推进国土空间治理现代化，为奋力推进中国特色社会主义共同富裕先行和省域现代化先行提供强大支撑。

7.2 重庆市

7.2.1 重庆市大气环境网格化分析系统——助力打赢蓝天保卫战

1. 综述

2018年5月，习近平总书记在全国生态环境保护大会上指出，还老百姓蓝天白云、繁星闪烁。蓝天、白云是人民大众对生态保护最纯朴的理解，是最质朴的民生，反映空气质量健康安全的空气指数是各地各级政府必须呈给社会大众的满意答卷。重庆市生态环境局坚守初心、牢记使命，深入贯彻落实《中共中央 国务院关于深入打好污染防治攻坚战的意见》的要求，打好蓝天保卫战，以科技创新为引领、数字协同为驱动、"五色图"空气质量评价指标体系为指导，建立大气污染防治大数据应用系统，实现"污染监控一张网、预警管控动态化、模型赋能易解析、监管防控高效率"，持续纵深推进大气污染防治攻坚工作，守护人民健康，增进民生福祉，筑牢美丽中国梦根基。

在重庆市委市政府提出的"578"数字化运用的基准下，重庆市大气环境网格化分析系统运用大数据、云计算、人工智能等新一代信息技术，对多源异构数据进行整合、共享和开放，打破数据孤岛，汇集信息碎片，畅通共享渠道，实现污染防治和环境治理多层级、多部门的业务协同。做到"用数据分析、用数据决策、用数据调度"，让监测无处不在，让污染无处遁形，切实改善环境空气质量，实现生态环境大数据"聚通用"，为大气环境要素感知、污染分析和精准溯源提供大数据基础（见图7-1）。

图 7-1 重庆市大气环境网格化分析系统架构

2. 主要措施

1）污染监控一张网

重庆市大气环境网格化分析系统围绕"市—区县—站点—网格"四级形成了一套全面的多维多源异构大气时空大数据信息资源目录体系。建立了"监控一张网"，融合环境质量、污染源、气象、交通等基础信息和监测监控数据，实现对不同网格、不同行业的污染排放特征贡献清晰解读，为大气污染物分布规律、分布区域、传输通道、传输特征、内外源贡献的分析提供数据基础。

2）预警管控动态化

实时对环境空气质量监测数据、污染源在线监测数据、企业用电数据、道路交通数据等阈值进行超标报警、关联异常报警。对重点行业和重点企业的大气特征污染物进行全方位覆盖、全过程监管，对潜在的环境风险实施精准管控、精量治理，精准提出大气污染管控措施。

3）模型赋能易解析

利用 GIS（地理信息系统）空间算法、AI 智能算法、大气机理模型，将原有的 74 个国市控监测点数据和 955 个微站监测点数据升维到近 8 万个 1km×1km 网格的模拟面数据。从时空变化、长短时序等多角度多维度开展大数据分析，挖掘内在规律，初步形成预测预警、指挥调度、动态析因、污染溯源等在线数据服务工作模式，实现大气污染监管部门大气环境研判，污染防控调度由线下迁移至线上。分析频次由每月提升至实时，并为一线人员赋能大气污染精准分析、精准溯源、精准施策能力，初步实现重庆大气污染智能防控。

4）监管防控高效率

按照"目标—现状—问题—措施"闭环管理思路，面向宏观决策层、处室调度层、区县管理层、街镇执行层四类用户，建成了大气污染"五色图"精准防治管理的指挥调度大屏端、日常管理电脑端、巡查管理移动端三大应用，全面支撑大气环境形势综合研判、事中事后环境监管、重点工作会商研究、日常工作调度反馈、基层工作移动巡查等。全程提供数据服务、分析服务和智能服务三类服务，实现市—区县—街镇三级责任体系下的问题闭环扁平化新模式监管。同时，向各级大气环境管理责任人推送问题、交办任务，促进问题整改落实。完成自动催办督办，确保第一时间开展数据核实、原因排查和处置响应，实现问题跟踪销号管理，力争做到"事事有回应、件件有回音"。

3. 建设成效

1）智融：多源异构的数据融合

重庆市大气环境网格化分析系统在大气环境质量评价指标"五色图"基础上，汇集国市控、微站等各类空气质量监测数据近 8 亿余条。整合工业、在线监测、电力企业、社会 POI（兴趣点）等 33 万余条污染源数据，融合气象数据、卫星遥感数据、机理模型数据、AI视频数据，叠加GIS地图构建大气污染防治"一套数"，形成"市—区县—站点—网格"四级多维多源异构大气时空大数据体系。

2）智析：测算融合的态势分析

创新使用多维多源异构大气时空大数据分析、大气机理模型、人工智能算法三大技术手段，实现测（点）算（面）融合的大气污染态势分析。从"市—区县—站点—网格"多维度多角度分析大气污染现状，发现并定位大气污染问题，为大气污染精准溯源、大气污染精准防治提供支撑。

（1）五色动态监管，直观呈现工作成效。

构建大气环境空气质量"五色图"评价指标体系，结合区县年度任务，对空气质量优良天数比率实际完成情况进行综合评价，通过绿、蓝、黄、橙、红五种颜色形成评价工作指标体系，建立大气环境质量"五色图"应用，体现重庆大气环境管理辨识度，助力大气污染防治工作。

以月度、季度评价各区县累计优良天数比率并与年度考核优良天数比率目标相比较，结合年度工作完成情况、投诉处理情况、督导帮扶等日常整改情况，建立问题管理大数据监督评价指数，并进行实时预警。以"五色图"展示市级、区县监督成效，形成用数据说话、用数据决策的量化闭环工具，推动大气管理机制变革。

（2）区域大气画像，把握区域污染症结。

结合站点空气质量监测数据、微站数据和相关气象数据，绘制大气环境污染地图；以网格为基础，引入网格空气质量渲染图，形成区域网格的空气质量分布，精准定位热点网格、问题网格；动态反映实时空气质量及历史变化趋势，掌握污染态势；结合蓝天日历、空气质量趋势、历年空气质量等多种图表形式，从区（县）、站点、网格等维度深入进行大气环境质量数据分析，实现"区县—站点—网格"大数据画像。

（3）站点数字孪生，剖析站点周边情况。

基于站点实时空气质量、评价结果、污染天数、实时贡献等大数据和AI智能技术，整合气象数据、大气环境监测数据、污染源及在线监测数据、道路交通数据、视频监控数据等，鸟瞰并掌握大气国控站点周边实况，实现大气国控站点空气质量与污染扩散条件关联分析，空气质量与污染来源实时关联分析。

（4）网格时空分析，助力污染精准溯源。

利用GIS空间模型、WRF+CMAQ+LPDM大气机理模型、遥感及AI校准模型实现"大气环境计算网格"时空数据全覆盖，涵盖地理特征数据、监管特征数据、大气管理网格、交通特征数据、基础污染源数据、企业用电数据、网格交通流量数据、污染源清单数据、网格气象数据、网格空气质量数据、网格弱排放数据。全面反映区域内不同空间的空气质量状况差异，实现网格态势分析（见图7-2），分析大气污染现状，发现大气污染问题和污染变化规律，定位污染最严重的区域和时间段。

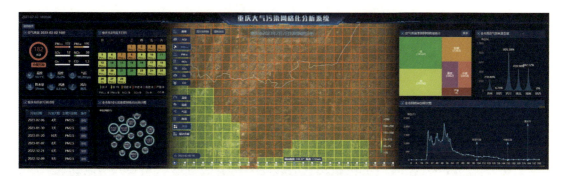

图 7-2 网格态势分析

均值网格热点分析。以主城区 AQI（空气质量指数）或空气质量六因子均值为基础，用网格空气质量正负 10% 划分大气环境网格四类大气污染贡献，统计各类大气污染贡献网格量。GIS 展示大气污染贡献网格及区域，直观展示长期处于高贡献的网格，并动态分析大气污染贡献网格量高的区县（绝对值与面积相对值）及区县网格污染贡献占比，精准定位热点网格、问题网格。

网格弱扩散分析（见图 7-3）。基于气象数据、空气质量监测数据、污染源排放数据，应用 WRF-CMAQ 模型，明确重庆市不同气象条件下不同时段弱扩散区域分布特征。利用网格化大数据的技术，从区县—站点—周边网格等多角度，对某时段内区域一直处于弱、极弱情况的网格进行贡献分析。评估内部污染源扩散影响路径、范围及对各监测站点影响大小，明确重庆市大气污染区域传输特征和国控站点污染来源。

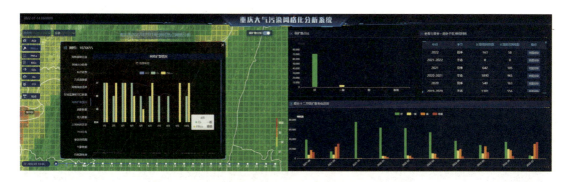

图 7-3 网格弱扩散分析

气象相似度 AI 分析。利用气象相似度 AI 算法等，进行空气质量站气象数据与空气质量数据模式识别与相似度匹配，基于 WRF-CMAQ 机理模型输出的站点及周边网格三维时空气象数据查找站点历史相近气象模式，并进行污染过程情景还原。

（5）川渝联动，共推巴山蜀水更多蓝天。

结合川渝两地共享数据，利用大数据技术初步形成环境质量可视化；通过毗邻数据分析实现川渝数据联动并开展川渝站点监测数据分季节的传输通道等数据应用；结合气象数据实现川渝站点周边8个方向对应站点的相关性分析；运用WRF-CMAQ及LPDM模型，模拟计算川渝地区污染贡献，实现各个区域对国市控站点的潜在浓度贡献计算，以及追溯川渝潜在的大气污染源贡献空间分布特征（见图7-4）。

图7-4 川渝联动分析

3）智溯：智能研判的污染溯源

围绕问题站点，基于气象、空气质量、污染源等多维多源异构大气时空大数据，利用GIS空间算法、AI智能算法、大气机理模型，构建多维智能研判的清单化污染溯源机制，实现动态析因、污染溯源、精准施策的大气污染防控体系。

（1）大气污染特征雷达图空间溯源模式。

结合气象、污染源和大气质量监测等基础数据，量化污染本地源与外来源贡献；开展问题站点污染成因分析，根据污染站点的实时空气质量监测数据，利用大气污染特征雷达图的污染成因大数据算法模型，自动绘制污染特征雷达图和污染特征类型，根据污染特征类型自动匹配污染源特征标签，筛选出疑似污染源；结合站点周边1、3、5千米污染源分布和气象风场的融合溯源技术手段，找出上风向疑似污染源。

（2）网格热点溯源模式（见图7-5）。

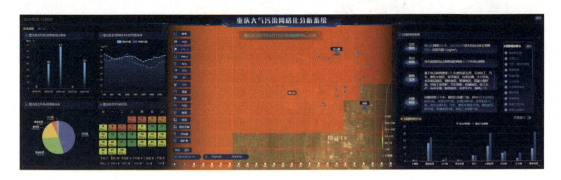

图7-5 网格热点溯源

基于WRF-CMAQ机理模型输出网格模拟数据，定义热点网格规则，找出热点网格，如AQI值或PM2.5浓度排名前10%的网格为热点网格。结合气象数据、网格化排放清单、弱扩散情况、污染源分布、污染源管理行为数据等进行溯源分析，排查热点网格中的问题网格，并找出问题网格内生活污染源、工业污染源、扬尘污染源等信息，最终形成疑似污染源清单。

（3）AI 视频污染行为溯源模式。

利用 AI 图像智能识别技术，打造大气"千里眼"。自动识别生物质燃烧、工业烟羽、扬尘、非道路移动机械排放黑烟、裸露地块、建渣未覆盖、脏车问题、工地雾炮作业等大气污染问题（见图 7-6）。将实时的视频、图像信息和空气监测信息传送到后方，做到有据可查，更加精准地定位污染源和主要污染区域，做到精准溯源（见图 7-7）。同时，提供数据审核机制和流程，针对发现的大气污染违规问题进行多次周期对比，通过技术手段形成问题处理闭环。

图 7-6　AI 视频污染行为溯源

图 7-7　AI 智能识别问题事件

（4）走航监测溯源模式。

利用VOCs（挥发性有机物）走航构建行业与重点企业挥发性有机物成分谱库（VOCs指纹库），基于VOCs指纹库，针对站点/区域VOCs走航监测结果，利用CMB与PMF模型定量分析VOCs污染来源构成或贡献度。

4）智控：精准施策的闭环管控

（1）闭环管控，实时监控进度。

围绕全年空气质量目标任务，对大气污染防治年度项目与任务进行闭环进度跟踪；对PM2.5和臭氧污染告知书、VOCs专项治理、施工工地专项治理等专项行动进行统一的任务下达与行动上报，实现闭环下达反馈。

（2）智能交办，问题闭环。

依靠智能感知设备、智能识别监控、大数据分析等技术手段和专业技术力量，提出疑似污染源名单，将典型性、普遍性、倾向性、系统性问题通过手机App智能推送到帮扶成员。逐项明确整改措施、责任人、整改时限，对屡查屡犯的企业进行实时催办，并倒追分析整改措施的有效性，促进根源治理。

（3）督查问题，跟踪销号。

对中央督办问题、市级督办问题、督导帮扶问题、AI视频监控问题等大气污染问题进行统一调度，确保第一时间开展数据核实、原因排查和处置响应，实现大气问题闭环跟踪销号。

（4）应急减排，闭环响应。

针对污染天气应急响应措施，按照市、区（县）、街镇三级进行应急减排措施实施，确保各级管理部门的大气污染应急防控职责落到实处，实现应急减排措施的闭环实施响应，达成"管控目标—日常监管—应急防控—预期成效"的大气污染精准施策的闭环管理。

5）智评：空气质量的晾晒评比

围绕空气质量目标，依据国家考核和市级考核目标，计算目标时序进度，实时寻找差距，预测达标形势，以目标倒逼管理。

4. 经验总结

重庆市大气环境网格化分析系统致力于打造大气污染防治整体"智治"的应用场景，全天候服务于打赢蓝天保卫战。重庆市大气环境网格化分析系统以目标为导向，以服务管理为宗旨，以"政务云+大数据"融合为"数字政府"塑形；运用大数据、云计算、人工智能等新一代信息技术，对多源异构数据进行整合、共享和开放，打破数据孤岛，汇集信息碎片，畅通共享渠道，实现了技术、业务和数据的融合，探索出大数据服务大气污染防治的系统建设模式，实现大气污染防治多层级、多部门的业务协同，向"智治"转变，探索一条生态环境保护数字化、智能化、精准化的道路。《重庆市大气环境保护"十四五"规划（2021—2025年）》对重庆市空气质量提出了更高的要求，重庆市空气质量改善也进入瓶颈期。下一步，重庆市将围绕空气质量改善目标，继续深化大气污染防治整体"智治"的应用场景建设。

7.2.2 面向工业园区的能耗碳排放监测应用

1. 综述

随着全球环境问题的加剧，世界范围内对于减缓气候变化、减少二氧化碳排放的呼声越来越高，低碳发展成为世界各国的共识。2020年，中国在第75届联合国大会上首次提出"碳达峰、碳中和"双碳目标。2021年3月15日，习近平主持召开中央财经委员会第九次会议，会议指出，"十四五"是碳达峰的关键期、窗口期，要构建清洁低碳安全高效的能源体系，控制化石能源总量，着力提高利用效能，实施可再生能源替代行动，加快推进碳排放权交易，积极发展绿色金融。

我国二氧化碳排放主要集中在能源活动、工业生产过程和废弃物处理三个领域，能源活动产生的二氧化碳排放占全社会的87%，能源活动排放的二氧化碳中有55%来自能源消费。在过去的二十年里，重庆市采用以工业化为主导的产业发展结构和粗放式的经济发展模式，园区作为重庆区域经济发展、产业转型升级的空间承载，是重庆地区经济发展的核心引擎，具有能源消费量大、人口产业聚集等特点。研究数据显示，近70%的工业用能集中在园区，园区的碳排放总量占全国总碳排放的31%，园区是能源消耗和碳排放的主要来源，实施园区能碳双控是国家和地区推进能碳双控和产业结构升级的重要抓手。

全市的园区及区内企业是重庆市碳排放的重要源头，推动实现园区控能耗、控碳排的任务具有紧迫性与必要性。但地方政府在实现能碳双控目标过程中还存在难点：一是摸清能源消耗和碳排放家底难。只有摸清园区能耗家底，才能从生产过程、产业结构调整和能源消费等各环节识别节能降碳的可行路径。二是减碳同时保发展难。随着园区企业发展对能源需求的不断增长，如何在不影响企业发展利益的前提下，有效实施能耗控制和节能降碳，实现园区能碳双控成为难题。数字技术和园区智慧化改造是破解园区碳排放管控难题的关键手段，用区域能源大数据中心的数据优势补齐园区企业能耗数据短板，摸清园区能源消费和碳排放家底，实现园区碳排放等数据的全融合，打造科学有效的园区碳排放管理体系，是推动园区实现能耗双控目标的必由之路。

2. 主要措施

1）建立统一能源及碳排放数据模型，高效聚合多源异构能源数据

针对能源数据模型不统一、能源数据库聚合查询效率不高等问题，开展对高频次交互数据公共信息模型建设的研究，涵盖公共信息模型建模研究、数据聚合技术研究

两部分，提出形成基于元数据抽取及数据多维处理的多能产品元数据模型搭建技术和基于深度确定性策略梯度（DDPG）算法的数据库查询优化技术。

面向能源领域的生产、输送、存储、消费、交易等全生命周期能源流，形成统一规范的元数据模型，支撑能源大数据中心统一数据模型设计和落地。利用基于规则、模板、机器学习的元数据提取方法对能源流元数据进行抽取，将抽取的元数据进行预处理，并利用PCA（主成分分析）、聚类对数据处理，形成包含煤、油、气、电等数据模型的领域模型库，利用UML（统一建模语言），实现多种能源统一元数据模型构建（见图7-8）。

图7-8　企业碳排放数据模型

同时，由于能源数据呈现为结构化、半结构化、非结构化，其存储配置因MySQL和NoSQL在一致性和可用性等方面不足，NewSQL数据库更适合多源异构能源数据的汇聚。为提升能源数据查询效率，采用深度强化算法中的深度确定性策略梯度算法来支持查询感知的数据库配置调优（见图7-9）。

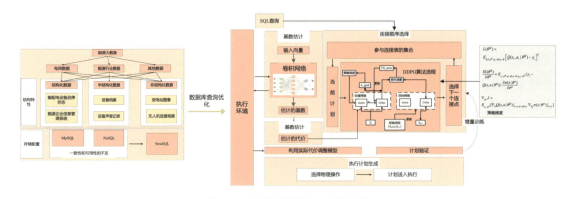

图7-9　优化能源数据查询算法

2）开展电力与其他能源关联分析，精准预测其他能源数据

电是企业生产经营情况的精准镜像和重要生产要素，电力与其他能源的消费密切相关。重庆市运用电力数据真实可靠、覆盖面广、及时性强等优势，开展电力数据与其他能耗数据相关性分析。在企业的生产工艺不变的情况下，可以根据企业的历史用能结构，通过企业的近三年月度电量数据，推测企业的综合用能情况，实现企业综合能耗的预测与评估。针对电量数据和其他能耗数据的复杂时空特征以及数据在长度等方面的局限性，一方面根据专家知识将电力和能源数据行业化、地区化，以降低其时空复杂性并增加数据长度；另一方面，结合大数据分析和机器学习中集成学习的前沿知识，构建了基于集成学习的电力数据和能耗数据关联预测模型，并利用 K-Fold 交叉验证对模型进行训练（见图 7-10）。

图 7-10 基于集成学习的电力数据和能耗数据关联预测模型构建

目前，已完成典型用能行业的用能预测模型构建，误差率已优化至 10% 左右。

3）试点开展园区碳监测、产业链足迹场景

形成"体系完备、层次清晰"的企业碳排放评价指标体系，从能源大数据中心的海量数据中提取并形成精练的指标项，通过科学的分解、筛选与归纳方法，实现对企业碳排放全方位、多维度、深层次的度量与评价。其关键点具体在于以下三点：一是保证所选取的指标能切实反映园区企业全生命周期过程中在全社会范围内取得的低碳效益；二是要最大限度地削弱指标之间的相关性；三是舍弃在实际中难以统计或计算的指标，或是能源大数据中心难以获取的数据指标。为保证评价指标体系的实用性，尽量避免形成庞大的指标群或层次复杂的指标树，如果有些指标难以量化或没有可靠的数据来源，原则上应不予考虑。

选取重庆长寿经济技术开发区（以下简称经开区）作为试点，经过在园区内实地考察调研，选取了水泥、石灰、钢铁、电石、己二酸作为园区典型高碳排生产线进行模型辨识，并测算了碳排放因子。同时，构建了企业级能效算法模型以及园区级碳排放评价指标体系，为接入的 200 多家规上企业进行了企业能效画像，指导企业低碳生产；完成该园区"硅基新材料""天然气化工新材料""先进金属材料"三条产业链规划设计。

3. 建设成效

通过重庆市能源大数据中心，为重庆市各园区、企业提供基于多源耦合的碳减排综合效益评价方案。以长寿经开区作为试点打造园区级碳中和试点区，利用能源大数据中心三大基础支撑平台，汇集试点园区各类能耗、产值、储能站等相关数据，构建试点园区能源碳排管理系统、恩力吉等企业的碳监测体系。依据园区内企业碳排数据，测算园区典型高碳排生产线碳排放因子，绘制长寿经开区碳排放热力图，构建产业链碳足迹，接入管控企业碳排放，制作企业专属标签卡，展示企业能耗及碳排。以小范围试点、大范围推动为思路，以点带面推动能耗碳排放监测管理应用。

通过能源数据共享，打破能源数据共享壁垒，整合煤、油、气、电、水等能源数据，构建政府授牌、独立环境、互联互通、数据服务、伙伴认同、政府认可、企民受益的园区碳排放监测管理应用体系。优化能源结构和促进节能增效。一方面实现能耗数据在能源企业生产、供给侧的结构优化，另一方面帮助用能企业提升优质低价清洁能源的使用比例，促进高质量用能企业的碳排放权转让增收，加快推进能源供给多元化、清洁化、低碳化，能源消费高效化、减量化、电气化。

1）汇聚各类能源数据

创新地提出了面向能源生产、传输、存储、消费等关键环节的统一能源数据模型设计规范，基于规则、模板、机器学习等元数据提取方法预处理，利用 PCA、聚类等数据处理手段，利用 UML 建模语言实现统一能源数据及碳排放监测数据模型构建，进一步指导多源异构能源数据及碳排放数据接入存储和共享应用。目前已构建出面向能源大数据中心数据的能源生产域、输送域、储存域、消费域 4 个域，形成 19 个数据表、124 个逻辑实体及 135 个物理字段（见图 7-11）。

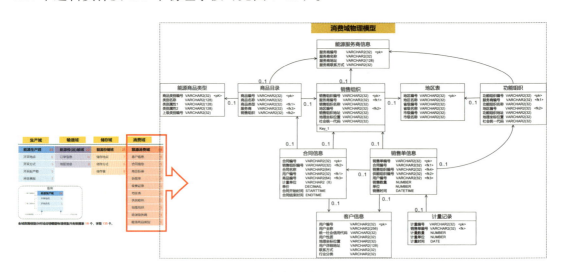

图 7-11 汇聚各类能源数据

构建了面向区域碳排放、行业碳排放、企业碳排放及综合信息4类，具有三大目标、十大业务领域的数据模型（见图7-12）。

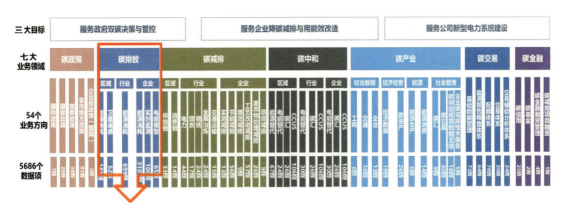

图7-12　碳排放数据模型

解决了传统数据库多表连接查询优化算法效率低、效果次优的问题，开展基于深度确定性策略梯度算法的自主查询优化研究，结合Actor估值网络、Critic估值网络、Actor目标网络、Critic目标网络，以及深度Q网络的经验回放方法和Silver策略梯度，实现数据库查询参数优化，相比传统数据库查询效率，结构化数据查询效率提升4%～6%，半结构化数据查询效率提升4%～5%，非结构化数据查询效率提升1.5%～4%。

统一的能源数据模型为能源数据标准化汇聚存储、共享应用等提供了样板。目前重庆市能源大数据中心建成1个市级、38个区县级、2个国家新区级、2个园区级能源大数据中心体系。通过统一数据模型，实现全市38个区县的煤、油、气、电、水、气象等数据的规范归集，支撑13个实时系统的接入，数据总量已达16.3TB，数据72亿条。

2）精准辅助政府"双碳"决策

由于电力数据与其他能耗数据没有显著的关联关系，结合运用皮尔逊、斯皮尔曼、肯达尔等相关性算法对电量数据和碳排放数据之间的相关性进行定量分析。结合机器学习，创新使用K近邻和随机森林相结合的回归模型，通过模型融合优化，建立电－碳关联预测集成模型，实现电力数据对企业、行业碳排放的精准预测（见图7-13）。

精准的电－能关联预测模型，通过企业、行业的用电数据，实现重庆市有色金属合金制造、铝冶炼、铁合金冶炼、水泥制造、汽车制造、电子设备制造6个行业的用能预测。在汽车制造、电子设备制造两个行业中通过历史数据对预测模型进行精准度验证，误差仅10%左右。汽车制造和电子设备制造两个行业2022年的预测综合能耗比2021年分别升高13%和6%，为全市节能减排和降碳决策提供支撑。

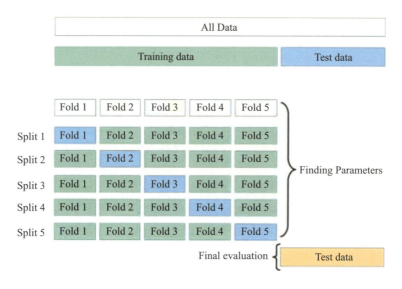

图 7-13　电-碳关联预测集成模型

3）园区产业链碳精细管理

创新地提出了综合考虑煤、电、气、热、油等能源消费无监督学习的指标标签化方法，形成指标标签库，分析 logistic（逻辑）回归分析法、基于支持向量机的分类算法、基于决策树的分类算法等在企业征信的性能比较，研究基于无监督学习和集成学习的智能评分方法，最终形成企业能效算法及园区碳排放评价指标体系。综合考虑园区历年碳排、生产指标、电动汽车渗透、不同行业碳排情况、区域电量预测等指标数据和接入企业煤、油、气、热等用能数据，使用 ARMA（自回归滑动平均模型）算法，进行多产物融合的园区产业链建设风险评估以及可视化展示研究，为政府碳减排提供支持工具，发挥电力数据价值，赋能企业精准投资和精益管理，推动电力企业新业态、新模式和新技术低碳化发展，为园区产业结构调整、产业链规划提供系统方法学支撑。园区企业能效分析系统如图 7-14 所示。

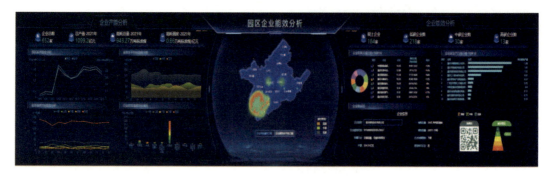

图 7-14　园区企业能效分析系统

长寿经开区是世界级天然气化工生产和研发基地，共有企业 652 家，其中规上企业 184 家，经过对园区企业的生产、能耗和碳排进行监测和分析，为政府提供决策依据。同时，在政府指导下，对园区产业链进行了分析。以天然气化工新材料产业链为例，通过产业链图，可以从产业链视角来看各个重要节点能耗及碳排情况。产业链图还可以运用到有序用电的场景，按照上下游一条链的方式进行有序用电管理，实现精细化管理。运用能放分析系统后，撮合碳市场交易超过 6.5 万吨，营收 207 万元；对园区规上企业进行了能效画像，指导企业低碳生产，辅助政府开展园区"硅基新材料""天然气化工新材料""先进金属材料"三条产业链规划设计，为政府和企业累计节约投资超亿元。

4. 经验总结

基于能源大数据中心的工业园区碳排放监测应用，针对多源异构能源数据聚合难、效率低，企业碳排放监测实时性不强，产业链碳足迹不易追踪等行业痛点、难点，重庆市进一步夯实能源大数据中心数据基础，从能源生产、传输、消费等领域，支撑能源大数据中心数据接入，服务能源数据在各类场景高效应用，形成能源数据模型标准体系，实现电、煤、油、气、水、热、新能源和可再生能源等各类能源的数据模型统一。运用数字化新技术，提升园区能耗碳排放管理能力，扛起节能减排担子，推动全市"双碳"目标落地。通过产业链足迹分析，能够充分掌握企业的产业布局以及能耗经济情况，实现能源数据在能源企业生产侧、供给侧的结构优化，还能够帮助用能企业提升优质低价清洁能源的使用比例，促进高质量用能企业的碳排放权转让增收，加快推进能源供给多元化、清洁化、低碳化，能源消费高效化、减量化、电气化，促进多主体、多元化的低碳绿色能源交易市场的建立。以能源数据为核心生产要素，使能源革命和数字革命深度融合，惠及社会民生，从而构建更为清洁、高效、安全和可持续的现代能源体系，最终为"双碳"目标下的可持续发展做出贡献。

7.3 湖北省

本节以湖北省推进"一业一证"准入准营为例进行介绍。

1. 综述

近年来，从商事登记制度"先照后证"改革解决"办照难"问题，到行政许可制度"证照分离"改革解决"办证难"问题，再到"照后减证"改革解决"办证多"问题，湖北省优化营商环境制度改革稳步推进。2021 年，湖北省率先在全国实施"证照分离"改革全覆盖，即不再将"证"作为办"照"的前置条件，大幅压减经营范围中的许可审批事项，提升市场主体的便利度。在"证照分离"的基础上，放宽市场准入的政策效应初见成效，市场主体总量、增量和企业总量、增量随之稳步上升。

然而，"准入易、准营难"。群众普遍反映要想营业需要办理多项许可，程序依然复杂，流程较多，办证时间长。比如开办便利店，按照流程，需要烟草公司办理烟草许可证，市场监管局办理食品安全许可证，消防大队还要现场勘查，出具房屋消防安全许可证，等等，所有部门全部审批完成后，才能取得行业综合许可证进行营业。这样一来，群众并未感觉到改革带来的便利，审批部门一个没少，办证时间也未缩减，反而要多办一个许可证。

为深入解决办事群众的困难，湖北省结合实际，通过座谈走访，积极倾听群众呼声，掌握社情民意，聚焦企业"准入易、准营难"，办事"材料繁、多头跑"等现实问题，开展由省市场监管局、省政务办、省司法厅牵头推动"一业一证"试点改革，借用此前"先照后证""证照分离""一事联办"等一系列改革的集成深化，将办理一个事项涉及多部门的许可，改为"一业一证"，即一个行业只需一张许可证。"一业一证"改革是破解"准入不准营"的治本之策，能从根本上解决企业开办过程中行业准入后的行业准营问题，对激发市场主体活力具有重要意义。

2. 主要措施

1）立足群众路线，落实决策部署促成效

2021年11月4日，省人民政府办公厅印发《湖北省"一业一证"改革实施方案》，要求以市场主体需求为导向，围绕"高效办成一件事"目标，以制度创新、流程再造为重点，优化制度供给，将一个行业经营涉及的多张许可证集成为一张行业综合许可证，以此加快行业准营进程，打造"一证准营，全省通用"新模式，提高集成化服务效能，最大程度利企便民。

为探索攻关"准入不准营"的治本之策，持续推动放宽市场准入的政策效应，湖北省积极探索，加强调查研究，大胆改革创新，多次组织相关部门进行研究，决定重塑审批流程、精减审批环节、压缩审批时间，打通省市信用平台，实施以信用为基础、承诺为关键、监管为核心的一业一证"信用审批、承诺即入"改革，推行批前信用筛查、承诺极简审批、即时制证出证、后置监管核验、失信严格惩戒等全链条在线闭环管理机制，极大方便群众办证，优化营商环境，增强群众的获得感、体验感。

2）立足优化流程，拓展规划试点提效能

2022年5月30日，省市场监管局发布《关于做好优化营商环境先行区创建试点工作的通知》《关于明确拓展"一业一证"改革试点单位及行业的通知》，将拓展"一业一证"改革行业纳入先行区创建试点。经各地推荐，结合工作实际，确定"一业一证"改革先行区创建试点10个，包括襄阳市枣阳市休闲农庄、粮食加工厂、粮油店，宜昌市宜都市道路运输业、公共洗浴业，十堰市张湾区卤味店、十堰市茅箭区烟酒行，荆州市松滋市茶叶零售店、果蔬超市、火锅店，鄂州市华容区畜牧养殖、文具店、粮油店，黄冈市麻城市养殖业、洗浴业，恩施州利川市农家乐、恩施州咸丰县足浴店，神农架林区民宿等共涉及 19 个行业。

为了保证工作成效，首批改革事项从小切口入手，从湖北省首批 19 个行业目录中选取了市场主体关注度高、与企业群众生产生活联系密切、风险可控的便利店、超市、咖啡店（奶茶店）、美容美发 4 个行业，纳入首批"信用审批、承诺即入"改革事项。通过系统重塑、流程再造，将信用筛查前置，现场核查环节后置，缩短拿证时间。只要申请人信用良好，通过在线信用信息平台"黑名单"库筛查比对通过后，就可以选择告知承诺办理，提交 1 份表单，即可先发证后审验，当场办理行业综合许可证，申请人拿证后即可营业。同时，行业综合许可证上加载电子二维码，申请人提交的表单材料同步推送至各审批部门，各部门将涉及的许可事项在限定时间内办理完毕后，再将结果以二维码形式推送至该行业综合许可证上，一步实现"极简审批、最优服务、现场拿证、在线查询"的目标。

3）立足建设管理，执行失信惩戒严监管

对采取"承诺即入"的市场主体，湖北省承诺即入系统打通了与"互联网＋监管"运用平台的对接，市场主体承诺即入办证信息通过"互联网＋监管"运用平台及时将关联监管事项推送至行业各监管部门。各行业监管部门根据告知承诺审批事项，以检查、勘验等现场核查方式实行重点监管，并且依托"双随机、一公开""互联网＋监管"等智慧监管形式实施日常监管，确保市场主体兑现承诺。同时，监管结果同步在线回传至"一业一证"制证出证系统上，对监管核查履约践诺的，系统显示"绿灯"；对发现实际情况与承诺内容不符，监管部门责令整改的，系统显示"黄灯"；待整改后，如仍不符合承诺条件的，系统则会显示"红灯"，审批部门则依法启动相应处罚，撤销相关行业许可。

为确保管得住、管得好，湖北省构建以批前信用筛查为基础，以"互联网＋监管"运用为核心，审管融合、失信惩戒一体的"互联网＋信用监管"新模式。对市场主体严重失信的，各审批、监管、执法等部门将相关信息归集后上传至湖北省信用信息平台，并推送到社会信用体系建设联席会议成员单位，做到信用信息共享，并且由各单位对其实施联合惩戒，依法撤销行政许可决定，做出行政处罚，列入失信记录，纳入异常信用记录和违法失信"黑名单"，3 年内不再适用"承诺即入"审批模式。

4）立足运维闭环，联合运营强推广

落实推行"互联网＋政务服务"要求，建设"一业一证"网上申办系统，并根据市场主体和有关政府部门需求不断迭代升级，着力提高在线办理率和全程网办率，形成线上线下运营维护体系。聚焦便捷查询、精准匹配、智慧填表等功能，持续提升网上申办系统智能化水平，让申办许可像网购一样方便。全面实现行业综合许可证电子化,及时归集至全国统一的电子证照库,广泛推行市场主体电子亮证应用。

在试点过程中,深入学习借鉴其他地区改革经验,细化工作举措,与上级相关部门保证沟通、协调和对接,聚集优势力量,强力推动改革,并及时梳理上报改革推进中自身难以解决的困难和问题。健全容错纠错机制,鼓励改革创新、先行先试,宽容干部在推进改革过程中因缺乏经验出现的失误错误,为担当者担当、为负责者负责、为干事者撑腰。及时总结改革成效、创新做法和典型案例,并进一步优化完善,形成制度体系。充分运用门户网站、新媒体等途径广泛宣传,积极引导市场主体参与改革试点,享受改革红利,提高改革的知晓度和满意度。

3. 建设成效

此次"一业一证"改革,湖北省率先探索市场准营"承诺即入"制,只填一张表,只需跑一次,把原来办证需要10多天才能完成的事项缩短到现在只需30分钟就能完成,真正做到"只进一门一窗,办成所有事",有效解决了以往市场主体办证时间长、流程繁、表单杂、跑动多的难题,大大激发了市场主体活力,营造了方便快捷、优质高效的政务环境和营商环境。

"承诺即入"改革实现了从实质审查变为形式审查、从法定时限变为当场办理、从事前监管变为事后监管的三个变化。群众办证非常方便快捷,流程非常简便,只需要到市政务服务中心一个窗口填写一张表单,核验完信用信息就可当场办理完毕,无须等待部门审批,行业综合许可证由以前的10多天到现在只需30分钟就可拿证;监管更加严格,变以前的重审批轻监管为轻审批重监管,监管更加有力有效和规范。

截至目前,在全省19个行业全面推行"一业一证"改革、10个县(市、区)扩面推进,发放行业综合许可证超1.84万张,改革后平均审批时限压减近87%,申请材料压减近45%,办理环节压减近75%,跑动次数压减近86%,惠及多个县、市、区上百万人。

4. 经验总结

为贯彻落实准入准营便利化改革目标任务,进一步优化营商环境,探索建立以市场主体诚信为基础的准营承诺即入制,围绕"高效办成一件事"目标,以制度创新、流程再造为重点,优化制度供给,通过整合事项、压减材料、合并环节、流程再造,由多张许可证合并为一张载明相关行政许可信息的行业综合许可证。构建"一次告知、一表申请、一网通办、一窗受理、一同核查、一并审批"的"六个一"新流程模式。同时为市场主体提供一次告知,信用良好企业(不在国家联合惩戒名单内、不在行业)符合告知承诺条件的,简化申请流程,只需提交行业综合许可申请承诺书,实行承诺即发证准营。紧密衔接"互联网+监管"平台,承诺事项纳入事中事后监管。在指定期限内未完成整改的,撤销其行业综合许可证。

省级统筹定标。省市场监管局、省政务办、省司法厅牵头推动"一业一证"试点改革,结合落实《湖北省人民政府办公厅关于印发湖北省"一业一证"改革实施方案的通知》(鄂政办发〔2021〕49号)、《省市场监管局关于印发湖北省"一业一证"改革行业目录的通知》(鄂市监注〔2021〕20号)有关要求,统筹定标,确定行业综合许可规范内容。

省领导领衔推进。省委省政府高度重视相关工作,领衔确定试点区域和行业,确立"一业一证"改革创新工作作为"一把手"工程,迅速成立试点工作专班,明确领导负责人,通过梳理省、市、县各级权限审批事项,明确改革方向,完善改革事项清单、改革流程、办事指南等。同时,制定各层级目标责任分解和考核方案,明确创建目标、任务、时限和部门责任,确保改革试点工作有序推进。

一表申请、一次办理。通过全面颗粒化梳理"一件事"申请条件、申报材料和申请表单,再造申请条件,实现"一次告知";再造申请方式,实行"多表合一、一表申报";再造受理模式,全面实施"一口受理"。从"千人一面""官言官语""情形复杂"向"千人千面""智能填报""智能预审"转变,从"能办"向"好办"升级。

5. 展望

下一步,湖北省将继续扎实推进"一业一证"改革试点,推动审批管理服务从"以政府部门供给为中心"向"以市场主体需求为中心"转变,走出一条照后减证和简化审批新路径,为在全国范围持续深化"证照分离"改革、更好克服"准入不准营"现象积累一批可复制、可推广的经验。围绕省和各市经济市场发展情况,在市场准入多头审批发证、市场主体高度关注的行业领域,建立行业综合许可制度,强化改革系统集成和协同配套,同步建立行业综合监管制度,在大幅降低行业准入成本的同时守牢风险防范底线,实现审批更精简、监管更有效、服务更优质。同时,省政府领导加强指导协调,强化有关部门职责分工,联合运营"一业一证"改革试点工作,充分发挥试点示范作用,积极解决改革试点中出现的问题,探索总结出经过实践证明的、行之有效的典型做法和经验。

7.4 吉林省

本节以吉林省构建数字政府建设新模式,全力推动营商环境持续优化提升为例进行介绍。

1. 综述

习近平总书记指出,东北的问题归根结底是体制机制问题,要以优化营商环境为基础,全面深化改革。吉林省深入贯彻落实习近平总书记重要讲话精神,紧扣市场经济意识不强、运用市场能力不够、市场主体活力不足等突出矛盾问题,坚持从优化营商环境破局，以数字政府建设为先导，刀刃向内、自我革命，以前所未有的力度建立五级书记抓营商环境工作机制，着力构建吉林特色数字政府建设模式，深化"放管服"和"最多跑一次"改革，全省营商环境得到持续优化。2020年，全省净流入资金4110.4亿元，居全国第3位；全省地区生产总值、规模以上工业增加值、固定资产投资、外贸进出口、实际利用外资、地方级财政收入等主要指标增速均处于全国较好位次，居东北板块之首。2021年，全省招商引资到位资金增长31.3%。

2. 新模式催生职能聚合新效应

抓住2018年党和国家机构改革的契机，吉林省委省政府着眼优化协同高效，推进政府职能的重构再造，对全省政务服务、数字化建设、营商环境建设等职能进行深度整合，组建省政务服务和数字化建设管理局，加挂省营商环境建设办公室牌子。省、市、县三级上下对齐、一步到位，成为全国唯一一个专门设立相关职能机构的省。

1）建立新的体制机制

明晰的权责清单和规范化的政务服务事项清单是数字政府建设的前提和根本。此次改革，吉林省将权责清单管理、政务服务事项管理职能整合，通过推进规范化、标准化建设，推动权责清单与政务服务事项清单一一对应，并根据法律法规立改废释情况、机构和职能调整情况等及时动态调整，为全要素推进政府职能数字化转型奠定基础。

简政放权、放管结合、优化服务改革是推动政府职能转变的"牛鼻子"。单打独斗往往效果有限，全面协同才能事半功倍，形成综合效应。此次改革，吉林省将"放管服"改革协调指导（政府职能转变协调）职能整合，基于政府权责梳理和数字政府建设，运用数字化思维和信息化手段，优化省级以下政府的权力结构和配置，推动政府权力协同化、集约化、扁平化，促使政府审批监管服务更加贴近基层和企业群众，推动从政府部门"职能本位"转变为真正贯彻落实"以人民为中心"的发展理念。

"加快发展电子政务，建设全流程一体化在线平台，以信息化推进国家治理体系和治理能力现代化"，习近平总书记为数字政府建设明确了发展定位。此次改革，吉林省将电子政务建设、政务信息系统整合共享、政务外网建设、政务公开、政府网站管理和社会信用体系建设等职能整合，推动平台再造、流程再造，数字化为政务服务赋能，推进跨层级、跨地域、跨系统、跨部门、跨业务的协同管理和服务。政务外网为政务数据搭建传输环境，数据融通共享为"互联网+政务服务"提供通道支撑，集约化"数字政府"网上应用推进全流程、跨地区、跨层级的网办升级，政务公开贯穿政务运行全过程，政府网站既为政务公开提供载体，又为方便企业群众办事和回应社会关切提供平台。同时发挥政府主导作用，基于大数据的社会信用建设降低信息不对称的影响，联合全社会力量激励守信、惩戒失信，改善经济社会运行环境。

政务信息化发展和基础设施支撑水平关乎数字政府整体效能发挥。此次改革，吉林省将大数据建设项目和资金管理职能整合，从项目立项、硬件建设、资金使用、应用开发、管理运维实行全过程统筹统建、归口管理，从体制机制上为避免重复建设、打破"数据烟囱"、强化系统协同提供保障。

数字政府是打造优质营商环境的重要抓手。此次改革，进一步强化营商环境建设管理职能，聚焦营商环境建设的目标要求、过程监督、结果考核一体谋划、一体推进，以数字政府建核心、补短板、强弱项，带动各项工作全面提升，营商环境工作更有抓手、更见实效。

数字政府建设需要强有力的技术支撑和保障。此次改革，吉林省组建了国有控股公司——吉林祥云信息技术有限公司，以服务政府治理、便利企业群众办事为公司发展方向，由省政务服务和数字化建设管理局代省国资委进行管理，为数字政府建设提供"贴身"保障服务，将数字政府基础设施建设、架构设计、代码开发和数据安全主动权牢牢掌握在政府手中。

2）实施新的建设模式

借助机构改革创造的有利条件，吉林省推动数字政府建设管理模式的转变，探索建立了"全省统筹、省建市用"的建设新模式。改革前，吉林省省级信息化建设是"分散的项目管理模式"，即各厅局分别向省财政厅提出信息化建设项目申请，财政拨款后，各个项目独立建设、独立运行。这种管理模式不但一次性投入大，而且运维成本高、系统升级难、数据难以共享、信息安全性低，特别是政府容易被企业"绑架"，失去在"数字政府"建设中的主动权。改革后，吉林省省级信息化建设实现向"集中统一的任务需求管理模式"转变，即省财政每年度确定"数字政府"建设资金规模，省政务服务和数字化建设管理局征集省级政务部门政务信息化建设需求，并对需求进行分析整合，硬件部分依托"吉林祥云"大数据平台统一规划部署、统一分配需求资源，避免过去各厅局都要建设独立的硬件机房造成的网络资源、服务器计算资源、人员投入、管理投入等方面的成本浪费。同时，由于形成规模优势，提高了与硬件供应商的议价能力，降低了采购成本。软件部分可依托云服务中台，构建数字政府"数据中台"和"业务中台"，将各厅局软件系统中具有共性的软件需求进行抽象提取，形成组件化产品，如电子证照服务、即时通信服务、数据分析服务、敏感字检测服务等多个通用组件类产品，对外提供统一服务能力，降低软件开发成本。

"全省统筹、省建市用"的建设新模式，不仅每年节省建设资金数十亿元，而且真正实现"主权在我、共享共用、小步快跑、持续升级"。省政务服务和数字化建设管理局统筹全省数字政府建什么、怎么建以及推进数字政府核心体系的建设和应用；各地在省统模式下，数字政府基础设施支撑、政务信息化发展水平实现平衡，信息平台和系统整体效能充分发挥。比如，据不完全统计，2019年各厅局报省财政厅的省级政务信息化项目需求约28亿元，其中硬件需求近14亿元。通过新模式统筹建设"吉林祥云"大数据平台一期，仅用0.9亿元就解决了14亿元的硬件需求。2020年省级共征集政务信息化建设需求195项,其中纳入统一建设范围的需求61项,所需资金约为5.6亿元。发挥"吉林祥云"智能中台的支撑作用,仅用3.09亿元统筹建设32个项目就支持了整合前的61个项目需求,资金节约效果十分明显。再如,采用新模式,统筹建设全省一体化政务服务平台,统一一套政务服务事项库、统一共享交换、统一身份认证、统一电子印章系统,一次性节约的系统建设费用超过30亿元,节省年运维服务费用超过2亿元。

3. 新模式建构营商环境法治新体系

坚决贯彻习近平总书记"法治是最好的营商环境"重要论述精神,充分发挥立法对改革的引领和推动作用,逐步建构起"一总两分、三位一体、多元支撑"的营商环境法律体系。

1)一总

在全国范围内较早颁布实施《吉林省优化营商环境条例》(2019年5月,全国第5个出台营商环境地方性法规的省份),遵循问题导向,将先进地区和吉林本地普遍实行的成熟经验、有益做法进行归纳提炼,上升到制度层面予以固化,实现了改革与法治的破立并举、有序衔接和协调统一。立法过程中,着力激发巩固吉林省机构改革的最新成果,以法律的形式提出推进政务服务改革与数字化建设融合发展的制度设计,赋予各级政务服务和数字化建设管理部门暨营商环境建设机构,以及其他相关职能部门精准优化营商环境的法治工具,使推行政务服务事项标准化、政务服务"只进一扇门""最多跑一次"改革和统筹建设全省一体化在线政务服务平台、推进数据共享和业务协同、推动线上线下"一网通办"等一系列具有吉林特色的制度安排有了明确的法律实施主体和责任归属,制度设计与具体实践愈发契合,相得益彰,既确保了有关改革工作于法有据,行稳致远,也有效增强了法律法规的执行力和穿透力,通过法治手段推动营商环境建设工作有部门管,有办法落,有真效果。在此基础上,2020年11月结合条例执行情况,在全国率先制定出台了省级优化营商环境地方性法规的配套实施细则,寓完善法治于推进改革之中,有的放矢,提升了具体条款规定的微观执行力,源源不断地释放了法治红利。

2)两分

《吉林省促进大数据发展应用条例》和《吉林省社会信用条例》分别于2021年1月1日和2022年1月1日正式实施。其中,《吉林省促进大数据发展应用条例》着眼破解政府与企业信息不对称、政府内部信息孤岛、数据烟囱难以彻底消除等制约营商环境优化提升的难点、堵点,清晰提出由省级政务服务和数字化建设管理部门负责建设、管理大数据平台,要求本省公共数据应通过其予以归集、治理、共享和开放,突出强调以共享为原则,不共享为例外。同时特别指出,通过省大数据平台获取的文书类、证照类、合同类、票据类公共数据,与纸质原件具有同等效力。除法律、法规规定不适用电子文书的情形外,行政机关以及具有公共事务管理职能的组织受理公民、法人和其他组织的申请事项,应当通过省大数据平台获取,不得要求申请人重复提交,为从根本上冲破数据藩篱,提升政府服务质效铺平了道路。《吉林省社会信用条例》紧密聚焦诚信这一企业生存发展的基石,明确规定以全省统建共用的吉林省信用综合服务平台为社会信用体系建设的基础平台,为推动社会信用信息的统一归集和共享共用提供基础应用支撑。要求通过统一的平台体系,实现所有数据一体共享共用,基础业务一体协同、应用一体推进,有效解决信用数据重复录入、信用工具多重开发、信用应用互不兼容等问题,按照数据对接共享共用,前端信用核验,后端形成信用数据反推回库的工作运行方式,真正使信用数据从幕后走向前台,为构建以信用为基础的新型监管和服务模式奠定了坚实基础。

3)多元

在《吉林省优化营商环境条例》及其配套实施细则的示范引领下,陆续施行了《吉林省促进中小企业发展条例实施细则》《吉林省地方金融监督管理条例》《吉林省行政执法监督条例》《吉林省职业教育校企合作促进条例》等一系列旨在从服务企业全生命周期多维角度广泛深入推动营商环境持续优化的政策法规。一方面,坚持立法与改革同频、实践同步,将实践证明行之有效的做法及时上升为法律,对一些尚不成熟、需要先行先试的,积极探索按照法定程序做出授权。另一方面,坚持部门利益服从公共利益,充分发挥法律法规的强制性作用,通过立法打破各个部门自身利益固化的藩篱,确保不折不扣执行优化营商环境各项决策部署。通过努力,基本形成了一整套切实维护企业合法权益的制度屏障,为广大企业家和创业者在吉林营商提供了有温度、有力度的法治保障。

4. 新模式激发"放管服"改革新活力

大力激发机构改革后的体制机制优势,在坚持"顶层设计、上位推动"的基础上,将工作推进模式进一步延伸发展为"数字引领、多点拉动",实现了从"推"到"拉"的重要转变,在新动能的驱动下改革迸发出更大活力,呈现出更多亮点。

1)聚焦精准抓放权

只有底数清、措施明,才能辨证施治,药到病除。在权力下放过程中把该放的权力放到位、放彻底,真正让企业和群众享有明显的获得感。吉林省切实发挥"放管服"改革与数字政府建设一体规划部署、一体推动落实的联动配套机制优势:一手抓摸底,摸清适用于数字化方式放权的底数。全面实行权责清单制度,采取"四个坚持"的方式,扎实推进政务服务事项规范化建设。即坚持全省"一盘棋",做到同一事项在省、市、县、乡、村的名称、类型、编码等16个要素基本一致;坚持"一把尺子量到底",建立一套统一明确的事项要素审核标准;坚持各级各地"齐步走",统筹层层开展事项复用,找齐办理标准与基层实际不符的龃龉;坚持"一套办法管到底",严格按照事项库管理办法对全省事项实行动态管理,实时调整。通过梳理,权力和责任一目了然,一清二楚,线上线下和全省域内标准统一,为运用数字化手段纵深推进"一网通办""省内通办""跨省通办""最多跑一次"等奠定了坚实基础,使权力下放距离企业和群众越来越近。一手抓清障,清除制约基层用好下放权力的障碍。运用信息化手段,直接赋予基层破解放权不配套、不联动和"小马拉大车"等问题的能力。依托自主研发、基于全省统建政务外网环境的新版全流程审批系统。由于系统搭建之初就以六大基础库为数据资源基础,以吉林省统一身份认证平台为身份认证依据,以全省政务服务事项同源为基本原则,以统一的数据共享交换平台为数据传输通道,以统一的电子证照、电子印章、工作流引擎和消息服务等中台组建为支撑,越来越多的事项已经实现基层窗口异地受理、省级窗口在线审批、系统自动发放邮寄证件,精准补强了基层承接能力。

2)立足科学抓监管

只有建立链条,形成闭环,实现监管执法行为全过程可跟踪、可追溯、可反馈,才能打造出适应新模式、新业态裂变发展的监管新机制,在包容和审慎中找到平衡点。吉林省着力推动数字政府建设成果转化,多点应用于建强以"双随机、一公开"监管为基本手段、重点监管为补充、信用监管为基础、"互联网+监管"为支撑的新型监管矩阵,形成了独树一帜的比较优势。比如,依托全省统建的工程建设项目审批管理系统建设了"省市两级、条块结合"的"吉林工程眼"立体监管体系,无论是PC端,还是移动端,都可以对本领域事项进行全流程、全要素监管,针对审批异常行为进行实时追踪和实时干预,极大提升了监管质效。再如,通过统建的省、市、县、乡、村数据共享交换平台,一举破解公共信用信息归集难题,激活了社会信用综合服务平台机制作用,使信用综合评价、联合奖惩管理、信用监督预警和信用修复等一系列功能真正有了用武之地,形成了以信用为关联,事前承诺公开核验、事中评价分级分类、事后激励惩戒修复相互融合的一整套监管机制。又如,建设应用行政检查执法备案智能管理系统,无缝对接"互联网+监管""双随机、一公开"等系统平台,将除交通警察执勤执法、城市综合管理执法等不确定被检查对象外的行政检查执法全部纳入系统管理,实行事前备案、电子亮证(单)、扫码核验、录像拍照、评价举报等全过程、全链条电子留痕,用电子手段驱离人为因素,倒逼规范执法,大幅提升企业和社会满意度。近年来,吉林数字政府建设成果的高效转化应用,从根本上推动促进放管两方面实现有机结合,确保了放得开、管得好。

3)锚定便利抓服务

只有充分汇集政府部门政务信息,通过数据共享和互联互认,才能高效配置政务服务资源,打通最后一公里,确保企业和群众享受到改革带来的红利最大化。吉林省步入改革深水区后,坚定补短板、扬优势,贯彻新发展理念。聚力攻坚数据壁垒,按照"2+4"模式,构筑全省标准统一的共享体系,依托吉林省网上办事大厅打造统一规范的网上政务服务总入口，推进政务信息资源跨层级、跨地域、跨系统、跨部门、跨业务互联互通和协同共享，横向实现省级部门间的交换共享数据，纵向实现省市县乡村各级数据关联，在政务服务全流程审批、部门间业务协同、强化行业监管、优化公共服务等方面发挥重要作用。坚持建好更要用好，分批次制发省级政务信息资源共享责任清单，统筹各地同步梳理印发本级清单，逐级逐地落实数据归集责任，推动各级政务部门共享平台应用能力提升。当下在吉林，一些政府部门可以通过共享交换平台直接抓取基础信息辅助决策，无须再通过纸质材料层层汇总；企业和群众可以就近就便选择政务大厅综合窗口、"吉事办"网厅、手机移动端等任意渠道办理业务，标准和条件保持一致；部分审批业务通过"吉政通"移动审批端实现了掌上批、移动批、随时批，便利性实现跨越式提升。打破服务的天花板，基于统一政务服务事项库、统一共享交换、统一身份认证、统一电子印章的数据底座，一步步打破服务的时空分割界限。通过建设和应用统一身份认证、电子证照、电子印章系统，加快电子证照生成，拓宽政务服务关联应用，推动在多个领域、多个场景实现电子亮证和电子验证，采取调用电子证照和数据共享等手段，减材料、减环节、减时限，不断突破固有限制，"营商环境只有更好，没有最好"正在照进现实。

5. 新模式带来营商环境新提升

最有效果的改革，是让人民更得实惠。经过近4年的努力，改革带来的体制机制优势和职能聚合效应日益显现，吉林省数字政府建设的若干指标在全国排名都呈现了"跨越式"提升，营商环境也发生显著变化。在中央"不忘初心、牢记使命"主题教育总结大会上，习近平总书记充分肯定吉林省改善营商环境工作。2021年6月，李克强总理在吉林考察时强调："这里不仅物产丰富，而且营商环境过了关。营商环境过了关，投资就能跨过山海关。"

1）工程建设项目审批制度改革全国领先

吉林省是全国唯一在"工改"工作中采用"全省统筹、省建市用"模式的省份。全省改革"一盘棋"，全流程审批事项由200项压减至81项，精简比例达33.1%；全流程审批时间从原来平均200多个工作日压缩至81个工作日以内，其中低风险项目压减至13个工作日。"建设用地规划许可证""建筑工程施工许可证"等20个电子证照全面上线应用并累计核发1.5万余份。在国家历次通报中，吉林省工程建设项目审批数据实时共享率持续保持100%，工程审批系统综合运行指标稳居全国第1位。

2）城市信用指数保持在全国前列

根据国家发布的2022年6月信用监测数据，长春市在全国36个省会及副省级城市中，排名从2019年初的全国倒数第1跃升至全国第14；延边州在40个地州盟中，排名从2019年初的全国倒数第2跃居全国第1；7个地级市在全国261个地级市中，综合排名从2019年初的全国倒数第1跃升至全国第4并全部保持在前100位；20个参评县级市在全国383个县级市中，综合排名从2019年初的全国倒数第1跃居全国第1。

3）行政检查执法备案智能管理改革成效明显

全面推行行政检查执法备案智能管理改革，在全省推广应用自主研发的行政检查执法备案智能管理系统，对接打通"吉事办"、"互联网+监管"系统、"双随机、一公开"等系统平台，推行"执法报备、手机亮证、扫码迎检、事后评价"的管理模式，实现了对检查执法的事前、事中、事后全流程监管。对检查执法备案数据进行统计分析，可以为全省行政检查执法建立公开账单、为市场监管环境画像、为企业守法经营提供"体检报告"，并使优化营商环境决策由以往的"经验式"决策向"数据式"决策转变。截至2022年5月30日，各地各部门累计认领行政检查执法事项99 406项，实现行政检查事项100%全覆盖，备案管理行政检查执法及辅助人员5.96万人，实施备案管理行政检查执法9.18万次。

4）电子证照种类数量排名保持在全国前列

加快统一身份认证、电子证照、电子印章系统建设、应用，推进跨地域、跨层级、跨部门的便利化办理。截至2022年5月30日，累计向国家上报入库电子证照513种、4205.64万条，同步在"吉事办"的"我的证照"中实现电子亮证和电子验证。电子证照种类排名从2019年初的全国倒数第1跃升至全国第5。律师执业证、律师工作证在全国率先实现电子亮证，做到了省域内真假律师完全辨识。

5）政府网站集约化建设成效显著

省政府门户网站日均访问量突破200万人次。根据国务院办公厅《2020年政府网站和政务新媒体检查情况通报》，吉林省人民政府网站综合指标得分列全国第6位，实现从"基本合格"跃升至全国靠前。从近期国务院办公厅政府信息与政务公开办公室相关通报看，吉林省政府网站监管工作持续处于全国第一方阵。吉林省政府网站智能问答系统（智能小吉）受到国务院办公厅政府信息与政务公开办公室表扬。

6）新版全流程审批系统部署应用工作成效明显

推进新版全流程审批系统与国垂、省垂、部门自建系统对接并加快向基层延伸应用，完成与9个业务部门的14个审批系统对接和289个乡（镇、街道）、24个村（社区）的部署工作，实现网上办事大厅和实体政务服务中心协同、线上和线下集成融合。吉林省是全国唯一的省市县乡村五级使用一套系统、一个平台进行全流程在线审批的省份。全省统一一个审批平台，以全省政务服务事项库为基础支撑，以数据共享交换平台为数据传输通道，既能有效汇集各级各部门政务服务审批数据，统一出口向国办和国家部委报送数据，又能对各级各部门政务服务审批行为进行科学分析、有效监管。

7）网上政务服务能力大幅提升

依托全省一体化政务服务平台，深化政务服务全程网办、"跨省通办"。在吉林省网上办事大厅（以下简称"吉事办"）设立热点事项全程网办专区，8480项高频政务服务事项实现全流程网上办理；上线 10 个"区域通办""跨省通办"专区，104 项政务服务事项实现"跨省通办"。"吉事办"移动端应用达到 300 余项。在国务院办公厅电子政务办组织的 2020 年网上政务能力第三方考核评估中，吉林省总体指数提升最快、增幅全国第 1，稳步向全国第一方阵迈进。

8）政务服务实行"无差别"受理

推行"一窗受理、集成服务"改革，组织全省政务大厅全面部署和应用新版全流程审批系统，推动网上政务大厅和实体政务大厅协同、线上和线下集成融合，省本级政务服务事项"一窗"受理比例 87.1%，市县达到 70% 以上。

9）全省政务服务事项规范化和标准化水平显著提升

统一梳理规范了省级通用目录 835 项、业务办理项 1887 项，市级通用目录 762 项、业务办理项 1961 项，县级通用目录 823 项、业务办理项 1794 项，乡级通用目录 17 项、业务办理项 40 项，村级通用目录 11 项、业务办理项 34 项，实现了同一行政职权政务服务事项在省市县乡村的名称、类型、依据、编码等 16 个要素基本一致，政务服务事项承诺办理时限比照法定时限平均压缩 50% 以上。

10）信用信息共享应用促进中小微企业融资

按照国务院办公厅加强信用信息共享应用、促进中小微企业融资要求，依托省信用综合服务平台建设了全国中小企业融资综合信用服务平台省级节点，使之发挥信用信息"上传下达"枢纽作用，成为"总对总"共享信用信息的中转站。依托省级节点完成吉林省中小微企业融资综合信用服务平台建设，按照"入驻 + 接入"的方式，推动各地融资信用服务平台建设。截至 2022 年 7 月末，全省各融资信用服务平台累计授信 1035.26 亿元，注册市场主体 88 万余户。

11）"吉林祥云"云网一体化基础设施支撑服务能力显著提升

建设完善"吉林祥云"云网一体化基础设施体系，"吉林祥云"大数据平台"两地三中心"的基础架构已经形成，电子政务外网纵向骨干网和省级横向接入网传输能力大幅跃升。"吉林祥云"大数据平台总资源量已达到 68506 核 vCPU、232.8TB 内存、9PB 的存储能力和 4 个万兆级的负载均衡链路。同步开展政务云平台整合工程和省直政务信息系统"迁移上云"工作，推进"1+6"基础数据库建设工程。依托"吉林祥云"大数据平台，全省统建一体化政务服务平台、统一政务服务事项库、统一共享交换体系等。各地在省统模式下，数字政府基础设施支撑、政务信息化发展水平实现一体化跃升。

12）全省数据共享交换体系全面建成

推动建立政务数据共享协调机制，建成覆盖省、市、县、乡、村五级的全省数据共享体系，统建的数据共享交换平台活跃度全国领先。先后印发 4 批省级政务信息资源共享责任清单，各市（州）、县（市、区）同步梳理印发本级清单。全省数据共享平台上线运行以来，已梳理完成政务数据目录 70 338 个。依托全省数据共享交换体系，接入5333个部门（单位），归集库表和接口数据196亿条、文件99万兆字节，实现数据共享交换2588亿条次，电子营业证照、身份证2种证照信息已在"吉事办"和新版全流程审批系统实现免提交。

6. 展望

虽然各项工作取得了阶段性成果，但对标先进，还存在各地数字化转型发展不均衡、创新应用能力不强、干部队伍数字意识和数字素养有待提升等问题。下一步，将深入贯彻党中央、国务院和省委、省政府决策部署，深入落实《国务院关于加强数字政府建设的指导意见》要求，坚持以数字政府建设为先导，加快"数字吉林"建设。

1）强化统筹，进一步加强数字政府建设系统集成、整体协同

坚持"全省统筹、省建市用"，推动数字政府建设再创新佳绩。统筹推进云网环境、数据共享、通用技术等基础能力建设，强化网络、算力、算法、数据、共性应用等资源共建共享，避免分散建设、重复建设。统筹推进技术融合、业务融合、数据融合，提升跨层级、跨地域、跨系统、跨部门、跨业务的协同管理和服务水平，促进数字政府建设和运行整体协同、智能高效、平稳有序。统筹推进治理模式变革、方式重塑和能力提升，强化改革思维和数字化思维，立足技术创新和制度创新的双轮驱动，从更高的维度提高政府治理能力，实现治理现代化的改革突破。

2）健全体系，进一步完善适应数字化发展的数字政府治理模式

落实省第十二次党代会关于加强数字政府建设的部署要求，进一步健全工作体系、完善工作模式。建立吉林省数字政府建设指导协调体系，强化整体规划，明确职责分工，保障数字政府建设有序推进。健全完善科学规范的法规制度规则体系，推动构建多维标准规范体系，以标准化促进数字政府建设规范化。搭建结构合理、智能集约、安全可控的平台支撑体系，持续提升"吉林祥云"大数据平台服务能力，加强重点共性应用支撑能力，夯实数字政府建设根基。加快构建开放共享的数据资源体系，依法依规促进数据高效共享和有序开放利用，释放数据资源价值活力。持续完善全方位安全保障体系，落实安全管理制度，加强关键信息基础设施防护，强化安全防护技术应用，筑牢数字政府建设安全防线。

3）创新应用，以数字化转型发展支撑加快转变政府职能、助力深化改革

着力打造一批标志性数字化应用场景，推出一系列数字化改革创新举措，以"小切口"形成"大牵引""大价值"，以政府管理、服务、运行等数字化能力提升推动政府治理方式和治理能力提升。在政务服务领域，依托"吉事办"打造统一规范的网上政务服务总入口、掌上办事总门户，推行政务服务事项集成化办理，推广"免申即享""政策直达"等服务方式，不断满足企业和群众多层次、多样化的服务需求。在智慧监管领域，推广应用行政检查执法备案智能综合管理系统（"我要执法"App），推进行政检查执法全过程、全链条电子留痕，运用信息化手段和数字化技术"把权力

关进制度的笼子里",倒逼规范执法,使吉林省营商环境再有一个大的、跨越式提升。在政务运行领域,启动面向全省政务人员的吉林省政务服务平台工作门户"吉政通"及其移动端建设工作,推动构建各级政务部门线上业务流转、审批和协同办公的生态体系。

4)数据赋能,以数字政府建设为牵引催生经济社会发展新动能

着力加强数据治理,盘活数字政府的公共数据资源要素,驱动经济社会高质量发展。进一步强化对政务数据、公共数据和社会数据的统筹管理,不断提升数据共享平台作为数据交换通道的支撑保障能力,提高数据共享服务、资源汇聚、安全保障等一体化水平。深入贯彻《中华人民共和国数据安全法》《中华人民共和国个人信息保护法》《吉林省促进大数据发展应用条例》等法律法规,规范数据资源全生命周期管理,促进公共数据资源开发利用。推动数据要素市场化,加快培育数据交易市场,落实国家层面出台的数据要素准入、产权、交易、报酬、监管等数据基础制度,制定完善公共数据交易、监管制度和技术标准体系,引导数据资源依法依规交易流通,释放数据资源价值,营造良好数字生态。

7.5 陕西省

本节以"秦政通"政务一体化协同办公平台为例进行介绍。

1. 综述

"十三五"期间,陕西省各级政府部门大多独立建设了协同办公系统,虽然有效支撑了部门内部办公业务,但总体来看,缺乏统筹规划,系统建设分散、自成体系、自行运维,整体水平不高、自主可控性不足,尤其是各部门间协同办公系统互联互通性较差,难以实现跨部门的协同办公,制约了政府部门业务流程再造、管理创新、服务变革等。为此,陕西省政务大数据局会同陕西省政务大数据服务中心规划建设了"秦政通"政务一体化协同办公平台(以下简称"秦政通")。平台依托省级信创政务云,围绕跨部门、跨层级的协同办公需求,构建"横向到边、纵向到底"的业务全覆盖、应用全集成、数据高共享的"公文一网通办、事项跨域协办、会议高效智办"的协同办公体系,为全省公务人员提供跨部门、跨层级的"公文、会议、事务"等网上、掌上办公服务。

"秦政通"建设于2021年9月启动,2022年6月完成。截至目前,纳入组织机构13 959个、用户26 061个,接入政务应用48个,各类应用月均访问量达12.4万人次。

2. 主要措施

1)高起点规划

为全面提升陕西省政务运行数字化、智能化、科学化水平,陕西省以业务实际为

基础，学习借鉴先进地区经验做法，找差距、补短板、创新工作思路，将"秦政通"列入《陕西省数字政府建设"十四五"规划》政府运行领域重点应用，以"集约化"建设思路加快推进政府内部业务流程整合优化、精简高效，进一步强化数字赋能，提升政府部门行政效能，降低运行成本。

2）高标准建设

"秦政通"以"省级统建、分级使用"为建设原则，以功能"好用"、系统"管用"、用户"爱用"为导向，以全省各级政府部门"共建共用"，构建"共享开放"的政务应用生态为目标，以"自主、安全、可控"为平台建设的"安全底线"，形成"1+4+5+N"的总体架构体系，即"1"个统一工作入口，"4"大支撑平台，"5"大应用中心，接入"N"个业务系统，建设符合信创要求的全省一体化协同办公平台。

3）分级推广

按照"分级、分目标"的原则推进"秦政通"应用推广工作，省政务大数据局为"秦政通"省级应用推广牵头部门，负责统筹"秦政通"全省推广应用工作，省政务大数据服务中心负责实施；各市（区）明确本级"秦政通"应用推广牵头部门，负责本地区"秦政通"应用推广工作，明确"十四五"期间"秦政通"年度工作目标，夯实各部门主体责任。

4）专业团队运维

组建专业运维团队，整合运维服务资源，规范运维行为，确保服务质效，形成统一管理、集约高效的一体化运维体系，提供7×24小时保障服务，保障系统安全、稳定、高效运行。

3. 建设成效

1）全省一体化协同办公体系建立

一是建成满足30万公务人员使用要求的即时通信、视频会议、政务云盘、政务邮件等标准应用，以及文件处理、事务审批、会议管理、公文交换等基础办公应用。二是适配接入值班值守、资产管理、考核管理、会议通知、督查督办、信息报送、建议提案等第三方政务系统。三是建成全省统一身份证、电子签章、公文交换、统一短信服务等公共支撑平台。四是初步形成相关标准规范体系。

2）全省政务信息系统建设成本降低

一是"秦政通"在通盘考虑全省各部门办公信息化需求的基础上，结合政府侧政务信息系统接入要求，统一规划建设一体化通用应用支撑平台和底座，避免各部门重复建设。二是"秦政通"面向全省各政府部门提供协同办公等各类标准化应用服务，实现统一维护与运营，降低各部门对信息系统的技术运维要求，同时大幅减少部门信息系统维护的成本。

3）政府部门服务效能提升

一是以"秦政通"建设为抓手，推动政府资源整合、流程优化、业务协同，提升各级政府部门服务效能，提升人民群众获得感。二是通过数字赋能，推动政府履职和政务运行数字化转型，全面提升政务运行数字化、智能化、科学化水平。三是建立健全大数据辅助科学决策机制，开发建设综合决策分析应用，全面提升政府决策科学化水平。

4. 经验总结

1）理顺机制，强化顶层设计

明确省级政务信息化主管部门及数字政府建设主体职责，结束长期以来"多龙治水"的政务信息化建设局面，为"秦政通"统一规划、统一建设奠定了基础。

2）安全第一，效率优先

"秦政通"依托信创项目建设，以国产化软硬件为基础构建平台"底座"，筑牢平台安全第一道防线。全面应用国产密码进行链路、数据加密，并通过三级等保测评和密码应用安全性评估，保障数据安全。重点加强软硬件的二次深度融合开发工作，在保障网络及数据安全的前提下，大幅提升平台服务效率，实现平台从最初的"能用"向"好用"转变。

3）集约化建设，促进业务协同

通过集约化建设"秦政通"，全省政务协同办公系统摆脱了以前"各人自扫门前雪"的工作模式，使得全省跨部门、跨层级的协同办公成为可能，不但降低了各部门系统建设及运维成本，同时清除了部门间数据共享、业务协同的壁垒。

4）共建共用，激发部门应用创新意识

"秦政通"聚焦全省协同办公基础支撑平台和标准应用建设，按照"应接尽接"的原则接入全省存量的政府侧应用系统，鼓励全省各级政府部门依托"数字政府"基础设施和"秦政通"基础支撑平台开展创新业务应用开发，优秀成果全省推广，共同构建"共享、开放"的政务应用新生态。

5. 展望

作为推动政府数字化转型的重要引擎，"秦政通"将逐步覆盖陕西省、市、县（区）、乡镇等各级党政机关，支撑约30万人的日常政务办公，推进"横向到边、纵向到底"的业务全覆盖、应用全集成、数据高共享的政务协同新模式，实现多层级、多部门纵横联动、无缝协同。预计到2025年底，全省各党政机关人员使用"秦政通"处理日常工作事务的活跃度将达到80%。

未来，重点推进跨地区、跨部门、跨层级联动事项在全省各部门覆盖推广，围绕政府运行的业务场景，深化数据汇聚融合和开发利用，充分发挥数据的基础资源作用和创新引擎作用，提高政府决策科学化水平和管理服务效率。

7.6 宁夏回族自治区

本节以宁夏以提升政务服务水平为总目标，高质量推进政府网站集约化建设为例进行介绍。

2017年，宁夏回族自治区政府网站集约化平台各项功能按照《国务院办公厅关于印发政府网站发展指引的通知》（国办发〔2017〕47号）文件要求建设，随后，《国务院办公厅关于印发〈政府网站集约化试点工作方案〉的通知》（国办函〔2018〕71号）、《国务院办公厅秘书局关于印发政府网站与政务新媒体检查指标、监管工作年度考核指标的通知》、《国务院办公厅政府信息与政务公开办公室关于规范政府信息公开平台有关事项的通知》（国办公开办函〔2019〕61号）等文件陆续发布，对宁夏回族自治区政府网站集约化平台建设提出了新的要求，亟须升级改造以达到国务院办公厅建设标准，具体包括：

《国务院办公厅关于印发〈政府网站集约化试点工作方案〉的通知》（国办函〔2018〕71号）明确了政府网站集约化建设的五大工作任务，包括建设集约化平台、形成标准规范、构建信息资源库、提供一体化服务、强化安全保障，要求各级人民政府提升政府网站管理和服务水平，努力建设整体联动、高效惠民的网上政府。

《国务院办公厅秘书局关于印发政府网站与政务新媒体检查指标、监管工作年度考核指标的通知》中首次针对新媒体渠道建设情况提出了考核方案，要求各级人民政府充分发挥政务新媒体传播速度快、受众面广、互动性强等优势，以内容建设为根本，不断强化发布、传播、互动、引导、办事等功能，为企业和群众提供更加便捷实用的移动服务，不断提升政务公开和政务服务水平。

《国务院办公厅政府信息与政务公开办公室关于规范政府信息公开平台有关事项的通知》（国办公开办函〔2019〕61号）明确了政府信息公开平台的定位，从统一规范、功能优化、数据衔接、加强管理等多个方面对政府信息公开平台的建设提出了要求，也为政府信息公开平台的建设提供了建设参考样本。

1. 综述

以习近平新时代中国特色社会主义思想为指导，全面贯彻落实党中央、国务院关于政务公开工作有关部署，推进政府网站互联互通融合发展，通过宁夏回族自治区政府网站集约化平台改造提升项目建设，一是支撑政府网站及政务新媒体日常管理和常态化监管，推动政府网站和政务新媒体健康有序发展。二是规范政府信息公开平台设置，提升主动公开工作实效，加强政府信息管理。三是打通信息壁垒，推进集约共享，实现各级各类政府网站、政务服务网资源优化融合、数据互认共享、管理统筹规范、服务便捷高效。四是设置统一的办事服务入口，发布本地区、本部门政务服务事项目录，集中提供在线服务；以用户为中心，打造个人/企业专属主页，提供个性化、便捷化、智能化服务，实现"千人千网"，为个人和企业"记录一生，管理一生，服务一生"；围绕残疾人、老年人等特殊群体获取网站信息的需求，不断提升信息无障碍水平。

2. 主要措施

宁夏回族自治区政府网站集约化平台改造提升项目主要建设内容11项，包括建设2个保障体系，新建5个应用系统，改造提升4项内容。具体介绍如下。

1）建设2个保障体系

标准规范体系通过编制宁夏回族自治区政府网站集约化平台建设总体规范、数据资源规范、信息交换标准、运维规范以及安全规范，指导宁夏回族自治区政府网站集约化平台建设。

安全运维体系依托现有统一公共云平台安全保障系统和有关设施，建设网站安全防护、域名安全、主机安全、网页防篡改、智能运维系统、运维组织等相关内容，提升宁夏回族自治区政府网站集约化平台一体化安全保障和运维管理能力。

2）新建5个应用系统

一是统一互动交流系统。覆盖集约化平台接入范围内约200个政府网站，为个人/企业留言评论和咨询投诉、政府在线征集和在线访谈提供支撑，汇集公众及企业用户统一互动交流语音、视频、文本等数据，综合分析互动交流质量、效率、满意度评价等信息，实现分析结果与自治区政务监管等信息系统的互通共享，为领导辅助决策提供支撑。支持对外提供API接口，按需供第三方系统接入使用。二是政务新媒体管理系统。通过对各级政府新媒体账号更新量、更新内容的统一化管理和责任管控，实现对新媒体账号运营状态的综合分析，推动各类政务新媒体互联互通、整体发声、协同联动，为规范新媒体运维管理提供支撑，推进政务新媒体与政府网站等融合发展。三是政府网站考核系统。完成各级人民政府、政府各部门、各直属机构网站提升改造，按照《国务院办公厅秘书局关于印发政府网站与政务新媒体检查指标、监管工作年度考核指标的通知》要求，设置检查规则，实现网站问题智能化考核，自动推送网站问题，统计日志信息，为政府网站日常管理和常态化监管工作提供支撑。四是政府网站数据资源管理系统。汇聚全区各级各类政府网站信息发布、便民办事、互动交流等栏目或系统的信息数据，实现数据全生命周期的管理和监控，为应用提供数据和服务支撑，推动跨网站、跨系统、跨层级的资源相互调用和信息共享互认。五是集约化智能运维系统。通过对硬件设备、日志信息、平台运行情况进行监测统计分析，实现全区政府网站集约化平台综合运维。

3）改造提升4项内容

一是信息公开系统改造。按照《国务院办公厅政府信息与政务公开办公室关于规范政府信息公开平台有关事项的通知》（国办公开办函〔2019〕61号）要求，梳理并形成全区政府信息公开平台基础栏目与页面设计标准；对集约化平台接入范围内200家政府单位进行信息公开调研和栏目规划设置，完成信息公开栏目整体页面改造，统一名称、统一格式，加强规范。二是政府网站集约化平台基础升级。完成集约化平台接入范围内200家政府网站的页面标签改造、政策文件与解读文件之间的关联呈现，加强规范；政府网站遇整合迁移、改版等情况，要对有价值的原网页进行归档处理；推进自治区政府网站信息无障碍建设，为视力和听力障碍人群提供相关互联网信息服务，提升用户体验；按照"宁政通"和"我的宁夏"App界面设计要求新增H5页面；政府网站IPv6改造。三是智能搜索系统。基于政府网站数据资源管理系统，聚合相关信息和服务，实现搜索即服务，同时提供用户内容的语义理解、智能信息化过滤等功能，挖掘出用户潜在关注的一些信息，为用户提供更加友好、智能的交互。四是自治区政务服务平台衔接改造。对接"我的宁夏"App统一身份认证平台，实现政府网站集约化平台用户统一身份认证，做好与自治区政务服务平台建设的衔接，推进集约化平台与在线政务服务平台的互联融通，在政府网站构建个人/企业主页，依托政府网站数据资源管理系统实现个人和企业用户网上办事、信箱回复、留言评论等信息的集中展示，以及新闻资讯、政务服务事项等信息的个性化智能推送，为公众提供优质便捷的办事服务，实现数据同源、服务同根、一次认证、一网通办。

3. 建设成效

1）提升政务公开信息化、智能化水平

有利于加快转变政府职能，建设服务型政府；有利于提升政务公开的能力和水平，保障人民群众知情权、参与权和监督权，增强政府公信力；有利于提升政府服务水平，增进公众与政府的沟通；有利于强化政府网站日常管理工作，推进政府网站健康发展。

2）提升政府网站管理工作效率

政府网站经过集约化建设之后，可实现全区网站数据的汇聚共享，能支持数据资源的跨层级、跨站点、跨栏目、跨渠道的共享调用，如同一条信息只需编辑一次便可推送至网站、移动端、微博、微信等多个渠道，上级站点和下级站点之间可进行快速信息报送及下发，增强了网站之间的纵向及横向联动协同，极大地节省了时间，提高了网站业务人员的日常工作效率。推动政务信息数据资源向"两微一端"等延伸拓展，通过政务新媒体更好传播党和政府声音，提供多渠道、便利化的"掌上服务"。

3）深化政府网站集约化水平

在政府网站集约化建设完成之后，各级政府网站的发展定位和内涵更加清晰，一方面，政府网站的政务服务能力极大提升。打通与自治区政务服务网的数据连接和用户统一身份认证，提供"一站登录、一网漫游"的便捷服务，最大程度利企便民，让企业和公众共享"互联网+政务服务"发展成果。另一方面，按照"公开为原则，不公开为例外"的基本要求，全面推进政府信息公开，提高政府工作的透明度，为建设法治政府提供基本保障。

4）强化政府网站的安全稳定

以往的政府网站建设缺乏专业技术人员和专业的监督管理平台，因而政府网站平台的安全性得不到应有的保障。政府网站集约化建设之后能够统一安排部署各个监测系统，实现对云平台的安全监控，进而从多个方面确保政府网站平台的安全运行。另外，集约化平台可依据全国政府网站普查指标体系对政府网站进行定期监测，以监测结果强化政府网站监督，对不合格网站进行通报、问责，实现政府网站监测整改的制度化、常态化，提高自治区政府网站办网水平，保障区内政府网站健康有序发展。

5）减少政府网站建设及运维资金投入

以往的政府网站建设，需要承担从硬件采购、软件开发到设备维护、信息保障等"建、管、用"全流程业务，不仅内容复杂，而且消耗大量人力、物力、财力，对运维人员的要求也比较高。集约化建设后，不仅集聚了海量数据，还给各部门减轻了以往自建网站而产生的建设、运维负担和安全风险，让各网站管理人员集中精力抓好内容保障，更加注重政府网站的内容建设。在基础硬件支撑方面，采用统一的政务云平台，有效地避免了硬件和机房的重复建设，使得运营成本更加低廉。在网站建设及日常运行维护方面，由专业部门集约、统一建设全区政府网站，减少了各单位自建自营模式造成的资金分散和资源浪费，降低了管理、维护的人员、损耗等各项成本，极大减少了政府部门的资金投入。

4. 经验总结

集约化平台建设是宁夏回族自治区贯彻落实党中央、国务院关于加强政府网站集约化建设工作有关部署，主动跟进试点地区建设步伐的重要举措。项目能够有效提升政府网站管理和服务水平，形成良好的集约化管理、建设、运营示范效应。

5. 展望

下一步，宁夏将继续以习近平新时代中国特色社会主义思想为指导，全面贯彻落实党中央、国务院关于政务公开工作有关部署，继续推进政府网站互联互通融合发展，按照统一标准体系、统一技术平台、统一安全防护、统一运维监管的要求，完善集约化平台、标准规范，通过信息资源库提供一体化服务和强化安全保障，推进数据融通、服务融通和应用融通。

7.7 生态环境部信息资源中心

本节以生态环境部信息资源中心持续推进生态环境数据融慧治理征程为例进行

介绍。

1. 综述

《关于加快构建全国一体化大数据中心协同创新体系的指导意见》（发改高技〔2020〕1922号）、《国务院办公厅关于建立健全政务数据共享协调机制加快推进数据有序共享的意见》（国办发〔2021〕6号）指出，以习近平新时代中国特色社会主义思想为指导，全面贯彻党的十九大和十九届历次全会精神，全面落实习近平总书记关于建设全国一体化大数据中心的重要讲话精神，按照国务院统一部署，以加快建设数据强国为目标，强化数据中心、数据资源的顶层统筹和要素流通，建立健全权威高效的政务数据共享协调机制，进一步发挥数据共享在推动经济社会发展、服务企业和人民群众等方面的重要作用，加快数字化发展，为建设数字政府、提高国家治理体系和治理能力现代化提供有力支撑。

党中央、国务院高度重视大数据在推进生态文明建设中的地位和作用。习近平总书记明确指出，要推进全国生态环境监测数据联网共享，开展生态环境大数据分析。《"十四五"推进国家政务信息化规划》指出，到2025年，政务信息化建设总体迈入以数据赋能、协同治理、智慧决策、优质服务为主要特征的融慧治理新阶段，跨部门、跨地区、跨层级的技术融合、数据融合、业务融合成为政务信息化创新的主要路径。生态环境部党组、部领导高度重视大数据的应用，提出要用大数据思维，主动改变传统的工作方式，改变政府管理的模式，要充分利用大数据等技术手段提高监管能力，精准打击环境违法违规行为，加强各类污染源、生态环境监管等相关数据的跨部门、跨地区信息共享，加强生态环境治理大数据分析利用，在充分利用社会化资源基础上，逐步形成政企协同共治能力，加强数据综合应用和集成分析。

2015年7月，生态环境部率先启动生态环境大数据工作。2016年，环境保护部办公厅正式对外发布了《生态环境大数据建设总体方案》，明确建设生态环境大数据管理平台，有效推进业务系统协同、共享，从根本上解决信息孤岛的问题。2016—2018年，基于生态环境大数据建设项目，全面推进部内数据资源整合和集成，建成了集数据资源目录管理、数据汇聚、多类型数据归集、数据共享服务、数据查询浏览于一体的生态环境信息资源中心。2019年，进一步开展数据共享服务建设，建立了具有覆盖范围广、时间序列长、环境要素全、数据类型多等特点的共享服务系统，为部重点工作和决策提供了重要数据支撑和服务保障。2021年，开展大数据管理服务工作，优化了传输交换技术架构，完成了六条业务线的数据联网报送及数据回流。2022年，依托生态环境信息资源中心一体化服务支撑项目，对数据的接入过程进行接入任务管理并进行可视化监控和统计，提升了数据全流程可视化监控能力；建立了重点业务数据标准，优化了数据对账服务；开展了一体化数据服务的系统保障服务。2023年，为落实国务院一体化政务大数据体系要求，优化数据资产的全过程可视化建设，并试点

开展部 – 省一体化数据目录建设。

2. 主要措施

1）积极制定数据资源管理制度和规范

在数据管理方面，制定了《生态环境数据集中管理规定》，规范数据集中入库和数据动态更新；制定了《环境保护部政务信息资源共享管理暂行办法》，规范数据共享服务。

在标准规范方面，修订了《环境信息元数据规范》，印发了《生态环境信息基本数据集编制规范》，完成《生态环境信息分类与代码》（征求意见稿）。通过发布的数据管理制度和标准规范，形成了规范化数据汇集机制，保障了数据动态更新和质量。

在数据治理实践方面，编制各项数据治理技术规范，包括《数据接入调研规范》《数据接入实施规范》《数据清洗实施规范》《数据开发规范》《数据对象命名规范》《资源目录编制规范》《数据运维管理规范》等。

2）夯实建设多源融合的数据治理平台

围绕打好打赢污染防治攻坚战的目标，以生态环境大数据建设为牵引，着力建设和夯实具备多元数据融合能力的治理平台，打造了集多元异构数据汇集接入、数据标准管理、数据模型管理、元数据管理、数据开发、数据质量管理、数据治理、数据共享服务管理、数据监控等功能于一体的大数据平台，实现了涵盖整个生态环境数据治理过程的全链路可视化的平台支撑。

3）统一构建一体化集约式多租户空间

建立基于多租户的云化数据空间，帮助业务单位或第三方单位实现基于平台的数据开发和建设，利用多租户方式提供数据融合治理能力支撑，助力业务单位开展简单、快捷、高效的数据建设工作。每个租户空间包含数据加工分析全流程数据资源及共性组件，既确保当前的数据平台资源能够发挥最大的效能，又为生态环境数据产品的共建共用提供舞台。

4）多维度实现数据资产业务化可视化

设计数据资产可视化大屏，全方位展示数据接入、数据服务及对象等数据资产。分类展现生态环境18个业务域的数据资产分布情况；按照时间维度，分析展现生态环境核心监管对象、在全国尺度的数据变化情况，推进数据资产的业务化。

5）统一建设固定污染源基础数据库

围绕解决固定污染源管理信息系统痛点、堵点、难点问题，按照"统一填报、统一编码、统一分拣、统一建设、统一公开"的要求，以固定污染源统一编码为统领，以构建全国固定污染源基础信息库为核心，建立全国固定污染源统一数据库，实现固定污染源管理信息系统"左右打通、上下贯通、前后连通"，更好地支撑和服务生态环境管理工作。

整合部级和地方各业务系统数据,以及市场监管、工商、电力等部门数据,形成覆盖面全、统一编码、动态更新的全国固定污染源基础信息库,解决了固定污染源底数不清和信息更新不及时的问题。

针对固定污染源规模不一、管理要求不一等需求,按照基础特征、排放特征、监管特征和预警信息四个维度,通过业务梳理、智能算法等方式,建立150多个固定污染源标签,实现固定污染源快速分拣,快速锁定所关注的固定源群体。

6)开展常态化可视化数据监控运维

打造基于全链路监控工具的数据统一运维机制,支撑数据资产全生命周期的运维管理,满足日常运维、监控、事件和问题管理。开展数据接入、治理和共享服务监控大屏设计和开发,推动数据运维可视化和自动化,实现数据汇聚及共享服务情况"一秒及触、实时掌控"。

完成已接入数据的元数据信息调研和运维工作,排查出7500余个字段注释、表注释和计量单位缺失问题与600余个数据字典缺失问题,体系化梳理多源重复接入等问题,分析39个核心系统的核心数据与关联关系,并形成可视化成果(见图7-15)。

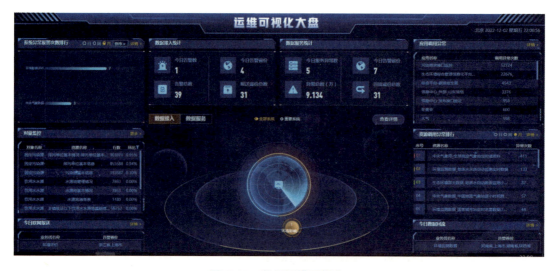

图7-15 数据运维可视化

7)开展数据安全常态化保障

围绕生态环境信息资源中心数据安全现状进行调研评估,开展数据风险分析研判。从数据生命周期管理、数据资产分类分级管理、数据安全策略管理、审计能力提升等方面实现数据安全常态化保障。

3. 建设成效

1)以多元融合推进数据资源应用

通过整合集成生态环境部各部门各单位有关大气、水、土壤、生态、核与辐射、噪声、污染源等业务监测、调查、统计、审批、执法方面的数据,以及气象、工商、电力、水利等其他部门数据,形成了具有覆盖范围广、环境要素全、时间序列长、多元、多类型、多尺度的数据特征的环境信息资源中心。生态环境整合汇聚资源不断丰富,累计对接18个机关司局、17个直属单位、12个外部门的数据资源,数据总量达169亿条,数据容量为16.9TB,年增量达到10%。

以业务监管对象为核心数据要素,涵盖了环境质量、污染源、气候变化、自然生态、核与辐射、环境应急、环境监管等各业务领域数据。按照需要对数据进行重构,生成各种数据集、数据产品,建设了地表水、饮用水源地、黑臭水体、固定污染源、工业园区、自然保护区等主题信息反哺业务,发挥生态环境数据的最大价值。

2)以科学治理促进数据质量提升

常态开展元数据实时管控,通过构建从数据入库、数据应用的生命周期管控机制,建设300余个数据治理规则,形成事前约束、事中校核、事后整改的管理工作闭环,累计向数据源端反馈数据质量问题200余次,数据质量持续提升,精准支撑业务开展。

3)以数据目录驱动数据按需服务

建立了多维度的生态环境信息资源目录,以数据集为单元组织数据,方便不同类型业务使用者对生态环境数据资源的查询、检索和浏览。以服务业务为导向,提供多种数据资源检索、查询功能和多种数据展现功能,方便业务人员快速、便捷访问数据,促进业务人员一表浏览、一图表征、一键下载。此外,依托数据资源目录实现部省数据回流,持续向地方31个省生态环境厅(局)共享回流45类数据共6805.61万条,符合全国一体化政务大数据体系"属地返还、按需回流"的一体化要求。

4)以一源一码实现数据要素协同

建成了全国一体化的固定污染源管理系统,实现了部级业务管理系统"左右连通",部、省两级业务系统"上下贯通",打通了固定污染源各业务系统数据壁垒,解决了固定污染源系统孤立、数据孤岛和各业务系统数据比对难的问题。

通过固定源的统一编码,从各业务系统数据库抽取主要数据,按照固定源的基本信息、产治排信息、排污许可信息、排放信息、监测信息、监管信息重新组织,形成了动态更新的固定污染源档案信息,实现"一源一码一档",实现固定污染源数据可比对。

5)以数据产品赋能污染防治攻坚

依托整合的各类环境数据资源,全面支撑打好污染防治攻坚战。在蓝天保卫战方面,数据资源有力支撑了京津冀和汾渭平原大气强化监督工作;在碧水保卫战方面,有力支撑了黑臭水体治理、水源地保护和水环境形势分析等工作;在净土保卫战方面,有力支撑了涉镉排查、土壤有毒有害物质名录编制和全国土壤污染状况详查等工作。此外,利用数据综合分析支撑了环境健康综合风险评估、环境标志企业和产品信息公开以及产业结构调整相关政策制定等重点工作。

依托开发的固定污染源、饮用水水源、信访投诉、2022冬奥会、长三角一体化、夏季监督帮扶等专题数据产品，高效支撑了各项业务场景应用。

此外，探索社会数据采集、专题建设和发布的方式，接入"中国碳核算数据库"等社会数据，基于社会数据试点建立长三角数据专题，为下一步社会数据"统采共用"试点先行。

6）以高效服务优化数据共享协同

按照"共享为常态、不共享为例外"的原则，通过优化生态环境数据共享服务平台审核流程，缩短数据共享时间周期，实现24小时响应。目前，数据集总量达1521个，年增量达到4%；接口总量达1697个，年增量达5%；部内业务单位通过平台申请并使用数据资源302个，年增量达6%。通过国家一体化数据服务平台和国家数据共享交换平台向部外新增共享目录14个，在70个部委中挂接服务接口排名第三，上传文件排名第二，外部单位通过平台申请并使用数据资源63个。向国家气象局补充提供源解析预报数据、空气质量模式数据、全国生态功能区划图等矢量数据、污染排放数据等六类协议内数据。共享数据为部内长江经济带大保护污染溯源、入河排污口监管执法辅助决策、碳排放一体化管理、流域水环境综合治理评估、空气质量形势分析等提供数据支撑；为工信部危化品运输及车辆相关信息监管、水利部城镇生活污染监管、发改委投资项目"一网通办"和项目监管等提供数据服务；为地方环保部门打赢污染防治攻坚战提供数据服务。

7.8 国家信息中心

本节以政府数字经济决策治理暨信用金融一体化服务平台为例进行介绍。

1. 综述

数字经济是继农业经济、工业经济之后的主要经济形态，是以数据资源为关键要素，以现代信息网络为主要载体，以信息通信技术融合应用、全要素数字化转型为重要推动力，促进公平与效率更加统一的新经济形态。数字经济发展正推动生产方式、生活方式和治理方式深刻变革，成为重组全球要素资源、重塑全球经济结构、改变全球竞争格局的关键力量。数字经济和实体经济加快融合，新产业、新业态和新模式不断涌现，我国数字经济正从过去经济社会高质量发展的"催化剂"向"新引擎"方向壮大发展。通过数字政府建设引领数字经济发展逐渐成为我国经济发展的核心驱动力。

政府数字经济决策治理暨信用金融一体化服务平台是国家信息中心联合国内知名厂商共同打造的数字经济辅助决策与治理服务系统。2022年初由国家信息中心牵头开始构建数字经济治理决策平台，按照国务院对数字经济、数字政府建设以及激活数据要素潜能的相关要求，开展以数字政府经济治理职能为主体的省级数字经济决策暨信用金融一体化服务，实现省、市两级基于区块链技术及国密算法的数字经济管理决策平台试点建设工作。基于区块链技术，实现宏观经济决策数据治理功能，实现跨层级、跨地域、跨系统、跨部门、跨业务的数字政府政务数据共享和安全管理。按照《加强信用信息共享应用促进中小微企业融资实施方案》及《中共中央 国务院关于构建数据基础制度更好发挥数据要素作用的意见》的文件精神，国信数脑赋能地方实体经济以及数字经济发展，以为地方企业提供全生命周期服务，尤其是普惠金融、数字法律、数字税务、数字金融等核心服务为目标，同时优化提升地方政府营商环境以及数字政府建设水平。

政府数字经济决策治理暨信用金融一体化服务平台紧跟国家数字经济发展步伐，基于地方产业发展基础、特色和优势，形成集宏观经济监测、中观产业发展研判、精准招商、微观企业全方位管理服务的全栈式解决方案。平台加强经济数据整合、汇聚、治理，全面构建经济治理基础数据库，加强对涉及国计民生关键数据的全链条全流程治理和应用。平台深度融合分析产业经济数据，实现经济态势科学预测、企业风险及时预警、产业发展精准招商、政策精准推送与免申即享、诉求督办闭环，助力地方经济高质量可持续发展，提升区域营商环境，将成为地方政府区域资源治理和经济产业发展的利器。

近年来，通过数字智能技术加快智慧社会建设，推动经济运行、治理决策、制造业产业链及供应链完成数字化升级成为行业共识与趋势。在此背景下，各地主动拥抱数字革命新浪潮，积极打造产业经济数字化平台。然而，在各地推动数字化建设实践中存在多源经济数据汇聚融合治理难、数据智能驱动产业链构建能力不足、企业服务智能化程度不高等痛点。基于以上痛点，国家信息中心牵头建设数据智能驱动的政府数字经济决策治理暨信用金融一体化服务平台。

2. 主要措施

1）形成具体顶层规划

按照《中共中央 国务院关于构建数据基础制度更好发挥数据要素作用的意见》中"原始数据不出域、数据可用不可见"的要求，以模型、核验等产品和服务等形式向社会提供数据服务。根据系统思维和系统方法，设计形成政府数字经济决策治理暨信用金融一体化服务平台体系架构，以实现优政兴业为目标，以数字经济监测决策（政府侧）和赋能数字经济（企业侧）的八大应用为核心，构造功能强大的"国信数脑"。

数字政府侧，平台提供政务决策依据、金融风险监测、产业链供应链监测、涉税企业动态监测、企业用能用水监测等功能，旨在实现优政目的。中小微企业侧，平台提供全流程数字法律服务、全流程数字税务服务、全流程数字金融服务以及全流程数字招商服务，旨在实现兴业目的。政府数字经济决策治理暨信用金融一体化服务平台整体业务框架如图7-16所示。

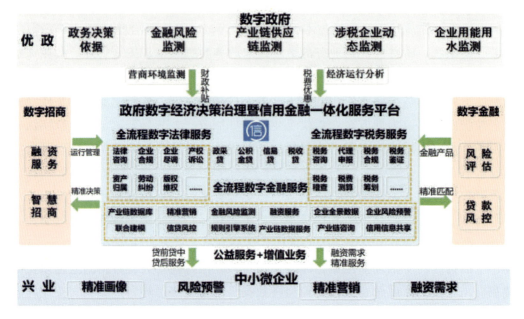

图7-16　政府数字经济决策治理暨信用金融一体化服务平台业务框架

平台应用场景主要分为数字经济监测决策（政府侧）和赋能数字经济（企业侧）两个方面，如图7-17所示。数字经济监测决策（政府侧）包括涉税企业动态监测、重点企业用能用水在线监测、产业链供应链监测、营商环境在线监测等功能模块。赋能数字经济（企业侧）包括数字招商服务、数字税务服务、数字金融服务、数字法律服务等功能模块。

2）打通部门壁垒，建设数字经济治理数据库

完善主管部门、监管机构职责，明确平台企业主体责任和义务，在分工合作、相互配合中形成监管合力，凝聚机制合力。通过建设数字经济治理数据库，对现有软件系统和数据资源的目录梳理，对数据生命周期进行管理，实现数据安全防护。数字经济治理数据库的建设要遵循地方数字经济实际情况，即在逻辑上建立一个整体的空间数据库、框架统一设计的同时，各级比例尺和不同数据源的数据分别建成子库，由平台管理软件来统一协调与调度。

（1）建立健全大数据辅助科学决策和数字治理机制，提升公共服务、数字化智能水平。

（2）打通信息壁垒，实现跨层级、跨地域、跨系统、跨部门、跨业务的协同管理和服务。

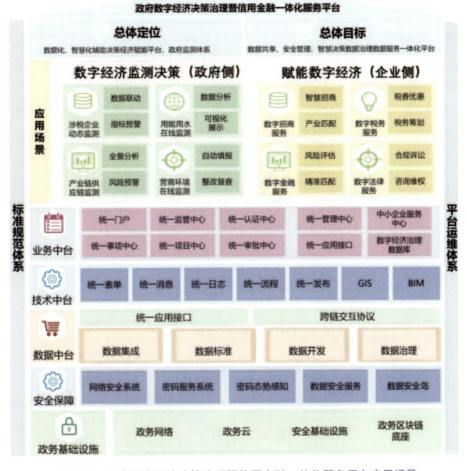

图 7-17 政府数字经济决策治理暨信用金融一体化服务平台应用场景

（3）全方位、多层次、立体化监管体系，实现覆盖事前、事中、事后，贯穿全过程、全链条、全领域的监管和治理。

3）建设数字经济中台，实现能力技术整合

建设数据治理综合监管中台，在数据标准、数据质量、元数据、数据安全方面不断完善数据治理的工作。建设国密区块链安全底座，基于国密联盟链体系的技术规范，解决数据可信和安全性问题。建设数字经济技术业务中台，对各业务系统接入能力进行统一管控，整合技术能力。

（1）数据治理综合监管中台。

数据治理综合监管中台就是在研究各部门业务数据的基础上，分析规划清单最终入库数据资产清单，实现数据资产的归集融合，数据资产清单动态化，实现资产管理的灵动性，资产管理实现可变动、可维护，实现数据的聚通用。低成本地将党委、政府的业务数据转换为数据资产。

（2）国密区块链安全底座。

区块链安全底座不同于一般的区块链，国密区块链安全底座提出了基于国密联盟链体系的技术规范，结构设计充分考虑了网络和数据安全的需要，区块链底座采用国密体系构建安全可信的基础环境，从而推动基础设施更好地发挥价值。

跨链层支持"1+M+N"主子链架构，即"中心主链+M个省市主链+N个业务子链"的模式，功能包括主链管理、子链管理、P2P网络通信、跨链异常处理、跨链路由、事务管理、跨链节点、跨链安全防护及跨链日志、跨链交互协议等功能模块，如图7-18所示。通过跨链交互协议可以支持接入业务子链，为跨链数据交互提供支撑。区块链平台层由业务子链组成，各区块链平台层采用统一的应用接口，对不同的应用提供服务。应用层主要提供业务支持，主要包括普通业务类、安全管理类两类。用户层主要为应用层提供人机交互界面，为用户提供终端接入。

图 7-18　区块链安全底座系统设计

（3）数字经济技术业务中台。

数字经济技术业务中台对各业务系统接入能力进行统一管控，包括应用管控、能力管控、安全控制、策略控制、数据采集和异常监控。将各业务应用提供的能力以及其他能力组件提供的能力集成到平台，进行能力编排、调用控制、协议转换等，通过平台将能力开放给各委办局以及第三方企业。

技术能力整合系统负责实现对委办局系统业务入云或能力调用时所需要使用的技术能力的接入、服务标准化、部署交付、权限管控、运行承载等支撑功能，最终实现政务技术能力的整合提供。

4）经济监测服务地方宏观经济决策

建设涉税企业动态监测系统，充分利用税收经济数据，分析涉税企业运营情况、税收收入和未来发展状况。建设重点企业用能用水在线监测系统，实现企业节能降耗，辅助相关部门进行日常监管、定期评估工作。建设产业链供应链监测系统，从整体上对产业链态势感知以及产业链优化决策进行分析。建设营商环境在线监测系统，建立覆盖全国、省、市、各县（区）统计部门的营商环境在线监测系统。

（1）涉税企业动态监测系统。

以金税三期系统提供的税收及经济等原始业务数据为基础，通过大数据平台，以区域经济、行业经济、供给侧与需求侧情况、发票流转数据等分析维度，对区域或区域间的企业运营情况、税收收入和未来的发展情况开展分析。通过分析结果形成经济发展模型，并生成分析提示报告，旨在真实反映宏观或微观经济形势现状、经济发展趋势，协助政府、企业做出对当前经济形势的判断和科学决策，并提出合理的建议，建设良性的营商环境，促进社会经济的可持续发展。

以地方企业税收经济模型的指标库为基础，充分利用税收经济数据，基于大数据的经济分析和预测方法，充分发挥经济分析指标作用，以提升地区税收经济分析"风向标""晴雨表"作用为导向，对地区大企业运营情况、税收收入和未来发展状况开展分析。通过建立大企业宏观和微观经济分析指标，开发"大企业税收卫星云图"，以满足经济分析需要。

（2）重点企业用能用水在线监测系统。

重点企业用能在线监测系统：通过企业画像，从产业链总体用能、地区用能、重点企业用能方面对重点企业用能情况进行分析，从多个维度展示企业、地区和产业链整体用能的运行情况、总体布局情况及发展趋势。在企业画像的基础上，针对重点用能企业，通过平台建设，实现企业风险预警、企业用能评价等功能，加强产业用能情况分析，提升产业分析能力，及时发现风险。

- 整体用能态势分析：提供产业链及地区企业用能整体运行及发展的趋势。从多个维度展示企业、行业和整体运行情况、总体布局情况及发展趋势。
- 用能风险预警：提供能耗风险监控预警。在企业画像的基础上，针对重点企业，通过平台建设，实现企业风险预警、产业链风险预警等功能，加强用能情况监管。风险概览信息包括企业的健康分、健康分所在区间（健康、亚健康、非健康）、健康度的五维分析、健康分和风险分的变化趋势、风险预警数量的变化趋势以及风险预警的详情表。
- 企业精准画像：提供企业精准画像及发展趋势分析。通过企业画像，从企业基本信息、企业健康度分析、企业舆情分析等方面对重点企业进行分析，精准描绘企业现状及发展趋势。企业画像详情主要包括工商信息、经营状况、司法风险、风险信息、运营信息、知识产权、关联关系、法定代表人、风险概览。

节水型社会达标建设信息管理系统：对节水型社会创建、节水型企业创建及水平衡测试，重点用水监控管理工作进行信息化动态管理，辅助行政机构创建单位进行日常监管、定期评估工作，为持续推动国家节水行动的发展建设提质增效。实现全国节水型社会达标建设全流程信息化管理，可以时时监控创建情况；分析节水现状；实现重点用户线上监管。

（3）产业链供应链监测系统。

根据重点关注的产业链绘制产业链图谱，展示产业链的完整上下游关系，支持展示上下游具体涉及的各个环节。产业链图谱可以根据产业链的上、中、下游各个商品和服务的环节，构成产业链结构图，展示商品和服务之间的上下游关系。

运用数字化图谱的创新突破直观清晰地展示地方经济产业链态势，通过对产业链重点指标（包括发展指数、活跃度指数、增长力指数）进行分析，展示指标变化趋势。依据产业链关系图，系统和结构性地延伸展示产业链企业数量、企业创新力、企业名单、企业贸易走势、地区分布等，重点分析对比关键商品/服务及重点地区的企业分布、企业创新力分布、企业名单和企业贸易走势以及技术和服务介绍；具体展现各个地区企业在产业链结构中的发展现状。

基于地区产业图谱和产业支撑服务，对全区产业链条情况进行优化、增强、补全，依托产业链健康度评价模型，展示各个产业链健康度的分数及等级，并展示产业链健康度分数及等级的变化趋势，提供产业健康指数功能；支撑、促进全区产业生态的整体协同发展，为政府制定产业引入政策和人才引入条件提供决策支撑依据。

（4）营商环境在线监测系统。

依据需求，按照元数据标准，建成网络环境下以元数据库为基础，覆盖全国、省、市、各县（区）统计部门的营商环境在线监测系统。基于该系统的元数据管理及再设计功能，结合全国情况，利用元数据标准，设计具有全国特色的统计指标、统计目录、统计分组、统计调查项目，全面、客观、科学反映统计调查情况。构建营商环境在线监测系统软件，实现国家统计局、省统计局、市级统计局等共享平台，上级可以实时监控下级数据。

评价指标设置企业开办、工程建设项目施工许可、房产交易登记、用电报装、用水报装、用气报装、获得信贷7个一级指标，下设环节、时间、成本、申报材料4方面内容，共28个二级指标。计算每个指标的指数，从而反映该地区该指标的监测情况。

5）全流程数字招商，构建智慧招商新模式

利用大数据技术、数据挖掘技术，打通政府、企业、服务机构、金融机构之间的关系，根据地区产业招商的规划，以及当前地区实际的产业布局和招商情况，通过构建产业链精准招商的智慧招商平台，从招商项目管理到招商目标识别、从任务跟踪到人员评价统计提供全流程的数字招商服务，使得招商任务可识别、可评价、可执行、可控制、可追踪、可监督，以此来配合地方政府更好、更精准地完成招商任务，促进契合地方区位优势的地方特色经济的快速发展。

针对地区产业发展及招商的需求，结合全国产业的发展、分布、上下游状况，全流程数字招商系统自动识别出地区招商的目标企业，将被动招商变为主动招商。针对潜在招商目标企业或已经洽谈的企业，对企业产业布局、经营能力进行量化评价，并对企业及其主要成员的动态和风险进行监控，识别优质企业及风险企业。针对招商流程，实现招商任务的分配、调度、执行、评价，整合第三方服务机构，协助进行任务的执行，实现招商全流程的精细化管理。针对招商后的企业落地，评价企业对当地经济的贡献，并对企业落地中需要的招聘、政策、融资等服务进行个性化的推荐和对接，解决招商最后一公里问题。

6）全流程数字税务，打造智慧办税新生态

数字税务是指用信息化手段和移动通信技术手段来处理、分析和管理整个地方经济体系所有税务业务和税务事件信息，促进经济体系管理现代化的信息化措施。

打造地方经济体系数字税务生态系统，以数字服务平台作为连接省域及地市区域内企业、税所、代账公司等参与方的桥梁，实现信息共享和工作协同。从园区招商、企业入驻/注册开始服务，为企业日常经营场景中的开票、报税、税收返还等流程提供服务。

"税企直连"在本质上是给企业系统提供一个直连地方政府税务系统的通道，税务局通过决策平台为企业提供更好、更快捷的服务。这些服务具体体现在一键申报、发票及入库税金便捷查询、企业税务风险管理、信用等级管理、在线服务等方面，最终的目标是实现企业的业、财、税一体化，促进企业更好地发展。通过税企直连服务，打通税企互联"最后一公里"。企业税务数字化有望将数字化应用场景从合规性的发票管理和申报管理拓展至风险管理、筹划管理、业财税一体化支持、集团税务管控等，在数字化和智能化技术加持下，实现更智能的智慧税务。

7）全流程数字金融，赋能银企信贷新体系

推动数字技术与普惠金融深度融合，建设一站式金融综合服务平台，实现涉企、涉农政务大数据共享，一站式金融综合服务等功能，极大缓解中小微企业融资难、融资贵、融资慢问题。

推动市场监管、税务、医保、社保、法院、公积金、海关、供水、供电、供气等部门制定数据开放共享目录，将本部门涉及普惠金融的企业及个体工商户全量数据整合汇聚到金融公共数据专区，开展数据清洗、转换、整合、入库等治理工作，形成全市完整的企业法人、个体工商户数据库。

在保证数据安全性前提下，提供及时、有效、准确的数据接入及共享服务，部署风控模型对企业进行精准画像，以企业授权方式向金融机构提供企业征信报告、信用评分，为平台实现融资撮合、数字获客、风险监控等功能提供数据支撑。坚持以企业、个体工商户为中心，构建与经济社会发展相匹配的多元化金融体系，打造数据丰富、相互贯通、信用评价突出、银企供需双向评价验证的全流程线上金融综合服务平台，切实提升金融服务实体经济的效率和能力。

8）全流程数字法律，激活企业发展新引擎

通过政府数字经济决策治理暨信用金融一体化服务平台内嵌法律在线服务子系统，代地方政府为属地中小微企业提供一整套法律风险预警及解决方案，构建人工智能法务系统，面向企业提供智能化合规与风险管控法律服务能力。提供智能合同管理、企业风险管理、企业合规管理、知识产权管理、规章制度管理、案件纠纷管理、知识库等功能，并整合第三方系统，针对履约方、供应商、分包商提供定制化的风险管理功能。

不同于其他法务平台，该平台不仅仅是把法律服务搬到线上，还结合法律大数据服务系统，通过引用人工智能技术，开发了智能 AI 法务机器人。从便民、利民、惠民的角度出发，通过平台为中小微企业提供专业法律咨询、合同审核与定制、企业风险评估、债权债务管理、案件委托、律师函等服务，全方面解决企业法律问题，规避法律风险。

9）加强网络数据安全治理，夯实安全防线

建设网络安全系统，提供持续覆盖"一体化服务平台"整体安全防护的安全能力。建设国产密码应用系统，构建集密码服务、管理、态势感知于一体的平台，为上层的密码应用提供统一的、完整的、可扩展的真实性、机密性、完整性和不可否认性等密码服务。建设数据安全服务中台，加强平台数据安全防护能力。

总体能够为地方数字经济决策、产业发展等提供支持，培育新产业、新业态、新模式，不断做强、做优、做大我国数字经济，为构建数字中国提供有力支撑。

（1）网络安全系统。

"一体化服务平台"的网络安全建设以国家相关法律法规为基础，以国家网络安全等级保护、金融行业网络安全等级保护的相关技术要求为主要内容，同时参考国家在密码应用方面的相关要求，通过事前感知预警、事中防护响应、事后取证优化、持续监测分析等手段，建设全面有效的安全防护体系，保证核心资产和数据的安全。

（2）国产密码应用系统。

国产密码应用系统是一个密码服务、管理、态势感知一体化的平台，通过调用底层的各种密码软硬件资源和服务，为上层的密码应用提供密码服务，包括云密码资源池管理系统、管理支撑系统、密钥管理系统、密码服务系统、密码安全态势感知系统 5 部分。

（3）数据安全服务中台。

建设数据安全服务中台，加强平台数据安全基础防护能力，构建数据脱敏加密、数据安全访问控制、数据安全共享与交换、数据安全监测与管控等数据安全能力。

通过数据安全隐私计算系统建设（见图 7-19），依托可信隐私计算，有效解除数据共享的安全后顾之忧，促进各业务部门以及各单位之间的数据互融互通。通过隐私计算技术，实现数据"可用不可见"，保障数据在开发、利用过程中安全的前提下，释放数据的计算价值。在原始数据不可见的前提下，实现数据统计应用。

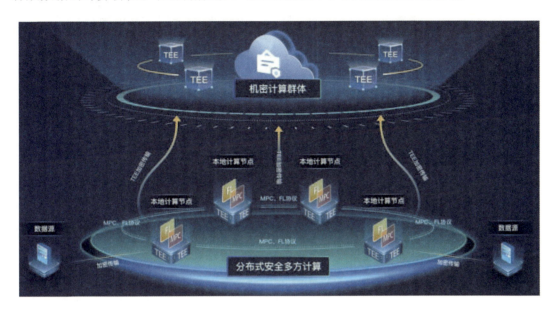

图 7-19　数据安全隐私计算示意图

3．建设成效

1）构建了多个数字经济宏观决策场景

通过打造政府数字经济决策治理暨信用金融一体化服务平台，实现让数据说话，用数据决策。构建反映地方经济运行规律可量化、可监测、可跟踪、可评价的支撑平台，通过应用预测、预警和决策服务等模块，实现经济运行从事后监测向事前和事中监测转变，并提供多个数字经济宏观决策场景。

（1）精准化决策应用场景。

依托大数据、云计算、人工智能等技术，通过构建涉税企业动态监测、重点企业用能用水在线监测、产业链供应链监测、营商环境在线监测、全流程数字招商服务、数字税务服务、数字金融服务、数字法律服务八大功能模块，对经济治理数据进行多维度分析和挖掘，实现分析成果图表化、报表化，助力实现数字经济精细决策，提高我国政府治理能力。

（2）一站式数据治理应用场景。

发挥好数据治理综合监管中台的作用，采用"标准归元、数据归粒、可分解、可融合、可溯源"的架构体系，建立基于元数据驱动、粒数据存储的体系和标准归元业务数据引擎，使业务部门的数据按照不同功能、属性、类型等分类存储，同时将全部数据"打碎"成最小单元，按最小项原则存储，便于管理和共享利用。

（3）全流程信用应用场景。

通过中小微企业画像和金融机构画像，在全国率先打造出一站式金融综合服务平台及信用体系，让面临融资难、融资贵的企业能够更加便捷地获取信用贷款和各类保险服务，让银行等金融机构能够提供有质量保障的各类服务。

（4）多元化服务应用场景。

通过数据使能，打造集群效应，在数字经济治理、产业链升级转型、企业税收管理、企业能耗监测、营商环境优化、精准招商、法律服务等领域实现各环节降本，并有效地提高了服务效率。

2）推进传统产业强链、延链，新兴产业补链、建链

推进传统产业强链、延链。通过产业链供应链监测，充分发挥海量数据和丰富应用场景优势，促进数字技术与地方实体经济深度融合，赋能传统产业转型升级，推进制造业补链、强链，将数字技术有机融入研发设计、物流供应、生产制造、消费服务等环节，促进产业链供应链数字化增智，实现精准固链、补链、强链。

推进新兴产业补链、建链。通过产业链供应链监测，进一步串联关键环节、补齐薄弱环节、强化优势环节，布局战略性新兴产业和以智能经济为代表的未来产业，推动产业链供应链转向数字化、网络化、智能化，提升产业链供应链现代化水平。

基于与国家信息中心同一供应商平台，河南省政府通过产业链供应链监测系统，梳理河南省重点产业链的发展状态，以及全国总体的发展状况，为河南省"链长制"的实施提供决策支持。所涉及的产业链包括新能源汽车、超硬材料、氢能、储能、代糖、高端玻璃、光伏、硅材料、锂电池、量子通信、铝材料、煤基化工、碳材料、智慧农业等。实现内容包括产业链总体分析、产业链图谱、产业链重点企业分析、产业链关键技术分析、产业链研究机构分析、产业链服务分析。

西安市应用产业链供应链监测系统，根据西安市工业产业的现状，系统梳理地区重点产业链在全国的位置，并对上下游的健康度进行评价，实现对工业产业总体态势感知。实现内容包括地区产业总体运行态势分析、地区重点产业链分析（光伏、半导体、汽车）、地区产业风险分布、企业全景画像、企业风险预警。

基于与国家信息中心同一供应商平台，北京市作为国内无人机产业发展重要区域，将进一步打造无人机全产业链，发展北京制造新亮点。从无人机产业链分布及地区对比排名来看，当前广东省无人机企业数量最多，共计2501家，排名第一，其次是河

南省共有 1943 家，北京市有 1641 家，位列第三。从地区分布情况来看，北京市无人机企业主要集中在中心城区，海淀区、朝阳区、丰台区企业数量较多，其中海淀区企业数量最多，主要是依托海淀区丰富科研院所、高校资源，无人机核心技术研发与关键技术应用也走在全国前列。昌平区、延庆区、顺义区、平谷区、密云区、怀柔区、房山区、大兴区、通州区、东城区、西城区、石景山区以及门头沟区都有少量的无人机企业。

从北京市无人机产业链优化环节来看，构建产业链强链体系，将产业链、商品环节中排名较高的内容作为强链环节。构建产业链补链体系，针对产业链各环节（商品/服务）的企业覆盖度情况，展示产业链各环节里地区企业未覆盖或覆盖度较弱的环节（商品/服务）。构建产业链延链分析体系，根据产业链图谱，识别出产业链上下游缺失的商品环节。结合无人机产业链优化思路，遥控器接收器是北京市无人机产业链的优势强链，北京市应继续加强无人机遥控器接收器产业链；同时，大力引进以无人机螺旋桨、主控芯片、气压计、无人机充电器、无人机电机、无人机传感器、无人机飞控系统、加速度计、图传系统以及陀螺仪为主要产品的企业；并延长植保无人机、航拍无人机产业链。

3）帮扶重点企业，实现节能降耗目标管理

基于与国家信息中心同一供应商平台，某地市通过利用物联网、云计算、大数据等新一代信息技术，开展产业链企业能源监控，从产业链总体用能、地区用能、重点企业用能三个方面，对重点企业用能情况展开了分析，从多个维度上展示了当地企业、地区和产业链整体用能的运行情况、总体布局情况以及发展趋势，有利于大幅降低能耗强度，加强用能单位节能管理，加快推进能耗在线监测系统建设与数据应用。

基于与国家信息中心同一供应商平台，某省人民检察院、华润雪花啤酒（辽宁）有限公司葫芦岛分公司等机构通过节水型社会达标建设信息管理系统进行用水监测，对机构年度用水量、瞬时流量、用水单元取水占比、用水单元及区域、用水设备、水表管理、水表网络图、给排水管网示意图进行监测及分析，依据各机构用水情况出具水平衡测试报告，客观分析企业用水合理化情况，包括各部门取水情况、企业历年用水分析、企业管理状况评价以及企业节水项目完成情况等，并提出改进措施。通过企业用水监测，加强了对工业单位用水的监控，推动了新时期水利高质量发展，有利于提高水利工程的智能化建设。通过积极推动行业的数字变革，提高行业的水资源使用的效率和效果，从而推动经济和社会高质量发展。

4）优化营商环境，塑造数字经济竞争优势

数字经济是一个新型的领域，发展数字经济，宽松的营商环境必不可少，特别是中小企业、新业态、创新型企业在发展和转型的初期，更需要宽容的制度和环境。通过构建营商环境评价指标体系，评价实行定量分析，通过当期评价综合得分计算、环比评价指数计算、同比评价指数计算以及总体评价综合得分计算，对省、市、县等各级有关职能部门优化营商环境工作目标完成的过程进行客观反映，为全面评估各省、市、县优化营商环境的成果提供了一个参考依据，实现营商环境在线监测业务、调查制度管理、数据采集、数据审核验收、数据汇总、查询与分析功能，有助于评价分析各省、市、县（区）营商环境情况，进一步简化企业办事流程，优化地区营商环境。

营商环境优化倡导政务数字化、智能化升级，推动政府部门更加依赖信息化技术和数据科学，提高政务操作效率和处理时效性。通过整合各政务部门的信息系统并实现数据共享，有效加强政务处理的整合性和创新性，实现政务全流程的数字化、智能化，进一步提高公共服务水平。优化营商环境平台可以为政府、企业和民生带来三方面的价值：提升政府服务科学化、数据化、智能化水平，优化企业办事体验，提高企业管理效率和生产效益。

基于与国家信息中心同一供应商平台，南宁市通过优化营商环境模块进行样本调查选取评测，对全域全业务体系进行评测考核，发现营商环境优化存在的问题，即区域发展不平衡、业务领域发展不均衡不充分、部分业务环节推进不力。通过营商环境综合分析得到优化营商环境的综合建议：简化办事环节、优化办事程序，压缩办理时间、提高办事效率，降低收费比重、完善减负机制，精简材料数量、共享政务信息资源。为提升南宁市营商环境，促进数字经济良性发展打下坚实基础，实现营商环境"无感监测"。

5）加强精准招商服务能力，提升引资质效

平台根据贵阳市的产业规划方向，通过数字招商模块，基于贵阳市招商项目，经机器学习，智能匹配符合产业要求的企业，并建立信息共享机制，提升贵阳市的招商效率。实现内容包括地区产业链分析、智能招商目标识别、企业全景画像、企业智能评价、招商任务调度与分配、招商信息共享、招商任务绩效评价。从招商项目管理到招商目标识别，从任务跟踪到人员评价统计，让招商任务可识别、可评价、可执行、可控制、可追踪、可监督，从而有效提升政府招商引资的精准性和有效性，促进经济快速发展。贵阳市基于构建地区产业链的招商目标识别体系、招商目标经营评价及动态监控体系、招商过程的管理及评价体系、招商落地企业绩效评价及服务体系，将被动招商变为主动招商，实现了招商全流程的精细化管理。

6）促进信用信息共享，提升金融风控水平

平台能够支撑为中小企业用户提供开放、统一、便捷、一站式数据共享服务，促进信用信息数据开放、共享，为政府决策管理部门制定政策以及规划业务发展提供基础支撑，并能够强化市场风险研判与预测预警。借助互联网、大数据、云计算技术打造市场监管大数据平台，利用大数据加强对市场行为的风险监测分析，科学确定监管重点和方式。在此基础上，建设共享数字化金融服务数据中心，通过算法和关联分析，对企业信息、经营情况、交易信息、资金流向等多维信息进行融合、加工和分析，形成企业信用风险画像，并通过模型自动生成信用风险评价报告和预警信息，动态掌握企业风险变化，充分运用数字技术支撑构建新型监管机制，加快建立全方位、多层次、立体化监管体系，提升经济运行风险监管能力。以金融机构与中小微企业之间的双向需求为基础，建立一个金融超市，为其提供获客、金融产品智能匹配、撮合交易、企业信用评估等全方位的服务，解决中小企业融资难等问题。

数字经济信用金融融资服务模块，通过汇聚政府和自有数据，为地区的中小微企业提供符合其信用及发展状态的金融产品，帮助地区中小微企业解决融资难题。平台运用人工智能和大数据技术对中小企业进行风险画像和信用评价，实现中小微企业商业信用的可视化、数据化，构建企业信用体系；对中小微企业的融资需求和商业银行的信贷产品进行线上智能对接。该平台还能够集中省、市政策资源，为中小企业融资提供贷款、增信、贴息和风险补偿等"一站式"服务。

基于与国家信息中心同一供应商平台，太原市通过引入全流程数字金融服务模块，强化贷款全生命周期的穿透式风险管理。加强对贷款资金流向的监测，做好贷中、贷后管理，确保贷款资金真正用于支持民营企业和实体经济，大幅提升分行风险管理的精细化水平。截至 2022 年 5 月末，兴业银行太原分行已服务小微企业 1151 户，普惠业务余额达 32 亿元，其中通过线上融资系统投放普惠贷款 12.89 亿元，服务小微客户614 户，支持了粮油副食、医药、五金、电子产品等批发零售以及建筑施工、道路运输、商务服务咨询、餐饮等各类小微企业，有效助力普惠金融发展。

7）深化经济数据应用，优化数字税务服务

在涉税企业动态监测方面，能够对全国各地的税收和经济运行的基本情况进行详细的描述和分析，利用可视化数据图表的方式，支持概况分析、集团分析、行业分析、区域分析、经济增速分析、经济动力分析，并从税收维度，对减税降费情况、民营企业发展情况、数据应用情况、经济运行情况进行汇总，出具相关分析报告。

涉税企业动态监测系统可分为云平台和移动端两部分。云平台具有边缘治理、数据融合、云边协同、算法策略四大应用，作为后台支撑。移动端可通过各类应用提供学习、管理、互动等功能，满足税务部门和纳税人、中介机构不同使用需求。国家税务总局湖南省税务局通过应用该监测系统在"以数治税"方面做了大量创新。为有效解决重点企业财务数据来源质量问题，"重点企业财务三张报表"预审模块和事后审核模块，通过事前干预手段把控数据来源质量，提高工作效率，确保申报数据及时、准确。经过一年多运行，企业财务数据报送率从 70% 提升至 100%，数据完整率从62% 提升至 99%，准确率从 53% 提升至 99% 以上。

在全流程数字税务服务方面，构建并优化区域内生态系统，以数字服务平台为纽带，将区域内园区及企业、税所、代账公司等各方进行有效联结，从区域招商、企业入驻/注册等方面，为企业日常运营中的开票、报税、税收返还等提供服务，达到信息共享和工作协同的作用。通过搭建平台，政府、园区可以直接高效地了解辖区内企业的详细情况，涵盖企业行业分布、规模效益分类、竞争力分析、纳税分析、前景预判等维度管理；有利于各级政府针对中小微企业提供更加精准、高效、市场化的政务服务，如在线工商注册、纳税、科技扶持、专项基金支持、专项资质审核、劳动用工管理等。

2023年3月23日，基于与国家信息中心同一供应商平台，河北经济决策"税企直连"业务模块正式上线运行活动在廊坊市举办。"税企直连"服务模块是税务部门通过数字经济决策平台使企业便捷办税和数字化管理的一项定制性纳税服务，由税务机关开放互联网接口并对接地方数字经济决策凭条，实现"企到税"涉税事项一键申报。"税企直连"业务模块对内连接了公司财税共享中心，对外则与当地税务系统相连，以点带面地盘活财税全信息化链条，在促进企业财务管理转型的基础上，成为地区甚至全国税务管理的全新方案，使得税务监管体系的信息化水平得到了进一步提高。目前，接入河北省"税企直连"服务的试点企业包括河北银行、河北电网、新奥集团、河北建投和敬业集团等。

8）提升法律服务能力，推进数字法治建设

推动大数据、人工智能等科技创新成果同司法工作的深度融合，是提高数字经济治理的重要要求。通过政府数字经济决策治理暨信用金融一体化服务平台，建立了一个智能化的法律服务体系，为公司提供智能化的合规和风险控制的法律服务，涵盖法律服务、普法宣传、查询服务以及其他综合服务等，向客户提供智能合同管理、企业风险管理、企业合规管理、知识产权管理、规章制度管理、案件争议管理、知识库等功能，并将第三方系统进行集成，为履约方、供应商、分包商提供定制化的风险管理功能。基于构建智慧化的企业法律服务系统，为企业进行智慧化的合规与风险管理。

4. 经验总结

1）平台价值

（1）社会价值。

第一，显著提高政府经济决策能力。政府数字经济决策治理暨信用金融一体化服务平台服务于宏观经济决策，以先进的信息网络技术及数据库技术为手段，以汇总、整合多部门分散的信息资源和经济数据为重点，结合成熟的宏观经济预测预警模型和方法，保证标准统一、质量优异、参考维度全面的大数据分析交互，实现宏观经济现状及趋势的可量化、精准化、可视化。从重点行业类型筛查、大企业/小微企业数量及规模等多维度分析当前区域的行业发展现状、税收惠企政策影响、商品流通走势等，通过大数据模型展示宏观经济形式现状，预测后续发展趋势。平台强化了经济监测预测能力，使发改委等宏观经济管理部门随时掌握宏观经济运行态势，增强判断经济形势的能力。

第二，显著提高政府数据治理效能。促进宏观经济治理数据库等建设，提升大数据等现代技术手段辅助治理能力，推进数据治理现代化改革。通过建立健全数据治理制度和标准体系，加强数据汇聚融合、共享开放和开发利用，促进数据有序流动，依法开展数据治理和应用，实现数据大归集、大治理、大共享。

第三，显著提高政府服务产业能力。在数字经济治理、产业链升级转型、税收管理、精准招商、营商环境优化、法律服务等领域，运用数字技术等方式，实现基于市场经济条件下的政府服务方式创新和产业管理方式转变，以数字化手段提升监管精准化水平。

（2）经济价值。

第一，显著提高信息资源建设资金利用效率。政府数字经济决策治理暨信用金融一体化服务平台涉及多个子系统模块，有效提高科学数据管理效率，加速资源共建共享，充分发挥数据的基础资源作用和创新引擎作用。

第二，显著提高社会生产经营管理效率。为生产主体提供有效数据及数据产品服务，为金融等服务业提供精准数据服务，产业主体决策将依据更为广泛全面的信息，提升决策的科学性、准确性和针对性，有利于降低中小微企业成本，实现节本增效。

第三，及时防范化解金融风险。平台充分利用大数据、区块链、人工智能等新一代信息技术，依托信用金融一体化服务平台，加速推进信用信息共享，建立重大风险识别和预警机制，能够在一定程度上解决中小微企业融资难、融资贵的问题，有利于全力提高金融监管能力和防控水平，完善风险应急响应处置流程和机制，从而提升系统性风险防范水平。

2）知识产权成果

政府数字经济决策治理暨信用金融一体化服务平台建设取得如图7-20所示的知识产权成果。

5. 展望

下一步，国家信息中心将紧扣"不断做强做优做大我国数字经济""提高数字经济治理体系和治理能力现代化水平"的目标任务，不断迭代升级政府数字经济决策治理暨信用金融一体化服务平台，不断完善体系构架，持续优化应用功能。将政府数字经济决策治理暨信用金融一体化服务平台作为基础示范平台，有力推动其在全国各省、地市进行示范与落地，不断总结典型区域示范合作经验，总结创新经验模式，推动数字政府在赋能数字经济路径流程再造和模式优化，不断提高地方经济决策科学性和中小企业服务效率。

图 7-20 数字经济决策平台相关知识产权

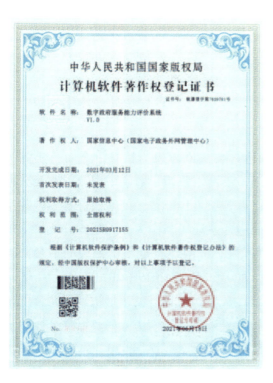

图 7-20　数字经济决策平台相关知识产权（续）

7.9 济南市

本节以济南市强化数据赋能、打造服务型数字政府为例进行介绍。

1. 综述

近年来,济南市以习近平新时代中国特色社会主义思想为指导,全面落实党的十九大及历次全会精神,坚持以习近平总书记关于网络强国、数字中国、国家大数据战略等重要论述为根本遵循,按照国家、省、市各项工作部署,统筹推进各领域数字化改革,大力推进数字政府建设,抢抓历史机遇,主动担当作为,不断提升政府治理体系和治理能力现代化水平,取得显著成效,数字济南建设水平不断迈向新台阶。2019年至今,陆续出台《济南市数字政府建设实施方案(2019—2022年)》(济政办发〔2019〕21号)、《济南市人民政府办公厅关于印发〈济南市加快数据融合创新应用行动方案〉的通知》(济政办字〔2020〕16号)、《济南市人民政府办公厅关于印发〈济南市"十四五"数字泉城规划〉的通知》(济政办字〔2020〕36号)、《济南市公共数据管理办法》(济南市人民政府令第269号)、《济南市人民政府办公厅关于印发〈济南市大数据创新应用突破行动方案〉的通知》(济政办字〔2021〕21号)、《济南市人民政府办公厅关于印发〈济南市加快推进城市大脑建设行动方案(2022年)〉的通知》(济政办字〔2022〕11号)、《中共济南市委办公厅济南市人民政府办公厅关于印发〈济南市数字机关建设方案〉的通知》(济厅字〔2022〕1号)等一系列文件,紧紧围绕实施国家大数据战略和数字中国战略,以群众满意、企业便利为出发点,以"互联网+政务服务"为载体,以理念创新、机制创新、制度创新为保障,推进政务信息资源整合,推进政务服务、公共服务和社会治理等领域数字化转型,推进政府治理体系和治理能力现代化。

2. 主要措施

当前,在市委、市政府的坚强领导下,全市上下凝心聚力、创新发展,推进数字政府建设持续深化。坚持整体政府理念,加快推进政府数字化转型,持续深化政务服务协同创新,以"一网通办"为业务驱动,推动线上线下深度融合;做优做强"爱山东·泉城办"App,打造统一的政务区块链平台,提升数字化政务服务效能;提高指挥决策数字化、智能化水平,构建高效协同的数字化政府管理体系,建设24小时"不打烊"的服务型网上政府。

1)提升云网保障能力

完成城市大脑底座平台(一期)建设,探索形成"一云多平台"创新模式。积极推动政务信息系统上云,市直部门414个信息系统全部上云运行,开通服务器5500

余台，政务上云实现"应上尽上"。搭建全市统一的密码服务平台、政务区块链平台和隐私计算平台，积极推动政务领域商用密码和区块链技术应用。政务网络建设提速增效，骨干网带宽达到万兆，接入网带宽达到千兆，完成24个部门30多个业务专网迁移整合，形成全市电子政务一张网。实施"一网多平面"工程，建设视频专网，搭建政务外网主干线路备线，为数字政府建设提供更加可靠的运行环境。

2）升级数据资源体系

一是创新数据管理机制。加强多维统筹管理，协同推进政府、法院、公共服务企业等部门单位数据融合汇聚，共同参与数据共享。强化数据质量管理，推动部门按照"业务数据化、数据目录化、目录资源化"的要求进行数据化转型。二是加强数据汇聚和共享开放。依托一体化大数据平台，全面推进数据归集和跨部门、跨层级共享。截至目前，市大数据平台挂载数据资源2万余项，落地各类数据23亿条，累计接口调用29亿次。三是推动大数据创新应用。利用区块链技术不可篡改、防止抵赖、全程留痕、可以追溯、隐私保护等特点优势，搭建全市统一的政务区块链平台——"泉城链"，在全国首创"政府数据上链＋个人链上授权＋社会链上使用＋全程追溯监管"的政务数据可信共享新模式。四是推进数据要素市场化配置改革。积极探索数据确权方式，推动社会数据加快流通。制定出台《济南市数据资源登记与流通暂行办法》，建设开通济南市数据资源登记网，登记发放数据资源登记证书1000余个。

3）增强通用平台支撑

一是完善一体化大数据平台。加快实施市级平台升级改造工程，加速推动试点区县子平台建设，目前已有6个区县基本完成建设任务，其余区县将按照"市级统筹、分级推进、统分结合、统采分用"的思路，依托市级平台的多租户能力为每个区县开通租户账号，区级用户可在市统一平台上开展数据治理等工作，实现一套平台，多级利用。二是优化一网统揽综合慧治平台。推进系统整合，依托平台集成政府、企业、社会的信息化建设成果和典型应用，推动实现跨地域、跨系统、跨部门、跨行业的协同管理和服务。深化应用场景建设，坚持"一件事"工作理念，依托平台部署城市防汛、生态环境等智慧应用场景。目前已初步搭建起防汛综合指挥平台，对应急指挥平台进行升级改造，基本满足各部门值班值守、常规点名、信息报送、信息发布、处置协调等平时管理、战时指挥工作需求。三是深化公共视频监控平台。围绕实现"全域覆盖、全网共享、全时可用、全程可控"目标，建立健全视频资源管理协调机制，依托"雪亮工程"和济南政务云，合力建设市级公共视频共享平台，指导各区县依托"雪亮工程""天网工程"等既有平台，建设区县公共视频共享平台，形成省、市、区三级共享平台互联互通。积极协调人社、应急、交通、文旅、银行等单位，推进交通、水利、危化品、森林防火、学校、医院等重点区域和重点行业领域，以及供水供热、加油站、公共交通等视频资源接入，基本实现重点区域和领域公共视频监控资源"应汇尽汇"。

目前，已汇聚视频资源 18 万余路，并推送至省平台。

4）加快共性应用建设

一是做好统一身份认证工作。规范各级各部门自建系统对接省统一用户认证系统工作流程，按照全省"一号通行"任务要求，全面推动各类政务服务业务系统快速与省统一用户系统完成对接；协调线下政务服务大厅帮助外籍人员及社团组织等无法进行线上注册的用户进行现场补录信息，完成省统一用户账号注册。二是强化电子证照证明制证应用。完成建设工程规划许可证、排污许可证等 16 类证照对接入库，实现 1026 项政务服务事项结果材料电子化，占可实现事项比例 97.7%。强化电子证照证明推广应用，市电子证照库已归集 438 类证照，546 万余条证照数；市电子证照系统新生成的证照数据及时归集至省电子证照库，已向省证照库推送市级证照 328 类，证照数据 420 万余条，已代理身份证、驾驶证、结婚证等省级高频证照 119 类，可供市级部门便捷共享应用。梳理全市各级政务服务部门"用证"事项清单，市本级 478 个事项、区县 3095 个事项实现证照证明免提交。三是推动电子印章制发。推动电子印章系统与"泉城链"对接应用，实现个人签名和企业电子印章应用"上链"管理；在 15 区县（功能区）试点为新开办企业免费发放电子印章，推出市政设施建设类审批、中小微企业转贷引导基金申报等 85 个政务服务应用事项。

5）优化制度规则体系

一是信息化项目建设支撑不断增强。市、区县两级全力做好政务信息系统建设财政支撑保障，制定了政务信息系统建设规划和年度计划，明确了年度政务信息系统建设内容，并有序推动工作开展。二是标准建设不断提升。2021 年度，省大数据局向济南市下达 8 项数字山东工程标准制修订计划，积极组织编制和评审等工作，经省大数据局评审，1 项标准被优先推荐上升为省级标准，5 项标准作为市级工程标准纳入数字山东标准体系。

6）升级安全保障能力

一是完善网络安全应急预案体系。统筹协调涉网职能部门网络安全事件的预警和处置工作，建立健全跨网职能部门联动处置机制，并根据应急预案开展应急演练。二是加强平台系统保护。持续推动政务云和政务外网态势感知体系建设，提升网络安全预警检测能力，快速准确预警、处置安全事件。健全网络安全信息通报机制，及时协调各单位修补安全漏洞。三是强化数据安全管控体系建设。汇集云平台、大数据平台等安全大数据信息，构建形成"数据安全监管平台＋政务云密码体系＋'泉城链'平台"的"三位一体"数据安全防护体系。

3. 建设成效

1）"掌上政府"应用拓展，移动服务更加全面

打造"爱山东·泉城办"全天候服务型"掌上政府"，新上线公积金特色服务、

公共资源交易等专区,实现不动产登记掌上办理、建设企业资质刷脸认证、无犯罪证明、户籍证明、临时身份证明掌上开具和电子不动产证掌上亮证,上线燃气报装、供暖服务等多个生活服务应用。"爱山东·泉城办"App 入选"2021 年度电子政务典型案例"和"2021 数字政府'二十佳'优秀创新案例",并荣获"2021 年度中国信息化数字政务创新奖"。

2)"无证明城市"建设加速,群众办事不用跑腿

济南市"无证明城市"建设走在全省前列,有关做法列入全省典型经验,入选"2021 信息化科技创新推荐目录"。截至目前,公安领域的无犯罪记录证明、临时身份证明、户籍证明以及人社领域的社保证明等 31 个领域的办事事项实现"免跑腿",39 项市级证明事项网上开具,15 项市级高频证明可在"泉城办"App 掌上办理,累计减少纸质泛证明材料 1200 多万份;在热点领域开通运行 22 个高频可信身份认证应用和 32 个高频电子印章应用,提供服务 1200 万次以上;市政务服务大厅 70%"一窗办理"事项实现亮码可办。

3)"区域通办"稳步推进,异地办理方便快捷

深化"全省通办""跨省通办",提前完成"全省通办"任务。2021 年 6 月底,107 项"全省通办"事项已全部落地,率先实施"济泰行政审批服务一体化",创新互换公章、证照、设备等方式,首批 52 项事项实现异地申请、集中审核、即发证照。

4)"7×24 小时"体系建立,政务服务全天在线

推行 24 小时预约服务,上线国内首个"智惠导服"平台,集"人工+智能"24 小时导引系统和线上政务服务地图于一体;实施基层 24 小时自助办事大厅"倍增计划",在社区、商业楼宇布设自助终端,建成 17 个 24 小时自助服务区。

5)"保医通"全国推广,医疗结算快速可达

在全国率先探索建设"保医通"服务平台,7 家主流保险机构的 30 余款商业医保产品实现无纸化、线上化快速结算,最快赔付时间为 2 分钟,国家、省医保部门明确要求试点推广。

6)"加减乘除"巧妙运用,信用监管提质增效

以制度为引领,以平台为支撑,以应用为核心,构建了"1+N"的信用监管制度框架体系,开发建设了首个衔接审批制度改革的信用监管系统,依托"加减乘除"四个维度建立贯穿市场主体全生命周期,衔接事前、事中、事后全监管环节的新型监管机制,为全面提升监管水平,优化营商环境,助力经济高质量发展发挥了重要作用。2021 年 9 月,国家信用中心《城市信用监测月报》专门刊发了济南市信用监管经验做法。2021 年 11 月,国家发改委发布《山东济南:巧用"加减乘除"全流程信用监管"提质增效"》,全面推广济南市信用监管先进经验做法。

7)"泉城链"国内首创,政务数据可信共享

充分利用区块链防篡改、防抵赖、隐私保护、可追溯等特点,基于自主可控的区块链技术,创造性地提出"精准授权、智能加密、还数于民、价值传递",建成全市统一的政务区块链平台——"泉城链",在全国首创"政府数据上链+个人链上授权+社会链上使用+全程追溯监管"的政务数据可信共享新模式。该模式得到国家信息中心专家高度评价,荣获第一届中国新型智慧城市创新应用大赛二等奖。"泉城链"累计上链数据资产191项,涵盖证照、户籍、不动产、社保、税务等各类常用数据,已经接入金融机构26家,上线金融产品31款,累计授权查询36.8万人次,发放贷款近14.6万笔,实现授信159.7亿元,其中个人信用贷款84.5亿元、小微企业(含个体工商户)贷款27.6亿元,涉及企业5922户。省会城市经济圈(黄河流域)等省内14个城市复制推广。

8)"一餐热饭"智慧服务,老年助餐精准高效

老年人,特别是高龄、孤寡等特殊群体对助餐服务需求迫切,"一餐热饭"难题亟待解决。为此,济南市认真践行以人民为中心的发展思想,聚焦老年人急事难事,运用"互联网+"智慧化手段,打造了覆盖城乡、全员推进、"普惠+优待"的长者助餐服务模式。目前,全市已建成城市社区助餐站点730处,累计开展助餐服务127万人次;建成农村助餐站点1365处,累计开展助餐服务218万人次,受到了广大老年人和社会各界的广泛关注和好评。中央电视台《晚间新闻》予以报道,新华网、人民日报等中央和省、市20余家媒体"点赞","微博济南"平台转发点击量达30余万次。

9)"智慧体育"平台优化,运动健身全民参与

智慧体育平台加大资源整合力度,构建全民健身地图。汇总全市6930处体育场地和8398处健身路径,2.5万余件器材数据,实现全市体育场馆场地一张图,并提供地图导航服务,方便市民查找体育运动场馆、场地设施,有序促进各类体育场地设施向社会开放,努力打造百姓身边"15分钟健身圈"。同时,分批次向社会公布各级社会体育指导员信息,定期更新运动处方和健身指导视频,普及科学健身知识和健身方法,为群众提供便捷的科学健身指导服务。截至目前,平台日访问量达600次,累计器材维修上报400余件。平台荣获第一届中国新型智慧城市创新应用大赛惠民赛道三等奖。

10)"公共文化云"平台搭建,文化服务效能提升

依托"济南市公共文化云"平台,整合全市文化场馆、演出、展览、活动、景区等各类文化资源,建立公共文化数字化服务统一门户和一站式服务管理平台,搭建线上、线下群众需求反馈机制。同时,基于用户数据及反馈,辅助公共文化服务政策决策研究,以公众的文化需求为导向,开展"点单式"文化服务,初步形成"百姓点单、

部门制单、机构派单、政府买单"的服务模式。"济南市公共文化云"平台不仅有效提升公共文化服务效能，而且促进文化资源和服务向基层倾斜，成为推进基层公共文化服务标准化、均等化的重要保障。

11）"出生一件事"通办联办，儿童就医便捷暖心

济南市联合省、市卫建委、省医管中心，打造新生儿电子健康卡线上线下全流程就诊创新应用，实现健康档案跨区域、跨院的数据共享、资源整合及互联互通，做到"出生一件事通办联办"（新生儿出生医学证明、身份证、社保卡、医保凭证等电子证照联办），充分落实信息"多跑路"、患者"少跑腿"的理念，并率先在全国实现了新生儿实名就诊。

12）"静默无感"模式推新，资格认证华丽转身

近年来，济南市积极推进社保数字化转型，革新传统窗口服务模式，在待遇认证方面，探索建立了大数据分析运用为主、面部生物特征识别为辅、社会化服务兜底的社保待遇静默认证服务体系，实现了退休人员领取社保待遇资格认证由"一站式"向"无感式"的华丽转身，全面取消了集中现场认证，退休人员在"零打扰"的情况下即可按时足额领取养老金，获得感、幸福感大大提升。

13）"流程再造"集成化，服务效能便企利民

在50个行业推行"一业一证"改革，发证数量位居全省前列。市、区两级政务服务大厅设立"一链办理"专区，全市办理量达64 853件。牵头推进"双全双百"工程，围绕企业全生命周期，推出企业开办、企业准营、企业运营、投资建设、企业变更、企业注销6个阶段142项政务服务事项；围绕个人全生命周期，推出出生、教育、退役、工作、置业、出行、婚育、就医、救助、养老、身后11个阶段165项政务服务事项，实现极简办、集成办、全域办，提升企业和群众获得感和满意度。

14）"e警通"服务创新，公安业务一站办结

济南公安"e警通"作为全市公安机关互联网政务服务总枢纽、总支撑、总门户，全面整合13大类127项高频公安服务事项，在全国率先推出在线开具无犯罪记录证明、临时身份证明、户籍证明三大证明，首创"律师查询户籍信息"等功能模块，做到了济南公安业务"全国全时一网通办、一站办结"，实现了既让群众方便快捷、减少办事成本，又为基层减压减负、解放警力资源的"双满意、双受益"。《人民公安报》《济南时报》先后对平台的经验做法予以宣传推广，央视总台新闻组到济南市调研采访。2021年12月，济南公安"e警通"智能客服系统荣获全省公安机关大数据创新应用典型案例。截至目前，"e警通"日均新增用户3000余人，开具电子证明600余份，提供政务服务4500余人次；实名注册用户总量已突破300万人，为企业和群众办事超过450万件，实人认证服务975万人次，在线开具无犯罪记录、临时身份、户籍等三大证明24.5万份，为律师提供在线户籍查询服务近万次。

15)"市级企业服务中心"全面成立，惠企福利一键直达

整合全市涉企服务职能等资源要素，线下建成市级企业服务专区，在16个区县设置惠企政策专窗；上线"泉惠企·济企通"企业综合服务平台，组织各部门系统梳理惠企政策，建立惠企政策库，第一批20项惠企政策实现"免申即享"；"济南市鼓励企业创新发展奖励政策"已确认企业110家，其中62家企业完成政策兑现；累计培育国家小巨人35家（2022年50家企业入选第四批公示名单），省级专精特新企业1353家。

16)"半日办结"时间提速，企业开办省心省时

推出优化市内企业迁移登记措施，实现"半日办结"。出台自贸区商事登记改革创新八项措施，推出商事登记"即时审批"，全市范围内企业开办半日办结。优化企业开办服务。联合公安、税务等部门设立企业开办专区，企业开办涉及的营业执照申领、印章刻制、税务登记、社保医保登记和公积金登记等全部整合为一个环节，企业开办压缩至"半日办结"，经公证最短只需要48分钟。免费为企业刻制印章一套、发放税务Ukey，提供"政务服务大礼包"，企业开办"零成本"。优化市内企业迁移登记流程，企业迁移变更时间缩短5~7天。率先在全省3个自贸区内探索实施商事主体登记确认制，出台自贸区商事登记改革创新八项措施，助力自贸区改革创新高质量发展。

17)"智慧审批"扎实开展，建设资质自动审核

依托审批服务平台对建设资质审批系统进行升级改造，创新推出了"建设企业资质人员信息核验""24小时全天候系统自动受理""24小时全天候系统自动审批"3项功能，通过数据共享实现审批数据自动抓取、自动甄别、系统判定，减填写率、减材料率均达到80%以上，企业群众随时随地即可实现"全流程"网办，进一步提升了办事便利度。目前，通过流程改造、系统对接，实现远程人员核验、数据自动比对，13类87个办理项实现"24小时自动审批"。

18)"多诺合一"制度推行，审批模式高度评价

全面推行告知承诺制，并创新推行"多诺合一"审批模式。该制度实施以来，便利化程度得到了显著提升，市场主体的活跃度被进一步激发。通过推行"告知承诺制"，形成企业做出承诺、审批部门当场审批、监管部门进行核查的审批模式，工程建设项目审批"办得更快、办得更优"，降低了制度性交易成本，企业申报材料明显减少，审批效率大幅提高，便民利企工作得到深度优化，使群众享受到了"放管服"改革带来的审批服务红利。济南市推行"告知承诺制"的经验在中国城市信用建设高峰论坛、全国信用承诺示范性案例网络评选大赛、信用山东微视频大赛等活动中频频亮相，均获高度评价和充分肯定。

4. 经验总结

当前，数字化转型已经成为全社会的共识，深刻影响着政府的治理方式、人们的生活方式和经济的发展方式。政府通过自身的数字化转型发展，不仅能够提升社会治理和公共服务水平，还能引领、支撑、赋能、驱动数字经济发展和数字社会构建。

1）树立"数字政府"意识，做好组织保障

各级各部门转变思想观念，深刻认识"数字政府"在推进政府治理体系和治理能力现代化中的重要作用，用新手段推动新发展。一是结合政策规划要求，明确数字化实施路径，细化数字政府目标任务，做好工作落实。二是通过理顺和加强组织领导体制、协调机制、工作机制，进一步整合资源，形成全市多级联动、齐抓共管、协同推进的建设格局。三是提升政府信息化工作人员数字素养，将"数字政府"理念落实在日常的工作中，不断提高工作人员对数字化应用的使用能力，做好相关工作技术支撑。四是开展试点示范打造工程，围绕数字政府重点工作任务，面向各单位遴选一批带动作用强、示范效果好、经验可复制的优秀典型案例，打造示范项目资源库，做好宣传推广和氛围营造。

2）树立"标准为纲"意识，做好标准规范

打造政务服务、公共服务、便民服务等数字化转型标杆示范，建设"齐鲁样板"。一是强化总体设计，部署"互联网+政务服务"任务时充分考虑可能遇到的困难与问题，并制定具体的实施步骤，为工作开展提供有效指导，避免任务下达后各单位无法具体落实。二是长远考虑，明确相关任务工作标准，例如在政务信息资源目录制定、公共数据开放等方面，明晰统一规范，避免由于不统一造成数据可用性偏低，对后期工作产生影响。三是标准化建设不断推进，在政务服务标准、数字转型标准化方面构建政务服务数字化转型地方标准体系。四是立足统筹集约发展，特别是加强对政务信息系统项目的全生命周期管理，充分释放政务信息系统产生的经济社会效益。

3）树立"设施为基"意识，做好基础建设

夯实数字基础设施，加快推进"新基建"。一是加快政府布局下一代基础设施。推动政府单位5G基站建设布局，开展一批基于"5G+政务"的融合新应用，形成典型示范。统筹推进IPv6规模部署，实现全省电子政务外网、政府网站、互联网数据中心、云服务平台等全面支持IPv6。二是打造"政务网络高速公路"。完善电子政务外网，在实现"纵向到底、横向到边"基础上，形成跨层级、跨地域、跨系统、跨部门、跨业务的"一张网"服务支撑能力。三是建成"一片云2.0"升级版。依托"1+N"省市一体化政务云服务体系，建立健全政务云平台运行监管机制，实现监管运维一体化，打造统一的云灾备服务体系。

4）树立"服务为重"意识，做好实际效能

推进政务服务数字化转型的根本目的是提高公众的获得感、幸福感。充分立足公众需要，把工作落到实处。全面深化"数字生态"创新，围绕建链条、促融合、优生态，打造"十四五"时期政府数字化、智能化发展新模式。以"数字政府生态圈"为核心，在运用"互联网+"等方式加快政务服务、公共服务数字化转型中，立足公众视角，加速流程再造，创新体验模式，提供场景服务，让公众切实感受数字化带来的便利。同时，充分发挥大数据在政府决策、社会治理、经济转型和公共服务中的作用，以数据思维、数据表达、数据决策、数据说话、数据惠民为出发点，保障和改善民生，推进"互联网＋教育""互联网＋医疗"等深度普及。

5）树立"安全为核"意识，做好安全保障

一是高度重视数字化等新技术带来的安全问题。5G、物联网、人工智能、区块链等新兴网络技术迅速发展，新技术在发展中往往不够成熟，安全漏洞、技术缺项更容易被攻击，导致出现问题，加强互联网新技术新应用等网络安全风险评估，特别是针对5G、区块链、人工智能等政府新应用，做好"全方位"安全问题检测。二是全面健全安全管理机制。加强政务领域云、网、平台、数据、系统等关键基础设施安全保护，提高系统访问、技术应用、运维服务、数据流动等方面安全管理能力，推动党政机关、重点领域网站安全防护和集约化管理。三是继续强化安全技术支撑。建设基于大数据的安全检测体系，为网络安全态势感知和指挥平台提供数据支持。

6）树立"评估为要"意识，做好日常监测

工作做得好不好，由社会公众、研究机构组织进行评价，能够以不同视角发现问题、进行整改。一是推动健全常态化评估工作机制，开展媒体监督、专家评价和第三方评估实施路径，发挥评估导向和激励作用，实现以评促改、以评促建、以评促用。二是建立多重评估渠道，通过年度评估与日常监测相结合、全面评价与重点评估相结合等方式，形成多维度、全方位的评估体系。三是强化日常工作落实监督，建立健全工作落实情况跟踪监测机制，强化数据统计作用，以"数字"来辅助数字政府决策，为相关工作提供参考。

5. 展望

近年来，济南市认真贯彻落实国家及省有关工作要求，在市委、市政府的正确领导下，积极推进全市数字化转型工作，进一步强化责任意识，细化工作措施，优化工作流程，提升服务水平。下一步，继续深入贯彻落实数字强省发展战略，不断破除数据壁垒，强化数据汇聚，深入推进创新应用，加强数字政府基础支撑，加快政府数字化转型发展步伐。

一是进一步强化数据资源汇聚利用。深入推动全市数据资源，特别是供水、供电、供气、供热等公共数据统一汇聚服务，推进共享应用。梳理政务服务办事场景的高频常用数据，开展"一数一源"治理，提高数据质量。

二是持续提升网上政务服务水平。加快政务信息系统整合，持续完善营商环境等特色专区应用。优化完善"泉城办"App 功能，进一步整合接入高频热门应用，推动掌上办事向"实用"转变；同时，加快推动市级移动端应用向省级平台迁移。开展"无证明城市"建设突破行动，持续推进办事流程优化和证明材料减免，进一步提升便民利企水平。

三是优化打造便民利民应用场景。持续拓展"泉城链""保医通"应用范围和层次，围绕教育、医疗、养老、户政、社会救助等领域，打造一批具有引领性的特色示范应用，不断提升市民获得感和幸福感。

四是提升政务云网支撑能力。修改完善政务云建设发展规划，按照"一云多平台"思路，构建以应用为中心，多云协同的新一代政务云。完善市、区县、街镇、中心社区四级政务网络体系，探索开展"5G+政务"融合新应用。建设公共互联接入区，与教育、卫健、医保、金融等公共服务机构网络实现可控访问。建立视频专网，与政务外网实现互备，提升政务外网可靠性。

五是统筹推进城市大脑、新型智慧城市、数字社会建设工作。进一步加快大数据平台、物联感知平台等基础平台搭建，为拓展深化城市大脑应用场景奠定基础；加快推进经济运行、城市管理、公共卫生、生态环境、公共安全等领域应用场景建设，打造一批好用、管用、实用的智慧应用场景；推进智慧泉城运行管理中心提档升级，以"高效处置件事"为目标，为全市应用场景提供支撑，持续提升实战应用水平。

7.10 沈阳市

本节以沈阳教育资源公共服务平台为例进行介绍。

1. 综述

教育部"十二五"规划提出加快教育信息基础设施建设，加强优质教育资源开发与应用，建设"三通两平台"，即宽带网络校校通、优质资源班班通、网络学习空间人人通，建设教育资源公共服务平台和教育管理公共服务平台。按照这一指导性方针，沈阳市研究制定了沈阳市教育信息化三年规划和数字校园建设标准，同时开启了沈阳教育信息化建设的序幕。其间，沈阳市于 2012 年申报了国家教育公共服务平台规模化试点地区，成为国家平台的首批试点。

承担试点任务后，经广泛调研和论证，沈阳市确定工作思路为，在本地部署国家数字教育资源公共服务平台系统，搭建"人人通"平台，整合原有功能相近的应用系统，实现与国家平台对接。沈阳平台建设分为三个阶段：首先是网络布局和规划，"互联网+教育"的时代网络先行是基础性工作，沈阳市早在 2005 年就建成了自有产权的教育城域网，这也为后来沈阳市教育信息化的发展奠定了坚实的基础。其次是平台建设的选择，沈阳平台要能和国家平台实现互联互通，作为一个基础应用平台，要有很好的开放性，能实现多平台和多应用的融合，实现一个账号能使用所有应用，减轻教师和学生负担，经广泛调研和论证，在本地部署国家数字教育资源公共服务平台系统，搭建"人人通"平台，整合原有功能相近的应用系统，可以很好地解决以上问题。最后是政府每年购买企业的服务，通过这种模式，企业可以长期对平台的运维和运营做支撑，从而实现企业与政府双赢的局面，确保了平台的不断优化与发展，满足沈阳市全体师生的使用需求。2015年9月1日，"沈阳教育资源公共服务平台"正式上线使用。

2. 主要措施

沈阳市教育研究院成功申报国家教育公共服务平台规模化试点项目，成为全国唯一的市级试点地区。首先搭建市级"人人通"平台，整合为市级教育资源公共服务平台，实现沈阳市范围内的"三通"，并与国家数字教育资源公共服务平台对接，开始探索数字教育资源与教学空间规模化应用的有效方法和途径。

1）统一平台建设，制定规范标准，打造共享空间

按照网络学习空间人人通的建设要求，总结北京、武汉等地区的经验，结合沈阳市基础教育教学资源建设与应用的需求现状，沈阳市最终规划并建成了集资源、空间与服务为一体的"沈阳教育资源公共服务平台"，并将其作为沈阳教育应用的唯一大平台，实现与国家平台的对接，实现与本地已有资源和应用平台的整合，面向全市学校、教师和学生提供网络学习空间、教学应用资源、教育社区、门户网站和学校管理等一站式服务。

2）以数字校园建设为有力抓手，促进规模化应用，汇聚共享人群

2014年，为全面提升沈阳市中小学信息化环境和应用能力，沈阳市启动了中小学数字校园建设工程，平台应用情况作为重要内容写入标准。至2017年，沈阳市全部公办中小学和幼儿园建成数字校园，通过数字校园工程，实现了全市所有学校、班级、专任教师和初中以上学生开通空间，快速汇聚共享人群，为空间和资源的建设与应用奠定了坚实的基础。

3）多渠道汇聚优质资源，形成人人参与的扁平化建设格局，建设共享内容

为破解建设与应用相脱节问题，沈阳市尝试以"合作伙伴"的形式引入第三方资源提供者，采取"教师使用，政府付费"的资源购买方式，力求投入产出效益最大化。将教师作为资源提供者，建立有偿使用机制，以网络学习空间为纽带，建立开放、平等的组织结构，打破以资源库建设为主体、自上而下的建设形式，形成人人参与的扁平化建设格局。完善资源结构，发挥研究院业务融合优势，开发"名师课堂"和"千节微课"，满足社会需求。深度挖掘空间应用策略，形成以个人空间、班级空间、学校空间以及名师社区、课程社区等为载体的优质资源汇聚和共享方式，打通资源流通渠道，促进资源内生和本地化，进一步汇聚优质资源和受众人群。制定平台运营、开

放接口、资源制作与评价等一系列标准和规范,保障平台运行畅通与资源质量优良。

4)协同推动,创新应用,提升共享效益

挖掘教研、科研、评价以及信息技术等多业务融合优势,教育行政部门负责资金投入和机制保障,发挥教育督导的作用,多方协同、形成合力,推动空间和资源的深层次应用。重点打造学校空间、名师社区、教学助手、资源推送和科教风云榜等,指导学校、教研员、教师和学生以空间为中心,以资源为基础,探索教与学方式的变革。提供精准化服务,开展基于平台的数据统计和分析,提升共享效益。

3. 建设成效

沈阳教育资源公共服务平台以"教师消费,政府买单"的资源使用模式,在全国范围内寻找优秀的教育应用接入应用中心,教师个性化选择使用,教师使用后由政府付费,沈阳市把它归纳为资源自选服务模式,这种模式除了可以快速地建立丰富的教育资源库,还可以按需使用,避免财政资金浪费,这也是国家一直以来鼓励的资源建设模式。接入六大类第三方应用资源53个,可提供教学资源及素材使用、信息化教学、个性化学习、电子阅读与教学交流多种应用服务模式。

在空间应用方面,重点关注师生学习空间、教研与课程社区空间两方面,在师生学习空间使用中,师生已经利用学习空间实现了课前、课中、课后的教学全过程的使用。通过学习空间,教师可以开展课前备学情、课堂全记录、课后检验教师教学和学生学习效果等教学活动。在教研与课程社区空间使用中,沈阳已经实现义教全学科教研员、高中部分教研员开通名师社区,学科教研员通过社区空间开展网上教研,还有部分教研人员通过课程社区空间开展地方课程研究与建设。

发挥教育研究院"教研高地"的优势,组织全市优秀教师,将沈阳教育资源公共平台内优质的教学资源分年级、分学科,按照教学周为教师精准推送,教师只要登录自己的空间就可以接收到本周上课所需的教学资源,解决资源使用"最后一公里"的难题。截至目前,资源累计覆盖1154万人次,累计推送50 080条资源,涵盖中小学47个学科,人均收到200封资源推送邮件。通过学习空间深度挖掘应用策略,形成以个人空间、班级空间、学校空间以及名师社区、课程社区等为载体的优质资源汇聚和共享方式,打通资源流通渠道,促进资源内生和本地化,这些资源都是各级教研员、名师、骨干教师、班主任及学科教师搜集整理的资源,从这些空间或社区中查找筛选资源将大大提高广大师生的应用效率。

为使全市各地师生都能享受优质教育资源,实现自主学习、提升专业素养,沈阳市搭建了网络教育电视平台,发布教育动态和视频课程资源,并于2013年启动"公益学堂"项目,依托区域名校名师优质人力资源,创设了小学、初中、高中体系化的学科同步学习资源,以同步课堂辅导和中高考专题辅导为主线,形成具有辅导性的课后学习资源。2014年启动"千节微课"项目,该项目被列入市政府2014年为城乡群众办实事工作之一。开发了小学语文、数学、英语和初中中考学科的重点、难点、易错点约 1000 节微课，其中小学阶段微课 200 节，初中阶段微课 810 节。现在网络教育电视平台上已有视频课程 10 000 多节。

4. 经验总结

沈阳教育资源公共服务平台经过多年的使用，开展的各项工作都围绕着以应用为核心、与教育教学深度融合为抓手的应用理念，总结出的应用模式包括以人人通空间为中心的资源建设与应用模式，以教学工具为支撑的教学应用模式，以名师社区为载体的教研应用模式，以资源推送为手段的精准化服务模式。

5. 展望

一项工作从无到有，势必经历反复修正工作内容的过程，尤其是教育信息化项目，随着技术的不断发展，用户需求的改变，工作的内容也要随之变化，沈阳教育资源公共服务平台的运维、运营工作也是如此。解决使用者问题，全面服务好使用者是沈阳市教育工作者不变的初心。"十四五"期间，沈阳市有关部门将根据市政府的工作部署和智慧教育要求，充分依托沈阳教育资源公共服务平台，为全市师生提供全方位课堂教学智慧云服务，积极部署典型学校，并及时总结、提炼教育信息化应用的成功模式和经验，推广典型，以点带面，辐射全局，推动形成"课堂用、经常用、普遍用"的信息化教学新常态。

7.11 青岛市

本书以青岛市数据赋能加快推进审批服务数字化改革为例进行介绍。

1. 综述

聚焦企业和群众办事需求，发挥数据赋能作用，加快推进审批服务数字化改革，是提升政务服务水平的重要内容，也是优化营商环境的现实举措。青岛市以习近平中国特色社会主义思想为指导，学习贯彻党的精神，深入贯彻习近平总书记对山东、对青岛工作的重要指示要求，适应新一轮科技革命和产业变革趋势，引领驱动数字经济发展和数字社会建设，营造良好数字生态，加快数字化发展，在推进数字青岛建设上持续发力，以数字变革提高社会治理效能，增强数字政府效能，提升一体化政务服务和监管效能，为青岛市迈入数字政府建设新阶段打下坚实基础。

2. 主要措施

行政审批局坚持系统观念和创新思维，聚力数据赋能、集成创新、智慧便捷，推动审批流程贯通一套标准、一张清单、一个场景"三个一",推动实现传统审批到智审慧办、分散供给到业务协同、单项服务到场景服务"三个转变",全面提升审批服务安全能力、交互能力、协同能力"三个能力",实现政府审批从"全程网办"到"智审慧办"的迭代升级,全力打造数字审批"青岛模式",相关经验做法得到国务院办公厅电子政务办公室的肯定。

1)聚力数据赋能,推动审批流程贯通"三个一"

一是坚持系统化推进,以"一套标准"筑牢体系基座。根据全国一体化平台政务服务事项基本目录,在全市层面开展事项标准化梳理。发挥行政许可权相对集中的优势,大幅提升改革效率,推动"数据、技术、业务"深度融合。首批纳入数字化改造范围的审批事项实现办事指南、服务流程、审批数据和效能评价四个标准化,实现目录事项"数据同源、动态更新、联动管理",支撑窗口端、电脑端、移动端、自助端实现"四端同源",形成全市统一、线上线下无差别受理、同标准办理的服务体系。

二是坚持一体化建设,以"一张清单"精准聚焦发力。市、区两级行政审批局有机衔接、共同发力,深度解析国家政务服务"三化"改革和数字政府建设工作文件要求,对标北、上、广、深、渝、杭6个营商环境试点城市做法,重点征集企业群众、一线审批人员和窗口人员意见建议。坚持问题导向、需求导向,围绕企业群众办事的难点、痛点、堵点,梳理归纳139条"问题""需求"清单。统筹划分系统整合、功能提升、数据治理、场景建设四项工作维度,协同开展智慧审批平台建设。

三是坚持集成式改革,以"一个场景"重构服务模式。打破对单个审批事项碎片化、条块化的单一改革模式,将某一类审批事项聚合为一个服务场景。围绕服务对象,打造行政许可从新申请到变更、再到注销的业务闭环,建立场景业务库,实现业务数据在闭环内循环共享、高效复用。截至目前,市行政审批局已围绕企业登记、工程建设、社会组织、教育、交通运输、安全生产、危化品经营、人力资源、医疗卫生、资质资格10个领域,上线16个行政审批数字化服务场景。

2)聚力集成创新,推动审批方式实现"三个转变"

一是运用AI技术赋能审批方式创新,实现"人工审查"到"智审慧办"转变。全面铺开人工智能在审批各环节的应用,充分运用人工智能OCR(光学字符识别)、RPA(机器人流程自动化)、NLP(自然语言处理)等技术,创建智能客服、智能导引、智能申报、智能预审、智能辅审等一系列能力。通过提炼设置人工智能审查要点,把人工智能变成"数字员工"。在申请端,申请人可根据人工智能检测结果及时修正申报内容;在审批端,人工智能辅助审批人员快速开展业务审核。智慧审批平台上线以来,累计调用AI识别分析能力近6万次,在人工智能的辅助下,申请人一次申报通过率提高70%以上,审批人员的审批效率提高60%以上。

二是建立健全政务数据共享协调机制,实现"分散供给"到"业务协同"转变。

推进平台深度对接和数据双向共享，强化审批部门之间、审批部门与监管部门之间、监管部门之间政务数据共享，提高数据质量和可用性、时效性。申请、整合38项国家级、77项省级、175项市级数据资源融入场景建设，打破传统数据共享方式，建立精准比对和综合分析相结合的新模式，对申请表单进行业务重构，实现身份数据"自动填"，历史数据"选择填"，共享数据"系统填"。智慧审批平台上线以来，已为申请人免填写19万项、免材料24.6万余件，有效节约了企业群众准备材料、提报申请的时间。

三是推广电子签章在审批全流程应用，实现"纸质归档"到"全程线上"转变。面向申请人、中介机构、协查部门提供电子印章、电子签名、审查评估报告电子化、跨部门证明协查电子化等服务。通过电子签章，将审批各个环节的所有材料转化为合法有效的电子文件，有力支撑国家电子档案试点工作，彻底解决"全程网办"后仍需要邮寄、打印纸质材料归档的难题，实现了从申报到归档的全程数字化。截至目前，电子签署中心已累计调用400余万次，生成、归档电子签署文件33.6万余份，大幅减轻了企业群众和审批部门办事成本。

3）聚力智慧便捷，推动审批服务提升"三个能力"

一是线上委托授权，提升"安全能力"。通过AI人脸识别配套电子签名，建立精准可追溯的委托授权和用证授权体系，解决纸质授权难核实和持证者本人需到场等难题，减少信息冒用，降低审批风险。

二是远程视频踏勘，提升"交互能力"。综合运用高清视频会议和电子签名，建立远程视频勘验功能。申请人只需一个手机，通过小程序就能接入线上踏勘室，踏勘人员根据手机定位避免申请人虚报地址、一地多用，通过视频会议交互功能，以规范化流程开展踏勘，平均10分钟以内完成一个项目的勘验，极大压缩勘验时间。踏勘全程音视频录制留存，可随时截屏留证，勘验结果自动推送至审批环节，免去工作人员排期往返消耗。目前，远程踏勘已调用1100余次，有效提升了审批环节效率。

三是跨部门证明协查，提升"协同能力"。建设部门证明协查系统，在审批服务单位和证明信息出具单位之间建立证明协查机制，对于确需进行核验协查的证明材料，通过部门间业务协同实现材料数字化，减免纸质证明材料的提交。从证明材料共享角度变"被动调取"为"主动收集"，企业群众无须"多跑腿"去开证明，以技术手段实现了服务单位便捷地获取证明材料，打破信息壁垒，深化信息共享。

3. 建设成效

1）线上委托授权，减少信息冒用

建设授权委托管理系统（见图7-21），通过电子签名、AI人脸识别等技术手段，实现法人给自然人、自然人给自然人的在线委托，并在线生成电子授权委托书，代理人不需准备纸质授权委托书，可凭电子授权委托书代理办理业务，业务人员可在线核验授权委托书真伪性，达到提升审批效率和减少信息冒用的效果。以"建筑施工企业安全生产许可"新申请为例,未获得企业授权的个人不能擅自替企业办理该事项、领取证照;未获得特种作业人员授权的企业不能擅自使用该人员的相关证书办理业务。目前,委托授权已使用 1 万余次,用证授权已使用 1 万余次,有效保障了企业和个人的合法权益和信息安全。

图 7-21　委托授权

2)应用"电子签署"功能,电子申请材料合法有效

自然人和企业法人的签署服务(见图 7-22)对接"青易办"电子签署中心,自然人签字前进行 AI 人脸识别和身份认证,确保本人操作;企业法人签章服务对接北京 CA 数字证书,签署合法有效的企业电子印章。目前,已为自然人提供签字服务 21 636 次,为企业法人提供签章服务 73 412 次。

图 7-22　自然人签署

3)文档智能识别,辅助审批

对于申请人扫描上传的纸质材料,运用 OCR 能力,将非结构化数据转换成结构化数据,提取文档核心要素,并对识别内容进行数据校验,对于不符合审查要点的,

对申请人和审批人员做智能提醒。

4）跨部门证明协查，强化业务协同

对接金宏办公系统，运用电子印章，与行业主管部门构建跨部门证明协查流程，形成高效审管衔接互动模式。以"校车使用许可"审批为例，原本申请材料提交后还需要在审批、交通、公安三个部门走公函快递，仅材料流转最少也需要4个工作日，现在依托跨部门协查平台，交通、公安等部门线上完成核准后，校车相关审批信息将高效推送至监管部门，企业可直接至公安交管部门打印校车标牌，实现"数据多跑路、群众少跑腿"（见图7-23）。目前，跨部门协查已使用1900余次，预计仅市本级每年就可节约快递成本1万余元，企业由平均跑腿4次缩减为最少"一次不跑"，平均办理时限缩减75%以上。

图 7-23 跨部门证明协查

5）远程勘验，打破空间局限

建设远程勘验管理系统（见图7-24），使得申请人可通过远程勘验系统，以与勘验评审工作人员进行远程视频连线的方式完成勘验评审工作，解决了现场勘验中存在的人员接触、交通不畅、位置难寻、反复踏勘、申请人和勘验工作人员时间安排冲突等问题，有利于提升群众办事便捷程度，化解勘验服务廉政风险，降低了行政成本，大大提升勘验效率，有效推进营商环境持续优化。双方确认勘验评审时间后，线上发起会议，进行视频勘验；申请人通过手机定位方式确定具体位置；由勘察人员指导申请人对勘验场所进行录像、拍照，核实申请现场条件是否与申请一致，勘验远程录音录像；对需要再次进行核查的，可重复以上流程；自动生成现场核查表单，由核查人员和申请人共同在线签字确认后将结论流转至相应审批部门；勘察完成后，自动将视频、截图、结论等分类存储，信息即时保存、随时查询。

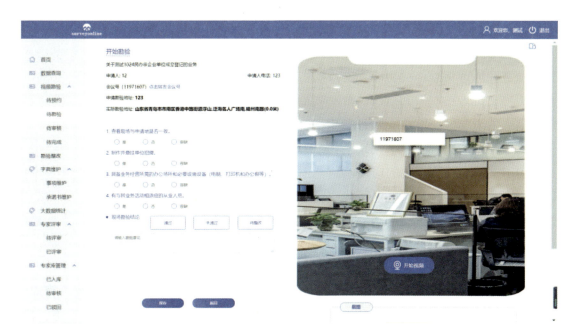

图 7-24 远程勘验系统

6）智能数据采集，提升数据共享能力

运用 RPA（机器人流程自动化）数据采集技术，实现从无法进行对接的专网业务办理系统中自动抓取业务办理数据（见图 7-25），并推送到办件数据主题库、申请人主题库、代理人主题库，降低综合窗口服务人员和部门审批人员的工作强度，并提升执行效率，能够高效、快捷、有效地破解"二次录入"难题。以建筑施工企业安全生产许可场景为例，使用 RPA 数据采集能力，采集审批部门指定的官方公示网站的数据补偿实现数据共享，减少申请人手工填报和后台数据验真的烦琐操作，进一步提升审批效率。目前，智能数据采集已提供 1 万余次服务。

图 7-25 智能数据采集

7）地图服务，精准定位

依托地理信息技术和互联网技术，集成地图搜索、位置服务和地理信息标注功能，支持模糊查询、联想查询，并支持地图放缩和拖拽，帮助审批人员直观了解申请人填写的模糊地址（见图7-26）。

8）部门电子印章管理，协助出具合法的审批结果

为了深化全程数字化的应用实施范围，解决电子印章、手写签批、过程文书电子化应用不足或功能缺失造成的数据共享滞后的问题，建设统一的电子印章管理服务（见图7-27），实现手写电子签名服务和过程文书电子化功能，进一步缩短办理时限，提高网

图7-26　地图选点

上办理的便利度。对已经在"山东省电子印章系统"中注册的印章进行集中统一管理，为各业务系统提供电子印章服务，包括印章管理、使用人员管理、使用事项管理、使用环节管理、印章使用情况查询。

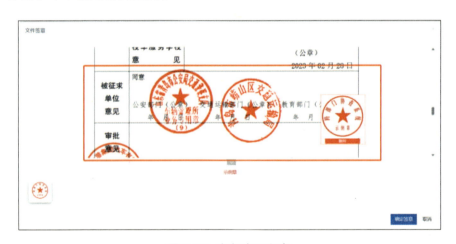

图7-27　部门电子印章

9）自然语言处理，提升审批效率

运用NLP（自然语言处理，见图7-28）技术，对非结构化文本段落中的关键字段信息、表格中的关键字段信息进行识别和上下文语义理解分析，根据文章内容提取出相关的标签信息、摘要信息，实现对文章内容的理解功能，做到智能审核申请人扫描上传的材料信息，减轻审批人员的审核压力，提升审批效率。

10）在线批注，提升审批效率

对于通过互联网申报的业务，如果申请材料采用扫描的方式上传，后台业务审批人员审查该材料时，可对材料进行在线批注（见图7-29），批注形式包括文字高亮、下画线、删除线、在指定位置添加注解四种，使得申请人能直观快速地定位到材料问

题位置并进行修改；在线批注留痕功能，使得后续每个环节的审批人员均可看到前序环节审批人员的批注信息，提升审批人员的工作效率。

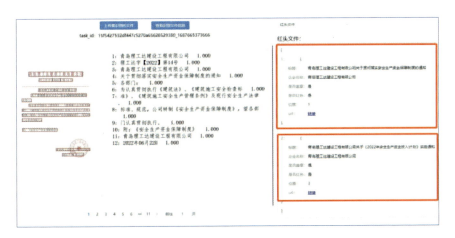

图 7-28　自然语言处理

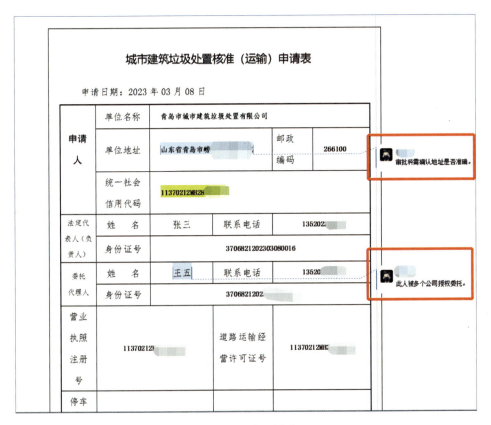

图 7-29　在线批注

11）电子档案管理系统，规范化管理

以数字证书、电子印章等技术保证电子档案的不可抵赖性及其凭证价值，建立完善安全机制，保证电子档案封装、传输、整理、归档、保管和利用过程中的信息安全，实现对电子档案安全级别的划分和标志，并根据不同的级别和权限进行访问控制。建立来源可靠、程序规范、要素合规的电子档案归档管理系统，实现实体档案的电子化管理和电子信息的档案化管理。通过电子档案技术，业务办结即可进行在线归档，实现从"纸质档案"向"电子档案"转变，大幅减少一线审批工作人员重复工作量，提升政府内部的数字化、智慧化水平（见图7-30）。

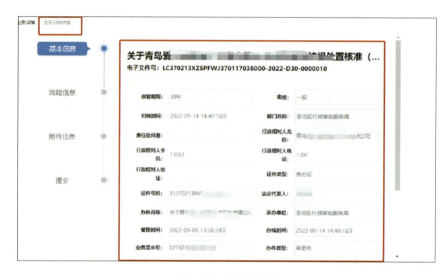

图 7-30　业务归档

12）审查（评估）报告，管理闭环

建设审查（评估）报告在线生成系统，供第三方企业和用户直接出具审查（评估）报告，在业务办理过程中，为业务系统的审查（评估）报告类材料提供数字化服务（见图7-31）。和审查评估环节结合，将审查评估过程、结果全链条纳入管理，同时对审查（评估）服务进行线上评价和展示，形成管理闭环。

图 7-31　报告上传

4. 经验总结

近年来，随着大数据、人工智能等应用的不断深入，"数字化转型"成为我国政府关注的重点。地方政府数字化转型是政府主动适应数字化时代背景，对行政管理模式、政府治理方式、数字技术手段等进行革命性变革和整体性重塑，不断提升政府治理体系和治理能力现代化的过程。以数字化改革助力政府职能转变，围绕构建数字化、智能化的政府运行新形态，持续创新政府服务模式、治理机制、履职方式，推动政务服务便利化、政府治理高效化、政府决策智能化，开创青岛数字政府建设的新局面。

1）统筹管理

加强实际统一领导，破除原先条块分割的审批办理模式，由市级统筹制定全市统一的业务管理模式和审批办理标准，为一体化的智慧审批平台建设提供有力的组织保障。

2）梯队协作

打造帮办代办员为第一梯队的线下服务组织，对来线下办理业务的申请人，由第一梯队的帮办代办人员引导至自助区进行业务帮办代办，逐步提升申请人对数字化改革的认知程度。

3）智能决策

依托全市统一的智慧审批平台，提炼专业标准的业务审查要点，建设"智审慧办"的业务知识库，降低审批人员的学习成本，逐步打造"人人都是业务专家"的专业化审批队伍。

4）高效协同

进一步深化部门间数据共享，同步建设跨部门协查、信用核查、审管互动等数字化支撑能力，创新行政管理和服务方式，构建协同高效的政府数字化履职能力体系，全面提升政府履职效能。

5. 展望

下一步，青岛市将从以下五个方面着手，继续深入贯彻落实数字强省发展战略，加快政府数字化转型发展步伐。

一是标准规范，安全可信。采用多种手段保证数据安全，同时综合运用技术、制度、法律等手段，强化网络和数据的安全管理。另外，根据当前国际国内形势，支持自主创新，推进国产软件、硬件环境部署。

二是先进实用，开放扩展。以开放的原则，遵循最新的国家标准和行业标准，与更多系统建设良好的互联、互操作能力。在数字化转型和建设过程中，根据业务实际运行的需求，对平台进行良性扩充。

三是提高行政审批服务效率，提升群众满意度。建设青岛市智慧审批平台，面向企业、群众需求，围绕"减时间、减环节、减流程、减跑动、减材料"进行设计、实施，优化面向企业和群众的服务应用系统，制定、完善青岛市一体化政务服务标准规范，完善数据管理和共享服务，集约建设并畅通参与政策制定的渠道，推动青岛市行政体系更加完善、政府作用更好发挥、行政效率和公信力显著提升，推动有效市场和有为政府更好结合，打造服务型政府，大大提高行政审批服务的效率，减少企业、群众在审批上的时间，提升群众满意度和获得感。

四是增强行政审批服务数字化管理能力，推动青岛市数字化转型。强化青岛市行政审批服务数字化管理理念，借鉴数字化的"用户、流量、平台"思维，用数据说话、用数据决策、用数据管理、用数据创新，实现数字化思维与政府管理思维的对接和整合。从群众的需求出发，落实行政审批数字化转型服务，丰富和改进服务的内容和方式，坚持群众立场，提升政府数字化管理水平，从人民群众的需求着手改进政府管理。

五是打造数字审批"青岛模式"，全面提升青岛市智慧服务水平。大力开展政务服务领域"流程再造"，推行主题式、场景式服务，推动政务服务模式由"事项供给"向"场景服务"转变。通过系统自动研判、主动推送、数据共享应用等方式，以"接触点最少、申请材料最简、办理时间最短"为原则，将事项涉及的多个关联事项整合为"一链一流程"，打造数字审批"青岛模式"。

7.12 亳州市

7.12.1 搭建"免申即享"平台，实现惠企政策快速兑现

1. 综述

习近平总书记在企业家座谈会上指出，要确保各项纾困措施直达基层、直接惠及市场主体。《国务院办公厅关于进一步优化营商环境更好服务市场主体的实施意见》（国办发〔2020〕24号）指出："鼓励推行惠企政策'免申即享'，通过政府部门信息共享等方式，实现符合条件的企业免予申报、直接享受政策。"为精准高效推动惠企政策落实，解决政策兑现中存在的企业申报难、部门审核慢、权力寻租等问题，亳州市创新搭建惠企政策"免申即享"平台，打造"1+2+3+4+N""免申即享"模式，实现惠企政策奖补资金兑现企业"免申"、平台"智审"、资金"直达"。截至目前，平台已累计上线"免申即享"政策1399项，通过平台发放奖补资金3.88亿元，惠及企业9629家。亳州市惠企政策"免申即享"做法在人民日报、安徽改革情况工作专报（第30期）、安徽信息情况专报（第190期）、安徽省"四送一服"双千工程简报（第278期）专报刊发，并入选2021年度全省十大改革案例、安徽扎实推进长三角一体化发展实践创新

案例、2022年数标指数全国典型实践50强案例、2023年数字政府创新成果与实践案例。

2. 主要措施

1）推进政策条件"三化"，减少人工干预

用"颗粒化"思维对政策条件进行"数据化""区间化"处理，将"达到一定规模""取得显著成效"等定性条件重新明确为"固定资产投资1000万元以上""年纳税额100万元以上"等定量条件，形成计算机能够识别的惠企政策兑现条件，减少人工干预。

2）推进数据整合，为政策兑现提供数据支撑

坚持"应整合、尽整合"，推进国家、省、市数据汇集，已累计汇集81家单位4425类政务、经济、社会数据和69.6万家981类5639.85万条企业数据，申请国家级接口350个、省级接口1090个，数据累计调用次数超60.69亿次，为企业精准画像、精准匹配政策等提供了坚实支撑。

3）优化流程设计，实现惠企资金智能化匹配

推行信用审批、并联审批、智能审批，将原来"申请、受理、审核、提交收款材料、核拨、拨付"6个流程优化为"数据比对、意愿确认、拨付到账"3个环节，实现政策、企业、资金智能化匹配的"免申即享"主动服务模式。

4）强化流程监督，确保政策兑现全程可控

平台在事前、事中、事后分别设置了"三道关卡"，实现政策兑现和行政审批的数据全程留痕。确定扶持名单前，通过大数据比对，精准匹配、筛选出符合政策条件的企业名单。资金拨付前，增设"异议处置流程"，确保及时处理遗漏企业和有争议的款项，最大限度保证资金发放不错漏。资金拨付后，根据财政资金相关管理规定，不定期组织绩效评估和"回头看"，筑牢财政资金"护城河"。

3. 建设成效

1）精准匹配，实现"人找政策"向"政策找人"转变

企业对政策不了解、看不懂一直是申报惠企资金的"拦路虎"。平台通过政策大数据与企业大数据的双向匹配，精准锁定符合政策条件的企业名单，主动将政策服务短信分发至企业进行确认，能够有效解决政企信息不对称、政策知晓率低等问题，真正落实惠企政策。

2）数据核查，实现企业被动申请向系统自动匹配转变

企业足不出户"一键领取"惠企资金，助企"免申兑""零跑兑"是惠企政策"免申即享"服务的一大亮点。依托平台，企业无须搜集政策信息、准备申报材料、紧盯受理时间，只需在收到短信提醒后登录平台点击"确认"即可，大幅减少人力、物力和时间成本，真正让企业多用精力跑市场、少费功夫跑政府。例如，亳芜现代产业园区实施"增值税、企业所得税奖补"政策，以往企业申报需要提供4份材料，耗时1

个月左右，现在企业无须上报任何材料，仅需3天即可完成审批。

3）系统智审，实现人工层层审批向平台自动审批转变

在部门审批中，"为熟人破例""有人情好办事"等问题屡禁不止。平台通过优化审批流程，自动核查企业信息，并结合信用等级评价结果和企业"黑名单"，对符合条件的企业，由系统智审代替部门人审，最大可能避免审批中人情因素的影响与干扰。同时，平台的"三道关卡"让政策兑现和行政审批的数据全程留痕，真正让该享受的"一个也不能漏"，不该享受的"一个也不能有"。

4）政策测算，实现政策制定粗略预估向科学精准转变

提高政策含金量和可操作性是确保政策有效落地的重要前提。情况掌握不全、数据更新滞后、企业需求不清一直是政策制定部门的难点、痛点问题。平台中的政策测算系统，通过分析全市企业"大数据"，自主设定奖补条件，进行智能模拟，可以帮助部门核算出符合预设条件的企业数量及所需资金，科学合理制定政策扶持条件，有效改变以往"大水漫灌"为"精准滴灌"。

4. 经验总结

亳州市惠企政策"免申即享"工作能够取得良好成效，关键在于在市委市政府的坚强领导、高位推动下，充分发挥首创精神，不断加强对改革制度供给。

1）坚持高位推进，提升平台运行效果

成立了市政府主要负责同志为组长的惠企政策"免申即享"工作领导小组，高位推动"免申即享"工作落地见效。惠企政策"免申即享"工作开展以来，市委市政府主要领导亲自决策、亲自部署、亲自协调，高位推进。在政策梳理上线期间，始终坚持每周一调度；平台建成之后，对存在的问题困难进行不定期调度，确保平台顺利运行。

2）坚持创新精神，提升政务服务智慧化水平

惠企政策"免申即享"平台建设是亳州市的一项改革创新，没有成熟的经验可以借鉴，没有现成的范本可以参照。亳州市不断解放思想，充分发挥创新精神，运用互联网思维来推进工作，改变传统的企业享受政策资金的申请审批工作模式，利用信息化技术推动企业享受政策资金"免申即享"，不断提升政务服务的智慧化水平。

3）坚持制度保障，建立常态长效机制

为了保证亳州市惠企政策"免申即享"平台的有序运行，亳州市围绕数据汇集、政策梳理、平台建设、流程再造、资金监管等方面，出台了《亳州市人民政府办公室关于印发亳州市全面推行惠企政策"免申即享"工作方案的通知》（亳政办〔2021〕13号）、《亳州市"数字亳州"建设工作领导小组办公室关于印发亳州市深入推进惠企政策"免申即享"工作实施细则的通知》（亳数办〔2022〕3号），建立常态长效工作机制，从制度层面保障惠企政策"免申即享"工作顺利推进。

5. 展望

下一步，亳州市将坚持以人民为中心的发展思想，持续优化惠企政策"免申即享"平台功能，动态更新奖补政策，聚焦人社、工会等惠民领域，推进政策服务迭代升级，推动"免申即享"向惠民领域延伸覆盖，推进更多政策实现"免申即享"。

7.12.2 打造"城市大脑"共性能力平台，集约建设数字亳州

1. 综述

党的二十大报告强调，"加强城市基础设施建设，打造宜居、韧性、智慧城市"。习近平总书记在浙江考察时强调："运用大数据、云计算、区块链、人工智能等前沿技术推动城市管理手段、管理模式、管理理念创新，从数字化到智能化再到智慧化，让城市更聪明一些、更智慧一些，是推动城市治理体系和治理能力现代化的必由之路，前景广阔。"为破解亳州市信息化建设运行中存在的"闲、散、缺、破"等难题，全面提升数据资源应用效能，2020年9月，亳州市"城市大脑"启动建设，以感知技术融合、业务流程再造、扁平化指挥调度为创新点，设计"1417N"架构体系，搭建数据湖、数据中台、业务中台、技术中台、物联感知中台等共性能力支撑平台，推进政务系统集成融入、改造提升、集约建设，实现系统互联互通、数据融合共享，政府治理、产业发展和民生服务水平持续提升。

2. 主要措施

1）着眼"四高"开好局

一是高站位推进。亳州市坚持把"城市大脑"作为"数字亳州"建设的总载体、总抓手，市委、市政府主要负责人多次做出批示、指示，成立"城市大脑"建设运行领导小组，专门负责项目推进。市政府第156次常务会议明确要求"市数据资源局负责，借鉴其他地区做法，加快推进'城市大脑'建设"。市政府第177次常务会议明确要求"除涉密或法律法规明确规定的外，市级新建信息化项目统一纳入'城市大脑'建设"。

二是高标准谋划。成立专业调研小组，深入开展24次调研，起草《亳州市城市大脑建设方案（讨论稿）》，结合各部门意见，邀请19家知名企业专家进行精细谋划，先后完善8个版本，于2020年7月形成终稿。方案全盘考虑群众、市场主体和政府需要，设计了"1417N"总体架构，着力打造"城市大脑"亳州样板。

三是高强度调度。市委、市政府主要负责人多次对"城市大脑"项目推进提出明确要求和指导意见。市政府分管负责人每月调度一次，协调解决建设中遇到的疑难问题。市数据资源局成立项目小组，按照局长周调度、小组日总结的机制，倒排工期，高强度推进项目建设。四是高智力融合。利用已汇集的数据优势，通过四大中台，建

成"智能感知、智能分析、智能运行、智能处置"的全流程闭环体系，实现"慧治理、惠民生、促产业"的协调发展。成立亳州市"城市大脑"虚拟研究院，组成专家库，为项目建设提供智力支持。

2）科学谋划定架构

在广泛征求意见的基础上，结合亳州实际，设计"城市大脑"，建设"1417N"架构体系，赋能亳州高质量发展。"1417N"架构体系主要包括：1个数据湖，即汇集多项数据，打造物理分散、逻辑一体的城市级数据湖；四大中台，即数据中台、技术中台、业务中台、物联感知中台；1个城市运营管理中心，即建设多部门集中、跨部门协同、跨层级调度的综合运营管理中心；七大领域，即聚焦全景亳州、数字政府、产业发展、城市治理、公共安全、生态保护、民生福祉7个重点领域，着力解决经济社会发展难点、堵点问题；N个应用场景，按照"急用先建、实用优先"的原则，先行开发事件处置类场景17个、展示类场景23个。

3）数据汇集筑基础

建设数据交换、数据目录管理、数据资产管理、数据接入、数据治理、数据共享、可视化分析、数据开放、数据开发、数据安全十大平台，汇集81家单位4411类111.59亿条数据，建成五大基础数据库和10个专题数据库，实施政务数据汇集比例100%，清单编目比达到100%。利用"区块链＋电子签名"技术确保数据安全，促进数据资源整合共享，让城市各个"神经元"都能听"脑"指挥，不断实现政务"数据说话、数据管理"，助力摸清整个城市信息化家底。

4）集约共享促成效

印发《亳州市人民政府关于推进"城市大脑"优化整合提升"数字亳州"建设水平的指导意见》，按照"统一架构、统筹推进、互联互通、开放共享"的思路，探索建成数字亳州"一棵树"、城市大脑"一主干"、互联互通"一张网"、城市运行"一平台"、移动门户"一个口"、统一标准"一维护"、指挥调度"一大厅"、部门业务"一后台"的"八个一"综合体系，消除技术壁垒，汇聚数据资源，支撑迭代升级，助力亳州高质量发展。

3. 建设成效

"城市大脑"高效统筹部门信息系统和数据资源，推动数据资源、算力、算法和应用场景共享共用，避免重复建设。截至目前，已上线47个应用场景。其中，14个场景市、县（区）共建共用，直接节约资金5827.96万元，另有34个信息化项目复用"城市大脑"四大中台能力，节约资金4727.67万元。自建成以来，亳州市"城市大脑"入选全国信标委《城市大脑案例集（2022）》，荣获首届中国新型智慧城市创新应用大赛智胜奖（一等奖）、2021年长三角城市数字化转型创新项目二等奖、2020—2021年度赛迪顾问中国IT市场年会数字转型杰出案例、2021中国国际高新技术成果交易会领军中国智慧城市奖等荣誉。

1）建成共性能力平台，实现集约共享

利用人工智能、大数据等关键技术，建成1个数据湖、四大中台，建立健全各领域算法模型，夯实数据资源基础，搭建基础能力平台，打造智慧中枢，为跨领域、跨行业的场景建设提供共享能力支撑，推动数据资源、算力、算法共享共用，避免后续政务信息化项目重复建设。截至目前，共推动34个政务系统共用"城市大脑"相关功能，节约财政资金4727.67万元，节约率达18.05%。

一是建设数据湖。汇集政务数据、行业数据、社会数据、视频数据、高分数据，打造物理分散、逻辑一体的城市级数据湖，形成"城市大脑"智能运行的数据底座。

二是建设数据中台。依托数据湖，建立统一的数据专题库，为上层应用提供数据分析、挖掘能力支撑。

三是建设技术中台。搭建技术能力支撑平台，为业务应用和智慧场景提供人工智能引擎、事件驱动引擎、城市信息模型、知识库引擎等共性技术支撑。

四是建设业务中台。搭建业务流转支撑平台，为政府部门提供事件采集、协同处置、融合通信、多维可视化、运营管理等多种服务。

五是建设物联感知中台。搭建物联感知统一管理平台，接入市政、环保、城管、消防、应急等物联感知设备，实现物联数据统一监测、共享使用。

2）推进"大中小"屏联动，实现一体协同

依托市数字城市指挥中心，按照"大稳定、小调整"的原则，建设市应急局、市城市管理局、市水利局、市交通运输局等多部门集中、跨部门协同、跨层级调度的城市运营管理中心。建立"大中小"屏联动机制，推进运管中心"大屏"实现综合分析展示、统一指挥调度，各部门业务"中屏"处置流转具体业务事件，手机端App"小屏"采集上报信息、接办各类事件、查阅调度事件，最终实现跨部门、跨领域数据共享应用、业务联动处置、事件闭环流转、扁平化指挥调度。据统计，目前需要建设或已建设指挥中心的，共有公安、城管、综治、交警、文旅、消防、应急、治超、交通、教育、市长热线、环保、水利、住建14家单位。除公安、交警、市长热线3家单位外，其余11家均可依托运管中心实现统一入驻、统一管理，从而释放闲散的硬件资源、物理空间和人力资源，避免重复建设。按照初步估算，仅避免新建指挥中心一项，即可节省财政资金逾3000万元。

3）打造个性化应用场景，实现精细智能

根据部门业务需求，按照"急用先建、实用优先"的原则，聚焦全景亳州、数字政府、产业发展、城市治理、公共安全、生态保护、民生福祉7个重点领域，开发路面秩序监测、多车监管、河湖治理、重大项目建设监管等47个应用场景，其中，事件处置类场景18个、展示类场景29个。目前，场景已全部上线，并发挥成效。

（1）城市管理更智能。

一是街面秩序"云治理"。共享市中心城区道路视频监控，利用AI视频分析技术，全时段、智能化采集暴露垃圾、沿街晾晒、乱堆物堆料、店外经营、游商小贩、车辆乱停乱放6类城市路面秩序问题事件，自动识别派单，全程跟踪处置情况，有效提升事件采集和处置效率，节省人工成本。

二是城市管理"云执法"。按照"分散管理、集中执法"工作思路，充分运用"互联网+执法"思维，探索并研发城管电子执法系统。坚持"721"工作法，实现针对轻微违法行为自动生成并打印温馨提示单，将管理服务与普法宣传有机结合；开展非接触式执法，由执法人员通过手持机对违法事实进行拍摄上传，固定证据、调取违法信息，有效减少执法冲突；线上联合执法，实现法制审核机构和执法机构、执法人员之间实时的远程互动，执法人员在执法现场即可完成信息确认、法制审查、立案审批等程序，并现场打印送达法律文书，卷宗自动保存归档。

三是特殊车辆"云监管"。在数字环卫的基础上，充分利用4G无线监控技术、传感技术和数据资源分析挖掘技术，将渣土车、商混车、洒水车、清扫车、垃圾运输车的重要部位监控画面、行驶速度、洒水状态、车辆箱体闭合状态、油耗状态、倾倒车体等关键状态实时、全面地传送给监管中心，系统平台包含报警管理、作业监控、视频管理、轨迹查询、作业规划、油耗管理、报表查询、人员信息等多项功能，为相关人员、车辆规范化作业提供有力支持，从而实现了环卫等"五车"监管工作的可视化监控、智能化反馈、精细化管理。截至目前，"城市大脑"已接入133 946辆车辆数据（其中"五车"1860辆、货车127 848辆、出租车1367辆、公交777辆、"两客一危"2089辆、校车5辆），每天汇集过车数据1400万条。2023年以来，累计发现车辆违规问题12 386次。

四是城市生命"云守护"。从城市整体安全运行的高度出发，对建成区内184千米燃气管网及相邻地下空间、17座桥梁、约152千米供水主干管网、573.31千米排水管网实施安全监测，构建以燃气、桥梁、供水、排水为重点，覆盖城市建成区的城市生命线安全工程主框架，实现亳州市主城区、高危地段、具有民生保障工程和敏感区域的地下管网和桥梁等城市生命线工程安全运行的实时在线监测、风险预警，大大提升城市生命线管理水平和服务水平，切实提高城市主动式安全保障能力。

五是城市防汛"云调度"。整合了市主城区20个易涝点位信息、40位点位包保责任人信息和全市河道、隧道、涵洞、路段等116个重点监控位置信息，利用即时通信技术，实现语音互联、信息互通。防汛指挥及参与人员不需要进入城市运行管理服务中心，利用一部终端设备即可指挥调度，实现城市防汛"云调度"。

六是园林绿化"云设计"。依托主城区绿地普查基础数据，基于现有智慧园林系统，开发园林绿化"一框统计"，实现对市区范围内的社区、街道、建成区绿量等进行"灵活框选、精准分析",并根据创建全国园林城市的数据标准,自动计算社区、街道、建成区需要增绿、补绿的最低数量。同时,可实时检测绿化情况,对树木缺棵少株、草坪裸露黄土情况进行分析,为动态分配园林养护资源、园林养护作业提供科学决策支撑。

(2)产业服务更精准。

一是提高中药产业监管水平。建设中药饮片追溯监管应用场景,接入中药饮片生产企业信息化追溯体系系统,实现饮片企业生产流程全监管、产品质量全追溯。截至目前,"城市大脑"已对接安徽德昌药业、亳州盛林药业、安徽和济堂中药饮片等191家试点企业的生产、销售、库存信息,可追溯2.69万批采购、5.5万批生产、649种中药品种的流通数据。

二是辅助电商产业精准决策。建设花茶等农产品大数据分析应用场景,聚焦花草茶、农特产品等重点商品,采集天猫、淘宝、京东、苏宁等网络零售平台销售数据,全面、准确反映全市网络零售、电商规模和变化趋势,为招商引资、电商扶贫、乡村振兴提供决策支持。2023年以来,亳州花草茶、农特产品网零规模超40.8亿元,电商企业5537家,从业人员42 191人,直播店铺37家,累计直播1476场、观看人次3703.万人次。

三是实现重大项目建设监管。利用高分卫星图像,结合工地视频监控,实现2000万元以上的重大项目建设进度实时监控,及时掌握重大项目建设情况。

(3)安全监管更有效。

建设电梯安全运行监管应用场景,试点对接2个小区、1所学校、5个机关单位共38部电梯运行数据,实现电动车入梯、困人事件、电梯故障等运行状况实时监控、自动预警。2023年以来,累计发现电梯运行异常6183起,电动车入梯5108次,自动预警并派发处置名仕豪庭1栋2单元、京皖财富中心2栋1单元困人事件5起。

(4)生态保护更有力。

建设河湖治理应用场景,对接国考省考水质监测信息系统、省水利厅基层防汛监测预警平台、河长决策支持系统,汇集河湖、水质断面、雨情、水情、监控、河长等数据,一张图展示全市6条主要河流重点关注要素。基于卫星遥感、视频AI分析能力对茨淮新河及西淝河流域"乱堆、乱建、乱采、乱占"现象进行告警处置。2023年以来,已告警处置60个事件。

(5)民生服务更优化。

一是建设教育应用场景,从学生、教师、学校3个维度,直观展示人口学历分布、在校学生数、师生比例、教师学历构成、学校数量和分布等情况,便于教育部门清晰掌握全市教育资源分布情况,助力推动教育资源均等化。

二是建设社会保障应用场景,对接公安、人社、民政等部门数据,展示全市人口、就业、社保、助残、养老和流浪救助等情况,便于民政、人社等部门分析研判全市社会保障工作情况,辅助政策制定。

三是建设文化体育应用场景,分文化、体育两部分展示文化机构、文保单位、非物质文化遗产、体育场地、15分钟健身圈和赛事活动等情况,便于文体部门及时掌握全市文化体育事业发展概况。

(6)政府辅助管理更高效。

一是建设数据共享能力开放分析应用场景,从数据汇聚成果、数据资产、数据应用等维度,分析展示全市数据资源整合共享情况。

二是建设"四送一服"应用场景,直观、全面展示企业融资、用地、帮扶、科研和收办问题解决情况、问题满意度排行、走访情况等,方便相关部门随时掌握"四送一服"工作最新情况,有效提升工作调度的针对性。

三是建设"免申即享"应用场景,深入梳理惠企政策,推动数据共享,实施流程再造,实现"企业找政策"向"政策找企业"、企业被动申请向系统主动兑付、人工层层审批向智能审批等四大转变。截至目前,平台已累计上线"免申即享"政策1399项,通过平台发放奖补资金3.88亿元,惠及企业9629家。

(7)市情展示更生动。

一是建设一屏观亳州应用场景,从市情总览、历史文化、世界中医药之都、华夏酒城、荣誉称号5个维度,全面展示亳州形象,让群众更直观、深刻地了解亳州历史底蕴和发展情况。

二是建设数据亳州应用场景,选取地区生产总值、规上工业增加值、战略新兴产业增加值、高新技术产业增加值等16项主要经济指标,按月度或季度进行更新,直观展示"十三五"以来亳州经济运行态势,辅助政府决策。

4. 经验总结

一是坚持顶层设计。市委、市政府高度重视"城市大脑"建设,主要负责人多次做出批示、指示,"城市大脑"建设连续两年写入政府工作报告。市政府第156次常务会议明确要求"市数据资源局负责,借鉴其他地区做法,加快推进'城市大脑'建设"。市政府第177次常务会议明确要求"除涉密或法律法规明确规定的外,市级新建信息化项目统一纳入'城市大脑'建设"。系统框架结合顶层设计和实际应用需求,保证项目建设运营成效。

二是坚持集约共享。2021年,市政府第177次常务会议明确要求"除涉密或法律法规明确规定的外,市级新建信息化项目要统一纳入'城市大脑'建设,市级已建信息化项目要于明年全部纳入";2022年,印发《亳州市人民政府关于推进"城市大脑"优化整合提升"数字亳州"建设水平的指导意见》,坚持推动全市信息化系统共用云、网、数据湖、移动门户、指挥中心,推动高频组建共建共享。

三是坚持应用驱动。坚持"应用为先,服务于民",按照"急用先建、实用优先"的原则,分期建设应用场景,强化应用场景推广应用。加强系统建设和应用的绩效考核、投资效益评估和运营管理,对部门应用情况、承建公司服务情况实施动态考核评价,形成分层管理、权责明确、保障有力的"城市大脑"运行管理体系。

5. 展望

下一步,将坚持以习近平新时代中国特色社会主义思想为指导,按照市委、市政府统一部署,深入落实《亳州市人民政府关于推进"城市大脑"优化整合提升"数字亳州"建设水平的指导意见》要求,坚持统建统管,推进信息化项目集成融合;继续推进"城市大脑"迭代升级,完善"城市大脑"技术底座支撑能力;坚持"应用为先,服务于民",创新拓展数字政府、产业发展、城市治理、公共安全、生态保护、民生福祉等各领域场景应用,实现市域治理、经济发展和民生服务"一网通管",助力亳州高质量发展。

7.13 日照市

7.13.1 以数据赋能推动"婚育服务'全照办'"

1. 综述

为提升群众办事便利度,依托全国一体化政务服务平台,山东省日照市针对涉及千家万户的群众个人婚育服务事项,围绕"群众有需求、我们全照办",打造"全照办"特色政务服务品牌,简化办理流程、优化场景服务、强化数据共享,实现11项婚育服务事项联办和全程网办,所有事项办理时间从原先的4.5天压缩至最快3分钟。

2. 主要措施

1)聚焦"顶层设计",统筹谋划推进

一是整合工作力量,成立工作专班。成立了"双全双百"主题服务事项场景开发推进工作专班,实行集中办公,统筹各场景梳理工作专班工作,推进数据共享、部门联动,搭建联办平台。由场景牵头部门卫健委会同人社、医保等协同部门成立"婚育服务'全照办'"场景梳理工作专班,赴先进地区学习,在先进经验基础上结合本地实际进一步优化提升。

二是明确任务目标,界定部门职责。将"婚育服务'全照办'"场景搭建分为事项确定、业务梳理、流程再造、数据共享、系统改造、上线运行六个阶段,制订推进计划,明确时间节点。界定场景牵头部门与协同部门工作职责,牵头部门负责组织召开会议、印发工作方案、制定工作规范、按要求完成相关资料汇总和整理等工作；协同部门负责事项梳理、流程优化、材料精简等工作。

三是规范工作标准，开展业务培训。制定实施《婚育服务事项全程网办服务规范》地方标准，对婚育服务多部门联合"一链式"全程网办服务的术语和定义、服务内容、服务流程、服务要求、评价与改进等内容提供了标准规范，打造"一表申请、一网受理、一站服务"的联办政务服务新模式，是全省乃至全国首个发布实施的婚育服务网办政务服务的标准。编制印发《"双全双百"主题服务事项场景工作手册》，组织召开"双全双百"工程场景梳理业务培训会，从场景梳理的业务梳理要求、技术对接要求、任务分工要求等方面进行了详细讲解，提高政务服务水平。

2）聚焦"群众需求"，科学确定场景

日照市按照省"双全双百"工程实施要求，在完成省规定动作的基础上，积极创新自选动作。

一是按照便民要求，梳理规定动作。根据群众实际需求、办事习惯，以群众线下实际办理过程为基础，按照阶段性办理事项进行梳理的原则，科学确定婚育场景，将山东省个人全生命周期事项清单中出生、婚育、就医保险（生育保险待遇核准支付）等场景合并梳理为婚育场景。

二是按照惠民要求，创新自选动作。增加户口婚姻状况变更、生育补助金、新生儿医保参保缴费三个事项，实现出生医学证明办理、户口登记、城乡居民医疗保险参保登记、生育医疗费支付、产前检查费支付、生育津贴领取、生育登记、社保卡申领、户口婚姻状况变更、生育补助金、新生儿医保参保缴费11项婚育服务事项联办。

3）聚焦"数据赋能"，打通改造系统

"婚育服务'全照办'"按群众需求对婚育涉及事项进行了优化整合串联，搭建联办平台，打通改造11个业务系统，实现跨部门联办、市域通办、全程网办。

一是积极对上争取，打通上级业务系统。积极向上级部门申请调用数据，解决系统改造提升难度大、数据无法互通共享的问题，对于卫健等市级没有改造权限的上级垂管系统，对上争取电子证照试点资格，在省级现有的系统内专门添加日照手机端办理模块，并开出山东省第一张出生电子医学证明；对公安等必须与互联网、政务外网物理隔绝的系统，按照公安部要求，搭建专属数据传输系统。

二是根据业务需要，改造自建业务系统。在"日照通"App开设"婚育服务'全照办'"申报专区，群众通过公安部门扫脸认证程序发起申请，确保实名认证；按照统一对接规范对医保和人社系统进行接口改造，解决数据传输问题，新增新生儿办理模块；对接EMS快递系统，获取快递物流信息，实现快递准确寄送；建设电子签章系统，实现申请人在移动端进行电子签名。

三是打破数据壁垒，调用平台共享数据。日照市建立以场景应用授权为基础的数据共享机制,加强电子证照、电子印章、电子签名、电子档案等基础应用,通过调用省级共享交换平台、市级共享交换平台等常住人口信息、流动人口信息、婚姻状况信息等基础数据,实现申报材料"免提交"。

四是推动全域服务,创新研发联办平台。为实现"统一流程、统一标准、统一时限"的全市无差别服务,日照市创新开发了"全生命周期"联办平台,通过建立事项办理"流水线"、材料流转"传送带"、个性化全生命周期"数字档案"的方式,将各个事项串联、并联成主题服务事项"办理链"。目前,已覆盖市内22家助产机构、79个派出所、6家银行104个网点以及所有基层社区,市域内群众办理婚育服务场景事项均由该平台"一口受理"。同时,各审批部门通过平台的"办理监管可视化界面",可以实现数据实时追踪、办理超时提醒、问题即时发现,有效确保群众办事"流程时限无差别"。

4)聚焦"一次办好",深化流程再造

一是由"填报11张表单"变为"一张表单"。按照每个事项的办理要求,原需填报表单11张、表单要素信息149项,现仅需填报表单1张、表单要素信息19项,删除重复要素信息38项,通过共享、共用、互认的方式,实现了92项要素信息的"数据替跑"。

二是由"提报52份材料"变为"一套材料"。按照现场办理的要求,需要提供身份证、结婚证等证件原件进行核对,提供复印件进行档案留存,11个事项累计提供申请材料原件、复印件52份。"婚育服务'全照办'"上线后,场景内的所有事项均实现网办,群众只需拍照上传父亲身份证、母亲身份证、结婚证3份材料,即可办理全部事项。

三是由"一事一流程"变为"一组流程"。通过梳理事项办理条件,按照并联、串联相结合的原则,将11个事项办理流程梳理成一组办理流程,形成事项"办理链条",改变"分环节"审批方式,实行"申请同步推送、部门联合办理、证照一并出具"的办理模式,最大限度减环节、优流程。

四是由"最少跑9趟"变为"一次办好"。按照之前的办理流程,申请人需要分别登录不同的办理平台重复提交材料办理,即使材料完备,申请人最少仍需到派出所、社区等跑9次分别办理各个事项。现在只需一部手机、一张表单就能实现结婚后生育登记、婚姻状况变更、小孩出生后的一系列证件办理及母亲生育保险待遇的申领,群众不用再东奔西跑,真正实现"零跑腿""一次办好"。

3. 建设成效

自2021年4月9日推行至2022年7月底,"婚育服务'全照办'"已为13 443名群众办理业务71 438项。按照2020年新生儿出生情况估算,每年约为办事群众节约复印成本130万元左右、交通成本420万元左右、时间成本22万天左右。

目前,日照市借鉴"婚育服务'全照办'"主题服务场景开发经验,正在逐一推进企业、个人全生命周期其他场景建设,以场景应用驱动服务供给创新,分期研发联办平台系统功能,逐步实现各必办场景、个性化需求场景网上通办,并研发配套延伸服务,着力构建"整体政府"政务服务新模式。改革经验被国务院办公厅《电子政府工作简报 全国一体化政务服务平台建设专刊》、省政府办公厅《山东政务信息》刊发推广，入选山东省新型智慧城市建设优秀案例榜单。目前，该做法陆续在山东省各地推广。

7.13.2 打造水电气暖数字共享营业厅，实现"一窗通办""一网通办"

1. 综述

居民家中的水电气暖"四块表"，分属不同的运营主体，群众和企业如要办理过户、报装、缴费等业务，线下要到不同的营业厅，线上要登录不同的网络平台，有时一件事情要分头跑多个网点，跑腿多、排队久、耗时长、材料重复提交等问题十分普遍。一些地方探索设置了共享营业厅，采取人员联合办公的方式实现水电气暖业务联办，一定程度上解决了群众多次跑腿的问题。这种方式是一种物理融合，虽然共享了营业场所、实现了业务统一受理，但是具体业务还由各专营单位分别办理，人员设备重复投入，增加了运营成本。另外，各专营单位营业网点功能单一、营业网点少等问题，也给群众办理水电气暖业务带来极大不便。为此，为进一步提升水电气暖服务水平，增加群众办事获得感和幸福感，根据省市优化营商环境创新突破行动有关要求，日照市开展数字共享营业厅建设工作。

2. 主要措施

为进一步优化营商环境，提高市政公用服务质量和效能，日照市人民政府针对群众痛点、社会需求，多次组织对公用事业单位业务系统和工作流程进行调研了解，决定从推动水、电、气、暖等市政公用缴费、过户等业务融合、协同办理出发，提升企业、群众的便捷服务体验，开展基于能源大数据中心的数字共享营业厅业务融合工作。日照市印发了《关于分解落实〈山东省企业全生命周期服务集成改革试点实施方案〉工作任务的通知》《日照市人民政府关于印发〈日照市打造一流营商环境创新突破行动实施方案〉的通知》《日照市水电气暖信有线电视报装一件事优化提升工作方案》《关于印发〈优化提升公用事业综合服务平台 推进共享营业厅业务融合实施方案〉的通知》等文件，以最大限度利企便民为导向，深入推进市政公用报装"一件事"改革，打造数字"共享营业厅"，以数据贯通融合促进业务高效规范，切实提高为民服务能力，持续推进营商环境优化提升。

根据《优化提升公用事业综合服务平台功能 推进共享营业厅业务融合实施方案》，日照市建设数字共享营业厅。通过数据赋能，开发完善报装、过户、缴费、维修、报停等服务场景，着力优化提升"日照市公用事业综合服务平台"（以下简称"平台"）

功能，实现水电气暖业务跨行业融合办理。数字共享营业厅建设按照"先在主城区试点，后逐步推广"的原则开展。

1）全面加强水电气暖数据融合

一是实现数据的应接尽接，确保数据"全面汇入"。坚持政府主导、行业参与，依托供电部门能源大数据中心，将水电气暖及不动产数据信息整合到平台。目前，城区试点区域5家专营企业52万条公用数据逐步接入。

二是加强关联比对，确保数据"精准匹配"。以房屋登记信息作为主数据，与水电气暖信息相关数据精准关联匹配。

三是共享上链，确保数据"安全可靠"。部门与专营单位签订了保密协议，并分别制定了严格的工作制度和严密的操作流程。所有数据通过政务专网流通，开发数据安全流转共享监控模块，保障了数据流转使用的安全性和保密性（见图7-32）。

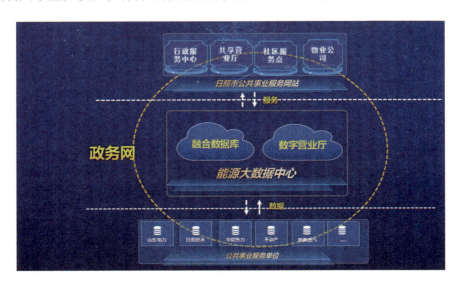

图 7-32 打通公共事业服务数据烟囱

2）优化提升平台功能

在数据融合的基础上，日照市开发了"无感过户""一证通办""一码缴费"等服务场景，进一步优化提升了公用事业综合服务平台功能，实现水电气暖报装、过户、维修、报停、缴费等全周期服务（见图7-33）。

3）打造线下线上数字共享营业厅

线下，将平台部署到专营服务网点、政务服务大厅、社区、物业服务中心等网点，使过去只能办理单项业务的营业厅，在不增加人力、设备、场地投入的情况下，实现"一厅多能"，群众进一扇门就可以办理水电气暖多家业务，包括报装、缴费、过户等市政公用全周期服务。遍布城区的430多个各行业专营单位营业厅形成了"十分钟服务圈"，方便线下客户，特别是老年人、老旧小区群众等需要现场办理业务的群体就近办理业务。线上，在山东政务服务网、"爱山东·日照通"App、各专营单位微信公众号等网络服务平台上广泛布设接入端口，群众无须再关注多个公众号、登录多个小程序，通过平台一个界面就能轻松办理水电气暖业务。

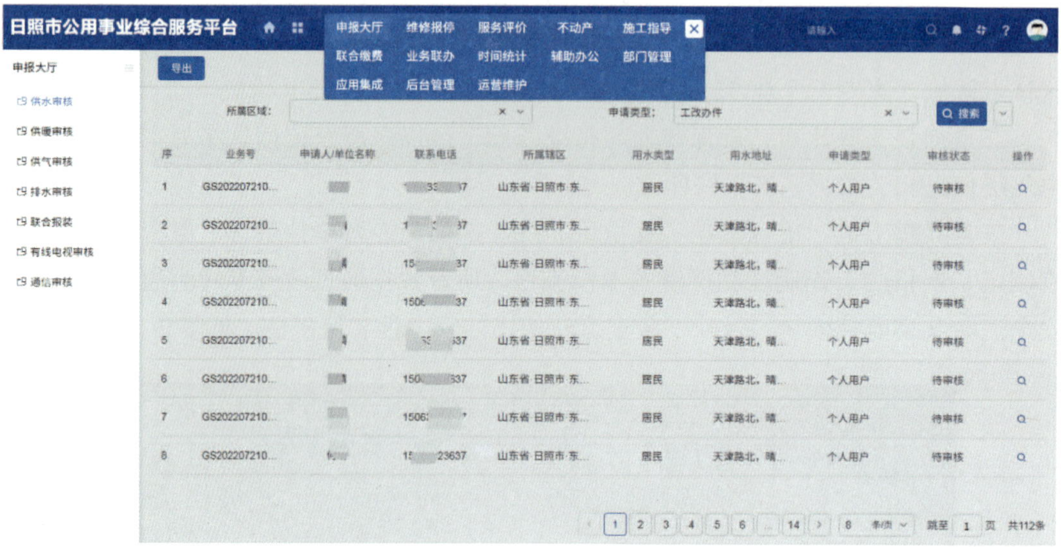

图 7-33　日照市公用事业综合服务平台功能

3. 建设成效

截至 2022 年 7 月底，数字共享营业厅已在市区专营单位、政务大厅、广安佳苑物业服务中心等 6 处网点启动运行，惠及 50 多个小区、1.5 万余户居民办理水电气暖业务。平台已接入 50 余个小区、数据 5 万余条，并以每周 40 余个小区的速度优质扩面，全面推动水电气暖数据的融合。截至目前，数字共享营业厅共办理报装业务 147 件，缴费、变更业务 100 余件，维修业务 3 件，节省企业时间 300 余天、资金 1400 余万元，免提交材料 1000 余件，切实提升了水电气暖服务水平，增强了群众办事便利度和幸福感。

该项成果先后发布在"学习强国"等中央媒体上，《日照新闻》也对此进行专项报道。

4. 经验总结

1）实现"一码缴费"

群众不用再携带多项材料到多家营业厅办理，只需提供水电气暖任一卡号，便可查到所有业务系统的账户信息，系统对欠费信息进行数据整合，客户只需扫描一个二维码，便可完成水电气暖 4 个行业的联合缴费，真正做到了"进一门""到一窗""扫一码"，便可进行水电气暖"一码缴费"（见图 7-34）。

图 7-34　一码缴费

2）实现"一键过户"

协同不动产完成无感过户、清缴欠费。在房产交易的同时，选择一键变更，系统自动抓取客户信息，生成水电气暖 4 份电子合同，经客户确认无误并进行电子签名后，将被自动推送到相应专营单位行业系统中，无须人工审核，即可生成工单，同步完成水电气暖更名（见图 7-35）。通过签订电子协议的方式，实现电子化集中办理，对业务流程进行融合和规范，以前办理一次水电气暖过户业务需要 1 天半时间，现在只需 1 个小时便可全部完成，平均流程缩减 15 小时，实现了从"一窗受理"到"一窗办结"的飞跃，极大地提高了群众获得感。

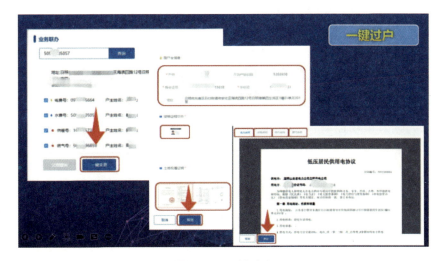

图 7-35　一键过户

3）实现服务网点合理设置

水电气暖等专营数据接入政务网进行处理，通过平台在互联网上提供服务，摆脱了原业务系统对专网的依赖，实现"一网通办"，只要有网络的柜台就可办理水电气暖业务；同时，营业窗口设置更加合理，在政务大厅、专营服务网点、物业服务中心均可布设，满足群众业务就近办理需求，实现了"让数据跑代替群众跑，让无限的服务代替有限的资源"目标定位。

7.14 威海市

本节以威海市"大数据助力大监管，智慧监管显成效"为例进行介绍。

1. 综述

按照国务院、山东省政府、威海市政府的要求，结合威海市市场监管信息化和"智慧城市"建设实际，依据《国务院办公厅关于印发全国深化"放管服"改革转变政府职能电视电话会议重点任务分工方案的通知》（国办发〔2018〕79号）、《山东省数字政府建设实施方案（2019—2022年）》、《山东省人民政府办公厅关于贯彻国办发〔2015〕51号文件运用大数据加强对市场主体服务和监管的实施意见》（鲁政办发〔2016〕50号）、《威海市关于推进"互联网+"行动的实施方案》（威政办字〔2016〕14号）、《食品生产经营风险分级管理办法（试行）》（食药监食监一〔2016〕115号）、《山东省食品生产企业分级分类分层监管工作指导意见》等文件要求，为进一步适应市场监管改革与发展的需要，充分利用云计算、大数据等技术加强信息化建设，全面提升市场监管治理体系和治理能力现代化水平，推动传统监管向全程、动态、实时的科学监管转变，着力解决机构改革后原工商、原食药、原质监各业务系统缺乏全局的统一规划和顶层设计、信息化行业标准和规范不统一的问题，在全面梳理各类数据资源的基础上，充分运用新技术，积极推行各系统业务数据的关联整合，逐步形成"平台支撑、数据慧治、服务惠民、监管共治"的市场监管信息化创新发展格局，提升市场监管部门发现问题、排查风险的能力和运用信息化手段为公众服务的水平，通过数据分析挖掘，为领导决策、监管业务应用和公众信息服务提供强有力的数据支撑。

重点实施"1+2+N"工程，即"一个数据库、两个门户、多个数据应用"，主要包括建立全市统一的市场监管数据共享中心，构建面向市场监管内部的协同监管门户和面向社会公众的公共服务门户，计划用三年到五年时间，形成数据实时归集、数据分析实时统计、数据应用智慧便捷的综合大数据管理平台。目前共整理归集各类市场监管数据8424万条，建立数据库表2388个，数据清洗关联后，形成标准化数据库表207个，标准化数据量3606万条，并在标准数据库的基础上，通过智能贴标分类梳理出六大类主题数据库、22个专题数据库，构建了食品安全风险预警、特种设备智慧监管、企业信用分级分类等数据慧治应用场景。

2. 主要措施

1）重点强化数据归集

以市场监管数据中心建设为基础，完成电梯应急处置管理、互联网+计量 ERP 管理、特种设备检验、食品检验、产品检验等12个自建系统和综合业务，"双随机、一公开"、食品药品监管、食品追溯、特种设备监管等5个省建系统以及区市业务系统的数据对接工作，同时通过信息资源共享平台申请市发改、人社、税务、12345 热线等部门涉及市场监管数据，统一归集整合市场准入、监督检查、行政处罚、投诉举报、检验检测等业务数据8400万余条；在此基础上，通过智能分类贴标梳理出以市场监管业务分类为主题的行政许可、行政检查、抽检监测、违法失信、投诉举报、质量基础设施六大类主题库和以市场监管对象分类为专题的食品、药品、药械、价格、特种设备、知识产权等22个专题库，基本建成以数据采集、归集、梳理、分类和标准化为机制的威海市市场监管数据中心。

2）切实挖掘数据应用

一是以市场主体登记数据为基础，将专题数据库中许可、检查、检验、质量、处罚等涉企信息统一归集到市场主体名下，形成"一企一档"，为系统中企业分类分级监管、食品安全监管、特种设备监管和计量器具"一车一码""一站一码"等应用提供基础数据支撑。二是按照市场监管业务、领域、对象分类建设市场监管数据慧治应用场景，通过构建风险预警评估模型体系，分类梳理许可、检查、检验、处罚等监管评估指标，着力建设食品生产预警、特种设备超期预警、市场主体信用分类分级、执业药师考勤、转供电站价格分类分级以及零售药店分级分类等风险预警应用场景，实现重点业务领域的差异化精准监管。同时通过数据的关联分析，建设市场主体发展、食品生产风险预警、"双随机、一公开"、食品监督抽检、药品经营监管、网络订餐、企业信用、食品快检等13个数据统计分析展示场景，不断提升市场监管重点领域风险预判和处置能力。三是挖掘"大数据+市场监管"系统区县局数据应用功能，在周工作、督办清单、一企一档、专题数据、企业信用、数据应用等功能模块，形成区县局数据的分发和个性化的分析利用。

3）高度重视数据共享

以国家"互联网+监管"数据标准，将梳理好的各类市场主体数据和市场监管数据实时共享至信息资源共享平台，逐步更新完善市政务信息资源共享目录，目前共建立完善政务信息目录257个，数据量4261万余条，目录按期更新率100%，为威海市"智慧城市""精致城市"建设提供标准化的市场监管数据支撑。与全市食安委成员单位形成数据共享对接机制，打通各层级、各部门数据壁垒，为避免重复向基层调度数据，按照全市食品安全数据集中整合有效运用原则，利用"大数据+市场监管"平台数据，对已归集梳理的五大领域500万余条食品类业务数据，要求市级监管部门根据工作需要直接从数据库中调用，不得再向基层重复调取。截至目前，市、县两级食安委成员单位共享交换数据260多万条次，切实减轻了基层重复报送数据的负担。

3. 建设成效

1）数据标准化

通过数据返还、系统对接和ETL工具导入等方式，完成省建、市建系统以及区市业务系统的数据对接工作，按照国家"互联网+监管"的数据标准，通过数据清洗、比对和标准化处理，建成汇聚了3600余万条数据的标准数据库。通过智能分类贴标梳理出以市场监管业务分类为主题的六大类主题库和以市场监管对象分类为专题的22个专题库，基本建成以数据分类和标准化为机制的威海市市场监管标准化专题数据库，并以市场主体登记数据为基础，将专题数据统一归集到市场主体名下，建成"一企一档"。

2）业务信息化

协同业务科室，开展需求调研，助推各业务条线通过信息化手段，不断提升监管效率和问题发现率，先后完成零售药店执业药师考勤和风险预警、计量器具"一车一码"和"一站一码"以及转供电站价格差异化监管等业务应用场景建设，同时依托"大数据+市场监管"平台，围绕日常业务工作，建设完成周工作清单、督办清单、监管处置台账、不合格产品后处置台账、重点工作、机关信用分、日常评鉴考核等协同办公功能，实现日常工作信息化处置管理，有力地提升了全局协同办公效率。

3）应用智慧化

围绕数据统计分析和挖掘利用，建成市场主体发展、"双随机、一公开"、食品监督抽检、药品经营监管、网络订餐、企业信用、转供电、食品快检等13个数据统计分析预警展示场景，实时智能为相关业务科室提供风险研判预警，提升了市场监管重点领域风险预判和处置能力。

4）监管差异化

通过构建风险预警评估模型体系，分类梳理许可、检查、检验、处罚等监管评估指标，着力建设食品生产预警、特种设备超期预警、市场主体信用分类分级以及零售药店分级分类等风险预警应用场景，为重点业务领域的差异化精准监管提供有力数据支撑。

4. 经验总结

1）打造食品安全风险预警新样板

围绕食品类别、消费对象、销售方式等静态风险因素和监督检查、监督抽检、案件查处、产品追溯、生产方式、企业信用等动态风险因素，通过"大数据+市场监管"

平台构建起九大维度 827 项分类指标的风险预警模型，智能筛选出 11 家高风险食品生产企业和保健食品、水产制品、饮料、糕点、食品添加剂、速冻食品六大类高风险食品，根据预警信息全市组织开展高风险食品生产企业食品安全管理体系检查，对于检查发现的 120 多项问题，指导企业有针对性地进行整改，提高企业的食品安全管理水平。威海市食品生产安全风险预警模型的建立，弥补了原有评价风险因素较单一的不足，解决了风险等级评价不及时的问题，避免了人为因素导致的判定标尺差异，既减轻了基层工作负担，又提升了监管靶向性。

2）开启食品安全抽检智能模式

依托"大数据+市场监管"平台，威海市市场监管局对全市食品安全抽检结果进行实时汇总分析，详细展示国家、省、市、县四级食品安全抽检情况；按照食品生产、食品流通、餐饮服务三个环节，梳理筛选出 2020 年度高风险食品生产经营单位、高风险品种和高风险项目，对 2020 年度连续 3 次以上预警的 11 家食品生产经营单位进行了全覆盖检查和约谈；将 67 家抽检不合格企业全部纳入 2021 年度市级常规监督抽检范围，实行跟踪抽检。根据"大数据+市场监管"平台预警出的餐饮具和韭菜两大高风险品种，及时通报卫生健康、农业农村部门，2021 年全市组织开展专项整治，强化联合治理合力，全市韭菜抽检合格率由 2021 年上半年的 85.06% 提升至下半年的 96.49%。

3）创新差异化监管新手段

以全市 13 万家企业信用监管为试点，根据行政许可、行政处罚、异常名录、严重违法、未年报情况、未实缴注册资本情况等多个评分维度，构建市场主体信用分类监管模型，并结合具有前置许可企业数据，综合分析出 1687 家高风险企业，指导全市各部门更精准、更有效地通过"双随机、一公开"系统开展监管执法。省"双随机、一公开"监管工作联席会议办公室将威海市市场监管局《以信用分类为基础，以数据画像为手段构建市场主体差异化监管服务体系》发文进行推广。

7.15 泸州市

本节以泸州市统一便民服务 App——"酒城 e 通"为例进行介绍。

1. 综述

近年来，泸州市不断加强数字政府建设，在推进数字政府建设过程中，始终坚持"以人民为中心"，将群众和企业满意作为衡量工作的标尺，努力提升公共服务数字化、智能化水平。全市各部门从加强和创新社会管理的实际出发，在加强社会管理信息化基础设施建设、深化信息资源开发利用、优化服务管理功能、服务经济社会发展等方面进行了积极的探索和实践，打造了各类便民服务App。但是，由于没有整体规划，缺少顶层设计，系统建设理念、定位不同，模块设置、项目功能、技术标准、数据格式等方面存在较大差异，造成资源不能整合、信息不能共享、数据不能实时更新，形成了很多"信息孤岛"与"数字鸿沟"。基层服务的App数量众多，但单个App服务内容少，一个App往往只能完成单一的事项办理，群众办一件事必须下载一个App，办理完成后基本不再使用，造成资源浪费，也增加了群众办事的难度。

2. 主要措施

2020年5月，中共泸州城乡基层治理委员会编制了《泸州智慧治理平台总体建设方案》。方案围绕"党委政府统筹、一个平台集成、全域数据整合、上下协同联动、全生命周期服务"的基本思路，着力打造"3+N"的一体化基层治理服务体系，即1个智慧治理指挥中心，1个基层治理综合管理平台、1个城市超级App"酒城e通"以及N个生活服务。

"酒城e通"是整个"治理云"的用户终端，是连接群众需求与政府服务的沟通桥梁，面向全市域范围打通政府协同办公、城市治理"一网统管"和政务服务"一网通办"，服务内容包含政务服务、社区服务、公共服务、生活服务四大模块。

2021年1月，泸州市智慧城市服务（2020年第一批）项目（含泸州智慧治理平台）挂网招标，2021年2月，数字泸州产业投资集团有限公司中标并启动项目建设。2021年7月9日，在第二届数字四川创新大赛（2021）数字政府赛道启动会暨首届成渝地区双城经济圈数字经济创新发展大会上，"酒城e通"泸州智慧治理平台正式上线。

2022年3月，按照《泸州市人民政府办公室关于印发一体化推广使用"酒城e通"App工作方案的通知》（泸市府办发〔2021〕48号）、《泸州市智慧城市和信息化建设领导小组办公室关于做好"酒城e通"推广应用的通知》（泸智信办〔2022〕2号）等文件精神，进一步优化打造城市超级App"酒城e通"，在原有1.0基础上对App进行全面升级迭代，2.0版本于2022年8月初上线试运行。

为更好地推进城市级App由建设转向运营，打造泸州数字化城市品牌，2022年8月完成云上（泸州）数字科技有限公司注册，由泸州广播电视台与数字泸州产业投资集团有限公司共同出资组建，公司为"酒城e通"的全权运营主体。

3. 建设成效

截至目前，"酒城e通"综合各渠道用户数合计43.4万余人，已集成500余项政务服务、8项社区服务、41项便民服务。现从社会治理、政务应用、公共服务、便民生活、智能咨询5个方面介绍"酒城e通"的主要功能。

1) 社会治理

"酒城e通"已集成8项社区服务，可以开展地址变更证明、灵活就业认证、高龄老人认证、残疾人认证等，高龄老人、残疾人等弱势群体可以通过手机在线办理相关业务，不需要再亲自到社区现场；同时，"酒城e通"开设了群众爆料、泸州属地化新闻媒体、党政机关网上办公等多个模块，群众可以通过"酒城e通"及时向政府表达自己的心声、开展网络直播等，"酒城e通"与泸州市12345市民热线进行了集成，目前已处理爆料事件1987条；泸州市全体党员可使用党建服务，该服务集成组织生活、组织关系转移、党员流入流出等，目前共计开展227 504次支部活动，已完成55 072次组织关系转移，流入流出党员19 803人。

2）政务应用

"酒城e通"致力于打造泸州特色的政务服务一站式平台，同时作为"天府通办"的分站点，目前已实现在线事项办理查询526项，覆盖个人、自然人办理事项215项，部门主题411项，聚合一件事6件。群众可通过"酒城e通"开展在线证明，避免出现开具多项证明、奇葩证明等问题，让群众少跑腿、数据多跑路，提高群众获得感、幸福感。

3）公共服务

立足泸州实际需求，"酒城e通"实现了社保、医保、公积金、不动产及教育报名等94个公共服务应用可查可办。其中不动产在线查询网上办理业务属于全国首创，人民网进行了相关报道。"酒城e通"承载了普通话水平测试、教育报名、教师缴费、师范生报到等教育服务，已完成四批次报名活动，报名人数3万余人，抢报成功人数8000余人，涉及支付金额40余万元。2022年开展了主城区（江阳区、龙马潭区）幼儿园、初中、高中教育报名服务，涉及城市居民10多万用户。

4）便民生活

"酒城e通"提供统一的城市服务总入口，构建扫码乘车、家政服务、招聘服务、生活缴费、交通出行等便民生活服务体系，打造便民服务消费圈，便民商城通过引入泸州汇通、菜篮子、几分甜等商家，建成包括购物、订餐、家政、美发、维修等线上预约、线下到家的一站式服务经营模式。"线上下单、线下服务、事后评价"的模式让居民足不出户就能获得优质服务。

2022年清明节期间，"酒城e通"上线"仁孝福寿"服务；4月中旬，上线"泸惠保"服务；5月31日，上线"纳爱未成年人保护"服务。

5）智能咨询

"酒城e通"汇集了泸州新闻网、川江都市报、华西都市报等主流媒体的新闻资讯，实时监测和聚合全网资讯内容，通过对用户个性化数据采集，为用户精准提供个人爱好、个性化的资讯服务，全场景覆盖用户需求。

4. 经验总结

1）统筹建设城市三大中台

围绕基层治理痛点，泸州市统筹建设城市数据中台、技术中台和业务中台，为基层治理提供数字化赋能。数据中台整合、接入和汇集相关数据资源,为技术中台和业务中台提供底层数据支撑。技术中台集成人工智能、融合通信、统一认证、时空信息、视频融合等各类底层技术能力,为基层治理各项业务提供技术支撑。打造"酒城e通"App为全市提供统一的移动业务中台,为政府部门、网格员和群众提供统一的政务服务、民生服务和基层治理相关功能。

2)全要素统一网格管理

以不打破现有行政区划、便于管理为原则,建立网格员队伍,形成多层级的网格化管理体系。通过"酒城e通"App综合开展网格员培训、管理、信息采集、网格巡查、特殊人群服务、矛盾化解、城乡治理协管、为民代办服务等工作,实现多网合一、一网采集、资源共享、联动处置的全要素的网格化管理。

3)统一基层治理"总入口"和"总出口"

将12315热线功能和"酒城e通"App整合,为群众提供统一的咨询、投诉、举报"总入口",以及处理结果反馈的"总出口"。统一接收群众提出的咨询、投诉和举报信息,并予以审核、分类受理。受理后,依据事项的属性、标签,分流给对应的成员单位、街道/社区和网格员进行处理,并对处理进程、结果进行统一反馈,形成"总出口"。实现网上爆料问政"一端对外、诉求汇总、智能分发、统一指挥、各方联动、限时办理",让民意诉求更畅通,解决问题更及时,群众办事更便捷,切实增强人民群众的获得感和满意度。

5. 展望

未来,"酒城e通"将持续接入各类政务系统手机端功能,通过整合政府公共服务资源,打造数据智能闭环,通过便捷化、精准化、个性化的掌上服务,助力泸州市优化营商环境,协助推进"醉美泸州"建设,共同擘画这座酿造幸福的城市。

7.16 滁州市

本节以滁州市"城市大脑"建设为例进行介绍。

1. 综述

《滁州市"城市大脑"建设方案》明确构建"1+3+N"的城市大脑架构,项目一期预算5000万元,于2021年10月20日正式开工。项目按照急用先行的原则,已完成了多项建设内容并取得了良好的实践应用效果。

1)需解决的问题

数据赋能不足。经调研,项目建设前全市有58家单位实现数据汇聚,但站在城市大数据的角度，各部门数据汇聚覆盖不全面，数据融合度依然很低，数据治理质量不高，"信息壁垒"依然存在，数据支撑应用能力不足。

能力支撑不足。各部门信息化建设缺乏人工智能，地图重复建设现象严重，各部门对人工智能以及地图服务能力需求较大，建设标准不一，存在各自为政、自成体系、重复投资、重复建设等现象，缺乏统一赋能平台，未能实现集约建设。

协同处置不足。调研发现，针对城市部门内部事件，处置效率较高。针对部门之间需协同处置的事件，存在推诿扯皮现象，尚未建立协同处置机制，无法实现跨部门、跨层级、跨业务互联互通、信息共享和业务协同。

决策支撑不足。全市尚未建立全面实时反映城市经济社会发展的时空数据，辅助领导决策能力较弱。

2）项目总体需求

促进数据发挥红利需求。建立各部门共建共享、互联互通的数据共享交换支撑环境，以信息共享、互联互通为重点，突破部门、行业界限和体制性障碍，消除信息壁垒和信息烟囱，最大限度发挥大数据开发利用水平，有利于智慧城市的持续发展。

提升社会治理水平需求。城市大脑可以实现各部门在城市治理的协同运作，及时、准确、全面、完整地掌握城市治理情况，实现跨部门、跨系统的业务协同，提升城市管理的监测、分析、前瞻预判、决策能力和智能化水平，增强应对突发和重大事件的能力，维护社会稳定，有效提高城市管理水平。

提高公众服务满意度需求。通过对人工上报和自动发现的城市治理事件进行智能分配处理，打造居民自治全通道闭环，营造"我的城市我来管，我的家园我来建"的新型社会管理模式，让无形的管理逐渐由粗放向精细、由被动处理向主动发现、由应急处置向日常监管转变，使市民对公共服务体验的满意度得到提升。

促进数字经济发展需求。数字经济中核心生产要素就是大数据，整个经济都是围绕数据生产、归集、传输（运输）、分析利用、赋能实体经济等产生各种价值。需要从供给侧切换到需求侧，一切以需求为导向，以解决问题为目的来牵引数据的生产、归集、运输、分析利用、赋能现实。由于数据这一核心要素的绝大多数所有权归政府，所以政府需要搭建一个开放共享、安全可靠的体系，将数据共享出来，让整个社会使用、创新，促进整个数字经济的发展。

3）总体概况

通过对城市数据资源统一汇聚、挖掘分析，构建滁州市市县一体化城市数据中台，形成城市智能运行的数据底座，为市直各单位及各县（市、区）应用提供支撑和保障，形成全市一体化数据资源体系。实现城市管理资源的高度整合、信息系统的高度集成、部门联勤联动的高度协同、上下贯通指挥的高度协调，为城市管理者提供辅助决策，实现城市运行的一网统管，使城市的运营管理更加科学化、精细化、智慧化。

2. 体系架构和平台建设内容

1）体系架构

"城市大脑"建设通过数据深化应用，推动数据融合、开放、共享；整合反馈渠道，实现咨询类事件自动答复、处置类事件工单自动生成，提高处置效率，提高群众满意度；实时掌握城市运行态势和体征，不断优化城市运营管理水平，与地理信息模型结合，提供所见即所得的可视化服务。

滁州市"城市大脑"按照"1+3+N"的整体架构，以云网为支撑，围绕"共建、共享、共治"的原则，建设市县一体化基础能力支撑平台，以标准化、组件化、平台化方式，横向为全市应用提供能力支撑，纵向与省一体化支撑平台实现互联互通。其数字底座架构如图7-36所示。

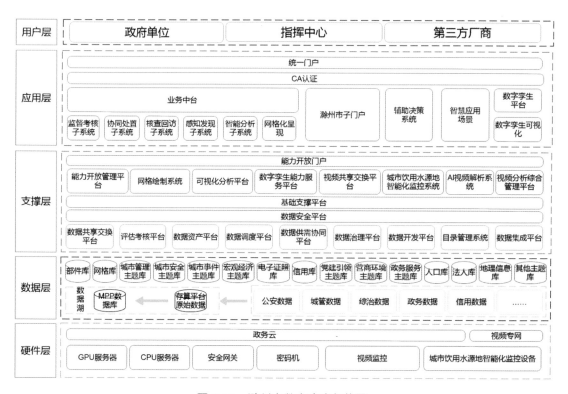

图 7-36 滁州市数字底座架构图

（1）设施底座。

根据《国家电子政务外网等级保护实施指南》建设规范，为了保障滁州政务云平台的可靠性、高可用和安全性，滁州市政务云平台建设以"两个云平台（主、备）、两个数据中心、一个网络交换中心、N个应用"为总体业务设计框架。按照云计算和大数据的技术路线，充分考虑计算、存储资源的合理应用，以及资源扩张性和容灾能力，政务云平台按照云数据中心的模式进行统一构架，由主、备两个云平台构成。

（2）城市中台。

一是数据中台。市直各部门和各县（市、区）可以基于此平台构建属于自己的特色库。各单位的数据在安全可控的前提下进行数据分析挖掘，进一步提高数据资源、大数据应用的丰富程度。构建以人口、法人、电子证照、地理信息、信用、部件、网格为基础的公共基础数据库，建设视频共享交换平台，以及各类主题数据库，统一提升数据质量，构建市县一体化的数据资源目录，同时需开发数据服务或各类应用，支撑部门应用场景应用。

二是智慧中台。为了满足滁州市对城市治理的需求，采用大数据、人工智能等新一代信息技术，整合政府系统中公共及共用部分，构建协同处置领域算法模型，利用语音类、图像识别类、自然语言理解类等人工智能通用能力，提高智能感知、分析、运行和处置能力，为智慧场景的横向贯穿提供基础能力支撑。本期智慧中台建设以视频分析能力为主。

三是业务中台。将各业务应用系统和平台的共性业务和基础支撑能力进行统一部署，避免重复建设，充分利用现有资源，为城市场景应用提供支撑。充分依托本项目的各类基础能力和基础数据，利用人工智能、物联网、大数据、移动互联网等信息技术，对城市事件进行智能化处理，实现各个行业的综合应用，支持城市治理、经济运行、民生服务等场景业务协同。

（3）数字孪生底座。

为提高城市级地理空间平台使用效率，遵循"共建、共享、共治"的原则，在全市地理数据库基础上，依托滁州市政务网络环境，搭建数字孪生平台，为滁州市"城市大脑"提供统一、共享的数字孪生能力支撑。在统一数字孪生平台基础上，根据业务单位需求，丰富数字孪生平台资源和支撑能力。同时，为各单位提供地理信息可视化（包括大、中、小屏的可视化应用）服务。

2）平台建设内容

（1）设施底座建设。

滁州市政务云平台以业务高度集约、数据开放共享为基础，业务平台以"两个云平台（主、备）、两个数据中心、一个网络交换中心、N个应用"为总体业务设计框架，构建"同城主备两个云平台"的政务云，制定迁云实施规范，构建云上安全体系、运维体系、大数据体系。

滁州市政务云平台具备可用面积为400m^2，同层可扩容面积为350m^2，且在同一层机房场地空间中平滑扩容150架机柜的能力；备用机房可用面积为500m^2，可提供200架机柜能力。其中，政务云平台的资源规模如下：计算资源CPU核总规模3.2万核，内存规模约80TB，存储约2800TB，互联网出口带宽和政务外网出口带宽各10 000MB，并提供系统安全服务能力。

（2）城市中台建设。

一是数据中台。根据"以需求为导向、以共享为基础、以应用为抓手、以安全为支撑、以制度为保障"的基本原则，按照"内外联动、点面结合、上下协同"的工作思路，构建数据存储计算和标准统一的滁州市市县一体化城市数据中台。改进数据管理方式，由过去分散的数据管理方式转变为统一的数据管理方式。数据中台平台侧完成了13个子平台的开发与部署，并已投入生产使用，包括滁州市子门户、目录管理系统、数据集成平台、数据共享平台、视频共享交换平台等，如图7-37所示。截至2022年6月中旬，使用数据集成平台、数据治理平台（见图7-38）等动态归集了51家市直部门和6家省直部门共1025类19.6亿条数据，基本建成跨部门、跨层级、多头事件部门权责的数据共享系统，并建成视频共享交换平台，整合市公安局等政府部门监控资源31 454路，整合学校、医院、小区、商场等社会监控资源22 138路，视频资源不断丰富，视频监控网络实现应整尽整。

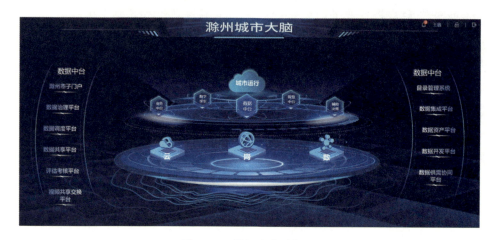

图7-37　数据中台建设1

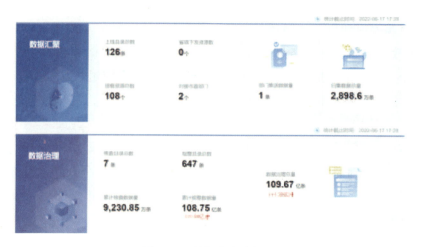

图7-38　数据中台建设2

二是智慧中台。为了满足滁州市对城市治理的需求，采用大数据、人工智能等新一代信息技术，整合政府系统中公共及共用部分，构建协同处置领域算法模型，利用语音类、图像识别类等人工智能通用能力，提高智能感知、分析、运行和处置能力，为智慧场景的横向贯穿提供基础能力支撑。目前，智慧中台已完成视频分析管理平台和 AI 视频分析系统的部署和上线，提供视觉智能算法模型 45 种，包括城市治理分析识别、警戒分析识别等种类，为城市运行的各种应用场景提供智能化的支撑服务。提供至少 750 路视频解析的能力，并支持快速接入各种视频源数据。截至 2022 年 7 月中旬，已覆盖滁州市域治理的 10 个专题、22 个场景，共计 96 种异常事件的自动发现，并将各类告警事件通过友好的 API 接口推送给上层应用，形成"推送—接警—处置—反馈—结束"的事件处置闭环，保证了城市运行的多种类型智能化业务应用有效落地（见图 7-39）。

图 7-39　智慧中台建设

三是业务中台。将各业务应用系统和平台的共性业务及基础支撑能力进行统一部署，避免重复建设，充分利用现有资源，为城市场景应用提供支撑。充分依托本项目的各类基础能力和基础数据，主要建设有基础支撑平台、业务协同平台、能力开放平台和可视化工具平台。目前，已经完成基础支撑平台、可视化工具平台等上线工作。业务协同平台支撑网格化服务管理系统事件协同处置能力；基础支撑平台对平台的共性能力进行统一部署，避免重复建设，充分利用现有资源，形成整个城市大脑的基础支撑能力，现已支撑市、区两级目录管理平台的实际使用，可对城市事件进行智能化处理，实现各个行业的综合应用，支持城市治理、经济运行、民生服务等场景业务协同。

（3）数字孪生底座建设。

为提高城市级地理空间平台使用效率，遵循"共建、共享、共治"的原则，在全市地理数据库基础上，依托滁州市政务网络环境，搭建数字孪生平台（见图7-40），为滁州市"城市大脑"提供统一、共享的数字孪生能力支撑。在统一数字孪生平台基础上，根据业务单位需求，丰富数字孪生平台资源和支撑能力。同时，为各单位提供地理信息可视化服务。

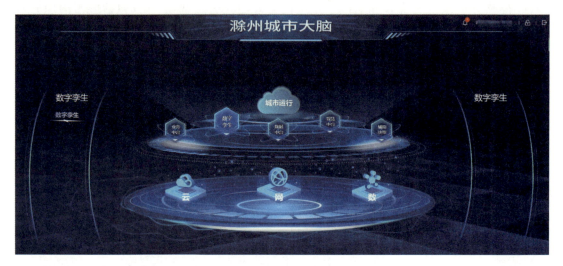

图7-40　数字孪生底座建设

当前，数字孪生平台已完成地理信息平台、数字孪生能力开放服务平台的部署上线，汇聚全市1.35万平方千米地形级三维建设、主城区34平方千米三维倾斜摄模型和全椒县22平方千米三维倾斜摄影模型的滁州城市孪生底座，新建主城区数字孪生建筑模型，融合建设滁州数字孪生城市模型，打造孪生空间底座，实现城市全要素数字化和虚拟化、城市全状态实时化和可视化、城市管理决策协同化，形成市县统一的数字孪生开放共享能力，为数字孪生技术在城市层面的广泛应用提供能力基础。

（4）赋能应用建设。

建设滁州市"城市大脑"，通过对滁州市数据资源统一汇聚、挖掘分析，构建滁州市数据运营管理体系，可全面优化城市公共资源，即时修正城市运行缺陷，实现城市治理模式突破、城市服务模式突破、城市产业发展突破，可实现城市管理资源的高度整合、信息系统的高度集成、部门联勤联动的高度协同，为城市管理者提供辅助决策，提升社会治理水平。同时，加速数据资产化、服务化和价值化，推进数字滁州的建设。

3. 建设优势

1）建设创新性

滁州市"城市大脑"数字底座集成大数据、云计算、互联网、人工智能等先进技术，通过实时数据采集与有效的数据整合，全面感知城市数据，建立完善、齐全的城市信息资源数据库。数字底座以城市管理、政务服务、产业经济、民生服务和城市安全为方向，以信息展示、实时监测、决策分析、事件管理为主要功能，是支撑城市运营管理的神经中枢。同时，数字底座是落实推进新型智慧城市建设的综合载体，它汇聚了城市运营的数据成果，将城市综合治理、经济民生、公共服务等成果借助数据大屏进行展示，基于二维、三维、实景影像、视频影像等综合展示城市面貌，彰显智慧城市建设成果。

针对城市管理中缺乏信息交换和整合手段等问题，打破数据孤岛，加强信息掌控能力，提高管理科学决策水平；通过业务协同平台等实现全方位的协同联动，发挥协同运行效率，提升城市治理服务能力，提升政府精细化管理水平，提高惠民服务效率。

2）技术领先性

滁州市"城市大脑"数字底座架构先进，平台建设采用先进且成熟的技术，并引入先进的管理与服务理念。同时，兼具高扩展性和开放性，系统各功能采用模块化集成，可以根据需要购置新业务模块，增加系统功能，并保证系统各功能之间高内聚、低耦合，特别是各阶段实施内容之间的无缝衔接，适应业务和管理不断发展、调整的需要。

系统架构能够适应发展战略调整、组织架构变化，以及信息化规划变化的灵活性要求，全面考虑系统当前与远期的建设需求。提供系统全方位的安全保障，从网络接入、数据传输、系统管理、权限控制等多个方面采取措施，充分保证系统安全性。同时，对数据安全进行监测，提供智能监控、预测和趋势分析，功能覆盖数据库日常运维场景。支持多种数据库，应用场景广泛，有效保障数据库系统的持续稳定运行。

4. 建设成效

滁州市通过"政务云（基础设施底座）+城市中台（数据底座和能力底座）+数字孪生平台（GIS底座）"构建"城市大脑"数字底座，打造数字滁州的统一赋能平台、智慧应用的统一创新平台，贯彻落实"数字城市"作为政府运行体制创新的重要部署，实现跨部门信息资源的整合，实现城市运行实时监测、协同、处置、决策、考核等全程管理，充分发挥信息中枢作用，提升城市运行管理水平。

1）数据中台

基于信用库与电子证照库的基础信息数据，发布行政处罚信息、失信被执行人信息等数据查询服务，提升人才管理系统数据的查询效率；基于人口与法人数据分析与建模建设，依托人口综合库和法人库数据，对滁州市人口结构、人口分布、法人注册趋势、法人分布等方面进行分析。

2）能力开放平台

将支撑数据中台对互联网的能力开放工作，对社会公众的数据需求形成平台支撑；同时，支撑市、区两级的统一认证登录使用工作。同时，依托人工智能、云计算、自然语言处理等技术与服务，构建了一套覆盖人、车、物、环境图像识别、行为分析的视觉智能算法模型，定位于城市治理过程中的"发现"环节，由"看得见"转变为"看得懂"，实现各类异常事件自动发现，从而辅助城市管理者准确、高效地把握城市运行实时状态。将各类告警事件自动推送给网格化平台，形成"推送—派单—处置—反馈—结束"的事件处置闭环，大大提升了处置效率，促进整个城市实现全局实时分析，自动调配公共资源，修正城市运行中的问题，成为未来数字城市的基础设施。

3）数字孪生平台

通过建设主城区数字孪生建筑模型，融合建设滁州数字孪生城市模型，打造孪生空间底座，实现城市全要素数字化和虚拟化、城市全状态实时化和可视化、城市管理决策协同化，形成市县统一的数字孪生开放共享能力，也为滁州市网格化服务管理平台、全椒县智慧社区综合信息服务平台、城市生命线项目建设提供了地图及数据服务支撑；利用"城市大脑"数字孪生赋能，为琅琊山风景区三维可视化提供基础GIS引擎及基础底图，实现琅琊山三维可视化展示效果，为琅琊山智慧管理提供了决策依据。

"城市大脑"数字底座的构建意在成为数字化转型的城市运营赋能平台，着力破解滁州市智慧城市在各个领域建设过程中存在的"散、堵、缺、破"等难题，实现城市治理、经济发展和民生服务"一网统管"，并为市直各单位及各县（市、区）应用提供支撑和保障，形成全市一体化数据资源体系，使城市的运营管理更加科学化、精细化、智慧化。

5. 经验总结

1）支撑了智慧城市运营管理

"城市大脑"集成大数据、云计算、互联网、人工智能等先进技术，通过实时数据采集与有效的数据整合，全面感知城市数据，建立完善、齐全的城市信息资源数据库。以城市管理、政务服务、产业经济、民生服务和城市安全为方向，以信息展示、实时监测、决策分析、事件管理为主要功能，是支撑城市运营管理的智慧中枢。

2）推进了新型智慧城市建设

滁州市在智慧城市规划建设方面做了很多工作，取得了比较好的建设成果。"城市大脑"汇聚了城市运营的数据成果，可通过展示系统，结合空间地理信息技术，直观地展示城市综合治理、经济民生、公共服务等成果，基于二维、三维、实景影像、视频影像等综合展示城市面貌，彰显智慧城市建设成果，是推进新型智慧城市建设的综合载体。

3）提高了管理科学决策水平

通过建设"城市大脑"打破数据孤岛，为城市管理者提供了一个全面、动态的城市运行仪表盘，实时监测城市运行的实时数据信息，及时了解城市运行状态，结合大数据分析、挖掘等技术，可以大幅度地提升管理部门对城市运行的动态监管能力和科学决策水平。

4）提升了城市治理服务能力

"城市大脑"通过业务流程和技术手段的改变，实现全方位的事件处理协同联动，形成不同级别、不同类型事件的处置策略库，使得城市运行管理实现从自动发现告警到协同业务系统完成处理的全过程管理与控制，支撑各部门、各系统建立快速、高效的联动协同机制，实现城市运行指挥调度，发挥协同运行效率，提升城市治理和公共服务能力。

6. 展望

滁州市将迭代升级"城市大脑"一期项目，启动"城市大脑"二期建设。以"城市大脑"建设承接全省一体化数据基础平台功能。建设完善资源门户、云基础设施、数据资源、公共应用组件及配套支撑体系，重塑政务信息化项目建设模式、技术架构、业务流程和供需关系。持续推动数据资源、算力算法、GIS 服务和智慧应用场景集约建设，着力破解滁州市智慧城市建设过程中存在的"散、堵、缺、破"等难题，切实把"城市大脑"打造成数字化转型的城市运营赋能平台，加快推进市网格化服务管理平台建设，实现城市治理、经济发展和民生服务"一网统管"。

7.17 烟台市

本节以烟台市"数据赋能基层业务，助力工作减负提效"为例进行介绍。

1. 综述

基层治理是国家治理的基石，习近平总书记高度重视国家治理体系和治理能力现代化建设。党的十八大以来，积极推动社会治理和服务中心向基层下移，把更多资源下沉到基层，更好地提供精准化、精细化服务。2020 年 7 月，习近平总书记在吉林省长春市了解基层社会治理情况时指出，一个国家治理体系和治理能力的现代化水平很大程度上体现在基层。基础不牢，地动山摇。要不断夯实基层社会治理这个根基。要推动党组织向基层延伸，把基层的工作做好，这样才能"任凭风浪起，稳坐钓鱼台"。烟台市莱山区以习近平新时代中国特色社会主义思想为指导，以理念创新、机制创新、制度创新为保障，推进政务信息资源整合，推进政务服务、公共服务和社会治理等领域数字化转型，推进政府治理体系和治理能力现代化。

2. 主要措施

基层是社会治理和公共服务的关键所在，是运用大数据解决群众困难和问题的一线阵地。烟台市莱山区在全国率先开展基层综合业务平台建设，探索出一条数字化助推基层智慧化管理新路径，实现大数据在安全生产、社区治理等各方面工作上的应用和延伸，推动建立区、街道和社区三级基层数据应用体系，打通数据助力基层治理的最后一公里。平台聚焦基层治理业务，通过多部门业务数据的融合比对，为基层工作人员提供数据查询、主动发现、智能填报等多种形式的工作辅助，真正从数据层面实现了为基层工作减负提效。

1）构建基层数据资源体系

依托一体化大数据平台，通过数据采集、数据治理、数据比对、数据校验等，打造基层治理数据库。健全完善基层数据资源标准规范，制定社区基层信息共享清单，建立标准统一、动态管理的社区数据资源体系。推动区级以上数据向基层返还赋能，实现数据资源在区、街镇、社区（村居）等多级联动和融合应用。

2）打造基层综合业务平台

在"数字莱山"的整体布局下，按照相关政策要求，以基层工作需求为导向，以数据赋能为核心，以物联网、大数据、人工智能等前沿技术为支撑，整合汇聚相关业务系统，统筹规划覆盖区、镇街、社区三级管理，上下衔接的基层综合业务平台，切实减轻基层人员负担，拓展便民服务内容和领域，重构社区管理与服务的形态与流程，形成政府服务协同化、社区管理智能化、居民生活便捷化的社区治理服务新格局。

3）创新基层治理场景应用

以减轻基层工作负担为目标，以居民群众需求服务为导向，打造包括基层工作减负、精细化管理、精准化服务的多个场景应用。减轻工作负担、提高服务效能，实现"让数据多跑路、群众少跑腿"。

3. 建设成效

1）打破信息孤岛困境，变"数据茧房"为"智算汇通"

为破解社区基层积累大量一手零散数据无法充分共享利用、上级部门数据无法为社区所用的双向矛盾，莱山区基层综合业务平台通过"一张表"技术将辖区内的人、事、物、地、情、组织等零散的原始数据进行统一、规范、有效管理，并接入民政、卫健、公安等17个部门业务系统，包括学历数据、企业法人等95类数据资源，实现国家、省、市、区、街、村六级数据共享共用、互联互通，解决了一系列数据壁垒问题。

2）打造多元应用场景，变"人跑人管"为"云算云治"

数据的价值在于应用。莱山区依托基层综合业务平台充分挖掘数据价值，坚持"以问题为导向、以应用为载体"，搭建了民生保障、安全生产、经济发展等专题模块、70余个应用场景。通过上下贯通的数据体系，利用数据模型主动发现符合要求的信息变动线索，并推送给相关基层工作人员审核，由传统的"人跑人管"变为"云算云治"。

3）降低操作使用门槛，变"人录系统"为"系统助人"

"上面千条线，下面一根针"是基层工作常态，报表过多、数据重复、多头填报始终困扰着基层工作者。莱山区依托基层综合业务平台，围绕"数据下沉、基层减负"打造工作台账系统，实现了精简归并社区数据录入，推动各级业务部门系统集成、数据共享和业务协同,实现多级协同的数据流转,帮助基层工作表格缩减34%,填报缩减52%。

4. 经验总结

当前,数字化转型已经成为全社会的共识,坚持共建共治共享,建设人人有责、人人尽责、人人享有的基层治理共同体将是未来长远的发展目标。

1)统筹规划,集约建设,打造基层工作统一门户

莱山区统筹规划"镇街工作法",集约建设基层综合业务平台,推动部署在不同层级、不同部门的基层业务系统与基层综合业务平台进行对接或向其迁移,打造基层工作统一门户。加强对镇街、社区运行管理服务状况的实时监测、动态分析、统筹协调,为推进国家治理体系和治理能力现代化奠定坚实基础,为基层工作人员减负增效。

2)确立标准,制定规范,系统数据融合贯通

通过健全完善基层数据资源标准规范,制定基层信息共享清单,建立标准统一、动态管理的基层数据资源体系。以区县为单位统筹社区基层数据资源整合汇聚,依托一体化大数据平台,推动基层数据上下贯通和融合应用,大幅减轻基层数据采集和报送任务的同时,提高基层服务效能,提升普通群众的获得感、幸福感。

3)深挖大数据价值,拓展基层应用场景

依托莱山区基层综合业务平台,完善社区基层重点场所、常住居民、流动人口、失能老人、未成年人和精神障碍患者等重点人群基础数据,深挖大数据价值,拓展基层应用场景。构建数字技术辅助决策机制,科学配置基层服务资源,优化综合服务功能。

5. 展望

近年来,莱山区坚持以习近平新时代中国特色社会主义思想为指导,认真贯彻落实国家及省、市有关工作要求,积极推进数字变革创新,深化物联网、大数据、云计算和人工智能等新一代信息技术与基层治理服务融合。以需求为导向,以数据为核心,以场景为应用,不断优化工作流程,提升服务水平。下一步,莱山区将继续深入贯彻落实数字强省发展战略,强化数据汇聚,规范标准体系,创新场景应用,助力基层治理体系和治理能力现代化建设。

7.18 泉州市

本节以泉州市"'泉服务'数字赋能掌上服务"为例进行介绍。

1. 综述

根据《国务院关于加快推进"互联网+政务服务"工作的指导意见》(国发〔

2016〕55号）、《国务院关于加强数字政府建设的指导意见》（国发〔2022〕14号）文件精神，为全面提升公共服务数字化、智能化水平，不断满足企业和群众多层次、多样化服务需求，泉州市政府以"我为群众办实事"实践活动为契机，着力优化服务流程，创新服务方式，推进数据共享，打通信息孤岛，推行公开透明服务，降低制度性交易成本，持续改善营商环境，最大程度利企便民，让企业和群众到政府办事像网购一样方便。

当前，泉州市政府各委办局以公众号、小程序及App等形式建设了各类移动端服务入口，部分平台仅用作信息发布，部分平台提供信息发布及公共便民服务，少量平台同时覆盖信息发布、政务服务、公共便民服务等功能。政府各部门、企业事业单位及社会机构的信息化建设水平不尽相同，移动端服务平台建设情况参差不齐，所提供的线上服务数量差异较大，各类服务与资讯分散在各类公众号、小程序、App等近50个移动端入口，全市范围内未形成集约的、统一的、权威的政务服务及公共便民服务"掌上入口"，本地市民办事、查询资讯需在多平台、多入口、多账号体系之间频繁切换，无法真正实现利企便民，让企业和群众少跑腿、好办事、不添堵，共享"互联网＋政务服务"发展成果。

2. 主要措施

针对泉州市当前在公共服务上存在入口不统一、服务资源分散、服务不成体系等问题，泉州市政府在国家、省级政策指导下，参照其他省、市先进经验，结合泉州市实际，打造了具有泉州特色的"泉服务"掌上服务平台。

根据福建省"互联网＋政务服务"建设的相关要求，结合泉州市"互联网＋政务服务"建设现状，泉州市政府在工作实践中以创新、协调、绿色、开放、共享的发展理念，制定了以"一个门户、一个标准、一套制度"为基础的"泉服务"新型管理模式，依托于"闽政通"App建设了"泉服务"小程序。"泉服务"采用"统管分建"的方式，为各市直部门提供统一标准，通过建设时间短、调整速度快、整体投资少等显著优势不断扩大服务覆盖面，丰富用户服务使用场景。

1）统一全市掌上政务与便民服务入口

泉州市按照"数领泉州，至心服务"的服务宗旨，建设了"泉服务"掌上服务平台，采用"统管分建"及本地化"1（全市统一的掌上服务入口）+M（通用便民惠企服务）+N（区县特色服务）"的创新模式，构建全市统一的掌上政务与便民服务体系，打通"掌上政务"服务最后一公里。经多次优化升级，"泉服务"通过统管分建、服务共享、绩效手段等创新机制有效强化政务服务，取得明显成效，平台累计访问量达1100万、服务用户数达180万。

2）统一整合市级掌上服务资源

为进一步提升服务丰富度，让群众享受更多便利的掌上服务，泉州市按照"应上尽上"原则，持续整合各级政务部门分散在微信、支付宝及各类移动 App 的政务服务和便民服务，先后印发《泉州市数字泉州建设领导小组关于进一步加强闽政通"泉服务"推广应用的通知》《关于要求第三方平台服务事项限期入驻闽政通泉服务的函》《关于进一步推进服务事项入驻闽政通泉服务的函》等文件，推动各部门掌上的公共服务事项集成到"泉服务"，统一提供服务入驻的标准和接口。同时，开展进一步规范移动互联网应用程序，整治指尖上的形式主义行动，推动涉及面向公众的政务服务 App 按照省上发布的标准规范完成整改并入驻闽政通"泉服务"小程序，目前已集成政务、民生、医疗、交通、公安、应用、旅游、惠企、信用、创城、投资泉州十一大主题，累计上线便民惠企服务模块 187 个。

3）统一整合区县掌上服务资源

泉州市各区县特色服务丰富，但是总体较为分散，部分区县存在公共服务重复建设等问题，为进一步统筹区县服务、实现资源复用、降本增效，泉州市成立区县服务整合专项工作小组，统一规划，分步实施，针对不同的区县制定不同的实施策略。对已自建成县域掌上服务平台的区县，如"i 丰泽""i 晋江""永易办""安溪通"等，提供统一标准并按标准接入"泉服务"平台。对尚未建设县域掌上服务平台的区县，如泉港、洛江、德化等，按照集约化原则，打造通用的县域掌上服务平台基础门户框架。目前已全面接入全市 13 个县域掌上服务平台，形成了"泉服务"特色的区县专区。

4）统一打造市域特色服务

泉州市政府紧抓群众、企业办事难、办事堵等痛点，持续推出符合群众、企业需求的各类政务与便民服务。一是组建行政审批制度改革专班，持续推动泉州市高频服务事项"掌上办"。通过对高频事项的流程、环节、时限等要素进一步梳理优化，分批分类攻坚、制定对应细化方案，实现全市 617 项审批服务事项"掌上办"，市民或企业通过简单的指尖操作即可在手机上办理行政服务事项审批，极大地减少了线下人员跑动流程，让市民和企业能办事、易办事、办好事。二是上线惠企政策兑现服务，破解惠企政策兑现"迟、慢、繁、难"等痛点、堵点难题。推动惠企政策实施精准度再提高、惠企资金兑现再提速，增强企业便利度和获得感。通过推进惠企政策内容颗粒化、精简化，完成政策奖补审核全流程优化改造，促进惠企政策奖补兑现全流程管理，创新政策奖补方式和提升奖补成效。一方面为各主管单位提供惠企政策上架、政策申报、审核兑现、政策公示、奖补公告等管理功能，另一方面为企业提供惠企政策查阅和奖补申兑服务。截至目前，惠企平台已上架市级及以上有效惠企政策 200 条、县级有效政策 481 条，注册企业数达 4900 多家，总访问量超过 17.7 万人次，线上公告各级各类奖补资金达 11.41 亿元。三是打造中小微企业信贷直通车服务，解决企业贷款难题。为企业提供 7×24 小时"云上申请""码上办贷"服务，企业只需进入"泉服务"的"信贷直通车服务"或者使用"闽政通" App 扫一扫贷款码，简单填写基础信息和贷款需求后，就可智能匹配企业信用信息并推送至意向贷款银行对接受理。截至 2022 年 7 月末，全市已有 2867 家中小微企业通过信贷直通车小程序扫码发布融资需求 51.23 亿元，当前已授信 26.42 亿元，放款 24.81 亿元。

3. 建设成效

1）公共服务资源进一步整合

泉州市通过打造"泉服务"成为全市统一的掌上政务与便民服务平台，实现了市直部门与区县各类面向公众的服务资源的统一整合。一方面加强了对公共服务资源的统一管理，通过统一的规范对市民和企业提供服务，进一步深化了政府的服务水平；另一方面极大地方便了市民和企业办理各类事项，提升了群众的幸福感。

2）城市数字建设降本增效

平台整体建设、运营、维护均依托"闽政通"App 基础框架，以"一个门户、一个标准、一套制度"的新型管理模式为各市直部门提供统一标准，由部门自行开发进驻小程序，充分调动各方积极性，前期通过较少的投入即可取得一定的成效，仅一年半运营时间便累计用户达 165 万，服务用户 1000 万次。通过建设标准统一、统管分建的城市服务平台，减少基础公众服务的重复投资，避免系统重复建设，提高建设、服务效率，降低城市建设成本、运营成本。

3）数字泉州建设重要抓手

"泉服务"平台作为泉州市政务、便民服务综合平台，是数字泉州的重要抓手，为市民、企业提供全方位的政务服务、社会服务、特色服务、媒体服务等，是连接政府、社会、市民的重要桥梁。横向将贯穿各委办局服务资源，打通各公众服务平台，实现资源、数据共享；纵向将衔接市、县区、街道、社区，实现政府服务能力下沉。

4. 经验总结

1）坚持以人民为中心的原则

只有以群众的需求为出发点，以让群众少跑腿、好办事、不添堵为目标，才能真正实现"互联网＋政务服务"落地，深入群众，让群众共享"互联网＋政务服务"的发展成果。"泉服务"的建设充分考虑了群众和各委办局的需求，以"统管分建"＋"1+M+N"的创新模式，既减少了各委办局的额外投入，又能快速响应群众的服务需要，不断扩大服务覆盖面，丰富用户的服务场景。

2）因地制宜，创新管理模式

"互联网＋政务服务"的建设应以国家有关指导政策为统一准则，结合地方现状发展创新模式。"泉服务"按照省上建设要求，结合泉州市现状，在工作实践中创新制定了"一个门户、一个标准、一套制度"的"泉服务"创新管理新模式，通过绩效手段、服务共享等创新机制，快速实现平台成效。

3）稳固基础，逐步发力

"泉服务"持续不断夯实自有数据共享互通、数据分析、服务入驻管理等基础能力，进一步推动政务服务、社会服务、特色服务、媒体服务等更多便民服务入驻，平台将逐步融合泉州全域的公共服务、便民服务、商业服务，打造城市服务生态，建立泉州市城市一体化服务平台。

5. 展望

1）打造城市级综合服务 App

未来，"泉服务"平台将按照"政务便民服务总门户、应用场景集结地、便民利企大平台"的总体定位，紧盯"一年出成果、两年见实效、三年大提升"的分步目标，通过招商引资方式，引进有成功项目经验的行业龙头企业与国有大数据公司合作建设，将"泉服务"App打造为泉州市综合城市掌上服务平台。按照"六统一"（身份认证、支付体系、信用体系、开放标准、安全体系、运营体系统一）原则，规范服务标准，强化数据安全，加强运营监督，构建可持续发展生态。

2）数据赋能服务精准化和个性化

借助"泉服务"数据中台融合多源数据，拓展服务方式。基于App更强大的开放性和可拓展性，持续扩大各类数据资源和服务资源整合范围，围绕企业、自然人、项目建设等分类需求，打造全生命周期系列服务专题，提供"一件事"集成服务。将被动式服务向主动式服务方式转化，主动为市民和企业提供个性化服务，达到千人千面的效果，全面提升掌上综合服务能力。

参考文献

[1] 徐梦周,吕铁.赋能数字经济发展的数字政府建设:内在逻辑与创新路径[J].学习与探索,2020(3):78-85.

[2] 赵鹏,崔俊杰.数字政府背景下的行政程序[M]//中国政法大学法治政府研究院.法治政府蓝皮书:中国法治政府发展报告(2021).北京:社会科学文献出版社,2022:52-65.

[3] 马颜昕.数字政府:变革与法治[M].北京:中国人民大学出版社,2021.

[4] NOLAN R L.Managing the crisis in data processing[J].Harvard Business Review,1979,57:115-126.

[5] 马芝蓓.从Nolan模型到Synnott模型:组织管理信息模式选择研究[J].情报杂志,2002,21(9):52-54.

[6] 寿志勤.从NOLAN模型看我国企业管理信息系统的发展[J].预测,1995(3):25-29.

[7] 李雪锋,楚磊,顾笑鹏.基于诺兰模型规划企业信息化发展路径[J].企业管理,2015(7):107-110.

[8] 程志斌.从美国的诺兰模型看我国企业管理电算化的发展[J].外国经济与管理,1992(2):20-22.

[9] 毛大鹏,刘青.基于诺兰模型看我国企业管理信息化的演进路径[J].商场现代化,2008(22):123.

[10] 谭荣华.从诺兰模型和米歇模型看我国税务信息化的发展阶段[J].涉外税务,2003(2):7-8.

[11] 王农跃,梁新弘.从Nolan阶段理论看我国企业IT成长的关键因素[J].科技管理研究,2007(1):238-240.

[12] 李海渊.我国信息系统发展阶段研究:对NOLAN模型的再认识[J].交通与计算机,1990(1):1-8.

[13] 杜慧鹏.从诺兰模型看管理信息化[J].施工企业管理,2014(12):35-37.

[14] 竺延风.一汽集团信息系统发展战略研究[D].哈尔滨:哈尔滨工业大学,2002.

[15] 陈志雄.成熟度模型视野下的基础教育信息化发展:以广州市为例[J].教育导刊(上半月),

2012（12）：18-21.

[16] 宁夏数字政府建设全面提速 [J]. 计算机与网络，2020（19）：5.

[17] 广东省人民政府办公厅关于印发广东省数字政府改革建设 2021 年工作要点的通知（粤办函〔2021〕44 号）[J]. 广东省人民政府公报，2021（12）：2-11.

[18] 高尚省，郭勇，高智伟，等. 广东省数字政府网络安全评估体系与实践 [J]. 大数据，2021（2）：182-188.

[19] 关于开展汕尾市数字政府改革建设第三方常态化评估工作的通知 [J]. 汕尾市人民政府公报，2021（11）：50-51.

[20] 马闯，陈安然. 河南省十八地市数字政府建设状况评估报告 [M]// 郑永扣. 河南社会治理发展报告（2021）. 北京：社会科学文献出版社，2022：254-273.

[21]《中国地方政府互联网服务能力发展报告（2021）》发布 [J]. 电子政务，2021（6）：62.

[22] 杨绍亮，禄凯，赵睿斌. 中国数字政府建设技术蓝皮书 [M]. 北京：清华大学出版社，2022.

[23] 胡明甫. AHP 层次分析法及 MATLAB 的应用研究 [J]. 钢铁技术，2004（2）：43-46.

[24] 崔辽环. 基于 AHP 层次分析法的企业安全标准化考评指标研究 [D]. 北京：首都经济贸易大学，2012.

[25] 何奕佳. AHP 层次分析法在企业成长性综合评价中的应用 [J]. 科技信息，2008（34）：163-164.

[26] 张平伟，刘维忠. 农村基层组织绩效考核指标体系的构建：基于 AHP 层次分析法的研究 [J]. 经济研究导刊，2009（19）：26-27.

[27] 何威. 基于 AHP 层次分析法和模糊比较矩阵的绩效评估法 [J]. 金融科技时代，2007（11）：77-80.

[28] 覃朝晖. 以 AHP 层次分析法评价区域经济核心竞争力：以云南省峨山县为例 [J]. 社会科学家，2010（11）：110-113.

[29] 谢东，赵泽洪，梁亚樨. 论公共行政决策的科学化：以 AHP 层次分析法为例 [J]. 决策探索，2007（3A）：67-69.

[30] 李伟伟，易平涛，李玲玉. 综合评价中异常值的识别及无量纲化处理方法 [J]. 运筹与管理，2018（4）：173-178.

[31] 樊红艳. 土地综合评价方法中的数据无量纲化研究 [D]. 兰州：甘肃农业大学，2011.

[32] 韩胜娟. SPSS 聚类分析中数据无量纲化方法比较 [J]. 科技广场，2008（3）：229-231.

[33] 于鹏飞，王丽娜. 财务预警中样本数据无量纲化方法的选择 [J]. 会计之友，2005（12A）：43-44.

[34] 张晓明. 决策分析中的数据无量纲化方法比较分析 [J]. 闽江学院学报，2012，33（5）：21-25.

[35] 丁昌慧，蔡辉，祁新辉. 综合效益评价中数据的直线化无量纲化方法 [J]. 中国医院统计，

2001（3）：163-165.

[36] 李兴奇，高晓红.服从不同分布数据的无量纲化方法研究[J].统计与决策，2022（10）：31-36.

[37] 马立平.现代统计分析方法的学与用（三）：统计数据标准化：无量纲化方法[J].北京统计，2000（3）：34-35.

[38] 纪荣芳.主成分分析法中数据处理方法的改进[J].山东科技大学学报（自然科学版），2007（5）：95-98.

[39] 蒋维杨，赵嵩正，刘丹，等.大样本评价的定量指标无量纲化方法[J].统计与决策，2012（17）：4-9.

[40] 吕欣，韩晓露，李阳.智慧城市网络安全保障评价体系研究[J].信息安全研究，2016（5）：447-457.

[41] 曹晓菲，肖春，吴丹.计算机网络安全分层防护评价体系研究[J].无线互联科技，2017（20）：29-30.

[42] 高孟茹，谢方军，董红琴，等.面向关键信息基础设施的网络安全评价体系研究[J].信息网络安全，2019（9）：111-114.

[43] 王谢玮.计算机网络安全评价体系的设计及应用[J].通讯世界（下半月），2015（12）：51.

[44] 陈晓峰.网络安全体系量化评价的研究与探索：以珠海实践为例[J].公安研究，2021（1）：76-79.

[45] 陈翕.大数据背景下网络信息安全评价体系与评价模型[J].移动通信，2021（5）：130-134.

[46] 陆宝华.建立科学的网络安全人才评价体系[J].信息安全研究，2018，（12）：1068-1070.

[47] 郑兴江.探讨大数据背景下的网络信息安全控制机制与评价体系[J].数码设计（下），2021（1）：25-26.

[48] 魏曦.计算机网络安全分层评价体系的构建研究[J].科学技术创新，2019（36）：85-86.

[49] 曹宇.网络安全考核评价体系构建[J].信息与电脑，2018（23）：180-182.

[50] 彭锴.网络安全分层评价体系模型设计[J].机电工程技术，2016（4）：92-95.

[51] 刘彦红.试论计算机信息网络安全的分层防护评价体系[J].电脑迷，2017（26）：40.

[52] 张原.模糊综合评判在网络安全评价中的应用[J].电子测试，2013（10）：252-253.

[53] 夏义堃.政府数据治理的国际经验与启示[J].信息资源管理学报，2018（3）：64-72.

[54] 中央党校（国家行政学院）.2022年联合国电子政务调查报告[R/OL].（2022-12-28）[2023-01-11].https://dzzw.ccps.gov.cn/xiazai/2022dzzw.pdf.

[55] 联合国开发计划署.2022—2025年数字战略[R/OL].（2022-06-29）[2023-01-10].https://www.digitalelite.cn/h-nd-4720.html.

[56] 全球技术地图.英国更新《英国数字战略》发展数字经济的6个关键领域[EB/OL].（2023-08-03）[2023-01-10].https://baijiahao.baidu.com/s?id=1740069755476234164&wfr=spider&for=pc.

[57] 驻丹麦王国大使馆经济商务处. 丹麦发布新版数字化战略 [EB/OL].（2022-05-05）[2023-01-10].http://dk.mofcom.gov.cn/article/jmxw/202205/20220503310294.shtml.

[58] 系统管理员. 韩国发布数字新政推进计划 [EB/OL].（2020-12-25）[2023-01-10]. http://www.gdhzsc.com/view/1073071449356095488/1342679349651505152.html.

[59] 王隽. 中外政府电子政务的比较分析 [J]. 辽宁行政学院学报，2014，16（1）：20-22.

[60] 张晓，鲍静. 数字政府即平台：英国政府数字化转型战略研究及其启示 [J]. 中国行政管理，2018（3）：27-32.

[61] 人民资讯. 英国推进数字政府建设 [EB/OL].（2021-09-22）[2023-01-10].https://baijiahao.baidu.com/s?id=1711553535341413668&wfr=spider&for=pc.

[62] 姚水琼，齐胤植. 美国数字政府建设的实践研究与经验借鉴 [J]. 治理研究，2019（6）：60-65.

[63] 李辉，李海丽. 国内外政府信息化建设经验及启示 [J]. 信息化建设，2011（4）：30-34.

[64] 黄彦斌. 美国基层政府的信息化建设与应用 [J]. 内蒙古科技与经济，2006（4X）：2-5.

[65] 美国基层政府信息化建设与应用 [EB/OL].（2009-07-23）[2023-01-10].https://blog.csdn.net/congju3179/article/details/100309879.

[66] 美欧数字技术政策大全 [EB/OL].（2022-05-15）[2023-01-10].https://www.sohu.com/a/557472107_121124364.

[67] 美国国际开发署发布《数字战略2020—2024》[EB/OL].（2022-04-17）[2023-01-10]. https://m.elecfans.com/article/1219112.html.

[68] 姜潭. 美国《关键和新兴技术国家战略》评析 [J]. 未来与发展，2021（5）：41-48.

[69] 胡税根，杨竞楠. 新加坡数字政府建设的实践与经验借鉴 [J]. 治理研究，2019（6）：53-59.

[70] 南方日报. 将探索建立全国统一数据登记平台 [EB/OL].（2022-11-10）[2023-01-10]. https://baijiahao.baidu.com/s?id=1749162574174736877&wfr=spider&for=pc.

[71] 数据观. 中国地方政府数据开放报告（2020下半年）[EB/OL].（2021-01-22）[2023-01-10]. http://dsj.guizhou.gov.cn/xwzx/gnyw/202101/t20210122_66269368.html.

[72] 国家互联网信息办公室. 数字中国发展报告（2021年）[R/OL].（2022-08-02）[2023-01-11]. http://www.cac.gov.cn/rootimages/uploadimg/1675765283208335/ 1675765283208335.pdf?eqid=a8b37c7200038fc500000002647596d7.

[73] 中国互联网络信息中心. 第49次《中国互联网络发展状况统计报告》[R/OL].（2022-02-25）[2023-01-11].https://www.cnnic.net.cn/n4/2022/0401/c88-1131.html.

[74] 中国互联网络信息中心. 第50次《中国互联网络发展状况统计报告》[R/OL].（2022-08-31）[2023-01-11].https://www.cnnic.net.cn/n4/2022/0914/c88-10226.html.

[75] 中央党校（国家行政学院）电子政务研究中心. 省级政府和重点城市一体化政务服务能力调查评估报告（2022）[R/OL].（2022-09-09）[2023-01-11].http://www.egovernment.gov.cn/xiazai/

2022zwpg.pdf.

[76] 中国新闻网."粤省事"注册用户突破一亿人[DB/OL].（2021-02-02）[2023-01-10]. https://www.sohu.com/a/448349198_123753.

[77] 新华网.精细治城,上海"一网统管"提升城市"智治力"[EB/OL].（2020-06-08）[2023-01-11].http://www.xinhuanet.com/politics/2020-06/08/c_1126088136.htm.

[78] 浙江省政府办公厅.一、2014年主要工作[EB/OL].（2015-01-27）[2023-02-18].http://www.zj.gov.cn/art/2015/1/27/art_1546428_22505518.html.

[79] 江西省人民政府办公厅关于加强全省电子政务外网建设管理工作的指导意见[J].江西省人民政府公报,2018（20）:20-24.

[80] 宁夏回族自治区人民政府网.自治区人民政府关于印发宁夏回族自治区数字政府建设行动计划（2021年—2023年）的通知[EB/OL].（2021-03-17）[2023-01-11].https://dofcom.nx.gov.cn/zcfb/nxzc/202103/t20210317_2630403.html.

[81] 钱江晚报.全国数字经济第一城,杭州要成为这样一座城[EB/OL].（2018-10-11）[2023-01-11].https://baijiahao.baidu.com/s?id=1614033044263079317&wfr=spider&for=pc.

[82] 林海.合肥市政务大数据平台的建设思路和实践[J].电子技术与软件工程,2019（4）:136-138.

附录 A 数字政府建设评价指标体系

一级指标	一级权重	二级指标	二级权重	三级指标	三级权重
战略与保障	10.00%	组织保障	40.00%	领导机制	50.00%
				协调推进	50.00%
		制度保障	35.00%	战略规划	50.00%
				制度标准	50.00%
		人才保障	25.00%	人才机制	60.00%
				数字素养	40.00%
基础设施	10.00%	政务网络	35.00%	政务网络覆盖	50.00%
				政务网络带宽	35.00%
				政务区块链网络基础设施与应用	15.00%
		政务云	25.00%	业务上云	40.00%
				云服务	20.00%
				集约化管理	20.00%
				信创云	20.00%
		数据中心	40.00%	统筹管理	62.50%
				人工智能算力	12.50%
				绿色数据中心	25.00%
平台支撑	10.00%	统一政务平台	62.50%	统一政务服务平台	50.00%
				统一移动政务服务平台	30.00%
				统一政务协同平台	20.00%
		统一技术与应用支撑	37.50%	技术支撑服务	37.50%
				应用支撑服务	62.50%
数据资源	20.00%	政务数据治理	20.00%	数据治理组织与战略	50.00%
				数据治理质量与标准化	50.00%
		政务数据管理	22.50%	政务信息资源目录	60.00%
				政务信息资源规范性	40.00%
		政务数据共享	22.50%	政务数据共享交换平台	50.00%
				政务数据供需对接	50.00%

续表

一级指标	一级权重	二级指标	二级权重	三级指标	三级权重
		政务数据开放	17.50%	公共数据开放平台	50.00%
				开放数据资源	50.00%
		政务数据开发利用	17.50%	政务数据开发利用	100.00%
政务应用	35.00%	政务服务	31.25%	网上政务服务	50.00%
				移动政务服务	30.00%
				热线服务	20.00%
		社会治理	18.75%	互联网+基层治理	33.33%
				基层公共政务服务	26.67%
				城市数据大脑	20.00%
				一网统管	20.00%
		营商环境	6.25%	流程审批	50.00%
				营商环境评估	50.00%
		赋能经济	25.00%	数据要素市场优化	18.75%
				产业数字化及数字产业化	31.25%
				数字经济治理	25.00%
				绿色低碳	12.50%
				互联网+监管	12.50%
		公共安全	18.75%	公共卫生	50.00%
				应急管理	50.00%
数字安全	15.00%	组织机构和人员	20.41%	战略制定	37.04%
				组织保障	33.33%
				人员保障	29.63%
		政策标准规范制定	18.37%	政策标准规范制定	100.00%
		基础设施	16.33%	基础设施建设	60.00%
				基础设施配置	40.00%
		建设安全	14.29%	资金保障	50.00%
				供应链安全	50.00%
		运行安全	12.24%	合规保障	14.58%
				安全监测	12.50%
				安全意识	16.67%
				公开形象	20.83%
				安全事件	18.75%
				安全审计	16.67%
		关基安全	10.20%	关基安全管控	60.00%
				关基防护评估	40.00%
		数据安全	8.16%	数据安全管控	60.00%
				数据安全评估	40.00%

附录 B 调研问卷

数字政府建设评估情况调研表

一、基本信息			
组织架构	领导小组： □有 □无	主管部门：	承建单位：
建设规划	□有，规划名称：	□无	
安全运营单位	单位名称：	满意度：□满意□较满意□不满意，其他：____	
规划设计单位	单位名称：	满意度：□满意□较满意□不满意，其他：____	
二、基础设施			
电子政务外网机房	模式：□自建□租用□其他		机房面积： m²
	机房制冷系统： □中央空调(水冷) □非中央空调（风冷） □其他	机房制冷年用水量： m³	机房 WUE 值（水资源利用率）： L/kW·h
	机房节水措施： □有□无	机房 PUE 值：	机房绿色节能技术应用： □有□无
政务云	政务云规模（实际使用）： vCPU	政务云承建单位名称： 满意度：□满意□较满意 □不满意，其他：____	政务云运维单位名称： 满意度：□满意□较满意 □不满意，其他：____
	电子政务外网业务上云率：		
电子政务外网覆盖	乡镇/街道覆盖率：	社区覆盖率：	电子政务外网 IPv6 覆盖率：
三、平台支撑			
政务服务平台	（全国一体化政务服务平台） 地方网址：	覆盖情况：地市覆盖： 个；（省）委办厅局覆盖： 个； 区县覆盖： 个；其他：	
移动政务服务平台	□省级统筹 □市级统筹 □无	覆盖情况： □全部地市（省）□全部区县□全部街道 其他：	

身份认证互认	政务服务平台与移动政务服务平台是否实现了身份认证互认 □是□否		
政务区块链公共服务	□有，名称： □无		
统一政府协同平台	□有，名称： □无	覆盖情况：地市覆盖： 个；（省）委办厅局覆盖： 个；区县覆盖： 个；其他：	

四、数据资源

政务数据治理	规章制度：□有□无	规划实施方案：□有□无	专职数据治理队伍：□有□无
政务数据管理	接入共享平台委办局数量： 个	政务数据资源目录数量（截至2022年6月）：	数据资源更新频率：周：共类 月：共类 季度或半年：共类 其他：共类
政务数据共享	政务数据共享平台建设：□已建□未建	2021年度数据共享服务调用次数：	政务数据供需对接机制是否建立：□是□否
政务数据开放	政务数据开放平台建设：□已建，网址：□未建设	公共数据开放目录数量（截至2022年6月）：	累计开放服务提供次数（截至2022年6月）：

五、政务应用

网上政务服务	公共服务事项清单数量：	一网通办事项数量：	跨省通办事项数量：
移动政务服务	支持移动端办理的公共服务事项清单数量：	移动端办事比例：	移动端注册用户数量：
热线服务	辖区内热线号码（列举）：		2021年热线服务完结率（要求2021年底前完成的事项）：
基层治理	基层治理数据库：□有□无 如有，与哪些部门实现了数据共享：		政务服务下沉（大厅、站）：□区县；□乡镇/街道；□社区/行政村
城市数据大脑(地市)	□有 □无	部门接入（列举）：	应用场景（列举）：
一网统管（地市）	□有 □无	部门接入（列举）：	应用场景（列举）：
营商环境	优化营商环境领导小组：□有□无	信息化系统支撑：□有□无	□第三方评估，分数：□自评估，分数：
数字经济	发展数字经济政策（名称）：信易贷及业财税系统：□有□无	经济监测预警系统/平台、产业链供应链监测信息化系统：□有□无	市场主体诉求在线解决机制和渠道：
绿色低碳	双碳政策（名称）：	碳（用能）监测平台：□有□无	碳普惠（服务、交易、政策）平台：□有□无

互联网+监管（政府办）	部门覆盖率：	2021年度案件查办结率（要求2021年底前完成的事项）：	公开网址（地市可不填）：
六、网络安全			
组织机构与战略规划	网络安全领导小组（地方政府） ☐有☐无	网络安全主管机构（名称）：	地方政府网络安全战略或顶层设计（名称）：
网络安全运营（大数据局）	☐自运营 ☐购买第三方服务	第三方服务机构名称：	第三方服务机构满意度： ☐满意☐较满意☐不满意， 其他：
合规保障（大数据局、上云应用）	通过等级保护测评系统数量：	通过密评测评系统数量：	总系统（至少是政务云上应用）数量：
安全建设与运营（大数据局）	供应商安全管理制度及评估体系： ☐有☐无	网络安全运行大脑： ☐（APT）威胁检测 ☐威胁情报库 ☐漏洞库	2021年网络安全事件数量 特别重大安全事件： 重大安全事件： 较大安全事件： 一般安全事件：
数据安全（大数据局）	规章制度： ☐有☐无	数据安全防护措施： ☐数据分级分类　☐重要数据目录 ☐数据安全评估　☐重要数据备份 其他：	

七、问题与困难

在数字政府各个领域的建设、管理、运营、保障等方面遇到的问题与困难，格式自拟（不超过1000字，可加附件）